经以俭七

建设前夫

贺教方印

和大攻向项目

成立之际

李昌林
（印）
硕士方八

教育部哲学社会科学研究重大课题攻关项目

数字信息资源
规划、管理与利用研究

RESEARCH ON PLANNING, MANAGEMENT
AND UTILIZATION OF
DIGITAL INFORMATION RESOURCES

马费成

等著

经济科学出版社
Economic Science Press

图书在版编目（CIP）数据

数字信息资源规划、管理与利用研究/马费成等著．—北京：
经济科学出版社，2012.2
（教育部哲学社会科学研究重大课题攻关项目）
ISBN 978 - 7 - 5141 - 1751 - 6

Ⅰ．①数⋯　　Ⅱ．①马⋯　　Ⅲ．①数字信息 - 信息管理 -
管理规划 - 研究 - 中国　　Ⅳ．①G203

中国版本图书馆 CIP 数据核字（2012）第 059025 号

责任编辑：袁　澂
责任校对：王肖楠
责任印制：邱　天

数字信息资源规划、管理与利用研究
马费成　等著
经济科学出版社出版、发行　新华书店经销
社址：北京市海淀区阜成路甲 28 号　邮编：100142
总编部电话：88191217　发行部电话：88191537
网址：www.esp.com.cn
电子邮件：esp@esp.com.cn
北京中科印刷有限公司印装
787×1092　16 开　35.5 印张　670000 字
2012 年 2 月第 1 版　2012 年 2 月第 1 次印刷
ISBN 978 - 7 - 5141 - 1751 - 6　定价：88.00 元
（图书出现印装问题，本社负责调换。电话：88191502）
（版权所有　翻印必究）

课题组主要成员

（按姓氏笔画为序）

马费成　　马海群　　毕　强　　孙建军
肖希明　　张晓娟　　周　宁　　赵捧未
查先进　　唐晓波　　黄如花　　黄　威
曹树金　　裴　雷

总　序

哲学社会科学是人们认识世界、改造世界的重要工具，是推动历史发展和社会进步的重要力量。哲学社会科学的研究能力和成果，是综合国力的重要组成部分，哲学社会科学的发展水平，体现着一个国家和民族的思维能力、精神状态和文明素质。一个民族要屹立于世界民族之林，不能没有哲学社会科学的熏陶和滋养；一个国家要在国际综合国力竞争中赢得优势，不能没有包括哲学社会科学在内的"软实力"的强大和支撑。

近年来，党和国家高度重视哲学社会科学的繁荣发展。江泽民同志多次强调哲学社会科学在建设中国特色社会主义事业中的重要作用，提出哲学社会科学与自然科学"四个同样重要"、"五个高度重视"、"两个不可替代"等重要思想论断。党的十六大以来，以胡锦涛同志为总书记的党中央始终坚持把哲学社会科学放在十分重要的战略位置，就繁荣发展哲学社会科学做出了一系列重大部署，采取了一系列重大举措。2004 年，中共中央下发《关于进一步繁荣发展哲学社会科学的意见》，明确了新世纪繁荣发展哲学社会科学的指导方针、总体目标和主要任务。党的十七大报告明确指出："繁荣发展哲学社会科学，推进学科体系、学术观点、科研方法创新，鼓励哲学社会科学界为党和人民事业发挥思想库作用，推动我国哲学社会科学优秀成果和优秀人才走向世界。"这是党中央在新的历史时期、新的历史阶段为全面建设小康社会，加快推进社会主义现代化建设，实现中华民族伟大复兴提出的重大战略目标和任务，为进一步繁荣发展哲学社会科学指明了方向，提供了根本保证和强大动力。

　　高校是我国哲学社会科学事业的主力军。改革开放以来，在党中央的坚强领导下，高校哲学社会科学抓住前所未有的发展机遇，紧紧围绕党和国家工作大局，坚持正确的政治方向，贯彻"双百"方针，以发展为主题，以改革为动力，以理论创新为主导，以方法创新为突破口，发扬理论联系实际学风，弘扬求真务实精神，立足创新、提高质量，高校哲学社会科学事业实现了跨越式发展，呈现空前繁荣的发展局面。广大高校哲学社会科学工作者以饱满的热情积极参与马克思主义理论研究和建设工程，大力推进具有中国特色、中国风格、中国气派的哲学社会科学学科体系和教材体系建设，为推进马克思主义中国化，推动理论创新，服务党和国家的政策决策，为弘扬优秀传统文化，培育民族精神，为培养社会主义合格建设者和可靠接班人，做出了不可磨灭的重要贡献。

　　自 2003 年始，教育部正式启动了哲学社会科学研究重大课题攻关项目计划。这是教育部促进高校哲学社会科学繁荣发展的一项重大举措，也是教育部实施"高校哲学社会科学繁荣计划"的一项重要内容。重大攻关项目采取招投标的组织方式，按照"公平竞争，择优立项，严格管理，铸造精品"的要求进行，每年评审立项约 40 个项目，每个项目资助 30 万 ~80 万元。项目研究实行首席专家负责制，鼓励跨学科、跨学校、跨地区的联合研究，鼓励吸收国内外专家共同参加课题组研究工作。几年来，重大攻关项目以解决国家经济建设和社会发展过程中具有前瞻性、战略性、全局性的重大理论和实际问题为主攻方向，以提升为党和政府咨询决策服务能力和推动哲学社会科学发展为战略目标，集合高校优秀研究团队和顶尖人才，团结协作，联合攻关，产出了一批标志性研究成果，壮大了科研人才队伍，有效提升了高校哲学社会科学整体实力。国务委员刘延东同志为此做出重要批示，指出重大攻关项目有效调动各方面的积极性，产生了一批重要成果，影响广泛，成效显著；要总结经验，再接再厉，紧密服务国家需求，更好地优化资源，突出重点，多出精品，多出人才，为经济社会发展做出新的贡献。这个重要批示，既充分肯定了重大攻关项目取得的优异成绩，又对重大攻关项目提出了明确的指导意见和殷切希望。

　　作为教育部社科研究项目的重中之重，我们始终秉持以管理创新服务学术创新的理念，坚持科学管理、民主管理、依法管理，切实增强服务意识，不断创新管理模式，健全管理制度，加强对重大攻关项目的选题遴选、评审立项、组织开题、中期检查到最终成果鉴定的全过程管理，逐渐探索并形成一套成熟的、符合学术研究规律的管理办法，努力将重大攻关项目打造成学术精品工程。我们将项目最终成果汇编成"教育部哲学社会科学研究重大课题攻关项目成果文库"统一组织出版。经济科学出版社倾全社之力，精心组织编辑力量，努力铸造出版精品。国学大师季羡林先生欣然题词："经时济世　继往开来——贺教育部重大攻关项目成果出版"；欧阳中石先生题写了"教育部哲学社会科学研究重大课题攻关项目"的书名，充分体现了他们对繁荣发展高校哲学社会科学的深切勉励和由衷期望。

　　创新是哲学社会科学研究的灵魂，是推动高校哲学社会科学研究不断深化的不竭动力。我们正处在一个伟大的时代，建设有中国特色的哲学社会科学是历史的呼唤，时代的强音，是推进中国特色社会主义事业的迫切要求。我们要不断增强使命感和责任感，立足新实践，适应新要求，始终坚持以马克思主义为指导，深入贯彻落实科学发展观，以构建具有中国特色社会主义哲学社会科学为己任，振奋精神，开拓进取，以改革创新精神，大力推进高校哲学社会科学繁荣发展，为全面建设小康社会，构建社会主义和谐社会，促进社会主义文化大发展大繁荣贡献更大的力量。

教育部社会科学司

前　言

随着当代信息技术迅速发展和普及利用，特别是网络环境的形成，信息的生产、存储和传递的方式发生了革命性的变化。数字信息资源以传统信息资源难以比拟的优势逐渐成为信息资源的主体。

数字信息资源是一个国家的数字资产，是学术研究信息的数字存档，一个国家的科技创新能力以及与此相关的国际竞争力都依赖于其快速、有效地开发与利用数字信息资源的能力。因此，对数字信息资源的规划、管理、开发和利用，成为国家信息化建设的重点。自 20 世纪 90 年代中期以来，欧美发达国家和地区，对数字信息资源的建设和利用给予了高度的重视。美国政府把数字信息资源的生产、传播、获取和利用，作为国家信息化建设的关键和重点。在新世纪美国政府的信息资源开发战略中，主要内容就包括了重点建设数据库资源，促进网络信息资源开发等问题。美国国家科学基金会（NSF）作为负责美国国家信息化建设重要的政府机构，在大力加强信息基础设施建设的同时，也大力推进数字信息资源的开发利用。加拿大在 2002 年提出的国家创新体系中，将建立国家数字科技信息网作为其重要组成部分。欧盟在国家信息化发展方面也取得了长足的进步。欧盟制定了信息社会行动纲领，各国也分别制定了本国的信息社会行动计划，并积极付诸行动。

面对汹涌澎湃的全球信息化浪潮，我国也在积极采取对策。从 20 世纪 80 年代开始重视信息资源的开发利用，90 年代初步形成了国家信息化发展战略。1993 年成立专门信息化领导机构，"九五"计划开始实施信息化专项规划,并先后出台了关于加强信息资源建设和开发利用的一系列指导性文件。2004 年 10 月 27 日召开的国家信息化领导小组第四次会议审议通过了《关于加强信息资源开发利用工作的若干意见》,明确提出加强信息资源开发利用工作将是今后一段时期信息化建设的首要工作,把信息资源开发利用和战略规划工作,尤其是作为其主体的数字信息资源开发利用提高到了前所未有的高度。2005 年 11 月 3 日,国家信息化领导小组在温家宝总理主持下召开第五次会议,审议并原则通过《国家信息化发展战略(2006~2020)》,提出了在制定和实施国家信息化发展战略中,要着力解决好的七大问题。会议还要求各地各部门要根据中央关于制定"十一五"规划建议和《国家信息化发展战略》的要求,抓紧制定"十一五"国家信息化发展规划。

当前,我国已经进入全面建设小康社会的新阶段。加强信息资源开发利用,尤其是对日益增长的数字信息资源的规划、管理与利用,是落实科学发展观、推动经济社会全面发展的重要途径,是增强我国综合国力和国际竞争力的必然选择。它将有利于促进经济增长方式根本转变,建设资源节约型社会;有利于发展信息资源产业,提高信息资源产业的社会效益和经济效益,推动信息资源的优化配置,推动传统产业改造,优化经济结构;有利于推动政府转变职能,更好地履行经济调节、市场监督、社会管理和公共服务职责,促进社会主义物质文明、政治文明和精神文明协调发展;有利于体现以人为本的治国执政理念,满足人民群众日益增长的物质文化和精神文化的需求。

应该看到,虽然近年来我国信息化建设取得快速发展,但整体水平仍处于发展中国家的中等水平(国务院信息化工作办公室副主任杨学山语)。尤其是在数字信息资源方面,国家还缺乏宏观规划、协调和管理,因而存在资源开发不足、利用不够、效益不高等问题,明显滞后于信息基础设施建设;数字信息资源分布存在严重的"数字鸿沟",区域发展很不平衡;数字信息资源开发利用市场化、产业化程度低,产业规模较小,缺乏国际竞争力;数字信息资源开发项目存在大量重复建设和体系分割,公益性信息服务机制尚未理顺;数字信息安全保障体系不够健全，对不良信息的综合治理亟待加强；数字信息资源相关法律法规及标准化体系还不完善，实施进度差异性大，不同体系的数字信息资源难以实现共享；数字信息资源的长期保存没有引起足够的重视；数字信息资源的开发利用在国家科技创新、国民经济建设和综合国力提升等方面的作用不明显；政府信息公开制度尚不完善，政务信息资源共享困难等。数字信息资源建设与利用存在的这些不足，是在国家信息化发展进程中必须着力解决的问题，亟待从理论上寻求解决的对策。

基于上述原因，我们在2005年以"数字信息资源的规划、管理和利用研究"为题申请教育部哲学社会科学重大课题攻关项目获得批准，以全球信息化为背景，以我国国家信息化发展战略为指导，以解决我国数字信息资源建设存在的问题为目标，从宏观角度对我国数字信息资源规划、管理和利用问题进行系统和深入的研究。这一研究，对于促进我国数字信息资源保障体系的建设和数字信息资源的开发利用，推进国家信息化发展战略，进而推动我国经济和社会全面发展，实现全面建设小康社会的目标，无疑是具有重要现实意义的。同时，本课题的研究还将通过数字信息资源的科学规划与管理、有效开发与利用来促进我国国家数字化科技信息系统的建立与完善，从而促进学术信息的快速交流，促进教育进步，刺激科研创新，有利于加速我国从科研大国向科研强国转变的进程。

课题研究的学术价值在于，它将突破学术界长期以来对数字信息资源的管理和开发利用偏重于微观问题和纯技术问题的局限，把数字信息资源的管理和开发利用问题带入宏观研究的视野，其研究成果无疑将丰富和完善信息资源管理的理论体系，促进信息组织、信息检索等理论在数字环境下的利用与革新，提高图书馆学与情报学理论服务于社会的能力。课题在研究中也体现多门学科的理论与方法交叉融合，在解决重大的理论和实践问题中促进图书馆学与情报学开放创新。

通过课题组15位专家（其中包括6位校外专家）3年多共同努力，实现了课题预期的研究目标。共计发表论文60余篇，向有关政府部门和企业提供研究咨询报告6份，有的论文被译为英文，有的研究

3

报告被采纳。项目在数字信息资源规划理论与模式、规划与管理战略、规划方法与工具、规划流程与机制、领域规划、资源优化配置、管理创新与制度设计、资源开发、安全保障、长期保存与服务、绩效评估等方面都取得了很好的成果，有的方面取得了突破性进展。《数字信息资源规划、管理与利用研究》（项目批准号：05JZD00024）是本课题的最终研究成果，由课题组成员合作完成。根据课题的研究目标、内容及前期取得的研究成果，由课题组集体讨论确定本书的内容体系，项目首席科学家马费成教授按内容要求提出大纲，再通过课题组成员讨论修改，然后按承担的子课题完成编写任务。具体分工为：第一章：马费成、许炜；第二章：马费成；第三章：孙建军、柯青；第四章：马费成、裴雷；第五章：唐晓波；第六章：张晓娟、张洁丽、左晋佺、江媛媛；第七章：周宁、吴佳鑫、张少龙；第八章：赵捧未；第九章：查先进、严密；第十章：马海群；第十一章：毕强、邓君；第十二章：黄树金、马翠嫦、黄威；第十三章：黄如花；第十四章：肖希明、李卓卓；最后由马费成协调统稿。

我们欣喜地看到，在教育部攻关课题立项之后，国家自然科学基金和国家社会科学基金都相继在重点项目和重大项目中立项研究数字信息资源的规划、开发与管理问题。可见这一课题的理论价值、实际意义和难度都需要持续进行研究，才能较好的解决数字信息资源的规划、开发、管理和有效利用问题。鉴于课题的综合性、交叉性和多学科性，课题组通过3年多的努力和协作攻关，虽然取得了很好的成果，实现了课题预期的研究目标，但这仅仅是初步的、阶段性的，还有诸多难题需要进一步深入探索研究。同时在研究过程、研究方法和技术路线上也还存在许多需要改进之处，恳请读者批评指正，以便我们在后续研究中不断改进，做得更好。

马费成

摘　要

数字信息资源是指所有以数字形式储存在光、磁等非纸介质的载体中，通过网络通信，计算机或终端再现出来的资源，其表现形式可以是文字、图像、声音、动画等多种形式。随着现代信息技术的迅速发展，特别是网络环境的形成，信息的生产、存储和传递的方式发生了革命性的变化，数字信息资源逐渐成为人们利用信息的主要来源。

本书是教育部哲学社会科学重大课题攻关项目《数字信息资源规划、管理与利用研究》的最终成果，首先剖析了数字信息资源形成和发展的历史过程，对数字信息资源的特征、类型和国内外数字信息资源发展战略进行了概括分析。通过对国内外大量文献的调研和统计分析，确定了近年数字信息资源研究的热点和前沿。根据中国互联网信息中心（CNNIC）公布的数据，对我国不同区域数字信息资源的分布和利用状况进行了分析，指出我国数字鸿沟在不断扩大。然后遵循规划、管理和利用的思路展开研究。

在数字信息资源规划方面，认为数字信息资源的规划是对数字信息资源开发、利用的规划，实质上是对数字信息资源管理系统的规划。一个有效的数字信息资源管理系统规划可以促进数字信息资源的合理配置和利用，使信息系统应用深化。通过对国内外数字信息资源规划进展的回顾与分析，指出信息生命周期理论、信息资源规划理论、战略规划理论是当前数字信息资源规划的理论基础，对应于这些理论产生了不同的规划模式和方法。在数字信息资源规划中，常使用的工具和方法主要有信息工程方法论（Information Engineering，IE）、扎克曼（Zachman）框架和企业架构（Enterprise Architecture，EA）。将信息资

1

源规划的理论方法应用于商务信息资源、政务数字信息资源、学术数字信息资源的规划，验证了其适应性。

在数字信息资源管理方面，提出数字信息资源管理系统总体流程包括六个主要阶段：资源规划、资源开发、资源配置、系统运行、信息和用户反馈、规划目标对比分析，形成一个闭合回路。根据不同的用户，设计了数字信息资源管理原型系统的总体结构，该原型系统主要由两大功能部分构成，其一是为以资源利用为目的的用户服务的"系统运行与资源利用"部分；其二是为以资源规划管理和决策支持为目的的面向用户服务的"规划管理与决策支持"部分。按照数字信息资源的流程和规律，构建了数字信息资源管理模型，并分析了其演化机制。通过对数字信息资源配置机理、配置模式、配置效率、资源共享的研究，以缓解数字信息资源稀缺带来的问题，提高数字信息资源利用效率。针对数字信息资源管理的特殊性，从微观和宏观两个方面分析了数字信息资源管理的制度需求，提出了数字信息资源管理创新的路径。

在数字信息资源开发利用方面，指出数字信息资源的开发是当前国家信息资源建设的主体，是国家科技创新体系中最重要的支撑体系，是获取信息的第一途径。世界各国都加大规划与投资力度，启动各种类型的数字图书馆、数字博物馆和数字档案馆工程，深度开发大型联机系统和数字信息资源项目。从数字信息资源建设、开发机制、开发模式、技术标准和项目管理等多方面探讨了数字信息资源开发利用问题。根据数字信息资源的组织结构和形式结构，对传统的信息组织方法和系统组织方法的应用问题进行了探讨，特别讨论了以用户为导向的数字信息资源组织方法以及数字信息资源的整合原则、模式和技术方法。为保证数字信息资源的永久性利用，提出应实施数字信息资源的长期保存，即对数字信息资源捕捉、收集、安全存储、元数据管理、保护和永久获取，即包括长期保存和提供检索与利用两大方面。最后探讨了数字信息资源绩效评价，即对数字资源在使用过程中所显示的各种属性及其利用效果进行检测，对使用价值加以判断。分析影响数字信息资源绩效的各种因素，绩效评估的功能和原则，构建绩效评估的标准体系及实施程序。

Abstract

Digital information resources (DIR) refer to the information resources which are stored in digital format with optical, magnetic and other non-paper carriers, and represented through network communication, computers or terminals. Their expression can be text, images, sounds, animation and other forms. With the rapid development of modern information technology, especially the formation of a network environment, the way of production, storage and transmission of information has experienced a revolutionary change. DIR have gradually become a major information source for people.

This book the final outcome of Research on Planning, Management and Utilization of Digital Information Resources, a key project in philosophy and social sciences fields which was sponsored by the Ministry of Education, China (MOE). It first analyses the formation and development of DIR and probes into the characteristics and types of DIR and development strategies of digital resources at home and abroad. Based on an investigation and statistical analysis of a large quantity of literatures at home and abroad, this work has identified the hot spots and frontiers of DIR research in recent years. According to the data published by CNNIC, this book has analyzed the distribution and utilization of digital information resources in different regions of China, pointing out that the digital divide in our country is widening.

In the following parts of this book, research outcomes are grouped in the planning, management and utilization of DIR. In terms of DIR planning, this book holds that it is actually the planning on the development and utilization of DIR with the planning on the management system of DIR as an essence. Effective planning on DIR management system will be able to facilitate the allocation and utilization of DIR and the application of information system, as well. Based on the review and analysis of the development of DIR planning at home and abroad, the authors reach the point that the information life cycle theory, information resource planning theory and strategy planning theory has formed the theoretical bases for the present DIR planning and that there are different planning modes and methods corresponding to these theories. The tools and methods frequently used in DIR planning are information engineering methodology (IE) and Zachman Framework and Enterprise Architecture (EA). This book has applied the theoretical method of information resource planning and proposed a system integration framework in the planning of business information resources, government administration digital information resources and academic digital information resources and testified their adaptability.

With respect to DIR management, this book proposes that the whole process of DIR management system mainly includes six phases such as resource planning, resource development, resource allocation, system operation, information and user's feedback, and comparative analysis of planning objectives, which form a closed loop. This book has designed a general prototype of DIR management system for different users. This prototype system is mainly made up of two functional parts: the first is "system operation and resource utilization", and the second is "planning management and decision-making support". In addition, this book has built up the model of DIR management and analyzed its evolution mechanism, striving to improve the utilization efficiency of DIR through a study on their allocation mechanism, allocation mode, allocation efficiency and resource sharing to address the problems caused by the scarcity of DIR. This book, specifically for the particularity of DIR management, has analyzed the demand on the system of DIR management from both the micro and macro perspectives and proposed the DIR management innovation path.

As for DIR development and utilization, this book has pointed out that the development of DIR is the main body of national information resource construction, the most important supporting system in the national scientific and technological innovation system and the first choice to obtain information. All the nations have intensified their efforts on planning and investment in the development of DIR, started various projects of digital libraries, digital museums and digital archives, developed large scale on-line systems and digital information resource projects. This book has paid attention to the issues concerning development and utilization of DIR such as DIR construction, development mechanism, development mode, technical standard and project management. Based on the organizational structure and formal structure of DIR, this book has also discussed the application issues on traditional information organization method and systematic organization method, especially the user-oriented organization method of DIR and integration principles, modes and technical methods of digital information resources. To ensure the permanent utilization of DIR, this work proposes a long term preservation of DIR, including the implementation of long-term storage and provision of retrieval and utilization for the capture, collection, safe storage, metadata management, protection and perpetual acquisition of digital information resources. At last, the book has discussed the performance evaluation of DIR by examinating all kinds of properties associated with the use process of digital resources and their effect, and the return of DIR use, analyzing the factors which affect the performance of DIR, the functions and principles of performance evaluation, and building a standard system and implementation procedure for performance evaluation.

目 ■ 录

Contents

Contents

1

3

第一章

绪　论

人类社会正在迈进一个全新的信息时代。信息资源与自然资源、人力资源共同构成支撑现代经济社会发展的资源体系。信息资源是知识经济时代重要的国家战略资源，是实现经济和社会的全面和可持续发展的基础条件。对信息资源的管理、开发和利用水平，是衡量一个国家综合国力和国际竞争力的重要标志之一。为此，世界各发达国家无不把占有、开发和利用信息资源作为一项基本国策。

随着现代信息技术的迅速发展，特别是网络环境的形成，信息的生产、存储和传递的方式发生了革命性的变化。数字信息资源以传统信息资源难以比拟的优势逐渐成为信息资源的主体。数字信息资源是一个国家的数字资产，是学术研究信息的数字存档，一个国家的科技创新能力以及与此相关的国际竞争力都依赖于其快速、有效地开发与利用数字信息资源的能力。因此，对数字信息资源的规划、管理、开发和利用，成为国家信息化建设的重点。

自 20 世纪 90 年代中期以来，欧美发达国家和地区对数字信息资源的建设和利用给予了高度的重视。美国政府把数字信息资源的生产、传播、获取和利用，作为国家信息化建设的关键和重点。在新世纪美国政府的信息资源开发战略中，主要内容就包括了重点建设数据库资源，促进网络信息资源开发等问题。美国国家科学基金会（NSF）作为负责美国国家信息化建设重要的政府机构，在大力加强信息基础设施建设的同时，也大力推进数字信息资源的开发利用。加拿大在2002 年提出的国家创新体系中，将建立国家数字科技信息网作为其重要组成部分。欧盟在国家信息化发展方面也取得了长足的进步。欧盟制定了信息社会行动纲领，各国也分别制定了本国的信息社会行动计划，并积极付诸行动。

面对汹涌澎湃的全球信息化浪潮，我国也在积极采取对策。从 20 世纪 80 年代开始重视信息资源的开发利用，90 年代初步形成了国家信息化发展战略。1993 年成立专门信息化领导机构，"九五"计划开始实施信息化专项规划，并先后出台了关于加强信息资源建设和开发利用的一系列指导性文件。

自 20 世纪 50 年代数字信息资源产生之后，其开发利用和管理就一直受到各国政府、企业机构以及学术界的重视，它们积极探讨数字信息资源规划与标准、开发利用环境、政策和技术，数字信息资源配置以及数字信息资源评价等问题，形成了一个庞大的研究体系。

第一节　数字信息资源的形成与发展

数字信息资源（Digital Information Resources）按照美国数字图书馆联盟电子资源管理计划组（Digital Library Federation Electronic Resource Management Initiative，DLFERMI）的界定，是指借助计算机编码而完成的可供直接获取和远端使用的多种形式的资源。数字信息资源在某些特定情形下也被称作"电子资源"（Electronic Resources）、"网络信息资源"（Network Information Resources），这些同义词或近义词或者体现数字信息资源的特征，或者表征数字信息资源的主要类型，在实际中常常替代使用。结合其他定义，我们认为，数字信息资源是指所有以数字形式储存在光、磁等非纸介质的载体中，通过网络通信，计算机或终端再现出来的资源，其表现形式可以是文字、图像、声音、动画等多种形式。

一、信息资源的数字化

随着现代信息技术的迅速发展，特别是网络环境的形成，信息生产、存储和传递的方式发生了革命性的变化。数字信息资源以传统信息资源难以比拟的优势逐渐成为信息资源的主体。

（一）全球信息资源数字化背景

自 20 世纪 90 年代中期以来，全球启动和实施了"数字图书馆"的研究，为人类创造了丰富多彩的数字资源。① 这项研究首先始于美国，1994 年 6 月，美国国家科学基金会、国家宇航局（NASA）和国防部高级研究署（AKPA）联合公布了"数字图书馆启动计划"（DLI，Digital Library Initiative），领导、组织和资助美国的数字图书馆研究和开发。1995 年 2 月 25 ~ 26 日，在比利时布鲁塞尔召开了全球信息社会讨论会，这次讨论会被视为西方主要发达国家在社会信息化进程中的一个重要里程碑。会议将 11 项示范计划之一的全球数字图书馆计划与数字博物馆计划等确立为全球信息社会化的重要组成部分。②

继美国之后，英国、法国、日本、德国、意大利等西方发达国家以及亚洲的新加坡、韩国等国家也先后提出了各自的数字图书馆计划。例如法国将收藏的艺术精品及分散在法国各地的古书艺术插页用彩色高分辨率扫描仪录入光盘，目前法国国家图书馆的数字资源已达 2.4 亿页，3 000GB 以上，书目数据 830 万条。此外，西方七个国家的国家图书馆在法国成立了"G7 全球数字图书馆集团"，后来又吸收俄罗斯参加，成为"G8"，从现存的数字化项目组织一个大型的人类知识的虚拟馆藏，通过网络为广大公众服务。③

21 世纪以来，互联网的发展更为迅猛。根据研究机构 Netcraft 的调查结果，截止到 2009 年 6 月，共收到 238 027 855 个站点的反馈，相比上月增加了 2 137 329 个站点。④ 根据 www. linkwan. com 的测试结果，到目前为止全球宽带互联网的平均网速已经增至 1. 8Mb/s，数字技术在以革命性的速度扩展着，为更多数字资源的问世提供了平台。⑤

我国数字信息资源也伴随着互联网在中国的发展而取得巨大进展。中国互联网络信息中心 2010 年 1 月发布的《第 25 次中国互联网络发展状况统计报告》显示：截止到 2009 年 12 月 30 日，全国 IPv4 地址数达到 2. 32 亿个，与 2008 年相比增长 28.2%，数量仅次于美国，是全球第二大 IPv4 地址拥有国；域名数为 1 682 万个，网站数量达到 323 万个，国际出口带宽达到 866 367Mbps，各项互联网基础资源增长迅速。我国网上信息资源的增速更加迅猛，2009 年网页数量达到 336 亿个，年增长率超过 100%⑥。

---

① 新华网：《国外数字图书馆的启动和实施》，http：//news. xinhuanet. com/it/2002 - 05/27/content_411040. html. [2009 - 07 - 29]

② 邱均平、段宇锋：《数字图书馆建设之我见》，载《情报科学》2002 年第 10 期，第 1089 ~ 1091 页。

③ 中国人民大学图书馆：《国外数字图书馆研究与建设》，http：//www. lib. ruc. edu. cn/zy/tx-brow. php？id = 46. [2009 - 07 - 29]

④ Netcraft. December 2006 Web Server Survey. http：//news. netcraft. com/archives/web _ servey. html. [2009 - 07 - 29]

⑤ http：//www. linkwan. com/gb/broadmeter/SpeedAuto/stats/Avg. asp. [2009 - 07 - 29]

⑥ 中国互联网络信息中心：《第 25 次中国互联网络发展状况统计报告》。http：//research. cnnic. cn/img/h000/h12/attach201007050927310. pdf. [2010 - 04 - 20]

我国在学术信息资源建设方面也取得了巨大的进展。一方面，我国积极采购引进国外大型网络数据库和电子文献。例如，中国高等教育文献保障系统（China Academic Library & Information System，CALIS），到 2009 年，CALIS 共组织了 107 个（554 次）集团采购，全国 600 多所高校和科研机构，3 977 馆次参加了集团采购。[①] 国外数据库的成功引进对高校科研和教学起到了极大的推动作用。另一方面，我国也建设了面向高等教育的特色数字资源库。许多高校都建立了本校面向教学和科研服务的特色数据库，例如，上海交通大学建立了"机器人信息数据库"和"音乐数字图书馆"等数据库。国内的三大数据库生产商——中国学术期刊（光盘版）电子杂志社、万方数据库公司，以及重庆维普公司也分别建立了各自的数据库产品，例如，清华大学发起的国家知识基础设施（National Knowledge Infrastructure，CNKI）自建的数据库包括中国期刊全文数据库、优秀硕博士论文库、重要会议论文全文数据库、图书全文数据库、年鉴全文数据库等一系列数据库产品。

（二）数字信息资源作为国家战略资源地位的确立

随着全球信息化进程的发展，人们越来越深刻地认识到信息资源是重要的财富和资产，是最活跃的生产要素，国家的科技创新能力以及与此相关的国际竞争力都依赖于其快速、有效地开发与利用信息资源的能力。特别在数字技术的推动下，数字信息资源已成为新的开放环境下政治、经济、文化和军事等国际竞争的焦点，成为国家的重要战略资源。

从国际上看：发达国家大力推进数字社会建设，把信息和知识作为现代社会的关键资源，形成了信息资源理论体系、政策法规体系。美国政府把数字信息资源的生产、传播、获取和利用，作为国家信息化建设的关键和重点。在 21 世纪美国政府的信息资源开发战略中，主要内容就包括了重点建设数据库资源，促进网络信息资源开发等问题。美国国家科学基金会作为负责美国国家信息化建设重要的政府机构，在大力加强信息基础设施建设的同时，也大力推进数字信息资源的开发利用。加拿大在 2002 年提出的国家创新体系中，将建立国家数字科技信息网作为其重要组成部分。欧盟在国家信息化发展方面也取得了长足的进步。欧盟制定了信息社会行动纲领，各国也分别制定了本国的信息社会行动计划，并积极付诸行动。[②]

---

① 朱强：《高校图书馆数字资源采购联盟的建立与展望》，http：//library. sysu. edu. cn/calis/Information/ppt/calis5. 11am/calis% 20report_zhuqiang. pdf. ［2010 – 06 – 20］

② 任波：《美、欧、日推动信息化发展的相关政策和措施》，载《科学研究动态监测快报》2005 年第 12 期，第 3 ~ 5 页。

从国内看：我国从 20 世纪 80 年代开始重视信息资源的开发利用，逐步形成了国家信息化发展战略，并先后出台了关于加强信息资源建设和开发利用的一系列指导性文件。1993 年成立专门信息化领导机构，九五计划开始实施信息化专项规划，并先后出台了关于加强信息资源建设和开发利用的一系列指导性文件。2004 年 10 月 27 日召开的国家信息化领导小组第四次会议审议通过了《关于加强信息资源开发利用工作的若干意见》，明确提出加强信息资源开发利用工作将是今后一段时期信息化建设的首要工作，把对信息资源开发利用和战略规划工作，尤其是作为其主体的数字信息资源开发利用提高到了前所未有的高度。①2005 年 11 月 3 日，国家信息化领导小组在温家宝总理主持下召开第五次会议，审议并原则通过《2006～2020 年国家信息化发展战略》，提出了在制定和实施国家信息化发展战略中，要着力解决好的七大问题，并提出我国正在面临着从信息技术推广应用阶段向信息资源和知识资源开发利用阶段的结构转型，要通过颁布的一系列政策来促进我国信息资源的科学采集，广泛共享，快速流动，深度开发，有效利用，有序配置，以降低社会利用的总成本，实现经济效益的最大化。②

正是在上述背景下，我们开始思考一系列问题：在迅速发展的数字时代，与发达国家相比，我国数字信息资源建设存在哪些亟待解决的问题，又如何通过宏观政策指导和微观机制设计去解决。

二、数字信息资源的发展历程

追溯数字信息资源的渊源，它是随着计算机技术和通信技术的发展而诞生的，最初使用磁带为载体，后来陆续使用软盘、光盘等为载体或通过计算机网络发行，数字信息资源的类型也从电子期刊、电子图书扩大到数据库等所有可以数字化的资源。在数字信息资源的发展历史上，出现了许多代表性的事件。

（一）电子期刊的发展历程

1961 年，美国化学学会（Chemical Abstracts Society，CAS）《化学题录》电子版的诞生是世界上第一种用计算机编辑出版的电子期刊，既是世界最早的电子

---

① 中共中央办公厅：《关于加强信息资源开发利用工作的若干意见》中办发［2004］34 号，http：//www.cnisn.com.cn/news/info_show.jsp? newsId＝14799.［2009－07－29］
② 中共中央办公厅：《2006～2020 年国家信息化发展战略》，http：//www.gov.cn/gongbao/content/2006/content_315999.html.［2009－07－29］

出版物，也是持续时间最长的电子出版物之一，被认为是电子出版史上的一个重大的创举。芬兰联合版权组织（Kopiosto）网站 2002 年 8 月登载的《电子出版简史》（Brief History of Electronic Publishing）曾报道："电子出版的发展，始于计算机开始用来生产出版物。起初是借助计算机生产科学出版物的摘要和索引。这些出版物印刷版和磁带版同时供应。第一种是 1961 年出版的《化学题录》。"①

1965 年，化学文摘社依照当时任研究部主任的乔治·戴森的策划，在美国国立卫生研究院的资助下同时发行《化学生物学动态》（Chemical Biological Activities，CBAC）磁带版和小册子形式的印刷版。磁带版的显著特点是除提供文摘的全文外还有大量可检索的信息，包括作者、题名、著作出处、期刊代码、分子式和化学文摘社化学物质登记号（化学物质包括元素、化合物、衍生物，一个登记号由 3 组数字组成作为统一的永久的识别标志，目前已登记的化学物质超过 600 万种）。这是世界上第一种用计算机编制、提供文摘全文的快报型电子期刊。几年后印刷版停止出版，磁带版则继续发行。

到了 20 世纪 60 年代下半期，第三代（集成电路）计算机的问世、海量存储器硬磁盘研制成功和分组交换公共数据网的普及，使计算机信息存取由离线批处理进入联机检索阶段。用户通过终端设备（包括微机、调制解调器和打印机）、通信线路直接与远程中央计算机连接，实现"人机对话"，直接检索和浏览远程系统数据库的文献资料，随时修改检索策略，及时取得检索结果。化学文摘社在 1967 年为自己的数据库建立了联机检索系统和人机界面，称为"STN"（科技信息网）。1907~1966 年印刷版的全部文摘、作者和专利文献索引也已数字化，可供检索。印第安纳大学布鲁明顿图书馆在 1967 年最先提供全校园联机检索《化学文摘》电子版服务。

继化学文摘社之后实现编辑出版电子化的单位越来越多。产业信息公司（Information For Industry，IFI）从 1962 年开始定期发行《美国化学专利文献单元词索引》（Uniterm Index to U. S. Chemical Patents）及其他文献著录数据磁带版。美国国家医学图书馆（NLM）在 1960 年以计算机编辑出版《医学索引》（Index Medicus）月刊印刷版，1961 年 8 月~1963 年 12 月与通用电气公司合作开发的"医学文献分析与检索系统"（MEDLARS），是世界最早计算机化信息服务系统之一，1964 年 1 月正式投入运营。

互联网早期的电子期刊大都是以电子邮件发送的，以各种机构和单位的业务通讯、工作简报为主；也有一些实行同行专家审稿制的正规学术刊物，有的被分

---

① 林穗芳：《电子编辑和电子出版物：概念、起源和早期发展（上）》，http://www.cbkx.com/2005 - 3/index. html. ［2009 - 07 - 29］

配了国际标准刊号。1987 年秋季创刊的《成人教育新天地》（New Horizons in Adult Education），是互联网最早的持续出版至今的原生数字化正规学术期刊（申请了国际标准刊号 ISSN1062 – 3813），由接入互联网的"成人教育网"（AEDNET）通过比特网（Bitnet）邮件列表服务器向全球免费发行。①

（二）电子图书的发展历程

20 世纪 60 年代初在第一批电子期刊出版后，电子图书也初现端倪。英语"Electronic Book"（电子书籍）这个术语是美国布朗大学计算机学教授、软件工程师安德里斯·范·达姆（Andries van Dam）在 70 年代晚期创造的。美国科学研究与发展局局长、罗斯福总统科学顾问万尼瓦尔·布什（Vannevar Bush）被称为"电子书之父"，他在《大西洋月刊》1945 年 7 月号发表信息时代经典之作《我们所想象的会如愿以偿》② 中提出一种台式信息存取系统的设想，其中包含对电子书、数字图书馆、个人计算机和超文本链接的预见。

据南卡罗来纳州大学图书馆与信息科学学院罗伯特·威廉斯教授等编写的《化学信息科学大事年表》，美国国家医学图书馆 1965 年利用化学文摘社的化学物质登记技术在自己的数据库中开发的一部在线化学词典（Chemical Dictionary Online，CHEMLINE)③，是最早出现的电子图书，其附属于数据库中，并不单独发行。1971 年美国伊利诺伊大学迈克尔·哈特首次在网络上发行了单独版的图书，被认为是电子图书的真正开端。

同电子期刊一样，电子图书最先多为录音带、录像带等音像制品，后来才使用软盘和光盘作为介质。

世界第一种以 CD 光盘为载体的电子书是 1981 年出版发行的《兰登书屋电子分类词典》（The Random House Electronic Thesaurus）。密苏里教育网 2004 年秋季课程《信息技术概论》在《电子书简史》一节中说："在 1981 年，《兰登书屋电子分类词典》成为世界上第一种可通过商业渠道供应的电子书。"④ 1982 年美国国会图书馆开始启动"光盘试验计划"（Optical Disk Pilot Project），把大批藏书的文本和图像存储于光盘。

软磁盘书籍在 20 世纪 80 年代初期开始出版，其中有《圣经》等。80 年代

---

① 林穗芳：《电子编辑和电子出版物：概念、起源和早期发展（中）》，http：//www. cbkx. com/2005 – 4/770_6. html. ［2009 – 07 – 29］

② Bush V. (1945) As We May Think. The Atlantic Monthly, 7：101 – 108.

③ Williams R. V., Bowden M. E. Chronology of Chemical Information Science. http：//www. libsci. sc. edu/b ob/chemnet/DATE. hmtl. ［2009 – 07 – 29］

④ Hein K. K. Introduction to Information Technology. http：//www. missouri. edu/ ~ heink/7301 – fs2004/ebooks/ebkhistory. html. accessed. ［2009 – 07 – 29］

下半期兴起了超文本作品出版热。第一本超文本小说《下午的故事》是纽约市瓦萨学院电子教学中心主任迈克尔·乔伊斯（Michael Joyce）撰写的，1987年由制作电子游戏的东门系统公司以软盘出版。①

电子图书诞生后，随着计算机技术和通信技术的发展，各种类型的电子图书随即涌现。如网络图书随着互联网的兴起和发展而基于超文本技术开发，便携式电子书的产生是随着 PDA（个人数字助理）和笔记本计算机的出现在 20 世纪 90 年代开发出来的。

总体来看，电子期刊和电子图书都经历了相似的发展历程，即沿着印刷版→在线版→纯文本光盘版→多媒体光盘版→万维网版发展。

（三）数据库的发展历程

最早的数据库可追溯到 20 世纪 50 年代初，1951 年美国调查局建立了数值数据库，采用的是计算机使用的成套穿孔卡片。然而推动数字信息资源发展的数据库是按字母顺序排列的、以磁存储器为载体的书目数据库。20 世纪 60 年代初，用于文摘和索引服务的数据库开始被改造为计算机控制的照相排字系统。1960 年，美国国家医学图书馆（NLM）着手设计其 MEDLARS 系统，1964 年使用该系统进行医学文献的批式检索。1965 年，美国国家科学基金会、国家卫生协会和国防部联合建立了 CAS 化学注册系统数据库。这些数据库的特点是多为面向学科和面向社会公众的数据库，数据库的查找是以批量方式进行的，即将多个检索策略在某一数据库上同时运行，适合于定题服务。到了 1970 年，这种数据库达到 50～100 个。

到了 20 世纪 70、80 年代，随着计算机技术和大容量存储技术的发展，更多的机构开始生产数据库，数据库的数量迅速增加。这一时期数据库发展有以下特点：一是出现商业数据库，数据库内容的多样化。更多的营利机构加入数据库的生产，数据库收录的内容除了社会科学、人类学，以及人们普遍关心的事项或大众化的课题外，还包括销售、金融、经济、企业名录等信息。二是非书目数据库日益受到关注，各种指南和参考型数值数据库问世，全文数据库日渐增多。三是实现了数据库的联机检索功能。1971 年美国空军的 NASA 实验室在纽约州的医学图书馆，对 MEDLARS 数据库最早实现联机检索。著名的联机检索数据库 DIALOG 系统也是同时期产生的。到了 80 年代，DIALOG 和 BRS 建立了供卫星通讯网络终端用户，使用个人计算机和采用简单提问语言查找大众化数据

---

① Joyce M. (1987) Afternoon, a Story. Hypertext edition ed. Cambridg e (MA): Eastgate Systems Inc.

库的服务机构。[①]

1990 年来，互联网的发展使数据库成为网络上的重要资源，商业数据库领域的竞争愈演愈烈、数据库的性能越来越优，容量越来越大，内容越来越丰富，各种全文数据库、数值数据库、参考数据库产品层出不穷，满足了人们数据查询的需要。这一时期数据库的发展呈现出以下趋势：一是数据库市场逐渐集中到少数大型数据库公司手中。20 世纪 90 年代末到 20 世纪初，数据库的生产商不断合并，例如汤姆森（Thomson）公司收购了 Findlew、Dialog 和 Information Access 等多家数据库企业，而爱思唯尔（Elsevier）公司则拥有由 Lexis-Nexis，Elsevier Science，Bowker 和 Cahners Business Information 等数家知名数据库构成的信息服务体系。二是数据库服务越来越专门化。许多数据库商开始形成自己的核心产品。2001 年，爱思唯尔公司出售 Bowker，Marquis Who's Who 和 National Register Publishing 等子公司，以全力投入对于自然科学、技术和电子版信息的开发和市场中。三是数据库的功能和内容越来越丰富。过去数据库几乎只能提供英语操作界面，随着全球市场的发展，多语种数据库逐渐增多。例如，以银盘公司为代表的商业数据库公司，为它的 Webspirs 软件包提供了包括英语、法语、德语等多种语言交互式的平台。四是改进了数据库服务方式。互联网技术为数据库信息的传播提供了一个很好的平台，许多数据库开始提供基于万维网的服务方式。例如律商联讯集团（Lexis-Nexis）推出了它的网络检索系统 nexis. com 以取代以往的 Lexis-Nexis Universe 数据库。[②]

总之，互联网技术的发展促使网络信息资源的产生和丰富。各种围绕网络的数据应用，从书目数据库到各种电子报刊，从各种网页到多媒体网站，数字技术在教育、科研、商业、生产的各个领域中广泛应用。

三、国外数字信息资源发展战略

世界上许多国家都将数字信息资源的建设列入了最高层领导人的决策议程中，纷纷制定政策，进行了许多有益的实践探索。从总体情况来看，研究集中在企业或组织范围内的数字信息资源战略规划，探讨的重点放在数字信息技术及系统方面，从国家宏观层次上对数字信息资源进行整体综合规划的成熟案例较为少见，但是仍有一些国家主管部门委托全国性的学术团体、协会等组织开展了卓有成效的工作，形成了一系列数字信息资源战略。

---

① 羿文：《数据库发展史的回顾与思考》，载《情报学刊》1989 年第 6 期，第 52 ~ 56 页。
② 郑睿：《美国数据库公司一瞥》，载《图书馆杂志》2003 年第 1 期，第 65 ~ 67 页。

美国由国家数字图书馆联盟（Digital Library Federation，DLF）、国会图书馆以及一些地区性图书馆陆续开展面向数字信息自动搜集和获取的 Minerva 项目、面向数字信息存取保障的 PADI（Preserving Access to Digital Information）项目、国家数字图书馆规划（National Digital Library Program）和国家数字信息基础设施及保存计划（National Digital Information Infrastructure Preservation Program，NDI-IPP）等一系列重大项目[①]，发布了《数字资源保存国家战略》（Building a National Strategy for Digital Preservation，2002）[②]、《电子资源管理报告》（Electronic Resource Management：Report of the DLF ERM Initiative，2004）[③]、《建立数字化采集项目战略规划》（Strategies for Building Digitized Collections，2001）[④] 等战略报告，走在了全球数字信息资源建设的前列。迄今为止，在数字信息的数字化、采集、存取、保存等各个方面，美国均进行了许多实践探索，取得了令人瞩目的成绩。

加拿大数字信息资源战略还在探索中，从掌握资料来看，加拿大图书档案协会（LAC）是国家数字信息资源战略规划的主要负责机构。2006 年 6 月加拿大图书档案协会发布了《加拿大国家数字信息资源战略》（Toward a Canadian Digital Information Strategy），其中提到加拿大国家数字信息资源战略的使命是"数字信息的产生、存储和存取过程中面临了许多挑战，为了迎接挑战必须从国家高度制定数字信息战略，帮助加拿大成为世界上信息资源最为丰富的国家之一。加拿大将跻身于数字资产认证、评估、保存的成功国家之列，成为为公众提供普遍而公平的信息存取的领导者"。[⑤]

为了使新西兰成为世界上利用信息技术实现经济、社会、环境、文化目标的领先国家，新西兰政府开展了称为"数字化未来"的国家数字信息资源战略。政府希望所有的新西兰人能够享受数字技术带来的好处，数字技术使得新西兰公众能够访问独一无二的新西兰文化，并且通过利用数字信息资源，能够促进改

---

① 温斯顿·泰伯：《美国国会图书馆：21 世纪数字化发展机遇》，载《国家图书馆学刊》2002 年第 4 期，第 7～12 页。

② Library of Congress. Building a National Strategy for Digital Preservation：Issues in Digital Media Archiving. Washington：Council on Library and Information Resources and Library of Congress. 2002. http：//www. clir. org/PUBS/reports/pub106/pub106. pdf. [2009 - 07 - 29]

③ Timothy D. Jewell，Ivy Anderson，etc. Electronic Resource Management Report of the DLF ERM Initiative. Washington：Digital Library Federation. 2004. http：//www. diglib. org/pubs/dlf102/ERMFINAL. pdf. [2009 - 07 - 29]

④ Abby Smith. （2001）Strategies for Building Digitized Collections. Washington：Digital Library Federation.

⑤ Library and Archives Canada. Toward a Canadian Digital Information Strategy. http：//www. collections-canada. ca/cdis/index-e. html. [2009 - 07 - 29]

革、提高生产率、丰富国民生活。2004 年 6 月，国家数字信息战略的草案对外发布①，旨在为所有新西兰人创建一个未来的数字社会，充分将信息通信技术用于人们的生活之中，并用以实现经济、社会、环境和文化目标。数字战略的几项关键内容为：内容（可以获取的、有利于提高人们生活质量的信息）；信心（使用信息通信技术的技能及其周围的安全环境）和连接（获取和使用信息通信技术）以及各种变化因素的作用：社区、企业与政府。

英国联合信息系统委员会（Joint Information Systems Committee，JISC）1997年开始实施 e-Lab 数字图书馆项目，并建立了面向高等教育的分布式数字资源建设（Distributed National Electronic Resource，DNER）规划，目前最新的 JISC 三年发展战略（JISC Strategy，2007 – 2009）草稿已经发布。② 其他的成果还有：英格兰博物馆、图书馆及档案馆委员会（MLA）发布的《保存数字时代》（Archives in the Digital Age，2001 – 2006）以及英国人文科学数据服务中心（AHDS）发布的《人文科学数据服务战略规划（2002 ~ 2005）》等。③

奥地利的数字信息资源规划④将重点放在接入性、互操作性、开放接口、国际认可标准的采用、技术中立、安全、透明度和可扩展性等原则方面。

在日本，总务省（MIC）正在起草一系列实现无所不在的网络社会所需的政策⑤，以便人们可以轻而易举地"在任何时间、任何地点、利用任何工具、向任何人提供网络接入"，而且使通信方便、自由。在 2005 年 5 月 16 ~ 17 日在东京举办的"朝着实现无所不在的网络社会前进"的信息社会全球峰会（World Summit on the Information Society，WSIS）上讨论了该政策提案（u-Japan）。⑥

为了实现《联合国千年宣言》中所提出的目标，各种国际组织和金融机构也相继制定了各自的数字化发展战略，开展了相关活动。联合国信息通信技术任务组（UNICTTF）于 2004 年 11 月 19 ~ 20 日在柏林举办了一个题为"为数字发

---

① Hon David Cunliffe. The Digital Strategy-Creating Our Digital Future（2005）. http：//www. digitalstrategy. govt. nz. accessed. ［2009 – 07 – 29］

② JISC. Draft JISC Strategy 2007 – 2009. http：//www. jisc. ac. uk/aboutus/strategy/draft＿strategy0709. aspx. ［2009 – 07 – 29］

③ "中央研究院"数位典藏国家型科技计划资料室：《数位典藏国际资源观察报告》台北："中央研究院" 2005 年第 3 期. http：//www. sinica. edu. tw/% 7Endaplib/watch% 20report/v3n1/watch＿report＿v3n1＿new. html. ［2009 – 07 – 29］

④ http：//www. cio. gv. at/.

⑤ Minstry of Internal Affairs and Communications. Postal Services Policy Planning. http：//www. soumu. go. jp/english/index. html. ［2009 – 07 – 29］

⑥ MIC. U-Japan Policy Working Toward Realizing the Ubiquitous Network Society by 2010，http：//www. soumu. go. jp/menu＿02/ict/u-japan＿en/outline01. html. ［2009 – 07 – 29］

展创造有利环境"的全球论坛。① 该国际大会讨论了政策监管、融资和不同利益相关方在创建有利于数字发展的环境方面的作用等问题。该论坛通过融资机制任务组推动了 WSIS 进程，促进了《行动计划》的落实，同时还提高了人们对信息通信技术在实现《千年宣言》目标中的作用的认识。国际贸易中心（ITC）是联合国贸发大会（UNCTAD）和世界贸易组织（WTO）建立的一个联合机构，该机构根据其电子化促进贸易发展战略制定了电子贸易桥梁计划，帮助中小企业（SME）弥合国际贸易领域的数字鸿沟。② 该项目帮助企业经理、各种组织的管理人员和政府的政策制定人员更好地在日常工作中理解和应用基于信息通信技术的工具和服务，以提高竞争能力。该计划目前已在 30 个国家开展活动。

从各国数字信息资源的战略规划研究中，我们可以看出国外在数字信息资源规划工作中呈现出以下的特点和发展趋势。③

第一，目标多元化。数字信息资源建设涉及多方面内容，数字信息资源的采集、保存、存取、利用、配置都可以成为制定数字信息资源战略的目标。由于各国国情不同，导致了国家在制定数字信息资源规划时的目标不同。对欧美经济发达的国家来说，尤其是美国，互联网的接入已经普及了，数字信息资源的基础设施已经很完善了，因此美国的数字信息资源规划的主要目标是实现对数字信息资源的保存和管理。而在经济相对落后的国家，如奥地利，由于数字信息资源的基础设施还在建设之中，信息通信技术尚不发达，因此国家数字信息资源规划的重点是互联网的接入性、互操作性、开放接口、国际认可标准的采用、技术中立、安全、透明度和可扩展性等方面。

第二，体系趋同化。纵观国内外诸多研究结果，可以看出在数字信息资源规划内容体系方面表现出共识，不同国家对数字信息资源规划流程和主要内容大体是相同的，一般都涉及数字信息资源的收藏、保存、存取、利用等方面。特别是数字信息资源的长期保存一直是战略研究的重点，然而随着研究的不断深入，对于数字信息资源生命周期中的其他阶段，如收藏、存取、利用的关注也在不断加强，从而国家层次的数字信息资源规划体系将更趋理性。

第三，视角全面化。国家层次的数字信息资源规划作为对数字信息资源发展中的重大问题的全面、长远、根本性的重大谋划，其基本的视角是宏观的。然而随着战略研究的不断深入和发展，宏观问题的微观视角也得到重视，研究逐渐增

---

① 联合国信息通信技术任务组（UNICTTF）"为数字发展创造有利环境"全球论坛，http://www.unicttaskforce. org/seventhmeeting. [2009 – 07 – 29]

② 信息社会世界峰会执行秘书处：《关于信息社会世界峰会清点工作的报告》，http://www.itu. int/wsis/docs2/tunis/off/5 – zh. doc. [2009 – 07 – 29]

③ 宛玲：《国外数字资源长期保存的最新发展及对我国的启示》，载《中国图书馆学报》2004 年第2 期，第22 ~ 26 页。

强了实施性、政策性和经营性内容。例如，我们可看出各国数字信息资源规划的出发点呈现出广泛性的特点。既有从社会角度出发，创造数字社会的长远目标（如新西兰的"数字化未来"战略），又有从经济效益角度出发，着眼于商业领域的数字资源［如美国的"商用数字信息资源选取与保存理论与实践报告"（Selection and Presentation of Commercially Available Electronic Resources，2001）］。

第四，组织机构的多样化。由于数字资源，目前各国还普遍没有设立统一的国家管理机构，但从各国实践来看，传统的保存机构——图书馆，在数字信息资源规划中责无旁贷地成为了主要的制定者。同时，其他的一些存储数字信息资源的机构也相应地制定了各自领域的数字信息规划。例如，澳大利亚国家图书馆，早在1996年就制定了《澳大利亚电子出版物的国家战略》，当时的重点是放在光盘文献上，随后启动了关键的数字保存项目PANDORA（Preserving and Accessing Networked Documentary Resources of Australia），目前已经建成用户可以直接访问的国家联机出版物知识库。澳大利亚图书馆认识到长期存储互联网上重要的联机出版物远非单个图书馆可以完成，因此联合了7家洲级图书馆形成了分布式的保存网络——国家模型，PANDORA站点成为其重要的组成部分。除了图书馆以来，一些数据库提供商和非营利信息服务机构如美国的联机计算机图书馆中心（Online Computer Library Center，OCLC）也开始涉足数字信息资源领域，成为数字信息资源战略规划的新生力量。

第五，运作模式的合作化。国外数字信息资源规划以国家规划为主，吸收私营企业参与。这是因为数字信息资源的长期发展如果以商业模式运作，必须具有足够的商业激励因素存在才可以驱动团体和个人从事这项活动，形成相应的市场。但在目前，这种激励因素远不能超越数字资源建设所需的巨额费用以及可持续发展的不确定性带来的压力。从国家利益、长远利益着眼，国家必须在数字信息资源发展中居于领导地位。如国外的重要项目NDIIPP、PANDORA都得到了国家的大力资助。另一方面，为了鼓励其他机构能参与到数字信息资源建设中来，共同促进数字信息资源的可持续发展，许多私营出版机构、非盈利的社会组织也资助了数字资源项目。如英国的CEDARS项目是由JISC资助建成，2000年爱思唯尔公司与耶鲁大学图书馆签订了后者长期保存前者期刊全文数据库数据的协议。

第六，国外数字信息资源规划还体现出创新的趋势。纵观国外的数字信息资源规划研究，从内容到形式就一直在力图创新，以开放的心态吸收各个领域的专家的参与，广泛地借鉴其他国家关于研究的理论与经验。例如加拿大LAC在制定数字信息资源规划时，多次召开专家会议，这些参加会议的专家包括：数字信息的创造、生产、发布者，科研团体，数字存储部门（如图书馆、档案馆、博物馆），数字版权管理机构，大学和教育机构等。这种做法使得数字信息资源规划能建立在很好的公众接受和实践操作基础上；另一方面，研究者在创新方面不遗余力，这种创新对于数字信息资源规划研究的发展无疑是积极的，内容的拓宽、方法的变革、视角的转换都将为数字信息资源规划方法论的进一步完善打下坚实的基础。

四、国内数字信息资源发展战略

我国对数字信息资源战略的实践贯穿到信息化建设实践中。2001 年 8 月重新组建了国家信息化领导小组，加强了对全国信息化工作的领导。国家信息化领导小组重组以来，先后召开了 5 次会议，审议通过了《国民经济和社会发展第十个五年计划信息化重点专项规划》、《我国电子政务建设指导意见》、《振兴软件产业行动纲要（2002～2005）》、《关于加强信息安全保障工作的意见》、《关于加强信息资源开发利用工作的若干意见》、《关于加快电子商务发展的若干意见》、《国家信息化发展战略（2006～2020）》等一系列指导性文件，对国家信息化发展做出了全面部署，为未来信息化发展提供了明确指导。尽管完整、有效的国家数字信息资源战略仍未真正"浮现"，但是国家颁布的一系列信息化政策也为数字信息资源的开发利用创造了良好的政策环境，其中有不少文件提到了数字信息资源问题。

例如，2005 年 10 月，党的十六届五中全会通过了《中共中央关于制定国民经济和社会发展第十一个五年规划的建议》，明确了"十一五"期间我国信息化建设的主要任务和方向。其中指出：重点培育数字化音视频，加强信息资源开发和共享，推进信息技术普及和应用。

2006 年 5 月 8 日，中共中央办公厅印发《2006～2020 年国家信息化发展战略》，明确了未来 15 年我国信息化发展的指导思想、战略目标、战略重点、战略行动计划和保障措施，第一次提出了我国向信息社会迈进的宏伟目标，第一次把国家信息化与军队信息化纳入统一的体系之中，是一部全面、整体的国家信息化战略。[①] 国家信息化战略的发布使得中国信息化建设未来 15 年的发展方向得以明确，更加鲜明的突出了整个信息化发展的价值，也充分体现了国家全面贯彻落实信息化战略的意志与决心。这是我国第一个在国家层次关注信息化与信息资源开发利用的战略。

---

① 中共中央办公厅：《2006～2020 年国家信息化发展战略》，http：//chinayn. gov. cn/info＿www/news/detailnewsbmore. asp？ infoNo＝8396. ［2009－07－29］

2004 年 7 月 14～16 日，国家科技图书文献中心、国家图书馆、中国高等教育文献保障系统、中国科学院国家科学数字图书馆项目管理中心和欧洲有关国家图书馆合作，邀请了 11 位欧盟国家直接从事数字资源长期战略保存国家战略设计、技术系统设计、应用项目组织的专家于北京举行"中欧数字资源长期战略保存国际研讨会"，标志着我国对数字信息资源长期保存战略的研究取得阶段性成果。①

此外，由我国图书情报部门等科研机构负责牵头，组织与数字信息战略的相关研究活动；中国科学院与科学院间国际问题研究组织（IAP）2005 年 6 月召开的"科学信息开放获取政策与战略国际研讨会"，会议主题是科学信息开放获取政策与战略②；中国科学院文献情报中心得到科技部科技基础性工作专项资金重大项目资助的《我国数字图书馆标准规范建设》，其中的子课题之一为《中国数字图书馆标准规范总体框架与发展战略》③。这些研究都在不同程度上促进了我国数字信息资源战略规划的发展。

我国在数字信息资源规划的研究过程中也存在一些亟待解决的问题，主要表现在：

第一，专门针对数字信息资源管理与利用的规划尚未出台。在《2006～2020 年国家信息化发展战略》中提到了网络信息资源开发与利用战略行动计划，可以作为数字信息资源管理的一个行动指导，但是仍缺乏具体的能针对数字信息资源的规划。

第二，国家数字信息资源规划内容体系还在研究中，霍国庆教授提出了国家数字信息资源战略的分析框架，其中提到了国家数字信息资源管理战略包括四个核心内容。

第三，规划工作没有科学的组织体制。我国还没有建立专门的部门负责协调、组织、监督和评价国家层面的信息资源规划的制定和实施，在实际中，更多的是图书情报部门充当规划的主体。只有重组和整合国家信息资源机构，形成有效的分工、多维合作、全面覆盖和重点突破，才能保证数字信息资源的规划工作的顺利开展。

第四，缺少有利于国家数字信息资源规划实施的法规、政策和制度。政策和法规是保障规划实施的有力措施，但是我国在数字信息资源管理方面的政策和法

---

① 中欧数字资源长期战略保存国际研讨会，http：//159.226.100.135/meeting/cedp/index.html.
[2009－07－29]

② 科学信息开放获取政策与战略国际研讨会，http：//libraries.csdl.ac.cn/meeting/openaccess.asp.
[2009－07－29]

③ 我国数字图书馆标准规范建设课题网站，http：//cdls.nstl.gov.cn/.[2009－07－29]

规的研制较为落后，如果这方面的工作不做到位，那么数字信息资源规划只会是空中楼阁。

纵观已有的研究成果我们可以看出，从宏观层次来探讨数字信息资源的战略规划在国内外都是具有广阔发展前景和应用价值的课题。国外数字信息资源战略规划工作已经走在前面，体现出以下特点：一是政府重视国家数字信息资源规划工作。国外数字信息资源战略以国家规划为主，吸收私营企业参与。一些重要项目 NDIIPP、PANDORA 都得到了国家的大力资助；二是图书情报界成为数字信息资源战略规划研究的主体，国外许多数字信息资源战略都是由图书馆发起的，这表明图书馆将是未来数字化社会的主要建设力量；三是涉及了数字信息资源管理的方方面面，如数字信息资源的采集、保存、存取、利用等等都可以作为战略规划的主要内容；四是数字信息资源战略规划流程越来越规范化，特别是从企业战略规划中汲取了许多科学的规划方法和分析模式。

我国在数字信息资源战略规划研究方面的现状是，完整、有效的国家数字信息资源战略仍未真正"浮现"，只有《2006～2020 年国家信息化发展战略》、《"十一五"规划》等几个指导性文件提及了数字信息资源建设问题。而对数字信息资源的规划与布局，相应法规制定及国家宏观管理及调控的理论研究还很不充分。在实际中如果仅仅依赖这些指导性文件是远不能达到战略管理目的的，因此我们需要更为详尽地研究我国数字信息资源在开发利用中面临的各种问题，制定出系统化的战略。

第二节　数字信息资源的内涵与特征

当前，数字信息资源的形式从磁带、光盘（CD-ROMS）逐渐演变为数据库、电子期刊和可获取的网络信息资源形式。据统计，目前全球已有 664 个联机检索系统，数据库 11 604 个，网站接近 6 800 万个，Web 信息空间中可索引的公共网页约 40 亿个，深层网页数量达到 5 500 亿张，数字信息资源已经占到信息资源总量的 70%。数字信息资源已经成为国家科技创新体系的支撑性资源，是获取信息的第一途径。我国学者吴基传认为，数字资源已成为信息社会的核心资源之一，是各国政治和经济发展的制高点。即便是互联网信息领域最发达的美国，也丝毫不敢放松数字资源的建设。吴基传列出了一连串数据：全球互联网业务有90% 在美国发起、终接或通过；互联网上访问量最大的 100 个网络站点中，美国占了 94 个；负责全球域名管理的 13 个根服务器，有 10 个在美国；世界性的大型数据库在全球近 3 000 个，其中 70% 设在美国；全球互联网管理中所有的重大决定是由美国主导做出。①

一、数字信息资源的分类

基于不同的标准，数字信息资源可以划分为不同的类型。各种类型的数字信息资源在形成与存在形式上有所区别，为了更有效发挥它们的价值，对它们的管理和利用模式也需要区别对待。

按照数字信息资源来源的途径可分为原生数字信息资源（Born Digital Information）和转化型资源（Digitaled Information）。前者指各种建立的电子化、网络化的数据库系统，电子出版物、网上电子图书、电子期刊、电子报纸、网站等，自诞生起就是以数字形式存在。后者指借助专用设备（扫描仪、数字相机等）与软件将非数字化信息转换成数字化信息，用标记语言编辑上网。如上海图书馆将大量古籍文献转换为数字化信息。数字化过程需要投入巨大人力物力，但对于"激活"馆藏珍贵文献的保存与开发利用是功德无量的工作。②

按照数字信息资源的性质和功能可划分为一次数字资源、二次数字资源、三次数字资源等，这种划分方式和印刷文献的划分方式类似。一次数字资源即原始数字信息，指反映最原始思想、成果、过程以及对其进行分析、综合、总结的数字资源，如事实数据库、电子期刊、电子图书、发布一次文献的学术网站等。用户可以从一次数字资源中直接获取自己所需的原始信息。二次数字资源指对一次数字资源进行加工、整理、便于利用一次文献的信息资源，如参考数据库、网络资源学科导航、搜索引擎/分类指南等。二次数字资源将大量的原始数字信息按学科或主题集中起来，组织成无数相关信息的集合，向公众报道原始信息产生和存在的信息；同时也是一种有效的检索工具，供用户查找信息线索之用。三次数字资源指对二次数字资源进行综合分析、加工、整理的数字信息资源，如专门用于检索搜索引擎的搜索工具，比较典型的是网络爬虫（Web Crawler），被称为"搜索引擎之搜索引擎"（Search Engine of Search Engine），即"元搜索引擎"，当用户进行检索时，反映出来的结果是各搜索引擎的检索结果。

按照数字信息资源的存储载体可将数字信息资源分为光盘、磁盘、网络等类型。其中网络信息资源是在网上存在的数字信息，是数字信息资源中最大的主体。

---

① 吴基传：《数字图书馆：文化的数字勘探》，载《光明日报》2006 年第 17 期。
② 黄如花：《数字图书馆信息组织的优化》，载《情报科学》2004 年第 12 期，第 1435 ~ 1439 页。

按照数字信息资源表达的方式可以分为文字、图像、声音、视频、动画等类型。

按照数字信息资源的出版形式可分为电子期刊、电子图书、电子报纸、电子学位论文等类型。

不同类型的数字信息资源为我们管理和利用带来了挑战，有必要认识其中最主要的几种数字信息资源。

1. 电子书刊

电子书刊指完全在网络环境下编辑、出版、传播的图书或期刊。广义的电子书刊也包括印刷式书刊的电子版。由于现有信息技术为电子书刊出版发行创造了良好条件，网络上电子书刊的数量正急剧增加，从而形成一种新型的科学出版和学术研究环境。

电子书刊的优点是出版成本低、出版周期短、便于作者与读者之间相互交流等。主要存在问题是缺少一套质量控制机制。

2. 电子数据库

电子数据库作为高质量的学术、商业、政府和新闻信息的重要来源，以其信息质量可靠、组织规范、使用简单，而成为数字信息资源重要和不可替代的组成部分。电子数据库按照收录数据内容可分为全文数据库、参考数据库、事实数据库。

全文数据库即收录有原始文献全文的数据库，以期刊论文、会议论文、政府出版物、研究报告、法律条文和案例、商业信息等为主。如美国的计算机学会（Association for Computing Machinery，ACM）数据库、"学术期刊图书馆"（Pro-Quest Academic Research Library）及"中国人民大学书报资料中心复印报刊资料全文数据库"，"中国期刊全文数据库"等。

参考数据库指包含各种数据、信息或知识的原始来源和属性的数据库。数据库中的记录是通过对数据、信息或知识的再加工和过滤，如编目、索引、摘要、分类等，然后形成。参考数据库主要包括书目数据库、文摘数据库、索引数据库。书目数据库主要是针对图书进行内容的报道与揭示，如各图书馆的馆藏机读目录数据库；文摘和索引数据库则对期刊论文、会议论文、专利文献、学位论文等进行内容和属性的认识与加工，如"科学引文索引"（Science Citation Index）、"化学文摘"（Chemical Abstracts）、"工程索引"（Engineering Index）、"生物学文摘"（Biological Abstracts）、"中国人民大学书报资料中心复印报刊资料索引总汇"等数据库。

事实数据库指包含大量数据、事实，直接提供原始资料的数据库，又分为数值数据库（Numeric Database）和目录数据库（Directory Database）。前者专门提供各种科学研究中试验、测量、计算、工程设计、经济分析和工业规划等方面数据的源数据库，如中国统计年鉴。后者主要是记录一些机构、人物、产品、项目简述等事实数据的数据库，可以提供公司、机构的地址、电话、产品目录、研究项目或名人简历等信息，如中国企业名录数据库。

3. 非正式或半正式数字出版物

除了上面两种正式出版的数字信息资源外，互联网上还存在大量的自由发布的数字信息，例如电子邮件、BBS 论坛、新闻网页等。还有各种学术团体和教育机构、企业和商业部门、国际组织和政府机构、行业协会等单位的网址或主页上发布的各种各样的信息。虽然没有像电子书刊或数据库那样有结构化的组织形式，但是这部分信息资源的数量累计起来却占互联网上信息量最大的比重。

二、数字信息资源的特征

就资源分类来说，数字信息资源具备信息资源的一般特性：

第一，数字信息资源具备生产性。数字信息资源的各种载体（如磁盘、光盘、网络等）不仅本身就是一种重要的生产要素，可以通过生产使之增值，而且数字内容本身也是人类需求的生产要素之一。

第二，数字信息资源也具备相对稀缺性。数字信息资源在客观表象上是无限丰富的，随着技术的发展，社会分工的深化与人类知识的不断丰富，经过数字化的信息越来越多，新生成的数字信息资源也随着人类思想的延伸而不断丰富。但是数字信息资源仍不可遏制住相对稀缺的问题，表现在：（1）数字信息资源的创作和开发需要相应的成本投入，特别是数字信息资源的管理需要相当的人力、财力、物力，因此某一经济活动行为者的数字信息资源拥有量总是有限的；（2）数字信息资源的使用价值（即总效用）也会随时间和使用次数的增多逐渐衰减至零，因此数字信息资源具有和物质资源在本质上类似的稀缺性；（3）数字信息资源的利用受各种条件的制约，例如人们处理数字信息资源的有限能力，数字信息基础设施的缺乏等原因都导致人们的信息需求与数字信息资源供应之间的矛盾。

第三，数字信息资源在地域、时间、类型分布上存在着不均衡性。由于人们的认识能力、知识储备、信息环境约束、技术水平等方面条件不尽相同，拥有的数字信息资源也多寡不均；同时，由于经济发展程度不同，对数字信息资源的开发能力和水平也不同，导致国家之间、地区之间和组织之间数字信息资源配置的不均衡。数字信息资源的丰裕程度也极大地依赖技术条件的约束，一次技术上的创新可能带来数字信息资源生产和利用的重大变革，从而促使在某个时期数字信息资源的大量增加。例如 20 世纪 90 年代互联网技术的兴起使得数字信息的发布和传输更为便捷，网上信息资源的数量呈指数增加，这一时期的信息容量是过去人类几千年文化的总和。在类型方面，数字信息资源的分布的不均衡性更为明显，统计表明互联网上的全部网页中有 81% 是英语，其他语种加起来不到20%。[1]

第四，数字信息资源在使用上的公共性。[2] 信息产品在一定程度上具有公共产品的性质，非排他性与非竞争性是公共产品的两个基本特性。数字信息资源由于借助数字技术将信息内容储存在载体上从而使得其具有高固定成本，低边际成本的特点。排斥他人使用数字资源是不现实的，因为尽管排他技术可以实现，但是排他成本却可能非常昂贵，盗版问题之所以无法彻底解决，是因为某些公司认为若采取措施会让公司得不偿失，所以仍然采取放任的态度给盗版分子生存的空间。当增加一个人消费数字信息资源时边际成本接近零，表明用户对数字资源的使用具有非竞争性。在网络环境下信息更具有这样的特点，在带宽允许的范围内，增加一个人的浏览不会影响他人的阅读。

第五，数字信息资源在使用方向上具备可选择性。数字信息资源作为国家数字资产，能与科技、经济、政治相结合，具有很强的渗透性，广泛地渗透到社会活动的方方面面。同一数字信息资源可以作用于不同的对象上，并可以产生多种不同的作用效果。行为主体可以根据不同的目标对数字信息资源的使用方向做出选择。

第三节　数字信息资源开发利用中的重要问题

数字信息资源具备的这些基本特性表明其作为经济资源的重要地位。但是，数字信息资源毕竟是现代信息技术和传统信息资源相结合的产物，它必然表现出某些更为特殊的性质，和一般传统信息资源相比（如印刷型信息资源），数字信息资源在下述方面更应引起管理者的重视。

一、数字信息革命带来的机遇和挑战

数字技术是数字信息资源区别于传统信息资源的本质特点。数字技术给人们

---

[1] 吴基传：《数字图书馆：文化的数字勘探》，载《光明日报》2006 年 7 月 17 日。
[2] 马费成、靖继鹏：《信息经济分析》，科学技术文献出版社 2005 年版，第 180 页。

的生活带来了巨大影响，从根本上改变了信息的存储介质，改变了信息资源的管理与服务模式，对推动信息社会的到来起到了积极作用。它的核心就是原子与比特的转换，即物质与数字的转换。数字技术的真正价值和影响在于比特和原子的差异。比特与原子遵循着完全不同的法则，比特易于复制，能以极快的速度传播，在它传播时，时空障碍完全消失。可以由无限的人使用，且使用的人越多，其价值越高。

伴随数字信息资源发展而产生的新一轮信息革命对全球经济、科学教育和公共管理领域造成的深远的影响。比如在经济领域中，金融行业很早就抓住了信息革命的机遇，利用行业信息资源的数字化，改变了其传统的运营模式，业务模式向服务化、全球化转型，其资源配置能力、服务和管理水平大大提升。但对数字信息资源的强烈依赖也为其带来了新的信息危机，对金融行业的正常运转带来了很大隐患。例如在 2006 年 4 月 20 日，中国银联主机和通信网络出现故障，据称全球至少有 34 万家商户以及 6 万台自动提款机（ATM）受到影响。这次网络故障导致跨行业务和刷卡消费中断 6 小时左右，全国数百万笔跨行交易无法完成。[①] 信息欺诈和信息盗取等犯罪行为也更加便利。

在公共管理领域，电子政务通过公共数字信息资源共享及服务推动政府职能更加以服务为导向，并且有效和透明。与此同时也带来了公共信息危机，使得本已复杂的社会环境更趋动态和不确定，比如虚假信息、色情信息、暴力信息等信息垃圾的泛滥，信息失真和信息污染导致严重的公共危机频繁发生。比如国内出现的一些公共危机事件；非典事件、禽流感事件、毒牛奶事件、各种煤矿灾难和突发性安全事故等都由于信息不对称和失真造成了不同程度的负面社会影响。可以说，在电子政务时代，如果政府不能向社会提供安全、及时、准确、对称的信息，就会造成大面积公共恐慌，从而导致经济秩序混乱和社会混乱。

在教育科研领域，学术信息资源数字化带来了全球知识交流与共享，给科技人员的科研和学生的学习提供了极大便利，但同时也使得学术作品抄袭和侵权更加便利，利用网络抄袭论文的现象已经屡见不鲜。美国新泽西州拉特格斯大学教授管理学和全球经济学的唐纳德·麦凯布 2006 年对 6 万名大学生进行了调查，结果显示，37% 的毕业生承认他们的研究论文部分来自网络，而在 1999 年这一比例只有 10%。[②] 近年来，关于学术数字信息内容服务商的侵权诉讼屡见不

---

① 信息化：《现代金融服务的命脉——我国金融业信息化发展现状与趋势调查报告》，http：//www. cnii. com. cn/20050801/ca350236. html.［2009 - 07 - 29］

② 周冰：《调查结果显示：利用网络抄袭论文风靡全美》，http：//news. ccidnet. com/art/1032/20061010/917877_1. html.［2009 - 07 - 29］

鲜[1]，反映了整个行业中存在严重的知识产权意识薄弱和不规范竞争，这对版权人的权益和行业的健康发展都造成了破坏。

二、信息爆炸和数字鸿沟

数字信息资源数量巨大，存储格式多种多样。数字信息的爆炸性增长使得"今天一个现代人一天所吸收的信息，比莎士比亚一生所得的信息还要多"[2] 的说法被越来越多的人所认同。莱曼（Peter Lyman）和瓦里安（Hal R. Varian）估计当前90%以上的信息是以数字化形式出现的，并且预计这个比例在将来还要增长[3]。数据的存储类型也多种多样，难以统一。电子邮件信息、Word 等文本类文档属于非结构化信息，数据库和业务交易等数据又属于结构化信息，即使是数据库的格式也有几十种，常见的就有 Oracle、Microsoft Access、DB2、SQL Server 等几种。美国国际数据公司（IDC）2007 年在题为《数字宇宙膨胀：到2010 年全球信息增长预测》报告中预测：随着全球数字化信息的迅猛增长，预计到 2010 年全球产生的数字化信息总量将接近 1 万亿 GB，其中90%以上是非结构化数据。[4] 爆炸性增长的数字信息对全球 IT 基础设施构成了一定的压力，有效整理和安全保存这些数字信息资源也必然需要消耗大量的物质资源和人力资源。

在数字信息资源的总量急剧增长的同时，其分布的不均衡性却表现的日益明显，数字鸿沟在全球范围内有扩大的趋势。数字鸿沟已经成为全球信息资源数字化进程中的严峻挑战，有些人甚至把数字鸿沟称为"信息富有者和信息贫困者之间的鸿沟"。日益扩大的数字鸿沟表明，数字技术和资源水平的差异会进一步拉大贫富差距。位于鸿沟的不幸的一方，就意味着更少的机会，对国家来说是更少的参与全球产业变革和竞争的机会；对个人来说是更少的工作机会，更少的参与教育、培训、娱乐、购物和交流等的机会。

经过这些年的努力追赶，中国与发达国家间的"数字鸿沟"已经逐渐缩小，但在国内城乡、地区间数字鸿沟仍很突出，甚至有扩大的趋势。根据目前的统计数据，从城乡互联网的普及率来看，互联网在城镇的普及率是44.6%，在农村仅为 15%，而且互联网在城乡的差距在拉大，城乡之间的"数字鸿沟"有扩大

① 《同方知网著作权纠纷不断　再遭侵权诉讼》，http：//news. xinhuanet. com/it/2008 - 09/23/content_10097089. html. ［2009 - 07 - 29］

② 谌力：《EMC 跨出信息生命周期管理的一大步》，http：//www. cnw. com. cn/weekly/htm2004/20040308_35341. html. ［2009 - 07 - 29］

③ Hal R. Varian. (2005), Universal Access to Information. Communication of the ACM, 48 (10)：65 - 66.

④ IDC 全球信息总量将超出存储载体容量，http：//www. qqread. com/storage/v371102. html. ［2009 - 07 - 29］

趋势。在导致农村互联网增速放缓的因素中，"农村地区网络基础知识匮乏，对互联网的认知存在偏差"、"农村互联网相关基础设施薄弱，公共上网资源匮乏"、"农村上网成本相对于农民收入水平仍较高"是最重要的三大原因。① 国内不同地区、不同领域、不同群体的信息技术应用水平和网络普及程度很不平衡，城乡、区域和行业的差距有扩大趋势，成为影响协调发展的新因素。如何弥合数字鸿沟已经成为当前重要而紧迫的战略任务。

三、数字信息资源技术支持和保存

数字信息资源的利用需要相应的配套设施。和传统的印刷型信息资源不同，数字信息资源的利用需要一定的硬件和软件支持。例如，读取视频文件时，".avi"格式的视频文件需要安装相应的视频播放软件如"Media Player"来播放。这种特性给数字信息资源带来了不利影响，一方面，这为数字信息资源的普遍服务提高了门槛，用户必须具有一定的数字信息技术能力（ICT），才能够获取更广泛的信息；另一方面，也为数字信息资源的长期保存提出挑战。

与印刷形式的传统信息资源相比，数字信息资源的半衰期要短得多。每分每秒都有成千上万的新的数字信息出现，但是各种介质的存储能力是有限的，再加上人类自身精力的限制，不可能吸收所有的数字信息资源，而只能有选择地摄取。许多信息处理软件不断进行升级换代，还会不断有新的处理软件诞生，在经过若干年后，许多现在大量使用的信息处理软件也许早就被淘汰、不存在了，而替代品是全然不同的，后人在再现我们现在保存的媒体（比如光盘、磁盘）中的数字信息时，能否顺利提取和识别存在极大的不确定性，这给人类文明成果的保存带来一定的风险。因此，解决数字信息资源的兼容性和继承性问题成为了当务之急。

当前我国数字资源长期保存尚未真正起步：尚缺乏数字科技文献长期保存的战略规划；尚未建立数字科技文献长期保存的公共责任和公共投入机制；尚未建立数字科技文献长期保存的整体责任体系；严重缺乏在大规模实践运营情况下的技术、经济和服务测试。实际上，我国已经处在数字科技文献的长期保存危机之中，随时都有可能因为某种技术、经济、政治或法律原因使得这种危机爆发为严重的科技信息获取障碍，严重制约我国科技自主创新。因此，我们必须与危机抢

---

① 中国互联网络信息中心：《第25次中国互联网络发展状况统计报告》，http://research.cnnic.cn/img/h000/h12/attach201007050927310.pdf.［2010-04-20］

时间，尽快建立我国数字科技文献资源长期保存体系。①

四、数字信息资源开发和保护

数字信息资源的供应和需求呈现动态性规律，需要合理规划。数字信息资源的开发利用依赖多方面条件约束，例如可能由于资金能力的限制，一个机构不可能对产生的所有资源都进行数字化，而只能分阶段、有重点地选择某些重要的信息资源数字化；由于技术的时代性或局限性，某些现在尚在利用的数字信息在将来可能没有获得支撑的技术设施来利用；还有人们的思想观念和文化因素都可能影响人们对数字信息资源的需求，这些经济、政治、技术、文化方面的原因都可能导致数字信息资源的供应和需求动态的变化。

数字信息资源投资的高风险性，需要政策支持。围绕着数字信息资源的生产、流通、消费环节形成一个产业链，投资于这个产业需要消耗大量人力、财力和物力，形成巨大的固定成本。并且这个投资是不可逆的，如果市场定位错误，生产出来的数字产品得不到消费者的认可接受，带来的是经济方面的巨大损失。英国和日本等国家都已经出台或正在酝酿税收、资金等方面的优惠政策，以扶持数字信息资源企业，尤其是中小型企业的发展。

数字信息资源的管理更需要知识产权的保护。数字技术是把"双刃剑"，一方面为信息资源的开发利用带来便利；另一方面，也是滋生侵犯数字产品知识产权行为的土壤。各种盗版、抄袭、篡改等行为在数字时代愈演愈烈，如何保护数字作品的知识产权是各国在制定数字信息资源发展政策时需要重视的问题。

信息安全问题也是数字信息资源管理中的一个突出问题。在全球范围内，计算机病毒、网络攻击、垃圾邮件、系统漏洞、网络窃密、虚假有害信息和网络违法犯罪等问题日益突出，如应对不当，可能会给我国经济社会发展和国家安全带来不利影响。

国内专家普遍认为，当前我国还尚未形成开发国际、国内数字信息资源的有效战略部署。最重要的问题就是我国的信息资源开发不足，流动不畅，利润不够，效益不高，体制机制不清楚，标准化等等都不够完善。信息资源开发利用市场化、产业化程度低；产业规模较小，缺乏国际竞争力；信息（内容）安全保障体系不够健全，对不良信息的综合治理亟待加强等问题。②

---

① 数字图书馆高层论坛，http：//www. dlforum. net. cn/front. do？flag = column&67C42BC4622C6174-B65E1A70DB2CB680. [2009 – 07 – 29]

② 2006 ~ 2020 年国家信息化发展战略政策分析 . http：//www. chinaeclaw. com/News/2006 – 05 – 11/6152. html. [2009 – 07 – 29]

基于此，本课题将针对上述重大问题开展研究，以期获得合理的战略、策略和解决方案，为我国数字信息资源的规划、管理和开发利用决策提供依据。

五、数字信息资源规划现状

信息化工作已经成为衡量一个国家或地区人民生活居住环境、一国综合竞争力的重要指标，也是反映一个国家或地区执政能力和水平、政府公众形象的重要评估指标。所以，全球大部分国家都将信息化战略提升到国家战略的高度予以重视，并在全球开展广泛协作与交流，正如世界信息社会高峰论坛所描述，"全球各国都在制定和实施综合的、前瞻性和可持续性的信息战略计划"。日本从 2001～2009 年相继提出了"e-Japan"、"u-Japan"和"i-Japan"的信息化战略；2005 年欧盟就推出了建设欧盟信息社会 2006～2010 年 5 年战略计划《i2010——建立充满经济增长和就业机会的欧洲信息社会》；美国修改的"联邦信息资源管理政策"详细规定信息共享和数字信息资源开发实施细则。

我国也将信息化工作提升到前所未有的高度。2001 年，成立信息化领导小组、国务院信息化工作办公室以及信息化专家咨询委员会三个中央级国家机构，从战略高度宏观审议国家信息化发展战略、规划、法规草案和重大政策。2002年国务院信息化工作办公室提出："信息资源的开发利用是国家信息化的核心任务，是国家信息化建设取得实效的关键。"2004 年 10 月召开的国家信息化领导小组第四次会议审议通过的《关于加强信息资源开发利用工作的若干意见》，明确提出加强信息资源开发利用工作将是今后一段时期信息化建设的首要工作，把信息资源开发利用和战略规划工作，尤其是作为其主体的数字信息资源开发利用提高到了前所未有的高度。2006 年《中国信息化发展报告》中总结了政务型、公益型信息资源的开发和利用，制定了信息资源开发利用的标准，信息资源分类、共享等国家标准。2006 年 5 月中共中央办公厅、国务院办公厅印发的《2006～2020 年国家信息化发展战略》强调"建立和完善信息资源开发利用体系，加强全社会信息资源管理，并且将'国家信息化发展的制度环境和政策体系的基本完善'确定为我国信息化发展的战略目的之一"。2007 年 10 月国信办发布了《关于加强信息资源开发利用工作任务分工的通知》，其中分配了"完善政务信息共享制度"，"加强政务信息资源管理工作"，"研究制定促进信息资源产业发展的政策和规划"，"加强标准化工作，建立信息资源开发利用标准化工作的统一协调机制"等具体任务。

然而，在信息资源开发和利用中，我们国家更注重信息化的基础设施建设，如设备、网络、软件和硬件等，因为这些资源更"可见"，更容易"见效"。但由此带来的后果就是我国在信息化过程中，信息资源总量不足，深层次挖掘不够，存在大量"信息孤岛"，为广泛的共享造成了困难。大量的信息重复采集，而且整合的工作量很大，严重阻碍了信息资源效益的发挥。这种情况在数字信息资源开发利用中尤为突出。从数字信息资源开发利用及研究水平来看，也未能将数字信息资源的宏观管理放在应有的位置，而是过分强调从微观层面和技术角度解决数字信息资源的开发利用问题。

我国在数字信息资源开发和利用过程中出现的主要问题包括：数字信息资源开发不足、利用不够、效益不高，明显滞后于信息基础设施建设；数字信息资源分布存在严重的"数字鸿沟"，区域发展很不平衡；数字信息资源开发利用市场化、产业化程度低，产业规模较小，缺乏国际竞争力；数字信息资源开发项目存在大量重复建设和体系分割，公益性信息服务机制尚未理顺；数字信息安全保障体系不够健全，对不良信息的综合治理不力；数字信息资源建设标准化程度低，不同体系的数字信息资源难以实现共享；数字信息资源的开发利用在国家科技创新、国民建设和综合国力提升等方面的作用并不明显；信息基础设施大幅改良，但投资效率较低；尚未建立独立统一的政府核算管理机构；公共信息资源管理平台尚不健全；信息资源立法滞后。

造成这些问题的主要原因是数字信息资源建设无论是微观还是宏观都缺乏规划，使得数字信息资源建设具有随意性、自发性、盲目性和不确定性。因此，为了实现全社会信息资源管理，必须对我国数字信息资源进行规划，总结出数字信息资源规划的一般流程。而解决问题的思路是借鉴发达国家已有的研究与实践经验，重视数字信息资源的国家宏观规划与管理，完善已有的信息资源相关制度设计，总结数字信息资源规划的一般流程和原则及其要求和策略，进行数字信息资源的规划。这就是本书后续章节研究的主要内容。

第二章

数字信息资源的研究热点及统计分布

数字信息资源是一个外延广阔的领域，目前有关数字信息资源的研究涉及哪些领域和内容人们并不是十分清楚。本章采用共词分析方法，通过数据统计分析科学客观地反映出当前国内和国外数字信息资源的研究热点及其主要内容，为从事数字信息资源研究的学者和实际工作者提供参考。

第一节　研究方法

共词分析方法属于内容分析方法的一种，主要是通过对能够表达某一学科领域研究主题或研究方向的专业术语（如：关键词）共同出现在一篇文献中的现象的分析，判断学科领域中主题间的关系，从而展现该学科的研究结构。[①] 其通用的操作方法主要是对一组词（本书使用关键词）两两统计它们在同一文献中共同出现的次数，形成共词矩阵。[②] 两个关键词共同出现在同一篇文献中的次数越多，表明二者之间的相关度越高，相似度越大，而"距离"也就越近，进而利用现代的多元统计技术（如因子分析和聚类分析等），按照这种"相关"和

[①]　Qin He. Knowledge Discovery Through Co-Word Analysis. Libray Trends，1999（1）：133 – 159.

[②]　蒋颖：《1995 ~2004 年文献计量学研究的共词分析》，载《情报学报》2006 年第 8 期，第 504 ~ 512 页。

"相似"将一个学科内重要文献的关键词加以分类，从而可以直观地显示该学科当前的研究热点。

共词分析方法最早被详细描述是在 20 世纪 70 年代中后期由法国文献计量学家开始的。[①] 经过 20 多年的发展，该方法得到了逐步地完善和广泛地应用。医学、化学、人工智能、软件工程等不同领域的研究者都利用共词方法的基本原理概述了各领域的研究热点，分析了该领域学科的发展过程、特点。并进一步从横向角度，研究了领域或学科之间的关系，从而以横纵两个维度来反映某个领域科学研究的动态和静态结构。[②~④]

在共词分析中，以 SPSS 软件作为统计分析的工具。首先，需要验证样本数据类型，通过验证，相关矩阵数据不符合正态分布和均匀分布。基于此，接下来采用与数据类型相适应的多元统计分析——因子分析和聚类分析。

因子分析中，需要先根据相关性将共词矩阵转化为斯皮尔曼相关矩阵（Spearman），由此消除由共词频次差异所带来的影响。在相关矩阵的基础上，利用主成分法（Principal Components）、协方差矩阵（Covariance Matrix）与平均正交旋转方法（Equamax）进行因子分析。

聚类分析中，为消除共词频次差异的影响，需要先根据相似性将共词矩阵转化为距离相异矩阵（Dissimilarity Matix）。在距离相异矩阵的基础上，采用系统聚类（Hierarchical Cluster），选择离差平方和法（Ward's Method）与离散数据类型（Count）中的斐方测度（Phi-square Measure）方法。

第二节　国内数字信息资源研究热点分析

一、数据来源

在分析过程中，因为国内关于数字信息资源的研究比较分散，术语采用不够

---

① Law J. , Bauin S. , Courtial J-P & Whittaker J. Policy and the Mapping of Scientific Change：A Co-Word Analysis of Research into Environmental Acidification ［J］. Scientometrics，1988（14）：251 – 264.

② 张晗、崔雷等：《生物信息学的共词分析研究》，载《情报学报》2003 年第 5 期，第 613 ~ 617 页。

③ 侯跃芳、崔雷：《医学信息存储与检索研究热点的共词聚类分析》，载《中华医学图书情报杂志》2004 年第 1 期，第 1 ~ 4 页。

④ Ying Ding et al. . Bibliography of Information Retrieval Research by Using Co-Word Analysis. Information Processing and Management，2001（11）：817 – 842.

规范，网络信息资源、网络资源、电子信息资源和数字信息资源的使用缺乏统一标准，在内涵上具有重叠。所以本文选取了"数字信息资源"和"网络信息资源"两个词作为检索词，共从 CNKI 检索出 1756 篇相关文献，剔除重复刊载、会议论文以及主题不相干论文，有效篇数为 1548 篇。

抽取各篇文献的关键词，然后运用自编的统计分析程序统计它们的出现频次，并按照它们的出现频次由高至低排序，根据这些关键词累积频次的变化曲线截取高频关键词。本书将关键词出现的累积频次达到 62% 的前 69 个关键词作为表征当前国内数字信息资源研究热点的标志（见表 2-1）。

表 2-1   共词分析的 DIR 关键词列

序号	关键词	词频	序号	关键词	词频	序号	关键词	词频
1	网络信息资源	287	24	网络资源	29	47	知识经济	20
2	图书馆	189	25	网络信息组织	29	48	数据库	20
3	网络环境	187	26	网络服务	28	49	专题检索	19
4	信息资源	163	27	建设	27	50	知识管理	18
5	数字图书馆	157	28	分类法	26	51	信息	18
6	网络	143	29	资源共享	26	52	信息网络	18
7	信息服务	130	30	资源配置	25	53	网络信息检索	17
8	高校图书馆	113	31	评价指标	24	54	文献	17
9	互联网	111	32	知识产权	23	55	资源整合	17
10	信息资源建设	93	33	咨询服务	23	56	虚拟馆藏	17
11	信息组织	90	34	评价	22	57	图书馆员	17
12	搜索引擎	82	35	文献信息资源	22	58	资源评价	16
13	元数据	69	36	开发	22	59	对策	16
14	网络信息	61	37	信息管理	22	60	管理	16
15	用户研究	53	38	虚拟图书馆	22	61	公共图书馆	16
16	评价方法	45	39	个性化服务	21	62	网络技术	16
17	Dublin Core	41	40	高校	21	63	XML	16
18	IR 开发利用	36	41	MARC	21	64	专题系统	15
19	资源管理	35	42	检索方法	21	65	信息素养	15
20	信息检索	35	43	网络化	21	66	数字化	15
21	编目	31	44	参考咨询服务	20	67	信息环境	15
22	开发利用	31	45	知识组织	20	68	著作权	15
23	数字信息资源	30	46	信息技术	20	69	评价指标体系	14

由于这些关键词是数字信息资源研究论文中出现频次最高的词，它们从很大程度上代表了当前数字信息资源研究的热点。[①] 但是由于某一研究热点会涉及许多相关知识点和其他热点，同时不同的学者对于著录关键词的把握也会存在不一致，因此我们还需要进一步反映这些关键词之间的关系。所以我们对选出来的高频关键词按照共词分析的思想进行了进一步的处理：两两统计它们在同一篇文献中出现的次数，形成一个 69×69 的共词矩阵（部分数据如表 2-2 所示）。

二、因子分析结果

通过因子分析，共有 13 个公共因子被提取，他们能够解释全部信息的 87.157%，仅前 3 个因子的信息解释量就达 54.896%，表明这 3 个因子——"用户服务"、"元数据"、"信息资源开发利用"是当前国内数字信息资源研究比较集中的领域。表 2-3 显示了因子负载大于 0.5 的关键词分类情况。

从因子分布情况可以看出，因子分析结果中的关键词总体分布有如下特点：

第一，绝大多数关键词都归至相应因子。根据因子载荷大于 0.7 就对因子解释有帮助的原则，并综合因子中其他关键词的属性，笔者给其中 12 个因子命名如表 2-3 所示，但是由于第 12 个因子中的各关键词之间的关系不甚明确，所以这两个因子不便命名。

第二，有一个关键词跨区分布。关键词"信息服务"同时出现在第 1、第 5 个因子，它们的因子载荷系数均在 0.5~0.6 之间，体现这两个因子——"用户服务"、"信息资源共享"之间的相关性。

第三，有 11 个关键词由于其载荷系数小于 0.5 而不能够参与分类。它们是"知识产权"、"网络化"、"信息资源建设"、"著作权"、"网络信息组织"、"分类法"、"信息资源开发利用"、"对策"、"信息技术"、"数字化"、"开发"。表明这些关键词的使用在学者之间并没有达成共识，如"信息资源建设"、"信息资源开发利用"；或者是其代表的主题较新，还没有很好地同其他研究方向相结合，如"知识产权"、"著作权"代表的数字信息资源知识产权研究，其相关文献有 24 篇，仅占 1.55%，还是一个相对独立的新主题，国内学者将知识产权融入数字信息资源建设中的研究还明显不够。

第四，有 7 个关键词的因子载荷系数为负，同相应因子构成负相关关系。包括第 2 个因子（元数据）中的"知识经济"（因子载荷系数为 -0.673），第 12 个因子中的"信息素养"（-0.722），第 13 个因子（网络资源）中的"信息检

---

① 马费成、张勤：《国内外知识管理研究热点》，载《情报学报》2006 年第 4 期，第 163~171 页。

表2-2　共词分析的 DIR 共词矩阵（部分）

关键词	网络IR	图书馆	网络环境	信息资源	数字图书馆	网络	信息服务	高校图书馆	互联网	IR建设	信息组织	搜索引擎	元数据	网络信息	用户研究	评价方法	都柏林核心
网络IR	287	23	5	2	14	3	11	13	16	10	30	15	15	1	10	12	14
图书馆	23	189	49	18	5	29	31	0	8	17	4	1	3	3	11	0	0
网络环境	5	49	187	37	1	2	37	32	3	20	9	0	1	3	13	1	0
信息资源	2	18	37	163	11	34	11	10	33	7	7	6	4	2	3	0	2
数字图书馆	14	5	1	11	157	5	6	5	1	15	11	2	15	3	4	2	7
网络	3	29	2	34	5	143	9	4	8	3	3	4	1	0	2	3	1
信息服务	11	31	37	11	6	9	130	26	8	6	2	2	0	5	10	0	0
高校图书馆	13	0	32	10	5	4	26	113	1	10	0	0	0	3	2	1	0
互联网	16	8	3	33	1	8	8	1	111	3	7	0	1	2	0	1	0
IR建设	10	17	20	7	15	3	6	10	3	93	1	10	0	2	0	1	0
信息组织	30	4	9	7	11	3	2	0	7	1	90	9	11	7	2	0	1
搜索引擎	15	1	0	6	2	4	2	0	0	0	9	82	5	4	1	3	1
元数据	15	3	1	4	15	1	0	0	10	0	9	5	69	1	0	0	28
网络信息	1	3	3	2	3	0	5	3	1	2	11	1	1	61	0	0	0
用户研究	10	11	13	3	4	2	10	2	1	2	7	1	0	0	53	1	0
评价方法	12	0	1	0	2	3	0	1	1	1	0	3	0	1	0	45	1
都柏林核心	14	0	0	2	7	1	0	0	0	0	1	1	28	0	0	1	41

注：IR表示"信息资源"。

表 2 – 3　　　　　　　　因子分析确定的 DIR 研究结构

1 用户服务		2 元数据		3 信息资源开发利用		4 图书馆	
用户研究	0.867022	MARC	0.778524	开发利用	0.770673	公共图书馆	0.810647
个性化服务	0.808994	XML	0.719277	管理	0.708731	高校图书馆	0.738533
咨询服务	0.725511	Dublin Core	0.693074	建设	0.705757	图书馆	0.68571
参考咨询服务	0.643224	编目	0.675975	文献信息资源	0.621172		
网络服务	0.57829	知识经济	– 0.67255	资源共享	0.547026		
信息服务	0.513501	元数据	0.667854	图书馆员	0.50801		
5 信息资源共享		6 信息环境		7 信息组织		8 评价	
资源配置	0.799043	互联网	0.705278	知识组织	0.79636	评价	0.792098
信息管理	0.763855	信息环境	0.670989	信息组织	0.703004	评价指标	0.708823
资源整合	0.57913	资源管理	0.625846	网络技术	0.65981	评价方法	0.684058
信息服务	0.521499	虚拟馆藏	0.600278	虚拟图书馆	0.620517	评价指标体系	0.66473
		文献	0.597876			专题系统	0.609208
		高校	0.524426			资源评价	0.544643
		数字信息资源	0.523398				
9 信息检索		10 信息资源管理		11 信息网络		12 ?	
网络信息检索	– 0.87294	信息资源	0.799858	网络	0.835353	信息素养	– 0.72234
专题检索	– 0.65335	知识管理	0.651779	网络信息	0.676047	数据库	0.635877
信息	0.608417	网络信息资源	0.530829	信息网络	0.626235		
搜索引擎	– 0.59028						
检索方法	– 0.52421						
13 网络资源							
网络资源	0.776202						
数字图书馆	0.762027						
信息检索	– 0.58858						

索"（－0.589），第 9 个因子（信息检索）中"网络信息检索（－0.873)"、"专题检索"（－0.663)、"搜索引擎"（－0.507) 和"检索方法"（－0.524)。可以发现这些关键词与相应的因子之间的相关度很低，从关键词"知识经济"和第 2 个因子"元数据"之间不难看出。

需要指出的是第 9 个因子。因子分析中负相关因子一般不参与命名，但是第 9 个因子因为负相关因子较多，且都与"检索"主题相关，反而成了主流，加之因子载荷系数绝对值大于 0.7 的唯一因子"网络信息检索"也归属"检索"范畴，因此第 9 个因子被命名为"信息检索"。

三、聚类分析结果

聚类分析的结果，结合因子分析的效果，可以分为 11 类：网络资源、图书馆、信息网络、信息检索、信息组织、元数据、用户服务、评价、信息资源共享、信息资源开发利用、信息环境。下文将结合相关文献的具体内容对这 11 类的主要内容进行分析和概述。

1. 网络资源

伴随着网络的日益普及，特别是诸如博客（Blog)、商易信息聚合（RSS)、维基（Wiki) 等 Web2.0 思想的兴起和流行，网络数字信息资源的数量、传播速度、范围以及影响力都不可小觑。[①] 而国内学者也对"网络资源"方面研究给予了很大的关注，其中内容涉及网络信息资源本身的研究，如网络信息资源的组织结构、基本格式、网络资源开发与服务中的权益保障；以及网络 DIR 对数字图书馆的影响。

2. 图书馆

图书馆一直是数字资源以及信息资源收集、组织和利用的中心。[②] 从传统图书馆到现代图书馆，馆藏资源从传统的纸质收藏逐步向数字化和数字信息资源过渡[③]，进一步通过对相关内容的分析，可以将学者对图书馆的研究分为三个层次：第一层次的研究重点是图书馆自动化和馆藏资源数字化，主要侧重于技术研究，包括信息技术、网络技术、多媒体技术、检索技术在图书馆中的应用。第二层次由纯粹技术研究向综合研究转变，主要研究和解决现代图书馆的经济、法

---

① 鲁宏、黄鹏、崔政、李丽、谷雨：《Web2.0 时代的网络传播》，载《河北大学学报》（哲学社会科学版）2006 年第 2 期，第 46～51 页。
② 张林龙：《网络环境下的信息组织》，载《情报杂志》2003 年第 10 期，第 44～46 页。
③ 欧阳伟：《知识经济时代传统图书馆与现代图书馆之比较》，载《图书馆学刊》1999 年第 3 期，第 27～28 页。

律、社会、政策的整体框架、建立发展模型、制定信息共享格式、国际标准、网站的安全性和稳定性等问题。这个层次更多地侧重于现代图书馆建设的整体规划和基础搭建，并没有同具体的实践结合。第三层次不再仅着眼于全局，而是更多地结合数字图书馆具体的应用，涉及数字资源的生产、保存、服务与管理，图书馆的联盟与合作以及具体应用的相关标准等。

3. 信息网络

信息网络无论是对网络信息资源还是馆藏信息资源的开发利用，都起到了很好的推助作用。内容涉及学科门户、行业网站和深网的研究以及网络生态等交叉话题的探讨。

4. 信息检索

信息检索一直是当前数字信息资源研究领域的前沿课题，是信息资源应用和服务中不可或缺的重要环节。内容涉及检索的原理、方法、语言以及检索工具、技术、系统和检索性能评估等方面的研究。

5. 信息组织

数字信息资源无论是在网络环境还是在图书馆中的应用，都是建立在完善可靠的信息组织上的。信息组织的研究是数字信息资源研究的核心，也是一个基础性工作，所以引起了学者的广泛关注。其内容涉及资源描述、知识重组、索引标识、信息导航、主题词表以及标准化研究。

6. 元数据

元数据的研究是信息组织的基础[①]，也是数字信息资源建设的前提。有关元数据的研究从传统的 MARC 到现代的 DC 元数据，以及数字信息资源、网络信息资源对 DC 的扩展。同时其内容涉及元数据标准、评价元数据、语义元数据以及本体论研究。

7. 用户服务

用户服务类别反映了数字信息资源的应用层面，国内对"数字信息资源的用户服务"相关研究可以从两个层次展开：宏观层面涉及服务产业、服务机制、创新服务以及用户研究；微观层面涉及服务手段、服务特征、服务模式、信息营销、个性化服务等研究。

8. 评价

信息的爆炸引起了数字信息资源的急剧增多，大量的信息给数字信息资源的开发建设以及用户利用带来了不便，因此对资源本身以及资源开发过程中的绩效

---

① 赵润娣：《元数据与网络数字资源组织管理》，载《大学图书情报期刊》2002 年第 11 期，第 44～45 页。

评价适时而生。[①] 这为优化信息检索和提供优质的用户服务提供了参考依据，同时新兴学科"网络计量学"也为信息资源相关的评价工作提供了很好的科学依据。[②] "数字信息资源的评价"相关研究内容包括评价指标体系的建立、评价方法的不断完善和创新以及评价实证分析。

9. 信息资源共享

信息资源的共享，是数字信息资源得以充分利用的前提和关键所在。研究从传统的文献信息共享，到馆际互借，再到如今互联网上的网络信息资源共享。内容涉及资源的数字化、资源的配置和整合、信息集成、信息交流模式、信息运动，信息资源共享效率和共享保障体系，网络合作以及馆藏共建共享过程中涉及的策略和知识产权问题等方面的研究。

10. 信息资源开发利用

信息资源的开发与利用研究了数字信息资源的开发、管理等建设过程。内容涉及信息资源的管理，信息技术、网络技术在资源开发利用中的应用以及图书馆员在其中的职能和馆员信息素养方面的研究。

11. 信息环境

按照罗莱（J. Rowley）的信息管理学框架[③]，从社会的层次上将信息理解为一种商品和基本社会力量时，信息环境就是一个由人、信息及其活动构成的总体。可以说信息环境是整个数字信息资源研究的出发点，通过对内容深入分析，发现当前国内对新信息环境的研究主要集中在传统馆藏环境、高校环境以及网络化环境、数字化环境和信息环境上。

四、两种分析结果的比较

同因子分析结果比较，二者结果基本吻合，表明聚类效果好，能够反映该领域的研究结构。其中聚类分析结果中的第2、第4、第5、第6、第7、第8类分别同因子分析结果中的第4、第9、第7、第2、第1、第8个因子很好地吻合，表明"图书馆"、"信息检索"、"信息组织"、"元数据"、"用户服务"、"评价"这6个主题的研究比较成熟，已形成各自较为独立的结构体系。

从情报学研究领域分析，情报学学科可以划分为"文献与交流"、"信息检

---

① 陆宝益：《网络信息资源评价》载《情报学报》2002年第2期，第71~76页。

② Tomas C. Almind, Peter Ingwersen. Informetric analyses on the world wide web：methodological approaches to 'webometrics'. Journal of Documentation, 1997：404-426.

③ Row ley J. Towards a Framework for Information Management. International Journal of Information Management, 1998 (5)：359-369.

索"两大领域。① "信息检索"作为情报学两大研究领域之一,一直是情报学的核心领域,并不断融入新的检索理念、技术和方法,充实和完善这一领域的研究内容和体系,进一步保证了该领域的自身独立性。"元数据"、"信息组织"从早期的组织与检索一体化,经过多年的发展,尤其是在网络信息资源兴起的大环境下,逐步分离出来并得到壮大,形成了自身独立的研究对象、研究内容和研究方法。

而"评价"早在20世纪50年代中期,就在英国克兰菲尔德(Cranfield)的信息检索实验中得到体现。随着研究的不断拓展和深化,该领域在数字信息资源的研究中,被充实了新的内涵,融合了数字信息资源开发、建设、共享和利用过程的特点,同时由于新兴学科"网络计量学"的诞生和广泛应用,使得"评价"发展成为一个重要的研究领域。

同时,结合情报学发展历程,可以发现"文献与交流"领域的核心"情报服务",不断拓展自身研究的对象、范围以及研究内容,进而发展成为基于网络环境的数字信息资源的"用户服务"研究。从"文献与交流"领域的研究阵地和主要应用领域而言,图书馆一直以来作为情报学研究和应用的主要阵地,在数字信息资源的开发、研究和利用过程中依然扮演了重要的角色。

对于因子分析中出现的负相关关键词,在聚类中都得到了很好的归类。如"信息检索"脱离第13个因子,同第9个因子中的四个负相关因子结合组成聚类结果中的第4类"信息检索"。

变动比较大的是第3、第5、第10和第12这4个因子,它们通过转移、重组,加上缺失的相关关键词形成了新的聚类类别——"信息资源共享"、"信息资源开发利用"、"信息环境",补充和完善了因子分析的结果。这也表明这三类主题的研究还没有一个清晰的界限,三者之间存在着紧密的联系,如:资源的开发利用过程会涉及资源共享范畴的资源配置、数据库建设、资源开发以及知识产权的研究,而资源共享与信息环境又存在着交叉的关系,所以三者关系密切,只是侧重点不同而已。

从情报学学科领域来看,这三类主题均是多学科交叉主题,而三者之间也存在明显的学科交叉关系。"信息环境"作为一个由社会中的个人、信息及其活动构成的总体,它的内容涉及信息科学群中的传播学、符号学等学科;"信息资源开发利用"涉及计算机科学、运筹学、系统理论与系统分析等内容;"信息资源共享"也与传播学、符号学等联系紧密。这种跨学科关系使得几类主题表现出

---

① 马费成、宋恩梅:《我国情报学研究分析:以 ACA 为方法》,载《情报学报》2006 年第 6 期,第 259 ~ 268 页。

相互交叉与联系的特点，它们的研究也将相互渗透与影响。

从聚类结果分析，可以发现如果将"聚类类别"进一步取小，那么相关度较高的主题会再次聚拢。例如，主题"信息组织"是"信息检索"的基础①，而"元数据"又在解决网上"信息组织"与"信息检索"问题上发挥了极大的作用②；"网络环境"和"网络资源"二者之间，后者实际上就是数字信息资源在网络环境下的体现和研究；"资源共享"为图书馆或网站联盟提供"用户服务"创造了条件③，而"用户服务"作为目标和结果也影响了资源共享的过程和效率；从"图书馆"和"信息资源开发利用"之间可再聚的关系，表明图书馆仍然是数字信息资源开发利用的主要力量。

同时这也反映了一定的趋势，随着网络信息资源的快速增长，网络环境的日益完善，互联网会从一定程度取代图书馆成为数字信息资源开发利用的新阵地；而随着信息素养的普遍提高，广大民众也会在数字信息资源的建设中逐步承担起图书馆员的职能。因此我们可以推断，如果跟踪研究，随着国内学者对网络环境以及网络信息资源研究力度的加大，"网络环境"和"网络资源"应该会向"信息资源开发利用"主题靠拢。

五、国内研究的特点

通过因子和聚类方法的分析，我们可以对国内数字信息资源的研究做进一步分析和探讨。

第一，国内数字信息资源的研究从三个角度切入——生命周期、应用领域和影响参数。其中数字信息资源本身的生命周期是国内 DIR 研究的主线，涉及 DIR 的开发、组织、管理、检索、服务；应用领域是 DIR 研究的着眼点，聚类结果显示主要的应用领域分布在图书馆和网络环境，如果深入分析，则涉及高校、化工、军事、医药等各种行业；影响参数给 DIR 建设提供了基础和保障支持，涉及元数据的不断创新、知识产权的合理保障、信息素养教育等方面的研究。

第二，许多新兴主题研究力度不够，难以独成体系。通过对近 3 年的关键词进行统计，发现"信息素养"、"长期保存"、"知识产权"等主题正在逐步成长为新的热点，但是由于关注度、研究力度和研究深度均不够，使得在上面的共词

---

① 胡生林：《知识组织与知识创新》，载《晋图学刊》2003 年第 6 期，第 8～10 页。

② 过仕明、靖继鹏：《元数据在网络信息资源组织与检索中的作用》，载《情报科学》2004 年第 12 期，第 1455～1457 页。

③ 李家清：《资源共享环境下的信息服务模式变革》，载《图书情报知识》2003 年第 5 期，第 60～62 页。

分析中，它们只能依附于其他相关的主题，而不能同"资源评价"、"元数据"、"信息检索"等主题一样独成一簇。所以应该加大在这几个主题上的研究力度，如果没有完善的 DIR 知识产权保障 DIR 的合法权益，完备的保存机制和技术以及高素质的 DIR 人才，国内的数字信息资源建设要想进一步发展将会是步履维艰。

第三，为了更全面地反映数字信息资源领域的研究趋势与学科结构，我们还可以通过以下一些方法来充实本研究：通过作者共被引分析与相应机构的分析，了解数字信息资源领域的作者和研究机构在研究内容与研究方向上的特点、同异以及相关联程度，并结合作者与主题以及主题与主题之间的联系来构建数字信息资源研究的领域知识地图。

第三节　国外数字信息资源研究热点分析

一、数据来源

本书利用学术期刊图书馆（Proquest Research Library）所提供的主题词进行共词分析。虽然文献的主题词已由该数据库进行规范录入，但在数据处理中仍然发现一些不太规范的词汇，如同时出现了"Cooperation"（合作）和"Cooperative"（合作的），"Data bases"和"Databases"（数据库）以及"World Wide Web"和"Worldwide web"（万维网）等一类意思相同但形式不同的词。为统一处理，处理时将这些词统一到一个词上来，以便进行简单的规范。

这样处理后共得到了858个主题词，平均每篇文献有0.847个词。为了进行共词分析，本文利用自编的统计程序对数据统计，得到按降序排列的主题词词频分布表。为保证共词分析的效果，本书选取词频大于7的词进行整理（累积词频率72.42%），并且在这些词中去掉了一部分与研究方向关系不大的词：一类是如"Research"（研究）、"Nonfiction"（非小说的散文文学）、"Book reviews"（书评）、"Trends"（趋势）等表示文体形式，但对揭示内容无太大帮助的词；另一类是一类表征行业应用的词，如"Geography"（地理）、"Environmental science"（环境科学）、"Forestry"（林学）、"Ecology"（生态学）、"Medical research"（医学研究）等（笔者稍后将根据文献的内容对行业应用问题进行分析）。从而确定了共有71个主题词的词表（如表2-4所示）。

表 2 - 4 主题词词频分布表

序号	主题词	词频	序号	主题词	词频	序号	主题词	词频
1	Digital libraries	147	25	Technological change	20	49	Information access	12
2	Electrical engineering	131	26	Online information services	20	50	World Wide Web	12
3	Computer science	120	27	Academic libraries	19	51	Digital preservation	12
4	Information systems	112	28	Cataloging	19	52	Information storage	12
5	Information technology	89	29	Systems Designand development	18	53	Assessment & evaluation	11
6	Libraries	86	30	Law & policy	18	54	Telecommunications	11
7	Education	70	31	Curricula	18	55	Knowledge management	10
8	Library science	64	32	Economics	17	56	Government	10
9	Electronic resources	62	33	Teaching	17	57	Educational materials	9
10	Educational software	53	34	Information dissemination	17	58	Internet resources	9
11	Internet	50	35	Artificial intelligence	15	59	Computer networks	9
12	Information management	49	36	Communications	15	60	Information dissemination	9
13	Information retrieval	42	37	Information services	15	61	Information	9
14	Colleges & universities	39	38	Analysis	15	62	Resources	9
15	Remote sensing	34	39	Learning	14	63	Digital divide	8
16	Librarians	29	40	Software	14	64	Publications	8
17	Library collections	28	41	Information literacy	13	65	Electronic commerce	8
18	Archives management	28	42	Metadata	13	66	Computer applications	8
19	Digital resources	27	43	Data bases	13	67	Information professionals	7
20	Mass media	23	44	User studies	13	68	Data collection	7
21	Web sites	22	45	Online data bases	13	69	Search engines	7
22	Information industry	22	46	Computers	13	70	Classification	7
23	Library resources	22	47	Agricultural engineerig	13	71	Reference services	7
24	Intellectual property	22	48	Students	12			

然后统计出每个主题词与其他主题词在文章中共同出现的次数，形成共词矩

阵。这样就得到了 71 个主题词的共词矩阵（如表 2 – 5 所示）。

表 2 – 5　　　　　　　　　　主题词的共词矩阵（部分）

主题词	Digital libraries	Electrical engineering	Computer science	Information systems	Information technology	Libraries
Digital libraries	147	0	0	6	9	8
Electrical engineering	0	131	30	5	0	0
Computer science	0	30	120	20	0	1
Information systems	6	5	20	112	3	6
Information technology	9	0	0	3	89	17
Libraries	8	0	1	6	17	86

二、因子分析结果

通过因子分析，共有 13 个公共因子被提取，它们能够解释全部因子的 85.214%。表 2 – 6 显示了因子负载大于 0.5 的主题词归类情况。

表 2 – 6　　　　　　　　　因子分析确定的 DIR 研究结构

1　信息资源共享		2　信息素养教育	
Government	0.870566	Curricula	0.847941
Information industry	0.795478	Teaching	0.825913
Law & policy	0.778496	Educational materials	0.779436
Telecommunications	0.654944	Computers	0.679164
Economics	0.632566	Computer applications	0.671841
Mass media	0.517956	Learning	0.610593
Communications	0.522236		
3　?		4　?	
Online information services	0.678652	Educational software	− 0.81891
Information retrieval	0.637887	Computer science	− 0.65186
Digital libraries	0.620654	Electrical engineering	− 0.65086
Library collections	0.565231	Internet resources	0.620239
5　?		6　信息素养	
Reference services	0.656112	Information literacy	0.706902

续表

5　?		6　信息素养	
Academic libraries	0.547576	World Wide Web	0.62992
Online data bases	0.545669	Classification	0.534889
7　长期保存		8　信息组织	
Digital resources	0.828699	Data collection	0.770828
Digital preservation	0.508387	Information access	0.551407
		Intellectual property	0.545256
		Search engines	0.529993
		Information storage	0.527114
		Analysis	0.516978
9　网络信息资源		10　信息资源管理	
Information storage	0.524361	Information professionals	0.848796
Information	0.748916	Students	0.57062
Computer networks	0.72578	Digital divide	0.509803
Resources	0.684004	Knowledge management	0.502109
Communications	0.604982		
11　信息技术		12　?	
Information access	0.54439	Resources	0.55557
Information technology	0.736608	Electronic commerce	−0.73053
Information dissemination	0.529959	Library science	0.607728
Technological change	0.504		
Internet	0.500291		
13　信息系统开发与评估			
Assessment & evaluation	0.822968		
Information systems	0.638731		
Software	0.575283		
Systems design and development	0.556487		
Web sites	0.526289		

　　从因子分布情况可以看出，因子分析结果中的主题词总体分布有如下特点：

　　第一，绝大多数主题词都归至相应的因子中，根据因子载荷大于0.7就对因子解释有帮助的原则，并综合考虑因子中其他主题词的属性，可给其中的9个因子加以命名，具体命名如表2-6所示。由于第3和第5个因子中所有主题词的载荷系数均未达到0.7，所以无法给其命名。而第4和第12个因子则因为有负荷载的主题词，也不便命名。

第二，有4个主题词分别横跨两个因子，表现为它们分别在两类因子中的载荷系数绝对值都超过0.5。这些跨区分布的词给我们揭示了因子间存在着的某种程度或某方面的联系。其中主题词"Information access"（信息存取）同时出现在第8、第11个因子中，这体现了"信息组织"与"信息技术"这两个因子的关联性。随着信息的网络化、数字化，信息组织正朝着自动化、集成化和智能化的知识组织的方向发展[1]，数字化、网络化的环境要求我们采用先进的信息技术进行信息组织模式的优化。[2] 因此，"信息技术"成为有效进行"信息组织"的基础与必要条件。主题词"Information storage"（信息存储）同时出现在第8、第9个因子中，而"信息组织"与"网络信息资源"两因子间的关系也显而易见：数字化、网络化的环境，使得网络信息资源成为信息组织的主要对象[3]。"Resources"（资源）同时出现在第9、第12个因子中，虽然第12个因子不便命名，但从因子中的主题词分析，这个因子应该与图书馆馆藏资源相关，而第9个因子为"网络信息资源"，这两类资源存在着很大的相关性。我们知道，随着网络环境的飞速发展，图书馆突破了传统发展模式，逐渐演变为网络的节点，成为全社会乃至全球信息网络的重要组成部分。[4] 一方面图书馆馆藏资源是全球网络资源的一部分；另一方面，图书馆在资源的组织与检索方面还存在一些问题，而网络资源在一定程度上提出了解决问题的具体措施。[5] "Communications"（通讯）同时出现在了第1与第9个因子中，这两个因子也是紧密联系的。一方面，"网络信息资源"要达到的一个很重要的任务也是它的一个技术难题就是实现高速流通和高效的"信息共享"[6]；另一方面，由于"网络信息资源"存储形式及数据结构的通用性、开放性和标准化，使它在网络环境下，时间和空间范围得到了

---

① 陈茂华：《网络环境下数字图书馆的信息组织》，载《情报杂志》2005年第4期，第43~45页。

② 陈明、黄如花：《智能代理技术与网络信息组织优化》，载《图书馆理论与实践》2006年第5期，第33~34页、第56页。

③ 白海龙：《浅谈未来信息组织》，载《太原城市职业技术学院学报》2006年第1期，第156~157页。

④ 张淑宏：《利用网络资源提高采编工作质量》，载《晋图学刊》2007年第2期，第45~46页。

⑤ 高凌云：《利用网络资源，做好高职院校图书馆期刊工作》，载《襄樊职业技术学院学报》2006年第1期，第116~117页、第120页。

⑥ 毕强、朱娅玲：《实现网络资源共享及其技术研究》，载《图书馆论坛》2005年第12期，第196~199页。

最大程度的延伸和扩展，为"信息共享"提供了有效的保障①。从跨区分布主题词的总体分布特征，我们还能看到这样一个现象："网络信息资源"与其他因子的联系十分紧密。它是"信息组织"的主要对象，为"信息共享"提供了有效保障，同时也为"图书馆"资源在与检索方面的问题提供了解决措施。网络信息资源成为数字信息资源领域研究的焦点与重点问题。

第三，有16个主题词因为因子载荷小于0.5不能够参与分类，它们是"Education"（教育）、"Information management"（信息管理）、"Library resources"（图书馆资源）、"Cataloging"（编目）、"Archives management"（档案管理）、"Metadata"（元数据）、"Artificial intelligence"（人工智能）、"Information dissemination"（信息传播）、"Electronic resources"（电子资源）、"Librarians"（图书馆馆员）、"Libraries"（图书馆）、"Colleges & universities"（高校）、"Data bases"（数据库）、"Publications"（出版物）。这其中不乏频次特别高的词，如"Education"（教育）和"Information management"（信息管理），词频分别为70和49（选取的高频词中平均词频约为28），这些词所代表的主题词在情报学领域可能已被广大学者所接受，得到广泛研究，但在数字信息资源研究领域，因为数字化、网络化的要求，它们要么被赋予新的内涵，要么被划分成更小的领域，因而在因子分析过程中，以不同的表现形式参与分类，如第二类"信息素养教育"中的"Curricula"（课程）、"Teaching"（教学）、"Educational materials"（教材），它们可以说是"Education"（教育）的细化；而第10个因子"信息资源管理"中的"Knowledge management"（知识管理）则可以说是"Information management"（信息管理）在新环境下的新发展②。

第四，有4个主题词的因子载荷系数为负，与相应因子中主题词构成负相关关系。它们是第4个因子中的"Educational software"（教育软件）、"Computer science"（计算机科学）、"Electrical engineering"（电子工程）以及第12个因子中的"Electronic commerce"（电子商务）。这些词有一个共同特点：同时与多个主题存在着联系。如"Educational software"（教育软件），它既是第2个因子"信息素养教育"的工具与技术依托，同时也是第11个因子"信息技术"的内容。而"Computer science"（计算机科学）与"Electrical engineering"（电子工程）则因为数字信息资源领域的多元性、交叉性特点③，它们既是学科发展中一

---

① 曾微泊：《利用网络信息资源开展信息服务的思考》，载《大学图书情报学刊》2005年第10期，第74~75页。
② 吴涛：《知识管理与图书馆信息服务》，载《科技情报开发与经济》2006年第1期，第1~3页。
③ 许少菲：《数字信息资源的组织管理及发展对策》，载《图书馆论坛》2002年第4期，第60~62页。

个独立的体系类别，又是数字信息资源开发利用中不可或缺的基础与工具。至于"Electronic commerce"（电子商务），它指通过 Internet 进行的各项商务活动[1]，顾名思义，它是"电子"与"商务"的交叉与结合。一方面，数字化、网络化为电子商务的产生与实际运行提供了有利的条件；另一方面，引进商务思想与技术又为真正实现数字信息资源的高效管理与良好服务提供了一条快捷高效之路[2]。

三、聚类分析结果

根据聚类分析结果，同时参考因子分析结果，我们可以将数字信息资源的研究领域分为 9 个主题：电子工程与计算机技术、馆藏资源建设、信息服务、信息资源共享、信息素养教育、信息系统开发与评估、图书馆、信息组织、信息技术。

结合相关文献的具体内容，我们可以对这 9 类的内容作一些深入的研究：

1. 电子工程与计算机技术

电子工程是电子和电磁现象及规律的技术运用，它受到计算机技术和微电子技术方面的很大影响。[3] 从主题词"Electrical engineering"（电子工程）131 频次的词频来看，电子工程已成为数字化环境下数字信息资源一个很重要应用领域。电子工程作为国家重点工程之一，它很重要的一个方面就是能源的配置与管理，而信息作为社会三大能源之一，对于它的有效配置自然不容忽视。同时电子工程中涉及的电子技术、通信技术，既是数字化、数字信息资源产生与传播的基础，在数字化环境下又不断被注入新的内容，所以对于电子工程的研究也显得如此热门。

2. 图书馆馆藏资源建设

图书馆服务工作的直接依托是馆藏资源建设。国外学者在这方面的研究，主要可分为馆藏资源的组织与服务两方面。在馆藏资源组织方面的研究可以归纳为两个方面：馆藏资源数字化和网络资源馆藏化。一方面，随着数字化技术的不断成熟与发展，馆藏资源数字化有了强有力的技术依托，同时"Electronic resources"（电子资源）的激增更是促使馆藏资源数字化的加速；另一方面，

---

① 张基温：《试论当前电子商务发展对策》，载《科技情报开发与经济》2000 年第 1 期，第 33 ~ 35 页。

② 江泽佳：《也来谈谈 Electrical Engineering 的译法》，载《电工教学》1994 年第 12 期，第 68 页。

③ 韩明杰、张权：《数字图书馆中电子商务技术的应用》，载《情报技术》2003 年第 12 期，第 30 ~ 31 页。

"World Wide Web"（万维网）、"Web sites"（网站）上资源丰富多彩，却无序杂乱，检索十分困难，用户要查找所需资料在短时间内很难达到目的。为了帮助用户节省查找时间和通讯费用，提高用户的查全率和查准率，"网络资源馆藏化"即是图书馆在网络环境下所必须从事的一项具体而又实在的网络信息整理工作①，虚拟图书馆便是这方面的典型应用②。而伴随着馆藏资源组织的变革，图书馆的服务模式也随之发生了变化，国外学者在"Information dissemination"（信息传递）、"Information retrieval"（信息检索）等方面都展开了研究。

3. 信息服务

在信息产业为主流的数字化时代，网络技术、通讯技术、激光技术、数字处理技术等改变着传统的信息资源构建方式，信息服务工作也发生了重大变革。③国外学者在信息服务方面既着重了信息产业的研究，其中包括"Software industry"（软件产业）、"Computer industry"（计算机产业）以及"Electronics industry"（电子工业）等领域在产品定价、市场供需等方面的问题；同时在"Management advisory services"（管理咨询服务）、"Library services"（图书馆服务）、特别是图书馆的"Reference services"（参考服务）等方面，国外的研究已相对超前，比如在参考咨询方面，国外已经有发展成熟的"Reference web sites"（参考网站）④、"Library internet advisory"（图书馆网上咨询）、"Expert advisory system"（专家咨询系统）⑤、"Knowledge base advisory system"（知识库咨询系统）、"FAQ"（常见问题咨询）⑥ 等。

4. 信息资源共享

信息资源共享体现了跨地区、跨行业的数字信息资源无限与服务无限的特征⑦，实现信息共享是优化信息服务工作、提高资源利用率的有效途径。从国外学者对于数字信息资源共享来看，其内容涉及"Information dissemination"（信息传递）、"Information access"（信息存取）、"Cooperation"（合作）、"Systems integration"（系统整合）等方面。另外，对于信息资源共享中所存在复杂问题也是研究的重点。如由于经济增长不平衡、新兴信息技术的应用与普及的不平衡以

---

① 李玲、夏丽萍：《馆藏资源组织的变革与图书馆服务工作的转型分析》，载《江西图书馆学刊》2002 年第 1 期，第 9~10 页。

② 李昕：《虚拟图书馆解读》，载《情报探索》2006 年第 2 期，第 8~10 页。

③ 盛书平：《数字化环境中的信息服务》，载《科技情报开发与经济》2006 年第 22 期，第 8~9 页。

④ Carolyn Larson, Lori Morse, Georgia Baugh, Amy Boykin, et al. Best Free Reference Web Sites. Reference & User Services Quarterly, 2005 (9)：39–45.

⑤ Cass, Kimberly. Expert systems as general-use advisory tools：An examination of moral responsibility. Business & Professional Ethics Journal, 1996 (4)：61–86.

⑥ Beiser, Karl. Only the FAQs：CD-ROM technology 101. Database, 1994 (7)：105–111.

⑦ 倪昌耀：《论数字信息资源产业化建设》，载《科技和产业》2004 年第 7 期，第 20~25 页。

及拥有知识的差距等原因而导致的信息共享中的"Digital divide"（数字鸿沟）问题[1]，在这方面，国外学者主要研究了发达国家与发展中国家在接入网络及信息利用方面的差距问题。另外，数字信息资源共享中的信息资源数字化、数字化信息上载、信息包装以及数字化信息链接等内容也给现行的知识产权法律体系提出了一系列新问题[2]，国外学者在这方面的研究力度也很显著。

5. 信息素养教育

信息素养教育是指"通过对信息用户的教育和培训，启发用户的信息意识，提高用户的信息素养，帮助用户掌握信息知识和技能的一种社会活动。它是一种促进个体全面发展的教育，是人才培养的基础教育，也是一种终身教育"。从这一类中主题词"Educaiton"（教育）高达70频次的词频可以看到国外学者在这方面给予的高度重视，它们的研究已深入到社会生活的各个层面，如医学、科学、商业等各个领域都能看到这方面的研究。在教育的技术手段上，它们强调计算机与通信技术在教育方面的运用，如在"Online instruction"（网上教学）、"Computer assisted instruction"（计算机辅助教学）等方面的研究。

6. 信息系统开发与评估

信息系统是管理数字信息资源的工具与环境，它基于数据推送技术、数据挖掘、人工智能技术实现信息化环境下各种数字资源的管理。[3] 国外学者对各个不同领域的数字信息资源管理系统进行了比较深入的研究，从一般行业的信息系统如"Geographic information systems"（地理信息系统）到企业知识管理层面的"Decision support systems"（决策支持系统）、"Expert systems"（专家系统）等。内容涉及系统的设计开发、系统设计优化等内容。

7. 图书馆

图书馆是信息资源组织与管理的中心[4]，而20世纪下半叶以来，随着信息手段革命与信息内容革命两次巨大的跳跃性发展，数字图书馆研究更是成为图书馆研究的热点之一[5]。国外在这方面起步较早，研究的广度和深度上都占据一定的优势。它们在这方面的研究力度从主题词"Digital libraries"（数字图书馆）高达147（最高频次）的词频也可以看出。通过对相关文献内容的分析，我们可以

① 李松妹：《消除数字鸿沟，构建和谐社会》，载《图书馆》2006年第1期，第112～114页。
② 李小杰：《数字信息资源知识产权保护问题研究综述》，载《现代情报》2005年第1期，第70～73页。
③ 东方：《数字信息资源管理系统分析与设计》，载《情报技术》2004年第10期，第48～49页、第53页。
④ 张林龙：《网络环境下的信息组织》，载《情报杂志》2003年第10期，第44～46页。
⑤ 徐雪源：《我国发展数字内容产业存在的问题及对策》，载《科技情报开发与经济》2006年第4期，第124～125页。

看出，国外学者对数字图书馆的研究经历了以下三个阶段：初始阶段主要是数字化馆藏，第二阶段为数字图书馆技术研究，第三阶段则为数字图书馆的综合研究。就内容来看，目前国外对数字图书馆的研究有两个比较明显的重点。一个是数字图书馆的"Information literacy"（信息素养）问题，信息素养的概念从图书馆检索技能发展和演变而来[①]，伴随着信息社会的发展而不断注入新的内涵。数字图书馆的馆藏资源数字化是信息素养教育的基础，数字图书馆的多媒体检索是信息素养教育的关键，数字图书馆的资源共享为信息素养教育提供了全新的动力[②]。而另一方面，信息素养能力的提高也是图书馆更好地提供服务的基础；数字图书馆研究中的另一个重点是数字图书馆中的"Intellectual property"（知识产权）保护问题，如洛里·华莱士（Lori Wallace）等就探讨了数字信息资源的复制权问题（Right to Reproduce）[③]，威廉·E·贝里（William E. Berry）等探讨了信息资源网络传播中的传播权（Communication Rights）问题[④]，马修·达姆斯（K. Matthew Dames）等论及了网络信息资源下载、链接与侵权问题[⑤]。

8. 信息组织

数字化信息资源如果没有经过组织、整序，查找起来就如同大海捞针，非常困难，因而对其进行加工、整理以利于用户检索就显得极为重要。信息组织一个很重要的方面就是信息存储，从对文献内容的分析来看，国外的研究也主要集中在这一部分。特别是"Digital preservation"（长期保存）的研究，更是热点，国外许多学者从技术、载体、信息等多方面展开研究并提出了各种解决方案。

9. 信息技术

信息技术的迅速发展导致了数字信息资源的产生，同时数字信息资源组织管理中的任何一个过程都离不开信息技术的支撑，信息技术是数字信息资源有利发展的引擎[⑥]，所以信息技术的研究仍然是解决数字信息资源建设的一个重要方面。其中"Artificial intelligence"（人工智能）、"Visualization"（可视化技术）、"Virtual technique"（虚拟技术）等成为数字信息资源领域国外研究的重点技术内容。

---

① 邵川：《信息素养教育与文献检索课》，载《彭城职业大学学报》2004 年第 8 期，第 97～100 页。

② 郝红霞：《信息素养教育与数字图书馆》，载《邢台职业技术学院学报》2005 年第 10 期，第 74～76 页。

③ Lori Wallace. Dealing with Digital Copyright Issues in Higher Education：No is Not a Helpful Institutional Response. Journal of Distance Education，2004（1）：92－105.

④ William E Berry. Miranda rights and cyberspace realities：Risks to "the right to remain silent". Journal of Mass Media Ethics，2003（3/4）：230.

⑤ K Matthew Dames. Plagiarism：The New 'Piracy'. Information Today，2006（11）：21－23.

⑥ 毛凤香：《信息技术是图书馆情报机构数字化建设的引擎》，载《情报资料工作》2004 年第 1 期，第 75～77 页。

四、两种分析结果的比较

聚类结果与因子结果基本吻合，表明共词分析效果较好，能够反映国外数字信息资源领域的研究结构。其中聚类分析结果中的第4、5、6、8、9类主题分别同因子分析结果中的第1、2、3、8、11类因子很好的吻合，表明"信息资源共享"、"信息素养教育"、"信息系统开发与评估"、"信息组织"以及"信息技术"这五个主题的研究在国外已经比较成熟，形成各自较为独立的结构体系。

因子分析中载荷为负的因子在聚类分析中都得到了相应的归类，其中"Computer science"（计算机科学）、"Electrical engineering"（电子工程）脱离原有主题而归到"电子工程与计算机技术"一类，成为数字信息资源一个重要的应用领域。

因子分析中因载荷小于0.7而无法命名的因子，在聚类分析中也得到了较好的归类。如第3个因子中的主题词归到了"图书馆"与"馆藏资源建设"中，第4个因子主题词归到"信息素养教育"及"电子工程与计算机技术"中，第5个因子主题词归到"信息服务"与"图书馆"类中，第12个因子则被归到"图书馆"与"信息技术"中。可以看出，每个因子被分拆到的两个主题类彼此间都存在着相关性。同时，我们还可以发现，"图书馆"几乎是所有两两联系的交集，表明"图书馆"是国外数字信息资源研究的主要方面。

变动比较大的是第6、7、9、10个因子，它们在聚类中经过重组归到了新的主题中。"信息素养"归到了"图书馆"内，"长期保存"归到了"信息组织"内，"网络信息资源"被分拆到了"信息组织"、"信息资源共享"、"图书馆"三类中，而"信息资源管理"则被分拆到了"信息资源共享"、"图书馆"、"信息素养教育"类中。进一步分析这些因子及主题的内容，可以看到他们本身并没有一个明显的界线。如"长期保存"本来就是数字化、网络化新环境下"信息组织"所面临的一个新的挑战，它属于信息组织的范畴，但又被赋予了新的内涵。"网络信息资源"是现今"信息组织"的主要对象[1]，它的高效传播等特性又为"信息资源共享"提供了有效的保障[2]，同时"网络信息资源"馆藏化也成为"图书馆"数字化的一大特征。而"信息资源管理"本身就是一个很大的范畴，它包括了数字信息管理、信息环境管理、信息服务与用户管理等多方面[3]，

---

① 李昕：《虚拟图书馆解读》，载《情报探索》2006年第2期，第8~10页。
② 邵川：《信息素养教育与文献检索课》，载《彭城职业大学学报》2004年第8期，第97~100页。
③ 邓灵斌：《数字信息资源管理系统分析与设计》，载《图书馆学刊》2004年第5期，第57页、第62页。

所以它所涉及的领域也必然存在着交叉与联系。

另外，从情报学学科角度进一步探讨这4类变化较大的主题，可以发现，这4类主题要么是情报学领域里的新兴内容，内涵与外延上尚存在着争议；要么和其他主题与学科间存在着明显的交叉融合特性。"信息素养"又被广泛地称为信息素质，亦有称为资讯素养等，国外对于它的研究始于20世纪70年代，目前关于它的概念的表述已多达10余种，并且根据澳大利亚学者布鲁斯（Bruce）关于"信息素养"层面结构研究的观点来看，"信息素养"还涉及有关信息技术、信息源、信息过程、信息控制等理念，可见"信息素养"概念新且与信息技术、信息源等理念存在着交叉联系；"长期保存"因为技术法律问题，它的研究工作目前仍停留在实验阶段，分析结果的变化性也是其保存手段与实践不十分可靠的一个体现；"网络信息资源"传递快捷、时效性强，已大大扩展了信息资源的原有内涵和外延，不仅从内容上涉及各行业各领域，还涉及管理手段的不断创新、信息技术的不断革新，交叉融合面也甚广；而"信息资源管理"则呈现出典型的多学科融合性，其中的"信息资源"，内容就十分的宽泛，涉及经济学、管理学、计算机科学、运筹学等各种领域知识，同时这个学科本身存在着理论上的模糊性、实践中的多元性的特征，对于它在图书、情报与档案学科中的定位问题仍存在广泛的争议。

五、国外研究的特点

结合因子分析与聚类分析以及文献的具体内容，本书也试图从更为宏观的角度对国外数字信息资源的研究结构作进一步的探讨。

第一，国外数字信息资源研究的着眼点在应用。笔者在主题词处理时，去掉了表征行业应用的一类词，这一类词多且涉及面非常广，从"Biology"（生物学）、"Anthropology"（人类学）、"Psychology"（心理学）、"Medical research"（医学研究）到"Soil sciences"（土壤科学）、"Agriculture"（农业）、"Forestry"（林业）等，包括"图书馆"与"电子工程与计算机技术"，几乎涉及了社会生活的方方面面。这表明国外数字信息资源的着眼点在应用。尽管我们可以从生命周期、影响参数等各个方面对数字信息资源进行研究，但不结合具体行业的特征，这些理论往往会因缺乏针对性而显得空洞、无意义，就像再健康的植物如果找不到合适的土壤也无法存活一样。

第二，注重技术的引擎作用。9类主题中，基本每一类中都含有技术属性的词，除去第1、6、9类技术类主题不谈，"馆藏资源建设"中的"Data bases"（数据库），"信息服务"中的"Online data bases"（网上数据库），"信息素养教育"中的"Computers"（计算机）和"Computer applications"（计算机应用）都是技术类属性词。这表明国外对于数字信息资源的研究与建设比较注重技术的引擎作用，以数字信息资源理论为基础的技术为解决各类问题提供了有利的工具，同时技术的进步也将为数字信息资源的进一步发展创造有利的条件。

第三，本研究还可以根据文献作者所在的不同国家以及发表的不同年份阶段进行统计，这样可以得到不同国家不同阶段数字信息资源研究与建设的特征，也便于我们结合具体国情和具体的发展阶段借鉴国外已有成果。

第四节　国内外研究的比较分析

本章对国内外数字信息资源的研究与建设进行一个对比分析，得出如下结论：

第一，国内外共同研究热点："图书馆"、"信息组织"、"信息服务"、"信息资源共享"。说明国内外在这些方面都给予了高度重视，他们在这方面的研究都比较成熟与稳定，并形成自己独立的体系结构。

第二，国内外相对研究热点。国内相对研究热点："网络资源"、"信息网络"、"信息检索"、"元数据"、"评价"、"信息资源开发利用"以及"信息环境"；国外相对研究热点："电子工程与计算机技术"、"馆藏资源建设"、"信息素养教育"、"信息系统开发与评估"以及"信息技术"。尤其是"信息素养教育"，在国外已经发展成熟，并形成独立的体系结构，而在国内却是一个刚刚起步的新兴研究主题，并且从研究力度来看，还未得到足够重视。

第三，对比分析国内外相对研究热点发现，在国外相对研究热点中，技术类热点占据了大部分："电子工程与计算机技术"、"信息系统开发与评估"以及"信息技术"。这说明，国外从信息技术的维度对数字信息资源的研究比较成熟与稳定，并形成了较为独立的体系结构。而相反，国内在这方面的研究则比较欠缺，没能形成独立的体系结构。

第四，国内的相对研究热点，如"网络资源"、"元数据"、"信息检索"、"评价"，在国外也有所研究，但往往与某一应用结合起来，而很少独成体系。如"网络资源"、"元数据"，以及"信息检索"常常被运用到图书馆的"馆藏资源建设"中，分别为图书馆的网络资源馆藏化、馆藏资源组织以及书目检索和参考咨询服务提供工具与条件。这也说明，国外的研究较为注重具体应用，而国内的研究停留在某一概念本身研究的较多，与具体应用相结合的力度还不够。

第五，对数字信息资源的行业应用，国内外的重点都在图书馆领域的研究上，但就范围来看，国外涉及的面更广，国内则只在高校、医学再有少量涉及化工、军事行业。表明国内数字信息资源研究与建设开展还不够全面。

需要说明的是，本研究属于探索性研究，因此难免存在一定的局限性。首先数据本身并不完善，由于缺乏该领域的标准主题词表，研究人员对关键词的著录并不规范，以及论文发表的时滞性，使得关键词列表存在一定的偏差；其次是生成共词矩阵时，如何确定高频关键词的阈值仍是有待讨论的问题，因为低阈值不利于聚类，但有助于一些隐含主题或前瞻主题的外现，而高阈值则恰好相反。对于低阈值的问题，笔者通过统计近 3 年的关键词词频正弥补了不足。

第五节　我国数字信息资源的分布与利用

上网人数、互联网基础资源、IP 地址、国际出口带宽、网站和域名数等指标直接或间接地反映出一国数字信息资源的分布利用状况，我们将根据这些指标来分析我国数字信息资源的分布及利用。根据 CNNIC 统计数据，截至 2009 年 6 月 30 日，中国网民规模达到 3.38 亿人，普及率达到 25.5%。网民规模较 2008 年年底年增长 4 000 万人，半年增长率为 13.4%，中国网民规模依然保持快速增长之势。宽带网民规模达到 3.2 亿人，占网民总体的 94.3%。[①]

一、基础资源统计分布

从 2008 年年底到 2009 年 6 月，中国的 IPv4 地址数量半年增长 2 375 万个，目前已经达到 2.05 亿个。截至 2009 年 6 月，中国域名的总数为 1 626 万个，其中 CN 域名 1 296 万个，中国网站数量为 306.1 万个，其中 CN 下网站数占 78.7%。中国国际出口带宽为 747 541.4Mbps，半年增长 16.8%。[②]

（一）Ipv4 个数

IP 地址分为 IPv4 和 IPv6 两种，目前主流应用是 IPv4。截至 2009 年 6 月，我国 IPv4 地址达到 205 031 168 个，较 2008 年年底增长 13.1%。如图 2 - 1 所示，从半年增长趋势来看，目前 IPv4 资源增长率持续下滑，这说明 IPv4 已经出现短缺。因此，继续大力发展 IPv6 以缓解这种情况。

---

①② 中国互联网信息中心（CNNIC）：《中国互联网络发展状况统计报告》，2009 年 7 月。

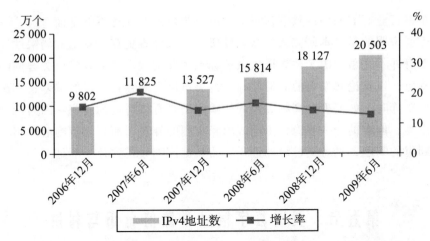

图 2-1 2006 年 12 月 ～2009 年 6 月中国大陆 IPv4 地址资源变化

资料来源：中国互联网信息中心（CNNIC）：《中国互联网络发展状况统计报告》2009 年 7 月。

（二）我国域名分布

截止到 2009 年 6 月中国的域名总数为 1 626 万个，其中近八成是 CN 下域名。而在目前 CN 域名中，.CN 结尾的二级域名比例仍然最高，占到 CN 域名总数的 66.8％，其次是 .COM.CN 域名，占比为 25％。为了直观标示出大陆分类 CN 域名数，我们在顶级域名的基础上绘制了复合饼图（如图 2-2 所示）。

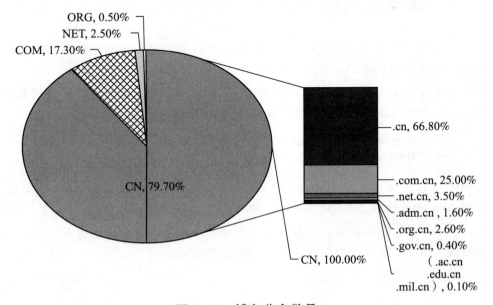

图 2-2 域名分布数量

通过该图我们可以看出，在顶级域名中，CN 的数量达到 12 963 685 个，比例占到了 79.7%，是 COM 所占比例的近 5 倍。在顶级域名 CN 下的二级域名中，.cn 的数量达到了 8 659 698 个，比例占到了 66.8%，其余依次递减。与 2009 年 1 月份统计数据相比，.com.cn 和 .net.cn 所占比例有所下降，其他各项均小幅度上升。其中 .cn 和 .gov.cn 分别上升了 1.4% 和 0.1%。

（三）网站数量统计

截至 2009 年 6 月，中国的网站数，即域名注册者在中国境内的网站数（包括在境内接入和境外接入）达到 306 万个，较 2008 年年末增长 6.4%（如图 2-3 所示）。

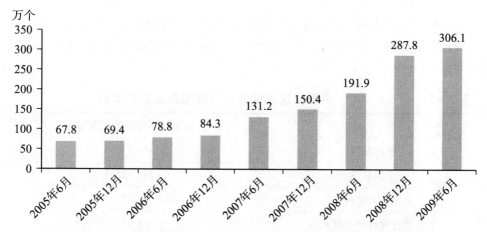

图 2-3 2005 年 6 月～2009 年 6 月中国大陆网站规模变化

注：数据中不包含 .EDU.CN 下网站数。

资料来源：中国互联网信息中心（CNNIC）：《中国互联网络发展状况统计报告》，2009 年 7 月。

（四）网络国际出口宽带

2009 年 6 月中国网络国际出口带宽达到 747541Mbps，较 2008 年年底增长 16.8%。但是通过近几年的比较，可以看出我国国际出口带宽的变化率起伏较大，且近几年增长率都比较低（如图 2-4 所示）。

通过表 2-7，可以看出，中国电信和中国联通占据了大陆 95% 的国际出口带宽。

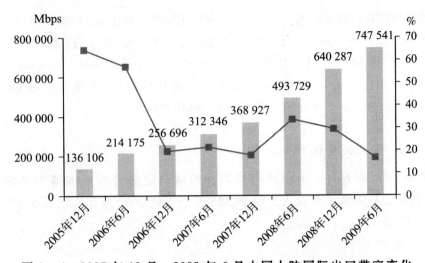

图 2 – 4   2005 年 12 月 ~ 2009 年 6 月中国大陆国际出口带宽变化

资料来源：中国互联网信息中心（CNNIC）：《中国互联网络发展状况统计报告》2009 年 7 月。

表 2 – 7   **中国大陆主要骨干网络国际出口带宽数**

网　　络	国际出口带宽数（Mbps）
中国电信	416 778. 9
中国联通	295 136. 5
中国科技网	10 477
中国教育和科研计算机网	9 932
中国移动互联网	15 215
中国国际经济贸易互联网	2
合　计	747 541. 4

资料来源：中国互联网信息中心（CNNIC）：《中国互联网络发展状况统计报告》2009 年 7 月。

二、我国数字信息资源的分布情况

为了进一步说明我国数字信息资源的分布，根据 CNNIC 公布的数据，我们以省为单位，统计了各省市的 cn 域名数量、网站数量、网页数量和网页的更新时间（如表 2 – 8 和图 2 – 5、图 2 – 6 所示）。

表2-8　　　　　　　　　　cn 域名地域分布

北京	广东	上海	浙江	福建
23.60%	10.60%	8.80%	6.50%	5.50%
江苏	山东	四川	湖南	湖北
4.80%	4.00%	3.10%	3.00%	2.30%
河南	河北	辽宁	安徽	重庆
2.00%	1.70%	1.60%	1.30%	1.20%
黑龙江	陕西	天津	广西	江西
1.10%	0.90%	0.90%	0.80%	0.80%
山西	贵州	吉林	云南	海南
0.60%	0.60%	0.50%	0.50%	0.40%
内蒙古	新疆	甘肃	宁夏	青海
0.30%	0.30%	0.20%	0.10%	0.10%
西藏	其他			
0.10%	11.90%			

资料来源：饶爱民：《我国数字信息资源分布的模型与维度》，载《求索》2006年第9期。

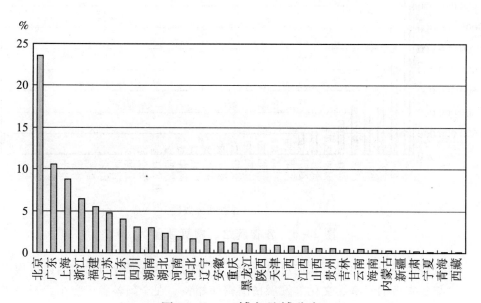

图2-5　cn 域名地域分布

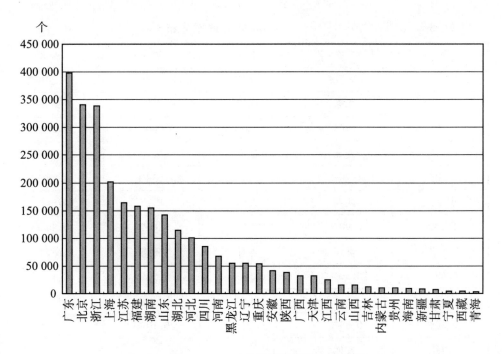

（各省网站数量）

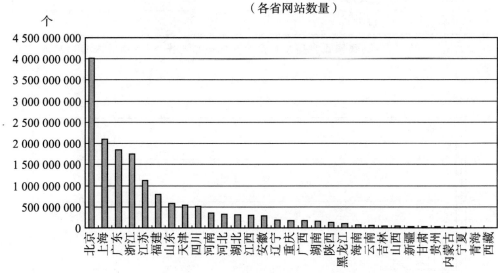

（各省网页数量）

图 2-6　各省网站、网页数量

　　通过整体的分析比较，我们可以得出，我国的信息资源分布由东向西依次递减，这与各省市的经济、文化等发展情况密切相关。在全国各省市当中，经济发展水平较高的北京、广东、浙江和上海等占据了丰富的基础资源，如北京的域名数量达到 3 839 778 个，占到全国的将近 1/4，同时域名数较多的其网站数量和网页数量也比较高。从整体分布来看，华北、华东和华南三个地区的信息资源分布比例遥遥领先，而这三个地区也是我国经济大省比较集中的地区；华中和东北地区其次；西北和西南两个地区的信息资源发展水平虽有所发展，但与其他地区相比仍有一定的差距。尤其是我国边境省市如海南、西藏和新疆已经远远落后于一些中东部省市。

网络信息资源的时间分布主要从网页及数据库建立的时间、更新的周期等表现出来。根据 CNNIC 的统计，截止到 2009 年 6 月，CN 下的网站个数已经达到 2 410 546 个，半年内增长了 8.8 个百分点，说明随着我国信息化进程的加快，信息资源数量迅猛增长。此外一个表现就是网页的更新速度。根据中国互联网中心 2009 年 1 月份公布的数据显示，我国网页的更新周期如表 2 - 9 所示。

表 2 - 9 　　　　　　　　　　　　　网页更新周期

网页更新周期	比例（%）
1 周更新	12.50
1 个月更新	24.10
3 个月更新	29.10
6 个月更新	14.40
6 个月以上更新	20.00

资料来源：中国互联网信息中心（CNNIC）：《中国互联网络发展状况统计报告》，2009 年 7 月。

根据数据我们制作出其分布曲线，如图 2 - 7 所示。

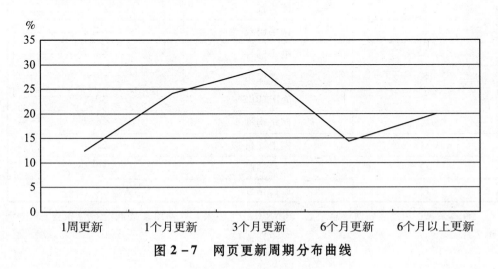

图 2 - 7 　网页更新周期分布曲线

从表2-9中我们可以看出，我国网页的更新周期总体上呈现不规范分布，以3个月更新所占比例最高，达到29.10%，而位居其两侧的比例有所下降。通过表2-9数据还可以看出，我国网页的存在时间从1周到6个月以上，一般小于3个月，其占总量的65.6%。

三、数字信息资源利用分布

从网民的使用目的来看，网络应用行为可以划分为互联网基础应用，交流沟通，网络娱乐，电子商务、电子政务、网络教育、网络求职等大类。表2-10给出了排名前10的具体网络应用。目前中国网民在网络娱乐、互联网基础应用和交流沟通使用比例较高，其中网络娱乐类的网络音乐使用率高达85.5%居各类应用之首；其次为基础应用中网络新闻的使用率达到78.7%；第三为交流沟通类的即时通信，其使用率为72.2%。但是对于其他网络应用如网络购物、网络教育等使用率都较低。

表2-10 网络应用使用率排名

排名	应用	使用率（%）
1	网络音乐	85.5
2	网络新闻	78.7
3	即时通信	72.2
4	搜索引擎	69.4
5	网络视频	65.8
6	网络游戏	64.2
7	电子邮件	55.4
8	博客应用	53.8
9	论坛/BBS	30.4
10	网络购物	26.0
11	网上支付	22.4
12	网络炒股	10.4
13	旅行预订	4.1

资料来源：中国互联网信息中心（CNNIC）：《中国互联网络发展状况统计报告》，2009年7月。

（一）互联网基础应用

互联网最基础的功能即提供信息，因此其最基础应用主要分为网络新闻和信息搜索。随着科技的发展，互联网以其信息量大、速度较快等特点成为人们获取信息的重要途径。

网民可以通过搜索引擎对自己所需信息进行检索。根据 CNNIC 的统计，截至 2009 年 6 月，有 69.4% 的网民使用搜索引擎，使用率比 2008 年年末增加 1.4 个百分点（如表 2-11 所示）。搜索引擎的使用存在明显的城乡、年龄、学历、收入差异：城镇网民搜索引擎使用率明显高于农村；20～40 岁网民搜索引擎使用率明显高于其他人群；学历越高，搜索引擎使用率越高；收入越高，搜索引擎使用率越高。搜索引擎应用人群的特点决定了它在互联网领域的高商业价值。从互联网获得资讯性信息也是网民的目的之一。全球化进程的加速，各种类型信息呈指数级增长，通过传统方式难以得到第一手的准确资料。而网络新闻是突破传统的新闻传播概念，在视、听、感方面给受众全新的体验，其传播的深度和速度都领先于传统媒体。网络新闻的特点是及时快捷，网民可以最大限度地参与网络新闻的互动。截止到 2009 年 6 月，我国网络新闻使用率保持稳定，占 78.7%。网络媒体发展还呈现出一些新的特色，如 Web2.0 的发展、社会网络等传播，共同助推网络媒体快速发展。

表 2-11　　　　　2008 年 12 月～2009 年 6 月互联网基础应用

类别	2008 年年底		2009 年年中		半年变化	
	使用率（%）	网民规模（万人）	使用率（%）	网民规模（万人）	增长量（万人）	增长率（%）
搜索引擎	68.0	20 300	69.4	23 457	3 157	15.6
网络新闻	78.5	23 400	78.7	26 601	3 201	13.7

资料来源：中国互联网信息中心（CNNIC）：《中国互联网络发展状况统计报告》，2009 年 7 月。

（二）交流沟通

互联网的发展，使得异地交流越来越方便。在各种交流沟通工具中，电子邮件的应用是最广泛的。通过网络的电子邮件系统，用户可以用非常低廉的价格，以非常快速的方式，与世界上任何一个角落的网络用户联系，极大改变了人们的交流方式。电子邮件的使用率也与网民的学历密切相关。网民学历越高，电子邮件使用率越高。从职业上看，管理人员、从事第三产业者和学生使用电子邮件较多，从事一线生产的工人，以及没有固定职业的无业和自由职业者使用电子邮件较少。[①] 截至 2009 年 6 月，我国网民中电子邮件使用率为 55.4%，但是相对于美国等互联网应用比较成熟的国家而言，我国的电子邮件利用率依然很低。

相对于电子邮件，即时通讯软件更受到青睐。即时通信的火爆发展是中国互联网的特色之一。网民通过即时通讯功能，可以知道亲友是否正在线上及与他们即时通讯。即时通讯比传送电子邮件所需时间更短，更受到年轻人的青睐。现在的即时通讯软件又与网络游戏、博客甚至电子邮件相结合，其功能日益丰富。根据 CNNIC 的统计数据，2008 年 12 月 ~ 2009 年 6 月半年内即时通信新增用户 2 004 万人，增长 8.9%。我国的即时通讯应用远远高于欧美国家（如表 2 - 12 所示）。

表 2 - 12　　　　　2008 年 12 月 ~ 2009 年 6 月网络通讯类应用用户对比

类别	2008 年年底		2009 年年中		半年变化	
	使用率（%）	网民规模（万人）	使用率（%）	网民规模（万人）	增长量（万人）	增长率（%）
电子邮件	56.8	16 900	55.4	18 725	1 825	10.8
即时通信	75.3	22 400	72.2	24 404	2 004	8.9

资料来源：中国互联网信息中心（CNNIC）：《中国互联网络发展状况统计报告》，2008 年 1 月。

博客与论坛作为新兴的网络交流工具逐渐受到人们的关注，网民通过博客与论坛来自由表达自己的心情，对某一事件的见解和看法等，通过更深度的交流与沟通达到知识的过滤与积累。目前各大门户网站、即时通信服务提供商等大多提供博客/个人空间服务，给网民开通博客/个人空间提供了便利。如表 2 - 13 所示，截至 2009 年 6 月底，中国拥有个人博客/个人空间的网民用户规模已经达到 1.82 亿人，博客空间的规模已经超过 3 亿。2008 年 12 月 ~ 2009 年 6 月，博客的用户规模净增长 1 984 万，在网民中的使用率为 53.8%。半年更新博客的网民比例由 2008 年年底的 35.2% 增长到 35.3%，活跃博客规模进一步扩大。其主要是由于在博客数量持续攀高，用户聚集带来的规模效应，博客频道在各类型网站中成为标准配置和 SNS 氛围提升博客活跃程度的三重作用下使得博客作者表达的积极性大幅提高。[②] 由用户群体来看，我国博客表现出十分显著的年轻化特征，

① 中国互联网信息中心（CNNIC）：《中国互联网络发展状况统计报告》，2009 年 1 月。
② 中国互联网信息中心（CNNIC）：《2008 ~ 2009 年博客市场及博客行为研究报告》，2009 年 6 月。

白领阶层的用户比例上升。另外，相当部分的博客向互动性更强的 SNS 转移，使得博客交流更加方便。

表 2 - 13　　　　2008 年 12 月 ~ 2009 年 6 月网络社区类应用用户对比

类别	2008 年年底		2009 年年中		半年变化	
	使用率 （%）	网民规模 （万人）	使用率 （%）	网民规模 （万人）	增长量 （万人）	增长率 （%）
拥有博客	54.3	16 200	53.8	18 184	1 984	12.2
更新博客	35.2	10 500	35.3	11 931	1 431	13.6
论坛/BBS	30.7	9 100	30.4	10 275	1 175	12.9

资料来源：中国互联网信息中心（CNNIC）：《中国互联网络发展状况统计报告》，2009 年 7 月。

除此之外，交友网站也是网络交流沟通的重要桥梁。现代生活节奏的加快，使得人们没有大量的时间用于现实交友，而网络交友弥补了这一缺憾。在校园和职场，各种交友网站通过改进自身功能吸引了众多用户。现在的婚恋交友网站也得到了众多网民的认同与支持，网站通过与电视等传统媒体的合作提高了自身的影响力。①

（三）网络娱乐

网络音乐、网络视频和网络游戏一直都是网络娱乐中排名最靠前的，而网络音乐又是三者当中的第一大应用服务。主要由其免费性、方便性和资源丰富性所决定（如表 2 - 14 所示）。

表 2 - 14　　　　2008 年 12 月 ~ 2009 年 6 月网络娱乐类应用用户对比

类别	2008 年年底		2009 年年中		半年变化	
	使用率 （%）	网民规模 （万人）	使用率 （%）	网民规模 （万人）	增长量 （万人）	增长率 （%）
网络游戏	62.8	18 700	64.2	21 699	3 000	16.0
网络音乐	83.7	24 900	85.5	28 899	3 999	16.1
网络视频	67.7	20 200	65.8	22 240	2 040	10.1

资料来源：中国互联网信息中心（CNNIC）：《中国互联网络发展状况统计报告》，2009 年 7 月。

---

① 中国互联网信息中心（CNNIC）：《中国互联网络发展状况统计报告》，2009 年 1 月。

网络音乐是中国网民的重要娱乐方式，也是促进新增网民上网的重要驱动力之一，对中国互联网的推广功不可没。[①] 截止到 2009 年 6 月半年内，网络音乐的使用率增长了 1.8%，用户规模增长了 16.1%。网络视频在中国迅速兴起，已经引起国家和政府的重视，为此国家实施了网络视频牌照制度，以此加强对网络视频相关方面的监管，进一步规范网络视频市场。这也是导致最近一段时间我国网络视频使用率下降的原因之一。视频牌照制度一定程度改变了目前中国网络视频产业的竞争格局，能够适应时代发展要求，创新业务模式并具备内容版权、视听资质的视频运营商在视频新规发布后，凸显竞争力，但同时一些网站的退出也使得一部分用户流失，从而造成使用率下降。网络游戏是近 10 年来一直高速发展的产业，现已逐步进入成熟期。对于使用网络游戏服务的网民比例也是一直增加。截止到 2009 年 6 月网民网络游戏服务使用率为 64.2%，用户规模达到 2.17亿人，较 2008 年年底增长 3 000 万人，使用率提升了 1.4 个百分点。门槛较低、黏滞性、花费较少但可以有很多娱乐体验等特点，吸引了大批的新用户加入。就网络游戏产业而言，现在各种新游戏层出不穷，其运营模式逐步完善，这将直接导致我国未来网络游戏行业的激烈竞争。网络游戏也是一把双刃剑，在给用户带来娱乐体验和促进游戏产业发展的同时也使一部分网民沉溺于游戏，严重影响了正常的学习、工作和生活。因此政府和社会还应积极探索，避免网络游戏给网民特别是未成年人带来恶劣影响。[②]

（四）电子商务

电子商务是互联网作为商务交易平台的重要体现，其应用在国外是比较成熟的，而在国内还处于起步发展阶段。近年来，随着我国计算机网络技术的不断发展以及人们消费观念的改变，电子商务也有了较大的进步。如表 2 – 15 所示，从 2008 年年底至 2009 年 6 月的半年时间内，通过网络购物的用户规模由 7 400 万扩大到 8 788 万，增加了近 1 400 万用户。[③] 但是与欧美等互联网普及较高的国家相比，中国的网络购物潜力依然有待开发。相比较而言，经济发达城市的网络购物普及率更高。经济发达城市拥有完善的物流系统，而且其用户的网龄较长，对互联网各个流程比较熟悉。除此之外，学历的高低也是影响网民选择网购与否的因素之一。[④] 网上支付和网络银行是与网络购物密切关联的两个网络应用，三者之间互相推动、互相发展。网上酒店/旅行预订是电子商务的重要应用之一，在半年的时间内，旅行预订是下降最大的一种网络应用，降幅达 18.5%，

---

①④　中国互联网信息中心（CNNIC）:《中国互联网络发展状况统计报告》，2008 年 7 月。
②③　中国互联网信息中心（CNNIC）:《中国互联网络发展状况统计报告》，2009 年 7 月。

同时网络炒股的使用率也处于下降状态。这可能是与当前经济形势有关。随着金融危机的结束和经济的复苏，网上酒店/旅行预订和网络炒股必定会呈现快速增长。

表 2－15　　　　2008 年 12 月～2009 年 6 月商务交易类应用用户对比

类别	2008 年年底		2009 年年中		半年变化	
	使用率（％）	网民规模（万人）	使用率（％）	网民规模（万人）	增长量（万人）	增长率（％）
网络购物	24.8	7 400	26.0	8 788	1 388	18.8
旅行预订	5.6	1 700	4.1	1 386	－314	－18.5
网上支付	17.6	5 200	22.4	7 571	2 371	45.6
网络炒股	11.4	3 400	10.4	3 515	115	3.4

资料来源：中国互联网信息中心（CNNIC）：《中国互联网络发展状况统计报告》，2009年 7 月。

我国政府也十分重视电子商务的发展，将其视为经济发展的拉动力，出台一系列的政策和措施保证电子商务行业的健康发展。在政策的扶持下，很多企业都开始涉猎电子商务行业。因此未来中国的电子商务仍将保持快速发展。

（五）电子政务

电子政务通过将管理、服务和网络技术进行集成，在互联网上实现组织结构和工作流程的优化重组，超越时间和空间及部门之间的分隔限制，向社会提供优质和全方位的、规范而透明的、符合国际水准的管理和服务。[1] 目前，我国政府则对电子政务尤其关注，期望快速推进电子政务的发展，使得政府可以更好地为大众服务，提高政府办公效率。通过政府网站，网民可以了解一些政策信息、税务查询、下载各种表格等。而政府可以通过网站对某些法律草案广泛征求意见，制定出更符合于民众的法律。我国各省的经济发展水平不同，网民访问网站的比例存在一定的差异，这也导致了各省的电子政务建设差别很大。[2]

（六）网络教育

网络教育是远程教育的现代化表现，是一种同时异地或异时异地进行教育的

---

[1]　http：//baike.baidu.com/view/2056.html？wtp＝tt&fr＝ikwas0.
[2]　中国互联网信息中心（CNNIC）：《中国互联网络发展状况统计报告》，2008 年 1 月。

形式。由于其资源利用最大化、学习行为自主化、费用低廉且时间容易安排等特点，受到越来越多人的推崇，尤其是学生和普通在职人员。对于学生而言，通过互联网可以获得课本的辅助知识以及许多课外知识，丰富自己的视野；对于在职人员，通过互联网丰富的资源，可以增强自己的专业技能。网络教育作为一种新的教育方式和途径，对现代教育产生了重大影响。

（七）网络求职

随着高校毕业生的增多以及人们对工作选择性的增大，传统的求职方式已不能满足人们的需要，而网络求职的出现便成了这一辅助工具。企业可以通过网络发布各种招聘信息，而求职者也可以通过网络浏览，找寻适合自己的工作。但网络求职具有明显的"季节性"[①]，每当高校毕业生毕业之际，网络求职的利用率急速增长。

四、数字信息资源在农村的发展概况

我们在关注传统网络信息资源的同时也要密切关注数字信息资源新的应用。近年来，互联网逐步向农村渗透，表现形式更趋于移动化。但是只有当互联网能够为改善欠发达地区和农村贫困人口的生活发挥作用时，它才真正成为推动社会发展的技术工具。

根据 CNNIC 的统计数据，截至 2008 年年底，全国 98% 的乡镇能上网、95% 的乡镇通宽带，全国有 27 个省份已经实现"乡乡能上网"。2008 年，全年共为 12 364 个行政村开通互联网，全国能上网的行政村比重达 89%，已有 19 个省份基本实现行政村"村村能上网"。农村网民规模已达到 8 460 万人，年增长率超过 60%，远高于城镇网民 35.6% 的增长率，农村互联网持续快速发展（如图 2 - 8 所示）。农民可以通过网络访问各种涉农网站，以此来解决在农业生产中遇到的一些问题。与城镇相比，由于收入的限制，农民上网的主要途径是网吧，而且随着农村中小学计算机课程的开设，学生在农村网民中占据的比例越来越大。这也给社会提出了一个新的课题，如何防止互联网在农村网民尤其是农村学生当中产生消极影响。

1974 年，卡茨曼提出，新传播技术的采用会增大整个社会每个成员的信息接触量，但是，既有的信息富裕阶层通过早使用新技术，能够比其他人更拥有信息优势，因此，新传播技术层出不穷，人群中的信息鸿沟则有加大的趋势。我国

---

① 中国互联网信息中心（CNNIC）：《中国互联网络发展状况统计报告》，2008 年 1 月。

目前的数字鸿沟，不仅出现在城市与农村之间，也存在于中东部农村和西部农村。[①]

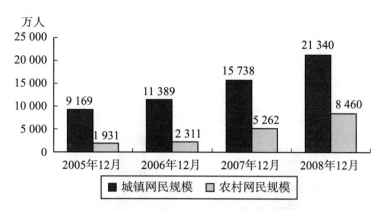

图 2 - 8　城镇与农村网民规模对比

资料来源：中国互联网信息中心（CNNIC）：《中国农村互联网发展状况调查报告》，2009年 3 月。

　　到 2008 年年底，我国城镇网民规模为 21 340 万人，占网民总数的 71.6%，普及率达到 35.2%，比全国网民普及率高出 12.6%；而农村的网民规模虽增长迅速，但仅为 8 460 万人，占网民总数的 28.4%，普及率仅为 11.7%，比全国网民普及率低将近 11%。农村网民规模远远小于城镇网民规模，而农村网民普及率为城镇网民普及率的 1/3（如图 2 - 9 所示）。

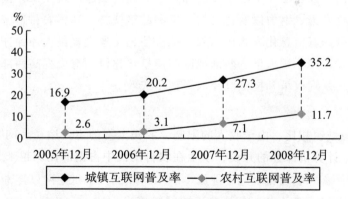

图 2 - 9　城镇与农村网民普及率对比

资料来源：中国互联网信息中心（CNNIC）：《中国农村互联网发展状况调查报告》，2009年 3 月。

---

　　① 芦世玲 . 农村互联网使用现状及发展政策，http：//media.people.com.cn/GB/22114/42328/166831/9916032.html.

就农村网民本身而言，到 2008 年年底，84% 的农村网民集中在中东部农村地区，只有 16% 的农村网民在西部地区。中东部地区的网民是西部地区的五倍多。但与 2007 年相比，东部地区的网民所占比例降低了 8.5%，而中部地区上升了大约 7.9%，西部地区网民比重也有所增长（如图 2 - 10 所示）。这说明随着互联网网民结构的不断优化，城乡之间的数字鸿沟正在逐步得以改善。

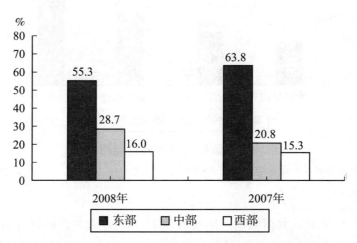

图 2 - 10　2007 ~ 2008 年农村网民区域分布对比

资料来源：中国互联网信息中心（CNNIC）：《中国互联网络发展状况统计报告》，2009 年 7 月。

数字鸿沟的存在已经引起了政府和社会的高度关注。近年来，国家加大对农村地区信息化人力、财力以及物力的投资和政策扶持，加强农村地区信息基础设施建设，积极培育信息化人才，为农村地区信息化建设提供人才保证。同时，借助西部大开发，国际积极推进西部地区的信息化建设，努力提高西部地区的信息化水平。这一系列政策和措施已经取得初步成效。

五、移动网络

随着运营商的重视和手机硬件成本的不断降低，手机上网已逐渐作为传统电脑上网的补充和延伸，成为一种主流的网络接入方式。截止到 2009 年 6 月，中国手机网民规模为 1.55 亿人，占整体网民的 45.9%，半年内手机网民增长超过 3 700 万，增长了 32.1%，手机网民规模呈现迅速增长的势头（如图 2 - 11 所示）。

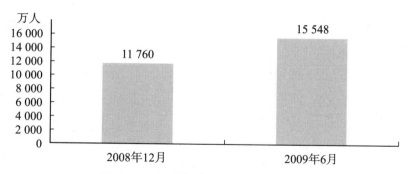

图 2 - 11 手机上网网民规模对比

资料来源：中国互联网信息中心（CNNIC）：《中国互联网络发展状况统计报告》，2009年 7 月。

政府和运营商的合力推动促使我国手机网民快速增长，同时开发商也积极研制新技术，手机上网的内容和功能日益丰富。除此之外手机上网还与时尚理念相结合，使得手机不仅是便利的交流工具，更成为时尚潮流和流行文化的代符号。[1]

随着 3G 时代的到来，手机上网人数将会呈现出爆炸式的增长，一些新的经济模式和增长点也将孕育而生，无线互联网更深层次的应用将在 3G 时代逐渐凸显出来。[2] 根据 CNNIC 的统计数据，目前的手机网民中，28% 的人表示未来半年有使用 3G 手机上网的意愿；目前尚没有使用手机上网的手机用户中，7.25% 的人表示未来半年可能使用 3G 手机上网的意愿。这表明，3G 未来市场容量存在较大弹性，需要各运营商着力开发。

与城镇相比，农村手机网民的规模依然偏低。但是随着中国 3G 应用的发展以及国家信息化建设的推进，手机作为通讯工具将会在农村迅速普及。农村必将成为互联网通信行业最具开发潜力的市场之一。

---

① 中国互联网信息中心（CNNIC）：《中国互联网络发展状况统计报告》，2009 年 7 月。
② http://www.ycwb.com/ePaper/ycwb/html/2009 - 02/25/content_434350.html.

第三章

数字信息资源规划理论与模式

数字信息资源规划既是基于对数字信息资源管理的创新发展，同时也是数字信息资源管理的更高层次要求，它是从管理的高度来讨论数字信息资源的发展问题，实现数字信息资源的发展目标，建立和扩大竞争优势，而对各种数字信息资源生产要素（包括数字技术、数字资源和数字信息管理体制等）及其功能所作的总体谋划。当前，数字信息资源的战略意义得到世界各国的认同。它是一个国家的数字资产，是学术研究信息的数字存档，经济发展的加速器，一个国家的科技创新能力以及与此相关的国际竞争力都依赖于其快速、有效地开发与利用数字信息资源的能力。我国学者吴基传认为，数字资源已成为信息社会的核心资源之一，是各国政治和经济发展的制高点。即便是互联网信息领域最发达的美国，也丝毫不敢放松数字资源的建设。

第一节 数字信息资源规划的理论基础

数字信息资源规划是信息资源管理与战略规划理论交融的结果，需要从多个学科汲取有益的成分，图书情报、企业战略管理以及信息系统等学科都为数字信息资源规划提供了理论依据。图书情报学科在信息技术的推动下，由传统的文献研究拓展到以数字信息资源为主体的信息资源管理，有关数字信息资源管理的许多理论成果将直接为数字信息资源规划所用。信息系统科学中则提供了丰富的信息资源规划方法。而企业战略管理中有关战略规划的方法、流程、思想为从宏观上把握数字信息资源规划的模式提供了借鉴。具体来说，数字信息资源规划的理论包括信息生命周期管理理论、信息资源规划理论、战略规划理论。

一、信息生命周期管理

（一）信息生命周期管理理论内涵

信息生命周期管理（Information Lifecycle Management，ILM）是 20 世纪 60 ~ 70 年代诞生于美国政府部门的概念。1977 年，美国联邦文书工作委员会提出了一个基本的信息生命周期，分为 5 个阶段：确定需求、控制、处理、利用和处置。1985 年，美国联邦政府管理与预算局（OMB）在 A － 130 号文件中正式引入了信息生命周期的理论，指出信息经过的典型周期包括生产或收集、处理、传播、使用、存储、保存，同时将信息管理定义为：在信息生命周期内，有关的计划、预算、处置和控制。1986 年美国南卡罗莱纳大学教授马钱德（D. A. Marchand）与美国著名的信息资源管理专家霍顿（F. W. Horton）合作出版的《信息趋势：从信息资源中获利》一书中将信息管理比作产品管理，解释了信息生命周期的概念。他们把信息管理视为与制造一种产品或开发一种武器系统一样，是存在生命周期的，即存在一种逻辑上相关联的若干阶段或步骤，每一步都是依赖于上一步。因为信息是一种具有生命周期的资源，信息生命周期是信息运动的自然规律，它一般由信息需求的确定和信息资源的生产、采集、运输、处理、存储、传播与利用等阶段组成。近年来，有关信息生命周期管理的研究逐渐在企业中得到重视，虽然理解角度不一，提出的解决方案也不尽相同，但都认识到信息是有生命周期的，随着时间的变化，信息会经历一个产生、保护、读取、迁移、存档、回收的周期，在不同时期信息的价值会有所变化，如果将所有数据以同样的设备及方式存储，必然会造成存储成本的浪费，解决这个问题的关键是实现信息生命周期管理，通过完整的信息生命周期管理解决方案，将不同类型的数据存放在适合的存储设备上，并通过特定的技术手段对这些数据进行处理和分析，才能发挥信息的最大价值。[①]

信息生命周期管理理论提出来后，得到 META、EMC 等公司的积极响应，

---

① 徐嵩泉：《信息生命周期管理（ILM）——企业提升信息管理水平的利器》，http：//www. amteam. org/static/. [2004 － 06 － 22]

其中，EMC 提出实现信息生命周期管理的"6C"方案影响最为广泛。① 这"6C"分别为：

第一个"C"是分类和策略服务（Classification and Policy）。这是数字信息资源生命周期管理的基础，由于业务和数据的不断变化及增长，企业必须洞察信息价值变化，对数字信息资源实施科学分类，将最有价值的信息放在高端存储设备上，将价值较低的应用移植到低成本存储设备。第二个"C"是整合（Consolidation）。即利用各种技术、信息和运营等整合手段，将各种存储系统、服务器、数据中心的资源及各种应用与管理全面整合，从而克服信息孤岛问题。第三个"C"是业务连续性（Continuity）。由于数据信息的重要性，企业应避免灾难破坏，数据丢失等中断业务的风险。为规避风险，克服服务等级不一致，降低复杂度和成本，连续性从计划、建设、管理 3 个方面涉及了保持业务连续性的科学架构，保障应用和数据在计划内和计划外停机时一直可用。第四个"C"是恢复和归档（Comprehensive Backup Recovery and Architecture）。即把有价值的信息保存在不同等级的存储系统中，用磁盘备份动态生产的信息，使得用户可以从归档中快速获取数据，或从备份中快速恢复数据。第五个"C"是法规遵从（Compliance）。指从咨询服务中以及满足管理法规的内容中寻址存储解决方案。第六个"C"是内容管理（Content Management）。指如何对非结构化信息有效管理。

"6C"方案虽然主要应用在企业业务流程中的数据存储方面，但是涵盖了实现完整的信息生命周期管理所要解决的关键问题，在数字信息资源成为最主要的信息资源形式的今天，这六个方面也是开展数字信息资源管理活动的重要因素。

（二）信息生命周期理论对数字信息资源规划的启示

相应的，数字信息资源的生命周期即指数字信息的创作、编辑、描述与索引、传播、收集、使用、注释、修订、再创造、修改、一直到永久保存或遭损坏等一系列阶段。近年来，信息资源生命周期研究扩展应用到企业数据存储技术领域，一般将数字信息资源生命周期分为六个主要阶段。

创建阶段：数字信息资源的产生方式多种多样，如网站上各种原生网页、电子期刊等一开始就是以数字形式存在，还有许多印刷型文献借助专用设备（扫描仪、数字相机等）与软件转换成数字化信息。数字信息资源创建后一般会获得一些描述特征的属性，在此阶段价值相对较高。②

---

① 马小森、韩福荣：《基于 6C 评价指标体系的信息生命周期管理》，载《北京工业大学学报》（社会科学版）2007 年第 7 期。

② 王印红、郭相坤：《信息生命周期理论在企业数据中心的应用研究》，载《中国管理信息化》2007 年第 10 期。

保护阶段：数字信息资源产生后，如何防止数据受到无意或有意的破坏，如何恢复遭受灾难事件的数据成为人们关注的焦点。这个阶段需要一系列技术和流程：如实时数据复制技术、计算机群集系统，以及远程数据复制技术。信息生命周期管理理论将按照数据和应用系统的等级，采用不同的数据保护措施和技术，以保证各类数据和信息得到及时的和有效的保护。

利用阶段：数字信息资源的价值体现在被正确地利用，也即在正确的时间、正确的地点、以正确的方式被正确的用户访问正确的信息资源是数字信息资源利用阶段的目标。一般来讲，在企业数据管理中常根据访问频率的不同采取在线、近线和离线三种访问方式。

迁移阶段：由于信息技术的更新速度，存储数字信息资源的设备要定时更新，迁移阶段就是采用一些技术（卷复制、卷镜像、数据库备份）将数据从一个存储设备转移到另外一个存储设备上，且不影响业务的正常运作。

归档阶段：把访问频率和速度要求不是很高的数据归档到价格低、容量大的存储介质上，在生产系统中清除使用率很低的数据，以降低总体拥有成本。

回收（销毁）阶段：数字信息资源在一段时期后，可能没有继续保存的价值。对此阶段没有保留或保存必要的数据根据管理的要求进行销毁或回收。

数字信息资源生命周期管理就是基于数字信息资源生命周期特性开展的一种人类管理活动，是对数字信息资源实施规划、指导、预算、决策、审计和评估的过程。从数字信息资源的产生、使用到回收，是一个完整的生命周期，在使用数字信息资源的过程中，又会创造出新的数字信息，产生新的信息需求，并进行新的信息采集、分析、处理，从而开始新的生命周期。数字信息资源规划作为数字信息资源管理活动的起点，需要认识到每个阶段的特性，分别采取相应的技术措施和策略来实施规划。只有遵照数字信息资源的生命周期特性，才能够帮助组织将数字信息资源管理与组织目标对应起来，把握数字信息资源的价值，抓住组织的关键活动，从而以更低的成本取得更有效的结果。

国外已有许多应用数字信息生命周期特征管理数字信息资源的案例。（National Digital Curation Centre，NDCC）是由英国的 JISC 和电子科学核心项目联合组建，于 2004 年 3 月启动的一个项目。这个项目强调数字信息的整个生命周期内的保存，除了数据存档（Digital Archiving）和数字医疗（Digital Curation）的含义外，还有在整个学术生命循环中对数据进行主动管理和评价鉴定的含义，这是保证数据重现和再利用的关键所在。数字信息资源的生命周期管理在保证项目目标实现上发挥了巨大作用。

二、信息资源规划理论

信息资源规划理论是信息资源管理理论在企业实践活动中的发展。随着这项研究工作的展开，信息资源规划的理念早已突破了企业生产经营的狭小范围，扩大到政治、教育、科技等各个领域，几乎覆盖了人类所有的信息活动范畴。从更广义的角度理解信息资源规划是指对信息资源描述、采集、处理、存储、管理、定位、访问、重组与再加工等全过程的全面规划工作。其理论和实践的发展对推动信息资源战略规划的研究具有重要意义。我国学者高复先教授是我国信息资源规划工作的首创者、倡导者和实践者，其研究是这一领域最有代表性的成果之一。

信息资源规划理论的形成主要是詹姆斯·马丁（James Martin）的信息工程方法论（IEM）、霍顿的信息资源管理理论以及威廉的数据管理。

（一）信息工程方法论

20 世纪 80 年代初，发达国家的信息系统建设经历了初级阶段的失败和困难，出现了人们所说的"数据处理危机问题"。例如，IBM 公司为日本的两家报社开发自动化系统，由于对总编辑在终端上如何工作的问题一直搞不清楚，使 IBM 公司损失 200 万美元。这使人们开始怀疑，从需求分析开始的传统的生命周期开发方法论，是否符合大型复杂信息系统的开发呢？[①]

这时候，以詹姆斯·马丁为代表的美国学者，在有关数据模型理论和数据实体分析方法的基础上，再加上他发现的企业数据处理中的一个基本原理——数据类和数据之间的内在联系是相对稳定的，而对数据的处理过程和步骤则是经常变化的，詹姆斯·马丁于 20 世纪 80 年代中期出版了《信息系统宣言》（An Information Systems Manifesto）一书，对信息工程的理论与方法加以补充和发展，特别是关于"自动化的自动化"思想，关于最终用户与信息中心的关系，以及用户在应用开发中应处于恰当位置的思想，都有充分的发挥；同时加强了关于原型法、第四代语言和应用开发工具的论述；最后，向与信息工程有关的各类人员，从企业领导到程序员，从计算机制造商到软件公司，以"宣言"式的忠告，提出了转变思维和工作内容的建议，实际上这是一系列关于建设高效率、高质量的复杂信息系统的经验总结。随后经过几年的实践和深入研究，于 1991 年出版了《信息工程》（Information Engineering）一书，提出了信息工程的概念、原理和方

---

① 高复先：《信息资源规划：信息化建设基础工程》，清华大学出版社 2002 年版，第 4 页。

法，勾画了一幅建造大型复杂信息系统所需要的一整套方法和工具的宏伟图景①。

马丁在信息工程领域最突出的贡献是提出了一整套自顶向下规划（Top-Down Planning）和自底向上设计（Bottom-Up Design）的信息工程方法论（Information Engineering Methodology，IEM）。到 1993 年，马丁总结提出"面向对象信息工程"（OOIE）的理论与方法，IEM 已经成为国际上信息系统建设的主流方法论之一。该方法将大型信息系统的开发建设分为四个阶段，形成一个"OOIE 金字塔模型"，如图 3 - 1 所示。

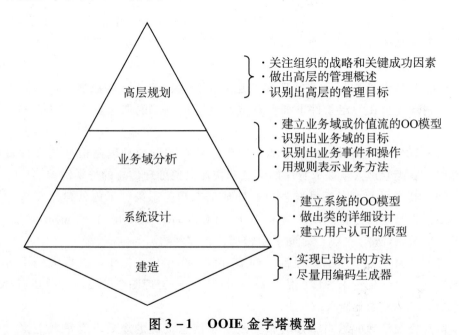

图 3 - 1　OOIE 金字塔模型

资料来源：高复先：《信息资源规划的理论指导》，载《中国教育网络》2006 年第 9 期，第 62 ~ 64 页。

OOIE 金字塔模型是一种从全组织范围的规划到业务域分析、系统设计，然后再进行建造的较严谨的开发方法论，其技术关键是集成化的元库（Repository）和基于它的 I-CASE 工具组。正是这套工具支持了面向对象分析、设计与实现，建立可重用类库和进行开发人员的工作协调。其思想的核心是强调系统工程的总体设计和规划，只有这项工作搞好了，才能从根本上保证大型信息系统开发的成功。

---

① James Martin. (1991)，Information Engineering：Introduction. New Jersey：Prentice Hall. 1991.

（二） 信息资源管理理论

在信息工程产生和发展的同一时期，信息资源管理（Information Resource Management，IRM）的概念、理论和方法也得到了发展。信息资源管理的有关理论和方法不仅补充、丰富了信息工程中总体数据规划的理论和方法，而且推动了企业的信息资源的开发利用实践[1]。

美国学者霍顿和马钱德是信息资源理论的奠基人，最有权威的研究者和实践者，他们提出了许多重要观点[2]：

（1）信息资源与人力、物力、财力和自然资源一样，都是企业的重要资源，应该像管理其他资源那样管理信息资源。IRM 是管理的必要环节，应纳入管理预算。

（2）IRM 包括数据资源管理和信息处理管理。前者强调数据控制，后者关心企业管理人员在一定条件下如何获取和处理信息，强调企业中信息资源的重要性。

（3）IRM 是企业管理的新职能，产生这种新职能的动因是信息与文件资料的急增、各级管理人员获取有序的信息和快速简便处理信息的迫切需要。

（4）IRM 的目标是通过增强企业处理动态和静态条件下内外信息需求的能力，来提高管理的效益。IRM 追求 "3E"（Efficient，Effective，Economical），即高效、实效、经济，"3E" 之间关系密切，相互制约。

（5）IRM 的发展具有阶段性。到 20 世纪 90 年代，IRM 的发展大约可分为物理控制、自动化技术管理、信息资源管理和知识管理四个阶段。其中知识管理又称为信息战略规划阶段。

信息资源管理的思想、方法和实践对于信息资源的规划具有重要意义。首先，它明确提出，信息不仅是共享性资源，而且还是企业的战略性资源。其次，它强调从战略高度优化配置和综合管理信息资源可以提高企业管理的整体效益。

（三） 数据管理

信息资源管理的基础是数据管理，特别在企业信息化建设中，企业信息资源管理的核心任务就是对分布在企业内外环境中的数据进行管理。

1985 年，威廉·德雷尔出版了专著《数据管理》（Data Administration：A Practical Guide to Successful Data Management）总结了信息资源管理的基础——数

---

[1]　高复先：《信息资源规划：信息化建设基础工程》，清华大学出版社 2002 年版，第 22～26 页。

[2]　Marchand D. A.，Horton F. W.（1986），Infotrends：Profiting from Your Information Resources，20 - 25.

据管理标准化方面的经验。① 他的名言是：没有卓有成效的数据管理，就没有成功高效的数据处理，更建立不起来整个企业的计算机信息系统。他认为，早期的计算机信息系统开发缺乏关于数据结构的设计和管理方面的科学方法，直到 20 世纪 80 年代，才对这些问题加以认真的考虑。信息系统设计人员了解和掌握数据管理的标准，就像建筑设计师了解和掌握建筑材料的标准一样重要，否则，是设计不好信息系统的。

为了有效地制定和实施这些标准，威廉提出了一些重要的原则。例如，标准必须是从实际出发的、有生命力的、切实可行的；标准必须以共同看法为基础，标准中复杂难懂的东西越少，就越好执行，要保持标准的简明性；标准必须是容易执行的；标准必须加以宣传推广，而不是靠强迫命令；数据管理的最重要的标准是一致性标准——数据命名、数据属性、数据设计和数据使用的一致性等原则。

威廉提出的"信息资源管理基础标准"是指那些决定信息系统质量的、因而也是进行信息资源管理的最基本的标准。根据威廉的专著和有关文献的研究，以及实践的探索，我国学者总结了信息资源管理基础标准，也就是数据管理标准有：数据元素标准、信息分类编码标准、用户视图标准、概念数据库标准和逻辑数据库标准。②

（四）从数据规划到信息资源规划

20 世纪 80 年代初，许多企业信息系统的信息资源管理活动集中在"数据管理"层次，提出了"总体数据规划"的概念。马丁的信息工程方法论提出的实体分析和主题数据库都是总体数据规划的内容。威廉则详细探讨了数据管理标准。这两方面的工作对于企业信息系统建设都是必不可少的。我国学者高复先结合这两方面的研究成果，并借鉴霍顿的信息资源管理思想，提出了信息资源规划的概念。即对组织所需要的信息，从产生、获取、到处理、存储、传输及利用进行全面的规划。

从理论和技术方法创新的角度来看，信息资源规划的要点有③：

第一，在总体数据规划过程中建立信息资源管理基础标准，从而落实组织数据环境的改造或重建工作。

第二，工程化的信息资源规划实施方案，即在需求分析和系统建模两个阶段

---

① William Durell. (1985), Data Administration: A Practical Guide to Successful Data Management. New-York: McGraw-Hill Companies.

② 高复先：《建立信息资源管理基础标准》，载《中国信息界》2005 年第 11 期，第 24 ~ 26 页。

③ 高复先：《信息资源规划：信息化建设基础工程》，清华大学出版社 2002 年版，第 78 ~ 79 页。

的规划过程中执行有关标准规范。

第三，简化需求分析和系统建模方法，确保其科学性和成果的适用性。

第四，组织业务骨干和系统分析员紧密合作，按周制定规划工作进度计划，确保按期完成规划任务。

第五，全面利用软件工具支持信息资源规划工作，将标准规范编写到软件工具之中，软件工具就会引导规划人员执行标准规范，形成以规划元库（Planning Repository）为核心的计算机化文档，确保与后续开发工作的无缝衔接。

三、战略规划理论

在经典的战略规划理论中，战略规划是现代企业管理理论的一个分支，被定位为战略管理的一个重要阶段。战略规划理论经历了半个多世纪的发展，已日趋完善和丰富，总结国外企业战略规划理论的研究成果，我们可以发现有关战略规划的一些特征：

第一，战略规划是一个系统分析过程。这个过程要求着眼于全局的整体思维。

第二，战略规划要有明确而长远的战略目标。目标性是战略规划的鲜明特点。

第三，战略规划需要对影响战略的因素全面分析。理论界与实业界都倾向于全面地考虑战略规划以及组织的外部环境和内部条件的各个方面，对不同的战略目标要实施不同的战略规划方法。

第四，战略规划是人类有意识的管理活动。战略规划是人主动实施的行为，具有主动性的特点。

数字信息资源的规划还是一个新兴的研究领域，只存在一些局部的、片段的研究成果，尚未形成一套系统的理论方法体系。借鉴企业战略规划的现有成果，并结合数字信息资源自身特性贯穿融合将推动对数字信息资源规划理论的研究和发展。

在研究数字信息资源和战略规划的基础上，引申数字信息资源规划主要内容是战略规划，也即对数字信息资源发展中的战略性重大问题进行全局性、长远性、根本性的重大谋划。它是从战略管理的高度来讨论数字信息资源的发展和管理问题，实现数字信息资源的发展目标，建立和扩大竞争优势，而对各种数字信息资源生产要素（包括数字技术、数字资源和数字信息管理体制等）及其功能所作的总体谋划。在企业战略管理理论中，我们理解战略规划是战略管理的一个阶段，认为战略规划强调分析、选择和制订方案，战略管理还包括战略实施。但对于数字信息资源规划来讲，其战略规划和战略管理的概念是相同的，原因是：对信息资源进行战略管理是 20 世纪 80 年代之后才出现，而此时战略规划理论已经比较成熟了，也强调战略实施和动态匹配，两者内涵一致。

借鉴企业战略规划理论中对战略规划阶段的划分思路，数字信息资源战略规划包括以下诸阶段：战略分析、战略选择与制定、战略实施与控制、战略评价等方面。针对不同的目标可以制定不同的战略，但要进行有效的战略规划必须做到：分析内部和外部环境、确定战略的目标、制定适合以上两方面的战略。也就是说，数字信息资源战略规划的研究任务是对下述三个问题的探讨。

第一，数字信息资源战略的功能定位判断。这是数字信息资源战略规划的首要目的，由于数字信息资源功能的多重性，也带来了数字信息资源战略规划功能的多元化。进行数字信息资源战略的功能定位不仅要研究组织的业务性质、发展目标，更要注重组织对数字信息资源的发展方向。例如，图书馆作为信息服务机构对其拥有的数字信息资源承担提供服务的任务，其数字信息资源战略的功能是如何管理馆藏数字资源，为用户提供高质量的信息服务。但是同时许多图书馆还拥有保护文化遗产的功能，因此，长期保存数字资源也是图书馆数字信息资源战略的功能之一。相比而言，企业数字信息资源战略的功能则较为简单，主要是管理数字资源和满足内部或外部相关人员的信息需要，而不承担长期保存的功能。

第二，当前国内外相关的数字信息资源战略现状研究。这一任务的研究目的是借鉴国内外同行或相近领域对数字信息资源战略的研究经验，为组织自身的数字信息资源战略规划工作提供借鉴。当前世界各国对数字信息资源战略规划的研究还处在探索阶段，主要的理论思想来源于企业界的战略规划，实践还停留在企业信息资源规划，从战略高度对国家范围内的数字信息资源规划尚不多见，因此，研究国内外类似的数字信息资源战略是极其必要的。

第三，数字信息资源战略如何受内外硬软环境的影响。这是战略规划的核心任务，也是形成一个有效的战略的必要分析环节。所谓内部环境是指组织内数字信息资源的发展条件，如数字信息资源发展状况、内部政策、经济条件、经济能力等。外部环境是组织外数字信息资源的发展环境，如国家有关数字信息资源发展的法律法规等。硬环境是指与数字信息资源发展直接相关的基础设施，最主要的是数字信息资源的技术基础设施和组织机制。软环境是指对数字信息资源发展影响深远但不可立即确认的影响因素。如国家的经济发展形势，人们的文化生活习惯等。

数字信息资源规划必须综合考虑上述问题，才能形成一个系统的战略规划过程。

第二节　数字信息资源规划的政策指导

　　党的十六届五中全会把坚持科学的发展观提升到关系国计民生的战略高度，强调只有坚持科学的发展观，才能推动经济社会全面、协调、可持续发展，实现社会主义物质文明、政治文明和精神文明共同进步。同时又指出，要推动经济社会全面、协调、可持续发展，必须要按照走新型工业化道路的要求，推进国民经济和社会信息化，促进产业结构优化和升级。随着全球信息化进程的发展，特别在数字技术的推动下，数字信息资源已成为新的开放环境下政治、经济、文化和军事等国际竞争的焦点，成为国家的重要战略资源。数字信息资源作为一种不同于物质、能源的特殊资源，能以最小限度地消耗自然资源的方式来不断地发展经济和提高人类生活质量，并通过带动其他产业来实现整个社会经济的可持续发展。因此，以科学的发展观来指导数字信息资源的规划工作是必然的要求。

　　数字信息资源规划工作离不开科学的政策，我国许多部门从规范的角度制定了若干政策，涵盖了数字信息资源的开发利用、知识产权保护、人才、技术等多方面。这些政策有国家最高决策层通过的国家总体发展规划，有由信息产业部发布的指导信息化建设和信息资源开发利用的战略规划，还有各领域部门发布的信息资源规划。这些政策从不同层次、不同角度都引导数字信息资源规划工作的开展。

　　例如，中共中央办公厅、国务院办公厅《关于加强信息资源开发利用工作的若干意见》中确立"以政务信息资源开发利用为先导，充分发挥公益性信息服务的作用，提高信息资源产业的社会效益和经济效益，完善信息资源开发利用的保障环境"的指导思想。2006 年党的十六届五中全会通过了《中共中央关于制定国民经济和社会发展第十一个五年规划的建议》，提出了未来 5 年国民经济和社会发展的奋斗目标、指导方针和主要任务。在建议中进一步明确提出"十一五"期间要"鼓励教育、文化、出版、广播影视等领域的数字内容产业发展，丰富中文数字内容资源，发展动漫产业"的思路，从国家战略的高度将培育信息资源产业作为经济结构调整和转变经济增长方式的重要内容。《国民经济和社会发展信息化"十一五"规划》，通过大力推进国民经济信息化，加快信息技术与产业发展的融合，深度开发利用信息资源，大力发展电子商务，促进产业结构优化升级，提高国民经济运行质量和效益，加快经济发展方式转变的步伐。

2006 年 5 月 8 日，中共中央办公厅印发《2006～2020 年国家信息化发展战略》（以下简称《战略》），明确了未来 15 年我国信息化发展的指导思想、战略目标、战略重点、战略行动计划和保障措施，第一次提出了我国向信息社会迈进的宏伟目标，第一次把国家信息化与军队信息化纳入统一的体系之中，是一部全面、整体的国家信息化战略。[①] 国家信息化战略的发布使得中国信息化建设未来 15 年的发展方向得以明确，更加鲜明地突出了整个信息化发展的价值，也充分体现了国家全面贯彻落实信息化战略的意志与决心。这是我国第一个在国家层次关注信息化与信息资源开发利用的战略。

信息产业部作为信息资源规划管理的主要部门，承担了主要的政策制定任务。2007 年信息产业厅根据《中共中央关于制定国民经济和社会发展第十一个五年规划的建议》，按照《国民经济和社会发展第十一个五年规划纲要》、《国家中长期科学和技术发展规划纲要 （2006～2020）》以及《国民经济和社会发展信息化 "十一五" 规划》的总体部署，贯彻落实科学发展观，突出体现时代特征，编制信息产业 "十一五" 规划。作为我国当前发展信息产业的主要政策，这份文件首先回顾了 "十五" 的成就和问题，分析了 "十一五" 期间面临的形势；提出未来 5 年，信息产业发展的指导思想、发展思路、发展目标、主要任务、发展重点、重大工程以及政策措施。数字信息资源规划工作是信息产业发展的重要环节，需要以 "十一五" 规划中提出的各项指导思想和发展思路为方向，走科学规划、科学发展的道路。

这些纲领性文件是我国最高决策层在分析国内外发展形势的基础上得出的科学结论，是我们在开展数字信息资源规划工作必须坚持的政策指导。

第三节　数字信息资源规划模式

在企业战略管理领域中已经形成了比较成熟的规划模式，数字信息资源规划可以在借鉴企业战略规划的基础上根据数字信息资源规划的特点取长补短，提出更适应数字信息资源的规划模式。

[①]　不同战略思维模式下的企业战略规划模式探析，http：//chinayn. gov. cn/info_www/news/detail-newsbmore. asp？ infoNo = 8396. ［2006－12－26］

一、企业战略规划模式

(一) 经典的战略规划思维模式

这种规划思维模式最初形成于 20 世纪 60 ~ 70 年代，其核心观点是，应当着眼于企业外部环境与内部条件两个方面来考虑其经营管理活动，企业战略规划的形成本质上是企业对其内外因素综合评判的结果。

1. 企业战略规划思维的"三匹配"模式

钱德勒（Chandler）在其名著《战略与结构》（1962）一书中分析了企业环境、企业战略与企业组织结构之间的相互关系。他认为，企业只能在一定的客观环境下方能持续发展，因此，企业的发展要适应环境的变化，企业首先要在对环境进行分析的基础上制定出相应的战略与目标，再依据战略与目标确定或调整其组织结构，以适应战略与环境的变化。这就是战略思维的"三匹配"模式（见图 3 - 2）。

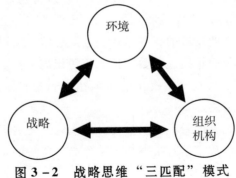

图 3 - 2　战略思维"三匹配"模式

2. 企业战略思维的"四要素"

安索夫（Ansof）在其名著《企业战略》（1965）和《战略管理》（1979）中系统地提出了其战略管理思维模式。与钱德勒类似，安索夫也认为，企业战略过程实际上就是企业为适应环境及其变化而进行的内部调整，以达到内外匹配的过程。在这一过程中，企业应当考虑四个方面的基本因素：

（1）企业的产品与市场范围：企业现有的产品结构及其在所处行业中的市场地位；

（2）成长向量（发展方向）：企业的经营方向与发展趋势（包括企业产品结构与业务结构的调整，以及相应的市场领域与市场地位的变化）；

（3）协同效应：企业内部各业务、组织各部门之间的协调效果；

（4）竞争优势：企业及其产品与市场所具备的优于竞争对手的条件和位势。

显然，这四大要素充分体现了内外兼顾的战略思维。其间的关系可如图 3 - 3 所示。

图 3 - 3 战略思维的"四要素"模式

3. SWOT 模型：经典战略思维模式的一个总结性框架

在钱德勒等人研究的基础上，安德鲁斯（Andreus）等人进一步指出，企业战略的形成过程实际上是把企业内部的条件因素与外部环境因素进行匹配的过程，这种匹配能够使企业的内部的强项和弱项（即优势和劣势）同企业外部的机会和威胁相协调。由此，他们建立了至今仍广泛使用的态势战略分析（SWOT）框架（如图 3 - 4 所示）。

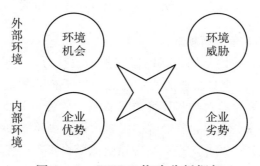

图 3 - 4 SWOT 战略分析框架

在 SWOT 模型中，优势（S）与劣势（W）是企业内部的强项与弱项，机会（O）与威胁（T）是目标环境中对企业有利的因素和不利的因素。该模式表明：企业战略的实质就是通过对企业内外因素的分析，辨识企业自身的优势与劣势以及环境所蕴含的机会与威胁，并充分利用自身优势，扬长避短，努力开拓和利用环境及其变化给企业带来的机会，同时避免环境及其变化给企业带来的威胁，最终实现企业的战略目标，推动企业的持续成长。

（二） 战略规划的环境思维模式

战略规划的环境思维模式最初源于贝恩（Bain）和梅森（Mason）的贝恩 - 梅森（SCP）范式，形成和成熟于迈克尔·波特（M. Porter）的环境论。该思维模式侧重于从企业外部环境出发来理解企业战略的实质和形成，在 20 世纪整个

80 年代居于主导地位。

1. 贝恩–梅森（SCP）范式

在新古典经济学中，企业被视为一个"黑箱"，在完全竞争假设下，市场中的企业是完全同质的，无所谓竞争优势。美国哈佛大学的贝恩和梅森教授在重新界定市场结构的基础上通过对产业市场结构、竞争行为方式及其竞争结果之间的关系进行经验实证研究，认为企业之间绩效的差异主要源自于不同的产业市场结构以及相应的市场行为，进而提出了产业组织理论的三个基本范畴：市场结构（Struture）、市场行为（Conduct）以及市场绩效（Performance），即著名的贝恩–梅森范式（如图 3 – 5 所示）。显然，该范式的主要考察对象是产业市场，是从产业市场环境出发来理解和分析企业的战略行为与战略绩效，从而构成企业战略环境思维模式的最初理论来源。

图 3 – 5　贝恩–梅森（SCP）范式

2. 波特的五力竞争分析模式

在贝恩–梅森范式的基础上，以迈克尔·波特为代表的环境学派（或称市场定位学派）"几乎完全将企业的竞争优势归因于企业的市场力量"，认为：形成战略的实质是将一个公司与其环境建立联系。尽管相关环境的范围十分广阔，既包含着社会的因素，也包含着经济的因素，但公司环境的最关键部分是公司所参与竞争的一个或几个产业。产业结构强烈地影响着竞争规则的确立，以及潜在的可供公司选择的战略。"因为决定企业盈利能力首要的和根本的因素是产业的吸引力（即产业盈利潜力）"。按照这一思想，产业的市场竞争规律决定着产业的盈利潜力（市场机会）而产业的盈利潜力（市场机会）又决定着企业的产业选择战略，进而决定着企业竞争优势的建立。在这一战略思维模式下，企业必然倾向于通过对产业市场的分析，选择盈利潜力较高（市场机会较大）的产业领域，而放弃或回避盈利潜力较低（市场机会较小）的产业领域，以尽可能地获取市场机会。[①]

波特认为，任何产业，无论是国内的或国际的，无论是生产产品或提供服务，竞争规律都将体现五种竞争的作用力：进入行业的障碍力（潜在进入者）、替代产品的威胁力（替代品生产者）、买主的还价能力（用户）、供应商的要价能力（供应商）、现有竞争者的竞争能力（现有竞争者）。因此，对产业市场竞

① 田奋飞：《不同战略思维模式下的企业战略规划模式探析》，载《企业管理》2006 年第 5 期，第 36 ~ 38 页。

争规律的分析主要就是分析上述五种竞争力量及其相互作用对产业盈利潜力的影响（如图 3 – 6 所示）。企业战略应主要着眼于选择正确的产业和比竞争对手更深刻地认识五种竞争力量。

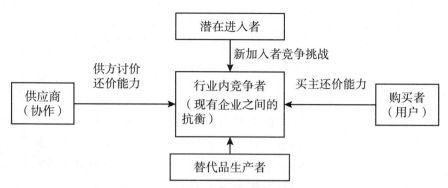

图 3 – 6　波特的五力竞争分析模式

同时，波特指出，在选定的产业市场中为了现实地获取市场收益，企业还应针对所选产业市场的特点（即针对决定产业市场竞争规律的各种影响力）采取相关战略措施，以期建立较高的市场位势。一般而言，针对所选产业，企业通常选择三种基本战略来建立市场位势：

（1）成本领先。使企业的总成本低于全行业的平均水平，从而获得低成本的竞争优势。

（2）差异化。在顾客广泛重视的某些产品要素（如功能、质量、包装、花色品种、服务等）上力求做到在行业内独树一帜，把产品的独特性作为建立市场位势、赢得顾客忠诚的关键性因素。

（3）目标集聚。着眼于在产业内一个或一组细分市场的狭小空间内谋求市场位势和竞争优势。[①]

（三）企业战略的资源能力思维模式

20 世纪 80 ~ 90 年代以来，以 R·鲁梅尔特（R. Rumelt）、B·沃勒菲尔特（B. Wernerfelt），以及 J·巴尼（J. Barney）等为代表的资源基础学派和以普拉哈拉德（Prchalad）、哈默尔（Hamel）等人为代表的企业能力学派。在批评环境思维模式的基础上指出"应从（企业）内部寻求竞争优势"（巴尼语）。企业建立强有力的资源与能力优势远胜于拥有突出的市场位势，进而提出了企业战略的资

---

① 田奋飞：《不同战略思维模式下的企业战略规划模式探析》，载《企业管理》2006 年第 5 期，第 36 ~ 38 页。

源能力思维模式，如图 3 - 7 所示。[①]

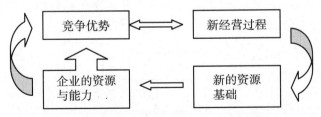

图 3 - 7　企业战略的资源能力思维模式

　　与环境思维模式不同，企业战略的资源能力思维模式侧重于从企业内部的资源能力角度来考虑企业战略问题。认为企业本质上是一组资源和能力的集合体。资源与能力既是企业及其战略分析的基本元素，也是企业竞争优势的根本来源。为此，一方面，企业应当从其内部资源与能力出发来寻求竞争优势。并通过资源（特别是关键资源）的持续积累以及能力（特别是核心能力）的持续发展而持续提升其竞争优势。另一方面，企业还应当从其内部资源与能力状况出发来选择其经营领域、业务范围及成长方向。[②]

二、不同战略思维模式下的企业战略规划模式

　　企业的战略思维模式如前所述存在三种，经典模式、环境模式和资源能力模式。进一步分析我们可知，经典模式包含后两种模式思想的萌芽，环境模式和资源能力模式分别在经典模式的基础上重点关注企业的外部因素和内部条件，因此，相应地产生了两种企业战略规划模式。

（一）以环境为基点的战略规划模式

　　基于环境思维模式的战略规划是以环境为基点、以机会为中心的，其基本步骤可如图 3 - 8 表示。

　　企业通过一系列步骤旨在最终于目标地域或产业市场中谋求竞争优势与市场位势，以获取目标地域或产业市场中的机会与收益。

　　在以环境为基点的战略规划模式中，企业内部条件基本上被排除在战略过程之外。这极有可能引发企业的非理性扩张欲望与扩张行为，进而使企业跌入"扩张陷阱"。

---

　　①②　田奋飞：《不同战略思维模式下的企业战略规划模式探析》，载《企业管理》2006 年第 5 期，第 36 ~ 38 页。

图 3 - 8　以环境为基点的战略规划模式

（二）以资源能力为基点的战略规划模式

在以资源能力为基点的战略规划模式中，对企业内部资源与能力状况的分析与评估是企业战略活动的起点。企业通过对其内部资源与能力状况进行分析来评估其现有的优势与劣势，并利用现有的优势在适合的地域或产业领域中进行经营活动。① 同时通过其经营活动进行资源与能力的积累，以进一步增强和提升企业竞争优势，使企业的经营活动在更高的层次上实现新一轮的循环。这种战略规划模式可用图 3 - 9 表示。

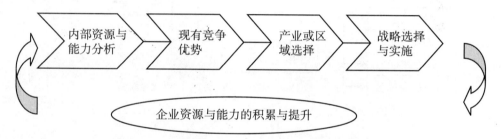

图 3 - 9　以资源能力为基点的战略规划模式

以资源能力为基点的战略规划模式也存在不足，它并未包含外部环境因素，所强调的是企业内部基于其资源与能力的优势条件，其战略活动的重心也是通过资源的积累与能力的提升进一步增强其优势条件。与以环境为基点的战略规划模式相反，以资源能力为基点的战略规划模式极有可能因忽视环境的变化而陷入"闭门造车"的境地。

三、基于系统观的数字信息资源规划模式

我们已经了解了在企业战略规划理论中的三种战略思维，也研究了基于三种战略思维的两种战略规划模式各自的特点和不足。在这些分析基础上，我们提出一种基于系统观的数字信息资源规划模式，如图 3 - 10 所示。

---

① http://www.chycf.com/Article/showinfo.asp? infoid = 375. [2006 - 12 - 26]

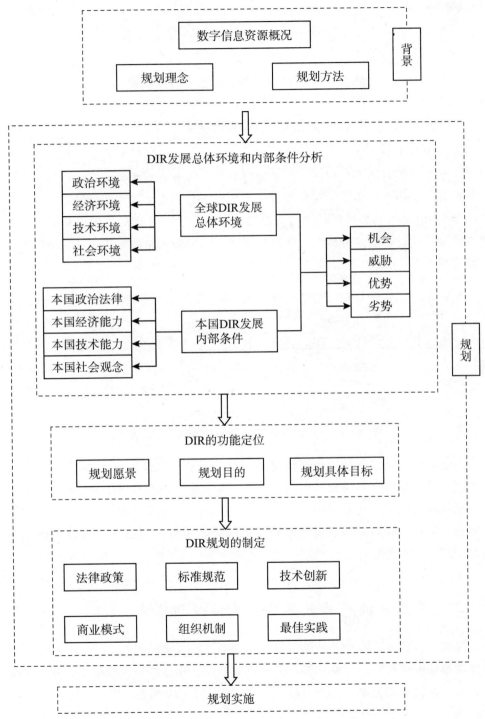

图 3 - 10 基于系统观的数字信息资源规划模式

基于系统观的战略规划思想在 20 世纪 90 年代企业战略管理研究中逐渐被重视，其依据战略管理的系统特性，明确战略管理系统的影响因素及其作用，旨在建立一个开放、有效的战略管理系统。战略管理系统的影响因素包括外部环境和内部条件，外部环境因素主要有行业环境因素和一般环境因素，行业环境因素主要有竞争对手、供应商、行业政策等，一般环境因素指社会、文化、科技、政治、法律。内部条件主要有组织结构、组织文化、制度、人及利益相关者、信息渠道。这些环境因素都具有相关性，他们相互作用。通过系统的对战略环境因素分析，形成科学的战略，这便是系统观思想在战略规划中的应用。①

在进行正式的规划过程之前必须做的工作是战略背景研究，包括数字信息资源的发展概况、规划的理念和规划方法。规划的理念是在正式的战略功能定位之前对数字信息资源战略要实现的效果和产生的影响的初步构想，即数字信息资源的战略功能是具体而明确的，规划理念则是较为抽象和假设性质的，可能借鉴的是其他行业的思想，可能引用的是经典的哲学理论，但在后续的战略规划过程中能起到指示和引导的作用。规划方法的选择也是非常关键，我们在前文中已经论述过，通常一个数字信息规划的形成需要综合运用多种规划方法。我们提出的数字信息资源规划模式将数字信息资源看成一个整体，研究影响其发展的总体环境和内部条件，并进行综合分析与评价，因此可以称为是一种基于系统观的规划模式。这一规划过程分为三个阶段。

（一）数字信息资源规划的总体环境和内部条件分析

这是数字信息资源规划的核心环节和关键步骤，主要目的是识别影响数字信息资源发展的各种因素，以便能够掌握组织外部和内部的变化力量，及时作出有效的反应，回避风险，识别威胁和机遇，获得持续发展的机会，从而使得规划能更好地适应环境的变化。

我们将这些因素分为全球数字信息资源发展的总体环境和我国数字信息资源发展的内部条件，采用的是宏观环境分析（PEST）方法，从政治、经济、技术、社会文化四个方面来分析。政治维是指与数字信息资源发展相关的国内外政治环境及条件：如有关数字信息资源标准的组织、政策、法规、公约等。经济维是与数字信息资源发展的国内外经济环境及条件：如数字信息资源产业的成本结构，收费情况及收费模式等。技术维指数字信息技术发展的环境及条件，如当前计算机技术、通信技术的发展现状，其中许多技术都对数字信息资源产生影响。社会维是从社会人文角度来考虑的一个尺度，如人们对数字信息资源的接受程度以及

---

① 董小焕：《论企业战略管理的系统观》，载《集团经济研究》2006 年第 10 期，第 1 页。

对数字信息资源利用的传统观念和习惯等。通过将影响数字信息资源的因素划分为这四维,可以帮助我们正确地识别总体环境和内部能力。

在上述分析基础上,我们构建了数字信息资源发展的 SWOT 分析模型,即数字信息资源发展面临的机会、威胁、优势、劣势。

(二) 数字信息资源规划功能定位

这是数字信息资源规划的首要任务,前文提到,由于数字信息资源的多重角色,决定了数字信息资源规划功能的多元性。这一阶段要明确数字信息资源的规划愿景和使命陈述。

1. 规划愿景 (Vision)

按照美国著名战略管理学家弗雷德·R·戴维 (Fred R. David) 的观点,愿景就是解决企业要成为什么 (What Do We Want to Become) 这个基本问题。例如我国联想集团的战略愿景是 "未来的联想应该是高科技的联想、服务的联想、国际化的联想"。许多企业家理解愿景就是企业难以实现的战略目标,更多的是企业家的一种追求,它是可望而不可即的,但是通过愿景的确立,能起到激动人心的作用,因为愿景并非是虚无缥缈的,而是需要超乎常人想象的信心与毅力才能实现。

数字信息资源的规划愿景即为明确数字信息资源朝哪个方向发展,表达了规划的宏观愿望。例如新西兰的国家数字战略中,愿景是 "为所有的新西兰人创造一个数字化未来。数字通信技术为人们提供了一种新的交流方式,提高了民主化进程、为新的机遇打开了大门。我们必须借助技术的力量将公众和与之息息相关的事情联系起来,表现出我们的创造能力,发扬独有的毛利文化 (the Culture of Māore),增强和南太平洋邻邦的交流"。

2. 使命陈述 (Mission Statement)

在企业战略研究中,使命陈述是解决企业是什么 (What is Our Business) 这个基本问题。和愿景这个表明企业未来的、长期的发展目标相比,企业使命是在企业愿景基础上,具体的定义到回答企业在全社会经济领域经营活动的这个范围或层次。也即企业使命是比愿景内容更具体、更符合实际的概念。

按照戴维的研究,使命应包括以下九个要素:顾客、产品或服务、市场、技术、对生存,发展和利润的关注、理念、核心竞争力、公众形象以及对员工的关心。这九个方面也成为评价一个企业战略使命是否合理的标准。例如戴尔 (DELL) 公司的愿景是成为世界上计算机销售最成功的公司,给顾客最好的消费体验。为了实现愿景,公司的使命是:满足顾客最高质量期望、领先的技术、具竞争性的价格、一流的服务和售后技术支持、灵活的个性化定制、优秀的企业公民以及稳定的财务。几乎涉及了所有要素，是一个很好的使命陈述。①

　　数字信息资源规划也要求能准确的定位战略的使命。同样的在新西兰的国家数字战略中，其中内容战略的使命陈述是为新西兰公众提供无缝的、便捷的信息访问渠道，使公众获取与之生活、工作、文化相关的重要信息。具体的使命为：到 2006 年 12 月，制定和发布国家内容战略；开发在线文化门户；实施国家数字资产档案项目 "Te Ara-the Encyclopedia of New Zealand" 和毛利语言信息项目 "the Maori Language Information Programme"；通过合作伙伴资金来开展现有内容数字化以及新的数字内容的创作。

　　规划愿景和使命陈述的确立对规划具有重要意义。德鲁克曾说过形成一个清晰的规划愿景和使命是战略家的首要责任。② 愿景能对群体产生激励、导向作用，让这些群体产生长期的期望和现实的行动，在企业使命得以履行和实现的同时，自身的利益得到保证和实现。凯勒在前人研究基础上归纳出使命陈述的价值是：一是有助于规划与组织文化相契合，使规划的实施获得坚实的组织文化支撑。二是合理建构的使命陈述具有重要的外部影响力。因为使命陈述表述相关利益群体的利益，甚至能施加影响到边缘群体的利益。同时，使命陈述也表述了存在于组织与受众之间的"契约"。③

　　我国在现代化建设的探索和实践进程中，国家使命、愿景和战略目标已逐渐清晰，我国的国家使命是建设共同发展、共同富裕、和平共处的和谐社会。我国的国家愿景是把我国建设成为能够持续发展的学习型社会、创新型社会、节约型社会和环境友好型社会，我国的国家战略目标是 2020 年左右实现小康社会、在21 世纪中期进入中等发达国家的行列。④ 这些都是数字信息资源战略愿景和使命陈述形成的指导思想和重要依据。

（三）数字信息资源规划的形成

　　这是数字信息资源规划的最终目的，也是前面两个阶段的最终研究成果。经过科学的分析和准确的判断后，需要为数字信息资源的发展制定正确的规划。规划的内容包括数字信息资源的法律政策、标准规范、技术创新、商业模式、组织机制和最佳实践。数字信息资源的发展重在管理，一个完善的法律政策体系的建

① 戴维：《战略管理：概念与案例》，清华大学出版社 2006 年版，第 48～63 页。
② 戴维：《战略管理：概念与案例》，清华大学出版社 2006 年版，第 66 页。
③ 张曙光、蓝劲松：《大学战略管理基本模式述要》，载《现代大学教育》2006 年第 4 期，第 32～36 页。
④ 霍国庆：《四层面构成的信息战略框架》，http://cio.it168.com/t/2006-08-07/200608011723692.shtml.

立有助于为数字信息资源战略的实施提供保障。因此应根据战略的需要制定相关的法律政策，并建立相应的执法部门对突发事件进行初步的控制。数字信息资源标准规范的建立是从源头上做好数字信息资源战略管理工作的基础，战略的其他内容都要贯穿和体现这些标准规范。现有的许多标准规范如内容描述标准（DC），唯一标识符标准，开放档案信息参考模型（OAIS）都得到了广泛的应用。技术创新是指积极探讨对数字信息资源发展起促进作用的数字信息技术的研究与开发工作。商业模式是开展各种形式的增加资金收入的行动，为数字信息资源建设募集资金，实现数字信息资源相关产业的经济利润。组织机构是指要建立一个统一、协调、合作的组织机构，各部门自觉履行各自的角色和责任，接受统一的监督，共同促进数字信息资源的发展。最后，还要在实践中积极探讨可行的实施模式，寻找最佳实践方案。

经过这三个阶段，便完成了一个系统的数字信息资源规划过程，下一步便转入规划的具体实施阶段。

第四章

数字信息资源规划方法和工具

信息资源规划（IRP）是 20 世纪 80 年代初期兴起的一种重要的信息系统设计和信息资源管理方法，该理论形成的标志之一是詹姆斯·马丁（James Martin）提出的信息工程理论（EI 理论）。80 年代末期以后，随着基础软件的丰富以及模块化设计和软件复用思想的发展，信息资源规划理论在 EI 的基础上引入了更加集成和结构化的方法，比如扎克曼（Zachman）框架、美国联邦企业架构（FEA）等企业架构（Enterprise Architecture，EA）理论，形成了当前更为实用和高效的数字信息资源规划工具和方法体系。本章主要介绍在信息资源规划领域常用的方法理论和指导工具。

第一节 EI 信息资源规划的方法体系

目前，国内信息资源规划（IRP）应用较广的还是基于信息工程（EI）的规划理论和方法，也称总体数据规划、战略数据规划。该方法的应用背景是对机构大型信息系统开发和设计，需要对系统流程、数据结构进行系统规划，因而其主要工作也是业务流程规划和数据规划。

一、EI 体系及其规划蓝图

在信息工程理论提出之前，传统的信息系统规划和设计都是从用户需求识别开始，过程也主要是结构化开发方法为主要内容的软件工程理论。这种方法在一些较小的系统上取得了成功，单对中大型、复杂信息系统的开发，不仅耗资大，成功小，而且还造成许多后来难以克服的隐患。美国 20 世纪 80 年代初的统计表明，国防部每年支付的软件维护费为 20 亿美元，估计到 80 年代末要高达 160 亿美元；80 年代初美国全国每年软件维护费耗资 200 亿美元。系统维护问题就像病魔似的缠住了数据处理的发展，这就是人们所说的"数据处理危机"。[①] 这使人们开始怀疑，从需求分析开始的传统的生命周期开发方法论，是否符合大型复杂信息系统的开发？

以詹姆斯·马丁为代表的美国学者，总结了这一时期数据处理发展的正反两方面经验，在数据模型和数据实体分析方法的基础上提出并逐渐完善了一套大型复杂信息系统规划的理论——信息工程（EI）理论。这样的代表作有 1981 年出版的《信息工程》、1982 年出版的《总体数据规划方法论》、1989 年的《信息系统宣言》等马丁系列专著。

马丁将数据处理作为信息系统构建的核心，以数据稳定性作为系统战略规划的理论基点，阐述了一整套自顶向下规划（Top-Down Planning）和自底向上设计（Bottom-Up Design）的方法论，并提出了信息系统各参与方对信息系统理解和建设的一致性问题，即信息系统建设的蓝图构想。所谓蓝图，就是对未来系统技术、流程和数据结构的整体描述。关于蓝图构成，马丁数次修订，最终提出了后来广为接受的信息工程"13 构件模型"，如图 4 - 1 所示。这 13 块构件相互联系，构成整体。

二、EI 信息资源规划的主要工作和流程

在 EI 体系中，第 1 ~ 3 部分认为不随业务处理流程的变化而变化，保持相对稳定，进而成为 EI 信息资源规划的主体。因此在面向战略数据规划的信息资源规划过程中，信息资源规划也主要包括三个步骤：

第一步，进行业务分析建立企业模型。主要依靠高层领导和各级业务人员，来分析企业的现行业务和长远的发展目标，按照企业内部各种业务的逻辑关系，将它们划分为若干职能区域（Functional Area），然后，弄清楚各职能区域中所包含的全部业务过程（Process），再将各业务过程细分为一些活动（Activity）。需要注意的是，逻辑地划分出职能区域、业务过程和活动，不完全与现行职能部门的工作过程与工作方式相一致；从这个意义上讲，进行业务分析建立企业模型，

---

① 高复先：《信息资源规划：信息化建设基础工程》，清华大学出版社 2002 年版，第 4 页。

是对现行业务系统的再认识。所谓企业模型，就是采用"职能区域—业务过程—业务活动"的层次结构关系描述企业的本质。

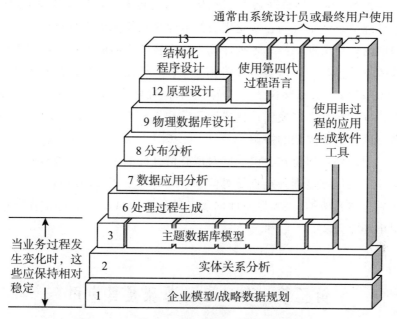

图 4 - 1 信息工程（EI）构件体系构成

第二步，进行实体分析建立主题数据库模型。在上述业务分析过程中，可清查所有业务活动所涉及的数据实体（Entity）及其属性（Attribute），做好标准化的定义与说明，取得诸方面一致的理解。然后重点分析这些实体之间的联系，按照业务人员的管理经验和一些形式化的方法，对实体进行聚集分析，将联系密切的实体划分在一起，形成一些实体大组（Supergroup）。这些实体大组内部的实体之间联系密切而与外部实体联系很少，作为划分主题数据的根据，从而建立起主题数据库模型，即企业中针对不同的职能区域和业务过程，提供必要的数据共享的总体数据模型。

第三步，进行数据的分布分析。结合数据存储地点，进一步调整、确定主题数据库的内容和结构，制定数据库开发策略。分布分析要充分考虑业务数据的发生和处理地点，权衡集中式数据存储和分布式数据存储的利弊；还要考虑数据的安全性、保密性，系统的运行效率和用户的特殊要求等。根据这些调整实体大组的结构，制定主题数据库与应用项目的开发顺序。

三、EI 信息资源规划的主要局限

国内在高复先教授研究的基础上，众多的专家学者和实践工作者对信息资源规划理论进行了拓展、总结和归纳，"在信息资源规划的定义、信息资源规划的作用、信息资源规划的建设内容和信息资源规划工具 4 个方面基本达成共识"。[①②] 该方法在河北省电子政务试点建设、三峡工程管理系统（TGPMS）、秦山核电站管理信息系统规划、海化集团信息化规划等大型系统建设中发挥了重要作用，但国内还是出现一些学者批评该方法在我国当前的信息资源规划中存在的不足。这些不足包括：难以实施面向业务流程对象而非单纯数据对象的信息资源规划[③]；需求获取方法不够科学[④]；局限于数据规划[⑤]；概念或标准分类没有统一科学依据，以致概念界定模糊；集成性和重构性较差[⑥]；难以实现宏观信息资源规划与微观信息资源规划的协调[⑦]。

因而，国内外目前也在尝试一些对现有信息资源规划方法进行改进的方法体系。在国外，最早可追溯到扎克曼对信息系统设计复用性的改进而提出 Zachman框架，然后是体系架构、EA 以及面向服务架构（SOA）等信息工程理论和方法的相继提出和完善。

第二节　Zachman 框架及其应用

1987 年，约翰·扎克曼（John Zachman）发现企业信息化实施过程中存在大量的代码重复设计，重复开发功能相近、结构类似的系统或功能代码，而且这些独立开发的信息系统结构各异，在数据维护中成本高昂，而且使用周期不长，常常会因为系统升级或方案变更而转换或被遗弃。于是，扎克曼吸收了詹姆斯·马丁的信息工程以及后来一些学者关于"企业工程"的企业模型理念，提出"信息系统架构"（ISA）的概念[⑧]，主张系统模块化，面向模块进行系统开发，

---

① 罗大庸、康松林：《一种信息集成的信息资源规划方法》，载《系统工程》2001 年第 2 期，第 58～60 页。

② 赵一鸣：《信息资源规划——IRP 技术及其应用》，载《浙江工业大学学报》2004 年第 1 期，第 73～77 页。

③ 李鹤：《对于信息资源规划方法的进一步探讨》，载《科技情报开发与经济》2007 年第 17 期，第 115～117 页。

④ 李翔：《信息资源规划中的业务流程重组》，载《中国信息界》2005 年第 12、15 期，第 23 页。

⑤ 杨君：《信息资源规划与企业信息化》，载《情报学报》2002 年第 6 期，第 704～708 页。

⑥ 朱晓蜂：《政府信息资源规划研究》，载《图书情报工作》2006 年第 4 期，第 68～72 页。

⑦ 罗程：《两种不同的信息资源规划》，载《中国信息界》2007 年 2 月 28 日，第 44～45 页。

⑧ Zachman, J. A. (1987), A Framework for Information Systems Architecture. IBM Systems Journal. Vol. 26 (3). IBM publishing G321－5298. 914－945－3836.

以模块为单位设计，然后通过类似飞机零件组装一样组成功能庞大的复杂信息系统。随后，该理论得到了斯蒂芬（Spewak Steven）、斯莱文（Clive Finkelstein）、库克（Melissa Cook）和瑞克汀（Rechtin）等专家的支持，在 20 世纪 90 年代中期形成对信息系统再造和系统架构研究的热潮，并对流程的封装、复用理念达成共识，扎克曼的规划理念也逐渐完善。

一、Zachman 框架概述

Zachman 框架并不是能够直接采用的技术工具，而是一种方法论。这种方法提供了一种将信息系统分块、分层解决的思路，而且能够将整个企业信息化的信息资源、基础模型和相关文件运用一系列架构（Achitectures）单元组织和分类，实现企业业务环境和技术环境的整合。这样的逻辑组织原则，不仅可以用来指导需求分析、模型设计等整个信息化过程，而且可以方便地管理系统规划和设计过程中的所有设计元素和过程产物，包括需求文档、代码、数据规范、半成品软件和部分具有相应功能的职能代码。所以，Zachman 框架是"许多大公司用来理解、表述企业信息基础设施的一个直观模型，为企业现在的以及未来的信息基础设施建设提供了蓝图和架构"。[①]

波普金（Popkin Software）认为[②]，从 IT 和信息系统角度看，Zachman 架构是一个以有用的相关的方式将企业知识关联起来的一种机制，它是一种保证技术解决方案与业务紧密相关的工具，也是一种提供将技术设计与当前业务需求整合起来的解决方案的途径。因而，Zachman 框架被很多企业管理者认为是一种发展 IT 企业和进行复杂管理的规则集合，也被用于评估信息规划完备性的参考标准。

二、Zachman 框架的组织原则和思想

扎克曼没有把企业流程简单视作一系列步骤，而是综合考虑不同角色的不同观点，提出了一个多视角、多维度的架构框架。

最初扎克曼认为，系统开发是由来自不同部门、从事不同工作、不同实施阶

① Sowa J. F. and Zachman J. A. （1992），Extending and formalising the framework for information system architecture，IBM Systems Journal，Vol. 31，No 3，pages 590 – 616，IBM publishing G321 – 5488. 1 – 800 – 879 – 2755.

② Popkin Software，Building an Enterprise Architecture：The Popkin Process Version 1. 0 ［OL］. http：//www. mco. cz/download/popkin/methodology. pdf.

段的人员共同完成，由于对系统认知和期望的差异，系统开发可能在不同阶段的理解和关注点根本不同。比如数据结构规划与存储管理规划者在系统规划阶段解决的问题完全不同，而且内部关联难以被这两类规划者发觉，往往后阶段规划者在具体规划时又需要返回数据结构阶段的规划来解决问题。因而，扎克曼提出建立企业的信息技术资源的总体结构和视图，不同于詹姆斯·马丁的独立模块，扎克曼提出按职能和类型将所有 IT 资源分解为纵向包括数据（What）、功能（How）和网络（Where）三列，横向包括范围（对象）、企业模型、信息系统模型、技术模型、细分代表和功能系统六行的 3×6 矩阵，从而分解出 18 种职能视图①，构成一套逻辑紧密、功能对应的信息技术方案的"组织体系"，并将已有的成熟技术解决工具或思想映射到相应的模块区间，构成完整的规划解决方案，这就是著名的 Zachman 框架的原型。

1992 年，扎克曼进一步将该框架模型扩展为一个六行六列的矩阵模型②（如图 4-2 所示），从规划者、拥有者、设计者、承建者、分包者和运行企业六个视角建立目标/范围、业务模型、系统模型、技术模型、细节说明书、功能系统实体等模型；每个视角又包括数据（What）、功能（How）、网络（Where）、人员（Who）、时间（When）、动机（Why）等 6 个方面的模型，并分别由实体—关系模型（Entity-Relationship）、流程—I/O 模型（Input-Process-Output）、节点—链接模型（Node-Link）、人员—工作模型（People-Work）、时间—周期模型（Time-Cycle）、目标—手段模型（Ends-Means）来表达。

三、Zachman 框架及其规划体系构成

在 Zachman 框架中，6 行从上到下逐渐由宏观到微观，其实是从不同的视点来描述企业信息资源面临的不同问题和相应的解决思路。其从上到下分别是：

规划者的观点（Planner's View）或范围（Scope）。第 1 层的架构轮廓是一种"泡泡图"（Bubble Chart）或者"文氏图"（Venn Diagram），它们描述最终结构的规模、形状和基本目的，适合于向那些想要了解系统整体概况、成本以及系统与运行环境的关系的规划者或投资者提供一种高度概括。

拥有者的观点（Owner's View）或企业/业务模型（Enterprise/Business Model）。第 2 层是架构师根据拥有者的观点对最终系统的描述，这些拥有者将在这

---

① Sowa J. F. and Zachman J. A. (1992), Extending and formalising the framework for information system architecture, IBM Systems Journal, Vol. 31, No. 3, pages 590 - 616, IBM publishing G321 - 5488. 1 - 800 - 879 - 2755.

② http：//www. ciotimes. com/ea/zachmanar/. [2009 - 11 - 21]

个系统中从事他们的日常业务。它们对应于企业模型或业务模型，这些业务设计模型显示了业务实体和业务过程以及它们之间的联系。

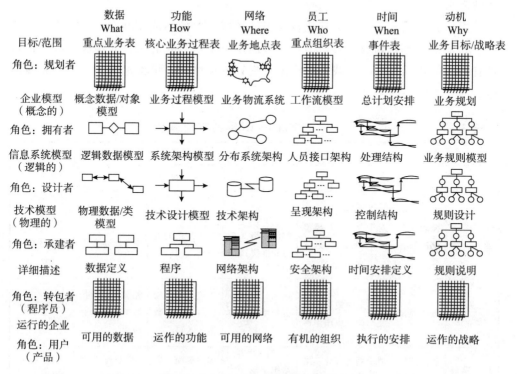

图 4-2 Zachman 框架的构成

图片来源：王武魁：《林业电子政务 EA 框架研究》，北京林业大学博士论文，2006 年，第 20 页。

设计者的观点（Designer's View）或信息系统模型（Information Systems Model）。第 3 层是根据设计者的观点，将第 2 层的架构师的规划转换成为详细需求，它们对应于信息系统模型。信息系统模型是系统分析员设计的，系统分析员必须确定数据元素、逻辑过程流和体现业务实体和过程的各种功能。

承建者的观点（Builder's View）或技术模型（Technology Model）。为了体现承建者的观点，承建者必须重新设计架构师的规划，重新设计的详细程度应该能够充分了解工具、技术和材料的限制。承建者的计划对应于技术模型，这些技术模型必须使信息系统模型适合于编程语言、输入输出设备或者其他支持设备的需要。

转包者的观点（Subcontractor's View）或详细说明书（Detailed Specifications）。转包者根据车间计划才能工作，车间计划规定了各种零件或部件的各种细节。车间计划对应于详细说明书，这些详细说明书使得程序员在编码时可以不必顾及系统结构或整体内容。如果不是自行开发系统，详细说明书也能够反映对各种市场上的商品软件（Commercial-Off-The-Shelf，COTS）或模块化应用软件的详细需求。

用户的观点。用户主要从执行层面的角度来看的功能模型。

如果将上述规划成果或产出与相应的逻辑单元对应起来，就构成了有一系列具有内部关联的规划工具或方法构成的规划方法体系，可称之为"Zachman 规划体系"（如表 4-1 所示）。

表 4-1　　　　　　　　　　Zachman 框架规划体系

	数据（What）	功能（How）	网络（Where）	角色（Who）	时间（When）	动机（Why）
目标范围	业务元素列表	业务流程列表	业务区域列表	业务—部门列表	业务时间列表	列出企业目标、战略
业务模型	概念数据、对象模型、语义模型	业务流程模型（物理数据流程图）	物流网络（节点和链接）	基于角色的组织层次图	业务主进度表	业务计划
信息系统模型	数据模型	关键数据流程图、应用架构	分布系统架构	人机界面架构（角色、数据、人口）	相依关系图、数据实体生命历程	业务标准模型
技术模型	数据架构、遗产数据图	系统设计：结构图、伪代码	系统架构	用户界面、安全设计	"控制流"图（控制结构）	业务标准设计
详细展现	数据设计、物理存储器设计	详细程序设计	网络架构	屏显、安全机构	时间、周期定义	程序逻辑的角色说明
功能系统	转化后的数据	可执行程序	通信设备和网络	组织：受训的人员	企业业务进度	强制标准和战略

在扎克曼的矩阵框架中，水平方向和纵向的交叉点是一个单元格，单元格中是各种模型或架构描述。因为每一个单元格都是由一种"观点"和一个"焦点"交叉得到的，所以它是唯一的。因此，每一个单元格的内容也是规范和清晰的，好比在工程设计中的立体视图、左视图、右视图等从不同角度分析问题。由于每一个单元格中的产品开发或单元格中包含的问题的解决方案，都是依据一个"观点"给出的问题答案，在一个单元格中支持答案的精确模型或设计结果需要详细加以描述，这种详细描述也要在单元格内部进行。

四、Zachman 框架的应用

Zachman 框架的发展是系统规划方法论上的重要突破，很快得到相关学者的呼应和政府的关注，尤其是美国政府及后来 FEA 的发展，使得 Zachman 框架成为目前架构技术应用最广泛、历史最悠久的架构工具之一。但 Zachman 框架只是一个技术架构体系，各种视图的规划工具和方法的最终交付物缺乏标准控制[1]；Zachman 公司也难以开发出如此完备的解析工具和规划工具，因而 Zachman 框架多作为咨询公司或政策顾问的战略分析思想，是"信息资源规划工具的工具"[2]。因此，美国首席信息官委员会（CIOC）认为[3]，Zachman 框架是一个综合的、逻辑的结构，便于对复杂对象进行中立的描述，该框架对企业的技术管理、复杂技术的选择、方法论的选择，以及对项目模型的识别非常有帮助。

Zachman 框架更多是一种理论或工具的过渡，它是一种并不"完整"的企业架构（EA）模型。但其思想影响深远，并被后续的 FEAF、TOGAF 等广泛采纳。而与其他方法或工具相比，Zachman 框架扩展了传统系统规划局限于业务和数据，弥补了传统规划方法对系统的网络布局、多维视角、网络成长性、信息技术投资组合、技能和工具需求、存储战略、系统维护、管理资金设置以及角色职责的关注不充分的弊端。

第三节　EA 及相关工具模型

一、EA 的理论渊源

EA 是一种集企业战略管理和信息技术管理为一体的管理理念，其理论渊源一方面可以最早追溯到 20 世纪 60 年代初的信息战略理论，即由信息技术驱动的

---

① Burgess B. H., Hockel T. A. (1994) A Brief Introduction to the Zachman Framework, Framework Software Incoporated, Redondo Beach, CA, August.

② Kontinen K. (1992) Profitability and the Zachman Framework Values Column, Advisor-DataBase Newsletter, March. April.

③ Chief Information Officers Council. (2001) A Practical Guide to Federal Enterprise Architecture, Version 1.0, February.

企业战略理论，另一方面则来自以 EI 和 Zachman 框架为代表的信息系统规划理论的持续改进。

（一）信息战略理论的发展

信息社会的第一次浪潮赋予企业自上而下、从战略高度审视企业信息的搜集、获取和计算机的应用；同期以美国哈佛大学商学院教授为主体的一批学者如安德鲁、钱德勒、波特等以及学者安索夫（Ansoff）、明茨伯格（Mintzberg）、奎因（Quinn）等创建并发展了战略规划和战略管理理论，其中一些"战略工具"也广泛应用于信息战略分析和规划。马尔霍特拉·俞佳诗（Malhotra Yogesh）认为①，EA 的一个重要理论来源是金（King）1978 年提出的"战略适应架构"（Strategic Capabilities Architecture）的概念，该理论认为企业的潜在能力很难被信息技术"及时模仿"，因而企业内信息技术的应用最根本的是与企业战略相适应，由战略驱动信息技术变革。

1990 年，普拉哈尔德和哈默尔（Prahalad & Hamel）将信息技术应用作为企业核心竞争力的一个重要参考指标，认为信息技术能力本身能影响或驱动企业战略。② 1990 年，达文波特（Davenport）也提出基于信息技术的企业创新和企业业务流程再设计理论③，随后哈默尔（Harmer）和尚皮（Champy）提出业务流程再造（BPR）理论④，直接将信息技术作为企业战略的实施依托。1992 年，洛克和霍夫曼（Rockart & Hoffman）完善了金的战略适应架构理论，从战略角度提出了与扎克曼类似的架构框架：业务架构、信息架构、数据架构、系统架构和计算架构五层模型，提出一套完整的"信息技术—企业业务—企业战略互动"的理论框架。⑤

企业信息战略管理理论颠覆了传统的企业信息资源观念和战略管理观念，促进了以信息技术主导的战略规划理论发展，也促生了大量信息战略规划工具和技术，EA 也是这一背景下的理论产物。

---

① Malhotra Yogesh. (1996) Enterprise Architecture：An Overview ［WWW document］, BRINT Institute. URL http：//www. kmbook. com/enterarch. html.

② Prahalad, C. K. and G. Hamel, The Core Competence of the Corporation, Harvard Business Review, 2000, May-June：pp. 79 - 91.

③ Davenport, T. H. & Short, J. E. （Summer）. The New Industrial Engineering：Information Technology and Business Process Redesign, Sloan Management Review, 1990, pp. 11 - 27.

④ Hammer, M & Champy, J. Reengineering the corporation：A manifesto for business revolution. NY：Harper Collins Publishers Inc. 1993.

⑤ Rockart, J. F. & Hofman, J. D. Systems Delivery：Evolving New Strategies, Sloan Management Review, 1992, Summer：pp. 21 - 31.

（二）信息系统规划理论的持续改进

EA 体系在信息系统规划理论的演化体系中脱颖而出得益于三个方面的发展。

第一，美国政府的认可和推荐，甚至后来美国联邦企业架构的实践示范。扎克曼 1987 年提出 Zachman 框架以及其模块化思想后，1990 年美国国家技术标准研究所马上就发布了相应的 NIST 框架标准[1]，并着手制定相应的联邦信息流程标准（FIPS 标准），将 Zachman 框架体系的思想引入到系统设计和战略设计领域。

第二，Zachman 框架的逐步完善和相关跟进研究。1992 年，扎克曼进一步提出了改进的 6 × 6 的 Zachman 框架。1992 年，斯蒂芬根据扎克曼系统架构的基本思想，完成了《EA 规划》的专著[2]，提出业务架构、数据架构、应用架构和技术架构的四层模型，并提出 EA 规划的 9 个步骤：①初始规划；②规则编制；③业务模型构建；④现有系统和技术资产调查；⑤数据架构；⑥应用架构；⑦技术架构；⑧实施和迁移规划；⑨规划总结。1993 年，克莱文进一步精炼 Zachman 框架，提出了环境、数据、进程和基础设施 4 列，业务规划、业务需求模式、业务模型、系统设计和信息系统 5 行的 4 × 5 架构矩阵。[3] 1996 年，库克基于企业系统再造的思想，提出企业信息架构模型，主要论述了扎克曼架构的实施标准层次和范围，将扎克曼思想与已有的信息技术标准和规范对应起来，试图建立基于技术标准层面的框架体系。[4] 1997 年，瑞克汀提出了信息系统设计的架构艺术理念，提出模块的分割和"视图"的考察应该与系统设计可能面临的工作量、关联复杂程度以及系统实施的可行性结合起来，而不一定是扎克曼的逻辑划分模式。[5] 同时，MetaGroup、IBM、微软、HP、EDS、BEA、SUN 等厂商的关注，在 1995 年前后形成了 EA 的研究高峰。

第三，同期世界软件产业和信息技术咨询产业发展迅速，一些较大的软件公司和信息咨询公司也开始关注架构理论在软件层面的实现。比如 Corba、J2EE、Microsoft. Net、Sun ONE、Microsoft DNA 等主流架构和中间件技术产品，乃至后来的 OSI 和 SOA 等面向网络的架构体系都在 20 世纪 90 年代初期开始发展。

---

[1] National Institute of Standards and Technology, Information Management Directions: The Integration Challenge, Special Publication 500 – 167 （September 1989）.

[2] Spewak, S. H., Enterprise Architecture Planning. Wiley and Sons, New York, NY, 1992.

[3] Clive Finkelstein, Business Re-Engineering: Three Steps to Success, 1993, Information Engineering Services Pty Ltd.

[4] Cook, M. A., Building Enterprise Information Architectures: Reengineering Information Systems. Prentice Hall. Upper Saddle River, NJ, 1996.

[5] Rechtin, E., & M. W. Maier. The Art of Systems Architecting. CRC Press. New York, NY, 1997.

第四，1995 年 Open Group 在美国国防部（DoD）《信息管理的技术架构框架》（Technical Architecture Framework for Information Management，TAFIM）的基础上，提出了综合当时各种架构的 Open Group 架构框架——TOGAF，是第一份行业标准级的架构体系[1]，这也标志着 EA 理论的基本成熟和稳定；而且 EA 理论也已经从一种方法论研究发展成比较成熟的技术解决框架，并逐渐在企业得到推广应用。

因而，EA 是系统规划与设计和企业战略管理交叉演进的理论产物。

二、EA 的概念与内涵

EA 脱胎于 Zachman 框架，但与 Zachman 框架的差异不仅体现于具体模块的构成，也体现于技术实现的细节：EA 涵盖技术和管理领域，范围和视角更加宽泛；EA 立足于技术实现，最终映射到技术实现方案。一般而言，EA（企业架构）的概念内涵分语义概念和实用概念两个层次。

（一）EA 的语义概念

EA 是一个偏正结构短语，"Architecture" 是描述对象，"Enterprise" 是限定范畴，即适用范围。因而，EA 的理解要分别明确 "Enterprise"、"Architecture" 的概念。

一般而言，"Enterprise" 译为 "企业单位，事业单位；艰巨、复杂或冒险性的事业、计划"，更多的是指以盈利为目的的企业组织。因而，从业务范畴角度看，"Enterprise" 是泛指一个有着共同目标或单一的组织集合体，可以是政府的一个部门、一个完整的企业，企业的子公司、企业的下属部门，还可以是由共同的性质而联系起来的，但是在地域上分散的组织。后来，企业工程理论在企业建模中将 "企业" 的概念具体化，是指由特定的人员和资源构成，以提供特定的产品或服务的系统。而在信息资源规划领域，企业是一种既包括业务和资源的实体，更是虚拟空间由业务流、数据流、信息流和资金流等构成的 "数字化" 的企业。所以，企业资源既是运作中的企业所能调度的实物资源，也是虚拟空间以数字形式存在的信息资源。

在韦伯词典中，"架构" 的定义是 "作为一种意识过程结果的形态或框架；一种统一或有条理的形式或结构；建筑的艺术或科学"。在建筑学中，建筑（"Architecture" 的另一中文意思）也通常指具有审美效果的结构组合，包括大

[1] TOGAF v8.1.1 [OL]. http：//www. opengroup. org/architecture/togaf8 - doc.

型架构组配、装饰形式和模式、有序规划。ANSI/IEEE 标准 1471～2000 将"架构"定义为①：一个系统的基础组织，集合它的组件，这些组织内部、组件内部和组织与组件间的关系和环境，以及管理设计和改造的原则。因而，架构的建立通常会建立一个共有的远景，并考虑外部的约束、客户的需求、内部约束、技术约束等，通过有条理的逻辑推理来最终实现该结构。所以，现代信息系统的"架构"也通常包括两个层次：概念层次的艺术、科学、方法和建筑风格；物理层次的组配结构。扎克曼认为②，架构包含了在架构构建过程中连接概念到实施的工具、流程、文档、计划和蓝图的集合，即 EA 是构成组织的所有关键元素和关系的综合描述。

结合"企业"和"架构"的特定描述，"EA"的语义概念可简要描述为：将一个模型化了的企业或实体按比较科学和审美化的方法组织的方法体系。因而国内一些学者翻译 EA 时，有"总体架构"、"体系架构"、"事业架构"等多种译法。

（二）EA 的应用概念

在 EA 实践中，企业机构和咨询公司总是根据自身对 EA 的关注重点、自身技术特长和实施过程的实际经验进行解读，逻辑性和完备性有一定欠缺，不能直接引用为严格的理论界定，但可作为理解 EA 内涵的重要参考。

1992 年，索瓦（Sowa）和扎克曼就认为 EA 是一种系统分类管理的工具，认为"EA 其实提供了一种将现实世界事物与计算机世界的表述相关联的概念的系统分类工具，其目的是揭示系统中各方面如何相互配合联系"。③

1996 年，波普金在开发 EA 辅助工具时认为 EA 既是一种技术设计工具，也是一种业务向技术映射的机制。他们的执行手册指出④，"从 IT 和信息系统角度看，EA 是一个以有用的相关的方式将企业知识关联起来的一种机制，它是一种保证技术解决方案与业务紧密相关的工具，也是一种提供将技术设计与当前业务需求整合起来的解决方案的途径"。

---

① IEEE 1471, Recommended Practice for Architectural Description, DRAFT. http：//www. iso-architecture. org/ieee－1471/.

② Zachman, J. A. A Framework for Information Systems Architecture. IBM Systems Journal. Vol. 26（3）. 1987. IBM publishing G321－5298. 914－945－3836.

③ Sowa J. F. and Zachman J. A, Extending and formalising the framework for information system architecture, IBM Systems Journal, volume 31, No 3, pages 590－616, 1992. IBM publishing G321－5488. 1－800－879－2755.

④ Popkin Software, Building an Enterprise Architecture：The Popkin Process Version 1. 0 [OL]. http：// www. mco. cz/download/popkin/methodology. pdf.

1996 年，Clinger-Cohen 法案认为 EA 是一个用于演进或维护存在的信息技术和引入新的信息技术来实现组织战略目标和信息资源管理目标的集成框架。[①]

1999 年，美国 CIO 委员会在 FEA 的实践指南中认为 EA 是一个战略性的信息资源基础，它定义了任务、完成任务所必需的信息和技术，以及为了适应任务需求的改变和采用新技术所导致的迁移过程。[②]

TOGAF 认为 EA 是关于理解所有构成企业的不同企业组件，以及这些组件怎样相互关联的治理结构。[③]

白宫预算与管理办公室（OMB）认为 EA 是显示当前或将来业务及管理流程和信息技术间关系的描述和记录。

MetaGroup 认为 EA 是一个系统过程，它表达了企业的关键业务、信息、应用和技术战略以及它们对业务功能和流程的影响。关于信息技术怎样以及应该如何在企业内实施，EA 提供一个一致、整体的视角，以使它与业务和市场战略一致。[④]

微软（Microsoft）认为 EA 是对一个公司的核心业务流程和 IT 能力的组织逻辑，通过一组原理、政策和技术选择来获得，以实现公司运营模型的业务标准化和集成需求。

IBM 认为 EA 是记录在企业内所有信息系统、它们的相互关系以及它们如何完成企业使命的蓝图。IBM 技术研究院认为[⑤]，EA 是定义和维护体系结构模型、治理和过度活动，以帮助有效协调半自主团队来实现共同业务和 IT 目标。

RealIRM 认为 EA 是构建组织完整视图的资源整合容器，以最佳流程的形式描述组织变革和集成环境，并传递业务战略的产品和服务。[⑥]

这些定义侧重点各不相同，可归结为过程论、系统论、逻辑论、工具论、机制论以及方法论，但都是将其作为技术的分类组织方法或管理工具予以定义，都包括两个要点：第一，EA 是企业信息系统的标准化的模块分类体系；第二，EA 建立了企业业务和技术之间的映射关系，突出分配系统模块数量、管理复杂程度以及成本投资方面的均衡，具有一定的"审美"效果，突出信息资产管理职能。所以，EA 是一种比一般信息系统规划更为宏观、规划力度更大、对企业更具有

---

① Clinger-Cohen Act of 1996 （PL 107 – 347）. 参见：THOMAS （Library of Congress）：http：//thom-as. loc. gov/.

② Federal Enterprise Architecture Framework，Version 1. 1，September 1999.

③ TOGAF v8. 1. 1 ［OL］. http：//www. opengroup. org/architecture/togaf8 - doc.

④ Lapkin，Anne：Business Driven EA：Building the Business Context. Gartner Incorporation.

⑤ Ibrahim M. & Long G. （2007）. Service-Oriented Architecture and Enterprise Architecture，Part 1：A framework for understanding how SOA and Enterprise Architecture work together. Published 2007 – 4 – 26. ［2009 – 08 – 11］. http：//www. ibm. com/developerworks/webservices/library/ws-soa-enterprise1/? S_TACT = 105AGX52&S_CMP = cn-a-ws.

⑥ www. realIRM. org.

战略性的规划工具。因而有一个经典的 EA 隐喻来描述 EA 的实用概念①：EA 规划类似城市规划，不负责具体某一栋房子的规划，但要明确各街区的功能；而信息系统规划则类似建筑设计，需要详细标注建筑的结构和性能指标。

三、开放组织架构框架（TOGAF）

（一）TOGAF 的体系构成

TOGAF 是一个行业标准的体系架构框架，它能被任何希望开发一个信息系统体系架构在组织内部使用的组织自由使用。TOGAF（The Open Group Architecture Framework）也是一个开放的标准化的架构框架，是为组织设计、评价和建立正确的架构服务的。其结构如表 4-2 所示。TOGAF 包括三个主要部分：

（1）TOGAF 基础体系结构——公共服务和功能的体系结构，为构建具体的体系结构和体系结构构造块提供基础。这个基础体系结构包括：

①TOGAF 技术参考模型（TRM）。提供通用平台服务的模型和分类法，建立了详细的技术体系。TOGAF v8.1 有 4 种架构类型：业务体系架构（定义商业策略，管理，组织和关键业务流程）、应用体系架构、数据体系架构（逻辑的和物理的数据资产和数据管理资源的结构）和技术体系架构（软件基础设施）。这 4 种架构类型又划分为几十种架构视图，类似 Zachman 框架中的架构格（行与列的交点）。

②TOGAF 标准信息库（SIB）。SIB 是一个开放产业标准数据库，用于定义特定的服务组件，用户可向 SIB 注册并提供架构实例，这些实例根据 TRM 分类法进行结构化。目前，这个体系结构已经升级为集成信息基础设施参考模型（Integrated Information Infrastructure Reference Model，III-RM）。

在 TOGAF9.0 中，TOGAF 基础体系结构被升级 TOGAF 参考模型。

（2）TOGAF 体系结构开发方法（ADM），正确地解释如何从基础体系结构获取具体组织的体系结构。

（3）资源库（RB）是应用 TOGAF ADM 的各种资源，如 ADM、架构兼容的评论、架构原理、架构视图、业务情景、案例研究、IT 治理战略等，其实就是可用、或者实用的组件仓库。在 TOGAF9.0 中，将资源库与部分工具结合起来扩展为 TOGAF 能力架构。

---

① Sessions R. A Comparison of the Top Four Enterprise-Architecture Methodologies. ObjectWatch，Inc. May 2007 http：//msdn2. microsoft. com/en-us/library/bb466232. aspx.

表4－2　　　　　　　　　　　**TOGAF 规范的架构视图**

业务架构视图	数据架构视图	应用架构视图	技术架构视图
业务功能视图	数据实体视图	软件工程视图	网络计算/硬件视图
业务服务视图			
业务流程视图			
业务信息视图			
业务定位视图			通信工程视图
业务物流视图	数据流图	应用互操作视图	
人员视图（组织结构）			进程视图
工作流视图			
可用性视图			
业务战略和目标视图	逻辑数据视图	软件分布视图	成本视图
业务目标视图			
业务规则视图			
业务事件视图			标准视图
业务绩效视图			
系统工程视图			
企业安全视图			
企业管理视图			
企业服务质量视图			
移动企业视图			

资料来源：TOGAF v8.1（注：撰写时 TOGAF9.0 尚未发布，本章主要以 TOGAF8.1 版为主）。

简单地说，TOGAF 提供架构师对架构规范、描述和管理的共识框架，是为开发 EA 的一个详细的方法和相关支持资源的集合。

（二）架构开发模型 ADM

架构开发模型（Architecture Development Model，ADM）是 TOGAF 根据 EAP 开发的 EA 开发方法论。它是一个循环的流程，需要不断根据业务需求进行验证，其主要参照体系是斯蒂芬的 EAP 流程[1]，为实现和执行组织的 EA 提供完整

---

[1]　Spewak，S. H.，Enterprise Architecture Planning. Wiley and Sons，New York，NY，1992.

的指导。该过程包括闭合循环中的多个，连续的阶段。2008 年发布的 8.1.1 版本强调 EA 设计的一个前提、八个阶段和一个核心（见图 4 - 3）。

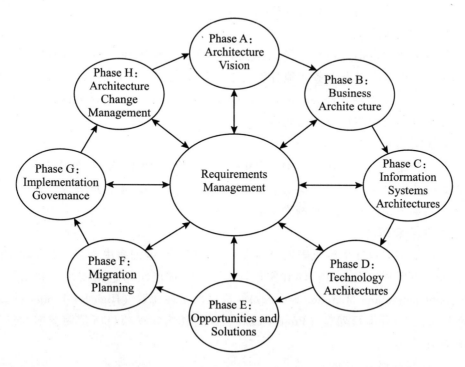

图 4 - 3　TOGAF 架构开发方法（ADM）

　　前提：建立政策和指导原则（Architecture Guiding Principles）。即确定实现过程所涉及的元素，并且让它们对应 EA 工作的内容。该阶段形成基于组织业务法则的架构指导方针，并且描述用于监控 EA 实现进展的过程和标准。

　　八个阶段：

1. 明确架构远景

　　架构远景（Architecture Vision）用于明确 EA 远景，利用业务推动者明确 EA 工作的目的，并且创建基线和目标环境的粗略描述，即"As-Is"视图和"Be-To"视图。如果业务目标不清楚，那么该阶段中的一部分工作是来帮助业务人员确定其关键的目标和相应的过程，可能仅仅是业务框架或战略描述。同样是该阶段中生成的架构工作描述（Statement of Architectural Work），勾勒出 EA 的范围及约束，并且表示出架构工作的计划。国内一些 IT 规划理论则将这一阶段分解为背景分析和差距分析两个阶段。

2. 业务架构

　　用于详述关于业务领域架构的工作。利用架构远景（Architecture Vision）中概括的基线和目标架构在此被详细说明，从而使它们作为技术分析的有用输入。业务过程建模、业务目标建模和用例建模是用于生成业务架构的一些技术，这又包含了所期望状态的差距分析（Gap）。

3. 信息系统架构

涉及应用和数据（信息）架构的交付。该阶段利用基线和架构远景阶段中开始的目标架构，以及业务间隙分析（业务架构的一部分）的结果，在范围内，并根据架构工作描述（Statement of Architectural Work）中所概括的计划，为目前和展望的环境交付应用及数据架构。

4. 技术架构

利用技术架构的实现 TOGAF ADM 循环的详细架构工作。如前面的阶段里，以差距分析和草案架构用作基线，并与架构指导原则和政策达成一致。通过建模标记，例如 UML，生成各种视图。

5. 机会和解决方案

目的是阐明目标架构所表现出的机会，并概述可能的解决方案。此阶段中的工作围绕着实现方案的可行性和实用性。此处生成的组件包括实现与移植策略（Implementation and Migration Strategy）、高层次实现计划（High-level Implementation Plan），以及项目列表（Project List），还有作为实现项目所使用蓝图的已更新的应用架构。

6. 迁移规划

将所提议的实现项目划分优先级，并且执行移植过程的详细计划和间隙分析。该工作包括评估项目之间的依赖性，并且最小化它们对企业运作的整个影响。在此阶段中，更新了项目列表（Project List），详述了实现计划（Implementation Plan），并且将蓝图传递给了实现团队。随着项目列表的稳定，重点就移动到为每个实现项目明确更具体的目标和推荐。现在通用的称谓还有序列规划（Sequence Plan）、信息技术投资优化组合（Project Portfolio Management）等，主要就是解决在资金、人员和技术条件限制下，可能项目的优先安排与取舍。

7. 实施治理

建立起了治理架构（TOGAF）和开发组织之间的关系（例如，由 RUP 和项目管理知识体系的组合，或其他项目管理方法所规定），并且在正式的架构治理下实现所选的项目。阶段的交付内容是开发组织所接受的架构契约（Architecture Contracts）。此阶段，分包商可以通过招标正式介入实施。

8. 架构变更和维护

重点转移到实现的解决方案的交付所达到的架构基线的变更管理。该阶段可能会生成为 EA 工作的后继循环设置目标的架构工作请求（Request for Architecture Work）。

一个核心：指内部的需求管理。通过建立需求对比，建立与各个阶段实际需求与概念需求之间的对应关系。同时，对外界环境的需求变化也通过需求管理反馈到架构体系相应的阶段。所以，ADM 是一个内嵌的循环过程。

（三）TOGAF 的应用和采纳

TOGAF 在创立之初，延续了扎克曼的技术架构思路，仅仅是一种以架构开发流程为主的技术架构。然而 TOGAF 广泛吸收其他架构体系的思想和定义，整合了其他架构的技术、业务、数据和开发过程的分类表，建立了完整的概念到活动的对应描述框架和术语表。以致架构涉及的任何系统的、人的行为都可以通过 TOGAF 定义的分类术语描述。这些术语通过 TOGAF 自己的标准概念库，与其他机构和组织定义的标准术语通用。而且通过整合各种架构模型对角色、过程、视图的说明，建立了 Zachman 框架与各种企业框架的对应关系。因而，强大而完整的集成性、开放而具有成长性的分类体系使之迅速脱颖而出，赢得了许多技术团队的支持，成长为当前最受欢迎的 EA 体系，并成为行业性标准。IEEE 组织以 TOGAF 为基础，提交了 IEEE 1471 标准草案——《架构设计的参考实践》，目前已经被 ISO 组织采纳为 ISO/IEC 42010：2007 标准。2009 年 2 月发布的 TOGAF 9.0 在 TOGAF 8 基础上做出了较大改进与兼容，可用性和输入的协调性大为提高。TOGAF9.0 还增加内容架构和能力架构，并扩展了对企业内部 TOGAF 的指导，增加了用 TOGAF 来定义和治理 SOA 实施。

四、Gartner 企业架构流程模型 EAPM

Gartner 的 EA 模型来源于其收购对象 Meta Group 对 EA 的研究。Meta Group 认为 EA 是一个过程，它表达了企业的关键业务、信息、应用和技术战略以及它们对业务功能和流程的影响。EA 必须被企业业务战略所驱动，它必须表达跨越整个企业的整体视角，它包含业务架构（EBA）、应用投资组合（EAP）、信息架构（EAI）和企业范围的技术架构（EWTA）。EBA 是对企业的关键业务战略以及它们对业务功能和流程的影响的表达。EAP 是一个必须满足业务需求的集成信息系统的集合，EAP 包括一个当前应用和组件的详细目录，对未来的业务体系结构和信息体系结构的应用需求的表达，一个移植现有应用集到规划应用集的迁移计划。EIA 是 EBA 驱动的描述企业信息价值链的模型集。EWTA 是从业务需求导出的指导组织的信息系统和技术基础结构工程的原理、标准和模型。

Meta Group 的企业架构流程管理（EAPM）提供了一个开发 EA 的逻辑方法，

109

它是一个集中于 EA 开发、演进、变迁及控制、组织和管理过程的多阶段、迭代、非线性的模型。在上述模型中，主要是建立了 EA 演化（EA Evolution）框架，由业务和环境驱动，环境趋势包括经济氛围、客户市场需求、管制和法律、地域、政治因素、文化、劳动力市场、技术等。业务战略则是通过具体业务部门的职能组成。未来架构包括需求、原则和模型。

GartnerEA 框架的特征是提供了一种明确定义的自顶向下方法。此方法将总体战略分为三个基本的架构视点：业务、技术和信息视点。每个视点均使用三种不同的抽象层次来描述：概念层、逻辑层和实现层；这些层次从概念设计到广泛和详细的实施规划对架构进行分解。Gartner 框架的优点是用于开发 EA 的流程完整，是一个多阶段、逐步的、非线性的流程模型，重点放在架构开发、演变和迁移上；其缺点是从战略、业务和技术模型的表述过于抽象，对规划交付产品和最终表现形式没有明确规范，而且演变和迁移过程受环境驱动，往往难以真实而及时地得到反馈。

五、通用企业参考体系结构和方法（GERAM）

GERAM 提供了一组用于企业工程及信息集成的通用概念，定义了可用于特定建模工具及方法必须满足的一组标准和组件。[①] GERAM 的制定是为了整合现有各种 EA 方法，它不是一个全新的 EA，而是整理了其他架构关注的问题以及彼此的相互联系。它由通用企业建模概念、局部企业模型、企业工程工具（EET）、通用企业参考架构（GERA）、企业工程方法论（EEM）、企业建模语言（EML）、企业模型以及企业运作系统（EOS）构成。GERA 实质上认可 EA 由企业战略管理、企业工程、企业实体、产品和方法论五部分构成。

（一）组件概念

GERAM 包括一组紧密联系的组件（见图 4 - 4），包括：通用企业参考框架组件（GERA）、企业工程方法学组件（EEMs）、企业建模语言组件（EMLs）、通用企业建模概念组件（GEMCs）、企业参考模型组件（PEMs）、企业工程工具组件（EETs）、特定企业模型组件（EMs）、企业模块组件（EMOs）、特定企业运行系统组件（EOSs）。GERAM 分别对上述组件进行了严格的定义和使用说明。

---

① ISO/TC184. "AnnexA：GERAM"，ISO15704：2000：industrial automation systems-requirements for enterprise-refer ence architectures and methodologies ［EB/OL］.［2008 – 08 01］. http：//www. cit. gu. edu. au/ ~ bernus/taskforce/geram/versions/geraml 6 3/v1. 6. 3. pdf.

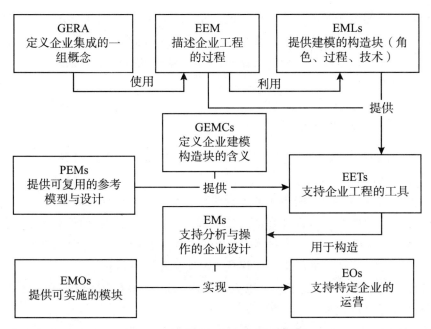

图 4 - 4　GERAM 的框架组件

（二）企业集成模型概念

GERA 模型框架共有生命周期维、视图维、实例化维 3 个维（见图 4 - 5）。生命周期维分为概念、需求分析、初步设计、详细设计、实施、操作、退出使用

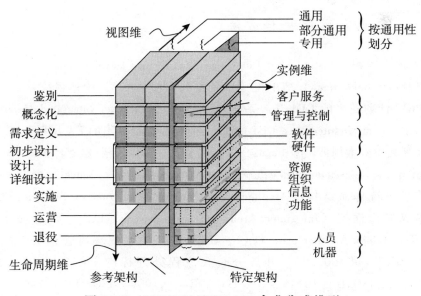

图 4 - 5　ISO15704GERAM 企业集成模型

几个步骤；视图维按照内容可分为功能、信息、组织和资源几个方面；实例化维按照模型的通用程度分为通用、部分通用、专用 3 个层次。此外，模型据物理表现还可以分为软件和硬件，根据实施目的分为客户服务和管理控制，根据实施方法分为机和人。

（三）方法论的说明

GERAM 明确定义了 EA 对企业工程方法学的需要，并且列举了一个完整企业工程方法学的若干标准：

应该考虑人的参与，因为人的因素对 EA 项目的成功至关重要；

应该区分面向用户的设计和面向技术的设计，以提高企业的自动化水平；

应该利用成熟的项目管理技术，以提高 EA 项目的控制和管理水平；

应该考虑经济和性能因素，以保证 EA 项目和商业目标的一致性。

实质上，GERAM 建立了一种以人、技术、资源（人力、财务和其他技术资产）整合和互动的机制。

由于 GERAM 立足标准和方法论层面，所以很多 EA 体系的开发和实施多参照 GERAM，建立 EA 与 GERAM 之间的映射机制，比如 TOGAF 与 GERAM 比较、FEA 与 GERAM 的比较。由于 GERAM 在 EA 架构体系开发中往往作为一个重要的参照系，所以我国也于 2002 年参考 ISO15704：2000/GERAM 制定了适合国情的相关标准"企业参考体系结构与方法学的需求（GB/T18757 - 2002）"。

六、其他商用架构和方法

EA 研究组织（Institute For Enterprise Architecture Developments，IFEAD）的扎普（Jaap Schekkerman）博士在《如何在 EA 丛林生存》中还系统介绍了欧共体 ESPRIT 计划提出的 CIM 开放系统体系结构（Computer Integrated Manufacturing-Open System Architecture，CIM-OSA）、斯蒂芬教授提出的 EA 规划 EAP 模型、美国普渡大学威廉姆斯（Williams）教授等提出的普渡企业参考体系结构（Purdue Enterprise Reference Architecture，PERA）、德国谢尔（Scheer）教授提出的集成信息系统体系结构（Architecture of Integrated Information Systems，ARIS）以及集成架构框架（Integrated Architecture Framework，IAF）、联合技术架构（Joint Technology Architecture，JTA）、IEEE 的开放系统环境管理 ISO/IEC TR 14252（IEEE Std 1003.0）、开放分布式流程处理标准 ISO RM-ODP（ITU-T Rec. X. 901｜ISO/IEC 10746 - 1 to ITU-T Rec. X. 904｜ISO/IEC 10746 - 4）等

EA 模型。[1] 扎普在另一份报告《EA 工具评估指南 2009 版》中系统比较了主要的商用 EA 方法和工具[2]，本书摘录了其在 EA 和框架层面的比较（如表 4 - 3 所示）。

表 4 - 3 主要 EA 工具软件企业及其架构应用

供应商	EA 工具	支持的架构框架
Adaptive	Adaptive EA Manager	Adaptive, Zachman, FEAF, Archimate, CWM
Agilense	EA Webmodeler	Agilense, Synthesis、Zachman, TOGAF, DoDAF, FEAF/TEAF, FEA
Alfabet	Planning IT	SITM framework
Avolution	Abacus	Zachman
BEA AquaLogic	Enterprise Repository	FEAF
Bizzdesign	BiZZdesign Architect	Archimate
Casewise	Corporate Modeler Enterprise Edition	Casewise Framework, Zachman, FEAF, TEAF、eTOM, DoDAF, etc.
CACI International	SimProcess	Zachman
Enterprise Elements	Elements Repository	CPIC/DoDAF
Forsight	Modeling & Validation Tool set	DoDAF
Framework Software, Inc	Structure	FEAF, DoDAF, Zachman
IDS Scheer	ARIS Process Platform	ARIS Framework, Archimate
Intelligile Corporation	MAP Suite + ITAA	Zachman, TOGAF, DODAF, E2AF, FEAF, TEAF
Proforma	Provision Modeling Suite	Zachman, C4ISR
Simon Labs	SimonTool	Simon Enterprise Architecture, Zachman
Troux	Metis Product Familiy	Zachman, TOGAF, DoDAF, FEAF/TEAF, Archimate

资料来源：Enterprise Architecture Tool Selection Guide v4. 2.

---

[1] Schekkerman, J. How to survive in the jungle of Enterprise Architecture Frameworks. Trafford Publishing, Canada, Third Edition 2006；ISBN 141201607 - X（http：//www. trafford. com/robots/03 - 1984. html）.

[2] Schekkerman, J. Enterprise Architecture Tool Selection Guide. Trafford. 2009.

第四节　EA 应用

EA 是一种模块化的、面向信息技术应用和设计的高效组织方式，其思想在当前得到广泛应用。不仅体现在企业级的 IT 解决方案，而且体现于更广泛的方法论设计。针对当前的应用前景，EA 已经演化出认可度更高的面向服务架构（SOA）和一些专业领域的特有架构模型，比如美国联邦政府的联邦企业架构模型（FEA）。

一、面向服务架构（SOA）

（一）SOA 简介

面向服务架构（service-oriented architecture，SOA）是指在软件应用层面，为了解决业务集成需要，通过互联和映射完成指定功能或任务的各种独立功能实体的分类组织模式，即面向最小功能实体（Service）的一种软件系统架构。从本质上看，SOA 是解决 EA 中的信息技术和软件映射和集成的服务单元，是 EA 思想在软件服务层面的实践。作为一种标准化的组织模式，它通过公共、中立的接口和协议实现系统之间的通信和交互。自 2004 年初业界推出 SOA 后，Bea、IBM、Oracle、微软等业界巨头纷纷发布自己的 SOA 产品战略和规划，将其"嵌入"新开发的产品和系统中，并将自身产品和主流厂商服务标准"兼容"，鼓励用户在进行企业 IT 建设时考虑采纳 SOA 思想并应用相关管理工具。另一方面，用户通过 SOA 架构也大大节省了系统维护和升级成本。因而，SOA 被当前企业广泛采纳，据 ZapThink 调研公司的一份报告，基于 SOA 架构中间件产品是网络化商业系统的主要设计思路，未来将有至少 70% 的商业企业公司会使用 SOA 架构。

SOA 将服务平台设计成由多个服务集成，而这些服务组件可以任意再组合成不同的解决方案，以适应不同的场景和业务需求。

（二）SOA 的特点

SOA 作为一种软件系统架构和构建思想，是作为面向对象技术（OO）的替代技术产生的高级软件规划和设计模式。面向对象技术（OO）主要强调对数据对象和流程的封装和重用；而 SOA 强调的是对应用模块及服务的再组织和重用，是一种高层、宏观的设计思想。SOA 将 EA 功能模块化思想具体化，并对模块间的接口和数据交换进行标准化；同时改善了传统组件技术将功能组建集中存储的高风险和高资源需求的弊端。[①] 具体而言，SOA 具有如下基本特征：

第一，以业务为中心。SOA 通过业务人员参与 SOA 系统的规划、设计和管理，使得 IT 系统规划的驱动源自业务人员对业务的深刻理解和结构化分析（通过模块、功能表述），实现 IT 系统与用户业务的密切结合。在具体实施中，根据实际业务流程所需的 IT 资源进行组织和封装，通过业务选择技术，增强信息技术采纳的满意度和功能的完备性。

第二，灵活性。IT 系统是用户业务在实现层的一系列松散耦合的"服务"，随需组合，使得 IT 系统对于业务的适应能力明显提高。

第三，重用 IT 资源，提升开发效率。SOA 强调对"服务"的重用，大量具有高重用的服务资源，为快速构建新的业务功能和业务系统奠定基础；对原有 IT 资源的重用率提升也能节省 IT 系统开发成本，使得 IT 系统开发和软件效率提高。同时，重用过程有利于保护用户前期的信息化投入和 IT 资产积累，实现用户信息化的可持续发展。

第四，更强调标准。SOA 的实现强调基于统一的标准，SOA 系统建立在大量的开放标准和协议之上，以实现系统及信息的互联互通和互操作。因此，SOA 系统从规划到实施，标准都至关重要。

（三）SOA 适用场景

从 SOA 特点来看，SOA 在系统集成与整合、资源共享、小型系统开发等领域均能发挥其作用和优势。这四类应用广泛的是：第一类，企事业单位或者政府部门内部 IT 系统的整合，包括业务重组、并购或者内部机制调整；第二类，企事业单位和政府部门之间 IT 资源的共享和协同，包括向业务合作伙伴提供其 IT 系统的非核心业务功能或信息，提供业务接口等；多个组织和单位的 IT 系统共享信息与联合处理，比如电子政务中的"一站式审批"服务、各级政务资源共享交换平台等；第三类，安全性不高的新系统规划与开发；第四类，采纳或使用网络应用平台或服务，如 SaaS 等模式、非核心信息系统外包与维护。

由于 SOA 的高度标准化，其安全性相应降低了，因此对于用户业务涉及效率敏感及实时性要求较高的系统，如工业控制、核心交易系统，事务及安全性要

[①] http：//www.educity.cn/rk//sa/200905121634201504.html.［2009－10－15］

求较高的业务系统等并不适合用 SOA 来实现。

总的来说，SOA 是一种 IT 资源利用率较高的组织模式，标准化而开放的技术接纳模式大大缩减了技术变更或改进的成本，但也牺牲了系统的部分安全性①。

（四）面向服务架构（SOA）基础结构

虽然 SOA 的整体思想是面向服务层面的重用，但对于服务单元的划分和分类组织并没有完全统一的模式，系统的体系架构需要根据用户现状进行分析设计。但在层次和内容上，SOA 系统存在一些共性。通常而言，SOA 系统的技术体系包含如下几个层次及内容：

基础设施层，通常包括硬件和软件，硬件如服务器、防火墙、路由器等硬件设施的管理，软件如操作系统、办公系统、数据管理系统、杀毒和安全管理等基础软件。

资源层，指用户当前所拥有的 IT 资源，包括系统、数据、组件等。系统或数据资源是指用户当前运行的应用系统及数据中适合抽取并可用于重用或其他服务支撑的资源，而抽取资源边界、大小、格式等属性目前并没有明确规定；组件资源则包括更高层面的功能组合，例如基于 COM/COM +、JavaBean/EJB 或者是 CORBA 开发的技术功能组件或业务功能组件中所包括的 Web Services 服务组件②。

服务提供层，通过封装基础设施层和资源层的资源，并以服务的形式展现出来，提供上层服务需求和下策技术与资源的映射。服务提供层是 SOA 功能实现最关键的一层，也是 SOA 系统设计最难的部分，难点在于服务的规划与设计——服务划分的粒度和分类组织方式目前并没有完整的标准。服务的设计既要具有完备性和准确性，也要兼顾 SOA 系统的扩展能力，而且服务功能不仅涉及技术，而且包括战略、业务等其他层面，在 EA 应用中通常将这类模型专门封装为服务架构模型或业务架构模型。

应用接入层，由业务人员根据业务流程需要设计并实施，如具体行业信息系统的应用。

此外，SOA 系统在应用过程中需要运用或采纳的工具主要有：

标准体系。标准体系贯穿 SOA 系统从下到上，每一层的术语和模式均按行业内公认的标准组成，是每层系统规划设计时建议采用的规范，便于实现 SOA

---

① http://www.searchsoa.com.cn/showcontent_21228.html.[2009 - 10 - 15]
② http://www.ciotimes.com/infrastructure/soa/a/soa200906031642.html.[2009 - 11 - 19]

系统间的互操作。

开发平台及各类工具集，包括规划设计、实施测试、运维管理的软件平台与工具集。如规划平台及工具主要包括系统的分析与规划、项目管理、需求分析、版本控制以及文档管理等。还有如设计平台及工具、开发平台及工具、测试平台及工具、注册部署平台及工具、监控管理平台及工具。

以上是通用的 SOA 系统技术体系，各厂商在实际项目实施中会根据用户需求及产品选型提供个性化的解决方案。

（五）SOA 标准体系

SOA 标准体系是指 SOA 领域内多种类、多层次的 SOA 标准所组成的相互联系的有机整体。目前国际上尚未有被广泛认可与接受的 SOA 标准体系。一些国际标准协会组织（如 W3C、OASIS、OMG、WS-I 等）及国际主流企业发布了若干用于构建 SOA 系统的规范及标准，但这些规范及标准仅在各个标准化协会或企业内形成初步的体系，而且不同组织发布的规范及标准存在重复甚至冲突的现象。

中国电子技术标准化研究所—互联网标准开放实验室（ISOL）梳理了各个国际标准协会组织及国际主流企业发布的主流规范及标准，整理出 84 项关于 SOA 与 Web Services 的规范及标准，经过体系化分析，划分出 14 个标准域（见图 4 -6），形成当前主流 SOA 与 Web Services 规范及标准的全集，最终形成 SOA 标准体系白皮书——《SOA 标准体系 V1.0》，具有一定的参考价值。

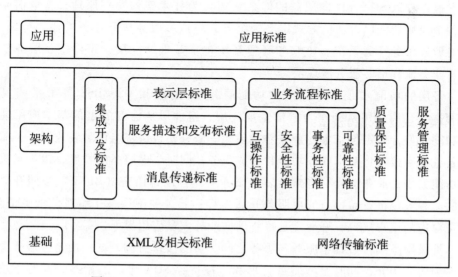

图 4 - 6　SOA 及 Web Services 规范及标准域

（六）SOA 的具体实例

SOA 在电信服务解决方案中的应用。案例来自 IT168 网站，网址为：http：//tech. it168. com/soa/2007－12－18/200712181542654. shtml。

中国电信在 1997 年开发了一套 97 系统作为全国电信服务的支持系统，在后来对该系统进行整理、移植和升级的过程中全程采用了 SOA 的软件开发思想，是 SOA 应用的典型案例。

从项目实施背景来看，第一，由于电信公司本身开发的系统和增值服务类型较多，因而 97 系统内系统种类分散独立，标准化程度低，各地版本差异大，缺乏一种全网的规范，各地充斥着差异化的业务产品，与各外围系统间不兼容的接口关系、多样化的软件技术、交叠的各级业务规范和技术规范；第二，由于当时电信所处的时期是孤立多系统向单网多业务融合运营过渡，面对不断加大的市场竞争和不断提高的用户需求，各种新业务推出的产品化周期越来越短，而老系统由于是一个相对死板的系统，流程都是固化的，需要大量的开发工作量来完成具体的业务实现，难以在短时间内定制出新业务的支撑流程；第三，97 系统技术框架落后。各地的 97 系统都是基于封闭技术体系打造的封闭式系统，与外围 WEB 服务对接代价非常大，而死板的系统模型设计导致系统的扩展性不够；第四，系统前瞻不足，对语音宽带和 3G 业务的扩展不够。

在具体的设计过程中，开发方参考了中国电信集团关于 CTG-MBOSS OSS 服务开通系统的规范，基于服务开通系统的现状与电信 MBOSS 的发展前景，解决方案提供方以 SOA（面向服务的体系结构）为技术架构实现原理，将电信业务中各个应用功能以合适的方式定义为服务，将这些服务按照业务需要进行编排，最终形成服务开通系统。该服务开通系统包括基础功能层、组件层、服务整合层、业务流程层、服务展现层。

各层的功能实现如下：基础功能层将 97 系统和 OSS/BSS 各子系统（如 CRM）等已有应用系统作为电信基本应用；组件层从已有的电信基本应用抽取出功能组件，即定位基本的业务功能单元。服务整合层将组件封装成服务，需要以开放标准接口将基本业务功能封装成服务，同时考虑服务的粒度，以表示服务的功能大小；业务流程层将封装后的服务用流程编排语言（BPEL）按照开通业务的流程需要进行编排，形成服务开通流程；服务展现层基于编排的业务流程，定义对应的用户接口，开发满足最终面向业务人员应用界面。

涉及服务编排过程中服务与服务之间交换的接口协调，统一由企业服务总线来作为协调中介，同时服务质量管理和监控贯穿 SOA 建设的始终。同时，技术分层平台负责服务开通业务流程与系统对外统一接口，业务流程整合平台负责服务开通系统框架以外的电信子系统、OSS 企业服务总线（ESB）负责将上述服务统一接入 OSS 企业服务总线。具体而言：

业务流程整合平台主要完成：将业务功能以服务组件的方式体现出来；对服务组件提供的服务和系统资源进行编排和配置；根据业务的需要对流程的运行进行动态的控制和协调；提供流程自动化与人工岗位的介入进行灵活的整合；提供对流程的管理功能。在电信工作环境下，流程整合平台需要支持 BPEL 的流程编排方式，支持 SCA 的服务组件调用方式，并以 SDO 的数据对象方式表达流程中的业务实体。

企业服务总线负责协调系统内外各个系统服务，提供服务开通系统的对外统一接口，对各类基于不同平台的异构系统进行集成，支持各种主流的接入方式，丰富的数据格式内容转换能力满足实现电信数据模型标准化（SID），具体良好的可扩展性。

此外，业务逻辑服务实现系统业务逻辑相关的处理功能，提供各种接口；信息服务提供数据服务和数据封装，数据服务负责系统的数据存储及维护数据的完整性与一致性，数据封装满足共享信息服务；系统服务框架规定系统运行的公共机制并实现系统内部的公共服务。

总之，使用 SOA 简化了电信服务开通系统建设的开发、部署和各种运行信息的关联，保证系统运行的一致性和各构件的高度集成，增强了系统扩增性和数据标准的一致性，是一种有效的信息系统规划和控制方法。

二、美国联邦企业架构（FEA）

政府信息资源规划是根据政府信息资源比较稳定的结构和流动机制，在可预期的环境变化周期内，展开的关于政府信息资源开发、组织、管理、配置的战略安排，并将战略映射到若干可执行的政策、制度、技术或活动的过程。各国政府都在不遗余力地设计和推广与本国政府适应的 EA 规划体系，比如美国 FEA、英国 EGIF、德国 SAGA 等，其中尤以美国 FEA 最为突出。

（一）FEA 的实施背景

1996 年，美国《克林格—柯亨法案》强制联邦政府的所有部门必须开发或维护一套自己的信息技术架构（ITA）。1996 年 10 月，美国政府管理和预算办公室（OMB）发文（M - 97 - 02，Funding Information Systems Investments），要求政府机构对重要信息系统的投资必须符合 ITA。CIO 委员会在 1998 年 4 月开始开发 FEAF 以促进联邦政府以及其他政府实体之间公共业务过程、互操作性和信息共享的联合开发。1999 年 9 月，美国联邦 CIO 委员会出版了联邦 EA 框架（FEAF）。2001 年，CIO 委员会发布了 FEAF 实用指南 Version1.0，提出 FEAF 的实施流程。2002 年，美国预算管理办公室（OMB）提出联邦企业架构 FEA，并为此成立了 FEA 项目管理办公室（FEAPMO）。[①] 2004 年，FEA 还公布了其安全与隐私解决参考模型（FEA SPP），作为 FEA 参考模型的补充。[②] 2007 年 10 月公布了 FEA V2.3 版本。[③] 2009 年又发布了 3.0 版本。

（二）FEA 的实施目的和特点

FEA 架构的目的包括：①借鉴私有部门的实践经验，通过应用一系列的共同参考模型，对联邦政府的业务流程和 IT 结构予以定义和统一部署；②对联邦政府开展的电子政务项目予以重新评估，减少重复投资，实现低投入、高产出；③促进横向和纵向的 IT 资源整合。[④] FEA 架构详细描述了联邦政府与公民互动的过程、政府履行的各种功能与各类业务以及关键的业务流程。因此，FEA 正在成为联邦政府行政管理的日常工作内容与操作工具——实际上，FEA 已经用于美国联邦政府 2006 和 2007 财政年度的预算编制。

其特征有四点：一是以业务规划为核心统筹服务构件、数据管理、技术实施以及绩效考核。二是注重流程整合，淡化部门概念，强化大政府概念，强调业务协调和统一。三是系统的关联性为其核心价值所在，业务过程不再与绩效管理、数据中心、技术实现条件纠缠在一起，而是相互分离的；与此同时，它们之间又通过服务构件相连接，构成一个相互关联、密不可分的系统。四是不仅在构建网络架构时应用信息管理系统的理论思路与技术方法，在对业务整合的过程中，同样应用科学合理的方法对其进行分离、梳理。

（三）FEA 体系的构成

FEA 通过五层参考模型来开展顶层设计。"参考模型"的定义是：从政府提供什么公共服务，以什么方式和手段提供，政府对公共服务目标与提供方式的支持和监督，以及完成目标需要的政府资源等方面去分析政府的职能和核心业务，建立政府提供的直接公共服务与间接公共服务之间的支撑关系。

---

① FEA PMO Action Plan. http：//www. whitehouse. gov/omb/egov/documents/2005_FEA_PMO_Action_Plan_FINAL. pdf.

② FEASPP2.0（2008）. http：//www. whitehouse. gov/omb/e-Gov. html.

③ Federal Enterprise Architecture, Version 2.3（October, 2007）.

④ 侯宇、谢黎文、王谦：《美国电子政府联邦事业架构刍议》，载《特区经济》2006 年第 12 期，第 150～151 页。

FEA 参考模型包括绩效参考模型（PRM）、业务参考模型（BRM）、服务组件参考模型（SRM）、数据和信息参考模型（DRM）、技术参考模型（TRM）等五层。每层建立相应的参考模型，并提供详细的规划和标识目录，最终通过整合参考流程（CRM）逐级使用。在实施过程中，每个联邦政府机构可以建立他们自己的 EA，但要与 FEA 参考模型保持一致。而参考模型建立，有利于这些机构看到整个联邦政府层面的"信息结构全景"，提供了共同的描述术语和范畴。

1. 绩效参考模型（PRM）

PRM 是一个测评 IT 投资绩效和其对业务绩效的贡献的框架。PRM 是为整个联邦政府提供一般结果与产出指标的绩效测评框架。PRM 通过 6 个评估领域（Measurement Areas），20 个评估类（Measurement Categories）、75 个评估组（Measurement Groupings）和更多的机构自定义评估指标（Measurement Indicators）四级控制体系构成。评估领域包括任务和业务结果、用户使用效果、过程和行为、人力资源、技术和其他固定资产（如表 4 - 4 所示）。

表 4 - 4　　　　　　　　　　　评估领域到评估类两级视图

评估领域	评估类
使命和业务结果	公民服务、提供服务的支撑条件、政府资源管理
用户使用效果	用户收益、服务范围、时间和响应、服务质量、服务有效性（服务可获取性）
过程和行为	财务评估、效能和效率（生产率）、周期和时间、质量、安全和隐私、管理和创新
技术	技术成本、质量保障、效率、数据和信息、可获取性和稳定性、效能
人力资本	暂无
其他固定资产	暂无

在绩效规范过程中，以任务和业务结果评估领域为例，其类目主要通过《政府绩效和结果法案（GPRA）》规范，并结合机构战略目标，按业务参考模型（BRM）列出。相应地，业务参考模型中的分级子目就作为评估类、评估组和评估指标，进而形成一套体系严格的四级评价指标体系（如表 4 - 5 所示）。

PRM 还可作为 OMB 整合与实施计划评估比较工具（PART）、联邦预算、GPRA、IT CPIC 的 Exhibit 300s 的通用工具。通过定义服务领域、服务类型与服务构件的结果与产出，PRM 能够成为联邦政府提供衡量跨部门的行动计划的各服务构件的效率所必需的工具。

表 4 – 5　　　　　　　评估领域、评估类到评估组和评估
指标的三级视图 （以技术为例）

评估领域	评估类	评估组	评估指标*
技术	技术成本	453：总成本；454：软件许可证成本；455：支持成本；456：操作和维护成本；457：培训和用户成本	
	质量保障	458：功能模块；459：IT组件；460：与相关标准的一致性和偏差	
	效率	461：系统反应时间；462：交互性；463：可获取性；464：下载水平；465：技术改进	
	数据和信息	466：外部数据共享；467：数据标准化；468：内部数据共享；469：数据可靠性和质量；470：数据存储	
	可获取性和稳定性	471：可获取性；472：可靠性	
	效果	473：用户满意度；474：用户需求；475：IT贡献度	

注：＊评估指标往往根据部门差异自行确定，比如国防部和旅游部在数据共享性的评估指标就是不一样的。

2. 业务参考模型 （BRM）

BRM是描述联邦政府业务类型的框架，它定义了联邦政府的业务领域、业务单元和业务职能。目前，BRM定义了4个业务领域、39个业务单元，共153个业务职能的自上而下的业务类型框架体系（如表4－6所示）。

表 4 – 6　　　　　　　业务领域到业务单元两级视图

业务领域	业务单元
公民服务	国防与国家安全、本土安全、智能服务、法律事务、国际事务与国际贸易、教育、能源、健康、交通、环境管理、自然灾害、经济发展、科技创新等
服务提供方式	公共物品的创新与管理、知识的创新与管理、行政管制与执行、直接向公民提供服务、贷款和保险、转移支付、联邦财务援助
服务提供的支撑条件	法律关系、公共事务、行政管理变更、计划与资源配置、控制与监督、收入调节、内部风险管理与消除、政府日常事务
政府资源管理	供应链管理、人力资源管理、财务管理、行政管理、信息和技术管理

在系统规划过程中，BRM 不仅能够帮助发现政府跨机构协作的机会和政府机构或系统存在的潜在的冗余，也能够保证新系统建设在业务功能需求建模中在术语、功能、结构和需求的一致性，利于今后跨机构的整合。联邦机构进行年度的 IT 资产规划和预算时，也使用 BRM 建立业务清单体系，也成为政府部门的统计基准表单。

3. 服务参考模型（SRM）

SRM 是由业务和绩效驱动的功能框架，按服务域（Domain）、服务类（Types）和服务组件（Component）三级定义组件，由 7 个服务域、29 项服务类型和 168 项服务构件构成的层级式分类体系。底层组件为封闭的、可重用的功能模块，通过 FEA 政府级的标准服务架构及其模块库（CORE.gov，目前共享了 17个模块），政府在信息资源开发过程中可以在联邦政府范围内找到任何可重用的业务和应用服务组件，"借用"已开发的服务组件完成服务拼装。

4. 数据参考模型（DRM）

DRM 是促进纵向和横向数据和信息共享的框架，包括主题领域、数据分类、数据对象、数据特征、数据表达等。在早期的 FEA 模型中 DRM 参考模型一直局限于概念层次，根据 2005 年 11 月 17 日公布的《数据参考模型 V2.0》，DRM 参考模型包括数据环境、数据描述和数据共享，分别建立三项的标准体系和交互方式。目前，FEA DRM 主要措施包括更新 FEA 的数据参考模型（DRM），建立DRM 实施战略、最佳实践和成功案例；建立联邦数据和基于认证的权威知识中心；联邦机构的文档模型统一采用 DRM2.0 模型标准；所有的电子政府和商务系统（LoB）项目管理机构采用全文的 XML 框架，并采用 DRM2.0 模型标准；利用 DRM 履行电子政务 207（d）协议，保证机构信息对市民的公共获取等。

5. 技术参考模型（TRM）

TRM 是一个组件驱动的技术框架，用于找到标准、技术规范和技术来支持和实现服务组件和进行能力交付。TRM 包含 3 层结构，包含服务域、服务类、标准和技术规范，描述了计算和通信平台、系统和服务，以及他们与标准、厂商、业务运营和应用能力的关系。

服务域（Service Areas）。TRM 共定义了 4 个服务区域：服务接入和传送、服务平台和基础设施、组件框架、服务界面和集成。

服务类（Service Categories）。根据业务与技术所发挥的不同功能将技术与标准划分成更低等级，共有 17 个服务类。

服务标准（Service Standards）。服务标准给出了支持某个服务分类的标准与技术定义。为了支持政府机构对 TRM 的映射，许多服务标准还提供了说明规范或技术范例。

TRM 还提供很多用例说明，将常见的 J2ME、J2EE、Linux、Windows 系列、Mac OS X、Apache、IIS、Visual Studio. Net、UML、DB2、Oracle、Sybase、SQL Server 等服务、协议、产品和管理方法都纳入技术参考模型。

（四）FEA 的具体应用

电子政务案例——美国环境保护署（EPA）实施 EA 的案例。美国环境保护署的信息集成和共享工程催生了对 EA 的需求。EPA 在全美范围内建立一个国家环境信息交换网络，它包括了集成的 EPA 信息网络、各州与 EPA 的交换网络、对其他联邦政府机构和合作伙伴的支持等，意图建立 EPA 与合作伙伴之间交换环境信息的标准体系。

该网络的首先要求 EPA、各个州的节点能建立标准的业务、数据、应用服务、技术架构和治理结构，同时与其他联邦政府机构已有的数据和结构实现统一和信息共享。因此，EPA 遵循 FEA 框架进行了扩展，设计了针对 EPA 的专有企业架构。根据 EPA 企业架构，EPA 制定了具体的实施和迁移计划，主要工作包括：规范管理控制流程；撰写相关制度、程序和指南材料；制定技术路线图；开发应用架构；基于 Metis 建模工具进行定制化实施等。

因而，FEA 将是集资源、管理、技术于一体，政府和企业共同参与的、开放性、可共用的业务体系和资源管理工具。FEA 在三个方面体现出了重要作用：一是能够清晰地描述联邦政府拥有哪些数据以及如何共享这些数据以满足业务的需要；二是为信息共享的相关各方提供了"共同语言"；三是能够帮助建立共享数据的可重复流程，推进政府内部的数据共享。长期以来，一直苦恼着美国政府信息化建设的重复建设、信息孤岛、效益低下等问题，通过 FEA 的推进和实施已经得到很大改观。

第五节　EA 模型和工具的比较

一、EA 与传统信息资源规划工具的比较

与基于 EI 的总体数据规划相比，基于 EA 的政府信息资源规划关注领域更加多元，更具有开放的集成性与可操作性，具体比较如表 4 - 7 所示。

表 4 – 7   三种规划方法的比较

	战略数据规划	信息系统战略规划	基于 EA 的信息资源规划
产生	20 世纪 80 年代早期	20 世纪 80 年代中期	20 世纪 80 年代末期
发展成熟	20 世纪 80 年代中期	20 世纪 90 年代初期	20 世纪 90 年代中期
标志性成果	1985 年詹姆斯·马丁《信息系统宣言》	1993 年哈默和钱皮的《业务流程再造》（BPR）	1995 年 TOGAF 的提出
解决主要问题	数据规划、数据环境管理	战略与系统的匹配	信息资产描述和重组
规划目标	数据一致性	系统与业务集成	信息资产管理
适用阶段	系统建模阶段	系统规划和建模	系统生命周期
规划过程	自上而下规划	自上而下规划	多维展开，有效集成
适用范围	信息工程	战略规划	信息工程和战略规划
实施环境	边界和业务清晰	具有标准流程	全面兼容
实施准则	个性化系统、独立系统	具有伸缩性	开放环境
规划粒度	数据和功能规划	流程规划	数据、功能、流程、网络以及人员等规划
规划实施关联	实施完全依照规划	—	参考性规划
规划方式	项目小组、信息元库	ERP 等大型管理软件	参考模型、框架和标准
不足	无法满足业务变更	技术专业性强、兼容性差	规划体系庞大

通过综合比较可以发现：

第一，EA 规划方法与以往规划方法解决的问题和出发点不一样。战略数据规划面向的主要问题是系统数据维护成本过高，而且难以预计，希望统一管理系统的数据环境，通过划分数据类型并建立相应的管理策略，强调在系统实施之初规划系统的数据环境；信息系统战略规划面向的主要问题是系统的业务和技术难以匹配，需要解决系统规划需求在时间段上的协调问题，因而提出从过程和战略角度扩展系统需求，最终实现具有决策支持功能的信息系统；EA 规划面向的主要问题有两个：一个是如何提升各种来源的信息系统的集成，提升信息资源的质量；另一个是企业的技术资源、信息环境、人力资源、资本和相关制度规范如何协调一致，因而提出了模块化和标准目录体系的 EA 方法。

第二，实施环境不一样。战略数据规划的实施前提是自建系统，实施环境是需求清晰、边界明确的组织，主要应用于系统建模阶段。信息系统战略规划的实施突出业务重心，强调业务描述与系统表现的一致性，但对系统实现的细节规划不够，其主要应用于系统建模阶段，在系统升级和整合中也比较适用。EA 规划通过企业工程将业务、技术和战略整合，可以在数字空间重构企业，进而促进企业变革。不仅适用建模前期的战略规划、系统布局和建模，也适用今后的业务改进；同时提供了对企业现有信息资产的管理机制，适用信息资源管理的整个生命周期。EA 的引入是管理复杂、多层次的系统环境，管理信息技术和业务的互动。

第三，规划形式也不一样。战略数据规划主要通过数据标准和信息元库，提供系统在不同阶段所需的所有信息单元的统一形式，提高系统的数据一致性，利于系统移植和再开发，属于信息工程范畴。信息系统战略规划主要通过功能映射和业务流程反映企业当前或将来需求对系统的要求，在战略匹配和技术实践层面提供一致性，属于战略管理范畴。EA 规划通过开放性标准，建立不同企业、不同机构所遵照的共同框架，提供将来的集成基础，具有开放性、标准性以及重用性，具有战略管理和工程规划的双重意义。

总之，EA 体现的思想是借助信息技术，用工业化、工程化、标准化和质量控制的思路来描述和改良信息资源管理全过程，其标准化的规划可能带来效率的极大改进。同时，以绩效观和标准化为基准的 EA 信息资源规划应用必然会造成各企业、政府部门的 IT 架构千篇一律和单一化，管理的艺术性、人性化、多样性、个性化难以保持，同时信息技术的标准化实现，其信息安全也相应变得脆弱。

二、不同 EA 规划工具的比较

Zachman、TOGAF、EAP 以及 GERAM 等框架的共同点是揭示了企业复杂现实环境，都提出了价值资产管理的重要性；提供建模原则，而不是模型实体。EA 的核心是业务架构、信息和数据架构、技术架构和应用架构，衍生自 Zachman 框架的模块化思想，不同的 EA 框架均与 Zachman 框架存在映射关系（如表 4-8 所示）。而在规划组织过程中，则运用分类体系的思想将复杂的技术、业务、流程规范到大的类、领域和方面，TOGAF 与 GERAM、ISO15704：2000 中的附录 A、IEEE 1471《架构设计的参考实践》、ISO/IEC 42010：2007 标准等都具有这一特征。

同时，不同的 EA 模型会随着其应用机构本身的差异性、管理文化的差异性以及最终用户的差异性而有所不同。斯文（Sven Feurer）发现[①]，TOGAF 是执行

---

① 转引自 R. Martin and E. Robertson. A Comparison of Frameworks for Enterprise Architecture Modeling. Computer Science Department, Indiana University, 2006。

流程最为完善的 EA 框架，有 ADM 和 AMM 的控制执行，每一步是固定的；Gart-ner EAP 主要是根据战略上下文导出，战略的驱动为起始，逐级分解，虽然每一步没有具体描述，但是过程是由业务流程驱动的；Zachman 框架则更为自由，以单元格形式，没有规定其填充顺序。而 Jaap Schekkerman 最早在 2005 年的一次讲演中就提出，各种架构框架存在"六个不同"：不同演进轨迹、不同战略意图、不同应用范围、不同应用准则、不同的结构、不同的实施方法①。

表 4 - 8   其他 EA 与 Zachman 框架的映射关系

	Zachman 框架关注点					
	数据	功能	网络	角色	时间	动机
FEA	√	√	√	√	×	√
DoDAF	√	√	√	×	×	×
FEAF	√	√	√	×	×	×
TEAF	√	√	√	×	×	×
DoE CSIA	√	√	√	×	×	×
TOGAF	√	√	√	√	√	√
GERAM	√	部分	√	×	√	×
eGIF	√	×	√	×	×	×
SAGA	√	√	√	×	√	×

为分析这些主流工具的功能性指标，IBM 的 IT 工程师 Roger Sessions 比较了当前 Zachman、TOGAF、Gartner 和 FEA 四种 EA 方法②，认为四种 EA 方法实际上反映了在 EA 领域的不同需求，而且四种方法综合起来才能满足当前大部分的需求。其中，Zachman 框架告诉你如何分类组织你的信息工具，TOGAF 则告诉你如何创建这些信息工具；TOGAF 仅仅告诉你创建一个 EA 的流程和方法，但无法保证你创建的 EA 就是最好的、最适合你的。而 FEA 则是目前最完善的 EA 方法模型，既具有 Zachman 框架一样综合性的分类体系，也具有 TOGAF 一样的架构设计流程；FEA 既可视为一种 EA 的创建方法，也能提供面向美国政府这种特殊"企业"的业务流程需要。

---

① Jaap Schekkerman, B. Sc. How valuable is Enterprise Architecture For You? User Conference, June 9th, London. 2005. http：//www. Enterprise-Architecture. info.

② Roger Sessions. A Comparison of the Top Four Enterprise-Architecture Methodologies. ObjectWatch, Inc. May 2007. http：//msdn2. microsoft. com/en-us/library/bb466232. aspx.

第六节 本章小结

　　EA 的发展，给企业和政府机构提供了一种信息资源全局管理和规划的思路和视角，也提供了一种超大型信息系统规划的方法。相对于传统的信息资源规划方法，EA 提供了更好的资源描述方式和系统规划模式，但 EA 不是具体设计，只有将 EA 应用于信息资源规划设计的过程逐渐完善，才能促进和普及 EA 的规划及其最终应用。

第五章

数字信息资源规划流程

数字信息资源规划的实质是对数字信息资源开发、利用的规划，也就是对数字信息资源管理系统的规划。目前对信息系统规划的方法有多种，但大多以企业为背景分析企业信息系统的规划，无法适用于政府、图书馆等存在大量数字信息资源的组织。本章将以信息系统规划的模型为背景，深入剖析数字信息资源管理系统规划的流程及其方法，并引入先进的 EA 规划方法指导组织的现有系统的分析，以期能对各行业、领域的数字信息资源规划起到总体指导作用。

第一节 概　　述

规划是谋划、策划、筹划，即全面或长远的计划。规划作为管理的一个环节，是指为了实现某种目的而对未来的行动所做的设想和部署，具有预见性、可行性、针对性和约束性的特点。

我国在数字信息资源开发和利用过程中出现了大量的问题，例如：数字信息资源开发不足、利用不够、效益不高，明显滞后于信息基础设施建设；数字信息资源开发项目存在大量重复建设和体系分割混乱；数字信息资源建设标准化程度低，不同体系的数字信息资源难以共享；公共信息资源管理平台尚不健全。[①]

造成这些问题的主要原因是数字信息资源建设无论是微观还是宏观都缺乏规

---

① 肖希明：《数字信息资源建设与服务研究》，武汉大学出版社 2008 年版，第 53~56 页。

划，使得数字信息资源建设具有随意性、自发性、盲目性和不确定性。因此，为了实现全社会数字信息资源管理，必须对我国数字信息资源进行规划，总结出数字信息资源规划的一般流程。

数字信息资源的规划是对数字信息资源开发、利用的规划，是对数字信息资源管理系统的规划。一个有效的数字信息资源管理系统的规划可以做到数字信息资源的合理配置和利用；一个有效的数字信息资源管理系统的规划可以促进信息系统应用的深化，只有进行数字信息资源管理系统规划才可以保证信息系统中的数据及其标准的一致性，避免信息系统成为"沙滩上的房屋"。

现行的信息系统规划方法包括：企业系统规划法、战略目标集转化法、战略数据规划法、关键成功因素法等。这些方法在传统的信息资源管理系统规划中起到了很大的作用。本章将根据数字信息资源的特点，结合先进的 EA 规划方法，介绍数字信息资源管理系统规划的流程。

一、信息系统规划的三阶段模型

传统的信息系统规划的方法包括：企业系统规划法（Business System Planning，BSP）、战略目标集转化法（Strategy Set Transformation，SST）、战略数据规划法（Strategic Data Planning，SDP）、关键成功因素法（Critical Success Factors，CSF）等。这些方法在传统的信息系统规划中起到了很大的作用。但是这些规划方法大都是基于企业系统的规划，其规划的流程并不适用于数字信息资源管理系统的规划。例如 BSP 的规划流程是：定义业务流程——定义数据——定义功能结构战略数据规划法的规划流程是：建立企业模型——建立业务活动——确定实体和活动的关系—建立主题数据库模型。

信息系统规划模型勾画出了信息系统规划所面临的基本问题。由鲍曼（B. Bowman），戴维斯（G. B. Davis）等人提出的信息系统规划三阶段模型是具有普遍意义的、对规划过程和方法进行分类研究的模型[1]。这个模型由战略计划（或称为战略规划）、组织的信息需求分析和资源分配三个一般性的任务组成，其相应的任务及有关方法论的分类描述如图 5 - 1 所示。

战略计划是为了在整个组织的计划和信息系统规划间建立关系，内容包括：提出组织的目标和实现目标的战略，确定信息系统的任务，估计系统开发的环境，制定信息系统的目标和战略。其方法有战略集合交换，根据组织传统制定战略和根据组织集合制定战略等。

---

① 张维明：《信息系统原理与工程》，电子工业出版社 2004 年版，第 119～120 页。

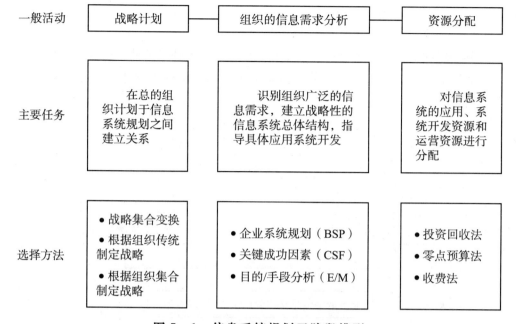

一般活动	战略计划	组织的信息需求分析	资源分配
主要任务	在总的组织计划于信息系统规划之间建立关系	识别组织广泛的信息需求，建立战略性的信息系统总体结构，指导具体应用系统开发	对信息系统的应用、系统开发资源和运营资源进行分配
选择方法	● 战略集合变换 ● 根据组织传统制定战略 ● 根据组织集合制定战略	● 企业系统规划（BSP） ● 关键成功因素（CSF） ● 目的/手段分析（E/M）	● 投资回收法 ● 零点预算法 ● 收费法

图 5 – 1　信息系统规划三阶段模型

组织的信息需求分析是要研究广泛的组织信息需求，建立信息系统总体结构，并用来指导具体应用系统的开发。内容包括：确定组织在决策支持、管理控制和日常事务处理中的信息需求，制订开发计划。

资源分配是为实行在组织的信息需求分析阶段中确定的主开发计划而制定计算机硬件、软件、通信、人员和资金计划，即对信息系统的应用、系统开发资源和运营资源进行分配。主要方法有投资回收法，零点预算法和收费法等。

虽然各种传统的规划方法的流程具体细节不同，但都是沿着信息系统的三阶段模型来进行规划的。分析 BSP 和 SDP 组织的信息需求分析都是从系统的业务及系统功能和数据结构进行规划的。因此我们根据数字信息资源的特点，将组织的信息需求分析分为数字信息资源管理系统的业务功能分析和数据结构分析。

二、数字信息资源管理系统规划的流程

数字信息资源管理系统规划的流程反映了组织数字信息资源规划的出发点和规划序列，是对规划过程的总体安排和设计。从信息系统规划的三阶段模型中，我们可以总结归纳得出数字信息资源管理系统规划的流程如下：

（1）制定数字信息资源管理系统的目标；

（2）分析组织的信息需求；

（3）资源分配。

其中组织的信息需求分析是根据数字信息资源管理系统的目标分析组织现有的业务功能和数据结构。因此数字信息资源管理系统的规划流程可以分解成如图 5-2 所示。

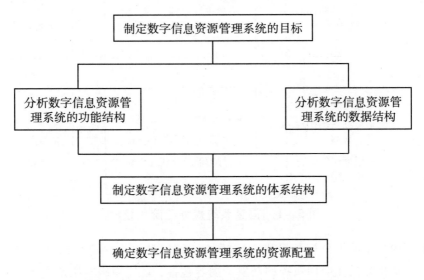

图 5-2　数字信息资源管理系统规划流程

三、基于 EA 的数字信息资源规划方法

EA 的雏形来自企业建模的理论和思想。EA 经历了 20 世纪 80 年代的"数据处理危机"，并伴随 90 年代初的"开放数据处理"、90 年代中期的网络普及，最终发展为一种成熟的信息资源规划方法。EA 的基本思想是通过对企业系统与业务的封装，建立强大的重用机制。即通过标准化的业务和功能描述体系，建立可重复应用的业务单元模块，然后像搭积木一样搭建符合用户需求的信息系统和支撑资源。其规划的要点是业务和功能的标准化描述体系和大量业务单元模块的管理，该标准化体系即包括面向最终用户的功能描述和过程描述标准，也包括面向系统的元数据和基础数据描述标准。[①]

EA 规划解决的主要问题是信息资产描述和重组，也就是描述组织现有的系统功能和需求。它从多角度展开，可以有效地分析组织的现有系统，规划的方式·

---

① 裴雷：《基于 EA 的政府信息资源规划研究》，武汉大学出版社 2008 年版，第 57～59 页。

是参照 EA 参考模型、框架和标准对信息系统进行规划。目前，政府信息资源规划的 EA 框架已有成熟的模型。例如，美国预算管理办公室在 2002 年提出的联邦政府组织架构（Federal Enterprise Architecture，FEA），包括了绩效参考模型、业务参考模型、服务组件参考模型、数据和信息参考模型、技术参考模型等五层。每层建立相应的参考模型，提供详细的规划和标识目录，最终整合。

我们将引入 EA 规划方法对组织现有的系统进行分析，为组织提供一种信息资源全局管理的思路和视角。

第二节 数字信息资源管理系统目标的制定

数字信息资源管理系统目标的制定是数字信息资源管理系统规划的第一步，在明确了数字信息资源管理系统的目标后，才能保证数字信息资源管理系统的分析和设计是符合组织的总体战略规划，才能保证数字信息资源管理系统的功能和数据的分析是沿着正确的道路进行。

一、数字信息资源管理系统目标的定义及内容

数字信息资源管理系统的目标应该服从于组织系统的目标，并且是组织目标的有机组成部分。按照科萨（Kozar）的观点，信息系统目标应该由组织目标导出，并与组织使命、目标、策略等构成塔形结构，如图 5 - 3 所示。

图 5 - 3 目标层次结构

数字信息资源管理系统目标分析应该首先调查高层领导和各级用户对系统目标的考虑，并认真分析数字信息资源管理系统的使命、方向、目标和策略，环境、技术、资金等制约条件。在此基础上，确定出可行的数字信息资源管理系统的目标。

数字信息资源管理系统的目标是为了在整个组织的计划和信息系统规划间建立关系，根据组织的战略目标和内外约束条件（比如地域因素、行业因素、经济因素等），确定组织的数字信息资源管理系统的目标。数字信息资源管理系统的目标指明数字信息资源管理系统的发展方向。

内容包括：提出组织的目标和实现目标的战略，确定信息系统的任务，估计数字信息资源管理系统开发的环境，制定信息系统的目标和战略。其方法一般包括战略目标集转化法，战略栅格表法、组织计划引出法和宏观环境分析（PEST）方法。

二、战略目标集转换法

数字信息资源管理系统的目的是确定信息系统的战略和目标，并保证它们与组织的总的战略和目标保持一致，从而实现这些信息系统对组织长久战略的支持。

战略目标集转化法（Strategy Set Transformation，SST）就是基于这样的假设提出来的信息系统规划方法，该方法由威廉·金于1978年提出，他把整个战略目标看成是一个"信息集合"，该集合由使命、目标、战略等组成，系统的规划过程即是把组织的战略目标转变成为系统的战略目标的过程，这就是战略目标集转化的基本思想。战略规划的过程则是由组织战略目标转化成系统战略集的过程。

1. 组织战略集

组织战略集是组织本身战略规划过程的产物，包括组织的使命、目标、战略和其他一些与系统有关的组织属性。组织的使命描述该组织是什么，组织的目标即是希望达到的目的，组织的战略是为达到目的而制定的总方针。

2. 系统战略集

系统战略集由系统目标、系统约束和系统开发战略构成。系统目标主要定义系统的服务要求，系统约束条件包括内部约束和外部约束，系统开发战略是系统开发中应当遵循的一系列原则。

3. 系统战略规划过程

（1）识别组织的战略集，先考查该组织是否有成文的战略式长期计划，如没有，就构造这种战略集合。可以采用如下步骤：

第一，描绘出组织各类人员结构。

第二，识别每类人员的目标。

第三，对于每类人员识别其使命及战略。

（2）将组织战略集转化成系统战略，系统战略应包括系统目标、约束以及设计原则等。这个转化的过程包括对应组织战略集的每个元素识别对应的系统战略约束，然后提出整个系统的结构。最后选出一个方案送交组织的最高管理者审查，收集反馈信息，分析最高管理者的满意程度，判断战略集元素优先次序，评价其他战略性组织属性。

三、战略栅格表法

战略栅格表法是一种了解组织中信息系统作用的诊断工具，该方法利用栅格表，依据现行应用项目和预计将开发的应用项目的战略影响，确定出四种不同类型的信息系统规划条件，即战略、转换、工厂和辅助，如图5-4所示。

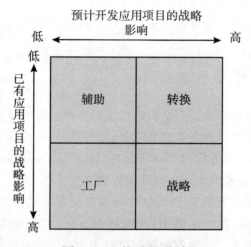

图5-4　战略栅格表

资料来源：张维明：《信息系统原理与工程》，电子工业出版社2004年版，第121~122页。

栅格表中的每一方格确定了组织信息活动的位置。通过对当前应用项目和将开发应用项目可能产生的影响的分析，可达到诊断当前状态和调整战略方向的作用。例如若分析结果表明组织的信息系统处于"战略"位置，则说明信息系统的工作对当前的竞争策略和组织未来的战略方向都是至关重要的。若处于"辅助"的位置，则表示信息系统的应用对组织的各项活动是一种辅助。若处于"工厂位置"，则表示信息系统的应用对成功地执行那些严格规定和广为接受的活动极为重要，但信息系统还不是未来战略活动的组成部分。若处于"转换"

位置，则是一种从"辅助"到"战略"的转变状态。战略栅格表中的每一位置说明了上层管理人员需要介入的程度，以及信息系统规划与组织战略规划之间的关系。

四、组织计划引出法

如果组织有自身的目标和战略的总体规划，那么就可以从该规划中引出信息系统的目标和战略。[1] 一般情况下，应首先对组织战略规划中的每一目标和战略加以分析，然后根据分析的结果和对信息系统的要求进行组织并写入信息系统的规划中。例如，组织战略规划中的某项目标是，2010 年 12 月 31 日前在全厂实施全面质量管理制度，则导出的信息系统战略规划目标可以是，在 2010 年 12 月 31 日前产生适合于全面质量管理制度的质量控制报告，为此在 2010 年 6 月 30 日前为全面质量管理制度的推行而设计质量控制数据库的管理规范。该组织战略规划中的战略是为新产品建立全面质量管理控制规程，由此导出的信息系统战略规划中的战略是建立新产品的全面质量管理控制数据库系统。

五、宏观环境分析方法

宏观环境又称一般环境，是指影响组织的各种宏观力量。对宏观环境因素作分析，不同组织根据自身特点和经营需要，分析的具体内容会有差异，但一般都应对政治（Political）、经济（Economic）、技术（Technological）和社会（Social）这四大类影响企业的主要外部环境因素进行分析。

孙建军等在《基于系统观的国家数字信息资源战略环境分析方法及规划模式》一文中使用 PEST 方法和 SWOT 分析模型，结合系统的思想，提出了数字信息资源战略规划的模式，将抽象的规划过程变为具体的分析过程。

第三节　数字信息资源管理系统的功能结构

组织的信息需求分析是识别组织广泛的信息需求，建立战略性的数字信息资源管理系统总体结构。信息需求分析需要从以下四个角度来分析：

---

[1]　张维明：《信息系统工程》，电子工业出版社 2003 年版，第 129~134 页。

（1）分析用户需求；

（2）启发用户需求；

（3）综合用户需求；

（4）科学表达用户需求。

我们从系统的功能结构和数据结构来分析组织的信息需求。功能结构用来反映组织的业务流程及业务流程之间的关系，在分析了系统的数据结构后构建子系统，确定这些子系统的哪些功能应该怎样规划才能达到数字信息资源管理系统的目标。

一、数字信息资源管理系统功能结构的定义及内容

系统功能是信息系统应该具有的效能和作用。系统的目标要通过系统功能来实现。功能结构分析是组织信息需求分析的重要内容。功能分析的依据是数字信息资源管理系统目标。数字信息资源管理系统功能也是系统呈现给用户的直观感觉效果，用户通过系统所提供的功能来认识、使用和评价数字信息资源管理系统。组织的目标可能包罗万千，系统的一个功能显然不能实现组织的目标，对系统功能结构的分析是为了梳理组织的业务流程，理顺业务流程之间的关系，清晰地划分系统的功能结构，从而实现数字信息资源管理系统的目标。

数字信息资源管理系统功能结构分析的内容包括以下几个方面：

第一，组织当前的信息系统及其管理状况：包括硬件设备、软件系统等；

第二，组织的基本的业务流程、建立组织的业务模型；

第三，将业务模型抽象为系统的功能结构。

数字信息资源管理系统功能结构分析的方法包括：企业系统规划法、关键成功因素法。目前，EA 规划方法已经深入地应用到各个领域，我们引入 EA 规划方法的核心思想用于指导分析组织现有的信息系统。

二、企业系统规划法

企业系统规划法（Business System Planning，BSP）是一种对组织信息系统进行规划和设计的结构化方法。它由美国 IBM 公司在 20 世纪 60 年代末提出并逐步发展起来。这里所说的"组织"，可以是营利性的商业机构也可以是非营利性的政府机构或其他组织。

BSP 关心整体的、长期的和综合的信息系统建设，因此需遵循以下原则：

第一，信息系统必须支持机构的战略目标。

137

第二，信息系统的战略应当表达机构各个管理层次的需求，而不是某一个管理层或某部门的需求。

第三，信息系统应保证信息的一致性。

第四，信息系统应该有独立于机构的组织结构和管理体制。

第五，自上而下的信息系统规划，自下而上的信息系统实现。

BSP方法实施步骤如图 5 - 5 所示。在立项、调研、收集资料等准备阶段工作结束后，进入定义企业业务过程阶段，此阶段是 BSP 方法的核心。在业务过程定义的基础上，实施业务重组，找出效率较低的过程进行优化处理，不适合采用计算机信息处理的过程进行取消。从各项业务过程的角度将与该业务过程有关的输入数据和输出数据按逻辑相关性进行定义。定义信息系统总体结构，利用 U/C 矩阵实施子系统划分。确定总体结构中的优先顺序，最后完成 BSP 研究报告，提出建议书和开发计划。

BSP 适合较大型信息系统的规划，该方法本身是建立信息系统蓝图，而不是详细设计；目前存在许多 BSP 的变形方法，例如基于业务流程再造（BPR）的 BSP 规划方法，都取得了一定的应用效果。

三、关键成功因素法

1970 年哈佛大学的教授威廉·扎尼尼（William Zani）在管理信息系统模型中使用了关键成功变量，提出了这些变量是能直接影响信息系统成败的关键成功因素。1980 年麻省理工大学教授约翰·洛克（John Rockart）把关键成功因素提高成为信息系统的战略。

在现行系统中，总存在着多个变量影响系统目标的实现，其中若干个因素是关键的和主要的，即关键成功因素。通过对关键成功因素的识别，找出实现目标所需的关键信息集合，从而确定系统开发的优先次序，这就是关键成功因素法的主要思想。

关键成功因素指对机构成功起关键作用的元素。在不同类型的职能过程中，关键成功因素会有很大的不同，即使在同一类型的过程中，不同时间内，其关键成功因素也会不同。关键成功因素法的实质是通过分析，找出使组织获得成功的关键因素，然后根据这些关键因素确定系统的需求，并进行规划。通常包含以下步骤：

第一，了解组织的战略目标；

第二，识别所有的成功因素；

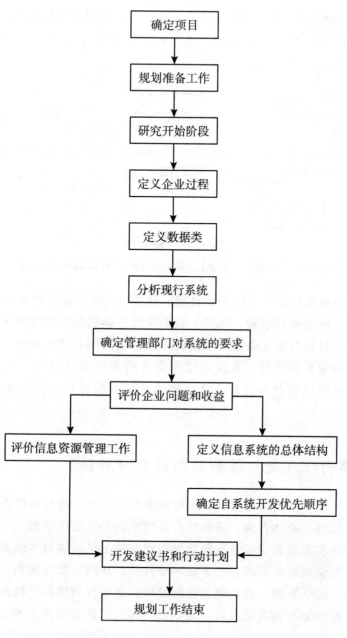

图 5 – 5　BSP 实施步骤

　　第三，确定关键成功因素：对所有成功因素进行评价，根据组织现状与目标确定出关键成功因素；

　　第四，识别性能指标与测量标准，即给出每个关键成功因素的性能指标与测试标准。

例如，某企业有一个目标是提高产品竞争力，可以用树枝图画出影响组织目标的各种因素及影响这些因素的子因素，如图 5 - 6 所示。

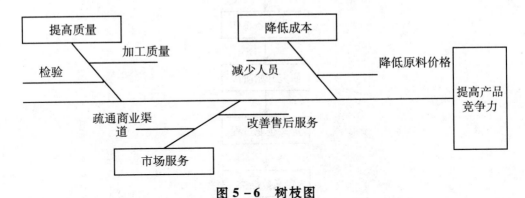

图 5 - 6　树枝图

资料来源：唐晓波：《管理信息系统》，科学出版社 2005 年版，第 141 页。

关键成功因素法来自于组织的目标，通过组织的目标分解和识别、关键成功因素识别、性能指标识别，到产生数据字典。识别关键成功因素，就是要识别联系与组织目标的主要数据类型及其关系。在使用关键成功因素法时，通过企业关键成功因素的分析，直接总结出企业的关键业务过程，通过系统规划确定需要系统实现的业务过程，从而使得信息系统得以支持企业的关键业务过程。

四、基于 EA 规划法的功能结构分析法

传统的信息资源规划主要是以大连海事大学高复先教授为代表的基于信息工程的信息规划理论和方法，即面向有界组织的系统数据规划。国内有些学者批评这一方法在我国数字信息资源规划中存在的不足：难以实施面向政府业务流程的信息资源规划；需求获取方法不够科学；局限于数据规划；概念或标准分类没有统一科学依据，以致概念界定模糊；集成性和重构性较差；难以实现宏观信息资源规划与微观信息资源规划的协调。尤其是面向业务流程的复用性问题。[①]

EA 也称为实体结构，或称为企业总体架构，实体总体架构，是近年来国际上普遍采用的 IT 规划、管理和复杂系统设计和实施方面的理论、方法、标准和工具。目前关于 EA 的定义尚不统一，扎克曼定义为：EA 是构成组织的所有关

---

① 裴雷：《基于 EA 的政府信息资源规划研究》，武汉大学出版社 2008 年版，第 60，126～130 页。

键元素和关系的综合描述①；微软公司认为 EA 是对一个公司的核心业务流程和 IT 能力的组织逻辑，通过一组原理、政策和技术选择来获得，以实现公司运营模型的业务标准化和集成需求②；IBM 公司定义 EA 是记录在企业内所有信息系统、它们的相互关系以及它们如何完成企业使命的蓝图③。企业架构是一个全新的模型，为企业信息基础设施提供一种可以理解的信息表述，它没有把企业的流程简单视作一系列步骤，而是综合考虑不同角色的不同观点，提出了一个多角度、多维度的企业架构。

EA 规划包括五部分的内容：整体分析、业务架构分析、应用架构分析、数据架构分析和技术架构分析。整体分析中可以使用调查问卷、组织结构图、概念业务结构图和业务线分析图等工具；业务架构分析使用场景分析表、业务树形分解图、业务流程子功能分解图、业务流程图、业务活动描述表、机构与业务线映射表；应用架构分析使用系统功能描述表、系统整体架构描述表、应用部署图；数据架构分析使用信息字典、领域数据实体图和信息交换表等工具；技术架构分析使用技术标准摘要表、目标技术架构分析表等工具。④

EA 规划理论的逐渐发展成熟以及在国外政府信息资源规划领域的应用，为开发数字信息资源管理系统的信息资源规划方法论和模型提供了理论借鉴，具备研究的必要性和可行性。基于 EA 规划的功能结构分析法就是以 EA 架构作为分析组织现有信息需求的样例或参考。以全面的视角分析组织的信息需求，包括：业务功能、应用软件架构、数据架构和技术架构。其中业务功能架构的作用主要体现在：在业务梳理能够实现业务精简、整合，促进组织业务绩效的提升；在业务涉及过程中，促进组织的"重用"，尤其是同级组织之间，模块性更强，便于系统实现集成，也便于今后系统的维护和升级；提高组织的信息资源开发效率。美国 FEA 的业务参考模型就曾先后应用于 2005～2008 年各年度的政府财政预算，该业务体系提供了政府精确管理的途径。

利用 EA 架构进行现有系统分析的流程，如图 5-7 所示。

① Enterprise Architecture：Translating strategy into effective change ［EB/OL］. http：//www - 01. ibm. com/software/info/itsolutions/ea-overview/index. html.

② John A. Zachman. The Zachman Framewor：The Official Concise Definition ［EB/OL］. http：//www. zachmaninternational. com/index. php.

③ Michael Platt. Microsoft Architecture Overview ［EB/OL］. http：//msdn. microsoft. com/en-us/library/ms978007. aspx.

④ EA 规划与实施的方法论阐释. ［EB/OL］. http：//www. gei. com. cn.

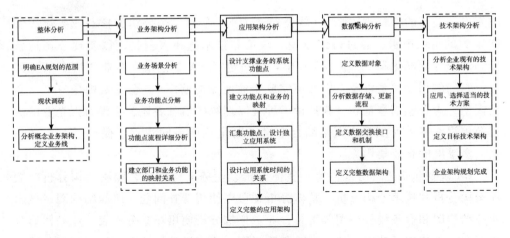

图 5 – 7　EA 规划流程

资料来源：裴雷：《基于 EA 的政府信息资源规划研究》，武汉大学出版社 2008 年版，第
111 ~ 112 页。

第四节　数字信息资源管理系统的数据结构

根据詹姆斯·马丁的意见，信息工程认为：数据位于组织数据处理的中心，数据相对稳定，处理是多变的，必须全面地进行数据规划。没有全面的数据规划，各子系统独立实施的结果是难以组成协调的大系统的。

数字信息资源管理系统是一个系统，系统由输入、输出、处理过程和环境组成。我们分析数字信息资源管理系统的数据结构就是分析数字信息资源管理系统输入的数字信息资源怎样在系统的处理过程中发生变化，最后变成输出的数字信息资源。

一、数字信息资源管理系统数据结构的定义及内容

分析组织的数据结构是要解决系统的“信息组织”问题，这是数字信息资源规划的核心部分，是数据环境重建的根本保障。数据没有统一的建模会造成数据的利用缺乏可信性，例如，两个部门向管理者呈送报表，一个部门说业绩下降了 15%，而另一个部门说业绩上升了 10%，不仅不吻合，可能相差甚大。可信性即是由于数据没有公共的起始数据源，没有统一的数据标准。[①] 但是数据缺乏

---

① 　W.H. 英莫（W. H Inmon）：《数据仓库》，机械工业出版社 2000 年版。

可信性还不是最主要的问题，当用到数据时，数据根本无法产生相应的信息，是系统使用人员在满足信息需求过程中经常遇到的问题。可见，由于数字信息资源的庞大，构建数据库和数据仓库用来集中统一存储数字信息资源，可以有效利用数字信息资源。

数字信息资源管理系统数据结构分析是运用先进的信息工程和数据管理理论及方法，通过总体数据规划，奠定数据管理和资源管理的基础，为组织建立统一的数据视图，是数字信息资源管理系统数据环境重建的重要保障。在进行总体数据结构分析的过程中进行数据管理基础标准化工作，通过数据标准化工作使总体数据结构更为扎实，使总体数据结构成果更能在集成化的数字信息资源管理系统建设中发挥指导作用。

数字信息资源管理系统数据结构分析的内容主要包括以下几个方面：

第一，识别组织的实体，确定组织的业务过程中数据的使用和生成，建立用户视图；

第二，分析数据流，建立一级和二级数据流程图；

第三，识别业务主题，建立主题数据库、数据仓库。

数字信息资源管理系统数据结构分析方法主要是基于战略数据规划法，具体包括：数据流分析法、主题数据库规划法。

二、数据流分析法

数据流分析就是把数据在组织（或原系统）内部的流动情况抽象地独立出来，去除具体的组织机构、信息载体、处理工作等，单单从数据流动的过程来考察实际业务的数据处理。分析人员使用数据流程图（Data Flow Diagram）进行数据流分析，它是结构化分析的重要方法，能帮助用户表达功能需求和数据需求及其联系；能便于用户和开发人员共同理解现行系统和规划系统的框架；能清晰地表达数据流的情况，帮助实施系统建模。通过数据流程图自顶向下地分析数据流程，绘制数据流程图，然后进一步进行数据流的量化分析。

用户视图是一些数据的集合，它反映了最终用户对数据实体的看法。基于用户视图的信息需求分析，可大大简化传统的实体—关系分析方法，有利于发挥业务分析员的知识经验，建立起稳定的数据模型。

威廉·德雷认为数据流即是用户视图的流动[1]，数据流程图依据用户视图而绘制，其绘制主要步骤如图 5-8 所示，中心思想为：自顶向下，由外向里，逐

---

① 高复先：《信息资源规划——信息化建设基础过程》，清华大学出版社 2002 年版，第 112 页。

层细化。其中，我们可以依据中心处理的建立将整个数字信息资源管理系统分解成若干个子系统，根据各子系统数据存储的输入、输出数据流的关系，连接起各外部项、子系统、数据存储并对其进行命名，就形成了数字信息资源管理系统的一层数据流程图的草图。分解数据流程图草图结束的标志为：每一个最底层的中心处理已经不用做进一步的分解处理，逻辑功能已经足够简单、明确和具体。

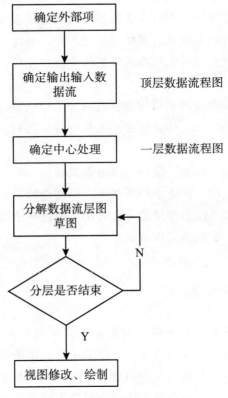

图 5 – 8　数据流制定步骤

注：数据流程图的基本符号有：

输入、输出的数据流指的是职能域内外的数据流，包括职能域与职能域之间的数据流和职能域与外单位之间的数据流两种情况。

对数据流进行量化分析是进行数据流分析的重要步骤，能帮助数字信息资源管理系统分析设计人员进行科学的数据分布规划，保证数据存储和网络通信方案的合理性、有效性和可靠性。

对于数字信息资源管理系统的数据流量估算，我们采用如下公式进行[1]。

每一数据流标准统计期的数据流量＝生存期换算系数×记录数×数据元素数×10×统计参数

按一职能领域的一个流向小计求和

按一职能领域的所有流向总计求和

三、主题数据库规划法

主题数据库有时被称为数据类。在大多数组织中，它们的内容不是用一套形式化的方法确定的，关于应该建立哪些主题数据库，数据库中应当包含哪些数据，比较复杂。主题数据库是一种集约化的数据环境，当一系列这类数据库建成之后，他们就能够成为企业独立于具体应用的数据资源。在建立主题数据库之前需要了解一些基本的概念。[2]

1. 实体与关系

实体是需要搜集数据和存储数据的人、地点、对象、事件或概念的类。按照关系模式的观点，现实世界中有联系的一些数据对象就构成一个"数据实体"。例如"学生"这个实体，是学生姓名、学生性别、学生专业和学生学号等数据对象的抽象，这些数据对象称为实体的"属性"。属性是实体的描述性质或特征。关系是实体之间的逻辑联系。实体之间有三种联系：一对一，一对多，多对多。

2. 表及其属性

表的定义，数据分析工作经常需要列出一个表所含的数据元素或数据项，而不具体考察每一行的数据项的值。

例如工资表具体包括：工资发放签名表、工资发放条、工资卡、部门工资汇总表、人员类别工资汇总表、条件汇总表、条件明细表、条件统计表、类款项汇总表、明细表。

3. 基本表

基本表是组织工作所需的基础数据所组成的表，其他数据则是在这些数据

---

① 高复先：《信息资源规划——信息化建设基础过程》，清华大学出版社 2002 年版，第 115～116 页。

② 高复先：《信息资源规划——信息化建设基础过程》，清华大学出版社 2002 年版，第 102～130 页。

的基础上衍生出来的，它们组成的表是非基本表。基本表可以代表一个实体，也可以代表一个关系，基本表中的数据项就是实体或关系的属性。基本表有以下基本特性：

（1）原子性，即表中的数据项是数据元素；

（2）演绎性，即可由表中的数据生成系统全部的输出数据；

（3）稳定性，即表的结构不变，表中的数据一处一次输入，多处多次使用，长期保存；

（4）规范性，即表中的数据关系满足三范式；

（5）客观性，即表中的数据是客观存在的数据，是管理工作需要的数据，不是主观臆造的数据。

4. E-R 图

E-R 图即实体—关系图，是反映实体及其关系的图。20 世纪 70 年代中期提出的一种概念模型描述方法，E-R 图特别适合静态模型的描述。E-R 图采用图形的描述方式，它由三个要素构成：实体、属性和关系，分别用长方形、椭圆形和菱形来表示，通过线段相连构成一个概念模型。各要素的名称分别标记在各自所表示的图形符号框内。E-R 图是面向数据的建模方法。

5. 数据元素、数据项

数据元素是最小的不可再分的信息单位，而数据项可能还可以再分解。分析主题数据库的基本表时要严格到数据元素级。

6. 数据仓库

数据仓库是支持管理决策过程的面向主题的、集成的、非易失的，不同时间段稳定的数据集合。数据仓库在现有各业务系统的基础上，对数据进行抽取、清理，并有效集成后，按照主题进行重新组织。数据仓库包含粒度化的企业数据，数据仓库中的数据可以用于很多不同的目的，包括为我们现在不知道的未来需求做准备。

数据库与数据仓库并不是此有彼无的，它们是相互补充的。数据仓库是操作型数据库的数据进行抽取/转换/装载/集成后进入数据仓库的。在数据仓库中，集成是非常重要的，因为数据仓库中的数据是从多个不同的数据源传送来的。数据不进行集成，即使进入数据仓库，也很难被加以利用。抽取/转换/装载（ETL）工具可将业务系统中分布的、异构数据源中的数据如关系数据、平面数据文件等抽取到临时中间层后进行清洗、转换、集成，最后加载到数据仓库或数据集市中，成为联机分析处理、数据挖掘的基础，为辅助决策、分析、查询提供统一的数据依据。ETL 是数据仓库建设的重要环节，它的主要任务是建立、维护数据仓库，通过与操作型数据源的映像关系执行数据提取—转换—加载的任务。

如果说数据仓库的模型设计是一座大厦的设计蓝图，数据是砖瓦的话，那么 ETL 就是建设大厦的过程。[①] ETL 主要涉及关联、转换、增量、调度和监控等几个方面；数据仓库系统中数据不要求与联机事务处理系统中数据实时同步，所以 ETL 可以定时进行。但多个 ETL 的操作时间、顺序对数据仓库中信息的有效性至关重要。

7. 概念主题数据库

概念数据库实质上就是主题数据库的概要信息，是最终用户对数据存储的看法，反映了用户的综合性信息需求。概念数据库采用"离散表示法"，用数据库名称及其内容（简单数据项或符合数据项）的列表来表达。

例：顾客购买信息 {顾客 ID 号，顾客购物列表，顾客年龄，顾客性别，顾客年收入，顾客职业，顾客住址，顾客婚姻状况，顾客购买渠道，顾客响应渠道，顾客是否购买某种物品的标志}。其中，"顾客购买信息"是数据库的名称，后边列出的均是对该数据库的描述。

定义主题数据库的基础是对数据流进行分析，首先要分析输出类用户视图，再分析输入类用户视图，两者相结合并参照存储类用户视图就可以定义主题数据库。[②]

在定义好主题数据库后，将概念主题数据库分解为一组基本表，再确定基本表的组成，根据用户视图分组确定信息的输出。之所以要进行用户视图分析，就是针对某一业务主题找出所需要的数据，而这些数据从用户的视角来看，都藏在有关的单证、报表、账册之中。主题数据库的规划设计，就应该从这些用户视图的组成数据项集合之中寻求其全部的信息内容，这样构成的库表结构才能支持信息的输出使用。

四、元数据规划

元数据是数据微观层次的描述，是组织数字信息资源描述和应用的标准和依据，目录体系则是所有组织信息和数据主题数据的汇总。元数据是数字信息资源开发利用的底层基础工具，良好的元数据标准和信息资源目录体系能够有效促进数字信息资源整合和共享，被认为是"项目整合黏合剂"。从早期图书馆管理和书目控制系统开始，相继出现了 MARC、ACRR、GILS、TEL、DC、ONIX 等众

---

① 张勇：《移动经营分析系统中 ETL 的分析和设计》，载《计算机工程与应用》2006 年第 42 卷，第 3 期。

② 高复先：《信息资源规划——信息化建设基础过程》，清华大学出版社 2002 年版，第 94~102 页。

多的元数据标准体系；而在使用中，搜索引擎的开发、数字图书馆建设、网上书店和公共信息资源的组织与存取都应用到元数据和信息资源目录体系（信息资源分类体系），以致在很多系统元数据的应用缺乏公共标准。

以都柏林核心元数据为代表，世界各国的组织机构政府建立了各个领域的数字信息资源元数据标准，如政府信息资源元数据 GILS，数字文献元数据 MARC、ONIX，数字图像元数据 MOA2、CDL，数字信息长期保存元数据 CEDARS 等。这些元数据的标准对于我们建立数字信息资源管理系统元数据有极其重要的指导意义，因此，我们应当从资源描述框架、元数据编码标准、元数据描述三个方面着手进行数字信息资源管理系统元数据的规划。

1. 资源描述框架

资源描述框架（Resource Description Framework，RDF）通过设计支持语义、语法和结构方面通用协议的机制为元数据的交互操作提供平台支持，是对结构化的元数据进行编码、交换和再利用的基础架构，使用可扩展标记语言（Extensible Markup Language，XML）作为交换和加工元数据的通用语法。主要特点有：提供一致化的资源描述机制，允许资源描述机构制定各自的控制词汇，提供结构化的相互兼容机制。

2. 元数据编码

常用的记录编码标准有 MARC 和 SGML（Standard Generalized Markup Language），MARC 中包括 USMARC 和 UNIMARC，SGML 包括 DTD 和 XML，DTD 中又包含 TEI、HTML、EAD DTD 和 MARC DTD 等多种标准。SGML 是用于文献标记的国际标准，利用单元（Element）和属性（Attribute）定义数据。文献定义类型是 SGML 的一种应用，TEI 是用于为文学文本编码的 DTD，HTML 是用于为网页编码的 DTD，EAD DTD 是用于为文档发现帮助编码的 DTD，MARC DTD 是用于为 USMARC 记录编码的 DTD。

3. 元数据描述

在编制元数据记录的过程中，首先要确定被描述的信息包裹是什么。例如，在图书馆的编目中遵循这样的基本原则：一个物理包裹就是一个可编目的单元，连续的、有同样提名的多个包裹也可以作为一个整体，成为一个单元。[①] 然而电子资源中，人们很难确定什么是包裹，例如包裹可以是一个主页和与此主页链接的每一个网页。因此为了满足各种不同的需要，数字信息资源管理系统元数据应在遵循传统的元数据编制惯例的前提下，结合数字信息资源本身的特点，制定出适合的元数据。

---

① 刘嘉：《元数据导论》，华艺出版社 2002 年版，第 129～130 页。

第五节 数字信息资源体系结构

一、概 述

在完成了对数字信息资源管理系统功能与数据结构的分析后，根据企业系统规划法和 EA 规划法，得出如图 5 - 9 所示的数字信息资源管理系统体系结构。

数字信息资源管理系统依托于数字信息资源网络和数字信息资源安全基础设施，为跨部门、跨地域、跨行业的数字信息资源提供共享的平台。体系构成包括：服务与应用、信息资源、基础设施、法律法规与标准化体系和管理机制等部分。基础设施包括网络基础设计及安全基础设施，是总体架构的支撑；法律法规、标准化体系、管理体制是实施数字信息资源管理的保障，是管理数字信息资源的软环境；信息资源的开发利用是主线，一切的活动都是围绕信息资源的利用展开的，以期达到数字信息资源的共享目标，消除"信息孤岛"，实现信息平等。

二、体 系 结 构

如图 5 - 9 所示，系统体系结构由应用系统、构架库、数据层、中间件平台以及网络基础平台构成。数字信息资源安全基础设施、技术标准及管理机制和法律法规体系则是构成整个系统体系结构的重要保障。

1. 应用系统

主要的方式包括数字信息资源的共享、业务协同、公共服务、决策支持等。应用系统包括基本信息管理系统、在线业务处理系统和数据交换系统。它描述了专业应用中用户作用中的信息处理，包括所有与用户相关的终端设备。

2. 数字信息资源

管理系统中所有的数字信息资源，包括各种事务处理系统、新增系统、各子系统、遗留系统中的数字信息资源，其形式包括文本数据、表格数据、报表数据、图形数据、多媒体数据等各种类型。

以政务数字信息资源为例，可以包括以下几个方面的信息：（1）业务信息，各政务部门业务应用系统的信息库。（2）基础信息，人口基础信息库、法人单位基础信息库、自然资源和空间地理基础信息库、宏观经济数据库等。（3）共享主题库，基于各类业务应用主题而设计的共享信息库。（4）决策支持库，提供辅助决策和分析信息的共享信息库。

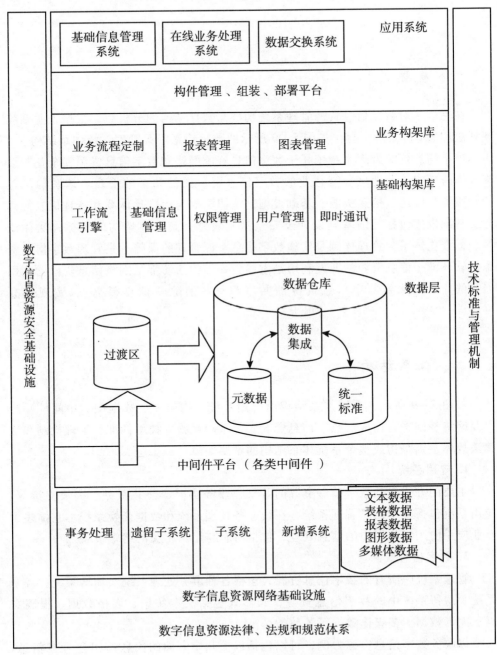

图 5 – 9　数字信息资源管理系统体系结构

3. 技术标准

包括各种信息资源的交换标准、技术平台互联互通的技术标准、技术管理相关标准等三类标准。

4. 数据交换

数字信息资源为数字信息资源管理系统提供了数据来源，技术标准为数据的转换提供了规格上的保证，数据交换解决的是交换方面的问题。就形式上而言，包括三种类型交换模式：集中交换模式、分布交换模式、混合模式。

集中交换模式中，数字信息资源存储于数据集成的数据库中，通过中心交换节点进行交换；分布交换模式可以为提供数据的中心节点与中心节点间的交换，也可以提供无中心节点的交换；混合模式集是集中交换模式和分布交换模式的组合。

5. 架构库

根据企业系统规划法和 EA 规划法得到的数字信息资源管理系统体系结构中核心部分就是架构库，包括业务架构和基础架构。架构层在整个系统走很难过提供技术功能模块，许多服务的组成部分和综合到应用系统中的服务和模块，能被不同的组织以同样的形式或者定制配置使用。业务架构包括业务流程定制、报表管理和图表管理。基础架构包括工作流引擎、基础信息管理、权限管理、用户管理和即时通讯。

6. 数据层

数据层是系统完成其业务及管理功能的基础。数据集成将不同来源、格式的数据在逻辑上或物理上有机地统一或集中，从而为组织提供全面的数据共享。

7. 中间件平台

数字信息资源管理系统体系中中间件的作用主要包括以下内容：集成各类数据资源、提供跨平台异构分布数据资源访问及处理服务；支持跨平台应用集成的解决方案，同时实现信息及相关数据的共享和交换接口。常见的中间件有数据存取中间件、消息中间件、事务处理中间件、分布对象中间件、应用服务中间件、安全中间件等。

8. 网络基础设施

网络基础设施主要分为硬件平台和软件平台。网络体系的建设过程中要遵循国家统一的技术标准和业务规范、建立域名管理、目录管理、信息安全服务和信息交换等系统。形成结构合理、功能完善、管理规范、安全可靠、灵活使用的网络基础支撑体系。

9. 安全基础设施

数字信息资源安全基础设施贯穿于物理层、网络层、系统层乃至应用层和管理层的所有环节，保证了数字信息资源管理系统中的业务信息资源的安全可靠。

10. 技术标准及管理机制

数字信息资源技术标准及管理机制是数字信息资源管理系统建设的根本保障之一，并贯穿于整个系统规划建设的始终。只有统一系统规划建设的标准，才能促进各个业务系统以及不同组织的协同协作、互联互通、资源共享，防止形成信息孤岛。技术标准及管理机制主要包括系统标准、信息技术标准、信息安全标准、管理标准等。

第六节 数字信息资源管理系统的资源配置

资源管理配置的过程是规划、分配和调试资源的工作，资源一般包括人、财、物和时间，以及基于这些资源的有效的规划和管理。① 资源配置包括资源的分配以及对影响数字信息资源管理系统建设进度和预算因素的控制，以平衡、合理地利用各种资源。

一、资源分配的定义及内容

数字信息资源管理系统的资源配置是从总体上保障组织在开发和利用数字信息资源，实行在组织的信息需求分析阶段中确定的主开发计划的过程中合理配置资源，例如计算机硬件、软件、通信、人员和资金，即对信息系统的应用、系统开发资源和运营资源进行分配。

数字信息资源管理系统的资源配置的内容包括：

第一，明确有哪些资源，从人、财、物和时间角度划分。

第二，进行系统的总体网络布局即计算机与网络系统的总体设计，具体包括：分析功能与技术要求；经济技术条件的限制；原有设备的适应能力及新系统增加设备的需求；新建的计算机与网络系统的配置。

第三，针对应用项目的优先顺序给予资源上的合理分配。

第四，提出实施进度，在确定每个项目的优先权后，估算项目成本、拟定人员要求等具体实施目标，以此作为整个时期的任务、成本与进度表。

主要方法有时间估算法、投资回收法和零点预算法等。

---

① 王如龙：《IT 项目管理——从理论到实践》，清华大学出版社 2008 年版，第 75 页。

二、时间估算法

估算活动持续时间的方法有类比估算法、历时的三点估算法、专家评估法等。[①]

类比估算法是以过去类似项目活动的实际时间为基础，通过类比来推测估算当前项目活动所需的时间。当项目相关性的资料和信息有限，而先前活动与当前活动又有本质上类似性时，用它来估算项目活动历时是一种较为常用的方法。

历时的三点估算法是一种模拟估算，一定的假设条件为前提，估算多种活动时间的方法。最常用的方法是三点估算法。其步骤是首先估计出项目各个活动的三种可能时间，即最乐观时间 T_a、最悲观时间 T_b 和正常时间 T_m，然后运用下列公式求得各项活动历时的平均值。其计算公式为：

$$T = \frac{T_a + 4T_m + T_b}{6}$$

不管用什么方法估计出的项目历时都不是工作的实际完成时间，而且各种估算方法都有其自身的不足。在对实际项目活动持续时间估算时，一般是运用两种或两种以上的方法一起来进行估算，以达到与实际活动历时更接近。而且，出于谨慎，可以按照估计出的时间的一定百分比预留一些时间，作为对紧急情况发生时的一种补充。

专家评估法和类比估算法对于一般的工程类项目，由于活动识别、资源估算特别是人力资源估算、技术要求等内容容易确定，而且同类型项目的重复率较高，所以评估的结果与实际值差别较小。

活动持续时间估算一定要处理间歇时间，因此，活动持续时间估算的计算为：

历时（实耗时间）= 实际时间（工作时间）+ 间歇时间（非工作时间）

三、投资回收法

投资回收法是一种成本/效益分析法。这是一种经典的决策方法。在计划每一个信息系统的应用项目前，要将其经济成本和经济效益定量表示出来，利用这两个量就可以计算出投资回收率。如果有多个项目开发方案，则可选取投资回收率最高的项目。

[①] 王如龙：《IT 项目管理——从理论到实践》，清华大学出版社 2008 年版，第 132～153 页。

具体使用该方法时有一定限制，主要有下面三点：①一些效益是非直接的、隐性的或综合的，因而很难量化；②仅仅依据投资回收法确定的优先开发项目不能提供在风险等方面的情况，因而这种方法缺乏综合性；③投资回收率的计算方法是渐进式的，不能引起人们对当前应用项目的重新思考。

四、零点预算法

零点预算法是一种可用于信息系统资源分配的方法，其步骤大体分为如下三步：（1）设想所有的信息系统工作都从零开始，即还未开发，更没有维护问题；（2）列出所有潜在的信息系统应用项目，并按服务层次进行分类，对每一层次列出其期望效益和所需要支持的资源，形成一张总清单，递交指导委员会或资源分配机构来决定优先次序；（3）每一项目都是应用的零点基础开始的，而且当项目及其功能需增加时，将被给予不同的优先级别。通过讨论，确定出应用项目的优先次序并计算出资源需要。①

数字信息资源规划的实质是对数字信息资源管理系统的规划，对数字信息资源管理系统的规划可以保证数字信息资源管理系统同组织和总体战略上的一致，可以通过对信息系统的功能结构和数据结构的分析，为组织设计出一个信息系统的总结结构，并在此基础上设置、开发数字信息资源管理系统，可以拟定优先开发计划和运营资源的分配计划。传统的信息系统规划方法在规划企业信息系统时非常有效，但是在面临存在海量数字信息资源的政府、图书馆等组织的信息系统的规划并不能完全符合组织的要求。本章借鉴了传统的信息系统规划方法从功能结构和数据结构的分析对组织进行信息需求分析，引入先进的 EA 规划方法，从一个全新的角度对组织的现有系统进行全面的分析。数字信息资源管理系统规划流程可以对各行业、领域内的数字信息资源管理系统起到指导和规范的作用。

---

① 张维明：《信息系统工程》，电子工业出版社 2003 年版，第 129～134 页。

第六章

领域数字信息资源规划

信息资源规划是指在进行总体数据规划的过程中进行数据管理标准化的工作，并通过该项工作进一步完善总体数据规划，使其成果更能在集成化的信息系统建设中发挥作用[①]。它以数据规划为起点和重心，有效地整合和管理企业信息资源，从而实现企业信息资源合理规划的目标[②]。而集成化的信息系统的规划和实施，将为企业信息化提供整体解决方案。

针对企业信息系统建立的"系统集成"框架，将企业集成、信息集成、业务集成等统一于系统集成，即以物理层、数据层、应用程序层、业务流程/功能层、表现层五个层次来概括的系统集成体系，廓清了数据集成、信息集成、应用集成、企业集成等之间的关系，并将他们逻辑地联系和统一起来[③]。此框架为我们论述企业信息资源规划内容及其发展进程与实施途径奠定了基础。

在数字化时代，作为企业信息资源的"数据"已经是涵盖了信息、知识的泛义概念。企业信息系统和信息资源管理的核心内容和目标，是针对分散的信息资源体系，通过有效地集成"数据"信息，在新的信息交换与共享平台上，开发新应用，向用户呈现无缝的信息服务，实现信息资源的最大增值。

发端于企业领域的信息资源规划，在数字化时代，被引入政务数字信息资

---

① 高复先：《信息资源规划——信息化建设基础工程》，清华大学出版社 2002 年版。

② 范玉顺：《计算机集成制造系统——CIMS》2004 年第 5 期，第 481～486 页。

③ 张晓娟：《现代企业信息系统演进规律研究——从智能维、集成维视角的分析》，武汉大学优秀博士论文，2007 年。

源、学术数字信息资源等各个领域。企业信息资源规划的理念、方法、模型及过程等在这些领域中相继得到引用、印证，并有所发展。

第一节　商用数字信息资源规划

一、商用数字信息资源与企业数字信息资源

数字信息资源的规划是数字化时代由于信息膨胀和信息技术的不断进步而逐步成为企业管理的重要部分。国内外对数字信息资源规划方面的研究最早也是集中在企业领域。由于中文语义相近，除了企业数字信息资源一词之外，20 世纪90 年代中期，"商用数字信息资源"一词较常出现在一些文献和网站评论中，国家信息中心主任高新民在 1994 年"国家经济信息资源网战略研讨会"开幕式上的讲话中，首次提出要建立商用信息资源网。[①] 随后，法律界的学者也指出要建立信息资源管理法和商用信息资源管理条例。[②] 2002 年 9 月 27 日，中国信息协会召开"信息化论坛"座谈会，进一步讨论公用和商用信息资源的开发利用与服务方面的问题，并提出按运行机制把数字信息资源分为公共领域和商业领域。[③] 在2007 年召开的"数字信息资源的规划、管理与利用研究"中期研讨会上，将数字信息资源分为商用、公共和学术三大部分。[④] 美国信息自由法中指出：商用数字信息是商业性质机构，以商业使用和盈利为目的产生的数字信息。[⑤]

因此笔者认同："商业领域的数字信息是商业性质机构以商业使用为目的的数字信息，即我们通常所讲的企业数字信息资源"。[⑥] 商用数字信息资源是指企

---

① 高新民：《关于国家经济信息资源网建设的几个问题》，载《网络与信息》1994 年第 10 期，第4～6 页。

② 王金祥：《加强信息立法——开展信息法学研究法律文献信息与研究》，载《编辑部邮箱》1997年第 2 期。

③ 姜奇平：《如何通向有效的信息资源及如何通向"有效益的"信息资源——对立法促进公用非盈利商用信息资源开发利用的思考》，载《互联网周刊》2002 年第 10 期，第 56～59 页。

④ 查荔：《教育部哲学社会科学研究重大课题攻关项目"数字信息资源的规划、管理与利用研究"中期研讨会会议纪要》，载《图书情报知识》2006 年第 3 期，第 112～113 页。

⑤ 周进生、吴强：《国外公益性地质调查资料社会化服务综述》，载《世界有色金属》2007 年第 3期，第 60～62 页。

⑥ 高新民：《政府信息再利用收费机制设计》，http://unpan1.un.org/intradoc/groups/public/documents/apcity/unpan016907.pdf.

业在买卖商品活动中产生的，使企业良性运行并产生经济效益，以商业使用为目的的数字信息资源。它可分为企业内部的数字信息资源，即企业内部各个部门产生的数字信息资源，包括企业门户网站，企业博客，企业生产销售产生的数字信息等，以及企业外部的数字信息资源，即在企业外部产生，但与企业发展息息相关的数字信息资源，包括政府发布的企业生产条例，客户信息等。由此可见，商用数字信息资源是企业经营活动所需的一切数字信息资源，归根结底，其主体应该是企业数字信息资源。撤清对用词概念上的差异，对商业数字信息资源规划的研究本质上即关注企业数学信息资源的规划与管理。

二、企业数字信息资源规划的含义与意义

企业数字信息资源规划是在企业数字信息资源管理基础上发展起来的，是企业信息资源开发利用规划。它的主体部分是信息工程的总体数据规划，旨在解决集成化信息系统建设的问题。包括在进行总体数据规划的过程中进行数据管理标准化的工作，并通过该项工作进一步完善总体数据规划，使其成果能在集成化的信息系统建设中发挥作用。数字信息资源规划侧重于对数字信息资源的开发与统筹规划，通过制定标准和进行统一开发，利用主题数据库和资源规划工具等对信息资源进行开发和管理。

企业数字信息资源规划对企业的长远发展有着深刻的影响，理解信息资源规划的重要性，能够保证信息资源规划有目的地进行。总的来说，数字信息资源规划对企业的重要意义主要体现在以下几个方面[①]：

（一）能够有效消除企业信息资源规划过程中形成的"信息孤岛"

目前，许多企业都投巨资建立起了企业内部的信息网络、各种生产自动化控制系统和经营管理信息系统。但由于每个部门各自开发自己的系统，缺乏高层的统筹规划和统一的信息标准，致使设计、生产和经营管理信息不能快捷流通，形成了许多"信息孤岛"，信息共享程度极低，造成了信息资源的严重浪费，远没有发挥信息化投资应有的效益。信息资源规划作为信息化的基础性工作，能够使信息以最大限度共享，保证每个部门生产的信息为其他部门使用，极大提高企业信息的共享程度和利用率。

---

① 刘伟成、孙吉红：《企业信息资源管理与信息资源规划》，载《图书馆学刊》2007 年第 6 期，第 1～3 页。

（二） 加强企业管理的规范化和制度化工作

企业信息资源规划建设的一项重要工作就是根据信息技术的特点对企业传统的业务模式和管理机制进行分析，实施企业业务流程重组，保证企业管理模式、组织结构和业务流程符合现代信息技术条件的组织运作模式。通过信息资源规划，可以梳理业务流程，搞清信息需求，建立企业信息标准和信息系统模型，并用这些标准和模型来衡量现有的信息系统及各种应用，符合的就继承并加以整合，不符合的就进行改造优化或重新开发，从而积极稳步地推进企业信息资源规划建设。同时由于信息资源规划可以站在一定高度上规范企业的业务活动，还可以很好地防止信息流失。

（三） 支持科学化领导决策

科学化决策离不开高度集中的企业信息资源。随着企业环境的日趋复杂，传统的定性决策正向定量与定性相结合的决策发展，企业信息资源的及时性和正确性很大程度上影响着决策的正确性。传统信息化建设形成的"信息孤岛"造成了企业内部信息资源不一致，很难实现共享，难以为高层决策提供有效支持。只有在信息资源规划下的企业信息化建设才有可能建立集成化的信息资源网络体系，使信息资源高度集中，保证高层决策科学、有效地进行。

（四） 提高企业及各部门的工作效率

信息资源规划整体上能够提高企业的工作效率。企业各部门为了有效提高本部门的工作效率，相应开发了各自的信息系统。但是由于数据的不一致，导致相关部门之间难以进行数据共享，因此很难对其他部门的工作给予支持，同时也很难取得其他部门的配合，难以形成整个企业的合力。通过信息资源规划，建立统一的企业数据模型，保证企业数据高度共享，实现部门之间信息的自动交换和相互支持，从而极大提高企业整体工作效率。

三、 系统集成框架下的企业数字信息资源规划

本部分将在"系统集成"的框架下探讨企业数字信息资源规划的过程、方法、发展进程与实施途径。

（一） 系统集成的框架结构

针对企业信息系统，将企业集成、信息集成统一于系统集成，建立一个系统

集成框架，如图 6-1 所示。

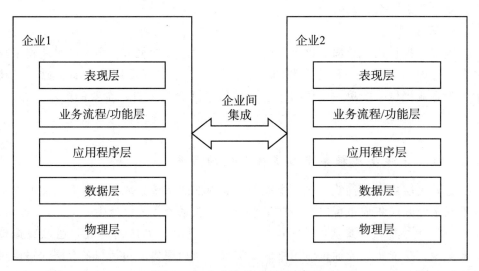

图 6-1 系统集成框架结构

资料来源：张晓娟：《系统集成框架下现代企业信息系统的演进》，载《情报科学》2007年第 8 期，第 1128～1134 页。

1. 物理层

系统集成中最低级别的企业层是物理或平台层。这个层面上的集成问题是解决物理网络中的硬件、机器、设备和操作系统的异构性。网络层的集成目标是构架系统、应用软件和模块之间的联系。物理层的集成或连通性仅仅能够确保数据从一个系统发送到另一个系统，即数据交换，但并不作数据集成处理。

2. 数据层

数据层是企业系统完成其业务及管理功能的基础。数据集成将不同来源、格式的数据在逻辑上或物理上有机地统一或集中，从而为企业提供全面的数据共享。

3. 应用程序层

应用程序是用户的应用需求功能在信息系统中的实现，信息系统作为应用程序来为企业提供服务。通过一个企业内或不同企业间相关应用程序的集成，来更有效地提高运作效率。

4. 业务流程/功能层

这一层次代表了企业逻辑及相应的业务流程、管理功能。应用程序支持一个较大的业务流程或功能中的一个或多个商业任务。企业为了完成战略目标和具体任务，各职能部门必须协调一致地工作。业务流程集成要求各部门成为一体，按照特定的企业逻辑和优化的工作流程来运作；功能集成则要求各层级围绕特定的企业功能协同工作。如企业决策功能的实现与优化，要求从企业的运作层、管理层到战略层进行合作。

5. 表现层

表现层提供用户界面。这个层面是一个面向用户的集成，强调的是要将来自多个信息源的信息以一种可定制的、个性化的界面展现给用户。如企业门户技术，为企业提供一个单一的访问企业各种信息资源的入口，企业的员工、客户、合作伙伴和供应商等，都可以通过这个门户获得个性化的信息和服务。

（二）系统集成框架中各层次之间的关系

这五个层次不仅描绘出在一个单一企业内部的系统集成，在不同层面上发生的不同企业间的集成也可以同一框架来表示。在系统集成框架中：

（1）上一层次的集成以下一层次的集成为基础，如应用集成要通过数据集成来实现；功能集成要通过应用集成来实现。而物理集成包括与各个层次集成相关的硬件、软件在构造上的结合。在很多情况下，物理集成在应用层设计之前就存在了。

（2）应用程序层与功能层有十分密切的关系。应用程序建立在业务流程的分析基础上，应用程序是业务流程的技术实现。业务流程的细分和集成程度直接决定了应用程序的功能模块的细分和集成程度。

（3）系统集成的层次对应和代表了系统集成的类型。

（三）系统集成框架下我国企业数字信息资源规划的发展

目前在我国企业信息资源规划进程中，基本上已经安装了需要的硬件、软件和应用系统，取得了一定的成效，但是总体水平仍然较低，仍处于系统集成的应用阶段。总体来说，我国企业信息资源规划的发展主要有以下两个特点：

1. 企业数字信息资源规划以系统集成框架为基础

我国企业信息资源规划基本上是在物理层、数据层、应用程序层、业务流程/功能层、表现层五个层次的系统结构框架下构建起来的。在企业信息资源规划的初期，企业要进行内部网建设，配备基本的软硬件，进行系统集成建设，这是企业信息资源规划的基础。企业要对不同来源、格式的数据在逻辑上或物理上有机地统一或集中，进行数据集成，从而为企业提供全面的数据共享。而进入应用集成阶段，企业采用一些专用信息系统对企业数字信息资源进行实施和集成，如企业资源计划（ERP）、客户关系管理（CRM）等，这是企业信息资源规划非常关键的一步。最后，企业要将所有的信息系统集成起来，使得资源的获取和发布更加便利，摆脱无序信息的困扰，形成一个协同的商务平台，完成企业逻辑及相应的业务流程、管理功能。

我国企业信息资源规划是在系统集成的框架下发展的，其应用水平可以分为四个层次[①]：

（1）系统集成：这一阶段是企业信息资源规划的第一步，而且是不可逾越的一步，它包括企业内部网的建设，基本软硬件的配备等，是企业信息资源规划的基础。

（2）应用集成：应用集成是指一些专用的信息系统的实施和集成，如 ERP（企业资源计划）、CRM（客户关系管理）等，是企业信息资源规划非常关键的一步。

（3）信息集成：信息集成是指将企业中所有的系统集成起来，使得资源的获取和发布更加便利，摆脱无序信息的困扰，形成一个协同的商务平台。

（4）社会集成：社会集成是指将社会的信息集成起来，使得信息可以在整个商务链上自由流动。这涉及众多的企业，从原材料供应商到最终用户。只有在这个层次上，虚拟企业才成为可能，真正的电子商务才能实现。

不难看出，其中的"系统集成"即物理集成，而"信息集成"即企业内的全面的功能/业务集成。

2. 企业数字信息资源规划没有严格按照系统集成顺序实施

值得注意和提出的是，在企业信息资源规划的初期"数据集成"被忽视而没有得到应有的发展。作为应用集成和功能集成的基础和条件，"数据集成"的缺失阻碍了我国信息资源规划的发展。

2008 年 10 月 16 日，国务院国资委召开中央企业信息化工作会议对我国信息化现状及进一步发展的工作重点进行了总结，同时印证了我国企业信息资源规划仍处在提高应用集成，重视和发展数据（资源）集成的阶段。[②]

（1）应用集成方面：需要进一步加大投入，提高应用集成。相当数量的企业信息化基础设施薄弱，不具备建成集中共享统一的信息系统的基础条件。信息化投入需要进一步得到保障，投入需要更加理性化，与企业战略、企业业务紧密结合，注重投资效益。不少企业核心业务应用系统建设落后，与企业发展需求的匹配程度还不够高，集成共享、统一协同程度普遍较差。综合管理信息系统应用范围较窄，还不能覆盖企业生产、经营、管理、决策的全过程。

（2）数据资源集成方面：需进一步提升信息资源的整合水平。信息资源在数据挖掘、知识管理等深度开发利用相对滞后，对企业决策的支撑作用还不明

---

① 杨君、李纲：《信息资源规划与企业信息化》，载《情报学报》2003 年第 12 期，第 704～708 页。

② 李伟在第二次中央企业信息化工作会议上的讲话，http://www.sasac.gov.cn/n1180/n1566/n259850/n259865/5739117.html.［2008－10－16］

显。企业信息化门户和知识管理系统方面有待加强。

理想状态下的企业信息资源规划应该符合系统集成框架的顺序过程。而我国信息资源规划建设在经过第一阶段，建立起了一系列的软硬件系统的发展后，在没有经历数据集成阶段的情况下直接进入了应用集成阶段。因此，在具体实施信息资源规划时，信息资源在数据挖掘、知识管理等深度开发利用相对滞后。另外，由于缺乏高层的统筹规划和统一的信息标准，信息不能快捷流通与共享，形成了许多"信息孤岛"。有相当数量的企业信息资源规划基础设施薄弱，不具备建成集中共享统一的信息系统的基础条件。这些都致使企业信息资源规划仍然停留在应用集成阶段而难以继续发展下去。

（四）系统集成框架下企业数字信息资源规划的过程和方法

企业数字信息资源规划本身是一项系统工程，是企业整个战略规划的重要组成部分。所以，其规划过程必须以信息系统工程方法论为指导，采用工程化方法遵循一定的标准规范来进行。通过信息资源规划进行企业内部各职能领域的信息需求和数据流分析，制定信息资源管理的基础标准，建立全域和各职能领域的信息系统框架——功能模型、数据模型和系统体系结构模型。以及用这些标准和模型来衡量现有的系统以及各种应用，符合的就集成并加以重新开发，不符合的就进行改造优化，选购或重新开发。[①]

信息资源规划的主要内容可概括为"建立三种模型和一套标准"。"三种模型"是指信息系统的功能模型、数据模型和系统体系结构模型，是用户需求的综合反映和规范化表达，是企业信息资源管理的概要模型；"一套标准"是指信息资源管理的基础标准，即数据元素标准、信息分类编码标准、用户视图标准、概念数据库标准和逻辑数据库标准五个标准[②]。是进行信息资源开发利用过程中应遵循的基本的准则，这些准则主要体现在信息资源管理的概要模型之中。

进行企业数字信息资源规划的具体步骤如下[③]：

1. 需求分析

企业数字信息资源规划的第一阶段要进行需求分析，即定义企业内部的业务过程。其目的是确定企业的业务元素及各项业务活动之间的关系，为建立企业业务模型做准备。

---

① 高复先：《资源规划 IRP 系列讲座之一：冲出孤岛——走向规划》，载《信息化管理者》2002 年第 11 期，第 34 页。

② 高复先：《信息资源规划 IRP 系列讲座之三：规划之源——基础标准》，载《信息化管理者》2002 年第 11 期，第 39～40 页。

③ 高复先：《信息资源规划——信息化建设基础工程》，清华大学出版社 2002 年版。

需求分析是信息资源规划的基础性工作①，包括业务功能需求分析和数据需求分析两部分内容：

（1）业务功能的需求分析包括定义职能域、定义业务过程和业务活动分析。其主旨是按信息工程方法论的观点，根据信息资源规划要面向所有领域和主要职能域的原则，由主管领导和业务分析人员对管理的所有领域按照各种业务的逻辑关系，将它们划分为若干职能区域，划分清楚职能域的业务过程组成以及业务过程的业务活动组成。

（2）业务数据需求分析是信息资源规划中最重要和复杂的分析工作。包括用户视图分析、数据元素分析和数据流分析。首先，对用户视图即各类数据库的客户端界面，进行分类、分析和规范化。然后进行数据元素分析，即定义出与业务过程相关的数据类型。最后，根据企业业务数据流和用户视图，计算出各职能域的数据流量、存储量和存储增量，等等。为后期的企业信息系统开发做必要准备。

2. 信息系统的功能模型、数据模型和系统体系结构模型的建立

企业数字信息资源规划的第二个阶段，是在规范化需求分析的基础上进行系统模型的建立，这是信息资源规划的核心和关键性工作。它包括功能模型、数据模型和系统体系结构模型的建立②。且这三者是从以下三个层面对信息分析建模，可以共同进行：

（1）系统功能模型的建立。即用形式化描述方法，按企业信息系统完成的企业业务过程划分，组织出企业中各子信息系统，区分出其功能模块，形成企业信息系统的功能模型。需要说明的是，功能模型拟定的子系统是面向规划的逻辑系统而并不是真实的信息系统，是对企业信息系统功能宏观上的把握，对企业组织机构的变化必需有一定的适应性。

（2）系统数据模型的建立。信息系统必需处理好信息与功能之间的关系，因此需要进行数据分析。数据模型就是将功能模型所需的数据按其内在的联系组织起来，即从系统功能和企业过程的角度，将所有的输入和输出数据按逻辑关联性归纳成各种的数据类型。然后借助于分析人员的经验，辅以一些分析方法将这些数据类型归并为若干个主题数据库。最后，将这些主题数据库以形式化描述方式表达出来，就是系统的数据模型。

（3）系统体系结构模型的建立。在信息工程方法论中，信息系统体系结构

---

① 毋建宏：《企业信息化过程中的信息资源规划》，载《西安邮电学院院报》2004 年第 2 期，第 14 ~ 16 页。

② 高复先：《信息资源开发技术报告 2——信息资源规划的工程化方法》，载《中国信息界》2005 年第 10 期，第 21 ~ 24 页。

（Information System Architecture） 是指系统数据模型和功能模型的关联结构。系统体系结构模型的建立是决定共享数据库的创建和使用责任、进行数据分布分析和制定系统开发方案的科学依据。

3. 企业数字信息资源规划标准

信息资源管理首先要明确的是数据管理，没有卓越有成效的数据管理，就没有成功高效的数据处理，更建立不起来全企业的计算机信息系统，数据管理工作必须从最小的信息单元——数据元素的标准化做起。所以说，信息资源管理的基础标准，是进行信息资源开发利用过程中应遵循的、最基本的准则，是决定信息系统质量的，也是进行信息资源开发利用和信息资源共享的依据。信息资源管理的基础标准是开发信息系统所必须遵循的最基本的标准。这些标准要贯穿从逻辑建模到物理实现整个信息资源管理过程，它是搞好企业数据环境的基础性工作。现存的研究中，普遍采用五大标准，即数据元素标准、信息分类编码标准、用户视图标准、概念数据标准和逻辑数据库标准，可进一步归纳为信息分类编码标准、信息系统开发标准和信息交换接口标准。[①]

（1）信息分类编码标准。信息分类编码即对数据元素进行分类。其准确性直接关系到信息系统对数据处理自动化水平与效率。因此，信息分类必须遵循科学性、系统性、可扩展性、兼容性和综合性等基本原则。实质上，是从信息工程的角度出发，把各单位产生的各类型数据放在企业系统整体业务过程中考虑，达到全局优化效果。应该遵循：国际标准→国家标准→行业标准→企业标准的原则，建立适合于企业管理需要的信息编码体系。

（2）信息系统开发标准。信息系统开发标准主要指在系统开发中应遵循的系统程序开发规范和项目管理规范。系统程序开发规范是系统程序开发过程中出现的各类系统软件开发问题如系统开发语言，系统脚本语言，系统架构做出规定；项目管理规范则是对项目组中各类开发人员的职责和权力、文档编写和维护等项目管理问题做出规定。在信息系统开发过程中，必须按照软件工程的设计规范，实现信息系统开发标准化，以便日后的系统数据共享和使用。

（3）信息交换接口标准。信息交换接口标准是对信息系统内部和信息系统之间各种数据的转换、输入/输出的格式等制定规范和标准。对企业来说，主要是企业生产过程中产生的各类表单的标准化、格式和统计口径标准化、数据传送标准化等的制定工作。

4. 企业数字信息资源规划方法

企业数字信息资源规划必须要由系统开发和分析人员以及业务人员密切合作

---

① 陈延寿：《关于企业信息资源规划的思考》，载《武汉理工大学学报》2005 年第 8 期，第 161 ~ 164 页。

共同完成。这是因为业务人员，特别是中高层管理人员根据业务流和数据流提出的系统功能和信息服务的要求。再由分析人员准确、清楚的表述需求，最后由系统开发人员进行系统分析和系统建模。

企业数字信息资源规划工作包括对大量数据进行分析整理，因此需要保持对系统数据定义与理解的一致性。在技术层面上，即各类人员合作对企业系统集成软件的开发。近年来，在我国也出现了较多的系统集成软件工具但多数并不以数字信息资源规划为主要目的，较多是对一般性数据进行集成，其中全面支持企业数字信息资源的软件工具有大连圣达计算机发展有限公司的信息资源规划工具IRP2000。[①] 其推广应用已被国家科技部批准为"国家级火炬计划项目"

（五）系统集成框架下企业信息资源集成

信息资源集成是对于分散信息资源在新的信息交换与共享平台上，开发新应用，实现信息资源的最大增值。它是将异构分散的非结构化数据，例如：文件、图纸、图片、录像等，和异构的结构化数据，例如：各类数据库等，进行管理和利用，集成为不同应用系统，例如：ERP、SCM、CRM 等，为企业业务需求提供更高的信息资源管理和挖掘方法。[②] 信息资源集成的目标是消灭信息孤岛。

1. 企业数字信息资源集成的逻辑框架

在系统集成的框架下，企业数字信息资源集成的逻辑框架[③]可重新表述为：

（1）企业门户平台。企业门户平台是指在 Internet 的环境下，把各种应用系统、数据资源和互联网资源统一集成到通用门户之下，根据每个用户使用特点和角色的不同，形成个性化的应用界面。简单地说，门户平台通过企业门户组织、展现各种结构化及非结构化的信息内容和应用系统页面，为用户提供统一的信息访问渠道。

（2）数据集成平台。数据整合就是对分散的，异构的各类数据元素实现统一的访问，将有价值的数据传递给应用系统进行信息的进一步加工。数据整合平台从不同的应用程序和数据结构提取数据元素，同时，实现对分散异构数据源的访问并形成统一的"虚拟"数据库即并不存在于服务器的数据库。该平台集成企业收集的各种外部信息数据库和内部应用系统数据库，通过与用户紧密集成，从而实现统一的各种级别权限管理和灵活的数据库表单的调用过程。

---

① 高复先：《信息资源规划 IRP 系列讲座之七：善用信息资源规划工具》，载《信息化管理》2002年第 12 期，第 51 页。

② 长江数据：《企业信息资源整合方案》，http：//www.3wec.com.cn/Shownews.asp? news_id=818.

③ 长江数据：《企业信息资源整合方案》，http：//www.3wec.com.cn/Shownews.asp? news_id=818.

[2004－03－09]

（3）内容管理平台。内容管理平台提供对非结构化信息和部分结构化信息的管理功能。企业的文件、图片、多媒体等非结构化信息都可以进入内容管理系统。同时平台定期发布报表等结构化信息进入内容管理系统。

（4）应用集成平台。应用集成平台为不同的应用系统互通提供了基于业务流的统一可靠的实时消息通信平台，集成各类异构不兼容应用程序或数据库。企业应用集成平台提供多种可供选择的通信模式如发布/订阅、请求/应答等等，实现同步/异步的消息传送。

（5）办公自动化平台。办公自动化平台提供员工间信息传送和个人网络办公的工具，包括公文流转、电子邮件、任务派发、会议管理、网络短信、事务提醒、日程管理、计划管理等。

2. 企业数字信息资源集成的策略

企业数字资源集成的策略与方法，关系到企业信息资源集成效果的成功与否，在一定程度上决定了企业信息资源规划建设未来发展的方向。

企业对信息系统进行应用集成前，应充分分析企业现有的应用；掌握可供使用的资源；衡量企业能够承受的压力；制定集成的框架结构与采用的标准；制定实施步骤；根据框架结构与标准选择合适的产品及实施商。企业应用集成的实施，可供选择的有自底向上的集成策略与自顶向下的集成策略。①

（1）自底向上的集成策略。自底向上的集成策略注重先解决局部范围内的集成问题，再逐步扩展集成范围，直至实现全局范围内的集成问题。这种策略通常采用点到点式（P2P）集成方法。点到点式的集成方法突出了系统间的直接连接或调用，主要通过数据的直接访问或接口的直接调用来实现，这在企业级信息系统应用集成的初期是常采用的方法。

（2）自顶向下的集成策略。自顶向下的集成策略注重整体架构与标准，然后考虑局部性的问题。它把集成作为一种全局活动，它确定一个开放式的、广泛的策略，能对所有和集成相关的问题有所预见，分析存在的关联性，提供指导，定义优先权。它首先确定整个集成系统统一性可扩展的结构，然后才关注现有应用。这种统一的结构允许增加新的应用系统，并允许用新的应用系统替换或重构现有系统，具有较好的伸缩性。

四、电子商务平台建设与企业数字信息资源规划

电子商务，狭义上是指政府、企业和个人利用现代电子计算机与网络技术把

---

① 杨浣明：《企业信息资源整合的策略与方法》，载《铁路计算机应用》2004 年第 4 期，第 1 ~ 4 页。

传统的商务平台放在计算机平台上以及电子平台上进行运作，实现商业交换和行政管理的全过程。广义上说，它的本质是建立一种全社会的"网络计算环境"或"数字化神经系统"，实现信息资源在国民经济和大众生活中的全方位应用。①

企业电子商务平台是建立在 Internet 网上进行商务活动的虚拟网络空间和保障商务顺利运营的管理环境，是协调、集成信息流、物质流、资金流有序、关联、高效流动的重要场所。通过电子商务平台，企业、商家可充分利用提供的网络基础设施、支付平台、安全平台、管理平台等共享资源，有效地、低成本地开展自己的商业活动。②

在电子商务环境下，企业的商务模式将以信息流为核心，企业的商务活动将比以往任何时候都依赖于信息的流动，大量的实体运动转向虚拟世界这就意味着企业与客户、合作伙伴的物理接触几乎都将通过数字信息的交流来实现。因此，对信息资源配置、信息资源的利用、信息流动控制等都将变得十分重要，而这恰恰是信息资源管理的重要内容。有效的企业电子商务平台依赖于企业数字信息进行规划，因此规范网上业务的开展，提供完善的网络资源、安全保障、安全的网上支付和有效的管理机制，有效地实现资源共享是实现真正的电子商务的必要条件。企业数字信息资源规划进程孕育了电子商务，推动了电子商务的发展；而企业的电子商务注重企业与外部作业的流程，又促进了企业数字信息资源规划的深层次开发。下文将主要介绍电子商务平台建设状况、支撑体系、体系结构，以说明企业数字信息资源规划对电子商务的推动作用。③

（一）各国电子商务平台建设的状况

各国在推进电子商务平台建设方面也做出了积极的努力并出台了一系列相关的规划措施。德国经济部于 1997 年底决定资助成立地方性的支持中小企业普及电子商务促进中心，专门为中小企业应用电子商务服务。促进中心主要任务：建立覆盖全德的电子商务信息平台：www.ec-net.de。④

英国贸工部早在 1998 年 10 月 6 日发布文件公布了英国电子商务的发展前景与规划，强调了电子商务在英国向知识经济转型中的关键作用，并提出了发展电子商务的原则框架。这一标题为《网络的利益：英国电子商务议程》⑤ 的文件指

---

① 李晓东：《电子商务——21 世纪全球商务主导模式》，载《国际贸易问题》2000 年第 3 期，第 1～6 页。

② 百度百科：电子商务平台，http://baike.baidu.com/view/186671.html.

③ 国务院办公厅：《关于加快电子商务发展的若干意见》，国办发 [2005] 2 号。

④ 德国电子商务，http://free.21cn.com/forum/bbsMessageList.act? currentPage = 1&bbsThreadId = 210575.

⑤ 《网络的利益：英国电子商务议程》，载《互联网周刊》1998 年第 11 期。

出，为保证企业更积极、更方便地应用电子商务，电子商务的规划问题应成为英国发展以知识为基础的经济战略中的一个重要组成部分。

2003 年，欧盟邀请成员国及其他愿意加入的国家一起正式成立了欧洲中小企业信息化支持网络（The European e-Business Support Network，eBSN）。eBSN旨在建立一个平台，参与者通过它相互学习，共同分享实践经验和信息材料，使参与国家在推进中小企业信息化方面的效率能被进一步提高。①

2005 年年底，韩国政府制定了《2010 年电子商务技术发展路线图》，对未来 5 年电子商务技术开发做出了规划，并选定实时企业、资产管理模块等 15 项技术作为电子商务发展的核心战略技术重点开发，其最终目标是实现 2010 年在国际电子商务技术市场的占有率达到 60%，电子商务水平进入世界前 10 强。②

我国在推进电子商务平台建设上，也做出了积极的努力：2004 年 8 月 28日，我国出台了第一部电子商务法——《电子签名法》；2005 年 1 月 8 日，我国有了第一个全国性的电子商务政策——《国务院办公厅关于加快电子商务发展的若干意见》；2007 年 6 月 25 日，第一个电子商务规划——《电子商务发展"十一五"规划》出台，文件中指出建立面向中小型企业的电子商务平台。开展信息发布、采购销售和信息系统外包等服务业务，降低中小企业信息化成本，提高中小企业电子商务应用水平。

（二）电子商务支撑体系

在我国《电子商务发展"十一五"规划》中，规划了几项重点引导工程，其中包括电子商务支撑体系建设工程。这项工程主要内容有：启动国家电子认证服务和综合监管平台建设，支持第三方电子认证业务平台建设；支持虚拟货币、电子合同、在线产品信息监测平台建设，逐步规范在线经济活动；支持在线信用信息服务平台试点示范建设，探索与政府相关部门、电子商务交易服务平台间信用数据共享的实现形式；支持第三方在线支付平台和电子银行建设，发展在线支付业务。具体来说，电子商务支撑体系主要在以下几个体系建设与完善③：

1. 电子认证体系

进一步规范密钥、证书、电子认证机构的管理，发展和采用具有自主知识产权的加密和认证技术。整合现有资源，完善电子认证基础设施，规范电子认证服务，

① 欧盟推进企业信息化建设主要举措，http：//www. clb. org. cn/e/DoPrint/? classid = 60&id = 22772.
[2007 - 10 - 22]

② 各国电子商务发展之韩国篇，http：//www. eschina. info/Article_Show. asp? ArticleID = 4036.
[2006 - 10 - 16]

③ 国家发展改革委：《电子商务发展"十一五"规划》，2007 年。

建立布局合理的电子认证体系，实现交叉认证，为社会提供可靠的电子认证服务。

2. 信用服务体系

加强政府监管、行业自律及部门间协调与联合，鼓励企业积极参与，按照完善法规、特许经营、商业运作、专业服务的方向，建立科学、合理、权威、公正的信用服务机构。建立健全相关部门间信用信息资源的共享机制，推进在线信用信息服务平台建设，实现信用数据的动态采集、处理、交换。严格信用监督和失信惩戒机制，基本形成既符合我国国情又与国际接轨的信用服务体系。

3. 在线支付体系

加紧制定在线支付业务规范和技术标准，研究风险防范措施，加强业务监督和风险控制。研究制定第三方支付服务机构的管理措施，实现银行与第三方支付服务的衔接协同。引导商业银行、中国银联等机构建设安全快捷、标准规范的在线支付平台。大力推广银行卡等电子支付工具，推动网上支付、电话支付和移动支付等新兴支付工具的发展。进一步完善在线资金清算体系，推动在线支付业务规范化、标准化并与国际接轨。

4. 现代物流体系

充分利用铁道、公路、水路、民航、邮政、仓储、商业网点等现有物流资源，完善信息平台等现代物流基础设施建设。广泛采用先进的物流技术与装备，优化业务流程，促进物流信息资源共享，提升物流业信息化水平，提高现代物流基础设施与装备的使用效率和经济效益。发挥电子商务与现代物流的整合优势，有效支撑电子商务的广泛应用。

5. 电子商务国家标准体系

围绕电子商务发展的关键环节，鼓励企业联合高校和科研机构研究制定物品编码、电子单证、信息交换、业务流程等电子商务关键技术标准和规范，参与国际标准制修订工作，完善电子商务国家标准体系。

（三）电子商务的体系结构

从总体上来看，电子商务体系结构由三个层次和两大支柱构成。三个层次分别是：网络层、信息发布与传输层、电子商务服务和应用层，两大支柱是指社会人文性的公共政策和法律规范以及自然科技性的技术标准和网络协议。[①]

1. 网络层

网络层指网络基础设施，是实现电子商务的最底层的基础设施，它是信息的传输系统，也是实现电子商务的基本保证。它包括远程通信网、有线电视网、无

---

① 魏亚萍：《电子商务基础》，机械工业出版社2008年版。

线通信网和互联网，其中互联网是网络基础设施中最重要的部分。

2. 信息发布与传输层

网络层决定了电子商务信息传输使用的线路，而信息发布与传输层则解决如何在网络上传输信息和传输何种信息的问题。目前 Internet 上最常用的信息发布方式是在 WWW 上用 HTML 语言的形式发布网页，并将 Web 服务器中发布传输的文本、数据、声音、图像和视频等的多媒体信息发送到接收者手中。从技术角度而言，电子商务系统的整个过程就是围绕信息的发布和传输进行的。

3. 电子商务服务和应用层

电子商务服务层实现标准的网上商务活动服务，如网上广告、网上零售、商品目录服务、电子支付、客户服务、电子认证（CA 认证）、商业信息安全传送等。由于参与交易的商务活动各方互不见面，所以 CA 认证与安全通信变得非常重要。CA 认证中心，给参与交易者签发的数字证书，用来确认电子商务活动中各自的身份，并通过加密和解密的方法实现网上安全的信息交换与安全交易。在基础通信设施、多媒体信息发布、信息传输以及各种相关服务的基础上，人们就可以进行各种实际应用。比如像供应链管理、企业资源计划、客户关系管理等各种实际的信息系统，以及在此基础上开展企业的知识管理、竞争情报活动。而企业的供应商、经销商、合作伙伴以及消费者、政府部门等参与电子互动的主体也是在这个层面上和企业产生各种互动。

4. 公共政策和法律规范

进行商务活动，必须遵守国家的法律、法规和相应的政策，同时还要有道德和伦理规范的自我约束和管理，二者相互融合，才能使商务活动有序进行。随着电子商务的产生，由此引发的问题和纠纷不断增加，原有的法律法规已经不能适应新的发展环境，制定新的法律法规并形成一个成熟、统一的法律体系，成为世界各国发展电子商务的必然趋势。

5. 技术标准和网络协议

技术标准定义了用户接口、传输协议、信息发布标准等技术细节，是信息发布、传递的基础，是网络信息一致性的保证。网络协议是计算机网络通信的技术标准，对于处在计算机网络中的两个不同地理位置上的企业来说，要进行通信，必须按照通信双方预先共同约定好的规程进行，这些共同的约定和规程就是网络协议。

五、电子商务平台规划建设的目标——企业数字信息资源集成

数字信息资源集成是电子商务平台建设的最终目的。企业电子商务活动中的

信息资源集成是集技术整合、经济管理、人文管理于一体的高层次、战略型的综合整合模式。信息资源集成的最终结果是提供一个信息交流、内部协作、强化规范管理、提升原有资源价值的平台，形成一个为企业和用户提供高质量、高效率的信息服务窗口。

（一）企业电子商务信息资源集成内容

在电子商务的实际应用过程中，由于各企业的性质和规模存在差异，电子商务实现的要求各不相同。有的企业是面向消费者的，有的电子商务服务是面向供应商或销售商的，甚至两者兼而有之。在商务活动上有电子采购和在线客户服务等。图 6 - 2 是电子商务的应用结构，为企业电子商务模式分析提供一个整体性的框架。

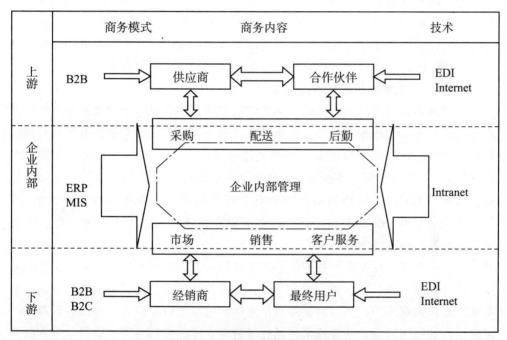

图 6 - 2　电子商务应用结构

在信息资源管理阶段，企业从商务大局与战略出发，把信息资源管理部门上升为战略性的部门以全盘统筹信息资源的整合与提升。企业电子商务的信息资源集成包括以下三方面内容[①]：

1. 企业内部及企业之间的信息资源集成

企业电子商务信息资源集成是建立在企业信息资源共享的基础之上。企业信

---

① 魏亚萍:《电子商务基础》，机械工业出版社 2008 年版，第 287 页。

息资源共享包括企业内部和企业与合作伙伴之间的共享。企业内部的信息资源管理，无论是采用何种系统，都强调了围绕企业的核心业务来进行。而面向合作伙伴的信息资源集成，必须引入供应链管理理念，在因特网操作平台上，将各个有关联的企业看作是经济循环链上的各个节点，加以虚拟化。有效地运行需要各个节点的相互配合，上一个节点的产品是本节点的原材料，本节点的产品又是下一个节点的原材料。电子商务系统的解决方案应该和企业内部的管理系统（如MIS/ERP）进行集成，只有这样才能真正提升企业的管理效率。电子商务所涉及的对象不但包括供应商、经销商、消费者，而且还包括有关的合作伙伴，如物流公司、银行等，他们共同形成一个完整的供应链。但对于一个企业来说，其电子商务系统的运作往往只和相邻的上下游的企业发生业务关系。企业间电子商务与企业内部的管理信息系统不同，它是跨越多个企业建立和应用企业间信息系统，系统的参与者多，且他们处于平等地位，无法做到谁领导谁和控制谁，因此他们之间有大量的协调工作。这种系统以及所涉及的技术也远比企业内部的管理信息系统复杂。因此，必须研究适合于电子商务应用的战略规划方法。

2. 企业对消费者的信息资源集成

为了准确地实现与用户和供应商之间的互动，这要求企业内部的业务组织和系统能够与外部的业务流程和信息系统实现整合。电子商务系统的业务从材料采购到产品销售和最终售后服务，覆盖范围非常广，包括市场、销售、采购、配送/后勤、客户服务等。当前使用的解决方法是客户关系管理（CRM）和供应链整合管理（SCIM）。因特网的出现和电子商务的兴起，使得"以客户为中心"的经营理念变得更加现实和可行。在电子商务环境下，面向客户的信息资源集成，主要是在内联网操作平台上，运行 CRM 系统。CRM 系统首先是在企业内联网上建立一个客户数据库，数据库中的各种原始数据来源于企业与客户交往的一切运营过程和运营管理过程，通过与客户的交往，使客户信息源源不断地输入到企业的客户数据库中。然后需要对数据库中的数据进行集成，以便综合管理和决策应用，这将用到数据仓库技术，通过对数据仓库的数据整理、数据分析和数据挖掘，把数据转换成关于客户的有用的信息和知识，并应用到企业销售、服务等日常生产经营活动中，形成对客户信息的收集、加工、分析、应用等一个完整的管理过程。系统最主要的优势就在于实现了企业内部人员信息资源的共享性以及与客户沟通的实时性、互动性和低成本性。

3. 社会信息资源集成

一站式政府门户的引入，引发了电子商务与电子政务合作的需求，电子商务与电子政务应用系统交流和整合是当前企业信息资源集成必须考虑的问题。当前的整合表现在两方面：技术层整合（允许分散应用系统之间的交流）和业务层整合（支持业务建模）。在电子商务环境下，信息资源管理的内容是十分广泛的，除了围绕企业的核心业务流程所产生的信息需要加强整合外，面向社会的、大量的、分散的公共信息，都是企业信息资源管理与整合的重要组成部分。首先要将企业的内联网与政府的电子政务系统相连接，建立企业与政府之间的网络信息通道，及时了解政府及其职能部门出台的有关政策、法规、制度，结合企业实际，进行分析研究，为企业的重大战略决策提供政策支持。其次，利用企业电子商务网站，扩大企业的对外交流。一方面利用网络的互动功能，广泛获取来自于社会各界的公共信息；另一方面也可以依赖网页来展示企业的形象，传播企业的经营理念，宣传企业的产品。最后，将企业的内联网与因特网相连接，增强企业的信息输入功能。

（二）企业电子商务的信息资源集成平台构建

通过企业资源规划（ERP）、客户关系管理（CRM）等商务软件的应用，企业利用良好的内部信息网络与外部互联网结合，能够更好地与后端供应商以及前端顾客实现信息互动，带来反应时间缩短、服务质量提高、更好地满足顾客要求等竞争优势，同时实现商业交易。为了实现电子商务的信息资源集成，关键是协调异构的环境，建立统一的操作平台，从而实现灵活交易，而且能够针对用户需求做出快速的回应。

1. 企业电子商务的信息资源集成平台构成要素

企业电子商务的信息资源集成平台就是要解决企业内外信息资源分割的现状，其建设不单纯是软件技术问题，还包括架构、组织、技术、环境和服务五大要素。信息平台需要从下属的众多子系统中提取大量的信息和数据，因此从平台出发，制定统一的信息标准，确定需要从子系统中提取的信息种类和要求，完成各接口的设计，实现平台与子系统间的友好衔接，是保证信息平台充分和有效获取相关数据并提供信息服务的根本保证。对于信息资源集成平台而言，正确的信息资源管理架构体系设计是核心，强有力的信息资源管理组织是关键，采用主流的信息资源管理技术（诸如企业门户、应用集成、内容管理、元数据管理、业务流程管理等）是基础，统一推行支持信息资源管理的标准与规范是必要环境，基于服务管理的专业化服务平台系统建设是其长期可靠运行的保证。

2. 企业电子商务信息资源集成平台体系结构

企业电子商务信息资源集成平台是基于企业信息门户而构建。企业要成功部署企业门户，关键是要解决企业资源整合问题，企业应用系统集成（EAI）作为企业资源整合的重要手段，不仅包括企业内部的应用系统和组织集成，还包括企业与企业之间的集成，以实现企业与企业之间信息交换、商务协同、过程集成和组建虚拟企业等。尽管 EAI 常常表现为对一个商业实体的信息系统进行业务应用集成，但当在多个企业系统之间进行商务交易的时候，EAI 也表现为不同企业实体之间的企业系统集成，例如扩展的供应链管理，客户关系管理，虚拟企业等。企业电子商务信息资源集成平台体系结构如图 6－3 所示。

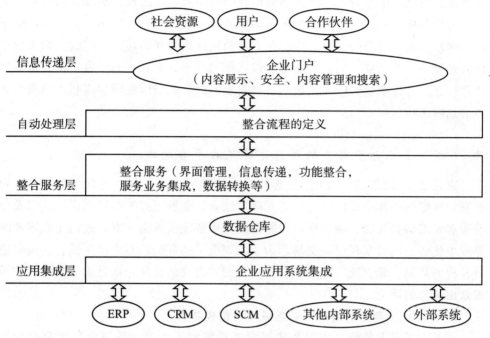

图 6－3　企业电子商务信息资源集成平台体系结构

资料来源：胡昌平、邓胜利：《企业电子商务的信息资源整合分析》，载《情报理论与实践》2006 年第 5 期，第 552～555 页。

（1）信息传递层。通过鉴别用户，识别其角色及请求，为用户提供统一的入口，获取个性化的需求内容及服务要求信息，以便为个性化门户构建与用户体验设计提供依据；同时，在与用户互动中，该层还直接向用户传递信息，实现与用户的交流。

（2）自动处理层。通过对信息资源的处理进行逻辑性整合，并将不同流程按照已定的次序进行衔接，以实现信息资源的无缝获取。

（3）整合服务层。通过与各种应用程序接口和数据交换机构等进行沟通，在信息的不同表述之间进行标准化对接，在实现信息的相互交换和相互理解后，完成服务功能及业务集成。

（4）应用集成层。互联网环境下的企业存在大量的实用系统，每种系统采用的标准不一，从而将信息资源集成。

企业电子商务的信息资源集成是一项艰巨的任务，目前仍存在许多的难题，如：已有的分散异构的信息资源如何无缝链接；整合后的信息资源系统如何运行管理；如何支持不同用户的共性需求；用户如何进入统一的信息资源管理平台等。企业电子商务的信息资源的成功集成不仅仅是数据的汇集处理，它需要信息技术提供知识和智能，要准确满足用户的需求，把需要的信息放在恰当的位置，在恰当时间提供给人们，以提高工作效率。

第二节　公共数字信息资源规划

一、公共数字信息资源与政府数字信息资源

从历史沿革的角度来考察人类公共领域信息资源管理状态，可以用记录管理、政府信息资源管理和公共信息资源管理三个不同阶段来概括。[①]

在政府内部信息管理职能简单并缺乏合理分工的时代，构筑在国家强制力基础上的文献记录管理作为国家统治的工具，具有政治上的控制性和管理上的从属性。政府信息资源管理是现代社会的产物，随着政府职能的扩张、政府文献的爆炸式增长以及信息技术的进步，信息资源逐渐成为政府行政管理的重要因素。公共信息资源管理则是在后现代社会，在公众民主意识的提高和社会自我发育的不断成熟、市场机制的进一步完善、公共信息资源的日趋繁杂、公共信息资源管理的有限性以及数字化发展等时代背景下出现的，公共信息资源正是在这一阶段产生的。

公共信息资源的概念虽然提出的较晚，但公共信息资源管理实践活动在人类历史的早期就已出现，其管理对象主要是政府信息资源。在数字化、信息化社会，数字信息的出现以及公共领域的不断拓展，公共数字信息资源作为社会组织在公共活动中所产生的各种数字信息资源的集合，由社会不同的个体、组织、行业等提供，因此不再局限于政府信息资源，其构成更加多元化，但是政府数字信息资源依然是公共数字信息资源的主体组成部分。

---

① 夏义堃：《政府信息资源管理与公共信息资源管理比较分析》，载《情报科学》2006年第4期，第531~536页。

（一）公共数字信息资源的内涵及特征

在数字时代，公共数字信息资源是公共信息资源的主要形式，也是数字信息资源利用的核心内容。所谓公共数字信息资源，是与私人数字信息资源相对应的。私人数字信息资源是指由私人生产和提供的数字信息，具有个体性、非公开性，而公共数字信息资源是面向大众的、开放的社会资源，有着完整的提供、发布、传播、控制、反馈的运作机制，能够在整个社会中进行优化配置，公共性是其本质属性。从广义上讲，公共数字信息资源是指一定范围内社会公共数字信息的总合，任何反映和维护公共利益活动的数字信息都属公共数字信息资源范畴；从狭义上讲，公共数字信息资源是一种特定的实用型信息，是指所有以数字形式生成和发行，发生并应用于社会的公共领域，由公共事务管理机构依法进行管理，具有公共物品特性，并能为全体社会公众共同拥有和利用的信息资源。

公共数字信息资源作为一种公共物品，凡是能满足公众信息需求、与公共利益密切相关的数字信息均可纳入公共数字信息资源的范畴。公共数字信息资源与每一个社会公众都有着直接或间接的联系，提供公共数字信息资源的主体对公共数字信息资源进行维护和管理，使公众能够免费或低价获取所需信息。因而，公共数字信息资源具有公共性、共享性、资源性、广泛性、基础性等特征，其中公共性、共享性是公共数字信息资源最显著的特征。

1. 公共性

从经济学角度理解，公共数字信息资源的效用在于公共消费，目的在于促进公共利益，因此可看作是带有公共物品属性或准公共物品属性的信息资源，而公共物品是相对私人物品而言的共享性物品和服务，消费的非竞争性和收益的非排他性是其主要特性。公共数字信息资源具备这两种特性，因此公共性是其本质属性。

首先，公共数字信息资源的利用和消耗没有过多的条件限制，任何消费者都可以免费使用，且个人的利用不影响其他人的消费，个人对公共数字信息资源的利用程度取决于社会所能提供的公共数字信息资源总量。公共数字信息资源一旦被提供，增加一个人的消费并不会使原有的信息内容减少或影响他人的受益，增加消费所产生的社会成本为零，这就是公共数字信息资源的非竞争性。

其次，公共数字信息资源一旦由既定的成本生产出来以后，增加消费者数量并不额外增加生产成本，反而会提高信息利用的边际收益；另一方面，个人从公共数字信息资源利用中受益并不排除他人从中受益，也不可能因为自己受益而阻止他人同时消费同一信息产品或服务，人人都有利用公共数字信息资源的权利。

这就是公共数字信息资源的非排他性①。

2. 共享性

共享性是信息资源的一种天然特性，是指信息资源可以为许多用户所共同使用的特征，而公共数字信息资源由于公共性的存在，其共享性就有了更深刻的内容。"随着市场和政府作用的不断增强，这种天然的共享性已在相当程度上增添了人为色彩。"②

公共数字信息资源与每一个社会公众都有着直接或间接的联系，关系到公众的生活、工作、教育、娱乐等各个方面，它们具有广泛的适用面和普遍的价值意义。作为一种具有非竞争性和非排他性的公益性信息资源，公共数字信息资源所创造的是具有公益性质的社会效益。公益性即意味着共享性，即在公共数字信息资源的利用方面人人平等。公共数字信息资源主要由个别组织或部门负责管理，但是其各种管理行为都是代替全社会来实施的，目的是为所有社会公众提供利用服务，使公众可以公平、平等地利用公共数字信息资源。

公共数字信息资源的这种共享性为其在社会经济生活中更有效地发挥作用奠定了基础。公共数字信息资源形成以后，不同的获得者都可以根据自身的情况对公共数字信息资源进行开发与利用，使得公共数字信息资源作为资源在社会经济生活中充分地体现出其价值来，进一步促进公共利益。反之，如果某种数字信息资源缺乏共享性，那么它便不属于公共数字信息资源，而属于私人数字信息资源。可见，共享性也是公共数字信息资源与私人数字信息资源的根本区别所在。

（二）公共数字信息资源的构成

政府作为公共利益的维护和执行机构，是全社会公共信息资源的最大拥有者、发布者和使用者，掌握着大量的信息资源，并在实践中逐步形成了一套完整、稳定的信息资源管理模式，这使得人们在很大程度上将政府信息资源等同于公共信息资源。但在数字化、信息化、市场化以及全球化的现代社会，数字信息的出现以及公共领域的不断拓展，公共数字信息资源作为社会组织在公共活动中所产生的各种数字信息资源的集合，由社会不同的个体、组织、行业等提供，因此不再局限于政府信息资源，其构成更加多元化。

按照信息资源的所有者不同，可以将公共数字信息资源分为政府数字信息资源和非政府数字信息资源。其中，政府公务活动（即政府利用公共权力实现公共利益时所进行的活动）所产生的数字信息，构成了公共数字信息资源的主要

---

① 夏义堃：《公共信息资源属性、分类及管理结构分析》，载《图书情报工作》2007 年第 5 期。
② 马费城：《信息资源的开发与管理》，电子工业出版社 2004 年版。

部分；而第三部门等社会组织及个人以公开的方式所发布的组织内部信息（如企业宣传册）、个人信息（如个人博客）等，也构成了公共数字信息资源重要内容①。这是因为随着社会信息化程度的提高，提供公共数字信息资源的主体不断丰富，作为客体的公共数字信息资源的数量与类型也在不断多样化。

总之，随着信息生成环境的不断变化以及社会信息需求种类和范围的不断扩展，原有的以政府作为唯一主体的公共数字信息资源集中式分布已经不能适应社会的发展需要，政府数字信息资源供给能力的有限性限制并降低了公众的信息满足度，第三部门、私营组织及个人的介入成为必然趋势。但是由于政府在公共管理、公共服务领域的决定性作用，政府数字信息资源依然是公共数字信息资源的主体，而政府也要承担公共数字信息资源规划的重任，因此我们重点探讨政府数字信息资源的规划。

（三）政府数字信息资源的内涵及特征

政府信息资源是指一切产生于政府内部或虽然产生于政府外部但对政府活动有影响的信息②，政府数字信息资源则是所有以数字形式生成和发行的政府信息。从这个定义可以看出，政府数字信息资源主要包含两方面的内容：一是指政府行政机构在行使公共权力，管理国家事务及社会公共事务的过程中产生的数字信息；二是指虽然产生于政府外部但却处于政府部门最关心的目标范围内，具有某种广泛性意义和参考价值、对全局有一定影响的倾向性数字信息，例如经济活动信息、科技成果信息等信息资源。

从生成途径角度出发，政府数字信息资源主要包括传统政府信息资源的数字化和电子政务环境中直接生成的政府信息资源。首先，随着"政府上网"工程的开展，电子政务门户网站逐渐成为政府与公众沟通的渠道之一，公众需要通过政府网站查阅相关的政府信息，许多传统环境中生成的政府信息也需要通过政府网站进行发布，因此有必要对部分传统政府信息资源进行数字化转换。其次，电子政务的逐步发展与日趋完善，使得传统政府办公环境有所改变，电子政务环境中生成的数字信息资源成为政府数字信息资源的主体，而那些产生于政府业务流程中的记录、数据、文件以及政府为了业务流程的顺利开展从外部收集的数字信息，则构成了公共数字信息资源的主要内容。因此可以说，在数字化时代，公共数字信息资源不仅仅是政府数字信息资源，但政府数字信息资源依然是公共数字

---

① 杨玉麟、赵冰：《公共信息资源与政府信息资源的概念及特征研究》，载《图书馆建设》2007年第6期，第36～39页。

② 查先进：《论政府信息资源管理及其发展动向》，载《中国图书馆学报》2002年第4期，第37～39页。

信息资源的主体。

政府数字信息资源是与政府公务活动紧密联系的数字信息资源，政府部门为了实现管理国家的目标，其采集、加工、存储、传播和利用的信息必然会体现政府对社会生活独有的权威和控制力。首先，政府数字信息资源大多是政府机关行使国家职能时使用或产生的信息，是为一定的政治要求服务的，有着明确的政治性；其次，政府数字信息资源是用于管理社会的，加之政府管理工作本身具有一定的强制性，在传递过程中对载体和传递方式都有特定的要求，因而构成了政府数字信息资源的权威性；最后，政府数字信息资源大多是产生或使用于政府机关的信息，作为政府部门，特别是高中层领导机关，通常管理的都是一个动态的、宏观的社会大系统，所以要解决的问题都是宏观的和综合的，且政府数字信息资源管理的关键环节也是综合处理信息，从而使政府数字信息资源不可避免地带有宏观性和综合性。

二、政府数字信息资源规划

政府信息资源集聚全社会信息资源总量的 80%[1]，直接关系到国民经济与社会发展的状况和水平，因而政府数字信息资源规划具有十分重要的意义。同时政府数字信息资源是公共数字信息资源的主体，因此政府数字信息资源规划也是公共数字信息资源规划的重点内容。

（一）政府数字信息资源规划的内涵与特点

1. 政府数字信息资源规划的内涵

公共数字信息资源规划是对公共数字信息资源的收集、获取以及处理、存储、传输和利用的全面规划，是由一整套公共数字信息资源开发建设的理论方法、标准规范、软件工具及其实现范例所构成的，如对公共数字信息资源管理目标的说明、管理方法的选择、管理执行落实情况以及管理效率的评估等。政府作为公共利益的代表，在公共数字信息资源规划过程中起主导作用，同时第三部门、企业及个人等也应该参与其中，形成多元化主体。

政府数字信息资源是公共数字信息资源的主要组成部分，是公共数字信息资源规划的重点，因此公共数字信息资源规划的核心是对政府数字信息资源的合理规划。所谓政府数字信息资源规划，是指建立在现代通信技术之上，以整合和规

---

[1] 仓定兰：《政府信息资源规划（GIRP）研究》，载《图书馆理论与实践》2006 年第 6 期，第 38 ~ 40 页。

划政府数字信息资源、优化政府管理和服务为目标，对与政府数字信息资源开发和利用有关的决策、计划、预算、组织、指导、培训和控制活动，特别是与政府信息内容及其有关的资源如人员、设备、资金和技术等的系统的管理。也可以说，政府数字信息资源规划既是一个管理理念，也是一个管理平台。①

政府数字信息资源规划是对政府数字信息资源开发利用的规划，它的主体部分是对政府信息工程的总体规划，旨在用技术的手段解决集成化信息系统建设的问题，建立政府数字信息资源管理基础标准和数据管理规范，将信息资源整体的管理思想贯穿于规划的过程。② 可以说，政府数字信息资源规划是政府数字信息资源管理的起点，通过它可以实现政府数字信息资源的综合、有效和高效率开发与利用，使信息冗余减至最少，使信息资源管理的费用减至最小，最大限度地增加信息资源的可用性，并应用现代信息技术提高工作效率。

2. 政府数字信息资源规划的特点

根据政府数字信息资源的定义和主要内容，可以看出，政府数字信息资源规划具有系统性、开放性以及规范化、标准化和规格化等特点：

首先，政府数字信息资源规划的系统性主要表现为对政府数字信息资源进行全面分析和整合，根据不同级别和不同业务部门，在认真调查访谈的基础上，确定各级各类政府机构的需求和相互关系，最终提出完整的需求说明书和整体解决方案。

其次，作为治理国家的重大工程，政府数字信息资源规划既要满足国家体制改革的动态要求，也要及时反映人民群众的意见和要求。政府数字信息资源规划始终都要不断地吸收行政管理先进理念和方法，采用信息技术的最新理论、技术和产品，不断完善和更新，因而具有一定的开放性。

最后，通过实施政府数字信息资源规划，可以达到行政管理规范化，软、硬件技术标准化，集成产品规格化。考虑到同级政府、同类职能部门具有相同的规范业务，因此可以使政府数字信息资源产品规格化，这样不仅规范了行政业务，统一了技术标准，而且避免了政府信息化建设中各自为政，重复建设的现象。

（二）基于系统集成框架的政府数字信息资源规划

当前整个政府层面的信息资源管理呈现出进一步趋向整合和集成管理的趋势，以实现信息资源的有效共享和利用。在我国，实施信息资源规划的经验就是要从集成、利用信息资源的目标出发，在系统集成框架的基础上，运用"集成"

---

① 李绪蓉、徐焕良：《政府信息资源开发与管理》，北京大学出版社 2005 年版。
② 胡振东：《政府信息资源规划过程分析》，华中师范大学，2007 年。

技术，有效地整合和管理政府数字信息资源。

信息系统集成框架是从企业信息系统的研究出发而建立的[①]，此框架被引入到一般组织机构的信息集成，通过政务信息资源集成案例，证明了系统集成框架同样适用于政府领域。系统集成框架即以物理层、数据层、应用层、业务流程层和表现层，以及相应的集成类型代表的一个集成体系[②]。

政府数字信息资源规划可以定位为是对政府数字信息资源的采集、处理、存储、传输、使用、转换和评价，以实现政府各个层级的集成。物理层集成是与各个层级集成相关的硬件、软件在构造上的结合，属于微观层次的规划，而电子政务平台的建设则是表现层集成规划的体现。因此，这里所说的政府数字信息资源规划是在系统集成框架的基础上，以数据层集成规划为核心和基础，通过应用层集成规划、业务流程层集成规划，完全集成政府数字信息资源，确保高效率地管理政府数字信息资源。[③]

1. 数据层集成规划

数据层集成规划的主要目标是政府应用系统间数据资源的共享。这部分规划内容可以借鉴已有的企业信息资源规划的理论、方法。

2. 应用层集成规划

应用层集成规划的主要目标是在政府统一的数据平台上部署各个相对独立的应用系统以及确定彼此之间的作用和关系，利用现代信息技术提高行政效率以及服务质量。其核心为集成数据平台上的业务系统及以业务系统为基础的核心平台，通过业务专网的传输来确保各应用系统的安全、集成运行[④]。在政府数字信息资源规划中，应该根据不同层次的政府部门和不同性质国家机关的职能特点进行分类研究，制定总体规划，形成规范化的政府数字信息资源规划实施方案。通过规划，实现政府业务流程的信息化和自动化，并使各个应用系统的集成运行成为可能。

3. 业务流程层集成规划

业务流程层集成规划的主要目标是依据政府的业务策略、管理模式和组织结构，确保政府运作流程的无缝集成和链接。在这个层面上，特别需要各级政府决策层的支持，需要认真研究现行体制和行政模式。因此，需要紧密结合政府职能转变和管理体制改革，一方面，要引入先进的行政管理理念和管理方法；另一方

---

① 张晓娟：《系统集成框架下现代企业信息系统的演进》，载《情报科学》2007 年第 8 期，第 1128～1134 页。

② 张晓娟、张洁丽、余伟：《电子政务信息资源整合：基于系统集成与 EDMS/ERMS 案例的分析》，见：电子政务信息资源管理及其技术实现——第五届信息化与信息资源管理学术研讨会论文集，湖北人民出版社 2008 年版。

③ 朱晓峰：《政府信息资源规划研究》，载《图书情报工作》2006 年第 4 期，第 68～72 页。

④ 颜丙通：《"金保"工程建设中的政府信息资源规划研究》，兰州大学，2007 年。

面，要结合国情和信息技术的要求，在理论上构造和优化行政管理流程，并利用信息技术把政府流程进行重新梳理，根据紧迫程度进行排列，再实现政府数字信息资源整合和业务流程的优化。

随着信息系统集成框架在政府信息资源集成化管理领域的引入，以此为依据可以考察政府信息资源规划集成化、层级化管理以及在单一组织内文档一体化管理的发展趋势，通过系统各层级的集成规划，充分整合与集成政府数字信息资源，确保政府数字信息资源的有效管理。

（三）　基于文档一体化集成管理的政府数字信息资源规划

传统的政府信息资源管理各环节相互独立，但是目前政府信息资源管理的技术、方法、手段和工具已经越来越全面和成熟地支撑信息资源的全生命周期管理。同时，由于数字信息的非人工识读性、系统依赖性、信息与特定载体间的可分离性、信息易变性等特点，传统的文档管理办法已不能适应数字时代的文档管理，从单一组织来看，信息资源管理必将从单一环节、孤立领域的开展，向信息资源全生命周期的管理发展，信息资源管理与传统的档案管理将越来越紧密地结合起来，实现文档一体化。因此，政府数字信息资源规划必须从数字信息资源的全生命周期管理出发，适应数字时代信息资源管理的要求。

目前，市场上比较有代表性的文档一体化管理系统有电子文档管理系统（Electronic Document Management Systems，EDMS）和电子文件管理系统（Electronic Records Management Systems，ERMS）两种，这两种系统都有各自的优缺点，如：ERMS 不能生成文件，而 EDMS 能够组织生成文档；EDMS 无法提供文件鉴定、处置等功能，而 ERMS 却具有这些功能。国外电子文件管理专家不断地研究显示，为了保证数字信息资源的再利用，以及确保电子文件的完整性和安全性，将 EDMS 和 ERMS 集成起来已成为大势所趋。

1. 电子文档管理系统

EDMS 是一系列信息技术系统中的管理电子文档的软件/硬件，通过使用计算机设备和软件来管理、控制、著录、检索数字系统中的信息。EDMS 是能够组织文档的产生、管理文档的存取访问、控制文档的分发、监控文档流转过程的软件系统；能够帮助机构更有效地管理和访问电子文档，支持业务活动中的现行文档的处理需求；能准确地确定每个文档的版本，并能管理各种类型文档；同时，它们还能有效地对数字信息进行再利用。

2. 电子文件管理系统

ERMS 是根据一定的文件管理原则和方法，电子化地管理信息技术系统中的数字或非数字文件的一套硬件/软件。其所依据的政策、原则及核准的保管期限表都是由机构根据自身业务活动制定。ERMS 能有效地管理电子文件及其他任何载体形式的文件；能够长期保证文件作为业务活动证据的真实性、可靠性和完整性；能够对文件进行收集、归档、著录、鉴定、处置、检索、提供利用、审计、转载等活动。ERMS 的目标是通过提供保管功能对办公文件进行保护，管理文件从生成到最终销毁的整个生命过程。

3. EDMS/ERMS 集成

EDMS 被广泛应用于机构的电子文档管理和控制。EDMS 的许多功能及设施与 ERMS 相同。EDMS 能注释文档、存储管理、版本控制、与桌面应用程序和检索工具紧密集成。一些 ERMS 系统具备全部 EDMS 功能，有些只具有一部分 EDMS 功能；相对应地，一些 EDMS 也可能具有文件管理的核心功能。两者之间的区别详见表 6 - 1。

表 6 - 1　　　　　　　　　　　EDMS 与 ERMS 间的区别

序号	EDMS	ERMS
1	允许文档被修改/或以不同的版本形式存在	文件不能被修改
2	文档可以被其所有者删除	除非在严格控制的环境下，文件不得被删除
3	可能具备保存控制	必须具备严格的保存控制
4	可能具备由用户控制的文档存储结构	必须具备由管理者维护的严格的文件排放结构（分类方案）
5	主要支持现行业务中文档的日常使用	可能支持日常工作，同时为具有查考意义的业务文件提供安全保护

资料来源：张晓娟、张洁丽、余伟：《电子政务信息资源整合：基于系统集成与 EDMS/ERMS 案例的分析》，参见《电子政务信息资源管理及其技术实现——第五届信息化与信息资源管理学术研讨会论文集》，湖北人民出版社 2008 年版。

EDMS 和 ERMS 具有一些相同的功能，也都具有各自独特的功能。没有哪个系统能完全满足数字信息的整个生命周期管理的需求。在国际文件管理和档案管理领域，EDMS 和 ERMS 的集成已从满足实践需求走向规范化管理和成为最佳实践经验，EDMS 和 ERMS 集成成为档案管理和文件管理学界与软件行业共同努力的目标。由于文件管理系统在保证文件真实性、可靠性、完整性和有用性方面有独特的功能作用和要求，文件管理系统和文档管理系统有本质区别但却相互依存，这就产生了系统的集成需要。

因此，将 EDMS 与 ERMS 相集成，对数字信息资源的再利用，以及确保数字信息的完整性和保存具有重要作用。

三、政府数字信息资源规划的基础：电子政务平台构建

政府数字信息资源规划是对政府数字信息资源开发利用的规划，因此政府数字信息资源生成、管理、提供利用的平台建设是政府数字信息资源有效规划的重要物质基础，即电子政务平台构建。

随着数字时代的到来，传统的政府办公模式逐渐发生转变，电子政务环境中生成的记录、数据、文件以及政府为了政务活动的顺利开展从外部收集的数字信息，正在逐渐替代传统的纸质文件，成为政府信息资源的主体，同时这些数字信息资源通过政务平台向公众提供利用与服务。换言之，政府数字信息资源的全生命周期依托于电子政务平台而进行，因此，只有重视电子政务平台的建设，才能保证政府数字信息资源的有效规划。

所谓电子政务平台，是指专为政府部门设计的、基于因特网的信息交互平台。[①] 通过电子政务平台，政府与企业及个人用户间可以进行安全、快捷的政务活动。电子政务平台是信息化建设中信息的沟通者，是建立数据中心的必备基础、是实现各部门联合办公的必要条件。同时，有效的电子政务平台建设必须依托于电子政务网络结构与电子政务系统的体系结构。

（一）电子政务系统网络结构

电子政务在世界范围内的发展具有两个明显的特征：一是以互联网为基础设施，构造和发展电子政务；二是更强调政府服务功能的发挥和完善，包括政府对企业，对居民的服务以及政府各部门之间的相互服务。而电子政府的业务活动也主要紧紧围绕着这三个行为主体展开，即包括政府与政府之间的互动、政府与企业的互动，以及政府与居民的互动。因此，世界各国把电子政务平台建设定位在与电子政务相关的三个行为主体之间的互动展开的[②]。

根据政府机构的业务形态分析，通常电子政务主要包括两个业务应用领域：一是面向公众和企业的服务：包括政府机构政务信息发布，如政策、法规、条例和流程的查询服务；政府机构的对外网上办公，如申请、审批等；政府机构间的协作对外办公，如联合审批等。二是面向政府内部的办公事务，如政府间机要公

---

① http：//www.tipp.gov.cn/DispDataServlet？model_id＝163506&infoID＝1173435071703.
② 何文娟、张景等：《电子政务平台模型与体系结构研究及应用》，载《计算机工程》2005 年第 5 期，第 63～65 页。

文信息的转输、内部机要公务处理等。① 因此，电子政务系统网络包括两个特定的子系统：一个内部通信系统（内网平台）和一个外部通信系统（外网平台）。网络平台结构采用双星型拓扑结构（见图 6 - 4）。

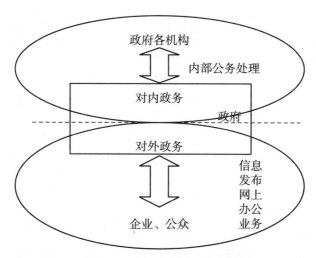

图 6 - 4　政府业务流程分析

政务内网平台是各级政府的内务系统办公平台，主要包括通用办公系统、专有业务协同系统和其他应用系统，由于是用于政府内部机要公文的传输，为了保证安全性，通常与政务外网平台物理隔离。政务外网平台主要是政府的对外服务平台，运行政务部门面向社会的专业性服务业务，包括政务公开、公众服务和网上交互式办公等。政务外网平台与互联网之间逻辑隔离。电子政务平台应该是一个有弹性的城域网和广域网，而不是简单的局域网互联，需要通过统一的业务模型、完善的安全体系、标准化的规范体系、集成的信息管理等方面来支撑它的建设②。

（二）电子政务总体体系结构

电子政务平台建设是一项复杂的系统工程，要求各级政府信息和通信系统的互操作性，并且能够无缝地交互，在电子政务平台建设过程中构筑一个稳定而成熟的体系结构是整个电子政务系统实施的关键，也是电子政务平台建设的基础，必须制定相应的电子政务标准和体系结构，建立一致的标准、格式和规范，以避免电子政务中的重复建设，使利用平台协作成为可能，同时有利于信息通信间的互操作性。

---

① 中国电子政务研究中心：《电子政务红皮书》，2002 年。
② 徐晓林、杨兰蓉：《电子政务导论》，武汉出版社 2002 年版。

电子政务总体体系结构如图 6 - 5 所示，由表示层、应用层以及网络基础平台构成，电子政务安全支撑体系和电子政务标准支撑体系构成电子政务总体体系结构的重要保障。[①]

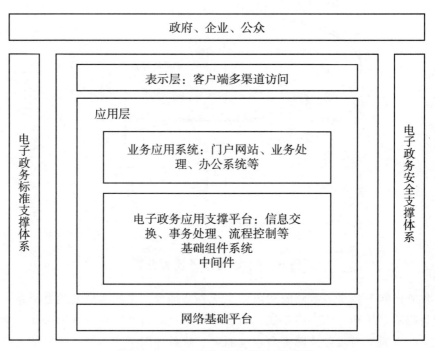

图 6 - 5　电子政务总体体系结构

1. 表示层

描述专业应用中用户相互作用中的信息处理，包括所有与用户相关的终端设备（Web 浏览器访问、移动电话/PDA 等）的通信标准，即客户端与电子政务系统的多访问传输渠道。

2. 应用层

（1）业务应用系统：包括政府内部办公应用系统、对外应用服务系统和办公业务管理系统等，主要有：政府门户网站、办公自动化系统、电子公文交换系统、决策支持系统、各类政府机构向社会提供服务的网上服务系统（如网上审批系统、网上报税系统、网上采购系统等）。

（2）基础组件平台：组件技术就是利用某种编程手段来封装业务逻辑规则，它能将一个大型的分布式系统进行统一的规划、合理的处理冗余、安全、平衡负

[①]　何文娟、张景等：《电子政务平台模型与体系结构研究及应用》，载《计算机工程》2005 年第 5 期，第 63 ~ 65 页。

载等，实现了软件重用、缩短软件开发周期以及实现跨平台性。电子政务基础组件平台是基于当前分布式多层架构和组件技术构建的。基础组件在中心提供技术功能模块——许多服务的组成部分和综合到电子政务应用中的服务或模块，能被不同政府服务机构以同样形式或定制配置使用。电子政务基础组件主要有：支付平台（电子支付），数据安全系统，信息门户系统，电子表单系统，工作流管理系统，内容管理系统（CMS），呼叫中心。

（3）中间件：一种介于系统软件与应用软件之间可部署的一类可复用的基础软件，分布式应用软件借助这种软件在不同的技术之间共享资源，中间件位于客户机服务器的操作系统之上，管理计算资源和网络通信。电子政务软件构成体系中各类中间件的作用主要包括以下内容：集成各类数据资源、提供跨平台异构分布数据资源访问及处理服务；支持跨平台应用集成的解决方案，同时实现面向政务信息及相关数据的共享和交换接口[①]。常见的中间件有：数据存取中间件，消息中间件，事务处理中间件，分布对象中间件，应用服务中间件，安全中间件等。

3. 网络基础平台

网络基础平台主要分为硬件平台和软件平台。硬件平台主要包括各种 PC、服务器、网络路由器、光纤、交换机、防火墙、存储设备等各类硬件设备；软件平台包括操作系统、数据库、目录服务等必不可少的系统软件，也包含对网络、服务器和存储平台进行管理的软件。

电子政务网络体系的建设过程中要遵循国家统一的技术标准和业务规范、建立域名管理、目录服务、信息安全服务和政务信息交换等系统，形成结构合理、功能完善、管理规范、安全可靠、灵活实用的网络基础支撑体系。在电子政务平台建设过程中，要从网络结构、网络传输协议和互联协议、路由协议、地址管理、域名管理、网络设备、安全管理、用户接入和可靠性等各方面做出全面的考虑。

4. 电子政务安全支撑体系

电子政务系统安全体系贯穿于从物理层、网络层、系统层乃至应用层、管理层的所有环节，保证电子政务系统中的政府管理和业务信息资源的安全可靠。

5. 电子政务标准支撑体系

电子政务标准支撑体系是电子政务平台建设的根本保障之一，并贯穿于电子政务平台建设的始终。电子政务的最终目标是要建立统一的一体化的电子政府，

---

① Joshi J. Fbafoor A. （2001），Digital Government Security Infrastructure Design Challenges. IEEE Computer, 2：66 - 72.

因此要统一标准，以促进各个业务系统以及各个政府部门的协同协作、互联互通、资源共享，防止形成信息孤岛。电子政务标准支撑体系主要包括：系统标准、信息技术标准、信息安全标准和管理标准等。

（三）"三网一库"电子政务平台建设

"三网一库"建设是我国政府信息资源开发利用的重要平台，是我国政府通过吸收国外在电子政务领域的最新研究成果和对我国电子政务建设的深入研究，提出的一套电子政务框架。"三网"是指政务内网、政务外网和政务专网；"一库"是指政务资源数据库。

按照"三网一库"架构（见图6-6），在电子政务体系结构的基础上，我国的电子政务平台建设主要包括电子政务内网平台建设、电子政务专网平台建设和电子政务外网平台建设。内网平台处理涉密信息，运行本单位业务；专网平台根据机构职能，在业务范围内与内网平台有条件互联，并以此为基础建立无纸化办公平台，以及实现各级政府涉密信息共享；外网平台用于面向公众提供信息服务，该网上的服务受信息安全部门的指导，资源数据库分布于三网平台之上，按密级和使用要求为不同用户服务。① 政务外网平台与互联网通过逻辑隔离而连通，政务外网平台与内网平台之间采取严格措施实行物理隔离。②

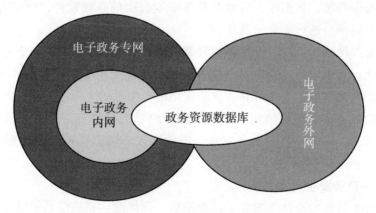

图6-6 "三网一库"结构

1. 电子政务内网平台

即各级政府机关内部办公业务网，基本实现中央、省、市、县多级政府文电、信息、督查、会务、值班、接待等主要办公业务的数字化、信息化、网络

---

① 龚兰芳、周晓燕：《电子政务实用技术读本》，电子工业出版社2002年版。
② 宋军：《电子政务理论与实务》，西安电子科技大学出版社2003年版。

化，实现办公自动化、文档管理、领导辅助决策、视频点播、数据安全与恢复、网络安全等功能。

2. 电子政务专网平台

即办公业务资源网，实现政府部门内网之间的互联和资源共享。例如，通过电子邮件系统的互通互联，实现专网内政府工作人员间的邮件传递，有效地沟通信息传递渠道；通过公文交换平台，实现省、市、县三级纵向以及政府部门之间横向传递。

3. 电子政务外网平台

即政府公众信息网，及时发布公共信息，如政府机构设置、工作职责、政策规定、招商引资、工作进度、政务信息、提供便民服务等，将政府内部办公职能面向公众延伸，逐步开展网上申报、审批、注册、年检、采购、招标、纳税、招商、举报、信访、服务等，提高工作透明度，树立政府的良好形象。

4. 政务资源数据库

负责共享政府办公业务信息资源，进一步提高政府行政管理、应急指挥和快速反应的能力，高效率、高质量地进行宏观管理和科学决策。在政府信息资源开发利用方面，资源数据库的功能体现在建立政府信息资源管理体制，建立政府信息公开和面向社会服务制度，制定政府信息资源管理、信息采集、交换、公告、信息网络建设实施标准、信息库建设规范，建设一批能对主要政府业务工作和重大决策提供支持的数据库群，保证政府信息在政府机构内部实现畅通流转、充分共享。

"三网一库"是我国电子政府的行政决策与指挥系统，是国民经济与社会发展重要信息上传和国家行政决策下达的中枢系统之一，具有强规范性和指导性，是社会信息化体系的总纲。[①] "三网一库"连接了副省级以上的全国各地方政府首脑机关和国务院各部委及其下属机构的办公部门，是国家信息上传、下达到社会、公众的主渠道之一，同时提供了中央政府和地方政府以及部门之间统一的行政决策业务通信和应用平台，形成了跨地区、跨机构的网上虚拟政府框架。

基于"三网一库"框架建立的多地方、多部门协同运行的综合业务应用系统，将稳步使行政决策系统和行政业务系统有机整合，促进业务优化，推动机构改革，最终迈向电子政府。

"三网一库"提供了信息上传和下达的标准、规范和接口，这将有利于社会各类信息系统之间的"接口"与有机整合，并促进其健康有序地发展，从而起

---

① 李芒庆：《电子政务"三网一库"建设》，载《太原师范学院院报》（自然科学版）2004 年第 2
期，第 40～42 页。

189

第六章 领域数字信息资源规划

到纲举目张的重要作用，进而加速国民经济信息化和社会信息化进程。[①]

四、政府数字信息资源规划的内容：信息资源目录体系建设

信息资源是政府数字信息资源规划的核心内容，加强政府数字信息资源有效规划最基础的工作是要掌握政府数字信息资源的数量、质量、分布等具体情况。由于政务数字信息资源具有数量多、门类广、分布分散、信息不对称等特性[②]，发现和定位政务数字信息资源成为了政府数字信息资源规划的前提。通过政务信息资源目录体系的建设，形成信息资产的注册登记和管理制度对于及时掌握动态的政务信息资源的现状、规划政府数字信息资源具有非常重要的作用。

政务信息资源目录是按照信息资源分类体系或其他方式对政府信息资源核心元数据的有序排列，以核心元数据为基础，对政务信息资源进行分类和格式标准化，形成信息资源的有序组织。[③] 政务信息资源目录体系以国家统一的电子政务网络为基础，通过构建覆盖中央、省、市、县的多级政务信息资源目录体系技术总体架构、采用元数据对共享政务信息资源特征进行描述，形成统一规范的目录内容，通过对目录内容的有效组织和管理，形成部门间政务信息资源物理分散、逻辑集中的信息共享模式，提供政务信息资源的发现定位服务，支持全国范围内跨部门、跨地区的普遍信息共享，方便用户发现、定位和共享多种形态的政务信息资源，支持政府的经济调节、市场监管、社会管理和公共服务，是整个政府信息资源规划的基础之一。

（一）国内外政务信息资源目录体系建设现状

政务信息资源目录体系作为应对政府信息资源大量增加的现实情况而作出的一种信息资源管理技术方案，是书目控制思想在政府信息资源管理领域的重要应用。美国、英国等西方发达国家的政务信息资源目录体系建设起步比较早，而我国则是2002年前后才开始对政务信息资源目录体系建设进行探索。

1. 国外政务信息资源目录体系建设现状

欧美发达国家并没有明确提出"政务信息资源目录体系"这一概念，但美

[①] 甘利人、朱宪辰：《电子政务信息资源开发与管理》，北京大学出版社2003年版。

[②] 徐枫、宦茂盛：《政务信息资源目录体系技术概述》，载《信息技术与标准化》2005年第11期，第23~27页。

[③] 国家电子政务标准化项目工作组：《政务信息资源目录体系第1部分：总体框架（征求意见稿）》。

国的政府信息定位系统（Government Information Locator Services，GILS）、英国的政府信息资产注册系统（Information Asset Register）等都是比较典型的政务信息资源目录体系。①

美国为了整合政府的公共信息资源，为公众提供单一窗口的政府信息导航、检索与定位服务，商务部于 1994 年 12 月将政府信息定位服务 GILS 计划作为联邦政府信息处理标准（FIPS 192）办法，公布正式建立 GILS 政府信息定位服务。② GILS 是一种支持公众检索、获取和使用政府公开信息资源的分布式目录管理及利用体系，各政府机构可以利用 GILS 标准描述自己拥有的信息资源（包括数字资源和非数字资源），建立相应的信息资源目录和检索系统，且可以为数字资源目录和数字资源全文之间建立链接，公众可以利用互联网直接获取这些目录数据，并通过链接直接获得有关数字信息资源。

英国政务信息资源目录体系由通用的正式出版（或发布）的泛政府信息资源目录和非正式出版的政府信息资产注册目录体系以及专门领域政府信息资源目录组成③。20 世纪 70 年代泛政府目录体系（Pan-government Catalogue）的建立、1989 年英国最大的官方出版物数据库——UKOP（The United Kingdom Official Publications Database）的成立，以及《跨政府部门主题词表》《政务范畴类目》《公共部门综合词汇表》的制定等，都体现了英国政府对正式出版或公开的政府信息资源的综合管理和有序利用。而由英国公共部门信息管理办公室专门设置的信息资产注册体系（Information Asset Register，IAR）则是关于英国政府部门中没有出版或正式出版的政府信息资源的目录集合，其目标是覆盖英国所有政府信息资源加以开发、管理与利用。总之，目前英国已经构成了相当完整的政务信息资源目录体系，有利于对英国政府信息资源实施较为全面的目录控制。

2. 我国政务信息资源目录体系建设现状

与欧美发达国家相比，我国政务信息资源目录体系建设起步较晚，2002 年"政务信息资源目录体系"这一概念才正式出现，即《国家信息化领导小组关于我国电子政务建设的指导意见》（发办［2002］17 号）关于"十五"期间电子政务建设的主要任务中指出，"为了满足社会对政务信息资源的迫切需求，国家要组织编制政务信息资源建设专项，设计电子政务信息资源目录体系……"另外，缺乏良好的政府信息公开环境和信息基础设施也限制了我国政务信息资源目

---

① 谭必勇、王新才：《国外政府信息资源目录体系建设及其启示》，参见《电子政务信息资源管理及其技术实现》，湖北人民出版社 2008 年版。

② Allen Mullen.（2001），GILS metadata initiatives at the state level. Government Information Quarterly 18：167 – 180.

③ 杨秀丹：《政府信息资源组织工具集成研究》，北京大学博士学位论文，2007 年，第 86 ~ 89 页。

录体系建设的发展。然而，经过数年的探索与实践，我国政务信息资源目录体系建设取得了较大进展，已经进入了原型试点阶段。2002 年政务信息资源目录体系建设提出后，2004 年《关于加强信息资源开发利用工作的若干意见》再次提出了建设政务信息资源目录体系的目标，2006 年《国家电子政务总体框架》则将政务信息资源目录体系定位为国家电子政务总体框架的基础设施。《2006 ~ 2020 年国家信息化发展战略》也将政务信息资源目录体系列入"电子政务行动计划"。在国家和社会的高度重视下，我国政务信息资源目录体系研究和实践工作稳步前进，2005 年《政务信息资源目录体系》国家标准（征求意见稿）正式对外发布①，其中明确提出了政务信息资源目录体系的总体架构、技术要求、核心元数据、政务信息资源分类和编码规则、技术和管理要求等，为各部门和地方的电子政务建设创造了基础条件。国务院信息化工作办公室还申请了"十一五"重大科技项目——《政务信息资源目录体系与交换体系研究及应用示范》，该项目计划投资 1 127 亿元，在 18 个地方进行试点，目前天津市政务信息资源目录体系试点工作已取得较大成就，建立了市、区两级三个目录中心，搭建了目录体系框架、生成标准化的查询目录，统一向各部门提供目录服务，从而对推进天津市政府信息共享，实现政府信息发现和定位起到了相当重要的作用，验证了政府信息资源目录体系总体框架的可行性，制定了《天津市政务信息资源目录体系建设与运营管理办法》，并已于 2006 年顺利通过验收。②

（二）政务信息资源目录体系建设的内容

政务资源目录体系是目录信息与服务、保障与支撑组成的一个总体，参与的角色包括使用者、提供者和管理者。目录信息与服务指基于政务信息资源核心元数据的、能够提供人机接口查询界面的各种浏览器和客户端应用，同时也包括提供计算机系统之间通讯的元数据查询服务接口。保障和支撑主要分为两个方面的内容：一是在软环境方面，分为安全保障和标准与管理，安全保障指为保证政务信息资源共享和交换安全相关的技术要求、技术标准、法规等，标准与管理的核心是为建立政务信息资源目录体系而必须遵循的相关技术标准，例如目录体系技术要求、核心元数据、分类、唯一标识符、技术管理要求等相关标准。

具体而言，政务信息资源目录体系的建设主要包括目录体系网络建设、标准

① 国家电子政务标准化项目工作组：《政务信息资源目录体系第 1 部分：总体框架》，http：//www. egs. org. cn/upload/psgs_draft/1135830975453192. pdf.
② 天津市政务信息资源目录体系通过验收，http：//industry. ccidnet. com/art/884/20070710/1140005_1. html.

目录库建设、软件系统建设以及管理体制建设四个方面[①]：

目录体系网络建设方面，是以电子政务专网为依托，在各级目录服务中心节点配置目录服务器，实现目录体系的分布式部署，在各政务部门配置前置机实现目录服务中心与各政务部门之间共享数据库的连接。

标准目录库建设方面，主要根据国信办组织编制的元数据标准，在各级目录服务中心节点建设标准目录库，并实现对元数据、目录库的维护更新和对注录单位的登记管理。

软件系统建设方面，除系统软件外，主要是指即编目系统、目录报送系统、目录管理系统和目录服务系统等四个应用软件的建设。编目系统是基于核心元数据标准开发的目录数据生成系统。提供者使用编目系统从不同形态的政务信息资源中手工或自动抽取数据，并生成目录；目录报送系统主要完成政务部门前置机上的目录数据向目录中心的报送功能；目录管理系统包括数据互访平台、目录数据管理平台、系统管理平台。通过各平台实现对目录数据服务的集中管理；目录服务系统主要是通过发布与查询服务器依据资源分类标准将元数据发布到政务目录中心网站，供使用者进行浏览、查询。

二是在管理体制建设方面，主要包括以下内容：（1）对信息资源的维护管理机制，主要包括保证信息采集的持续性、正确性、一致性等的管理规范；对信息传输、信息存贮、信息备份、信息使用等方面的管理规范；对信息指标登记、变更方面的管理规范；（2）对技术平台的运行维护机制，主要包括对平台运行状况的监测、系统维护、设备维修、系统改造等活动的管理规范；（3）对业务服务的管理规范，主要包括信息服务申请、服务提供、服务配置、服务注销等活动的管理规程；（4）对岗位职责的管理规范，主要包括岗位的设置、职责、考核等管理规范。

（三）政务信息资源目录体系的应用模式

政务信息资源涉及各级各部门的信息资源，其资源类型、内容跨度、服务目标差异很大，因此，在实际的政务信息资源目录体系建设过程中，重点和层次也存在很大的差别。应用模式是政务信息资源目录体系在实际应用中的具体方式，按照信息资源粒度的不同以及信息资源类型的不同，产生不同层次和类型的政务信息资源目录。在实际应用过程中，根据元数据所描述对象粒度的不同，可以初步划分为记录元数据、数据集元数据和信息库元数据三个层次，三个层次各自形

[①] 王卫文、谢先江：《电子政务信息资源目录体系构建研究》，载《现代情报》2006 年第 7 期，第 219～222 页。

成相应的信息资源目录。①

1. 记录元数据

主要对象包括档案、法律法规、文件、报告等，具体的数据形态可以是图片、文档、多媒体、网页等。该层次的信息资源粒度最细。

2. 数据集元数据

数据集是可以标识的数据集合，它能够用一个数据字典唯一描述。在数据组成上，它是由若干数据记录组成的数据集合。各部门都有相关的数据集，例如国家重点企业资产数据集、中国结核病流行病学数据集等。数据集在表现形态上可以是特定格式的文件，也可以是关系型数据库中的表或视图。

3. 信息库元数据

信息库一般由面向特定主题的若干数据集组成。例如国家电子政务建设中的四大基础库（人口、法人、地理空间和宏观经济数据库）、科学数据共享的主体数据库等。在政务信息资源目录体系建设中，按照资源粒度的不同，建立不同层次的网站应用，例如顶级门户网站可查询信息库或者数据集元数据，下级网站查询记录级元数据或者数据集元数据。数据集元数据查询可根据具体需求灵活掌握。同时，可以按照不同的应用需求，建立专业型的应用，例如面向政务公文、档案的网站应用，也可以有面向资源环境管理数据集的应用等。

（四）政务信息资源目录体系与交换体系

政务信息资源交换体系是与政务信息资源目录体系密切相关的概念，二者经常以"政府信息资源目录和交换体系"同时出现。"政务信息资源交换体系"和"政务信息资源目录体系"两者关注的政务信息资源的类型以及所面向的用户都有很大差别，它们之间的关系是既密切联系又相对独立的。

政务信息资源交换体系是以统一的国家电子政务网络为依托，支持跨区域、跨部门政务信息资源交换与共享的信息系统。政务信息资源交换体系由一系列交换节点组成，它们依托统一的电子政务网络，通过采用一致的信息交换协议，实现跨地区、跨部门业务应用系统之间的信息资源交换。

国务院信息化工作办公室副主任陈大卫认为："政务信息资源目录体系与交换体系建设主要满足电子政务两方面的需求：一是满足跨地区信息共享的需求；二是满足部门间特定信息横向交换和共享的需求。该目录体系和交换体系围绕跨部门业务协同的需求，确定部门间指标和信息交换流程，建设跨部门的政务

---

① 徐枫、宦茂盛：《政务信息资源目录体系技术概述》，载《信息技术与标准化》2005 年第 11 期，第 23～27 页。

信息资源交换体系和技术支撑环境，实现不同部门应用系统间信息的交换和共享①。"

政务信息资源目录体系与交换体系在支持电子政务应用时是一个有机整体，都是以政务信息资源为基础，依托国家统一的电子政务网络，采用不同的技术架构分别实现不同的服务功能，提供目录服务和信息交换服务，实现部门间信息共享和业务协同的支撑，作为基础设施与电子政务的业务应用相对独立。

第三节　学术数字信息资源规划

学术信息资源是指那些能够为学术研究所利用，具有研究和利用价值的信息资源。② 作为一个国家科研和创新的动力源泉之一，学术信息资源在创新型社会中发挥着极其重要的作用。

学术数字信息资源作为数字信息资源的一个必要组成部分，是直接与我国的教育和科研活动紧密联系的一种数字资源形式，图书馆则是学术数字信息资源的主要集散地，是构建学术数字信息资源共享体系的中心，要实现学术数字信息资源的有效共享，必须从图书馆信息资源规划开始。本节从系统集成框架与信息生命周期管理两个角度出发对图书馆信息资源规划进行探讨，并对国内外数字图书馆建设的发展与现状进行回顾。

一、学术数字信息资源的分类

信息总以某种载体表现，以特定方式传递到利用的终点。学术信息资源按照利用方式可分为搜索引擎学术信息资源、书目学术信息资源、网络数据库学术信息资源、数字图书馆学术信息资源以及数字工具书学术信息资源等五类③：

（1）搜索引擎是数字信息资源的总索引，是快速查找学术信息资源的一种最重要和最常用的检索工具。

---

① 《满足跨地区和部门需求，全国政务信息资源目录体系与交换体系建设取得阶段性成果》，载《每周电脑报》2006 年 12 月 18 日。

② 张秀芝、纪晓平、毛春辉：《网络学术信息资源的采集和组织》，载《情报科学》2005 年第 12 期，第 1831～1834 页。

③ 黄良友：《论 E 化学术信息资源类型及检索策略》，载《商场现代化》2006 年第 6 期，第 273～274 页。

（2）书目信息是传统文献信息在互联网上数字化环境下的新的表现，主要包括新书书目、馆藏目录、索引和文摘等。

（3）网络数据库是目前学术数字信息资源的最主要部分，也是数量最多、最有价值的学术信息源，具有更新及时、数据量大、收录内容广泛、实用性和针对性强、检索途径多、查询快捷方便等特点。其主要表现为国内各种网络中的数据库、各类信息资源系统中的数据库、各图书馆联网的大量光盘数据库和国外著名的联机检索数据库等。

（4）数字图书馆是一种拥有多种媒体内容的数字化学术信息资源和网络设备、技术，为用户方便、快捷地提供信息的高水平服务系统。数字图书馆的学术数字信息资源包括各种数据库信息源、书目信息源、报刊信息源和工具书信息源等，可称为学术信息资源之信息源。数字图书馆具有存储数字化、提供知识化、利用共享化、传递网络化、读者广域化等特点。

（5）数字工具书大多是传统印刷型的检索工具书和参考工具书经过数字化而成，其特点是检索功能更强，内容更新速度快，无时间和地点的限制等。目前在互联网上可供查阅的主要有辞典、手册与指南、年鉴和百科全书等。

二、以图书馆为中心构建学术数字信息资源共享体系

作为重要的学术信息资源的汇集与流通中心，图书馆必然成为构建学术信息资源共享体系的核心。

学术信息资源是一个国家科研和创新的动力源泉之一。然而由于其学科专业划分比较细密，各个专业领域的用户又相对比较集中，同时用户的数量相对于社会大众信息资源（如新闻娱乐等）的用户而言比较少，很难形成规模效益，所以目前大多数网络信息服务提供商都不太关注这方面的数字信息资源建设。而学术信息资源是一个国家不可或缺的基础资源，其建设又不能以营利为目的。[①] 图书馆作为公益性信息机构，在信息资源建设过程中以为读者提供利用为首要目的，各种利益关系容易协调。同时，传统的图书馆学理论中，图书馆的学术性是图书馆的重要属性之一，图书馆承担着传递文献信息的基本职能，在数字化环境下，这种属性和职能不但不能被削弱，反而应该强化。这样就决定了学术信息资源建设应该由图书馆系统来承担。

学术信息资源共享体系往往由作者、出版商、发行商、文摘索引商、联机

---

① 刘兹恒、于洪彬：《构建网上学术信息资源共建共享系统》，载《图书与情报》2000 年第 4 期，第 13～15 页。

检索服务商、书目检索服务商和图书馆等一系列环节，严格有序分工组成（见图 6-7）。在这样的体系中，图书馆具有关键性作用。[①] 图书馆对学术信息资源进行可靠收集、存储和组织管理；对信息资源、工具和服务进行"本地化"整合；对科研、教育用户直接提供信息检索、传递和利用服务。在这种环境下，用户虽然可以直接通过体系共享信息资源，但受自身和外界条件限制，大都必须通过图书馆来获得所需的信息及相关服务，用户和用户机构依赖图书馆来建立所需的信息资源保障机制。而且，学术信息共享体系中的其他机构也必须通过和依靠图书馆来实现其价值。有了图书馆参与，学术信息资源可以跨越时间和空间的间隔，实现更深层次的共享。

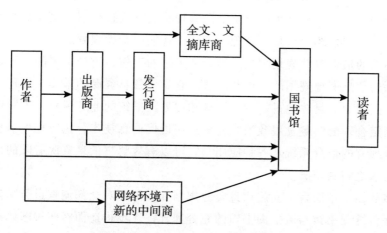

图 6-7 学术信息资源共享体系

计算机、网络技术的发展对学术信息资源共享产生了巨大影响：计算机技术迅猛发展，大量信息资源以数字、多媒体形式出现，便利信息的传递、物化和共享；网络技术真正突破了空间对信息资源共享的制约；知识社会的到来则使学术信息资源受到前所未有的关注，各单位之间的行业界线开始模糊，多种新的机构逐渐参与学术信息资源共享体系之中，并形成了开放存取等新的共享方式[②]。因此，图书馆需要处理好与其他组织之间关系，成为平衡各方利益的中心，加强其公益性组织地位，进行合理的信息资源规划，使学术信息资源共享体系更加完善。

[①] 张晓林：《新型学术信息交流体系及其影响》，载《图书馆》2000 年第 3 期，第 1～5 页。
[②] 杨思洛、毕艳娜：《构建以图书馆为中心的学术信息资源共享体系》，载《图书馆论坛》2007 年第 4 期，第 103～106 页。

三、图书馆信息资源规划

要构建以图书馆为中心的学术信息资源共享体系，实现学术信息资源的有效共享，必须有相应的管理系统，即一个在图书馆内外捕捉、管理、分析、存储、分配和利用信息的数字化系统。信息系统的建立是一个渐进的过程，可往往缺乏顶层设计和统一的信息标准，致使信息流通不畅、信息不能共享。图书馆信息资源规划则是解决这一问题的必要途径。它是一种基于现代管理思想，应用企业先进的资源计划模式、IRP 理论和现代信息技术的图书馆数字化管理系统。将信息资源规划理论应用于图书馆的信息资源管理将更好地整合图书馆现有的各类学术信息资源，实现信息的采集、处理、存储、传输的全面规划。

图书馆的信息资源规划理论是结合图书馆的工作性质提出来的，不是简单的移植已有的信息资源规划的理论和实践。它是对信息资源的采集、处理、传输和利用的全面规划。具体地讲，就是梳理和规划图书馆的业务流程，理顺用户信息需求，制定合理的馆藏发展政策。充分运用现代信息技术，执行相关信息标准规范，整合现有的信息系统及各种应用。它可以有效解决信息资源有限的生命周期与长期需求之间的矛盾。[①]

对多数图书馆而言，实施信息资源规划并不需要对全部流程进行重建，它是为了确保传统图书馆与数字图书馆的充分耦合，逐步构造面对多种载体与多种媒体的元数据和对象数据，建立数字资源采集，标识、管理、存储、发布和长期保存的业务流程和业务规范，并将其与传统图书馆的采访、编目，借阅、咨询和典藏业务流程进行整合。[②]

（一）基于系统集成框架的图书馆信息资源规划

针对企业信息系统，将企业集成、信息集成统一于系统集成而建立的系统集成框架是以物理层、数据层、应用层、业务流程和表现层以及相应的继承类型代表的一个集成体系。系统集成框架同样适用于一般组织机构的信息集成。[③④]

---

① 董燕萍：《图书馆信息资源规划研究》，载《情报杂志》2008 年第 4 期，第 37～40 页。
② 董艳萍：《图书馆信息共享：从资源规划开始》，载《现代情报》2008 年第 8 期，第 112～115 页。
③ 张晓娟、张洁丽、余伟：《电子政务信息资源整合：基于系统集成与 EDMS/ERMS 案例的分析》，见：电子政务信息资源管理及其技术实现——第五届信息化与信息资源管理学术研讨会论文集，湖北人民出版社 2008 年版，第 167～175 页。
④ 张晓娟、左晋佺、江媛媛：《系统集成框架下的企业数字信息资源规划》，载《情报资料工作》2009 年第 3 期，第 99～102 页。

在系统集成框架的基础上，图书馆的信息资源规划即是以数据层规划为基础，通过应用层规划、业务流程层规划和表现层规划，完全整合图书馆的信息资源，确保高效率地管理这些信息资源。

在数据层，图书馆信息资源规划的目的是通过制定部门的数据元素标准、信息分类标准、用户视图标准，建立图书馆功能模型和数据模型，提高图书馆的数据共享能力，减少数据冗余和重复建设。

在应用层，图书馆信息资源规划的目的是利用现代信息技术提高工作效率和服务质量。是在一个统一的数据平台上部署各个相对独立的应用系统以及确定彼此之间的作用和关系，并使各个应用系统集成运行成为可能。基础平台是 IRP 的核心内容，它为各个应用系统的集成提供系列的基础服务，使得各个应用系统得以实现数据共享、系统间应用访问。

在业务流程层，图书馆信息资源规划的目的是实现图书馆运作流程的无缝集成和整合，要结合各馆的实际和信息技术的要求，在理论上构造和优化业务流程。

在表现层，图书馆信息资源规划的目的是实现以信息与应用高度集成、个性化和智能化为显著特征的用户界面层。用户界面层是图书馆最终提供信息资源给用户的表现形式。它通常包括跨系统数据库检索、搜索引擎、信息分类导航、学术交流、专家咨询、个性化可定制服务等功能组件[①]，并具备信息和应用的集成整合、一站式检索、个性化、协作式等特征。表现层的图书馆信息资源规划需要通过信息技术实现对不同类型的信息资源的统一发布、发现和访问。

（二）基于信息生命周期管理的图书馆信息资源规划

在网络环境下，图书馆即是一个数字化信息系统，对不同的信息资源，在其生命周期的不同阶段，都要进行合理的规划，从而建立起一个规范、集成化的信息系统，以保证信息的合理流动，实现充分的信息共享。

1. 信息生命周期管理（Information Lifecycle Management，ILM）

美国信息资源管理学家霍顿指出，信息是一种具有生命周期的资源，信息生命周期是信息运动的自然规律，它一般由信息需求的确定，信息资源的生产、采集、传递、处理、存储、传播与利用等阶段组成。图书馆的信息资源管理应与信息运动的自然规律相一致，它应该由信息需求的确定、采集、处理、存储、传播、利用、维护、反馈、再加工、再利用、降低使用等级等阶段组成，是一个循

---

① 孔敬、李广建：《学科信息门户：概念、结构与关键技术》，载《中国图书馆学报（双月刊）》2005 年第 5 期，第 50~53 页。

环往复但信息价值不断增值的过程。①

信息生命周期管理理论就是要在信息生命周期的不同阶段，根据信息价值的不同而采取不同程度的管理，这样能以最低的成本在信息生命周期的每一个阶段都能获得信息的最大效益。它是一个针对信息进行主动管理的策略，即建立一个高水平的信息资源规划系统，便于数据的流通和管理、便于数据的共建共享、避免数据的重复建设，恰当地保持信息的完整性、可获得性，使信息在图书馆内部及图书馆之间得到最广泛的利用。

2. 图书馆信息资源规划过程

在信息生命周期的不同阶段，每个环节都需要进行周密考虑，并达到整个流程的无缝连接，就必须建立一个完善的信息资源规划系统。基于信息生命周期的图书馆信息资源规划过程应该包括②：

（1）项目定义。信息资源规划是一项需要统筹管理的系统工程，需要建立一个权威的信息资源管理和协调机构，采用全局的观点识别组织目标和关键成功因素，研究关键业务流，划分业务域，全权负责信息资源的规划和具体实施。

（2）用户需求定义。这也是信息生命周期中的第一个阶段，通常是由决策者在对本馆的目标、任务和用户需求等进行分析后来确定对信息的需求。既要分析用户真正的需求，又要启发用户潜在的需求，综合用户需求。其结果是对馆藏发展目标做出详细的规定，具体到各类载体资源的数量、等级、经费等。

（3）信息生成或收集。这是信息生命周期中的第二个阶段，一旦确定了信息需求，就要据此开展信息的生成或收集工作，亦即数据的生成过程。

（4）系统建模。图书馆业务处理是图书馆管理部门功能活动的核心。将业务流程文档及图表转换为业务活动，以及它们之间信息的输入输出的表达过程就是图书馆管理信息集成系统功能活动建模的过程。

（5）组织实施和评价。包括采购、接收、配置及安装新系统或修改。在这个阶段制定有关测试过程等的分析报告、安全评价、体系认证等，还要评论、评比、审计与客观调查本馆信息资源管理的能力、标准和政策。

（6）维持/持续。是为了信息长期的可用性和可获得性，使系统随时处于最佳状态下的运作而进行的保存、维修、更新、定期审查等。

---

① 袁传军：《基于信息生命周期的数字馆藏管理研究》，载《大学图书馆学报》2005 年第 1 期，第 26～29 页。

② 李谨宇：《基于生命周期管理的信息资源规划模型构建》，载《河南图书馆学刊》2007 年第 8 期，第 19～21 页。

四、国内外数字图书馆建设的发展与现状

"数字图书馆"一词源于 1993 年由美国国家科学基金会（NSF）、美国国防尖端研究项目机构（DARRA）、美国国家航空与太空总署（NASA）联合发起的数字图书馆创始工程（Digital Library Initiative，DLI）。随着信息化社会的不断发展，作为一种全新的图书馆形态，数字图书馆已被越来越多的人所接受，并成为国家信息基础建设的重要组成部分。

所谓数字图书馆，就是利用现代信息技术对有使用价值的图像、文本、声音、视频、图形等多媒体信息进行数字化处理，借助于最新的计算机技术、通信技术和网络技术，建设超大规模的、可扩展的、客户操作的知识库集群。其主要目标是对多媒体信息资源实现数字化管理，建设一个有序的信息空间，提供全方位的网上服务，实现人类真正意义上的知识财富共享。[1]

（一）国外数字图书馆建设的发展现状

美国在 1993 年就率先开始了数字化图书馆的研究工作。数字图书馆（NⅡ virtual Library）的研究被列为美国全球资源项目，由美国国家科学基金会主管，技术实施主要由国家研究创新公司进行协调，分布于各地的八个数字图书馆研究中心，六个国家级数字图书馆实验基地，在总统信息技术顾问委员会的倡导下，美国国家科学基金会、美国国防尖端研究项目机构、美国国家航空与太空总署三部门共同发起了数字图书馆的首创计划（Digital Library Initiative，DLI-1）。1994 年 9 月，美国自然科学基金会、美国国防部高级研究计划署和美国国家宇航局共同支持"数字图书馆预研项目"。该计划中包括六个研究项目，包括信息媒体、环境科学电子图书馆、密歇根大学数字图书馆研究、亚历山大工程、斯坦福集成数字图书馆及构造互联空间等，分别由美国的斯坦福大学、加州大学伯克利分校等六所著名大学承担，研发数字图书馆所需的各种新技术，取得了一定的成果，1998 年又启动了该项目的二期工程。

在美国之后，其他许多国家也投资研究建设自己的数字图书馆。1995 年英、法、日、德、俄、意等七个国家在巴黎组成"G7"数字图书馆联盟，明确提出："以现有的数字化项目为基础，构建一个人类知识的虚拟馆藏。通过网络为公众取用。"目前。美国"G7"项目分库（NrI'）虚拟图书馆已通过互联网向公众提

---

[1] 樊银亭、曾春先：《21 世纪数字图书馆发展研究》，载《重庆图情研究》2006 年第 1 期，第 4~6 页。

供大量数字化资源。英国国家图书馆于 1993 年 7 月提出了包括 20 个子项目在内的"存取启动"计划，采用研究图书馆数字化和上网所需要的软硬平台，确立数据存储、标引、检索和传输的标准；法国也通过政府制定一系列的信息政策与法规强化数字图书馆建设，相关数据库产业获得迅猛发展，新近落成的国家图书馆将藏数字化及网络存取作为最重要的创新，现已成为世界上最大的数字图书馆数据库；新加坡于 1994 年提出"2000 年图书馆发展计划"，计划建立一个"无边界电子图书馆网络"，把新加坡所有公共图书馆与 500 多个学术和专业数据库连接，该计划于 2002 年基本实现。

此外，一些组织机构也展开了数字图书馆建设，如谷歌（Google）数字图书馆、世界数字图书馆以及欧洲数字图书馆（Europeana）等。

Google 数字图书馆即"Google Book Search"。2004 年年底，Google 宣布将在互联网上建立数字图书馆，准备以扫描的方式将哈佛、牛津、斯坦福、密歇根大学和纽约公共图书馆的藏书以及各大出版商发行的图书数字化，计划用 5 年的时间把 5 000 万册图书搬上网络，即 Google 数字图书馆，这一创举开辟了数字化图书馆的新模式。

世界数字图书馆（WDL）由联合国建立，并已于 2009 年 4 月正式推出。2005 年 6 月，美国国会图书馆馆长詹姆斯·比林顿向教科文组织提议创建 WDL，希望能够收集全球的珍贵书籍、手稿、海报、邮票以及工艺品资料等，让全球的互联网用户共同分享。2006 年，联合国教科文组织和美国国会图书馆共同主办了一次由世界各地相关人士参加的专家会议，在专家会议上专家们决定建立工作组，以制定标准和内容选择准则。2007 年 10 月，美国国会图书馆及其五个伙伴机构在联合国教科文组织大会推出未来 WDL 的样板。如今 WDL 已经面向国际公众正式推出，全球的互联网用户共同分享其所收集的珍贵书籍、手稿、海报等资料。

欧洲数字图书馆计划是在 2007 年 9 月的欧洲会议上提出的。欧洲数字图书馆（Europeana）也已经于 2008 年 11 月 20 日正式面向公众开放，全球互联网用户现在可通过网站 www.europeana.eu 对其中的 200 多万册图书、地图、音频资料、图片、文档文件、画作和电影等资料进行存取。Europeana 中的资料由欧盟 27 个成员国的国家图书馆及文化机构提供。Europeana 的开放为人们了解探索欧洲历史遗产提供了新的途径，现在，只要对欧洲文学、艺术、科学、政治、历史、建筑、音乐或电影感兴趣的人都可以通过这个虚拟图书馆中免费访问这些欧洲最伟大的馆藏和杰作。而这不过是个开始，到 2010 年，Europeana 将提供上百万种代表了欧洲丰富文化的资料的存取，并将与一些领域的专业群体展开互动。在 2009～2011 年间，欧盟将每年投入 200 万欧元发展这一数字图书馆项目。委员会还计划在这个欧洲数字图书的未来规划中加入私营部门以实现更大发展。

（二）我国数字图书馆建设的发展现状

20 世纪 90 年代中期，特别是在 1996 年第 62 届国际图联大会后，随着图书馆界国际交流与合作的加强与扩大，我国许多大学和公共图书馆纷纷提出了各自的数字图书馆建设计划。

1996 年在北京召开的第 62 届国际图联（IFLA）大会上，数字图书馆成为该会议的讨论专题，IBM 公司和清华大学并联手展示"IBM 数字图书馆"方案。1997 年 7 月，"中国试验型数字式图书馆项目"由文化部向原国家计委立项，由国家图书馆、上海图书馆等 6 家公共图书馆参与，此项目的实施是我国数字图书馆建设的标志。之后，1998 年，国家"863 计划"智能计算机系统主题专家又设立了"中国数字图书馆示范工程"这一数字图书馆重点项目。1999 年年初，国家图书馆又完成了"数字图书馆试验演示系统"的开发。1999 年 3 月，国家图书馆文献数字化中心成立，同时部分省、市、高等院校数字图书馆的研究项目也开展起来。例如，在全国公共图书馆中首家启动数字图书馆工程的辽宁省图书馆，把对古籍文献的加工整理作为数字图书馆建设的重点，将辽宁省馆藏古籍60 余万册进行了数字化转化，通过信息网络建设和信息资源数字转换加工体系建设，采用先进技术，组建了 Internet 信息发布与服务系统。又如：清华大学与IBM 合作，创建了"中国高校学位论文联机服务"系统，使用户可在 15 所联网学校和国际互联网上进行信息检索，将其拥有的 300GB 数字化馆藏提供网络服务。还有上海数字化图书馆工程、书生之家数字化图书馆工程等。同年，国家图书馆还开发完成了数字图书馆实验演示系统。

到 2000 年 4 月 18 日，经国务院批准，中国国家图书馆所属的"中国数字化图书馆有限责任公司"挂牌成立。2001 年 4 月 2 日"中国数字网书馆读书卡"正式发行，表明已经连接全国上网的 84 家图书馆现有图书数据，向读者提供有偿网络阅读与下载服务的"中国数字图书馆"正式开通，这标志着我国公共数字图书馆已初步建成。

在我国，国家层面的数字图书馆建设也日益蓬勃。自 2001 年起，由中央财政陆续投入建设的数字图书馆项目有国家数字图书馆工程、全国文化信息资源共享工程、全国高等教育数字图书馆国家科学数字图书馆工程、全国党校系统数字图书馆工程等。这些国家级数字图书馆项目是我国数字图书馆建设的核心，为其他数字图书馆系统建设提供支持。

1998 年，国家图书馆向文化部提出在全国实施中国数字图书馆工程的建议，并于 2001 年 2 月向原国家发展计划委员会提交了《国家图书馆二期工程暨中国数字图书馆工程项目建议书》，将中国数字图书馆工程建设与国家图书馆二期工程建设合并立项。国家数字图书馆工程从立项到实施，一共进行了四次方案设计，第一次是 1999 年 8 月的工程立项建议书，第二次是 2002 年 3 月的工程可行性研究报告，第三次是 2005 年 6 月的工程初步设计方案，第四次是 2008 年 2 月的工程细化设计方案。在这个过程中，我国国家数字图书馆建设稳步前进。2009 年中国国家数字图书馆广西分馆、山东分馆和四川分馆相继成立，其中四川分馆是国家数字图书馆在西南地区的第一家分馆。

2000 年 10 月中央党校在海南召开了全国党校图书馆工作暨数字图书馆建设会议，开始酝酿全国党校系统数字图书馆建设；2001 年 12 月国家科学数字图书馆（CSDL）启动；2002 年 4 月，文化部和财政部共同组织实施了全国文化信息资源共享工程；2005 年年底中国高等教育数字图书馆（CADLIS）开始实施。

（三）我国数字图书馆建设的对策

虽然我国的数字图书馆建设取得了一定的成绩，但与发达国家相比，还有很大差距。对于数字图书馆的发展主要有 3 个阶段：开发阶段、技术研究阶段和综合研究阶段。目前，许多发达国家都已经进入数字图书馆的综合研究阶段，而我国尚处于第一阶段[1]，从总体上看，数字化建设结构比较松散，多数仅局限在高校图书馆之间的联合。而随着国际上对数字图书馆研究和建设的不断推进，我国的研究也必须向技术型研究和相关领域扩展，如信息内容的组织管理、存储和检索等领域，相关的技术研究也从文献资源数字化技术方面逐步转向以资源集成为中心的技术主导等。

综观信息技术发达国家数字图书馆虚拟馆藏建设的历程，可以发现，数字图书馆建设是一项需要政府重视、大量投资、长期积累、全民支持、部门协调以及市场开发才能形成规模的工程。

对我国来说，在数字图书馆建设过程中，首先，要充分考虑到我国现实国情。我国目前仍然是一个发展中国家，建设数字图书馆必须有高额投入、丰富的文献资源基础、良好的技术设备条件以及高素质的人才。就目前我国图书馆事业的总体水平而言，仍处于发展的"初期阶段"，绝大多数的图书馆都面临经费短缺、藏书质量不高、图书利用低等问题。因此，在建设数字图书馆的时候要认真规划。其次，为丰富、繁荣数字中文信息资源，我国应采取政府扶植和市场调节相结合的方式发展我国的数据库业，以专业化和产业化方式组织数据库生产和服

---

[1] 贾萍：《中外数字图书馆建设比较研究》，载《福建图书馆理论与实践》2006 年第 2 期，第 14 ~ 15 页、第 36 页。

务，积极促进国产数据库的商品化进程。以效益为核心，实现数据库产业规模化；以质量为生命，保证数据库产业稳定持续发展。

学术数字信息资源的交流性决定了其共享性，对学术数字信息资源进行合理规划是实现其有效共享的必然途径。基于系统集成框架的图书馆信息资源规划可以多层次地整合图书馆的信息资源和高效率地管理这些信息资源；基于信息生命周期管理的图书馆信息资源规划通过对信息资源生命周期不同阶段的合理规划，可以达到整个流程的无缝连接，建立一个完善的信息资源规划系统，从而保障学术数字信息资源共享体系的运行。同时，学术数字信息资源的与日俱增是数字图书馆建设的基础，数字图书馆建设则是促进学术数字信息资源综合开发利用的有效措施。

第七章

数字信息资源管理系统原型设计

第一节　数字信息资源管理系统原型的内涵

一、数字信息资源管理系统的意义

随着计算机、互联网及现代通讯技术的发展，信息资源的表现形式多样化，以光盘、网页、电子图书等形式存在的数字信息资源的比重不断增加。目前对数字信息资源的管理面临许多挑战，它主要有以下几个特点：

第一，数字信息资源数量庞大。网络上的数字信息资源具有海量特性，而且每时每刻都在不断更新和增长。

第二，数字信息资源的种类繁多。数字信息包括很多种形式，有文本、图片、视频、音频等。

第三，数字信息资源的格式多样，没有统一的标准。数字信息资源所采用的格式多种多样，并没有遵循统一的规范，同时各个格式并不互相兼容，因此很难对数字信息资源进行有效管理。

第四，数字信息资源分布于各行各业、世界各个角落。

数字信息资源管理系统的出现正是为了解决数字信息资源管理的问题。因此，面对种类繁多且杂乱无章的数字信息资源，建立一个数字信息资源管理系统，以用户的信息使用需求或就某一专题、某一领域的信息需求为目标，对数字信息资源进行收集、整理和有序化，并经常剔旧纳新，是非常必要的。

二、数字信息资源管理系统的功能

数字信息资源管理系统面对的是信息化环境下多种数字资源。一个功能完善的数字信息资源管理系统应具有数字信息管理、信息环境管理、信息服务与用户管理等主要功能，具体包括以下功能：

第一，提供高效、便利的数字信息（包括文本信息、视频、音频、图像和各种标准电子文档）收集、组织和发布平台。

第二，数据模型的建立应遵守行业规范并形成规范的流程，支持数字资源的标准化表示和传送；最大限度地使用和确立规范标准，包括支持基于可扩展标记语言（XML）的数字资源管理。

第三，支持多种智能化的资源检索功能。为最大限度地支持用户发现和使用数字信息，管理系统应支持全文检索、智能检索、图像、音频检索以及二次检索等；还应支持统一友好的用户界面并把各种数字信息资源整合成统一的平台，以实现各种资源的统一检索和跨数字信息资源库的检索。

第四，系统要具有良好的可视化界面，向用户提供数字信息资源的宏观和微观视图以及可视化导航方式。

第五，支持数字信息资源规划、开发、配置、管理和利用的全过程，按照数字信息资源管理流程全面地、从各个角度为资源用户及管理决策层提供系统服务。

第二节　数字信息资源管理系统原型构建

一、数字信息资源管理原型系统总体流程

数字信息资源管理系统总体流程，如图 7-1 所示。该流程包括六个主要阶段①，形成一个闭合回路。其中六个阶段为：资源规划、资源开发、资源配置、

---

① 马费成、李纲、查先进：《信息资源管理》，武汉大学出版社 2001 年版。

207

系统运行、信息和用户反馈、规划目标对比分析。

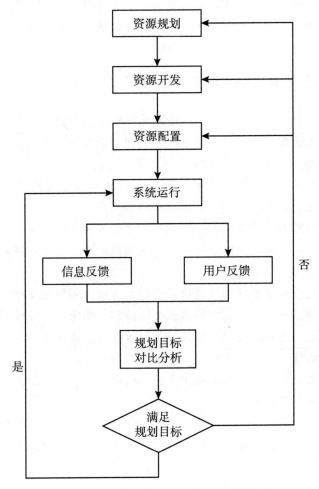

图 7 - 1　数字信息资源管理总体流程

（一）资源规划阶段

资源规划阶段是数字信息资源管理的起点，只有通过规划阶段，才能从宏观上确定数字信息资源管理的目标，确立资源开发、管理和利用的过程与步骤。在此阶段，需要提出资源规划方案，确立资源管理的目标，并以数据表的方式将规划方案与目标存储于数据库与知识库中，以备将来采用信息反馈、用户反馈的信息以及资源运行状况与规划方案和目标进行比较，并适当地调整和优化规划方案和目标。

在资源规划阶段中，数字信息资源管理原型系统需要提供规划方案制订、规划方案优化、规划目标制定等功能。首先根据资源规划的不同类型从模型库中选取适当的模型，进行参数的配置和调试，并通过模型运行和仿真的方式，初步验证资源规划；从方法库中调用合适的规范方法，对初步方案进行分析，并对提出的多个方案进行对比分析，从中选取最优的方案作为资源规划方案。确定了资源规划方案后，则需要以量化方式确立系统目标，即资源规划和运行要达到何种目的，达成什么效果。系统目标将以数据库的方式进行存储，并在资源运行和实施中，根据反馈信息不断进行修正。系统目标是数字信息资源管理的起点与终点，作为起点是指必须在一定目标的引导下，进行资源规划、开发和运行过程，作为终点是指资源的最终利用必须满足或超过规划目标，并根据目标对系统运行过程中的各项活动进行约束和控制。

（二）资源开发阶段

确定了资源规划方案与系统目标后，则进入资源开发阶段。资源开发阶段是指组织内所需的各项数字信息资源进行开发，是资源从无到有的过程①。这一阶段包括两类不同的开发模式：一类是自主开发信息资源；另一类则是通过购买或交换来的外部信息资源。自主开发信息资源需要对组织内部的信息资源通过采集、存储、处理、组织的方式开发出新的数字信息资源。但有时也可以通过购买和利用外部信息资源来满足组织内信息的需求，此时则通过购买或交换（合作开发）已有的外部数字信息资源来达到目的。

在资源开发阶段，数字信息资源管理原型系统需要支持资源开发的开发方案制订、开发目标维护、开发进度监控、开发结果评估。其中开发方案是根据资源规划方案和系统目标，确定资源开发的详细内容和开发步骤，并以数据库的方式存储下来。与此同时，将以系统目标为基础，形成资源开发子目标，目标包括资源开发的内容特征、时间跨度、人力物力耗费、资源规模等，并以量化方式进行存储，可以在资源开发的过程中，通过目标对开发活动进行约束，使之符合开发目标。开发进度监控是指在资源开发过程中，对资源开发在时间维上的各类活动、资源开发效果和阶段性成果进行控制，以保证资源开发按照开发方案规定的时间和日程按时或提前完成。开发结果评估是在开发过程中或开发结束后，以开发目标为依据，对资源的内容、数量、结构化和有序化程度进行评估。评估过程有利于保证资源质量，原型系统需要在模型库中提供资源评估模型，方便管理决策人员对资源开发结果进行评估，根据评估结果对开发过程进行控制和修正。

---

① 马海群：《我国数字信息资源宏观规划的成就、问题及发展思路》，载《情报学报》2008 年第5 期。

（三）　资源配置阶段

资源开发阶段结束后，将进入向需求者提供信息资源的资源配置阶段。资源配置阶段将以现有的数字信息资源作为配置对象在系统内进行合理分布，将其分配给各个部门、单位及资源需求实体，配置过程将以全局最优的方式设置配置方案和配置计划，以系统目标为依据，设定资源配置分目标，并以方案、计划和目标为基础，指导资源配置活动。原型系统需要提供配置方案制订、配置计划制订、配置目标制定的功能，方便管理者对资源配置进行规范化管理，方案、计划和目标也以数据库的方式量化存放。

资源配置的结果，是各个需求实体完成了所需资源的合理分布和最优配置，但最终配置效果如何，还需要经过一定时间的系统运行过程，得到资源利用情况的反馈后，才能给出答案。原型系统要提供将系统运行效果与配置目标进行对比分析的功能，进而对资源配置进行评估，并根据情况调整资源配置方案和计划。当运行情况较优且资源利用效率和效果较好时，则代表资源配置是成功的，反之则需要修改资源配置方案、计划，重新进行资源的再分配。

（四）　系统运行阶段

系统运行阶段是在资源配置结束后，资源真正开始服务的阶段。在这一阶段，资源与资源的需求方进行互动，形成资源使用情况记录、资源变更情况记录、资源使用效果记录等，这些记录是需求实体对资源使用过程中各种活动和行为的反映，采集资源运行阶段的各种信息有利于对资源规划、开发和配置作评估、修正和优化。

原型系统需要提供系统运行信息采集、资源使用情况采集、资源利用效果采集的功能。这些功能的实现需要通过设计信息采集和过滤接口来完成，并从各运行系统和数据库中自动或定期地将采集到的信息存储到原型系统数据库或数据仓库中。在此基础上，对系统运行情况进行分析、对比和挖掘，进而获取系统运行的第一手资料，以此为基础，修正资源规划、开发和配置方案。该阶段原型系统主要采用数据挖掘引擎以及特定的方法和模型，对系统运行状况作挖掘和分析。

（五）　反馈阶段

反馈阶段是资源使用过程中的用户、管理人员等对资源使用情况进行反馈的过程。反馈内容不仅仅包含系统的运行状况，还包含各类建议、意见等，这些内容是用户和管理人员在资源运行过程中发现并经过初步分析后得到的结果。除了组织内部各类信息，还包括组织内外各类与数字信息资源的规划、开发、管理和利用有关的政策、方针、意见等资料，这些信息资料对组织动态获取信息需求、资源开发意见、资源规划方向具有很强的指导意义，因此要采用数据库、知识库的方式，对这些信息和资料进行存取。

原型系统要提供信息反馈和用户反馈的接口，并提供不同类型的界面，鼓励并方便用户和各级管理人员对资源运行和管理情况进行反馈；同时要提供手工提交和自动采集功能，对组织内、外的与数字信息资源相关的政策、文献、资料等进行采集和组织。

（六） 对比分析阶段

对比分析阶段是在充分获取资源运行情况、信息反馈和用户反馈后，摸清当前系统运行现状和问题的前提下，将其与原有的资源规划总体目标进行分析的过程。分析中可以采用多种模型、方法，并通过对比分析发现资源运行中哪些环节未达到规划目标；哪些环节超过了规划目标；规划目标的完成情况怎样；是什么原因导致目标（被/未被）有效完成。

原型系统要提供对比分析模型和方法，从不同角度，对目标与资源使用情况进行分析和对比，并通过问题处理引擎，帮助管理者发现系统运行中的问题，给出优化和修正规划、开发、配置方案和目标的建议。当运行状况较优时，总结规划、开发、配置方案的特点，以成功案例的方式加以存储，或以规则库和事实库的方式将其内化到知识库中。当运行状况不能满足事先制定的目标时，就要对运行策略、配置方案和规划方案进行修正，以对比分析结果为依据，迭代优化整个管理流程。

二、数字信息资源管理原型系统总体结构

本原型系统作为对数字信息资源进行规划、开发、管理和利用的平台，需要对各个阶段的活动进行支撑，为各个阶段提供服务。而从系统用户角度来看，则主要包含两类用户：一类是负责规划、开发和管理数字信息资源的管理决策层，这类用户注重于从宏观上把握数字信息资源的规划、开发、配置和管理活动，需要对资源使用状况、组织内外的信息资源环境信息进行分析并提出规划、开发、配置和管理方案；另一类则主要根据需要对数字信息资源加以利用，此时数字信息资源的内容本身是用户关注的核心，他们更在乎良好的系统交互性、信息资源的丰富性和全面性等。

根据不同的用户，我们设计了数字信息资源管理原型系统的总体结构，如

211

图 7-2 所示，该系统主要由两大功能部分构成：其一是为以资源利用为目的的用户服务的"系统运行与资源利用"部分；其二是为以资源规划管理和决策支持为目的的用户服务的"规划管理与决策支持"部分。

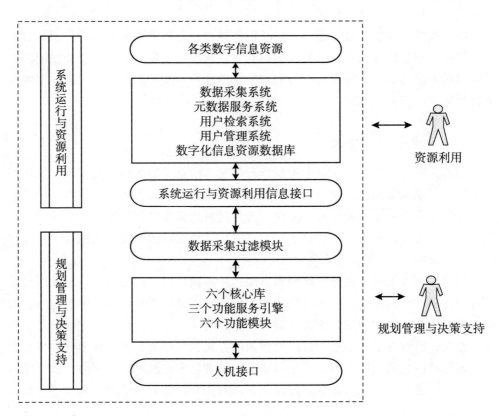

图 7-2 原型系统总体结构

其中系统运行与资源利用部分主要包括数据采集子系统、元数据服务子系统、用户管理子系统、用户检索子系统，并在数字化信息资源库的支持下运行。其中数字信息资源包括 Internet 及各类数字信息资源，也包括组织自行开发的信息资源。用户通过检索系统对资源进行访问、存取和利用。

而规划管理和决策支持部分，则以六个核心库（方法库、知识库、模型库、数据仓库、数据库、数据挖掘算法库）为基础。六个库将被三个基本功能引擎存取和调用，分别为数据挖掘引擎、问题处理引擎和可视化引擎。三个引擎提供问题处理和分析服务，并支持资源规划、资源开发、资源配置、系统运行、系统反馈、分析优化六个功能模块的实现，并最终通过可视化的人机交互界面为管理决策提供支持。

该原型系统中，系统运行与资源利用功能系统为规划管理和决策支持功能系统提供信息反馈和用户反馈，包括用户的资源使用情况信息、资源利用系统运行状况、用户个人偏好信息等。规划管理和决策支持系统则根据反馈，修正配置、开发和系统运行方案，保证资源的最优化分配和利用。

三、系统运行与资源利用系统

（一）体系结构

系统运行与资源利用系统的逻辑体系结构包括：用户管理子系统、数据采集子系统、元数据服务子系统、数字化信息资源数据库、用户检索子系统共五个模块，系统结构如图7-3所示。

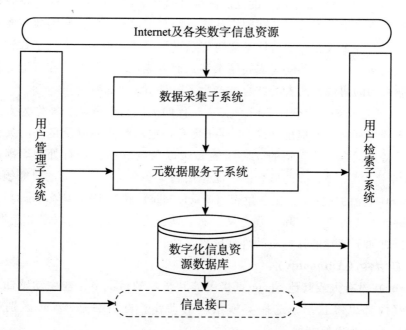

图7-3　系统运行与资源利用系统体系结构

1. 用户管理子系统

用户管理子系统负责整个系统用户的管理和维护。如用户的权限管理、用户的基本信息管理等。

2. 数据采集子系统

数据采集子系统能与 Internet 有效连接，负责对分布在 Internet 上的数字信息资源进行收集和整理。主要功能包括分布式信息资源的收集、元数据的标引和组织。

213

3. 元数据服务子系统

元数据服务子系统对各类数字信息资源对象的元数据进行统一描述，描述的形式采用 XML 进行表示，并提供基于 XML 的信息检索。

4. 数字化信息资源数据库

数字化信息资源数据库对数字化信息资源的元数据信息进行有序存储，为元数据服务系统提供基本的数据存储服务。

5. 用户检索子系统

用户检索子系统为用户提供检索界面，按用户的要求对信息资源进行检索，并对检索结果进行友好的可视化表示，方便用户使用。

（二）基于 Agent 的数据采集子系统

在 Internet 这一目前最庞大的互联网络环境中，各类数字信息资源分布于互联网的各个节点上。因此，互联网络环境下的数字信息资源采集需要分布式、智能化的软件。分布式软件的目标是要将问题进行分解，由多个实现了知识共享的软件模块或网络节点来共同完成问题求解，而智能化的目标是要在智能主机之间实现智能行为的协调，两者的结合就产生了软件 Agent 的概念。[①]

Agent 的定义最早出现于 20 世纪 70 年代的人工智能领域，被作为人工智能研究对象的一种抽象而提出来的。Agent 具有一定的智能性以及良好的灵活性和稳定性，特别适合于对复杂的、协同的和难以预测的问题进行处理。因此，20世纪 80 年代以后，Agent 的概念被广泛地用到了多个学科和不同的研究领域。在有关 Agent 特性的研究中，伍兹里奇（Wooldridge）和詹宁斯（Jennings）提出的有关 Agent 的"弱定义"和"强定义"被广为接受。[②] Agent 的弱定义是将 Agent 定义为具有如下特性的计算机软件或硬件系统：

1. 自治性（Autonomy）

Agent 在没有人或其他 Agent 直接干涉和指导的情况下，能主动感知环境并相应调整内部思维状态，选择实施相应的动作。自治性是 Agent 区别于对象（Object）的一个重要特征。

2. 社会性（Social Ability）

Agent 能够采用某种通信交互语言与其他 Agent 进行交互，互相交换信息和知识，从而实现 Agent 协同和合作。社会性是 Agent 之间形成多 Agent 系统、构

---

① 肖文鹏：《移动 Agent——智能化分布式计算新模型》，http：//www - 128. ibm. com/developeworks/java/l-mobile-agent/index. html. 2009. 6. 12 visited。

② Wooldridge，Michael and Jennings，Nicholas R.（1995），Intelligent agents：Theory and practice，Knowledge Engineering Review，10（2）：115 - 152.

成 Agent 组织的基础。

3. 反应性 (Reactivity)

Agent 具有感知环境并对环境中发生的变化做出反应的能力。

4. 预动性 (Pro-activity)

Agent 并不是为响应环境而采取动作，相反，Agent 是在自身目标的导向下，根据一定策略而采取能动性行为。预动性反映了代理决策和实施过程中的理性特征，也是 Agent 区别于对象的另一个重要特征。

移动 Agent 可以看成是软件 Agent 技术与分布式计算技术相结合的产物。移动 Agent 是一个全新的概念，目前还没有统一的定义。一般来说移动 Agent 是一个能在异构网络环境中自主地从一台主机迁移到另一台主机，并可与其他 Agent 或资源交互的软件 Agent。[1] 移动 Agent 除了具有软件 Agent 的基本特性外，具有移动性、自治性、响应性、主动性、推理性和适应性等特性。[2] 移动 Agent 必须可以自主地从一个节点移动到另一个节点，这是移动 Agent 最基本的特征，也是它区别于其他 Agent 的标志。

移动 Agent 不同于远程过程调用 RPC，这是因为移动 Agent 能够不断地从网络中的一个节点移动到另一个节点，而且这种移动是可以根据自身需要进行选择的。移动 Agent 也不同于一般的进程迁移，因为一般来说进程迁移系统不允许进程自己选择什么时候迁移以及迁移到哪里，而移动 Agent 却可以在任意时刻进行移动，并且可以移动到它想去的任何地方。移动 Agent 更不同于 Java 语言中的 Applet，因为 Applet 只能从服务器向客户机做单方向的移动，而移动 Agent 却可以在客户机和服务器之间进行双向移动。

由于移动 Agent 可以在异构的软、硬件网络环境中自由移动，因此能够降低分布式计算中的网络负载、提高通信效率、动态适应变化了的网络环境，并具有很好的安全性和容错能力。[3] 这种新的软件模式能有效地适应分布式的网络环境，适合对分布在互联网各个节点上的数字信息资源的收集。

分布在互联网各个节点上的数字信息资源所包含信息往往数量庞大，而且各个数据源的数据格式各不相同。因此对其进行检索时，需要大量的系统开销，需要将各个信息资源节点的信息转化成统一的元数据格式文档。从负载均衡的角度考虑，这些任务不适合集中于一台服务器上运行。此外，在 Internet 环境下，网

---

[1]　陈宁江、黄素珍：《移动 Agnet 在电子商务中的应用研究》，载《计算机应用研究》2000 年第 20 期，第 48～50 页。

[2]　Maleolm B. , BrianS. (2003), E-commerce oriented software agents, Computer Law&Seeurity Report, 19 (3)：201－211.

[3]　陶先平、吕建、李新等：《移动 Agent 技术在电子商务上的应用初探阴》，载《南京大学学报》2003 年第 23 期，第 104～105 页。

络状态并不稳定，不能保证持续可靠的连接。移动 Agent 则能很好地解决上述两个问题，能够将检索、数据格式处理任务分散到各个信息资源节点的服务器上运行。搜索 Agent 移动到信息资源节点上，运行本地任务时不受网络连接状态的影响。当网络连接恢复后，搜索 Agent 再与服务器通信，将查询结果返回。

如图 7 - 4 所示，在数据采集子系统中，首先创建一个信息搜索 Agent 来承担此任务，并设置好这个 Agent 的运行环境后，启动此 Agent。信息搜索 Agent 需要在 Internet 上搜索时，由管理 Agent 向移动 Agent 管理器请求 Agent 移动命令，这时信息搜索 Agent 实际上是一个移动 Agent，移动 Agent 管理器接收到请求后对移动命令进行合法化检查并记录此 Agent 的初始状态。移动 Agent 完成相关信息记录之后，移动 Agent 管理器锁定此 Agent 的命名注册信息，将此移动 Agent 传递给移动 Agent 传输平台，进行移动 Agent 的网络移动工作。当接收方移动 Agent 管理器收到移动来的 Agent 后，移动 Agent 管理器对 Agent 进行检查，然后授权接收方的移动 Agent 执行本地任务，向发送方发送相关信息。发送方可以随时追踪该 Agent 的位置信息，以便于直接控制，当 Agent 创建者的任务完成之后，用户就可以终止 Agent 的运行，或者由 Agent 本身来终止自身的运行，同时进行相应的清理工作。

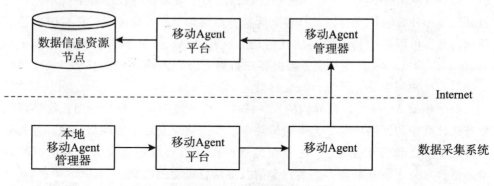

图 7 - 4　基于 Agent 的数据采集系统

目前移动 Agent 的主要开发平台是 Aglet，Aglet 是由 IBM 公司用纯 Java 开发的移动 Agent 技术，并开发了实用的平台——Aglet Workbench，以供人们开发或执行移动 Agent 系统。[①] Aglet 就是 Agent 与 Applet 两个词所合成的，简单地说，就是具有 Agent 行为的 Java Applet 对象。到目前为止，IBM 的 Aglet 平台是目前最为成功和全面的系统。它提供了一个简单而全面的移动 Agent 编程模型，一个 Aglet 就是一个能自主地从一台主机移动到另一台主机的 Java 对象，前提是这些

---

① 张天亮：《移动 Agent 技术在电子商务中的应用》，大连海事大学，2006 年。

主机都预先安装了 Tahiti 服务器，提供 Aglet 运行的上下文环境；它为 Agent 间提供了动态和有效的通信机制，使用 IBM 的 ATP（Aglet Transfer Protocol）协议，该协议定义了 Agent 服务的 4 种标准请求方法，即 Dispatch、Retract、Fetch 和 Message；它还提供了一套详细且易用的安全机制。[1] Aglet 以线程的形式产生于一台机器上，可随时暂停正在执行的工作，然后整个 Aglet 可被分派到另一台机器上，再重新启动执行任务。因为 Aglet 是线程，所以不会消耗太多的系统资源。

（三）基于 XML 数据库的元数据存储设计

XML（Extensible Markup Language）是根据标准通用标记语言（Standard Generalized Markup Language，SGML）所制定出来的，是 SGML 的子集。SGML 作为国际标准（ISO8879：1986），利用通用方式和元标识语言（Meta Language）对文献内容和结构进行标记，实现对各类文献结构和内容的系统化、标准化描述，从而建立起通用数字化文献。虽然 SGML 拥有强大的描述能力，但其描述语言定义非常复杂，XML 可以看成是 SGML 语言的一个简化版本，同样提供了定义自己的标记语言的能力，但其一些较复杂的 SGML 规则去除掉了，语法与 SGML 相比也较简单，能广泛灵活地在网络环境下应用。在 W3C（WWW Consortium）的推动下，XML 已成为开放性信息组织处理技术框架的基础，成为网络环境下信息的定义、组织、处理和交换的核心。XML 的相关定义和标准可以参考 http：//www.w3c.org。

XML 的特点使之不仅可以表示数据，而且可以揭示内容，是一种能够有效表达网络上各种数字信息资源，为信息资源的整理、存储、交换、检索提供有效途径的技术。使用 XML 格式不仅可以兼容传统的 MARC 和 DC 的元数据编目，还可以将分散在 Internet 上的各种数字信息资源联系起来，并转化为格式统一的 XML 文件记录。使之成为基于 Internet 应用的数字信息资源数据库的基础。

对于数字信息资源的元数据描述主要有 MARC 和 DC 两种方式。

1. MARC 元数据的 XML 描述

MARC（Machine-Readable Catalogue）是用于在计算机条件下描述、存储、交换、控制和检索著录数据的标准，已成为世界上流行最广的书目数据标准。将 MARC 格式转换为 XML 格式的描述规范有许多种，每个人都可以定义自己的描述规范。目前比较权威的描述规范是美国国会图书馆网络发展与 MARC 标准办公室的 MARC DTD 和 MARC 21 XML Schema。

---

[1] 程舒通：《移动 Agent 综述》，载《甘肃科技》2006 年第 22 期，第 100～102 页。

美国国会图书馆的 MARC DTDS 计划[①]将 MARC 记录视为一种特定的文件类型加以定义。主要目的是要创造一个 SGML 文件类型定义的标准，用以支持从 MARC 转变成 SGML 格式的编目数据，不会在来回转文件的途径中遗失信息。这个计划的工作于 1995 年 12 月开始进行，MARC DTDS 的 alpha 版本在 1996 年 5 月开始正式对外公开发行。美国国会图书馆同时还提供了转换 MARC21 与 XML 文件的 Java 应用程序接口（Application Program Interface，API）。

此外，美国斯坦福大学 Medical Center 和 Lane Medical Library 于 1999 年 12 月也进行了一项名为 Medlane Project 的计划，发布了 XMLMARC 软件，可帮助图书馆将 MARC 格式的书目记录和权威记录转换成 XML 格式。该软件最初版本用 Java 编写，在对 MARC 的 XML 描述上也采用了 DTD 的方式。不久，随着技术的飞速发展，Medlane 工作组对 XML MARC 软件进行了全新的改写，开发出新的 MARCUTL（the MARC Update and Transformation Language）语言，以及 MARC 的对象模型 MARC OM（the MARC Object Model），运用该模型的类库可以容易地读取、改写 MARC 记录，并将 MARC 记录输出为 XML 格式，该格式则采用了美国国会图书馆的 XML 格式，即 MARC21 XML Schema 的模式描述。

2. DC 元数据及其 XML 格式

DC（Dublin Lore）即都柏林核心元素集，产生于 1995 年 3 月在美国俄亥俄州的都柏林召开的第一届元数据研讨会上，由 OCLC（图书馆计算机联机中心）与 NCSA（国家超级计算机应用中心）联合发起，旨在创立一种推动电子信息资源发现的最小的元数据元素集。经过接下来 8 年多的发展历程，DC 已被译成 20 多种语言，其应用、实验项目遍及世界各地。早在 1998 年，因特网工程特别任务小组（IETF）就正式接受了 DC，将其作为一个正式标准（RFC2413）予以发布。目前 DC 已经正式成为国际标准 "ISO Stand15836 - 2003"，并致力于全世界范围内的推广应用，其在教育、政府、图书馆等具体领域的应用工作也开始展开，并出台了一些初步方案。

与传统的 MARC 等传统文献元数据规范相比，DC 元数据元素非常简洁，非常容易描述电子网络资源，并用于基于网络的交换。另外，为了满足较高级的编目要求，DC 还可被扩展或与其他元数据进行桥接。DC 元数据规范并没有指定描述方式，所以 DC 元素据的描述方式非常灵活，可以将 DC 放在 HTML 或 XML 中描述，还可以采用 XML 格式的 RDF 结构中的镶嵌形式来满足比较复杂的描述。

DC 在数字化文献信息的描述方面的优越性，使之得到了较大规模的应用。DC 目前已成为简单描述因特网数字信息资源的首选。

---

① MARC DTDS 计划，http：//lcweb. loc. gov/marc/marcdtd/marcdtdback. html，2009. 6. 10 visited.

XML 作为数据交换的标准，更着重于统一数据格式，而不是提供数据库的特性。因此在 XML 应用中，数据库作为数据管理的位置依然没有改变。

伴随着各种 XML 应用的飞速发展，XML 有关的数据和文档大量出现，以数据库方式实现 XML 数据的有效管理和快速精确的查询已经成为趋势。

XML 数据本身的树形结构不同于关系模型中的二维表结构，这种差别反映在数据库产品处理 XML 数据的技术上，形成两大阵营：XML Enabled DBMS（XED）和 Native XML DBMS（NXD）。

XED 是在原有数据库基础上扩展了 XML 支持模块，完成 XML 数据和数据库之间的格式转换和传输。从存储粒度上，可以把整个 XML 文档作为 RDBMS 表中一行，或把 XML 文档进行解析后，存储到相应的表格中。为了支持 W3C 的一些 XML 操作标准，如 XPath、XED 提供一些新的原语（如 Oracle9iR2 增加了一些数据包来操作 XML 数据等），并优化了 XML 处理模块。

NXD 则出现在 XML 数据处理领域内，一般采用层次数据存储模型，保持 XML 文档的树形结构，省掉了 XML 文档和传统数据库的数据转换过程。

Native XML 数据库为 XML 文档（而不是文档中的数据）定义了一个逻辑模型，并且根据该模型存取文档。模型应包括元素、属性、PCDATA 和文件的次序。目前已经采用的模型有：XPath 数据模型、XMLForest、DOM 模型和 SAX 事件等。

Native XML 数据库以 XML 文档作为其基本（逻辑）存储单位，正如关系数据库以表中的行作为基本（逻辑）存储单位。Native XML 数据库对底层的物理存储模型没有特殊要求，即它不一定必须建立在关系、层次或面向对象的数据库上，也不一定必须规定存储格式，如索引或压缩文件。

Native XML 数据库的核心功能是以原生的 XML 格式存储 XML 文档，但是它也需要兼有一般数据库的特征，如支持事务、并发控制、查询语言、安全机制、应用程序接口等。下面介绍其主要特点：

第一，存储方式。Native XML 数据库都是将 XML 文档作为一个整体来存储的，并认为 XML 文档为一个基本存取单元。Native XML 数据库支持集合运算，集合所扮演的角色类似于关系数据库中的表或文件系统的目录。例如，假如使用 Native XML 数据库来存储订单数据，那么就要定义订单数据的集合，这样对订单数据的查询，只需局限于这个集合中的 XML 文档。

第二，查询方式。几乎所有的 Native XML 数据库都至少支持一种查询语言。查询语言 XPath 和 XQuery 是 W3C 推荐的针对 XML 文档的查询语言。目前大部分 Native XML 数据库产品都支持 XPath，也有不少 Native XML 数据库提供对 XQuery 的支持。XPath 基于 XML 文档树形模型，给出从某个节点起的查询路径来搜索文档。目前，XPath 作为数据库查询语言还有不少缺陷，如不能分组、排序、连接等。而 XQuery 更像一种编程语言，支持循环等逻辑，支持分组、排序、连接等。相对于传统数据库的标准 SQL 语言，XQuery 是一种针对 XML 数据查询的功能强大、易于编程的语言。

第三，更新和删除。Native XML 数据库对 XML 文档的更新和删除方式有许多，如：简单的替换或删除现有 XML 文档，修改当前的 DOM 树，以及用于指定如何修改 XML 文档片段的语言。锁定和并发大多数的 Native XML 数据库都支持事务，然而锁定操作通常是对整个 XML 文档进行，而非对文档片段，所以对多用户并发性的支持相对较低。

第四，应用程序接口。几乎所有的 Native XML 数据库都提供像 ODBC 那样的编程接口，包括连接到数据库、浏览与搜索元数据、执行查询和返回结果等方法。返回结果可能是 XML 字符串、DOMTree 或文档的 SAXParse。当返回结果是多个文档，数据库还会提供列举这些结果的方法。许多 Native XML 数据库已经支持它。许多 Native XML 数据库还具有通过 HTTP 返回查询结果的功能。

而以 Tamino 为典型代表的 NXD 则专门为存储 XML 文档设计，也兼有一般数据库的特性，例如支持事务、并发控制、查询语言、安全机制、二次开发接口等。采用层次数据存储模型，保持 XML 文档的树形结构，对格式复杂的 XML 文档支持比 XML Enabled 数据库要好，可以提供比单纯 XML 文档更强的管理 XML 格式数据的能力。而且存取无须模式转换，避免了传统数据库需要进行数据转换的过程，从而获得高效率。XML 数据库的主要优点是它们的自由形态及可面向存储的文件，没有必要在存储前指定 XML 文件的结构。

而数字信息资源就具有格式复杂的特点，数字信息资源本身天然就具有段落层次性关系。所以采用 NXD 来存储文献可以说是数字信息资源的最佳选择。

NXD 目前更多地处在理论研究阶段，虽然有不少 NXD 的产品出现，但真正在实际商业应用中使用 NXD 的非常少。更多是采用中间件访问 XML 数据或采用基于传统数据库的 XML Enabled 数据库。但尽管如此，NXD 发展仍然非常迅速，目前可提供的 NXD 产品就有几十个。

目前 NXD 数据库产品有许多种，在开源数据库产品中比较著名的有 Berkeley DB XML、dbXML、eXist 等，在综合了开发文档、产品功能、易用性等方面的考虑之后，在本原型系统中选择 eXist 数据库为 NXD 数据库。

eXist 作为开源产品，它的开发包可以免费从 http：//exist-db. org 上下载获得。eXist 能够提供 XSL、XPath 和 XQuery 规范的支持，同时 eXist 具有良好的整合性，可以提供基于 Web 应用的支持，也能提供普通桌面应用的支持。eXist 还提供了多种 API 支持多种开发语言如 python、perl 和 java。

各类数据信息资源通过数据采集子系统，生成信息资源的 XML 描述文档，然后将 XML 描述文档存储在 XML 数据库中。

XML 文档存取处理的流程如图 7 - 5 所示。

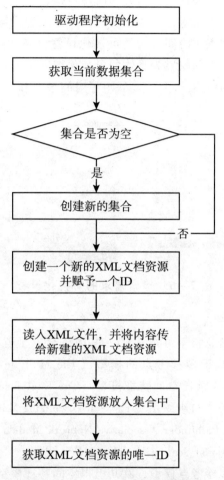

图 7 - 5　XML 文档处理流程

（四）基于可视化引擎的检索系统

信息检索是一个人机交互的过程，用户通过检索界面输入检索需求，由计算机返回相应的检索结果，因此可以从检索需求和检索结果的表达上，进行可视化空间映射。我们在设计检索系统的可视化引擎时，将其设计为两类主要功能：检索需求可视化和检索结果可视化。

1. 检索需求可视化

最常见的检索需求的表达方式即文本方式，但是针对不同的数字信息资源，其检索需求的表达方式各不相同，可以采用可视化的界面接收并确定检索需求。在对检索需求的可视化过程中，可以将其分为检索词推荐可视化、检索需求设置可视化两种，前者是以可视化的方式向用户推荐检索词，如当用户输入某个检索词时，可视化接口以相关词网络图的方式向用户推荐相关词；检索需求设置可视化是指用户无须进行文本录入，直接在可视化界面上进行操纵即可完成检索需求的设置，常见的如时间点、时间范围的可视化设置以及地点信息的可视化设置，其原理是将用户的需求空间映射为具体的可视化视图中，使用户通过对可视化视图的操作，完成需求的设定。图7-6展示了时间录入和地点输入的可视化设置。

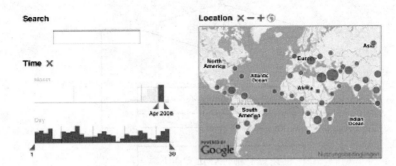

图7-6　检索需求的可视化设置

2. 检索结果的可视化

在张进编写的《信息检索可视化》一书中，给出了五种常见的信息检索可视化模型，分别为：基于多参考点的模型（The Multiple Reference Point Based Models，MRPBM）、基于欧氏空间特征模型（The Euclidean Spatial Characteristics Based Models，ESCBM）、自组织图（The Self-Organizing Maps Models，SOM）、寻径关联网络模型（The Pathfinder Associative Network Models，PFNET）、多维尺度模型（The Multidimensional Scaling Models，MDS）。[①]

在上述模型中，多参考点模型、欧几里得空间特征模型、多维尺度模型都是将检索结果中的结果单元映射到二维空间中，通过定位、投影和降维等技术生成二维的检索结果"二维地图"。其中MRPBM、ESCBM需要以检索结果单元及其属性的向量作为输入，属于多维信息输入；而SOM、PFNET、MDS则以检索结果相关矩阵作为输入，属于网状数据输入。

在设计检索系统的可视化引擎时，我们采取了三种策略：

（1）检索结果与检索需求的关联性。即将检索结果投影到检索需求空间中。

---

① Zhang, Jin. (2008), Visualization for Information Retrieval. Springer, Series：The Information Retrieval Series, Vol. 23.

使用户能够观察到检索结果在需求空间中的位置，为选择、浏览并发现结果相对于需求的空间分布特征提供支持。

（2）检索结果之间关联性。将检索结果之间的关联性以可视化的方式展示出来，这种关联性又可以分解为语义关联性和社会化关联性。

（3）检索结果单元的内容特征。检索结果单元如单个文档、单个图像，其内容特征也可以采用合适的方式进行可视化。其中多参考点模型就是检索结果与检索需求（查询表达式）的关联性的可视化。PFNET 展示的则是检索结果之间的关联性。语义关联性是指检索结果在内容语义上的相关性，如两篇文献或两幅图像的内容相似度，其反映的是结果本身特征的契合度。而在社会化环境下，通过人的作用，可以用社会化网络将各种信息资源联系起来，此时信息资源的相关性则体现在用户对信息资源的使用上。

除了对检索结果空间进行可视化，还需要对单个结果（如一篇论文）的内容信息进行可视化，TileBar 是典型的例子，如图 7-7 所示，它可以对文档内部结构进行可视化，以图形的方式展示文档的长度、标题、检索词在文档中分布情况等信息。可以将这种单个结果的可视化看做是标签隐喻，通过为单个结果文件定义图像标签，反映结果文件的信息内容。

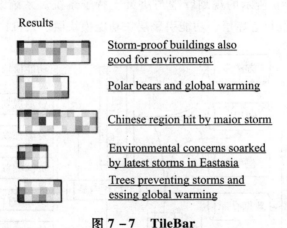

图 7-7　TileBar

由上述分析，可以得出信息检索与可视化技术的映射表，如表 7-1 所示。

表 7-1　　　　　　　　　　信息检索可视化技术应用

分类方式	可视化信息技术
检索界面	查询词相关网可视化；时间、地点、范围特征可视化
检索结果集	MRPBM、ESCBM、PFNET、MDS；网状可视化技术、空间型可视化技术
单个检索结果	标签隐喻

四、规划管理与决策支持系统

根据数据信息资源管理总体流程，可以得出原型系统所需的各类数据、功能以及相关的人机接口。从功能和实现方式上看，规划管理与决策支持子系统主要是为数字信息资源管理活动中的管理者和决策者服务的，因为资源规划、开发、配置等是从管理决策者的角度出发的管理过程。因此，在设计该系统时，将采用决策支持系统的架构；另外，由于数字信息资源管理中，资源运行以及资源使用状况是正确管理和决策的基础，因此必须充分利用各类信息资源运行系统中的数据、用户日志等信息，并在此基础上进行挖掘分析。

（一）体系结构

在原型系统中规划管理与决策支持系统的设计时既要顾及传统决策支持系统的特点，即包括四库（方法库、知识库、模型库、数据库）[①] 和人机界面，又要兼顾对现有运行系统数据的分析（数据挖掘）并使之与四库有效交互。鉴于此，我们设计了图 7-8 所示的规划管理与决策支持子系统。系统结构中包括五层：数据采集过滤层、核心库层、功能引擎层、功能模块层、人机接口层。

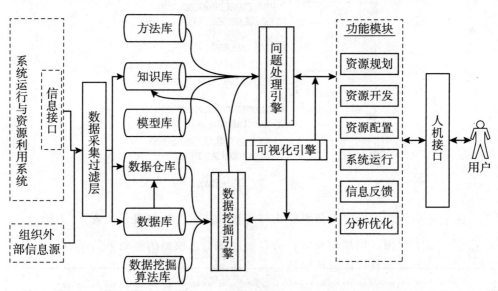

图 7-8　规划管理与决策支持系统结构

---

① 张玉峰、艾丹祥等：《智能信息系统》，武汉大学出版社 2008 年版。

（二）数据采集过滤层

该层为从组织内、外获取数据，支持决策提供了接口。该接口从采集数据类别上可以分为组织内和组织外两类。组织内是指从组织内部运行的各资源利用系统采集数据，包括资源分布状况、资源利用状况、用户反馈，这些数据源自于正在运行的组织内信息，决策支持层借此可以得到关于组织内部状况的各类信息；组织外是指数字信息资源管理中的外部环境，包括信息技术新进展、新出台的数字信息资源相关政策方针、数字信息资源开发利用中的新标准和新规范、其他同类组织的数字信息资源及管理状况等。这些信息是组织外部的信息，有利于帮助决策者了解组织外部状况，并据此决定如何让数字信息资源的规划、开发等活动顺应外部环境、符合技术发展和标准规范。

从数据结构化程度上来看，数据采集过滤层采集的数据可分为结构化和非结构化两种。结构化数据如用户的资源利用日志、资源利用的统计指标信息等，非结构化数据则为相关的政策文件、用户意见反馈等。

数据采集过滤层包括采集程序、过滤程序、信息组织标准三个主要部分，其中采集程序负责从各个数据源采集数据，过滤程序负责对采集得到的信息进行分析过滤，筛选出具有管理决策意义的信息，过滤后的信息将按照原型系统的信息组织标准进行存储，存储方式依据结构化程度的不同，可以分别存储于数据库和数据仓库。

（三）六个核心库

原型系统中，包含六个主要的库：方法库、知识库、模型库、数据库、数据仓库、挖掘算法库。其中方法库、模型库、挖掘算法库都是功能密集型的库，即其主要提供某种功能，通过输入数据，则得到不同的输出。

方法库提供数字信息资源管理中的常用方法，包含数学方法、统计方法、优化方法、预测方法等，这些方法可以在多种情形中使用，这取决于所需解决问题的场景。

模型库则为资源规划、资源开发、资源配置等功能环节提供各类模型，包括经济模型、数学模型、信息模型等，通过将问题纳入模型的框架下，可以得出合适的问题解决方案并且可以进行模型仿真等活动。

挖掘算法库主要将数据挖掘引擎中所需的各类挖掘算法进行集中管理，提供统一的接口方便各类数据挖掘算法的添加、修改和删除。

除了功能密集型的三库外，还包括数据密集型的两个核心库，即数据库和数据仓库。

数据库存储数字信息资源管理系统中所需存储的各类数据，采用的数据库管理系统可以存储特定的关系表数据，也可以存储政策方针等文献类数据库，同时数据库还是数据采集与过滤环节中被采集数据的存储地。

数据仓库用于将数字信息资源运行系统的历史数据、使用情况数据、用户数据持续地进行存储，以备进行 OLAP 分析和处理。数据仓库中数据的来源包括由数据采集过滤接口传送的数据，还包括六库中数据库自身的内容，并且可以对数据仓库中的数据进行多维建模形成多维关系，并在此基础上进行多维分析。①

知识库是功能和数据结合的核心库，严格地讲，其内部存储的是知识（规则、事实）并通过推理机响应用户的请求，以最终的结论或规则将结果反馈给用户。知识库包括三个主要部分：规则库，用于存储各类领域规则，在原型系统中主要存储数字信息资源管理领域中的各类规则，这些规则来自于领域专家的经验，随着管理的深入和经验的增加，可以不断丰富规则库；事实库，用于存储各类事实，这些事实可以在推理机运行时作为规则的输入，另外通过推理、新事实和新规则的添加，可以不断扩充知识库的容量以及知识推理的能力；推理机，推理机对用户的请求予以响应，并通过事实的匹配和规则的遍历，通过各种推理方法策略得出各种结论反馈给用户。

（四）三个功能引擎

该原型系统包含三个功能性引擎：可视化引擎、问题处理引擎、数据挖掘引擎。其中可视化引擎为问题处理与数据挖掘提供可视化工具和接口，同时作为人机界面交互中的重要支撑；问题处理引擎用于解决"问题导向型"的决策需求，即当决策者为了解决某个特定问题时，如验证规划有效性、采用投入产出模型评价资源利用效果等，这些问题可以通过调研方法库、模型库和知识库，采用特定的模型、方法和知识推理予以解决；数据挖掘引擎并不是"问题导向型"，其主要是从海量数据（数量大、包含历史记录）中抽取模式和趋势，在得到挖掘出的结果前，无法预料会得出何种模式。通过这三个引擎，对六个核心库进行控制和调用，并以此为基础实现各个功能模块。其中可视化数据挖掘引擎的工作流程如图 7 - 9 所示，问题处理引擎的工作流程如图 7 - 10 所示。

---

① 夏火松：《数据仓库与数据挖掘技术》，科学出版社 2004 年版。

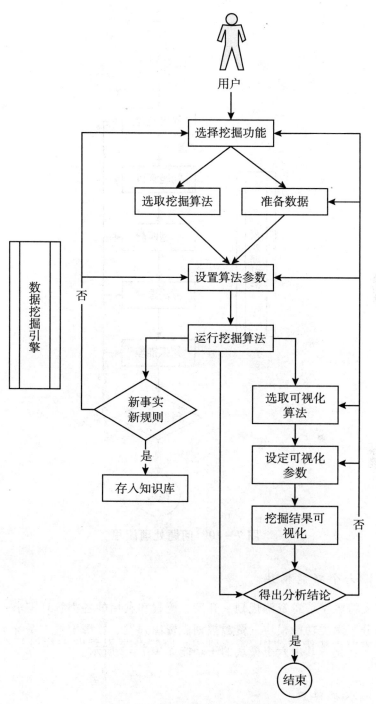

图 7-9 可视化挖掘分析流程

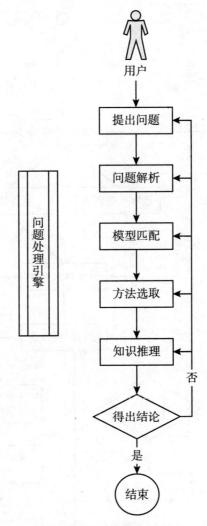

图 7 – 10　问题处理流程

（五）六个功能模块

为了支持数字信息资源规划、开发、配置和利用的各类管理需求，我们为原型系统划分了六类功能模块：资源规划、资源开发、资源配置、系统运行、信息反馈和分析优化。其中六个模块的子功能如表 7 – 2 所示。

（六）人机接口

人机接口是一般决策支持系统的重要部分，通常具有自然语言处理、人机交

表 7 - 2   **功能模块及子功能**

功能模块	子功能
资源规划	规划目标制定 规划模型设计与维护 规划方案制订 规划方案优化
资源开发	开发方案制订 开发目标维护 开发进度监控 开发结果评估 资源采购管理
资源配置	配置方案制订 配置目标维护 配置效果评估
系统运行	系统运行信息采集 用户使用情况采集 系统利用效果采集 系统运行数据挖掘
信息反馈	信息反馈管理 用户反馈管理 政策信息维护 知识型文档维护 系统运行监控
分析优化	资源运行状况分析 内部运行分析 外部环境分析 技术发展分析 规范标准分析 资源规划优化 资源配置优化 资源运行优化

互的设计，用户通过输入自然语言，向系统提出问题。[1] 本原型系统由于除了具有一般决策支持系统的功能外，更侧重于从数字信息资源管理的全局向用户提供支持，因此除了具备自然语言处理接口外，主体功能还是通过菜单式、导航列表以及可视化的交互界面，提供功能模型中列出的六类主要功能。其中涉及问题处理引擎的，则主要采用问答系统方式响应用户请求，对于利用了数据挖掘引擎的，则主要通过可视化界面响应用户输入并进行可视化结果输出。

第三节　数字信息资源管理系统原型评价

数字信息资源管理系统原型的设计采用了大量标准和规范，并按照资源管理的宏观流程设计了功能模块，其具有如下特点：

1. 数字信息资源的规划、管理和利用一体化

在众多数字信息资源管理系统中，往往是"重用轻管"，即将系统服务的重点侧重于信息资源的存取和利用上，而对数字信息资源的规划、管理活动的支撑较少。这导致难以进行评价数字信息资源的管理和规划方案的效果和效率，无法为更有效地利用数字信息资源提供指导和建议。

为了防止"重用轻管"，在原型系统的设计时，我们使数字信息资源的规划、管理和利用一体化，原型系统将不仅为用户使用信息资源提供服务，还为管理者和决策者的规划、管理提供服务，其服务范围涵盖了数字信息资源管理的全过程。

原型系统针对不同的用户类别，分别设计了系统运行与资源利用系统和规划管理与决策支持系统，前者服务的对象为需要数字信息资源的各类用户，后者服务的对象为负责进行数字信息资源规划、开发、管理的决策者和管理者。

2. 原型系统智能化

计算机系统自产生以来，依靠其强大的计算能力帮助人们从繁杂的手工操作中脱离出来，而各种知识库、建模方法、数据挖掘方法的不断丰富，使计算机可以完成越来越多的智能化过程，而这在以前由人工完成的。

在数字信息资源管理中，同样有许多环节可以利用计算机的计算能力和智能处理能力。在本原型系统中，体现智能化的部分包括：数据挖掘引擎、问题处理引擎以及知识库、方法库、模型库、数据仓库的应用。其中数据挖掘引擎可以调

---

[1]　高洪深：《决策支持系统理论/方法/案例》，清华大学出版社 2005 年版。

用各类挖掘算法，从关联规则到序列分析，从模式分类到聚类分析，这些算法的应用可以帮助决策者快速得到潜在的特征和模式，提高决策的效率；方法库和模型库为规划、配置等管理环节提供了模型和方法支撑，这些方法具有很强的科学性，因此促使各种决策环节更科学；数据仓库存储了大量资源使用情况和系统运行情况的历史数据，利用联机分析处理（OLAP）可以进行数据的多维分析，采用投影、钻取技术为决策层提供分析报表和可视结果；知识库则维护和管理了数字信息资源管理领域内各类规则和事实，随着管理的深入，可以从相关专家提取知识，并在数据挖掘引擎的支撑下，不断丰富知识库。

3. 人机交互可视化

"一幅图胜过万语千言"，在管理决策过程与资源利用过程中，除了采用各类智能化技术外，还可以充分调动人脑的强大的图形、图像解析能力。在给决策层的信息、文件报表中往往添加大量易于识别、内涵丰富的图表就是这个道理。而用户也往往愿意点击浏览具有图例的信息资源，也是因为人脑对文本和图像的双通道认知特性。[①] 在原型系统中，我们充分利用了可视化技术，将其运用于信息资源检索，形成可视化检索引擎；将其作为人机交互方式为数据挖掘引擎和问题处理引擎服务，以可视化的图表、图像展示数据挖掘的结果、问题处理过程和问题处理结果。

4. 集成化

原型系统采用了多种技术、规范和标准，并将其进行有效的集成，形成统一的支撑平台。在集成方式上，系统采用了三种集成方式：（1）数据集成。系统将 Internet 及各类数字信息资源，以用户的视角进行关联、聚集，形成统一的数字化信息资源数据库。在集成过程中，我们采用 DC 元数据和 MARC 作为描述规范，使各类资源可以统一管理和操作。（2）功能集成。在数字信息资源管理中，我们按照功能聚类的方式，将不同阶段所需的功能以及不同处理所需的功能集成在一起，形成多个功能类的核心库，包括模型库、方法库、挖掘算法库，这些功能库的形成，有利于系统的模块化，并可以在每一个功能类别上不断丰富增强，方便系统的升级和更新。（3）流程集成。数字信息资源管理，从流程的角度可以划分为规划、开发、配置、运行、利用等有序的闭环过程，原型系统在设计时，充分考虑到了各个阶段的特点，为各阶段之间的联系提供了接口和通信反馈机制，以流程的方式将数据和功能集成在一起，保证全面地对流程中的各个阶段进行管理和决策。

---

① Klark，J. M. Paivio. A. （1991），Dual Coding Theory and Education，Educational Psychology Review，3（3）.

第八章

数字信息资源管理机制

本章首先探讨数字信息资源（DIR）的管理流程及规律，接着在分析和定义数字信息资源管理系统的构成要素的基础上，从宏观的角度构建了数字信息资源管理模型。最后，从理论角度初步探讨了基于自组织理论的数字信息资源管理的演化机制。

第一节　数字信息资源管理的流程与规律

从 DIR 的管理与利用的角度看，DIR 的管理流程大体上可分为 DIR 需求分析、DIR 建设、DIR 利用、DIR 反馈与结束四个阶段（见图 8 - 1）。与传统的信息资源相比，DIR 管理的每一阶段都有其特点与规律。

1. DIR 需求分析

从 DIR 需求的产生开始，针对不同的 DIR 需求进行分析，再结合对信息源的分析，来判断是否可以满足需求。

2. DIR 的建设

主要根据 DIR 的相关特点，对其进行采集、分类和排序、著录和标引、编目和组织，进而进行存储、维护及保护，以改善 DIR 的可用状态，提升它的价值。

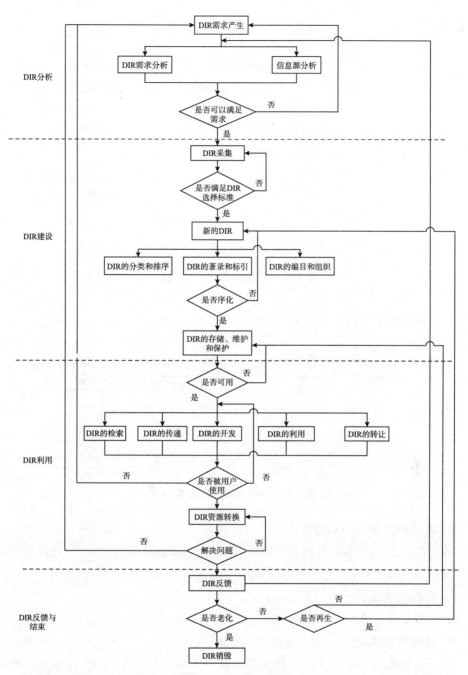

图 8-1 DIR 流程

3. DIR 的利用

通过 DIR 的检索、传递、开发、利用和转让，针对用户的信息需求，最大限度地发挥 DIR 的价值。

4. DIR 的反馈与结束

通过 DIR 资源的评价，及时判断它的衰退迹象；通过 DIR 再生，尽可能挖掘其价值，努力延长其生命周期；或依据相应准则，规范地销毁已不再有价值的 DIR。

关于数字信息资源的需求分析已在其他章节阐述，数字信息资源的建设也有相关学者开展了系统的研究，在此不再赘述。

一、DIR 的利用

如果确定了经过建设的 DIR 确实可用，则转入 DIR 的利用阶段。

（一）DIR 检索

DIR 检索的基本途径如图 8 - 2 所示。

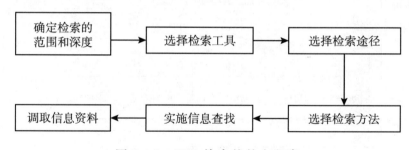

图 8 - 2 DIR 检索的基本程序

1. 确定检索的范围和深度

检索范围是指检索信息内容的宽度。信息检索的深度则包括：信息资源检索的长度；是否需要索取信息的根源。

2. 选择检索工具

主要有目录、索引、文摘等。

3. 选择检索途径

包括分类途径、主题途径、信息名称途径、信息提供者途径、序号途径等。

4. 选择检索方法

信息资源检索的主要方法有常用法、追溯法和循环法。

5. 实施信息查找

这是检索的实质性阶段。对于 DIR 来说，使用的是机器检索，故可以根据目录、索引以及文件名称或者主题词等去查询所需的信息资料。

6. 调取信息资料

调取信息资料既可能是指将信息资料调取出来，也可能是指为信息需求者提供复印、打印服务或将信息资料直接提供给用户使用。

（二）DIR 传递

DIR 传递的基本程序如图 8-3 所示。

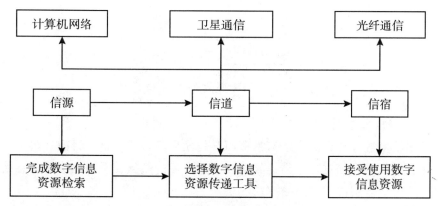

图 8-3　DIR 传递的基本程序

它主要有三个环节：

1. 完成数字信息资源检索

信息资源检索是信息资源传递的前提。

2. 选择数字信息资源传递工具

根据实际需要选择合适的信息资源传递工具，一般要求选择速度快、安全系数高的传递工具。DIR 主要传递方式有计算机网络、卫星通信、光纤通信等。

3. 接受使用数字信息资源

（三）DIR 开发

DIR 开发的过程与策略如图 8-4 所示。

主要包括以下五点：

1. 选准目标用户

选准目标用户又称"用户定位策略"，是数字信息资源开发的首要问题。

2. 保证高智力投入

保证高智力投入是确保数字信息资源质量的重要前提。

235

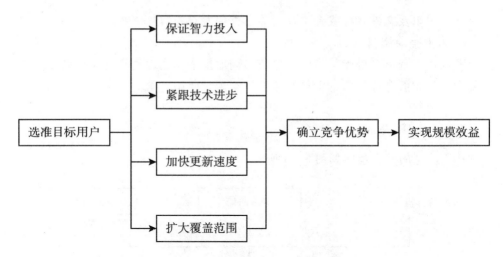

图 8 - 4　DIR 开发的过程与策略

3. 紧跟技术进步

紧跟技术进步是提高数字信息资源开发效率的重要举措。目前，整个数字信息资源管理领域是信息技术高速渗透和普遍应用的领域，采用先进的信息技术可以提高数字信息资源的开发效率。

4. 确立竞争优势

确立竞争优势的具体措施包括：提高数字信息资源开发的智力投入；紧跟技术进步；加快更新速度；扩大覆盖范围等。

5. 实现规模效益

实现规模经营可得到规模效益，是提高数字信息资源开发效益的核心问题。

（四）DIR 利用

1. DIR 利用所面临的挑战

（1）数字信息资源尤其是网络信息资源丢失严重。

（2）技术过时。计算机软、硬件及网络检索利用系统的不断淘汰更新，使得在旧的信息存储格式下保存的数字档案信息在新的系统中很难被读出或检索出；当新的标准和新的信息存储格式同旧的格式或标准不兼容时，就会造成档案信息资源的无法利用。

（3）安全问题。

2. 数字信息资源建设策略

（1）对数字信息资源进行有效整合；以本地区或国家的信息需求为出发点，不断构建起区域档案信息资源的共享体系，最大限度拓展虚拟馆藏。

（2）技术服务策略。数字信息资源利用面临最大的技术问题是技术过时。为了避免数字信息资源因技术更新而影响档案的可持续利用，我们应采用标准化、仿真、迁移和技术典藏等技术措施，来保证数字信息资源在新技术条件下仍然可以检索利用。

（3）安全保障策略。对于数字信息资源来说，主要是做好信息加密。

（五）DIR 的转让

通过 DIR 的转让，使之得到合理配置，以发挥最大作用，产生最大效益。

（六）DIR 的转换

在信息利用的基础上，通过 DIR 的转换，使它成为数字知识资源，更大程度上体现它的价值，帮助信息需求单位解决具体问题。

二、DIR 的反馈与结束

（一）DIR 反馈

1. DIR 反馈的基本要求

（1）合理控制数字信息资源反馈量；

（2）做好二次反馈；

（3）将集中与分流结合起来。

2. 通过 DIR 反馈，可以起到以下作用

（1）有利于了解 DIR 的价值和作用，扩大 DIR 开发利用的范围；

（2）有利于加大 DIR 开发的力度；

（3）有利于进一步拓宽 DIR 开发利用工作的渠道，最大限度地发挥 DIR 的价值和作用。

（二）DIR 的再生与销毁

通过不断对 DIR 进行评价，判断其价值，对不同价值的 DIR 采取不同的处理策略。对有些不再可用的，可销毁和删除；对有些经过再生的，成为新的数字信息资源；对有些仍然可用的，可以继续存储，但存储介质要发生变化。

第二节 数字信息资源管理模型

本节首先采用系统论的观点分析和定义数字信息资源管理系统的构成要素，进而分析对数字信息资源管理系统有重要影响的主要外部环境因素①，在此基础上，从宏观的角度，针对以用户需求为中心，数字信息资源管理的层次性目标，数字信息资源管理系统的基本构成要素等三大问题，研究构建了数字信息资源管理模型。

一、数字信息资源管理系统的构成要素及外部环境分析

（一）数字信息资源管理系统的构成要素分析

数字信息资源管理系统本身是一个较复杂的系统。依据系统论的观点，深入思考和剖析数字信息资源管理系统，可认为该系统由数字信息资源，支持人员，技术、方法和策略，软硬件支撑设备，方针、任务和规章制度五部分构成。

数字信息资源管理系统构成要素及关系见图 8 - 5。我们可将其描述为：

$$S(DIR, A - S - R, T - M - S, S - H - E, T - R)$$

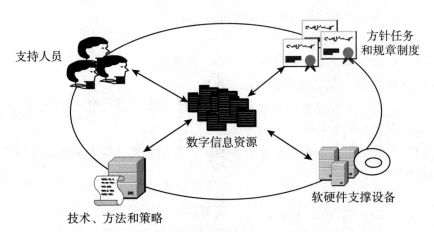

图 8 - 5 数字信息资源管理系统的构成要素及其简单关系

---

① 秦春秀、赵捧未等：《基于自组织理论的数字信息资源管理》，载《图书情报工作》2008 年第 2 期，第 100 ~ 103 页。

第一，数字信息资源（DIR）是管理的对象，是该系统的基本要素。

第二，支持人员（A－S－R）是该系统的一个重要组成部分，一般包含以下两类人员：数字信息资源的管理人员和从事数字信息资源管理研究的学者。其中数字信息资源管理人员的主要职责是承担数字信息资源的各类管理事务，例如，数字信息资源的日常管理和维护、数字信息的需求服务管理等；从事数字信息资源管理研究的学者的主要职责是研究数字信息资源管理的长远发展规划、数字信息资源管理的方针政策、数字信息资源管理的方法和各类技术等。

第三，技术、方法和策略（T－M－S）随着系统的外部环境和内部要素的变化而动态变化。在其技术、方法和策略的支撑、管理及控制下，数字信息资源的内容、形式和状态更有利于与其他要素的相互作用和相互制约。

第四，软硬件支撑设备（S－H－E）是该系统的重要支撑基础。随着数字信息资源管理的外部环境的变化、技术的革新、系统内部诸要素的相互作用，软硬件支撑设备呈现定期更新换代的趋势。

第五，方针任务和规章制度（T－R）对该系统具有规范和制约作用。数字信息资源管理系统的各个组成要素之间相互影响，相互制约，有机协调的运动和变化。其内容随着系统的外部环境、内部因素，尤其是支持人员（ASM）的变化而动态调整。

构成数字信息资源管理系统的五个要素间相互作用、相互制约、相互协调，目的在于适应快速增长的数字信息资源和不断变化的信息用户需求。

（二）数字信息资源管理系统的外部环境分析

在如今的网络知识经济时代，整个社会环境都处于快速变化之中。社会发展呈现更多新的态势，开放性、信息化、网络化成为主旋律。数字信息资源管理就处于这样的社会大环境之中。我们认为对该系统产生重要影响的外部因素有五个方面：信息环境、信息用户环境、技术环境、社会文化环境、政策法律环境。影响数字信息资源管理系统的外界环境因素如图 8－6 所示。

第一，信息环境。信息环境是指数字信息资源管理系统所处的信息规模激增的环境，它包含所有领域正在不断产生的新信息。信息环境是数字信息资源管理系统的一个重要外界输入源，它是直接影响该系统的基础构成要素——数字信息资源的数量、内容、形式的最关键的外界因素。

第二，信息用户环境。信息用户环境是数字信息资源管理系统的重要环境之一。从社会发展趋势来看，信息用户的数量、类型、需求都在不断变化，总体上呈现数量增多、类型多样、信息需求不断变化的趋势。信息用户环境的动态变化直接影响着数字信息资源管理，为了适应信息用户环境的变化，数字信息资源管理系统需要动态演化，不断调整其功能和结构。

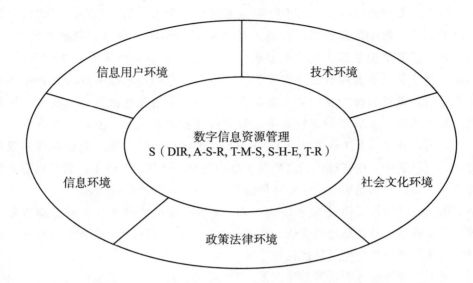

图 8 – 6　数字信息资源管理系统的外部环境因素

　　第三，技术环境。技术环境是指对数字信息资源管理系统的技术支撑基础产生影响的任何技术因素。目前，信息技术是影响数字信息资源管理的重要技术，如计算机软硬件技术、通讯技术、网络技术等。在今天的网络化时代，信息技术日新月异，对数字信息资源管理的技术支撑基础产生深刻的影响。数字信息资源管理系统通过与技术环境的物质、信息间的交换，不断引发自身的演化。

　　第四，社会文化环境。社会文化环境也是对数字信息资源管理系统产生输入的一个重要因素。该环境将影响系统外部的信息用户、系统内部的支持人员的教育水平、审美观念、价值取向等，同时也将间接地影响规则—法规—策略的变化。

　　第五，政策法律环境。政策法律环境是数字信息资源管理系统在一定的时间内动态演化的环境约束因素。

二、数字信息资源管理模型

（一）问题的提出

　　在网络化时代的今天，数字信息资源已经成为整个社会的信息资源主体，是一个国家的基础性战略性资源，其开发利用的水平既是国家信息化的核心内容，也是国家综合竞争能力的体现。但是，随着信息资源数量猛增，用户需求多样化，科学技术日新月异，数字信息资源越来越难于管理，其本质及规律难于准确把握，数字信息资源的各方面效益也不能够充分发挥和挖掘，研究适合我国国情的数字信息资源管理理论已迫在眉睫。

目前我国学者就我国数字信息资源管理、开发和利用的多方面问题进行了一定的理论研究，主要集中在数字信息资源的概念、分布规律，数字信息资源管理的过程、策略、方案，资源描述和组织技术，检索与挖掘技术，数字信息资源评价与选择方法，数字信息资源利用和服务等问题。而在宏观角度对数字信息资源管理模型的研究较少。文献①基于生命周期方法提出了政府信息资源全生命周期管理的思想，并构建了链状、环状和矩阵型三种政府信息资源的全生命周期管理模型。该文献的研究注重于政府信息资源管理领域的生命周期管理，其他领域如企业信息资源管理、学术信息资源管理、社会信息资源管理等尚未涉及。文献②结合电子商务中信息资源的特点提出了企业信息资源的价值链管理模式。该文献依据企业的各个活动可以用价值链表示，构建企业信息流的价值增值管理模型。同样，其他领域信息资源管理模型问题该文也没有涉及。从宏观角度研究数字信息资源管理的统一模型，将对于指导我国各领域数字信息资源管理及进一步建设，有效提高数字信息资源的利用能力都具有现实意义。

按照各领域信息资源的加工深度，可将信息资源划分为数据、信息和知识三种类型，而数字信息资源也是数据、信息、知识的集合。信息资源收集利用的操作过程分为三个阶段：从数据管理发展到信息管理，再到现在的知识管理，人们的认识最终将上升到知识层面。事实上，数据、信息、知识三者之间存在着有机联系，数据是信息的来源，而知识来源于信息。一般组织在实际信息资源管理中并没有对三者进行明确区分，其目标是实现知识管理，而知识管理又建立在数据管理、信息管理的基础上。因此，在各领域的数字信息资源管理工作中，必然存在三个层次的管理：即数据层、信息层和知识层。数据层、信息层是知识层的基础，知识层是数据层、信息层的应用体现。③

同时，数字信息资源管理工作的最终目标就是更好满足用户需求，使数字信息资源价值最大化。因此，任何数字信息资源管理理论模型的研究，都离不开以

---

① 朱晓锋、苏新宁：《构建基于生命周期方法的政府信息资源管理模型》，载《情报学报》2005年第4期，第136~141页。
② 刘跃：《电子商务下的企业信息资源管理新模型》，载《商场现代化》2006年第9期，第89~90页。
③ 贾君枝：《信息资源战略管理理论与实践》，科学出版社2007年版，第81~85页。

用户为中心的理念。

另外，数字信息资源管理本身是一项系统工程，在实现数据层、信息层、知识层等三层次的管理目标时，必然要关注其构成要素及其管理，即对数字信息资源管理系统的五部分——数字信息资源（DIR）、支持人员（A－S－R）、技术、方法和策略（T－M－S）、软硬件支撑设备（S－H－E）、方针任务和规章制度（T－R）的管理。因此，以用户需求为中心，数字信息资源管理的三层次目标，管理数字信息资源管理系统的基本构成要素及对三层次目标的基础支撑作用，这三大问题是构建数字信息资源管理模型的关键。

（二）数字信息资源管理模型的构建

所谓模型是指在理论和假设的基础上，对实际研究对象的一些主要因素（或指标，或基本量）及其相互关系的描述。数字信息资源管理模型，是指对数字信息资源管理系统的基本要素、管理目标构成的特定形态及关联关系的特定描述。基于前述讨论，数字信息资源管理模型如图 8－7 所示。

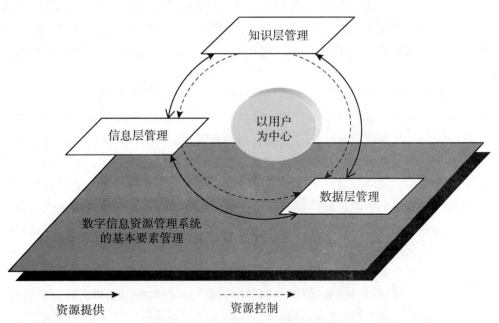

图 8－7　数字信息资源管理模型

该模型包含了前述论及的数字信息资源管理的三大问题，体现了一个基础、一个核心和三个层次目标。其中，一个基础是指数字信息资源管理系统的基本要素及其对管理目标的支撑作用，是数字信息资源管理的基础；一个核心是指以用户为中心，它是数字信息资源管理的宗旨，是三个层次目标所围绕的中心；三个层次目标是指将数字信息资源管理的目标划分为三个层次，不同层次满足不同用户的需求，实现对不同层次的数字信息资源进行管理与利用。

1. 数字信息资源管理系统的基本要素管理

基于前述研究，数字信息资源管理系统由数字信息资源、支持人员、技术方法和策略、软硬件支撑设备、方针任务和规章制度等五要素组成，它们是构成该系统的基础。任何领域的数字信息资源管理系统都可认为由这五个基础要素构成。这五个要素之间相互作用、相互制约、相互协调，从而适应不断变化的外部环境，尤其是适应不断变化的用户需求。另外，数字信息资源管理也包含对这五个要素本身的管理，对它们进行的适当、有效的管理是关系到数字信息资源管理系统有序运行及演变的关键。

2. 数字信息资源管理的三个层次

在任何领域和任何组织，人们对信息资源的利用可分为三个层次：数据利用、信息利用和知识利用。数字信息资源管理的目标是满足不同用户群体对数字信息资源的不同层次的需求，这就要求数字信息资源管理系统实现有效的数据层信息资源管理、信息层信息资源管理和知识层信息资源管理。

（1）数据层。根据数据资源运动的特点，数据资源的管理阶段应包括数据的创建（产生/发布）、采集、组织、开发、利用、清理（销毁/回收）等六个阶段。在数据资源的运动过程中，数据流是否匹配及数据流是否畅通都是对数字信息资源进行管理时需要考虑的问题，同时也要考虑到数据流本身的质量、数据处理过程中的一致性等诸多问题。

①数据流重组。数据流的重组与数据层信息资源功能的实现息息相关。任何领域的组织根据所处的环境和原有流程的具体情况，确定数据流重组的具体流程，并在此基础上分析数据流，对原有数据流存在的问题进行必要的改进，确定哪些数据需要共享，哪些数据需要加工处理，重新建构新数据流的具体流程，考虑整合这些具有共享特点的数据，避免数据重复输入和多口径采集。根据以上过程确定的关键数据流，制定一份数据流的分析规划图，作为数据流实施重组建设的依据。[1]

②建立相应的数据标准。数据流的处理需要一系列软件工具来支持分析和描述，而数据的采集、描述、组织与存储、检索过程都依赖于一定的规范和标准。对数据流的处理所涉及的数据量非常庞大，涉及面也较广，一定要注重标准化、规范化管理，遵循和形成统一的规范标准，包括关于数据库建设的数据标准、信息分类编码标准、用户视图标准、概念数据库标准和逻辑数据库标准等。一方面

---

[1] 贾君枝：《信息资源战略管理理论与实践》，科学出版社 2007 年版，第 81 ~ 85 页。

加强对有关国家标准和国际标准的研究与运用，在专家分析的基础上，参照国外同类型机构的标准，及时修订各类数据工作标准，对标准化内容进行动态发布和更新。另一方面，维护现有标准。而在这一过程中，专业人员是开展标准化活动的关键要素，法规或制度是开展标准化活动可依据的规则，资源是开展标准化活动所需的物质条件。

③加强数据质量管理。数据处理的准确性、及时性和可靠性是保证数据层信息资源的完整与准确的基础。数据质量的管理需要全过程、全员、全面的质量管理，这就需要首先形成数据质量文化，从意识形态上使全体专业人员认识到已存在的数据质量问题和解决的重要性。同时，综合考虑数据提供者、数据生产者、数据消费者的质量要求，形成总的质量需求，并具体化数据质量属性，形成质量属性表。再根据具体流程的顺序，确定加强数据质量管理的具体操作过程，制定相应的对策，采用有效的管理方法等。

④强化用户为中心的理念。在数据资源的创建（产生/发布）、采集、组织、开发、利用、清理（销毁/回收）等六个管理阶段中，几乎每个阶段都可能使数据资源得到增值，而最大限度地满足用户需求是信息增值的直接目的。因此，在数据层的数字信息资源管理中，每一阶段的局部活动都要充分考虑用户需要和用户特征，以用户需求为核心，尽可能使信息增值最大化。

（2）信息层。以数据层信息资源管理为基础，以用户信息需求为中心，转化数据资源为信息资源，实现信息的有效利用与高度共享，是信息层数字信息资源管理的主要任务。

①围绕用户，挖掘组织可能的信息需求。对于任何组织，其信息需求主要有三种类型：来自业务操作层的信息需求、来自管理控制层的信息需求、来自战略管理层的信息需求。业务操作层的信息需求主要是各业务部门操作过程中需要掌握的或者遇到问题所需解决方案的信息。这一类型的信息主要是事务信息和状态信息，结构化强，一般来自于组织内部数据库，易于通过数据库系统直接获取。管理控制层的信息需求主要针对中层管理者提出。这一类型的信息多解决结构化或半结构化的问题，信息的综合性强，是组织自上而下具体实现的纽带。战略管理层的信息需求主要由高层管理者提出。这一类型的信息一部分来自组织内部各层面的信息，一部分来自外部环境，对信息的准确程度要求高。

②统一数字信息资源平台的构建。信息层数字信息资源管理的重要工作之一是实现组织内部不同部门以及组织与外部环境和系统的连接、信息的共享。目前，由于数字信息资源建设不够完善，多个组织的各个信息系统未得到较好整合，各信息系统之间彼此独立，兼容性和集成性差，造成大量的冗余和垃圾信

息，很容易形成许多"信息孤岛"，致使信息的共享、反馈难，数据的利用率低下等一系列问题。这些问题都极大地影响着使用信息的效率。构建统一的数字信息资源平台，可整合信息资源，提供统一的信息获取途径，使系统的信息资源得以共享，避免不必要的重复建设，有效提高信息资源的利用率。

③实现数据到信息的转换。利用数据仓库、在线分析、数据挖掘、决策支持等技术与工具，采取上下关联、分类、计算、修正、压缩等加工方式，完成数据到信息的转换过程，实现信息的增值。信息有传递者与接受者，通过分析信息接受者的经验、知识、判断能力以及数据管理者的数据库操作能力、统计模型构建及分析能力，确定数据分析的重点，进而分析挖掘海量数据及其之间的关联，在此基础上生成新的信息。

（3）知识层。知识层注重创造一种显性知识与隐性知识互动的平台与机制，推动知识的创新和运用。将组织中的隐性知识转化为显性知识是知识层的主要工作和基础工作之一，完成将数据、信息有机地转化为知识。通过构建知识与应用平台，促进知识资源快速流动和共享，保证组织在竞争中占据核心竞争力。

①隐性知识与显性知识的转化。任何组织的内部知识很大一部分是以隐性知识形式存在于员工头脑中。隐性知识在传播过程中首先需要被拥有者清楚地表达，化为用户易于理解的形式，而接受者的认识程度又使隐性知识的传播受到进一步局限。隐性知识与显性知识并不是完全孤立的，它们相互补充，处在一个共同体中，在人们的创造性活动中相互作用、相互转化。这种转化需要解决一系列的问题，即组织需要借助一些智能技术如知识挖掘系统、商业智能、专家系统等，将隐含在头脑中的思想、观念、经验与方法进行有效的引导与挖掘，并将获得的信息以编码化形式存于知识库中。知识库能够提供简易有效的检索服务，包括对知识本身的更新和应用等的检索。这一过程的实现，很大程度上有赖于通过模式识别、优化算法和人工智能等方法，对成千上万的知识加以分类和评价。

②知识"外生"与"内生"统一。组织的知识形成可看作是一种知识"外生"与知识"内生"相统一的过程。在这个过程中，知识不断转变、融合、发展。知识被看做既是静态的实体，又是动态的过程。知识的"外生"表现在：任何个人、组织、国家都可以通过有目的的科学研究、技术发明、技术开发等活动，创造与积累知识。[①] 同时，也可以通过接受知识的传播、接受他人的知识等来获取知识和积累知识。而知识的"内生"表现在：任何个人、组织、国家都

① 张凯：《信息资源管理》，清华大学出版社2005年版，第320~324页。

可以通过自己的实践活动得到经验，并将感性认识上升到理性的高度，以此来不断进行知识的积累。[1] 对于知识既是"外生"又是"内生"，是相对于知识的应用过程来说的，而不是局限于知识产生于组织内部还是外部的。产生于知识的应用过程之外，如由专门的知识生产活动（研究开发等）所产生的，即可认为该知识是"外生"的；产生于知识的应用过程之内，就可认为该知识是"内生"的，即产生于知识的应用过程。知识创造及应用过程中，借助于带有知识库、推理库的信息系统进行信息的提取及推理，就形成对某一问题的专门知识。从某种意义上讲，知识比信息更接近于决策行动，它直接影响决策效果及组织内知识创新环境的形成。

（4）三层次之间的联系。在各领域数字信息资源管理的三个管理层次上，各层次有自己的主要管理目标。数据层需要重视对数据流的具体操作，信息层要重视信息需求挖掘与实现，知识层则侧重于知识的创新与应用。这三个层次又相互渗透与融合，共同构成组织的所有数字信息资源管理。数据层既是信息层又是知识层的基础，而知识层的主要基础来自于信息层，知识层是数据层、信息层的应用体现。[2] 同时，上一层级的资源有时也会转化为下一层级的资源。另外，上级层次又对下级层级进行信息反馈，进而为改良下级基础层次提供指导。

在进行数字信息资源管理时，改进三层次转换过程中存在的问题，保证这三个层次之间的顺畅转换，将有利于信息价值的进一步提升。

3. 以用户为中心理念

用户中心理念主要来自工业界。在图书情报界，理论研究越来越倾向于用户中心理念。

数字信息资源管理工作的最终目标就是更好地满足用户需求，使数字信息资源价值最大化。因此，任何数字信息资源管理理论模型的研究，都离不开以用户为中心的理念。以用户为中心的数字信息资源管理，其实就是要结合用户的信息活动和行为，达到更好地满足用户信息需求和用户满意的信息服务要求。在数字信息资源管理的三个层次上，每个层次都要充分考虑用户的需求和特征，一切从用户信息活动和用户行为出发，强调信息用户在信息活动中的主观能动性和参与作用，充分关注和挖掘用户的潜在信息需求，基于用户中心理念来设计各自层次上的信息资源管理活动。

---

[1][2] 贾君枝：《信息资源战略管理理论与实践》，科学出版社 2007 年版，第 81 ~ 85 页。

第三节　基于自组织理论的数字信息资源管理的演化机制

一、数字信息资源管理与自组织理论

数字信息资源管理是信息化和计算机化时代的产物，它已经成为社会上的信息资源主体，是国家的基础性战略性资源，其重要性已为大家所公认。由于数字信息资源管理的复杂性，其本质和规律难以把握，其为国家和社会的效能也难以充分体现和发挥。系统科学的自组织理论开辟了研究复杂问题的新路径，它的诞生、发展和成熟，为研究自然界和人类社会中存在的各种开放系统的发展提供了理论基石。[①] 以自组织理论为依据研究数字信息资源管理，建立数字信息资源管理自组织演化的发展观，确定数字信息资源管理的耗散结构形成的条件、演化的内在机制，在实践中遵循数字信息资源管理的自组织演化规律，有助于数字信息资源的成功管理。

二、数字信息资源管理的自组织演化过程[②]

从系统科学的视角审视数字信息资源管理，数字信息资源管理是一个自组织的社会子系统。[③] 那么，数字信息资源管理的自组织演化过程是什么呢？

根据自组织理论，数字信息资源管理是从一个平衡态走向另一个平衡态的无重复循环的动态演化过程，如图 8 - 8 所示。

在图 8 - 8 中，用户信息环境、技术环境、信息环境、社会文化环境和政策法律环境是数字信息资源管理的五种主要的外部环境，数字信息资源管理时刻与其进行物质、能量和信息的交换。从自组织的观点看，数字信息资源管理形成耗散结构，与它的外部环境进行交换时，通过内部机制随时响应环境变化，系统结

---

① 沈正维、王军：《关于自组织原理若干问题的讨论》，载《系统科学学报》2006 年第 1 期，第 14 ~ 18 页。

② 张秀君、秦春秀等：《数字信息资源管理的自组织演化研究》，载《情报理论与实践》2009 年第 1 期，第 26 ~ 29 页。

③ 秦春秀、赵捧未等：《基于自组织理论的数字信息资源管理》，载《图书情报工作》2008 年第 2 期，第 100 ~ 103 页。

构及功能对环境变化具有特有的适应性和灵活性。数字信息资源管理占据在动态演化过程中特定的"生态位"上。环境的每一次变化，数字信息资源管理结构与功能就会随之发生变化，从一个生态位跳跃到与环境相对应的新的生态位上，表现出数字信息资源管理的动态有序。在进行数字信息资源管理时，我们遵循自组织规律，尽可能创造数字信息资源管理自组织演化的条件，促进系统内部元素的竞争与协作，推动系统自主演化，从而促使数字信息资源管理整体水平的不断提高，系统才能不断地从低序向高序方向演化，更好满足国家社会的需求。

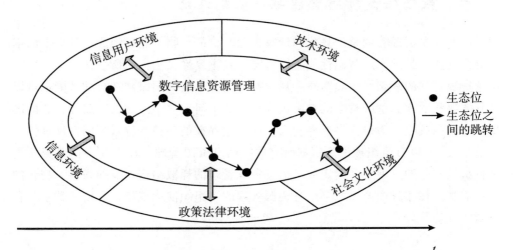

图 8-8　数字信息资源管理的自组织演化过程

另外，图 8-8 中数字信息资源管理随着时空的变化，不断与周围环境进行物质、能量和信息交换，不断从一个生态位跳跃到与环境相对应的新的生态位上。根据自组织理论，它在发生这种演化时是采取相变方式的。相变的形式有两种：一是经过临界点的性质突变的相变，其特点在于经过临界点时系统的性质发生突变；二是在临界点以下的状态渐变的相变，其特点在于系统在临界点以下状态便开始改变，但系统状态的改变却是一个渐进的过程，因而又称为渐变式相变，并且在相变发生前后系统的性质并不发生突变。数字信息资源管理在演化过程中，不断地进行着两种相变过程。突变式相变表现为数字信息资源管理整体功能或性能的一次大的改变；渐进式相变则是在数字信息资源管理内的子系统的功能、性能的改进和更新。

根据相变过程是否需要外流维持，相变类型可划分为平衡相变和非平衡相变。数字信息资源管理一直都是非平衡相变过程。数字信息资源管理随着环境的改变，进入与环境相对应的"生态位"时，这种有序结构的形成，需要一定的外流来维持，因此数字信息资源管理是一种非平衡相变过程。

总之，数字信息资源管理的演化过程是结合了渐变和突变两种相变形式的非平衡相变的演化过程。

三、数字信息资源管理的自组织演化机制[①]

在进行数字信息资源管理时怎样才有利于它的自组织演化呢？下面将根据普里高津的"耗散结构理论"和哈肯的"协同论"进行分析。耗散结构理论是化学家普里高津于 1977 年提出的，该理论明确了系统形成自组织演化的条件；与此同时期的哈肯提出的协同论阐述了系统自组织演化的内在机制。[②]

（一）数字信息资源管理自组织演化的条件

形成数字信息资源管理耗散结构是该系统实现自组织演化的基本条件。耗散结构是指在开放和远离平衡态的条件下，在与外界环境交换物质和能量的过程中，通过能量耗散和系统内部的非线性动力学机制而形成和维持的宏观有序结构。[③] 系统的耗散结构是无法通过人工方式创造的，但是通过创造耗散结构产生的条件，促使耗散结构产生却是可能的。[④] 研究耗散结构形成的条件，对于促使数字信息资源管理形成耗散结构具有重要意义。耗散结构的形成必须具备四个条件：系统开放、远离平衡态、非线性作用和涨落。

1. 数字信息资源管理必须开放

开放系统是产生耗散结构的前提。根据热力学第二定律，孤立系统总是自发地增熵，直到最大熵为止，孤立系统不可能自发地减熵，使系统通过自组织走向有序。开放系统熵的变化可以分作两项：dis + des，其中 dis 是由系统内部不可逆过程产生的熵的变化，称为熵产生项。它服从热力学第二定律，其符号总是正的或等于零（在热平衡态），即 $dis \geq 0$。des 是系统与环境交换物质和能量过程中流入系统的熵，其值为负的意义是系统输入的熵小于输出的熵，或者说有一股"负熵流"通过系统。如果 des 为负值，且绝对值大于 dis，则系统在总体上还会降低熵值，从而有可能提高其有序程度。所以，系统开放且有足够大的负熵流，

---

① 张秀君、秦春秀等：《数字信息资源管理的自组织演化研究》，载《情报理论与实践》2009 年第 1 期，第 26 ~ 29 页。

② 沈正维、王军：《关于自组织原理若干问题的讨论》，载《系统科学学报》2006 年第 1 期，第 14 ~ 18 页。

③ 蔡绍洪：《耗散结构与非平衡相变原理及应用》，贵州出版社 1998 年版。

④ 王波涛、舒华英：《基于自组织理论的信息系统演化研究》，载《北京邮电大学学报》2006 年第 1 期，第 43 ~ 47 页。

是系统维持有序性或进化的必要条件。

数字信息资源管理具有系统开放的特性。一方面数字信息资源管理从外界获得数字化的信息资源、支撑基础等物质和信息，通过数字信息资源加工和管理，变成特定的信息产品和服务；另一方面又将信息产品和服务向环境输出，以满足用户和社会的需要。这就是数字信息资源管理同外界环境的交换过程。在与环境进行交换的同时，数字信息资源管理不断地为系统引入负熵，从而抵消系统不可逆过程所引起的熵的增加，使得整个系统的熵有减少的可能性，促使系统不断走向有序。简言之，动态的开放系统是建立数字信息资源管理自组织的前提，建立相对稳定的开放性系统乃是保证数字信息资源管理不断适应新的环境的必要条件。

2. 数字信息资源管理需要远离平衡态

如果没有远离平衡态，系统仅仅开放是没有用的，因为系统仅在平衡态附近，与外界交流也仅能是类似微扰的作用，不能使系统发生本质的变化。根据自组织理论，只有将系统逐渐从近平衡区推向远离平衡的非线性区，才有可能使系统演化成为有序结构。耗散结构与平衡结构有本质的区别。平衡结构是一种"死"的结构，它的存在和维持不依赖于外界，其系统熵最大；而耗散结构是个"活"的结构，它只有在非平衡条件下依赖于外界才能形成和维持。由于它内部不断产生熵，就要不断地从外界引入负熵流，不断进行"新陈代谢"。正是在远离平衡条件下，系统有可能不断从外界引入负熵流，熵减过程也在加强，产生和维持一种不断吐故纳新的活结构，即进入非常活跃的自组织活动，使系统脱离原来的无序或低序结构向有序或高序状态突变。

根据自组织理论，数字信息资源管理的自组织演化是平衡——打破平衡——平衡的反复过程。一方面，数字信息资源管理时刻面临打破平衡的外部环境，比如数字信息资源的激增、用户环境的变化、科学技术的进步、政府法律和条例的变化等都可以造成数字信息资源管理平衡的打破。另一方面，数字信息资源管理也面临打破平衡的内部力量，比如新策略的制定、新设备的引进、人员的认知及态度的变化等。每一次平衡被打破，数字信息资源管理都被推向远离平衡的非线性区。相反，如果数字信息资源管理处在一定的平衡态后，就没有了新理论、新技术、新思想的引入，没有了数字信息资源管理领域人员素质的提高，没有了数字信息资源管理服务的改进和调整，没有和外界环境的各种交换，那么它就无法对环境的变化做出反应，逐渐无法适应社会、国家对数字信息资源管理的需求。为了避免这种情况的出现，使其更好满足社会的需求，只有用环境因素把数字信息资源管理推向远离平衡的非线性区，系统才可能形成更利于其功能的有序结构。

3. 数字信息资源管理内部的非线性相互作用

非线性相互作用是系统形成有序结构的内在原因，系统元素间相互作用的性质是系统能否形成耗散结构的关键。非线性相互作用使得系统内各要素之间产生协同动作和相干效应，从而使得系统从杂乱无章变为井然有序，并且不因外界微小扰动而消失，保持一种活的稳定性，这样系统才能出现耗散结构。

数字信息资源管理输入和输出之间不是简单的线性关系，而是复杂的非线性关系。它的各子系统间非线性作用产生的效果大于各部分之和，它们之间的相互作用使各系统产生相干效应和临界效应，并推动数字信息资源管理系统走向有序。

4. 数字信息资源管理的涨落

普里高津非常重视随机涨落在耗散结构形成过程中的作用，他认为涨落导致系统有序。当系统处于远离平衡态时，随机的小涨落可以通过非线性的相干作用和连锁效应被迅速放大，形成系统整体上的"巨涨落"，从而导致系统发生突变，形成新的结构。

涨落是系统演化的诱因和契机，推动数字信息资源管理不断演化和发展。在实际中，所有影响数字信息资源管理的因素都可以视为涨落，新的概念、方法、技术、设备的引入，还有用户需求的改变都会使得系统从一个平衡状态变化到另一个平衡状态，所有这些都会使得数字信息资源管理偏离原有的稳定状态，经过相变进入一个新平衡态。数字信息资源管理出现的五六十年间数字信息资源管理呈现的不同状态就是该系统涨落现象的结果。数字信息资源管理过程中涨落的出现是正常的，我们应努力利用并创造条件，使其朝有利于目标的方向发展，防止相反方向的出现。

（二）数字信息资源管理的自组织演化的内在机制

数字信息资源管理具备了形成耗散结构的条件后，该系统是如何进行自组织演化的？根据哈肯的协同论，自组织系统演化的动力来自系统内部的两种相互作用：竞争与协同，竞争与协同共同决定系统的命运，共同承担着系统演化的任务。子系统的竞争使系统趋于非平衡，而这正是系统自组织的重要条件；子系统之间的协同则在非平衡条件下使子系统某些运动趋势联合起来并加以放大，从而使之占据优势地位，支配系统整体的演化。竞争与协同产生的内在原因是系统要素之间的相互作用，竞争与协同是系统要素相互作用的表现与结果。[1][2]

数字信息资源管理是一个包含了多个子系统的社会系统，由于其内部元素发展的不平衡性，决定了它们之间不可避免地存在着竞争与协同作用。竞争不仅体

---

① 许国志：《系统科学》，上海科技教育出版社 2001 年版。
② 彭仕政：《系统协同与自组织过程原理与应用》，贵州出版社 1998 年版。

251

现在构成数字信息资源管理的理念、工具、技术等因素之间，还体现在内部人员之间。数字信息资源管理内部诸要素的协同作用主要体现在内部支持人员之间、系统的支撑设备之间以及数字信息资源管理的理论与技术之间。在系统内部支持人员之间，人员角色和职责的划分决定了为了完成一项任务必须进行协同作业方能实现，比如数字信息资源的管理人员之间的有机协作，数字信息资源管理研究的学者和研究人员之间的相互合作和切磋。系统支撑设备内部也根据自己的功能相互协作，比如计算机硬件设备和软件设备的紧密合作，以支撑数字信息资源管理系统的正常运行。而数字信息资源管理的理论与技术，多种理论和技术在数字信息资源管理系统内发挥不同的逻辑功能、扮演不同的角色，共同实现系统的整体功能。另外，当代数字信息资源管理内部人机之间的协作体现得更为明显。

竞争与协同对于数字信息资源自组织演化具有同样重要的作用，竞争导致了系统内新思想、新方法和新技术的形成，防止系统进入平衡态，推动系统内新结构的产生，最终促进系统动态有序。而协同则能够保证产生的新结构稳定下来，防止过度竞争导致的系统无序状态的产生，使得系统演化的方向得以明确。因此，完善数字信息资源管理内部的竞争与协同机制是保证系统自组织演化顺利进行的关键。

第九章

数字信息资源优化配置

20世纪 90 年代以来，数字信息资源的配置问题日益得到许多国家或地区的高度重视，并被当作推进信息化建设，促进经济社会发展的重要内容。在我国，随着社会信息化程度的不断提高，数字信息资源作为信息资源的一种主要表现形式，被广泛地应用到各种社会活动和经济活动之中。《2006～2020 年国家信息化发展战略》指出，我国信息化发展的战略方针是要"实现资源优化配置和信息共享；要以需求为主导，充分发挥市场机制配置资源的基础性作用，探索成本低、实效好的信息化发展模式"。这为我们在数字网络信息时代加强信息资源配置的研究提供了宏观上的指导和政策上的支持。有关数字信息资源优化配置问题的研究已被提上了信息化建设的重要日程。

第一节　数字信息资源配置机理

机理是指事物变化的理由和道理。数字信息资源配置机理，即指合理有效配置数字信息资源的原因和道理，主要体现在两个方面：一是数字信息资源的相对稀缺性；二是目前数字信息资源开发利用过程中存在的问题和障碍。数字信息资源配置机理分析是数字信息资源配置活动开展的前提，也是有效合理配置数字信息资源的先决条件。

253

一、数字信息资源的稀缺性

数字信息资源的稀缺性是数字信息资源有效配置的本质原因和内在需求。

经济资源是普遍稀缺的。最早对资源稀缺性进行深入研究的是经济学家马尔萨斯，他首先提出了绝对稀缺论。李嘉图又在其基础上提出了相对稀缺论，指出自然资源在数量上不存在绝对稀缺，但由于自然资源的不均质性，高质量的资源数量有限，质量的差异造成报酬递减不可避免，因而产生了资源的相对稀缺。因此对于数字信息资源稀缺性的探讨，也主要分为绝对稀缺和相对稀缺两方面。

不少人认为，在信息爆炸时代，数字信息无时不在，无处不在，数字信息资源的增长趋势远远大于其他资源的增长速度，因此它是不会稀缺的。但这只是绝对意义上的理解，从相对意义来说，数字信息资源的稀缺性是不可避免的。尽管在数字化、网络化的信息时代，数字信息充斥着我们的整个生活，但却难以较好地满足人们在生产生活中的信息需求，数字信息资源作为一种特殊的经济资源具体在以下几个方面体现出稀缺性：

第一，受既定时空和其他条件的约束，某一特定的经济活动行为者因为人力、物力、财力的限制，拥有的数字信息资源总量是有限的；

第二，受既定技术和资源条件的限制，任何数字信息资源的总效用是固定不变的，随着使用次数的增加，数字信息资源逐渐老化，总效用逐渐减少；

第三，数字信息的迅速膨胀，使得虚假信息、失效信息、冗余信息、过剩信息、骚扰信息、有害信息等大量的信息垃圾，占据了庞大的存储空间，增加了分类检索的时间，妨碍了信息用户对有用信息的准确快速获取，使得相对于日益增长的用户需求来讲，数字信息资源相对稀缺。

由此可知，数字信息资源的稀缺不是源于物理数量上的限制，也不是源于对人类需求满足的一次性，而是源于一定条件下人类认识、开发、利用数字信息资源手段的不足，主要表现在数字信息资源开发利用手段的有限与数字信息本身无限之间的矛盾。数字信息资源的稀缺性导致了在经济活动中合理选择数字信息资源使用方向的极端必要性。只有合理有效地配置数字信息资源，并充分地开发利用，最大限度实现其价值，并使其在使用中无限增值，这样才可以一定程度上缓解数字信息资源的稀缺带来的问题。

二、数字信息资源开发利用的问题和障碍

数字信息资源开发利用活动，从阶段上看表现为一个结果，而从整体上看体

现为一个过程，涉及经济社会的方方面面，是一个系统的工程。数字信息资源开发利用过程中存在种种问题和障碍。这些问题和障碍在一定程度上从外部拉动了数字信息资源有效配置的需求。

（一）观念和认识问题

随着科技进步、经济发展，数字信息资源对于各行各业的意义日益重大，其充分共享，将大大提高经济效益和社会效益。数字信息资源共享是以数字信息资源合理有效配置为出发点的。目前存在不少的信息所有者，把拥有的数字信息资源作为自己的私有财产，把数字信息资源开发利用看成是自己的事情，只看到眼前利益和个人利益，认为只有独享这份资源，才能获得更大更多的利益，而不注重从宏观和整体的角度出发，没有考虑到数字信息资源的非竞争性和排他性的经济特性，忽视了应将数字信息资源作为一种"准公共物品"，给予其他个人与机构，在一个更广的层面进行开发利用，使其发挥出更大的效益，实现经济效益和社会效益最优。

（二）信息庞杂

随着科学技术的迅猛发展和各学科间的渗透、交融，数字信息资源数量急剧增长，信息"爆炸"处于失控状态。虽然信息技术、数字化技术有利于数字信息的获取、利用、开发，但由于信息数量巨大、十分庞杂，信息形式尚不规范，信息表达语言不同，使得信息的获取非常困难，而抽取有用的信息，对其进行开发利用则更有难度。

（三）信息污染

由于数字信息数量增长迅速，致使数字信息的新陈代谢加快，不少信息过剩、贬值，无用信息比重增加，大量的信息成为信息垃圾，对信息环境造成了严重的污染。另外，随着开放式网络的飞速发展，任何人都可以不受其他个人和团体约束或干涉在网络上自由地联接、自由地发表信息、自由地增加新的服务方式和服务内容……这种自由和开放，带来的是数字信息传递的无序和失控，数字信息的海量剧增，其中不可避免地存在垃圾信息、虚假信息、冗余信息等。网络上的信息泛滥及大量垃圾信息的产生，使得信息用户查询、检索、获取有用的数字信息资源需要耗费大量的物力、财力和精力，并由于大量污垢信息的存在，使得用户对真实信息的信任程度大打折扣，信息剧增带来了新的信息匮乏。

255

（四）信息安全

信息安全问题主要包括信息系统的安全、信息源的安全和信息流的安全等方面。目前，对信息安全的最大威胁主要来自网络病毒和网络犯罪。这些信息安全隐患不但会带来严重的社会危害，甚至会引起世界范围内的忧虑。

（五）信息标准化

数字信息资源格式统一规范，遵循同一标准，有利于实现不同计算机系统间交换数据、实现用户和系统以及系统和系统之间的有效沟通。而到目前为止，数字信息资源组织尚未标准化，为数字信息资源的开发利用带来了一定的困难。

（六）数字信息资源的"马太效应"

数字信息资源开发利用中的"马太效应"是指各地区、各行业、各部门和各个体在获取和利用数字信息资源的数量与质量、机会与实践、能力与水平之间存在着差异。随着社会的发展和时间的推移，这种差异在一定的条件下会形成巨大的信息利用差距，从而产生利用信息资源富有者和信息资源贫乏者，并使利用信息资源富有者更富有、贫乏者更贫乏。这使得不少信息用户由于数字信息资源贫乏而难以充分捕捉到新的生存机会和发展机遇，在知识经济时代的信息竞争中处于不利地位。因为经济发达程度不同，数字信息资源分布不均衡，大部分数字信息资源分布在经济发达地区、主干城市和中心区域。而就我国而言，现阶段很难形成信息中心辐射周边地区的作用，在整体上影响信息的流通和获取，也因此造成了局部地区信息冗余、重复、浪费，而另一些局部地区出现信息空白和信息过时的现象。

（七）数字信息传播

数字信息传播中的障碍主要体现在两个方面：一是网络通路障碍；二是软件系统障碍。网络通路障碍是指计算机信息网络在运行过程中由于路窄、人多、入口少而出现的通路不畅或不能进入的现象，形成通路障碍。软件系统障碍则是由信息标准化问题带来的。

（八）信息用户的个人能力

数字信息社会对信息用户的个人能力提出了一定的要求，主要包括信息的认知能力、选择能力和获取能力三个方面。认知能力反映信息用户的专业基础和综合素质，体现信息用户的信息意识和信息价值观；选择能力反映信息用户的知识结构和思维能力，体现信息用户对各种信息进行判断、评价、选择的能力；获取能力反映信息用户掌握计算机知识水平，体现信息用户利用计算机获取和处理信息的能力。[①] 由于信息用户年龄结构、知识结构和专业结构都存在差异，信息用户的偏好倾向、职业状况和工资水平以及国民的文化传统也不尽相同，使得信息能力尚不理想。

（九）信息环境

信息环境是数字信息资源开发利用的外部制约因素，良好的信息环境对数字信息资源合理开发利用有一定的促进作用。目前，由于信息环境的种种障碍，限制了数字信息资源的合理开发利用。第一是文化环境的障碍，由于不同个人、不同群体对于价值的认知各有不同，有关数字信息资源开发利用的理念也存在差异，文化隔阂是造成数字信息资源不能合理开发利用的一种障碍。第二是落后的管理体制带来的障碍，数字信息资源的科学管理就是运用现代化管理方法来研究信息资源在经济活动中被利用的规律，对信息资源开发利用过程中的种种矛盾进行统筹规划和组织协调以求得最优化的经济效果，但是由于不少的数字信息资源所有机构，采用条块分割、相互封闭，各自为政的管理体制，使得信息资源的合理开发利用难以实现，并因为缺乏宏观上的指导和调控，造成了现在信息资源分布极其不均衡、匮乏和浪费并存的局面，不利于社会的进步和经济的发展。第三是资金不足带来的障碍，数字信息资源的合理开发利用都需要一定的经济实力作为支持，经费保障是数字信息资源合理开发利用的前提，但是大笔经费的获取是不可得的或不易得的。第四是市场竞争和价格体系带来的外界环境障碍，市场是调节信息资源开发利用方向的主要手段，在开发利用过程中，必须通过市场竞争和价格体系比较优劣，实现合理化，但市场机制的不完善却是普遍性的。第五是国家主权和国际信息秩序带来的障碍，网络的渗透性和网上信息资源的自由流动，使得信息大国利用网络进行文化侵略和政治渗透的可能性与破坏性日益加大，国家主权是否牢固，在很大程度上取决于对网上数字信息资源的控制和占有程度，国际信息秩序也因网络扩展和国家之间经济技术实力的差距呈现出恶化趋势：信息资源分布不均衡，集中在少数发达国家和地区，出现了网络时代的"南北问题"；信息传播受发达国家控制，全球信息冲突加剧，以高速信息网络为核心的信息资源开发利用已成为全球竞争的焦点，成为影响各国社会经济发展的关键因素之一。

---

① 崔玉香：《网络信息资源共享的障碍分析》，载《社会科学论坛》2002 年第 4 期，第 90~92 页。

第二节　数字信息资源配置模式

合理、高效的数字信息资源的配置模式对于提高数字信息资源的配置效率有着重要的意义。我们从三个方面来考虑数字信息资源的配置模式。

一、数字信息资源配置的市场模式

所谓市场模式，是指市场运行中各种构成要素之间相互制约、相互作用建立起社会供需动态平衡的自我协调运行的方法和手段。数字信息资源配置的市场模式，则是指市场通过价格杠杆自动组织数字信息的生产和消费，即通过市场信息来消除或减少数字信息市场活动中的不确定性，从而实现数字信息资源的优化配置。

（一）数字信息资源配置市场模式的主要内容

信息市场是社会分工不断细化的必然结果，也是信息商品化的产物。信息市场作为信息商品生产与消费的中介，既有利于信息资源的合理配置，同时也有利于促进信息经济的发展。在数字化网络时代，数字信息资源是信息资源的主要表现形式，数字信息资源的配置和共享势必受到市场因素的重要影响，市场模式是数字信息资源配置的主要手段之一。

在数字信息资源配置活动中，供求、价格、竞争等市场要素相互制约、相互影响，建立起的内在有机联系形式，形成的影响数字信息资源配置活动的手段，就被称为数字信息资源配置的市场模式。只有具备完整的数字信息市场体系和拥有灵活的数字信息资源配置市场模式，数字信息资源配置活动才能有条不紊的进行。数字信息资源配置过程中起主要作用的市场模式包括供求机制、价格机制、竞争机制、管理机制以及风险机制等多种机制决定的配置手段。

在数字信息资源配置过程中，起核心作用的市场手段主要是价格手段、供求手段和竞争手段。因为价格机制、供求机制、竞争机制是最为重要的市场机制。价格机制是市场机制的信号系统，可以反映供求状况并引导市场经济主体的行为，具有数字信息资源配置和作为核算尺度的双重功能，价格信号的不真实，将可能导致市场机制对数字信息资源的配置失灵或失效；供求机制主要是引导数字信息资源流向其最能发挥效益的地方，避免数字信息资源的闲置和浪费；竞争机制是指在市场活动中运用价格信号来调整决策行为，增强经济主体的实力水平。

数字信息资源配置的市场模式主要包括以下内容：

1. 建立合理的价格体系

在完全竞争市场上，将数字信息资源当作一种信息商品来考虑，其价格是该数字信息资源提供方、购需方双方利益动态博弈的综合产物，它的定价可以看做是两者相互协调的过程，即根据双方获得利益的大小制定合理的价格，信息定价策略的前提是供需双方利益均大于零。

虽然有许多学者参考世界上最先进的智力产品定价方法，就信息商品价值和价格度量问题提出了总成本加成定价法、效益分成法、比较定价法和协商定价法等方法，但目前还没有形成一种真正适用于信息商品的价格度量体系，因此对数字信息资源的定价问题仍是一个正在探讨的热点问题。数字信息资源价格问题的讨论和信息商品价格的讨论相似，都依赖于经济学中的价格理论，主要体现在以下两个方面[①]：

（1）古典经济学理论可以解释信息商品价格的形成，包括效用价格论、供求价格论和生产费用论。

（2）现代西方经济学理论可阐述信息商品的价格问题，包括边际成本理论、垄断价格理论和均衡价格理论。

2. 平衡数字信息资源的供需

数字信息资源的供需均衡就是市场上数字信息资源的价格水平正好符合数字信息资源供给方和需求方双方的要求，使得需求方所需要的数量正好等于供给方供给的数量，最终形成数字信息资源供需均衡曲线及其均衡点。

数字信息资源需求方的目标是在一个可接受的信息价格下，最大限度地提高信息福利，即增加数字信息资源带来的正效用和降低由于信息不对称带来的负效用。影响需求方购买信息商品的因素是信息商品价格的高低和该信息商品的信息福利大小，其中，信息福利包括该信息商品给购买者带来的正效用的增加量和负效用的减少量。而数字信息资源提供者的目标是从信息商品或信息服务中获得最大的经济利益，而影响数字信息资源提供者收益的因素主要包括：购买信息的人数、信息价格和提供信息产品或信息服务所耗费的成本。因此，供需双方间的利益是相互冲突的，而且信息商品的价格和质量是影响双方利益大小的主要因素。

若降低信息商品价格，数字信息资源需求方会获得更大利益，而对提供方而言，价格的降低却意味着收益的减少。若信息商品的收费价格过低，就会引起更多的需求者前来购买信息商品，这样对整个社会来说，信息的正效用就会不断降

---

① 靖继鹏、张向先、李北伟：《信息经济学》，科学出版社 2007 年版。

低，最终将会变为零，此时，数字信息资源提供方也无法再为需求者提供信息。

若降低信息商品的质量，数字信息资源提供方需要投入的成本将会降低，收益将增大。然而，当信息质量很低的时候，对于已购买信息商品者而言，该信息商品给他们带来的正效用的增加量和负效用的减少量都不是很多，即购买者不会获得更大的利益，这样购买该信息商品的人越来越少，使得该信息给整个社会带来的负效用降低。

以上分析可知，完全由市场模式配置数字信息资源时，数字信息资源提供者和需求者都希望尽可能多地从中得到利益，最终形成的价格和价格体系是双方利益博弈的结果。在信息市场中，信息商品的供需量主要取决于信息商品的价格和质量，但同时也要考虑其他影响因素，如信息消费者的收入水平、信息消费的外部性、信息商品的体验性、信息市场的供求弹性、信息市场的完善程度、信息经济的法律环境以及互联网对信息商品价格的影响、对消费者偏好的影响等。

3. 优化数字信息资源市场的竞争结构

数字信息资源的供给、需求和中介方在数字信息资源的生产、开发、经营和消费过程中，为争夺生产经营的优势地位、消费的有利条件或求得自身的生存与发展，获得更大的经济利益而进行的对抗活动，构成了数字信息资源市场竞争。在形式上表现为以下四种：

（1）数字信息资源提供者间的竞争——争夺数字信息资源和信息用户。数字信息资源提供者之间的竞争内容涉及数字信息资源的品种、质量、价格和信息人员、设备及其组织管理等。无论是数字信息资源市场中同行业的生产者和提供者之间的竞争，还是市场内部不同信息产业之间的竞争，都围绕上述内容来获得最大的社会效益和经济效益。竞争者往往通过比较品种、质量、服务、价格、管理以及信息人员素质等要素来争取更多的信息用户，进而争夺更多的数字信息资源。

（2）数字信息资源需求者间的竞争——争夺数字信息商品资源。数字信息资源需求方总是希望自己购买的数字信息资源物美价廉，并且要求所购买的数字信息资源具有某种程度的垄断性和专有性，而不希望被多次转让并大量出售。于是众多需求者最终围绕数字信息资源展开激烈竞争，竞争的结果是供给方提高价格，能出高价的买家将是竞争优胜者。买方竞争促使数字信息资源供不应求，其积极作用是使得卖方能更了解市场需求，提高数字信息资源作为一种商品的生产效率，扩大卖方经济利益，促进数字信息资源的有效利用；其消极作用是不能促进卖方提高数字信息资源质量和推动技术进步。

（3）数字信息资源供需双方的竞争——争夺经济利益。数字信息资源供给者的愿望是通过出售数字信息资源获得最大利润，而需求方的愿望是希望支付最少的货币而换回最有价值、用途最大的资源。双方在数字信息市场中在实现数字信息资源价值和满足需求的约束下，进行讨价还价。供给者很想知道需求者愿意成交的最高价，需求者希望知道供给者愿意出售的最低价，双方不断博弈，最后在可能的价格范围内成交。由于信息不对称性和数字信息资源难以确定，双方讨价还价的竞争是一场比心理、比实力的较量。实质上，这种竞争就是买卖双方争夺经济利益的竞争。

（4）数字信息资源市场和传统物质商品市场之间的竞争。随着社会信息化程度的提高，一些商品既是物质商品市场交换的客体，也可以作为附载数字信息的商品而成为数字信息资源市场交换的客体，导致两种市场之间存在竞争，其结果是使物质产品包含更多的数字信息内容，使其成为数字信息产品，在数字信息市场中完成商品交换。此外，这两种市场之间的争夺还体现在资金、劳动力等生产要素方面的竞争，这种竞争促进了生产要素在各部门、各行业的自由流动并实现了资源的合理配置。

经济学中，一般将市场结构划分为四种类型：完全竞争市场、完全垄断市场、垄断竞争市场和寡头垄断市场。对于数字信息市场来说，由于数字信息商品具有高生产成本和低复制成本、数字信息商品的非同一性和一些人为因素使得数字信息市场并不完全满足某类市场的条件，决定了数字信息市场兼具垄断性和竞争性的特点，即垄断竞争是大多数数字信息市场的稳定结构。

在垄断竞争的市场结构下，通过市场竞争的自我选择机制，数字信息商品生产者、经营者、购买者经常保持相对的局部平衡，并依据信息用户的需求来调节这种平衡。调节包括约束和激励两个方面。一方面，丰厚的经济利益会增加信息机构、信息人员的活力，激发生产者、经营者的积极性、创造性，使之生产出的产品或提供的服务在市场竞争中处于有利地位，获得更大的经济利益，并使得数字信息商品质量得到提高、效用得到增强，最终繁荣了数字信息市场；另一方面，数字信息生产的高风险性，使得生产者、经营者和消费者都不同程度地承担着一定风险，他们会尽最大努力将风险降到最低，并把一些风险转化为机遇。

4. 市场模式配置数字信息资源的效率分析

数字信息资源是一种特殊的经济资源，其配置是追求效率的。数字信息资源配置效率也常常以"帕累托最优"作为衡量标准。数字信息资源配置效率有两层含义：一层含义是指微观经济学意义上的资源运用效率，即数字信息资源供给单位、区域或部门如何组织并运用有限的资源，使之发挥出最大作用，从而避免浪费现象；另一层含义是宏观经济意义上的资源配置效率，它是指如何在不同生产单位、不同区域与不同行业之间分配有限的数字信息资源，当数字信息资源缺乏时，如何有效地引导其在不同使用方向的开发，以提高数字信息资源的利用率。

数字信息资源市场配置模式是否有效，主要从三个方面加以考察。[①] 首先，数字信息生产是否有效，企业是否在生产可能性边界上生产，即是否使得数字信息生产的产出/投入比最大；其次，各种商品的生产比例是否有效，生产出来的数字信息商品是否能够反映消费者偏好，即消费者对不同数字信息商品的边际替代最终是否等于其生产比例；最后，市场交换是否有效，这主要检验数字信息市场是否高度发达，数字信息商品能否以恰当的方式实现其价值。

效率分析是信息资源市场配置模式的重要内容，是对配置结果的衡量。如果不分析市场配置模式的效率，将会导致数字信息市场的无效和无序状态，导致数字信息资源配置的无效性。因此，要全面而及时地分析市场配置效率，才能找到症结并发挥市场配置模式的优势，才能不断发展和完善数字信息市场，提高市场配置的效率，推动整个信息经济的发展。

（二）数字信息资源配置市场模式的作用

由于以市场机制为手段的资源配置模式具有联系功能、选择功能、信息传导功能、刺激功能、调整资源结构的功能、资源配置功能等诸多功能，因此数字信息资源配置的市场模式在数字信息资源配置中发挥着极其重要的作用，主要体现在以下两个方面：

1. 市场模式可以促进数字信息资源的合理流动

数字信息资源的分布是非均衡的，个体之间、群体之间所拥有的数字信息资源的种类、数量、质量都存在差异。在一定时间内，数字信息资源各要素随着空间的变迁而发生量和质的转移与交换，形成了各种数字信息资源要素流，它们以集中、扩散或交换的方式实现数字信息资源的流动。在市场机制的驱动下，数字信息资源的配置需要以市场需求为指导，实现其在个体、组织、社会、地区以及国家之间的合理流动，形成数字信息资源分布的合理有效格局。

2. 市场模式可以提高数字信息资源的配置效率，增大社会效益

数字信息资源配置是指数字信息资源在时间、空间、数量等方面的有效分配问题，不仅涉及各方面经济利益的平衡，与社会效益最大化问题也密切相关。以市场机制为手段的数字信息资源配置模式，可以提高数字信息资源的配置效率，并推动社会信息化的进程。另外，市场经济是一种法制经济，市场行为必定受到法律的规范和制约。在市场机制的约束和激励下，可保证信息主体责、权、利的高度统一，以及数字信息资源配置活动公开、公正、公平。数字信息资源的市场

---

① 马费成、李纲、查先进：《信息资源管理》，武汉大学出版社 2001 年版。

配置，有利于促进数字信息资源的公平获取与提高数字信息资源的处理效率，从而保证社会效益最大化。

（三）市场失灵

在一般均衡条件下，个别利润率与平均利润率的差别可以引导市场机制自动实现资源在产业间的配置。这意味着在这种假定的理想条件下，实际存在的配置是最有效的配置。但对于市场体系尚未发展成熟的数字信息市场来说，一般均衡的假定不能成立。又由于信息活动是一种特殊的经济活动，市场机制存在众多的"先天性"缺陷，这只"看不见的手"几乎在任何国家或地区的任何时候都不存在绝对不失灵的情况。[①] 也就是说，数字信息市场在借助于其自身内在的运行机制配置信息资源、维持数字信息市场正常运行的同时，经常会出现资源配置和市场运行偏离预期结果的情况，即"市场失灵"。

由于数字信息资源本身以及数字信息商品的生产、流通具有一些特殊的属性和规律，使得放任自由的数字信息市场均衡更容易偏离"帕累托最优"，在信息资源配置中，"市场失灵"问题表现得更加突出。

1. 市场机制对"公共性"数字信息资源配置的失效

所谓"公共性"数字信息资源是指以政府为主体的一切负有公共事务管理职能的组织在行政过程中涉及的所有数字信息。[②] 作为公共物品的"公共性"数字信息资源，具有公共消费性（共享性）和外部性两个基本特性，而这两个基本特性使得"公共性"数字信息资源在生产和利用过程中难免出现"搭便车"现象和"公共地悲剧"现象。此时，信息消费者可以无偿获取并使用数字信息资源，数字信息生产成本也就不能通过市场交易得到补偿，那么信息生产者就不愿涉足该领域的信息生产与开发，价格机制不能调节数字信息商品形成合理价格，供给机制也不能保证数字信息资源数量最优，市场机制失灵。相反，如果国家把某一"公共性"数字信息资源的开发权或生产权委托给某一厂商，就会导致该数字信息市场的垄断，数字信息资源的产量仍然会小于最优水平，同样不能使市场机制发挥正常作用，最终导致信息资源配置效率低下。

2. 滞后性

市场机制对数字信息资源的配置往往具有自发性、事后性和盲目性的特点，由于数字信息商品是时效性很强的商品，因而数字信息资源市场配置的滞后性问题尤为突出。市场上的数字信息生产者、经营者都是自负盈亏的市场竞争主体，

---

① 查先进：《信息市场失灵与政府干预》，载《中国图书馆学报》2000 年第 4 期。
② 莫力科、王沛民：《公共信息转变为国家战略资产的途径》，载《科学学研究》2004 年第 3 期。

他们会从自身利益出发，按照市场需求，凭借种种市场信号自主地生产经营。而这些信号只有当信息商品或信息服务转变成货币后才会表现出来，信息生产者市场调查和市场预测的基础都是售后信息，在变幻莫测的数字信息市场上，这种事后判断难免失真，一旦判断失误，已投入的固定成本将无法追回。

3. 竞争失效

完全竞争的市场结构对"帕累托最优"状态的实现是必要的，但在现实的数字信息交易中，由于信息不对称、数字信息产品的差异性以及交易成本的存在，导致数字信息商品的价格往往是由提供商或用户一方控制。在数字信息卖方市场态势下，信息商品的价格往往由提供商控制；在买方市场态势下，信息商品的价格则是由用户控制。这种非竞争性力量必然导致数字信息市场的垄断，垄断削弱了市场的竞争性，限制了价格机制的作用。特别是在信息卖方市场态势下，信息提供商的垄断极大地损害了信息用户利益。在网站竞争中，存在着明显的"马太效应"，某网站形成一定规模后，就可将数字信息商品价格降到接近于零，从而把竞争对手都赶出市场，使其他网站进入的门槛越来越高，难度越来越大。

4. 不良的竞争环境

由于数字信息商品的特殊性，数字信息市场上的信息不完全和信息非对称现象尤为突出，导致数字信息市场的逆向选择和道德风险现象十分普遍。一方面，由于数字信息商品质量具有很强的隐蔽性，购买者只愿意根据平均质量支付价格，那些高于平均质量的商品就会退出交易，相反，低于平均质量的商品会进入市场，从而导致市场上出售的信息商品质量下降，购买者愿意支付的价格进一步降低。如此循环，必将形成恶性竞争和不良的市场竞争环境。另一方面，数字信息市场上的交易主体都是理性经济人，他们针对自身的隐蔽信息会采取理性反应，在使其自身效用最大化的同时，会损害委托人或其他代理人的效用，导致道德风险，它的存在将会破坏市场均衡或导致市场均衡的低效率。然而，市场本身无法通过法律、行政等强制措施来纠正以上现象，最终使得数字信息市场环境不是一个最优的竞争环境。

5. 数字信息资源质量不高

自由、平等的数字信息市场促使数字信息资源的数量增长极其迅速，但数字信息资源的数量充足并不能保证其质量达标。一是数字信息资源的准确性不高；二是数字信息资源时效性差；三是数字信息资源的不完全性；四是数字信息资源的满足可存取性不强。市场机制不具备强制性，对于不涉及经济利益的事件，市场机制无法发挥正常作用，最终导致数字信息资源质量参差不齐。

6. 数字信息资源分配不均

市场机制对数字信息商品的生产、经营、流通及消费的调节是通过直接作用于微观经济主体来实现的，还不能直接调控社会需求总量和需求结构。一般来说，市场机制影响的是单个经济主体的分散决策，而且是短期的经济活动。具有独立利益差别的经济实体，既不可能考虑信息经济整体的战略目标，也难以准确地预测和把握信息经济的发展趋势。尽管市场具有信息生产的自组织功能，但并不等于说市场引致的信息产出水平能够自动达到社会最优水平。因为信息市场本身并不能保证构建一个最有利于信息生产的市场结构①，在市场机制的单独作用下，信息资源总量将会不足，分配也会不均，对数字信息资源而言，同样如此。

二、数字信息资源配置的政府模式

数字信息资源配置的政府模式是指政府利用政策、法律、税收工具，或通过直接投资和财政补贴来调整数字信息资源的产出，即利用政府机制来配置数字信息资源的手段。

（一）政府在数字信息资源配置中的作用

市场失灵为政府干预经济活动提供了基本依据，政府对经济的宏观调控，已经成为现代市场经济体制的有机组成部分。

在经济和社会发展的历史长河中，政府的作用极其突出。世界经济论坛和瑞士国际管理学院在其每年进行的国家竞争力评估中，都将政府作为决定一国经济竞争力的八个基本因素之一。② 这足以看出，政府不仅是国家经济生活理所当然的介入者，而且在一定程度上构成了国家经济竞争优势的源泉。从资源配置的角度来看，政府的职能体现在政府选择（决定）提供某种消费品（包括劳务）并为之提供资金方面。它有两个显著的判断标志：一是由经济主体决定提供某种消费品；二是提供相应的资金。③

政府配置数字信息资源和市场配置数字信息资源是两种截然不同的资源配置方式，但根本的目的都是为了有效地向社会提供数字信息产品或信息服务。这些信息产品或信息服务不一定由政府去亲自生产和提供，但政府需要为此做出相应的决策，并提供必要的资金。特别是当市场失灵发生时，通过政府手段的干预，可以弥补市场自组织手段的缺陷，使资源配置的效率得以提高。

政府是一种非常独特的机构，它通常通过两种方式来完成对市场机制的完善

---

① 马费成、李纲、查先进：《信息资源管理》，武汉大学出版社 2001 年版。
② http：//www.66wen.com/06gx/shuili/shuiwen/20070406/51702_2.html.
③ 吴俊培、许建国、杨灿明：《公共部门经济学》，中国统计出版社 1998 年版。

和补充功能：一是依靠政府的力量推行体制方面的调整与改革，消除相应的市场缺损，使市场机制不断趋于完善；二是对一些有缺损的市场功能进行政府替代，即对业已形成的导致非均衡的资源约束或市场约束进行不同程度的数量调节和价格调节。[①] 美国康乃狄格大学经济学教授麦凯琴（W. A. McEachern）曾从一般市场的角度将政府在纠正市场失灵方面所扮演的角色归结为以下七个方面[②]：

（1）建立和实施经济活动的"游戏规则"；

（2）促进竞争；

（3）管制自然垄断行为；

（4）提供公共物品；

（5）处理外部性；

（6）在收入分配上提供更多的公平；

（7）通过财政政策促进充分就业、物价稳定和适当的经济增长速度。

世界银行也曾对政府的职能进行了界定，将其划分为小职能、中型职能和经济职能三类。

政府功能的实现主要是通过政府的公共管制、税收、直接投资或补贴、教育、法律乃至舆论和道德宣传等手段对信息资源配置活动进行调节和控制。

（二）数字信息资源配置政府模式的内容

基于政府机制配置数字信息资源的手段主要有以下几种：

1. 基于外部性的政府干预

完全竞争市场均衡理论的一个基本假定是，单个消费者或生产者的行为对社会上其他人的福利没有影响，即不存在所谓的"外部影响"。但在现实的经济生活中，这样的假定几乎是不存在的，市场中往往存在着不被市场交易包括的额外成本和收益，这便是经济活动中的外部性。外部性表现为经济活动中成本或收益向经济活动体系之外"溢出"（Spillover），而这种"溢出"是传递给交易之外的第三方的成本或收益。当出现成本"溢出"现象时，我们称之为负的外部性；当出现收益"溢出"现象时，我们称之为正的外部性。即：当出现负的外部性时，社会成本等于私人成本加上外部成本（亦即私人成本小于社会成本）；当出现正的外部性时，社会收益等于私人收益加上外部收益（亦即私人收益小于社会收益）。

---

① 凌晓东：《机制转换中的宏观经济调控》，中国计划出版社 1994 年版。

② W. A. McEachern. (1994), Microeconomics: A contemporary introduction. Ohio: South-Western Publishing Co.

在出现外部性时，无论是负的还是正的，在自由竞争条件下，只要不进入经济行为者的决策，都会使信息资源配置偏离"帕累托最优"，导致信息资源共享过度或不充分的市场倾向，出现市场运行低效率或无效率的现象。具体来说，如果是负的外部性，则会导致信息资源共享高于社会最优的共享水平（共享过度）；反之，如果是正的外部性，则会导致信息资源共享低于社会最优的共享水平（共享不充分）。因此，政府干预应当遵循这样一个基本原则，即将全部外部性返还到市场中来，使其成为经济行为者决策的一部分。

按照这一原则，当外部性为负时，为了恢复效率，政府可以通过公共管制、税收、教育等手段来矫正市场机制的作用，强迫经济行为者接受"溢出"的外部成本，从而使其共享达到有效率的水平。当外部性为正时，政府则应考虑采取直接投资、补贴或者其他补偿或激励措施，将"溢出"市场的外部收益补还给经济行为者，从而使信息资源共享提高到有效率的水平。

虽然当经济活动产生外部性，市场机制无法实现信息资源最优配置时，不一定总是需要政府出面才能解决。但是，毋庸置疑，政府在解决外部性方面具有得天独厚的优势。

2. 基于公共物品属性的政府干预

美国著名经济学家布拉德利·希勒（Bradley R. Schiller）指出："不管对公共物品的需求多么强烈，我们都不能依赖市场机制分配资源去生产公共物品。如果我们想要更多的公共物品，需要一个非市场权力——政府干预——来得到它们。"[①]

在信息市场上，有部分数字信息资源具有公共物品的特征，它们在共享的过程中是以公共物品的形式由多用户共享的。这部分作为公共物品的数字信息资源可能是排他性的，也可能是非排他性的。政府在对由数字信息资源公共物品属性引起的市场失灵进行干预时，要首先考察该公共物品属性是否排他。对于非排他性公共物品信息，由于它对社会有益，而信息提供者通常又无法或难以控制消费行为和从用户那里收费，因此，这类信息产品或服务应当主要由政府采取直接投资或补贴的做法予以资助。当然，如果信息提供者另有所图（如希望借机扩大企业的名声），则可以考虑让一部分开支由信息提供者的广告收入或其他商务活动的收益来填平补齐。对于排他性公共物品信息，由于信息产品或服务的大部分甚至全部生产和提供成本可以由信息提供者直接通过收费体系向用户征收，政府干预的作用主要不是采取直接投资或补贴的做法予以资助，而是要建立和健全知识产权法律制度以及其他相关法律制度，帮助市场建立适度的排他性共享机制，

---

① ［美］布拉德利·希勒著，王福重译：《经济学基础（第4版）》，人民邮电出版社2004年版。

使市场一方面能够有效地阻止某些不愿意交费或交费额明显不合适的"搭便车"行为，另一方面又能够防止某些信息提供者滥用排他权。当然，对于明显对社会公益事业有益的排他性公共物品信息，政府也可以考虑适当地给予投资或补贴。

3. 基于垄断性的政府干预

数字信息资源配置要达到"帕累托最优"，必须以数字信息市场的完全竞争假设为前提。在完全竞争假设下，数字信息商品的价格及共享水平通过市场竞争由市场均衡点决定，任何信息提供者都不能肆意压低或拔高商品的价格，否则就要付出亏本或失去用户的代价，甚至冒被逐出市场的风险；同样，任何用户也不能拔高或压低商品的价格，否则就会得不偿失或者无法共享到信息商品。市场均衡点亦即社会有效的共享水平。

但这种理想状态在现实经济生活中并不存在，一般情况是，在数字信息资源共享过程中，由于数字信息商品基本上是差异性商品，其价格及共享水平往往不是通过市场竞争由市场均衡点决定，而是由某一信息提供者或提供者集团（有时也可能是某一用户或用户群体，不过一般较少见）控制。这种非竞争性必然导致数字信息市场的垄断性。这种垄断包括自然垄断和非自然垄断两种情形。

垄断常常导致资源配置缺乏效率，甚至引发不公平现象。在市场出现垄断性行为的地方，政府干预一直被认为是变更市场结果的有效措施。这就需要政府充当公益人，对市场主体的竞争予以适当的引导、限制，如制定反垄断法或反托拉斯法、价格管制、控制垄断程度等。

政府干预的手段是多种多样的。对于自然垄断市场，政府可以直接进行操纵和管制，如限定信息商品的价格或规定允许的资金利润率等，也可以通过反垄断的立法，防止个别经济行为者独霸市场，鼓励其他经济行为者进入市场参与竞争；对于非自然垄断市场，由于垄断行为本身是由法律行为引起并受法律保护的，因此，政府干预的主要手段是调节现行法律对垄断行为保护的力度，使垄断者的行为从较长时期来看不会偏离社会有效的共享水平。

4. 基于不完全信息和非对称信息的政府干预

不论是信息不完全还是信息非对称，本质上都是经济决策中所需要的信息无法得到，因此，政府干预的作用应当是设法为信息的及时而有效的供给创造条件，如去掉或者减少信息的不完全性和非对称性，提高获取信息的可能性，减少信息传递过程中的障碍，充当市场调解人等。

在进行政府干预时，很多手段可以奏效。当市场上的某些经济行为者存在着明显的信息获取不公平优势，或者信息供给条件很差且存在着严重的信息非对称情况时，以法律手段进行干预，通常可以非常有效地化解市场风险，提高市场运作的效率。通过宣传和教育，可以使经济行为者学会识别决策过程中所需要的信息，并能通过正当的渠道获取这些信息。此外，政府也可以通过直接投资或补贴的方式，通过政府网站或共享体系进行"信息补偿"（Information Remedies），将一些可以和应该"公知公用"的信息向社会发布。这些手段各有特点，在实际操作中常常是多手段并用。

现实的信息市场普遍存在着信息不完全性和非对称性，政府干预仅仅是弥补该市场缺陷的一种手段，不可能使市场上的信息资源变得像完全竞争市场假设的那样完美。更何况，政府干预是否一定能"药到病除"，或者产生不良的副作用，其本身也面临着信息不确定性。

（三）政府失灵

1. 政府失灵的原因

尽管政府配置模式能在某种程度上弥补市场配置模式的不足，但政府干预也不是万能的，在很多情况下，即使政府拥有高素质和高度责任心的官员，政府干预的结果也不是那么尽如人意。弗吉尼亚大学的科斯曾在其发表的《社会成本问题》一文中指出，在处理外部性或公共物品问题时，通常并不需要税收、补贴以及其他任何形式的政府行动。[①] 他还提出了一个为后人所称道的科斯定理，也就是，在一个完全竞争的经济社会里，当发生重大的外部性且涉及外部性的当事人很少时，只要人们对财产权有明确的规定，只要人们可以用较低的成本或不费成本地进行谈判协商（即财产权的交易），那么，不论财产权的原始分配是怎样的，市场机制所导致的均衡状态都是最有效率的状态。可见，如同市场机制的完全有效性只有在严格的假说条件下才成立一样，政府干预的完美无缺也仅仅与想象中的"理想政府"相联系。在实践中，即使人们努力去塑造一个有能力、办事公正并注重公益性的好政府，但离"理想政府"仍相去甚远。从实践上看，政府失灵几乎是难以避免的。

政府失灵的原因很多，主要表现为七点：第一，公众的市场缺陷意识的增加，一部分人错误地认为，当市场机制表现无效时，具有权威性的政府就是一剂灵丹妙药；第二，政府官员的"短视行为"，为了突显政绩，使得政府官员急于在任期内见到政府干预的成效，过多关注短期利益，而忽视了未来成本和未来收益；第三，受益者和支付者分离，这使得受益者热衷于夸大市场缺陷和强调政府干预的作用，而支付者会强调政府干预的无能为力和各种负面影响；第四，政府官员不良的工作习惯或意识，这使政府官员更乐观地相信政府拥有修正市场缺陷的办法，并对市场缺陷过于敏感，使政府干预过多、过滥；第五，生产的垄断

---

① R. H. Coase. (1960), The problem of social cost. Journal of Law and Economics, 2.

性，由于政府直接干预的往往是那些投资大、收益慢的公共物品，政府对这类物品具有没有竞争的垄断，这极易使政府丧失对效率、效益的追求；第六，产出的非确定性和难以度量性，使得产出信息不能及时传递给政府部门，很难判断政府干预前后的变化，又由于政府干预的产出属于中间产出，要从中分离出政府干预对提高信息市场运行效率的贡献也十分不易；第七，缺乏有效的终止机制，导致在干预失败的情况下常常不能立即被终止。另外，政府在干预经济活动方面存在的缺陷还表现在它在弥补一种市场缺陷的同时往往会导致另一种市场缺陷的产生或加重。

由此可见，政府在纠正信息市场失灵方面所起的作用是有限的，而且从本质上看，不论信息处理和获取手段如何改善、决策技术如何进步，政府决策归根结底是一种人的行为，由于受到各种主客观条件的限制，即使这些决策是由最有经验的专家做出的，也难免会犯这样或那样的错误。正确的决策必须以充分可靠的信息为依据。但由于这种信息是在无数分散的个体行为者之间发生和传递，政府很难完全占有，加之现代社会化市场经济活动的复杂性和多变性，增加了政府对信息的全面掌握和分析处理的难度。正确的决策还需要决策者具备很高的素质，而现实中的政府官员很多并不具备上述决策素质和能力，这必然影响政府干预决策的科学性和正确性。政府干预中出现的错误虽然带有一定的偶然性，但如同市场失灵是市场手段的"先天性"缺陷一样，政府失灵从总体上看依然不可能完全避免。因此，政府干预是不可能使数字信息资源配置真正完全有效率的。

2. 政府失灵的表现

政府失灵有很多具体的表现形式，主要体现在干预过度或不足、内部性、外部性、分配不公平等方面。

（1）干预过度或不足。政府干预的过度体现在过于宽泛的干预范围、过于强硬的干预措施等方面，其实质是政府干了"不该干"的事。政府干预过度主要表现在剥夺市场主体的决策权、过度剥夺市场主体的财产权、过度限制市场主体的权利范围等方面。而政府干预的不足体现在过于狭窄的干预范围、过于软弱无力的干预措施等方面，其实质是政府不干"该干"的事。政府干预不足主要有三方面的原因，即：第一，制度层面的原因。如因制度滞后而使政府不行为或因权责不明而互相推诿等。第二，执行层面的原因。虽有制度的明确规定，但由于干预行为对干预者无利可图甚至带来其他风险而放弃其职责。第三，资源层面的原因。因为干预需要消耗资源，如果资源不足，则不能进行有效干预。① 不论是干预过度还是干预不足，本质上都是政府失灵。

---

① http：//www. economiclaws. net/jiaoliu/list. asp？ id = 144.

（2）内部性。由于存在着决策行为的主观性、生产的垄断性以及产出的非确定性和难以度量性，政府机构经常产生一些与其理应发挥的公共职能不太相干的"私人"组织目标，即所谓的内部性。内部性是由供给方（即政府官员）引起的，主要表现形式是增加供给，政府官员在进行决策时将不应该考虑的内部成本和内部收益考虑了进去，使政府机构的成本上涨，出现了多余而不是必要的成本，从而使信息资源共享偏离社会有效的共享水平。

（3）外部性。政府干预常常会派生出某些并没有在决策时予以考虑的副作用，而这些副作用又被施加给了无关的第三方。这些副作用可能是负的、正的或者兼而有之。政府干预的外部性常常无法预测。这是因为，政府官员所进行的干预决策，往往不是完全地由客观实际情况决定，而是更多地融入了其主观的愿望和情感（如同情心）。此外，政府官员缺乏足够的信息能力，以及在进行干预时乐于使用笨重的"机器"，也往往容易使政府干预的后果远离社会期望的目标。

（4）分配不公平。政府干预的手段不管有多少变种，本质上都是一部分人（政府官员）以"施压"的方式强行将手中的权力有意地交给某些人而不交给另一些人，这势必会导致社会分配不公。政府失灵还表现在它常常顾此失彼，即在弥补一种市场缺陷的同时往往会导致另一种市场缺陷的产生或加重。

三、数字信息资源配置的产权模式

数字信息资源配置的产权模式是通过调整和明晰产权，优化数字信息资源配置的手段。

（一）产权安排与资源配置

产权具有资源配置功能，这种功能是指产权安排或产权结构直接形成资源配置状况或驱动资源配置状态改变或影响对资源配置的调节。由于产权本身就是一种对资源或是生产要素的权利，显而易见，产权的资源配置功能有四种[①]：

第一，相对于无产权或产权不明晰状况而言，设置产权就是配置资源的一种形式。由于产权具有"内化外部性"和"减少不确定性"的功能，那么设置产权就不仅仅是依靠产权界定来配置资源，更重要的是，与无产权或产权不明晰的情况相比较，能减少资源浪费，提高经济效率。这种效率提高不是因为优化产权结构从而优化了产权的配置功能而导致的，而是产权设置本身所引致的。

---

① 马费成、靖继鹏：《信息经济分析》，科学技术文献出版社 2005 年版。

第二，任何一种稳定的产权格局或结构，都基本上会形成一种资源配置的客观状态。这种客观状态下暂不考虑资源配置是否有效的问题。资源产权在不同地区、不同部门的不同主体之间的分布，也就基本上代表各种生产要素的分布——分布在什么地区、分布在什么行业、分布在哪些主体手中等，这也完全界定了其在不同主体之间的配置。在产权主体既定的情况下，不论其如何应用所拥有的产权，如何使用自身所有的生产要素，产权的权能、利益、损失等都是既定的，不会突破既定的格局。任何由偏好变化所导致的资源使用方向上的变化，都会最终反映到既定的产权主体和产权格局上。而这种改变带来的资源运用上的调整，实际上是对资源的再使用、再投资、再消费的格局又一次进行了界定，这样循环往复，形成了一种恒久的约束条件。因此，这是"基本上"形成了一种资源配置状态。之所以用"基本上"来表征，是因为还缺少一个有效的假定——假定各个产权主体都具有一定的投资偏好和消费偏好，这样就完全地界定了资源在不同地区、不同部门、不同经济运行环境等意义上的配置。

第三，虽然资源配置状态的改变不一定完全由产权变动所导致，但是在某些情况下，产权的变动会引起资源配置状态的改变。这种改变很广泛，既可以改变资源在不同主体间的配置，也可以改变资源的流向和流量，还可以改变资源使用的分布状况。由此可见，在产权的变动改变了资源配置状况的前提下，资源配置格局的改变是必然的，但这种改变对资源配置效率的影响是提高还是降低，这是另一个需要探讨的问题。

第四，产权状况对于资源配置有着重要的甚至是决定性的影响。它可以影响甚至决定资源配置的调节机制。从经济调节手段来看，计划调节是以高度集中的产权状况来决定资源配置的一种手段；而市场调节则是以分散的多元的产权状况决定资源配置的另一种手段。市场上，高度集中的产权状况与分散多元的产权状况以不同形式组合出现，这将决定计划调节和市场调节也以相应的比例关系进行组合。

这四种功能，就是产权客观上所具有的资源配置功能。但这种功能是否优化就是一个关系到引入人们价值取向的效率评价问题了。这就为在特定的效率标准的前提下，人们通过调整产权优化资源配置功能提供了余地和可能。人们可以通过在一定限度下调整产权、优化产权结构来实现产权配置功能的优化，从而达到提高资源配置效率的目的。

产权界定明晰的确能改进资源配置效率，但资源配置效率是否真的与资源最初的配置状态即产权初始界定无关呢？这一问题在经济学界引起了激烈的争论。科斯认为，资源配置效率与产权初始界定无关。但英国经济学家米香（E. J. Mi-shan）却提出了相反的观点，他认为产权的最初分配状态即产权的初始界定会影响资源配置的效率。[①]

综合考虑上述两种看法，可知产权的初始界定是否影响资源配置的效率不是一定的，在某些情况下，资源配置效率与产权的初始界定无关，而在另一些情况下，产权的初始界定则会对资源配置的最终结果造成影响。

由上面对产权初始界定和资源配置效率之间关系的分析可以得出，就达到资源有效配置这一目标而言，产权明晰的问题十分重要。除此之外，由于不同的产权状况会导致不同的效率状况，所以还必须考虑应该如何明晰产权的问题。

因此，在分析和探讨数字资源配置效率问题时，界定清晰的产权归属十分必要。

（二）产权配置机制的内容

1. 作为"公共物品"的数字信息资源产权配置模式

在研究公共物品时，经济学家经常援引灯塔（Lighthouse）为例。把数字信息资源当作一种"公共物品"进行配置时，也可以借用灯塔来加以阐释。"灯塔经济"意在以灯塔为例，说明公共物品在社会生活中的重要作用，以及如何有效地向社会提供这些公共物品。

作为"公共物品"的数字信息资源的本质属性在于其公平性，这是将数字信息资源产权作为一种公有产权进行配置的前提。这种公平性主要体现在三个方面：一是数字信息资源供给过程的公平性。当把数字信息资源当作一种公共物品时，它本身具有非排他性和非竞争性的特征，在供给过程中不会拒绝"搭便车"现象。二是数字信息资源供给机制的公平性。市场经济条件下，企业或个人都以盈利作为自己努力的目标，不愿意生产和提供公共物品，因此产生"市场失灵"，为了弥补这一缺憾，就需由政府建立一种公平公正的供给机制，向每个人平等地提供该物品，对该物品的供给并不都是通过市场机制进行的等价交换，甚至于可以免费得到。三是数字信息资源供给取向的公平性。拥有公有产权的信息资源的供给不仅可以弥补市场失灵，还能实现社会总福利和人均福利的最大化，政府提供作为公共物品的信息资源不是以盈利为最终目的的。

因此，将数字信息资源作为一种"公共物品"，以产权机制为手段对其进行配置需要特别注重其公平公有的属性，以政府来指导其进行合理有效的配置。

2. 作为"私人物品"的数字信息资源产权配置模式

具有"公共物品"属性的资源常会因为产权不明导致过度滥用，这就是经

[①]　E. J. Mishan（1971），The Postwar Literature on Externality：An Interpretative Essay，Journal of Economic Literature，3.

济学中常说的"公共地悲剧"。公共地悲剧表明，如果一种资源的产权界定不清，最终将会被滥用。其原因是，人们在使用这些资源时，没有考虑到其行为给他人带来的负外部性。为了纠正公共地悲剧，人们所建议的一个主要措施就是私有化，即将公有产权转变为私有产权，以防止资源被过度滥用。

因此，数字信息资源的产权配置，不能仅仅只考虑其作为一种公共物品时的公有产权配置，也需要看到其具有竞争性和排他性等私有性的一面。但对资源的私有化也有可能导致新的问题——反公共地悲剧（the Tragedy of the Anti-commons）的产生。反公共地悲剧的含义是，如果很多人都对一种资源具有排他性权利，则会导致该资源的使用不足。这一现象突出地反映在专利的使用上。

试建立一个简单的模型。设存在一个需要获得专利信息的企业 E，以及 R 条相应的专利信息，每条专利信息都有一个与之对应的所有者，E 需要专利信息，而每个专利信息所有者都能独立地保护自己的专利。如果 E 要获取专利使用权，需要得到专利信息所有者的同意。这时的关键问题就在于讨论企业与专利信息所有者之间应该达到怎样的许可协议。不同的协议将会导致企业 E 获得数量有别的专利信息。

接下来，具体讨论三种最常见的协议形式：第一，专利信息所有者向企业收取一定数额的专利使用费；第二，当企业从专利信息使用的过程中获取利益时，每个专利信息所有者按一定比例分享企业的净利润；第三，企业在利用了专利信息进行生产后，按每单位产量收取一定费用。

假设专利数 R 是公共信息，企业 E 已知道现存的专利数量。在下面，我们要讨论的 R 是一个不完全信息的情况，即在企业决定要获取专利信息之前，它不知道社会上存在有多少专利。

先考虑参与约束和激励相容约束条件。首先，企业 E 总可以选择不使用专利信息，不进行生产，此时利润为零。因此只有在它使用专利信息后，所获利润大于零，它才有动力去获取信息，进行生产。其次，由于这些专利信息对其所有者来说，并没有使用价值，因此他们都不希望企业放弃生产，不选择专利信息。基于以上两点，所以当专利数量已知时，不管采取何种协议，专利使用行为总会发生的。

第一种协议：假设专利信息所有者 r 对企业收取一定的专利信息使用费 A_i，$i = 1, 2, \cdots, R$，企业的净利润是 $P(Q)Q - cQ - \sum A_i$。可见，这一使用费和固定成本一样，是不会影响企业对自身产量的选择的。因此这一费用也不会造成资源配置的扭曲。A_i 只会影响企业与专利信息所有者之间的利润分配，其大小取决于他们之间的谈判能力。假设每个专利信息所有者对企业收取的费用一致，均为 A^*，则企业面临的问题简化成了求企业生产中固定成本为 RA^*，边际成本为

c 的最优化问题。通过分析求解，可以得到企业选择的社会最优间接产量 $Q^*(c)$，而获得的利润为 $\max(P(Q)-c)Q-RA^*$。如果所有专利信息所有者之间是完全合作关系，并且具有完全谈判能力，则他们可以利用这一收费来剥夺企业的净利润。根据企业的参与约束，可得每个专利信息所有者可收取的最高费用为 $A^* = \max_Q(P(Q)-c)/R$。

第二种协议：假设专利信息所有者提取企业净利润的比例为 k_i，则企业自身最后所保留的利润为 $\left(1-\sum k_i\right)(P(Q)Q-cQ)$，这时可以看出，$k_i$ 的大小也只会影响利润的分配，而不会影响企业生产量的选择，资源配置不会被扭曲，间接产量等于社会最优产量是 $Q^*(c)$。又因为假设所有的专利信息所有者是完全合作关系，谈判结果 $k_i = k^*$，则根据企业的参与约束，最高的利润提取比例为 $k^* = 1/T$。

第三种协议：由于此种协议的收费是与企业产量密切联系的，假设从每单位产量中抽取的比例为 t_i，则企业最后所得的利润为 $P(Q)Q-\left(c+\sum t_i\right)Q$。由上式可以看出，专利信息所有者的收费会造成企业生产的边际成本的上升，最终导致反公共地悲剧。

设 $g \equiv c+\sum t_i > c$，从企业生产的最优化来考虑，生产量 $Q^*(g) < Q^*(c)$，净收益 $\pi^*(g) < \pi^*(c)$。

又因为专利信息所有者之间是完全对称的信息，而且是在他们之间是完全合作并具有完全谈判能力的前提下，$t_i^* = t^*$，则他们作为一个整体，选择 $\sum t_i = Rt_i = T$ 极大化地收取的费用为 $TQ^*(c+T)$，对上式求一阶导数，得：

$$Q^*(c+T^*) = -T^*Q^{*\prime}(c+T^*) \qquad (9-1)$$

而每一个专利信息所有者所收取的费用是 $\dfrac{T^*}{R}Q^*(c+T^*)$。

如果专利信息所有者之间并不合作，而是假定其他人抽取的比例为 t_j，$j \neq i$ 的情况下，选择 t_i，使之极大化自身收入 $t_iQ^*\left(c+\sum t_j\right)$，求一阶条件并利用对称性可得：

$$Q^*(c+Rt^{**}) = -t^{**}Q^{*\prime}(c+Rt^{**}) \qquad (9-2)$$

比较 $Q^*(c+Rt^{**})$ 和 $Q^*(c+T^*)$ 之间的大小，定义 $T^{**} \equiv Rt^{**}$，则由于 $Q^{*\prime}(x) < 0$，问题就转化为比较 T^* 和 T^{**} 之间的大小，整理式（9-2）得：

$$RQ^*(c+T^{**}) = -T^{**}Q^{*\prime}(c+T^{**}) \qquad (9-3)$$

比较式（9-1）和式（9-3），先假设 $T^{**} = T^*$，则两式的右端相等，由于 $R > 1$，则式（9-3）的左端大于式（9-1）的左端，而又因为 $T^{*\prime}(x) < 0$，即

275

表示 $T^{**} > T^*$，则有 $Q^*(c + T^*) > -Q^*(c + T^{**})$。可见当专利信息所有者之间是非合作关系时，反公共地悲剧现象更加严重。

根据上面对三种协议的探讨，可以推出，只有根据企业生产数量按一定比例收取费用的方式会引起资源被使用不足，而收取固定的专利信息使用费和按企业利润提成两种方式，专利信息所有者的行为不会影响企业生产的边际成本，也不会影响资源配置情况。[①]

在将数字信息资源作为一种"私人物品"配置时，"反公共地悲剧"不可避免存在。

（三）知识产权与数字信息资源配置

产权制度是进行交易活动的制度保证，在数字信息资源配置中必须研究产权制度问题，尤其是产权制度的核心——知识产权制度，通过知识产权制度的不断完善调动信息生产者、加工者和使用者应有的积极性去实现数字信息资源的最佳配置。

1. 知识产权与数字信息资源优化配置

资源的合理流动是资源优化配置的必要条件，为了提高资源的利用效率促进经济发展，就有必要促进资源从效率低的地方流向效率高的地方，达到资源优化配置的目的。知识产权的存在和界定则为数字信息资源的这种流动提供了前提。在市场发育比较完善、知识产权制度比较健全的情况下，信息总是由收益低的地方流向收益高的地方，流动是数字信息资源配置动态上的表现。知识产权制度一方面保障和促成知识产权在不同主体之间的流动，另一方面通过界定各知识产权主体的收益分割，从而决定了数字信息资源的走向和分布，实现数字信息资源的宏观和微观优化配置。

科斯的《社会成本问题》表明，无论哪一方拥有产权都能带来资源的有效配置。[②] 运用科斯定理对知识产品的产权加以确认，存在如下几个问题：

第一，单个知识产品的生产者与无数个知识产品的消费者的谈判成本巨大，或根本无法进行谈判而失败。

第二，如果根据知识产品的公共性确定消费者对知识产品有权无偿消费，必然会使知识产品的生产和消费不足，而改善这种不足又需要政府干预进行补贴。

第三，如果根据知识产品私有性赋予生产者以永久垄断产权，则又会阻碍知识的传播与进步，正如阿罗所言，知识资产作为公共物品其边际消费成本为零，

---

① 寇宗来：《反公共地悲剧：一个捕鱼模型》，载《世界经济文汇》2002 年第 5 期。

② R. H Coase. (1988), The Firm the Market and the Law. The University of Chicago Press.

若将其私有化，就会增加边际消费成本，从而既抑制消费又抑制生产。因为一方面知识产品的生产需要消费前人创造的知识，另一方面消费不足会降低生产者积极性而减少或不生产知识产品，这对社会是有害的。

解决上述知识产品生产与消费不足的悖论的机制就是引入知识产权制度，赋予知识产品生产者对其创造成果以一定时间的垄断产权，且这种产权是具有收益性的，期限届满后，知识产品即进入公共领域，从而解决了其生产创新动力问题，并内在地推动人们从事某项信息交易活动，保证人们在生产和消费中的积极性。通过建立知识产权制度，确定产权边界，明确人们在信息活动中的损益以及补偿规则，使不同信息产品生产者对其智力成果有与之相应的权利，在信息市场中人们的交易环境和各自的选择空间也相对明确，有助于侵权行为的减少，同时降低交易成本，来保证信息市场的有效交易。

2. 数字信息资源配置中的知识产权问题

（1）数字信息资源的知识产权冲突。信息技术的出现深层地改变了信息复制、知识传播的速度、频度与方式，深刻地改变了知识创新和知识扩散的强度与密度，给知识产权专有性、地域性、时间性等传统特征带来了巨大冲击。网络环境下的知识产权纠纷案层出不穷，已不同于传统的知识产权侵权案，知识产权冲突范围扩大化、侵权手段和方法多样化、权利冲突复杂化，也给数字信息资源共享造成了一定的阻碍。

知识产权矛盾冲突扩大化趋势集中表现在冲突的对象和冲突的地域范围两大方面。信息资源如计算机软件、电子图书、网络数据库、数字图书馆等，海量增长并在网上无阻碍传播，极大地丰富和发展了信息资源的搜集、处理、存储及传送的方式，使知识产权保护对象大大增加；网络出版、下载的即时性、浏览查询信息的快捷性、网络信息传播的广泛性为知识产权侵权提供了多种手段和方法；知识产权保护范围从著作权、专利、商标、不正当竞争等扩大到域名、数据库、多媒体等许多新的知识产权保护客体；网络环境下知识产权冲突的对象范围呈现出扩大化趋势。跨领域、跨国界的信息交换、传播、存储、处理和利用使信息可以到达互联网任意触摸到的地方。有线网络传输、无线网络传输等网络技术使传统的地域概念在网络世界已无存在的价值。

同样，信息技术的高速发展为知识产权侵权提供了多种手段和方法。对于公共信息的使用不会涉及侵权问题，但在网络环境下，用户或信息提供者将自己的私人信息或他人的未经授权复制、传播的作品，通过数字化转换技术使其变成网络作品，导致网上侵权行为的发生，而且网络著作权保护法律法规不完善使著作权人的著作权受到空前未有的威胁。一旦著作权人的作品进入网络空间，网上用户便可自由浏览、随意下载、轻易复制。而著作权人却对复制权、发行权、传播权难以控制，甚至由于网络上的交互性，著作权人的人身权利如发表权、署名权、修改权和保护作品完整权都有可能受到侵害。

另外，在信息活动中，权利主体之间的矛盾冲突是最主要的冲突，不仅包括原始信息创造者、信息投资人、信息的终端消费者三类主体相互之间或同类之间的双边、多边冲突，还包括如信息公开与独占之间的矛盾，信息资源共享与专有保护之间的矛盾等。知识产权的保护体系包括政策、技术措施、法律、道德自律四种手段，它们之间既相互联系，也存在种种矛盾，包括合理使用与侵权之间的矛盾、技术保护措施与法律保护之间的矛盾、技术保护与技术规避之间的矛盾、信息政策与法律手段之间的冲突。

（2）知识产权的权力扩张和权力限制。知识产权保护客体的拓宽逐渐背离了传统，使私权的范围扩大，蚕食了公共和社会利益的领地。科技进步给知识产权带来的挑战首先表现在新的受保护的客体类型不断出现。[1] 技术的日益边缘化和交叉性特征使知识产权保护不断从单一性向综合化发展，将不同种形式的知识产权作为一个有机联系的同一整体来看待，对某一种知识产品进行多种形式的综合保护已经成为新经济时代知识产权保护的客观要求。实践中已出现并正在继续出现某些与传统的知识产权保护方式相互交叉的新一类的保护客体。

信息资源知识产权客体的扩张过程也是一种社会公共资源被以权利客体形式不断地纳入一个私人利益的范畴中的过程。这种以权利形式来实现对现有社会资源进行分配是促进资源充分利用、积累社会财富的一种理想手段。但这种权利的设定是否把过多的信息资源划归为个人所有，还有待进一步的探讨和分析。

第三节 数字信息资源配置效率与改进

一、数字信息资源配置效率分析

（一）影响数字信息资源配置效率的因素

影响信息资源有效配置的因素很多，国内有学者将其概括为信息资源的自然条件、信息资源的基础结构、信息资源的需求状况、信息市场的竞争和价格体

---

[1] 吴汉东、胡开忠：《走向知识经济时代的知识产权法》，法律出版社 2002 年版。

系、技术条件、信息资源配置的目标和原则等。[1]

这里主要从市场竞争和价格体系、管理体制、技术和资源条件、效率和公平等方面加以考查。

1. 市场竞争和价格体系

市场是主要的资源配置手段。根据"帕累托最优"原理,在既定的技术和资源条件下,如果不使至少一个消费者的满足水平下降,便不可能使其他消费者的满足水平提高。在实际资源配置时,可以考虑通过市场竞争和价格体系来比较优劣,协调配置,把有限的数字信息资源投入到效益最好的经济活动中去。

在激烈竞争的市场里,价格是数字信息资源供需变化的指示器,价格体系给每个生产者、资源所有者或消费者带来了关于生产可能性、资源可获得性及所有其他决策者偏好的"信息摘要"。市场上数字信息资源供需热点的变化往往以价格信号反馈的方式表现出来,并通过价格体系对资源配置进行优化。

2. 管理体制

科学的管理是进行数字信息资源有效配置不可缺少的手段。数字信息资源的科学管理,就是运用现代化管理方法来研究数字信息资源在经济活动中被利用的规律,对数字信息资源配置过程中的种种矛盾进行统筹规划和组织协调,以求得最优化的经济效果。

3. 技术和资源条件

从整个人类社会发展史来看,数字信息资源是从少到多,"滚雪球"式地无限向前积累的,科学技术的发展也是日新月异的。显然,数字信息资源越丰富,科学技术越发展,数字信息资源的配置效率会越倾向于更高的台阶。

4. 效率和公平

在强调数字信息资源配置效率的同时,也不能忽略了公平问题。公平意味着所有相关的个人的信息福利相等。在效率与公平的相互关系中,效率是公平的基础和前提,没有高效率,就没有高水平的公平,因而所谓的公平也不是真正意义上的公平。没有公平,就会出现信息资源的浪费,就谈不上有效配置。事实上,一直将资源有效配置作为重要课题来研究的福利经济学派,自开拓者庇古(A. C. Pigou)开始,就始终将效率和公平同时作为其政策目标,即福利经济学既要探讨"效率"问题,也要研究"公平"问题。[2] 因此,在进行数字信息资源的有效配置时,也应当同时考查这两个要素。至于是推行"效率和公平并重"的原则合适,还是推行"效率优先兼顾公平"或者"公平优先兼顾效率"的原则

---

① 骆正山:《信息经济学》,机械工业出版社 2007 年版。

② 杨培雷:《当代西方经济学流派》,上海财经大学出版社 2003 年版。

更合适，则与各个国家不同时期的政治体制、经济体制和发展水平、文化背景等因素密切相关。

影响信息资源有效配置的各个因素在影响的角度、程度上是不同的，各个因素的影响作用也不是孤立的。因此，信息资源的有效配置机理十分复杂。在实际配置时，应该具体问题具体分析，统筹兼顾，综合考虑，力争求得最优的配置效果。

（二）数字信息资源配置效率的评价标准

在衡量数字信息资源配置效率时，"效率"一词中始终包含着"经济效率"这一层含义。要想取得数字信息资源配置最大化的经济效率，不管在什么样的经济体制下，都要求在不同的生产目的之间合理地分配和使用有限的数字信息资源（包括妥善处理好数字信息资源与其他经济资源之间的关系），最大限度地满足人们的各种需要。因此，如同其他经济资源一样，在数字信息资源配置过程中必须回答"生产什么"、"生产多少"、"如何生产"、"如何分配"以及"向谁分配"的问题。可见，提高数字信息资源配置效率，就是要在经济活动中的各种数字信息资源的各种不同的使用方向之间，分出轻重缓急，决定各种生产性资源的合理选择和安排、生产规模和生产方式的选择和安排等，并寻求一种最佳的分配方式，以实现社会福利最大化。数字信息资源最优配置是数字信息资源配置有效率的一个最佳状态，它意味着经济活动的每一种数字信息资源都能有效地配置于最适宜的地方。在研究信息资源配置时，所强调的主要是效率问题。因为信息资源配置活动本身主要是一种市场经济活动，它首先要求根据市场主体的需求来配置资源，以此满足或是保证信息资源配置效率的优化。只有其配置效率高，才能最大化社会福利，有利于整个社会的发展，对于数字信息资源配置问题同样如此。

在数字信息资源配置过程中，当某种资源配置格局形成后，人们往往需要对该格局是否有效率做出客观、公正的评价，以决定是否有必要重新进行调整和优化。评价，就其本质而言，无非是主观标准与客观实际情况一致性程度的比较和判断。具体来说，就是人们依据其自身的价值观或道德观建立一套标准，对客观对象进行质和量的比较，并在此基础上做出恰如其分的判断。能否建立一套为社会公认的评价标准，就成了能否有效配置数字信息资源的关键。由意大利经济学家帕累托（V. Pareto）提出的"帕累托最优"是衡量数字信息资源配置是否有效的基本标准。

利用"帕累托最优"标准，可以对资源配置状态的任意变化进行"好"与"坏"的判断：如果既定的资源配置状态的任意改变使得社会中至少有一个人的状况变好，同时又没有其他人的状况变坏，则认为这种资源配置状态的变化是"好"的；否则就是"坏"的。用福利经济学的观点来解释，"帕累托最优"实际上就是指社会福利达到最大。以"帕累托最优"标准衡量为"好"的状态改变被称为"帕累托改进"。"帕累托改进"是指这样一种状态，即一项社会变革使得一部分人的社会福利增加的同时，并不减少其他社会成员的福利。如果对于某种既定的资源配置状态，所有的"帕累托改进"均不存在，则意味着资源配置已处于"帕累托最优"状态。"帕累托最优"是一种理想境界，可作为一个判断社会经济资源配置状态的标准，而不一定是指现实中的资源配置状态。

"帕累托最优"虽然最早被用于衡量传统资源的配置效率，但同样也被越来越多的学者认为是衡量数字信息资源配置效率的基本评价标准，"帕累托改进"也经常被用来泛指数字信息资源配置效率的优化过程。

二、数字信息资源配置的优化

数字信息资源配置的优化是指通过对现代信息技术成果与各种投入要素的重新有机组合，使得最大限度地减少宏观经济浪费和实现社会福利最大化。

(一) 完全竞争市场与数字信息资源 "帕累托最优" 的实现

亚当·斯密 (Adam Smith) 曾断言：经济组织或个人在追求各自的私利的同时，会在一只"看不见的手"的指挥下，去尽力达到一个并非其本意想达到的增进社会福利的社会目的。[①] 市场机制像一只"看不见的手"能自动引导资源向最有效率的方向配置。

根据福利经济学的观点，完全竞争市场的一般均衡状态就是"帕累托最优"状态。也就是说，完全竞争市场一般均衡符合"帕累托最优"所需要的条件，因而完全竞争市场一般均衡就是"帕累托最优"状态。这就是福利经济学第一定理。该定理不仅说明了完全竞争市场经济的优越性，而且也反映了福利经济学理论的应用领域和方向。

根据福利经济学第一定理，自由竞争的市场经济体制是最有效的，因为资源配置可以通过价格信号进行灵活调节，并且市场决策由市场主体自主自发进行，具有时效性、目的性以及相关性等特征。

福利经济学第二定理是指，从任一个初始资源配置状态出发，通过市场竞争

---

① Adam Smith. (1776), An Inquiry into the Nature and Causes of the Wealth on Nations. New York：Oxford University Press.

机制形成的均衡必然可以实现"帕累托最优"状态。也就是说，任意一个"帕累托最优"状态均可以通过市场竞争均衡实现。

完全竞争市场具备以下特点：自由的市场、小规模的经济主体、同质的商品、自由流动的资源、充分的信息。在完全竞争市场中，用户追求最大的效用，生产者追求最大的利润，且任何一个经济行为者（买方或卖方）的行为都不能对市场价格产生直接的影响。在这种情况下，价格是信息供需变化的指示器。

由于完全竞争市场的一般均衡状态就是"帕累托最优"状态，而每一种"帕累托最优"的资源配置格局也总能够通过完全竞争的一般均衡来实现，因此，完全竞争市场机制与资源的有效配置实际上是同一问题的两个不同侧面，资源的有效配置可以通过完全竞争市场机制来实现。完全竞争市场机制是完全竞争的均衡状态。在这个状态里，每个消费者的满足达到最大，每个生产者的利润达到最大。

但由于完全竞争市场的上述特点在现实中很难满足，在当今市场范围极其广泛、交易活动十分复杂、市场规模非常庞大的情况下，现实的市场是不可能具备完全竞争市场特点的，完全竞争的市场几乎是不存在的。在现实的经济中，垄断或竞争不完全现象的普遍存在会导致市场失灵，此时，价格体系不再是关于生产可能性、资源可获得性及所有其他决策者偏好的"信息摘要"，从而无法满足"帕累托最优"条件，使资源配置偏离最优配置状态。此外，外部性、公共物品的存在，也会导致类似的结果。

（二）数字信息资源配置的优化原则

要使数字信息资源配置得到优化，配置效率和效益都有所提高，需要遵循以下原则：

1. 宏观调控原则

要优化数字信息资源配置，首先要遵循政府宏观调节的原则。政府的规范、约束和引导作用，能保证数字信息资源配置的高效实施和有序进行。

2. 以市场需求为导向原则

以市场需求为导向是优化数字信息资源配置的基本原则。数字信息资源配置应该以社会需求为导向，以满足用户为出发点，适应社会发展的需要。在数字信息日趋产业化的时代，满足市场和用户需求，配置数字信息资源，能提高数字信息资源的使用效益。

3. 质量保证原则

目前，用户对数字信息资源的需求日益成熟，高质量的数字信息资源受到更多用户的青睐。优化数字信息资源配置，首先就要充分保证数字信息资源的实用性、可靠性、真实性和适时性，以高质量的数字信息资源赢得更多的用户，进一步提高配置效率。

4. 效率优先、兼顾公平的原则

效率优先是数字信息资源优化配置的保证，兼顾公平是克服"数字鸿沟"，消除"信息孤岛"，实现全社会和谐发展的必要条件。

5. 共建共享原则

优化数字信息资源配置，提高数字信息资源配置效率，最有效的途径之一就是在一定程度上实现广泛的数字信息资源共享。而这种共享的有效形式，则是在市场经济条件下，数字信息资源借助市场秩序合理流动，流向最能产生价值的地方，使得数字信息资源的生产者和传递者都能获得相应的补偿。只有实现了数字信息资源的高度共建共享，才能使得数字信息资源得以优化配置，获得更多的收益。

（三）数字信息资源优化配置的手段

优化数字信息资源配置可以提高数字信息资源配置的效率，实现经济福利和社会福利的优化：

1. 建立统一的数字信息资源规划部门

通过建立一个统一的数字信息资源规划部门，专门负责规划各类数字信息资源的开发、利用、分配，并且监管数字信息市场运行，规范整个信息市场行为，能提高数字信息资源配置的效率。

2. 强调市场竞争机制对数字信息资源配置的作用

数字信息资源配置的"帕累托最优"状态是在市场作用下形成的。要强调市场对数字信息资源配置的指导作用，特别是竞争机制，是推动数字信息资源产业化的重要力量。数字信息资源的开发需要走上一条独立经营、自我发展、自我完善的产业化道路，通过自身利益的正反馈效应，逐步扩大其发展规模。

3. 制定完善的信息政策与法规，构造良好的数字信息资源配置环境

信息政策与法规是数字信息资源配置活动的行为准则，良好的外部信息环境能保证信息资源配置活动质量，防范信息污染。

4. 最大限度地追求数字信息资源共享

数字信息资源共享是数字信息资源优化配置的最终形式，也是其追求目标。本着效率优先、兼顾公平的原则，对数字信息资源进行统一规划，清除各类数字信息资源之间各方面的障碍，有计划的配置数字信息资源，实现其合理有序流动，最终达到数字信息资源共享的目标，获得最大化的经济、社会福利。

第四节　数字信息资源产业组织

2004年，中共中央办公厅、国务院办公厅在《关于加强信息资源开发利用工作的若干意见》（中办发〔2004〕34号）中，第一次采用了"信息资源产业"的提法，使得"信息资源产业"这一概念引起了学术界的关注。但在目前所公开发表的文献中，更多的还是以"内容产业"为名进行研究。

目前，对于信息资源产业的内涵和产业分类尚没有明确的界定，一般认为，信息资源产业的定义是以信息资源为生产、加工对象，以信息内容形式提供产品或服务的企业群体。它是指基于数字化、多媒体和网络技术，利用信息资源和其他相关资源，开发、创作、分发、包装和销售信息产品及服务的产业，主要由数字内容产业、信息咨询业和市场调查业等构成，并以数字内容产业为主体。[1][2]

数字信息资源是数字信息时代最重要的一种信息资源表现形式，因此数字信息资源产业是当前信息资源产业中的重要组成部分。通常我们认为数字信息资源产业是指以数字信息资源为生产劳动对象，提供数字信息形态的产品或服务的企业群体。当前学术界对数字信息资源产业的探讨大多侧重于从数字信息资源生命周期、价值链角度等理论视角切入进行分析。

从产业经济学角度来理解，产业是具有某种同类属性的企业经济活动的集合。构成一个产业需要具备以下条件：形成了一定的规模、有一定数量的从业人员、生产具有同一性、生产产品具有同一性等。结合产业构成的条件，具体分析一下数字信息资源产业：首先，从规模和从业人员来看，既要从数量上形成一定的规模，更要对从业人员的个人素质有一定的要求，即必须具有一定的信息素养和信息化能力；其次，从生产的同一性来看，数字信息产业生产或提供服务所依赖的信息技术大多是数字化信息技术，而且其生产或提供服务所采用的原材料，也大多是以数字信息资源作为加工处理的对象的；最后，从生产产品或提供服务的同一性来看，数字信息资源是人类活动中产生和有实用价值的数字信息的集合，主要包括常见的数字信息资源类型、数字信息资源处理加工和利用后的产品、数字信息资源开发和利用的成果等。

---

① 张华新：《虚拟企业的运作模式研究》，载《武汉理工大学学报》（信息与管理工程版）2003年第25期，第119~121页。

② 赖茂生、闫慧、龙健：《论信息资源产业及其范畴》，载《情报科学》2008年第26期，第481~484页、第490页。

一、数字信息资源产业的发展契机

任何产业的发展都需要有利的时机和适宜的环境。当前数字信息产业高速发展，信息化浪潮席卷全球，为数字信息资源产业提供了良好的发展契机。主要表现在以下几个方面[①]：

第一，现代信息技术和通讯技术日新月异，为数字信息资源的产业化创造了技术条件，提供了物质基础，使得人们具有了先进的手段和方法，有能力大规模、高速度地开发利用数字信息资源；

第二，计算机网络广布全球，为数字信息资源产业的形成、发展、成熟和壮大提供了巨大的市场和无尽的空间；

第三，社会背景网络化、数字化、信息化，个人电脑与数码设备、上网设备的普及，刺激了社会数字信息资源需求量的飞速增长，形成了推动数字信息资源产业发展的原动力。

二、数字信息资源产业发展战略

随着我国社会信息化、数字化、网络化步伐的加快，数字信息资源飞速增长，数字信息资源产业也得到了长足的进步。通过制定合理的数字信息资源产业发展战略，能够促进数字信息资源产业走上一条可持续发展的良性道路。

(一) 大力发展数据库产业

数据库是数字信息资源的重要组成部分，对促进社会进步和开展科学研究具有重要意义。大力发展我国数据库建设，加快数据库商品化和产业化的进程，引进数据库研建的竞争机制，能为我国提供数字信息资源的同时，还能将我国的数字信息资源产品逐步打入世界市场。

(二) 利用网络环境，实现数字信息资源共享

计算机网络的普及和网络环境的逐步完善提高了社会信息的传播速度，并为社会信息的交流提供了便利，促使社会信息流量呈几何级数迅猛增长。同时，网

[①] 庞景安：《网络环境下我国信息资源产业的发展》，载《中国信息导报》1998 年第 3 期，第 8 ~ 10 页。

络环境使得数字信息资源传播的范围、利用的程度进一步得到拓展，呈现出前所未有的高速度、高质量、大规模和多元化。通过互联网，更有利于实现全球范围内的数字信息资源交流与共享，既能为我国数字信息资源产业的发展提供丰富的信息源，也能将我国的数字信息资源推向世界，为全球发展服务。

（三）推进数字信息资源全面电子化

电子化是现代数字信息资源产业发展的趋势和方向，即使得各层面的数字信息资源实现超文本化、超媒体化和多媒体化。数字信息资源的全面电子化将使得我国更快更好地建设全电子化的信息资源环境，使我国数字信息资源产业的发展与国际"信息高速公路"完美接轨。

三、发展数字信息资源产业的意义

数字信息资源产业对于我国经济的发展有着举足轻重的作用。数字信息资源产业是一种知识密集性、零污染和高附加值的可持续发展的优质产业。从经济和社会发展的战略高度认识数字信息资源产业对我国发展具有重大意义，具体表现在五个方面[①]：一是发展数字信息资源产业有利于落实科学发展观；二是数字信息资源产业将是今后国民经济增长的新动力；三是发展数字信息资源产业有利于优化经济结构；四是发展数字信息资源产业有利于改变经济增长方式；五是发展数字信息资源产业有利于扩大就业。

第五节　数字信息资源共享

一、数字信息资源共享的发展

资源共享是人类一直所追求的美好目的。从历史上看，早期的信息资源共享基本上是文献信息资源共享，并且主要是从馆际互借（Interlibrary Loan）发端的。早在 1634 年，巴黎的皇家图书馆和罗马的梵蒂冈与巴比伦图书馆之间就进行了手

---

① 宣小红：《我国信息资源产业管理的困境及改革策略》，载《江海学刊》2008 年第 2 期，第 215 ~ 219 页。

稿的馆际互借。19 世纪中叶，德国的默尔（Robert von Mohl）首次提出了图书馆之间藏书建设分工协调的思想。1901 年，美国国会图书馆开始有组织地对其他图书馆实行馆际外借服务，并对大约 400 多家图书馆提供印刷目录卡片，从而使信息资源共享开始登上历史的舞台。1917 年，为了促进和完善馆际互借，美国图书馆学会率先制定了世界上第一个馆际互借规则。1938 年，国际图书馆协会和机构联合会（International Federation of Library Associations and Institutions，IFLA），即国际图联，制定了国际馆际互借规则。为了推动全球范围内的文献信息资源共享，1971 年，国际图联又制定并实施了"世界书目控制（Universal Bibliographic Control，UBC）计划"。该计划致力于在全球范围内建立一个由各国出版界和图书馆界的全国性机构共同构成的世界编目网，使用国际通用的规格和标准，准确迅速地提供世界各国所有出版物的基本书目数据。同时，为了更好地推动全球范围内的文献信息资源共享，国际图联还在 1973 年的一次学术年会上提出了"世界出版物搜集利用计划"（Universal Availability of Publications，UAP）。该计划的主要内容是促进各国建立一个集文献出版、发行、采购、加工、存储、保护、馆际互借等基本功能于一体的国家级文献提供系统，并在此基础上进一步实现国际范围的文献信息资源共享。

新中国成立后，我国文献信息资源共享活动也发展很快。1956 年，我国制定并颁布了国内第一个馆际互借条例，即《高等学校图书馆馆际互借办法（草案）》。1957 年 9 月，国务院发布了《全国图书协调方案》。1987 年 10 月，由 15 部委有关人员组成的全国部际图书情报工作协调委员会宣布成立。该委员会下设文献资源专业组，主要职责是调查研究全国文献资源布局与开发利用现状，了解各系统在文献资源方面需要协调的共性问题，组织落实文献采购协调、编制联合目录、开展馆际互借等具体协作项目。在这一时期，信息资源共享的历史发展特点是：相关的实践和理论研究活动主要以图书馆为背景，所要解决的问题的实质主要是基于馆际互借的、以纸张为载体的图书馆文献信息资源在不同区域之间以及同一区域内不同成员馆之间的合理布局和分配。

20 世纪 60 年代以后，随着计算机和远程通信技术的发展及其在信息交流中的广泛应用，联机检索系统（如 DIALOG、ORBIT、BRS、DATA-STAR、STN等）在全球迅速发展。联机检索系统的发展为信息资源在更大时空范围的共享奠定了基础，使信息资源共享跨入了一个崭新的阶段，同时也扩展了人们对信息资源共享的认识。但是，此时信息资源共享的主题仍局限于文献资料，包括论文、会议记录、图书目录、专利文件等，所谓的共享还只是科研人员、大学机构、专业组织范围内的利用专线进行信息的传播过程。①

---

① 王晓光：《信息资源共享效率初探》，载《情报科学》2003 年第 21 期。

进入 20 世纪 90 年代以后，随着计算机、远程通信和网络技术的发展，以网络为依托的信息环境开始形成，因特网开始成为信息资源存储、传输和共享的主要场所。与以往的信息环境相比，新的信息环境建立在网络基础上，信息交流的时间延迟和空间阻隔基本上被打破。在这种环境下，信息资源开发、利用和共享的模式都在发生变化，不仅扩充了信息资源共享的形式，而且极大地丰富了信息资源共享的内容，赋予了信息资源及其共享以新的含义，为全方位信息资源共享创造了前所未有的条件和机会。

在这一时期，信息资源共享的历史发展特点是：一方面，基于馆际互借的、以纸张为载体的图书馆文献信息资源共享继续得到发展，并进一步拓展到因特网环境下，产生了许多新的形式和更加丰富的内容；另一方面，范围更广泛、内容更深入的信息资源共享问题开始受到普遍关注，如数字图书馆信息资源共享、Web 站点之间的信息资源共享等。以此为契机，信息资源共享研究也开始突破了以馆际互借和以纸张为载体的文献信息资源共享为背景的狭窄范围。由于数字信息资源是网络时代的一种重要的战略资源，其配置状况和共享水平与各个国家的经济基础、社会基础、文化基础等有着密切关系，是衡量一个国家综合国力、国际竞争力和发展后劲的重要标志，因此，近年来，基于网络环境的数字信息资源共享的各种新兴研究领域异彩纷呈。相关的实践和理论研究活动除了出现于情报学和图书馆学领域外，已经开始更广泛地向信息技术领域、经济学领域以及人文管理领域渗透。

二、数字信息资源共享的障碍

数字信息资源共享的障碍分析，涉及技术、经济和人文三个层面，下面将分别对各个层面进行具体分析。

（一）技术层面

1. 信息基础设施建设方面的问题

信息基础设施建设往往投资巨大，近期效益体现不明显，但对人类信息活动的长远发展产生重大影响。正因如此，许多国家不遗余力地加强信息基础设施的投入和建设。从全球范围来说，以美国为首的西方发达国家发展水平大大高于发展中国家，而从我国的情况来看，各地区社会经济的发达程度不同，东部地区的发展水平高于西部地区，使信息基础设施大都分布在经济较发达地区的大中城市和中心区域，很难发挥信息中心辐射周边地区的作用，在整体上影响了信息资源的交流和获取；同时，也容易造成某一局部的信息污染和文献的重复收藏，而另一局部出现信息空白与信息过时。基础设施分布的不均衡性，导致了数字信息资源分布和传播利用的不均衡，客观上阻碍了数字信息资源的共建与共享。地区发展的不平衡势必造成数字信息资源的贫富两极分化，甚至造成数字信息资源的垄断。这对于落后地区的用户利用数字信息资源来说极为不利，由于资金、技术、设备等种种原因，使落后地区急需数字信息资源的广大用户不能充分共享数字信息资源。这种状况有悖于当今社会的数字资源共享的历史潮流，最终导致地区经济文化等差距进一步加大，给国家政治经济全面发展造成不利的局面。

2. 标准制定和推广方面的问题

数字信息资源格式统一规范，遵循同一标准，有利于实现不同计算机系统间交换数据、实现用户和系统以及系统和系统之间的有效沟通。而到目前为止，数字信息资源组织尚未实现标准化，这就给数字信息资源共享带来了一定的困难。

数字信息资源领域的标准很多，现存交换标准的广泛利用会阻碍更加有利于数字信息资源共享的新型交换标准的推广。例如，基于 HTML 的 Web 内容在推出时，其目的是促进人类和机器共同协作和处理。但由于当时实践对易用性和易推广性的需求，Web 内容是按照供人力理解的形式设计的，很难被计算机所理解。HTML 标准的推出在促进数字信息资源共享的同时，对更加有利于数字信息资源共享的新型交换标准（如语义 Web 相关标准）的推广产生了一定的抑制作用。

3. 软件资源共享方面的问题

软件开发是一项高成本的研究与开发活动。在软件开发过程中，为了提高效率，需要考虑引入资源共享的思想，从而使一些原本需要反复"创新"的基础性的研究与开发活动成果进入资源共享体系，让众多的软件开发者共享。在软件开发中引入资源共享的思想，至少能带来如下的好处：一是避免大量低层次的重复开发，减少浪费和冲突；二是极大地提高用户进行二次开发的能力和维护产品的能力；三是有利于软件开发者更好地集中精力进行关键技术的创新；四是有利于最大限度地挖掘某些基础性研究与开发活动成果的效用。从世界各国的软件开发实践来看，尽管在 ActiveX 技术、各种数据库连接技术（如 OLE DB、ODBC 和 ADO 等）、开放软件源代码、Web 服务等领域，都非常明显地融入了资源共享的思想，但由于各种原因，软件开发中的资源共享还远不能令人满意。

4. 数字信息资源共享的安全问题

在数字信息资源共享过程中，数字信息资源不是高度集中、绝对封闭的，而是在合理配置的基础上，形成了分散、众多的数字信息资源利用体系。这就使得在纵横交错的数字信息网络中，存在着严峻的信息安全问题。信息安全涉及信息系统的安全、数据库的安全、信息内容安全、个人隐私保护、商用信息安全、国

289

家机密保护等问题，而数字信息的电子编码、网络传播、共享数据和程序，以及计算机病毒、计算机犯罪等都使信息安全问题变得更为严峻和普遍。

5. Web 信息组织和检索问题

Web 以其丰富的资源和强大的功能已经并更将吸引越来越多的用户，在用户眼里，搜索引擎为他们提供了一个友好的检索入口，用户只需提供检索式（关键词列表）便能搜寻到包含或者不包含这些关键词的相关网页。但是，当前的搜索引擎只返回排序的检索结果列表，提供极少甚至不提供文档间的语义关系。

（二）经济层面

经济层面的信息资源共享障碍突出体现在成本和收益方面，主要表现为：

1. 资金问题

要实现数字信息资源共享，就是要利用计算机、网络与通信技术，将数字信息资源快速、方便、有效地提供给用户。因此，数字信息资源共享，一要设备，二要资源。而两者的实现，都需要有足够的资金。[1] 虽然实现数字信息资源共享可节约经费，但资源共享的前期工程必须有大量的资金投入。资金障碍一直是信息资源共享的一个重要因素，也是制约数字信息资源共享的主要原因。

2. 服务收费标准过高

有偿服务是数字信息资源共享的主要特征之一，而经济性原则是用户获取数字信息资源的基本因素之一。收费标准的高低对资源共享的影响是不可忽视的。如果用户获取某项资源的付出高于所得资源产生的经济效益，用户将放弃对该项资源的需求。目前，国内一些信息网络存在着收费标准不一致和价格太高的问题，致使一些用户不敢使用网络查询所需要的国外信息资源或研究课题最新资讯。[2] 而有些单位在向其他单位提供资源共享服务时，收取的手续费、复制费标准过高，成为数字信息资源共享的障碍。

3. 规定不明的利益分配

利益分配缺乏具体的操作办法。提倡跨行业、跨系统合作，强调协作奉献精神固然重要，但不解决利益分配及费用负担等实际问题，资源共享工作就难以顺利开展。

---

[1] 张以淳：《图书馆数字化建设的"瓶颈"及发展策略》，载《科技情报开发与经济》2004 年第 14 期。

[2] 于文艳：《网络环境下的我国图书馆文献信息资源共享对策分析》，载《辽宁税务高等专科学校学报》2005 年第 17 期。

（三）人文层面

在数字信息资源共享活动中，人的作用极其重要，资源共享行为归根结底是一种人的行为。不同的人，因其个体特质及所处社会环境的不同，往往在资源共享过程中表现出不同的行为趋向。因此，技术障碍和经济障碍虽然是制约信息资源共享及数字信息资源共享的主要障碍，但观念意识、管理体制、法律保障等人文方面的因素对数字信息资源共享的影响仍然是不容忽视的。

1. 人才培养问题

推进数字信息资源共享必须要有一支素质较高的人才队伍与之相适应。要实现数字信息资源共享，需要有一批既有专业知识，又擅长计算机知识、网络通信知识以及外语知识的复合型人才。

2. 用户能力障碍

信息社会的到来要求信息用户具有一定的信息能力，主要包括对信息的认知能力、选择能力和获取能力三个方面。目前，信息资源用户由于年龄结构、知识结构和专业结构的差异，信息能力尚不理想。一些年龄偏大的用户新技术应用能力差，人机对话困难，获取信息资源尤其是数字信息资源受阻；而一些有一定技术能力的年轻用户，信息选择能力比较有限，且容易受庞杂信息的干扰，难以获得最有价值的数字信息资源。同时，网络服务呈现一种孤立自行发展的状况，缺乏将后台服务与参考咨询等结合起来。因此，用户的个体能力大小，对于信息资源的充分共享利用，有一定的制约作用。另外，信息用户的偏好倾向、职业状况和工资水平以及国民的文化传统都会影响数字信息资源共享的实现。

3. 语言文化问题

语言障碍是世界各国在信息交流过程中所面临的共同问题。在网络环境下，英语作为地理分布最广、传播范围最大的世界性媒体语言和科学技术先导语言的地位日益明确，尤其在计算机、通信技术和科学系统中，英语的主导地位尤为突出。从世界范围来看，美国等西方发达国家信息产业发展水平远远高于发展中国家，因此，由于历史和技术的原因，目前因特网上90%以上的信息资源都是英文信息，包括中文在内的其他语种的信息资源还非常匮乏。对大多数母语非英语且英语水平又差的人来说，不啻为数字信息资源共享的严重障碍。自然语言障碍已成为数字信息资源共享的严重障碍，这对于数字信息资源的利用与共享造成了极大的不便。

另外，文化隔阂也是造成无法实现数字信息资源共享的一种障碍。群体与群体之间、个体与个体之间的合作，必须建立在一定程度的相互信任的基础之上，否则合作便无法进行。所谓"生硬"的、没有"人情味"的合作方式，即便是

291

运用强制性的行政手段也难以改变人们传统的文化心态。近年来，信息资源建设发展比较快，各行各业都成立了若干资源共建共享机构，但大都因相互之间缺乏信任和合作，导致了相互封闭、各自为政的状况出现，造成了数字信息资源共享的障碍。

4. 共享意识薄弱，合作精神缺乏

虽然现代通信技术和网络技术的迅速发展使得资源的共享可以跨越时间和空间局限，为数字信息资源共享提供了最佳的物质环境条件，但传统的服务方式在人们的头脑里依然根深蒂固。由于传统的工作指导思想与工作规程的影响，使不少拥有数字信息资源的组织和个人的认识跟不上时代的发展，出现滞后状态，这在很大程度上阻碍了数字信息资源的共享。

5. 管理体制问题

目前，数字信息资源共享的管理体制同其他体制一样，处于条块分割、各自为政、相互之间缺乏横向有机联系的状况。分别从各部门来看，其信息资源、技术设备、专业人员各具特色，如果开展协作则互补性很强，但各系统之间相互独立，缺乏协调，以致形成了许多平行建设的资源中心，使得大量资源重复浪费。

数字信息资源共享要求高度的整体化，其最终目标是建成覆盖各国、各行业、各部门的全球性的数字信息资源共享网络，能通过因特网，真正实现世界各地使用计算机的人都可以自由获取和利用网络上的数字信息资源。但由于管理体制方面的原因，许多资源中心处于封闭状态，不向外界开放，缺乏跨行业、跨系统的数字信息资源中心，数字信息资源建设条块分割，缺乏统筹规划、统一管理，宏观调控薄弱，协调性差，严重制约着数字信息资源共享的发展。数字信息资源共享网络实体的建立必将受到现行管理体制的制约。

6. 国家主权问题

目前，数字信息资源的交流与共享已发生于国与国之间，并延伸至世界各个角落，越境数据流（Transborder Data Flow，TDF）[①] 与日俱增。越境数据流虽然使全球范围内的数字信息资源的分布和流向发生深刻变化，为全球范围内的数字信息资源有效配置和共享提供了基础条件，但越境数据流的出现会使信息输出国（主要是发达国家）对世界更具有控制力。发达国家向发展中国家倾泻信息资源，美国等个别国家控制着大部分网络市场，这种不公平现象的存在，将会危及

---

① 越境数据流这一术语在 20 世纪 70 年代首先由经济合作与发展组织所采用，是指点对点的跨越国家政治疆界的数字化电子数据传递。在信息社会中，凡是跨越国家政治疆界而流动的数据、信息、知识等，包括国际广播、电视、电话、传真等国际传播与电信业务内容，特别是涉及科技、专利、法律、金融、会计、咨询、广告等跨国的专业信息服务领域中的信息和数据均属于越境数据流的范畴。

受制于人的信息弱国的国家主权。

7. 法律保障问题

国际上，资源共享的法制观念深入人心，如美国、英国、日本等经济发达国家资源共享开展得非常有效，究其原因，主要是它们都对信息资源共享非常重视，纷纷颁布各种法规、条例对资源共享进行保护，使资源共享得以顺利进行。

在我国，恰恰缺乏有关资源共享的立法，至今没有制定出一部具有全面控制力和统一的资源共享法规，目前主要依靠各系统和地方政府制定的一些政策性文件来调节资源共享活动，甚至是借助行业自律、倡议书、宣言等来维系。由于缺乏受法规和政策保障的利益平衡机制，使得某些机构对资源共享的投入得不到应有的回报和补偿，所以各个部门对资源共建共享持观望和消极的态度。[①]

三、数字信息资源共享目标的实现

（一）基本原则

数字信息资源共享目标实现要把握以下几项基本原则：

1. 效率与公平原则

效率和公平是社会发展中的两大目标。社会发展首先是生产力的发展，提高生产效率、增加物质财富，是我们所追求的一个目标。社会发展归根结底又表现为人自身的发展，保障人的权利、增进社会公平，是我们追求的另一个目标。在数字信息资源的共享过程中，既要追求效率，也要尽可能地考虑社会公平。

一方面，数字信息资源共享的目的就是要实现数字信息资源的高效率利用，以最小的信息要素投入实现最大的信息产出，因此，效率原则是数字信息资源共享无可回避的基本原则，体现了数字信息资源共享的目的。另一方面，在数字信息资源共享的过程中，不免会有利益受到损害的一方（比如说受到侵犯的知识产权）。如何既能不打击信息生产者的积极性，又能保持高效率的共享利用，是数字信息资源共享实践过程中的一个难点。这就必须诉诸公平，保证数字信息资源共享的各个利益相关方都能"得其应得"。

2. 利益平衡原则

对数字信息资源共享的过程存在着合作和非合作博弈两种观点，实际上，数字信息资源共享的合作和非合作博弈都在一定范围内存在，如何促进各共享主体

---

① 齐引敬：《对我国文献信息资源共建共享现状的观察与思考》，载《石家庄学院学报》2005年第2期。

之间的合作，实现充分的数字信息资源共享，才是真正急需解决的问题。从以上基于数字信息资源共享效率和原则的研究分析可以看出，促进共享主体之间的充分合作继而实现数字信息资源的充分共享，关键的一点是要做到各相关方的利益均衡。特别是在市场环境中，数字信息资源的知识商品特性，数字信息资源共享的利益群体性共享行为，使共享成为一种基于群体利益的市场分配关系。因此，保证共享体系内数字信息资源共享主体间的利益均衡是实现数字信息资源共享的最重要环节。

从数字信息资源共享的角度来看，数字信息资源在各个共享主体之间的分享利用可以使数字信息用户在支付更少成本的情况下得到更多的信息，在其自身的社会和经济活动中获得信息优势，可以这样说，人们之所以愿意参与数字信息资源的共享就是因为他们能够从中得到好处，如果数字信息资源共享主体不能从数字信息资源的共享过程中得益，或者在某种程度上利益会受到损害，那么很有可能他们就不会甚至会抵制数字信息资源共享。因此，只有形成良好的利益平衡和互惠互利的数字信息资源共享机制，才有可能使数字信息共享主体之间进行有效的合作。特别是在当前的社会环境下，数字信息资源共享主体之间利益上的相互依赖性表现得十分明显，数字信息资源共享体系的建立依赖于体系中所有共享主体的努力，这就更需要各共享主体在利益均衡机制下合作。

数字信息资源共享总是在一定的框架内进行的，在推动建立数字信息资源共享体系时，必然涉及数字信息资源的原创者、生产者、中介服务者和最终使用者等多方利益的平衡。信息资源由创作、生产到利用的过程，是一个比较复杂的利益链条，任何环节的利益关系都必须兼顾。因此，数字信息资源共享中的利益平衡包括多方面的平衡，信息生产者与信息利用者之间的利益平衡，信息生产者与信息中介的利益平衡，信息利用者与信息中介之间的利益平衡等。

利益平衡的方式包括利益协调、利益补偿等。其中，利益协调是基于利益分化而采取的各种约束和调节利益关系的手段、方法和措施；利益补偿是对参与共享各方，根据一定原则进行的各种经济上的或者其他方面的补偿性工作。从宏观政策方面，可以从市场、政府、立法等方面来进行。

（二）基本思路

实现数字信息资源共享需要各个相关利益方的共同努力，各个组织和个人在数字信息资源的共享过程中，可能既是数字信息资源的提供者，又是数字信息资源的利用者，是权利和义务的统一体。把握数字信息资源共享的平等和效率原则，充分考虑数字信息资源共享各主体之间的利益平衡，可以提出以下实现数字信息资源共享效率的基本思路。

1. 市场调节

正如资源配置有市场方式一样，数字信息资源的共享也有市场调节方式。市场调节作为一种经济手段，是在社会经济的运行过程中市场在数字信息资源共享中起到一个基础的作用，由市场调解数字信息资源在共享主体间进行的流动和利用，以推进社会信息化和知识化的进程。市场经济条件下的数字信息资源共享是指数字信息资源拥有者必须承担向全社会开放自己数字信息资源的义务，让全社会有获得拥有者的数字信息资源的可能性，但不包括无偿提供数字信息资源服务的义务，也就是说数字信息共享服务是一种经济活动。[①] 其实质是在市场的协调作用下，对数字信息资源进行优化配置，降低服务成本和采购成本，提高资源利用的社会效益和经济效益。

市场调节的一个重要优点是能够更好地把握信息用户需求。在市场经济中，信息产品的开发利用具有很强的用户导向性，各个信息生产者根据用户需求来进行数字信息资源开发，并基于利益将开发的数字信息资源推送到一个既定的范围内进行共享，这个共享范围是针对一定用户的。数字信息资源共享效率的测度是根据信息用户对共享的数字信息资源的利用情况来分析的，所以在数字信息资源共享时必须考虑用户的需要。从某种程度上可以说，数字信息资源共享是要从满足用户越来越多的信息品种和越来越高的信息质量需要的角度出发，实现数字信息资源共享的充分展开和数字信息资源利用效率的提高。

另外，市场调节还能够充分尊重参与共享的各个主体的意愿，保证他们在自主自愿的情况下参与数字信息资源共享，数字信息资源拥有者的共享通过付费共享方式达到利益平衡，信息资源拥有者和非信息资源拥有者都能利用全社会的信息资源，数字信息资源的拥有者在其共享的过程中也能达到其应该得到的利益，这样，数字信息资源的共享才不至于缺乏对信息提供者的激励。另一方面，在一定程度上，市场条件下的数字信息资源共享也能有效地防止"搭便车"的现象，真正做到平衡各利益相关者的得益情况，避免不必要的冲突。

总的来说，市场供求、价格、竞争、风险机制的充分运作，可以有效地调节数字信息资源在生产、传输、分配和开发利用过程中的经济效益和经济关系。

2. 政府干预

市场调节在某些情况下也存在一些缺陷，在其运行的过程中，可能由于无法解决由于本身矛盾而造成的一些秩序混乱或者冲突，而导致数字信息资源共享的一些低效率或者无效率，一般将其称为"市场失灵"。比如有的共享主体由于利益的驱动而采取一些不道德的手段来参与数字信息资源共享，市场本身的调节机

---

① 白洋：《信息资源共享应引入市场机制》，载《情报探索》2007 年第 3 期。

制可能无法在短时期内对其进行调整，这就需要政府进行宏观调控来系统地利用集体的智慧以达到数字信息资源的最大效用。数字信息资源共享的实践中，完全的市场调节有其无法自我调整和解决的矛盾，因此，人们主张在市场调节的基础上，加入政府的引导作用，在宏观上对数字信息资源的共享进行协调。

在数字信息资源共享的实践中，政府干预是必不可少的。政府对数字信息资源共享市场运行过程及结果的干预与引导，是对市场调节方式的重要补充，也是数字信息资源共享市场自身发展的内在要求。政府对数字信息资源共享的引导通常是在市场自身调节功能充分发挥的前提下，借助政府自身的行政权力，对数字信息资源共享涉及的宏观方面的问题进行统筹考虑和利益兼顾。政府对数字信息资源共享的引导作用，表现为行政和政策引导，也就是用行政手段和政策手段进行调控。

在政策方面，政府通过制定与数字信息资源共享相关的各项信息政策，利用信息政策的指导、调节和干预作用，规范数字信息资源共享主体之间的活动与行为，还可以通过产业倾向政策、特殊保护政策以及财政拨款、专项资金投入等手段，实施宏观调控，支持和引导各方面社会力量参与数字信息资源的开发利用，协调各参与数字信息资源共享利益主体的利益。

数字信息资源在国家进步和发展中的地位与作用进一步提高，政府对数字信息资源的重视程度也越来越高，而如何提高数字信息资源的利用效率也是他们面临的一个重大问题，因此，加强政府在数字信息资源共享中的协调作用，改进数字信息资源的配置效率，是必然的选择。

3. 立法规范

法律是对利益的协调机制，以追求社会总体利益的平衡为价值目标。法律无法确认每一项具体的利益，但必须对各种利益冲突加以平衡，合理调整。数字信息资源共享的实践过程中，由于数字信息资源本身的非竞争性和非占有性等一系列特征以及现有法律法规存在的一些漏洞，使得一些侵权和违法行为经常发生，比如侵犯知识产权的问题。[①] 因此，用立法方式规范数字信息资源的共享行为就显得十分重要。美国、英国、德国等一些经济发达国家的信息资源共享工作进展情况也表明，制定和颁布一系列法律和法规条例，能够极大地推动信息资源包括数字信息资源共享的深入。法律规范具有强制性，是共享各个主体必须遵循的法则，这能够在一定程度上保证数字信息资源共享实践的有序进行。

数字信息资源共享是一个涉及多方面利益主体的系统工作，需要协调多方面

---

① 周淑云、陈能华：《论信息资源共享与知识产权保护的冲突与平衡》，载《图书馆论坛》2007 年第 2 期。

的利益关系，所以，数字信息资源共享的立法规范也包括很多方面的内容。在这个体系中，要涉及图书馆法、信息法、知识产权法、标准化法、出版法等各种法律法规及相关法律规定。立法过程中，要提高法律的规范性，并细化法律规范，注重规范的可操作性。通过立法，明确界定数字信息资源共享已经存在和可能出现的问题，使数字信息资源共享走向法制轨道。[①] 同时，立法也要注意灵活性，比如在知识产权法的制定过程中，由于信息资源共享代表的是广大社会公众的利益，而知识产权是一种私权，代表权利人的个体利益，这两者之间必然存在一定的矛盾性，这种矛盾性主要体现在知识产权制度对社会信息资源共享的约束与信息资源共享可能对知识产权的侵犯两个方面，即：知识产权的保护导致可供共享的信息资源数量减少，同时，社会信息资源共享存在知识产权侵权风险。[②] 因此，需要注意立法规范中为数字信息共享保留一定的公有领域、公共秩序空间，并随着科技与经济的发展而不断做出相应的调整。

4. 其他措施

（1）共享技术改进。近年来，信息化的大力推进使得数字信息资源的共享有可能突破空间上的限制，在更大范围内实现共享，但是仍然存在着一些技术障碍，特别是由于经济发展的不平衡使得各个地区和组织之间在信息化水平方面存在差异，不能够真正消除信息孤岛，实现数字信息资源共享。因此，技术的因素也是急需解决的问题。

（2）信息资源标准。数字信息资源规范的不统一往往会导致数字信息资源无法在不同的组织中进行共享。在信息网络、文献数据加工等领域制定全国统一的技术标准和规范制度，对数字信息资源的采集、存储使用一系列相同的标准，逐步形成规范化的技术标准体系，才能使数字信息资源共享能够真正在大范围内推进。

（3）建立人才培养机制。人才是发展的根本。数字信息资源共享的发展和推进离不开高素质的信息人才。在数字信息资源共享领域，信息人才培养是指通过各种方法和途径对所有参与信息资源开发、配置、共享和利用活动的人员，进行教育、训练，使其掌握数字信息资源开发、配置、共享和利用的技术与方法，提高其素质和工作效率。

（4）营造数字信息资源共享的社会氛围。由于数字信息资源消费本身呈现出来的非损耗性和非占有性等特征，更大范围的数字信息资源共享往往意味着更高的数字信息资源利用效率，因此，提高全民信息资源共享意识，营造数字信息

---

① 莫泽瑞：《信息资源共享的内在机制——利益平衡》，载《冶金信息导刊》2006 年第 4 期。
② 周淑云、陈能华：《论信息资源共享与知识产权保护的冲突与平衡》，载《图书馆论坛》2007 年第 2 期。

资源共享的社会氛围就能更好地推动数字信息资源共享的实践工作。在现有条件下，可以利用网络平台和各种媒体，加强有关数字信息资源共享的宣传工作，强调数字信息资源共享的关键作用，大力推进共享工作。

在信息时代，数字信息资源成为社会发展的重要战略资源。计算机、网络技术等的发展，使得人们对数字信息资源共享重要性的认识不断深化。数字信息资源共享，实质上就是要使数字信息资源的分配更加合理，从而在既定数字信息资源投入的情况下，使得信息用户的信息需求得到最大程度的满足，实现数字信息资源利用的最大效率。实现全社会的数字信息资源共享只能是一种理想状态，因为数字信息资源的共享在实践中会有各种各样的障碍，但是，数字信息资源独有的非竞争性、非损耗性、非占有性等一系列特征使得通过社会各组织和个人的努力，能够在一个特定的范围内实现大规模的共享，用尽量少的信息投入获得更大的社会收益，提高人们的信息福利，实现数字信息资源的高效率利用。

第十章

数字信息资源管理创新与制度设计

国家信息化包括信息资源、信息网络、信息技术应用、信息技术和产业、信息化人才、信息化政策法规和标准六个要素。在这六要素里面，专家们普遍认为"信息资源的开发和利用"是核心，因为信息化建设的初衷和归属都是通过对信息资源的充分开发利用来发挥信息化在各行各业中的作用。国内外的信息化实践也证明了信息资源的开发、利用、挖掘、共享能产生明显的效益。但是信息资源建设在实践中常被忽视，人们往往更注重那些信息化的基础设施、设备、网络、软件、硬件等，因为这些东西相对信息资源来说更"可见"，更容易"见效"。由于这样一种对信息资源的开发利用认识上的不足，导致我国在信息化过程中，信息资源总量不足，深层次挖掘不够，大量存在信息孤岛，为广泛的共享造成了困难。[1] 大量的信息重复采集和整合的工作量很大，严重阻碍了信息资源效益的发挥。这种情况在数字信息资源开发利用中尤为突出，而解决问题的思路是借鉴发达国家的研究与实践经验，重视数字信息资源的管理创新，完善已有的信息资源相关制度设计。

第一节 数字信息资源管理的现实性与特殊性

伴随数字与网络技术应运而生的数字信息资源，既同传统信息资源相比有其

---

[1] 吴倚天：《开发信息资源、政府责无旁贷——国家信息化咨询委员会委员曲成义解读中办 34 号文件》，http：//www. echinagov. com/article/articleshow. asp？ ID = 7516. [2008 - 04 - 05]

突出的特殊性，同时又成为各国普遍重视开发利用的新型信息资源，因而认识数字信息资源的开发利用现状，分析数字信息资源管理的复杂性，是实现数字信息资源管理创新并进行相关制度设计的重要基础。

一、数字信息资源的发展及现实影响

关于信息资源的概念有狭义和广义之分：狭义理解即信息资源是指人类社会经济活动中经过加工处理有序化并大量积累起来的有用的信息集合，如科技信息、政策法规信息、社会发展信息、市场信息、金融信息、统计信息、档案等，都是信息资源的重要构成要素；广义理解即信息资源是指人类信息活动中积累起来的信息、信息生产者、信息技术等信息活动要素的集合。我们主要针对狭义信息资源开展研究。我国政府《关于加强信息资源开发利用工作的若干意见》将信息资源明确定位为是一种"生产要素"、"无形资产"，前者说明了信息资源对于社会生产的重要促进作用，后者表明信息资源是有价值的。

信息资源是知识经济时代重要的国家战略资源，是实现经济和社会可持续发展的基础条件。随着现代信息技术迅速发展，特别是网络环境的形成，信息的生产、存储和传递的方式发生了革命性的变化，数字信息资源以传统信息资源难以比拟的优势逐渐成为信息资源的主体。数字信息资源是指所有以数字形式把文字、图像、声音、动画等多种形式的信息储存在光、磁等非纸介质的载体中，通过网络通信、计算机或终端再现出来的资源，网络信息资源是其主要的表现形式。据统计，目前全球已有网站接近 6 800 万个，Web 信息空间中可索引的公共网页约 40 亿个，深层网页数量达到 5 500 亿，数字信息资源已经占到信息资源总量的 70%。数字信息资源主要包括：联机目录资源、CD-ROM 数据库、电子图书、电子期刊、学位论文、导航资源与搜索引擎等。数字信息资源的建设已经成为当前国家信息资源建设的主体，是国家科技创新体系中最重要的支撑体系，是获取信息的第一途径。因而，世界各国都加大规划与投资力度，启动各种类型的数字图书馆、数字博物馆和数字档案馆工程，深度开发大型联机系统和网络数字信息资源，全球范围内正兴起数字化浪潮。

同传统的信息资源相比，数字信息资源呈现出数量巨大、增长迅速，内容丰富、覆盖面广，形式多样、分布广泛等特点。仅以国家数字图书馆为例，截至 2009 年年底，国家图书馆的数字资源总量累计已达到 320TB（1TB = 1024GB）。[①]

---

① 申晓娟等：《2005～2009 年我国数字图书馆发展综述》，载《数字图书馆论坛》2010 年第 3 期，第 1～14 页。

另外，网络信息资源在形式上包括了文本、图像、声音、软件数据库等，堪称多媒体、多语种、多类型信息的混合体，在地域上打破了时空阻碍，使网络信息资源呈现出全球化的分布结构。因而，数字信息资源在数量、分布、传播范围、信息内涵、信息类型以及信息传递的速度等诸多方面，都超出了传统的信息资源管理方式和技术手段所覆盖的范围，为数字信息资源的利用制造了复杂的环境[1]，甚至数字信息资源正日益取代传统的印刷型信息资源而成为当今社会信息资源的主体[2]，需要我们采取必要的手段，实现数字信息资源效用最大化。

二、数字信息资源开发利用的国内外现状

自 20 世纪 90 年代中期以来，在世界范围内对数字信息资源的建设和利用给予了高度的重视。美国科学基金会（NSF）作为负责美国国家信息化建设重要的政府机构，在大力加强信息基础设施建设的同时，也大力推进数字信息资源的开发利用。加拿大在 2002 年提出的国家创新体系中，将建立国家数字科技信息网作为其重要组成部分。2000 年 7 月，日本冲绳八国峰会《从全球数字鸿沟到全球数字机遇》，达成数字信息资源开发利用国际协作的共识。2003 年 9 月，联合国信息素质专家会议发表《布拉格宣言：走向信息素质社会》，指出数字信息资源开发利用与信息素质是决定信息获取的要素，NCLIS 顾问伍迪·霍顿（Woody Horton）在会议中进一步指出数字信息资源将成为社会战略性转换资源。2003 年 12 月 12 日，世界信息社会高峰论坛（World Summit on the Information Society）明确提出要加强信息资源开发和协作，加强信息资源共享，提出数字团结议程，并在 2005 年突尼斯议程增加全球数字机遇计划。[3]

在我国，虽然近年来我国信息化建设取得快速发展，但整体水平仍处于发展中国家的中等水平。为此，2004 年 10 月 27 日国家信息化领导小组第四次会议审议通过了《关于加强信息资源开发利用工作的若干意见》，并由中央办公厅、国务院办公厅于 2004 年 12 月 13 日发布实施（中办发［2004］34 号），其明确提出加强信息资源开发利用工作将是今后一段时期信息化建设的首要工作，把对信息资源开发利用和战略规划工作，尤其是作为其主体的数字信息资源开发利用

---

① 付先华：《网络信息资源的选择与评价》，载《武汉理工大学学报》（信息与管理工程版）2005 年第 27 期，第 98～101 页。

② 李宝强、孙建军：《试论数字信息资源配置模式》，载《情报资料工作》2007 年第 2 期，第 44～48 页。

③ 马费成：《数字信息资源的规划、管理与利用研究》，教育部哲学社会科学研究重大课题攻关项目（批准号：05JZD00024）投标书。

提高到了前所未有的高度。中央已经认识到，要想把信息化进一步朝着深层次推进，必须在信息资源的开发利用上下更大的工夫，要形成国家性的明确战略，加大对信息资源开发利用的推动。就学术研究而言，国内在 20 世纪 90 年代即开始逐渐引入信息资源管理理论，已出版信息资源管理为题的专著和教材十多本，发表了大量的学术论文，逐步形成了中国特色的信息资源管理理论。国内关于数字信息资源的研究主要集中在以网络信息资源、数字信息资源和电子信息资源为主题的研讨范围。目前，国内在术语选择上，使用网络信息资源要比数字信息资源广泛，相关研究主要集中在数字信息资源的概念、特点、类型研究，数字信息资源系统管理的研究主要涉及管理过程、策略、方案及有序运行条件、机制与障碍等。尤其是一批国家级课题更深化了该领域研究的层次，如《我国社会科学信息资源网络建设研究》、《面向因特网的精粹信息开发利用研究》、《数字信息资源组织工具的研发与应用》、《数字资源整合的理论与方法》等。因而，数字信息资源开发利用实践及理论研究在国内已取得长足发展。①

三、我国数字信息资源开发利用中存在的关键问题

美国政府在 1999 年修改后的"联邦信息资源管理政策"详细规定信息共享和数字信息资源开发实施细则。尤其值得一提的是，美国在 2000 年组织大规模的数字信息资源调查，发布包括路易斯·皮奇曼（Louis Pitschmann）的《公益网络信息资源可持续建设规划》报告、蒂莫西·简威尔（Timothy Jewell）的《商用数字信息资源选取与保存理论与实践》报告以及艾比·史密斯（Abby Smith）的《数字信息资源战略规划报告》在内的有广泛影响的研究文献，系统提出了数字信息资源建设的理论框架。② 可以看出，以美国为代表的发达国家已经对数字信息资源的宏观管理问题给予了相当的关注，主要表现在如下几个方面：数字信息资源战略与规划，主要讨论数字信息资源开发规划策略和长期战略规划方案；数字信息资源政策和法律框架研究；数字信息资源协作共享及保障，主要研究数字信息资源协作和共享项目的实施和管理以及相关的资源保障问题。

我国在 20 世纪 90 年代开始逐渐引入信息资源管理理论，逐步形成具有中国特色的信息资源管理理论。作为政策研究框架，我国尚没有专门针对数字信息资

---

① 裴雷、马费成：《公共数字信息资源开发利用现状和对策》，载《情报理论与实践》2008 年第 1 期，第 26~32 页。

② 马费成：《数字信息资源的规划、管理与利用研究》，教育部哲学社会科学研究重大课题攻关项目（批准号：05JZD00024）投标书。

源研究的综合性成果，而就国内的数字信息资源开发利用及研究水平来看，也尚未能将数字信息资源的宏观管理放到应有的位置，而是过分强调从微观层面和技术角度解决数字信息资源的开发利用，尤其是信息资源规划主要是针对企业而言的，而忽视了从宏观层面和政策（制度）角度开展数字信息资源战略规划与管理的研究。数字信息资源开发利用的实践也存在诸多问题，具体表现在如下几个方面：

1. 管理体制仍未理顺，宏观调控缺乏力度

我国数字信息资源开发利用还缺乏明确的总体目标和长远规划，宏观调控缺乏力度，有权威的高层次的组织协调机构始终没有建立起来。[1] 曾经存在过并发挥过一定作用的部级图书情报工作协调委员会已经名存实亡。数字信息资源建设多头领导、条块分割、各自为政的多元管理体制始终无法进行改革，因而目前建立起来的数字信息资源建设组织机构大多是各系统内部的，一个覆盖全国各系统和行业间的数字信息资源建设保障体系始终未能建立起来。而事实上，国家数字信息资源建设不只是某一个系统或行业的事情，它涉及图书馆、档案馆、科技信息机构、政府信息中心、企业信息中心，乃至信息内容服务商。只有这些机构相互联系，在功能上有一定的分工协调，才能形成强有力的保障体系，才能充分实现数字信息资源开发和利用。但目前尚没有这种协调，也缺乏协调的机制。

2. 数字信息资源建设重复，整体保障功能不强

由于各机构各自为政，功能重叠，因而数字信息资源建设严重重复。过去人们常常批评的纸质文献信息资源重复建设，如重复购买现象，在数字信息资源建设中同样存在。如人们普遍使用的几个学术期刊全文数据库，资源的重复率是人所共知的；还有不少图书馆在对同样内容的馆藏进行数字化加工。实际上，在网络条件下，不同的图书馆对相同的资源进行加工上网是没有意义的。又如，由于缺乏协调机制与利益分配机制，文献出版机构拥有大量的数字信息资源，而其他信息机构又不得不对相同内容的印刷型文献进行数字化处理，浪费了大量的人力、物力资源。

3. 数字鸿沟有进一步扩大的趋势

数字信息资源开发利用的重要目的，是要保障社会公众平等获取信息的权利，实现信息公平，从而消弭信息鸿沟，缩小因获取信息的不公平而带来的贫富差距，实现社会和谐。[2] 但由于我国不同地区经济和社会发展水平的严重不平衡，个人经济能力的差距，以及个人在获取数字信息能力上的差别，原来的信息

---

① 肖希明：《我国信息资源建设研究述评》，载《高校图书馆工作》2004 年第 4 期，第 7～12 页。

② 肖希明：《再论我国信息资源保障体系建设——纪念南宁会议 20 周年》，载《图书馆》2006 年第 6 期，第 6～11 页。

鸿沟不但没有缩小，反而有进一步扩大的趋势。一部分人有机会获取更多的信息资源而增加财富，一部分人则无力或无法获取数字信息资源而更陷入贫困。这是数字信息资源开发利用过程中应该重视的问题。

4. 技术平台与标准制度仍不够完善

数字信息资源开发利用需要技术支持，包括标准支持。数字信息资源建设过程中只有拥有良好的技术支持和完善的标准制度，才能实现信息资源的共享。我国信息资源共享难以取得长足发展的原因之一就是缺少适当的技术共享平台，没有完善的数据交换标准和管理制度。①

由此可见，虽然近几年来以中央两办的 34 号文件为契机，信息资源的开发利用得到了各方面的普遍重视；但从国内外网络信息基础设施建设进展看，网络信息（知识）的中央集成管理乃是大势所趋，单纯的技术主义路线很可能是走不通的，从历史来看，制度创新与技术更新对于人类社会的进步具有同等重要的意义。就电子政务的发展方向而言，一个主要的思路是注重电子政务的顶层设计，统一规划、统一网络、统一平台建设，走集约化、低成本的道路。数字信息资源开发利用也应当充分体现这种思路，即亟须开展对数字信息资源的国家宏观规划与管理的深入研究②，并促进理论创新、制度创新与学术发展。这就需要我们以解决我国数字信息资源建设存在的问题为目标，分析数字信息资源管理的复杂性与特殊性，并对我国数字信息资源规划及管理问题进行系统和深入的研究，明确其中的核心研究领域，形成更加合理的数字信息资源开发利用制度，实现数字信息资源管理创新，进而丰富和完善信息资源管理理论体系。

四、数字信息资源管理的特殊性与复杂性分析

就信息资源开发利用与共享而言，数字信息资源的特殊性与复杂性，导致了数字信息资源管理的特殊性与复杂性，但针对数字信息管理特征的研究尚有待进一步探究。

（一）数字信息资源的特殊性与复杂性

相对传统信息资源而言，数字信息资源具有自身的特殊性，给数字信息资源

---

① 陈传夫、曾明：《科学数据完全与公开获取政策及其借鉴意义》，载《图书馆论坛》2006 年第 2 期，第 1～5 页。

② 马海群：《论数字信息资源的国家宏观规划与管理》，载《中国图书馆学报》2007 年第 1 期，第 36～39 页。

共享与开发利用带来了更多的复杂性。[①]

1. 数字信息资源的稀缺性

从绝对意义上看，信息无处不在、无时不有，不存在稀缺问题，但相对于信息用户来说，能真正满足用户需求的信息资源却又是相对稀缺的。网络信息资源作为数字信息资源的主要存在形式，其尽管是海量、爆炸性地增长，但在某一特定时空下，对于某一具体使用方向上的信息用户需求而言，依然稀缺和有限，例如网络拥塞问题就是一个典型例子。由于网络带宽有限，过量用户接入互联网势必造成网络拥塞，这就意味着对于过量用户而言，网络信息资源的接入渠道以及通过该渠道所获得的网络信息资源内容是稀缺的。

2. 数字信息市场失灵

信息市场的外部效应、信息作为公共物品、信息市场的非竞争性和垄断性、信息市场中的不完全信息必然导致信息市场失灵。[②] 信息资源具有外部性与公共物品性（即共享性）两大特征，网络环境下的数字信息资源在相关技术设备的支撑下，能将其流通和扩散过程中所碰到的时间延迟和空间阻隔基本打破，因此相对于非网络环境而言，会流动得更快、更便捷、也更频繁，而这种信息流动的快捷和频繁则会使得数字信息资源的外部性与公共物品性特征表现得更明显，例如数字信息产品更易于复制和扩散，这使得盗版现象比以往更加容易和变本加厉，其结果是数字信息资源配置中的信息市场失灵现象变得更为严重。

3. 数字信息资源分布更容易失衡

信息资源分布所具有的集中与分散规律、随时间的分布规律、在空间上的分布格局等，呈现出非均衡性特征，这是造成马太效应、信息鸿沟等现象的主要原因。数字环境下的信息资源分布仍然满足集中与分散的规律，此外还具有时间分布规律、生产者分布规律[③]。上述分布规律是导致数字信息资源分布失衡的自然因素，此外还有技术因素和人为因素，这三种因素叠加在一起使得数字信息资源分布更加容易失衡。以网络信息资源为例，一方面，先进的网络系统技术和发达的信息基础设施使得网络信息资源的流动比以往更为自由和便捷，其结果是使得网络信息资源比传统信息资源在更易分散的同时也更易实现集中。在马太效应的作用下，网络信息资源集中与分散的程度会愈来愈严重，最终网络信息资源在某处聚集的密度会很大，而同时在另一处聚集的密度会很小，从而出现网络信息资源的信息富集和信息贫瘠两极分化现象。另一方面，网络信息资源流动得比以往

---

① 肖勇：《网络信息资源共享中的产权机制研究》，载《图书情报工作》2008 年第 7 期，第 48～51 页。

② 查先进：《论信息市场失灵与政府干预》，载《中国图书馆学报》2000 年第 4 期，第 27～29 页。

③ 马费成：《网络信息资源的分布规律》，载《情报科学》2003 年第 11 期，第 11～21 页。

更为自由和便捷还会导致人为因素层面上的信息鸿沟产生。由于网络信息更加易于复制和扩散，网络中信息的无限制流动极有可能损害到信息生产者的利益，这就必然会使得部分信息生产者为了保护自己的利益而设置信息流通的障碍，对有关的信息进行封锁，从而造成信息在某处聚集而无法扩散出去，而在另一地方却又极度匮乏该类型信息，这也就人为地形成了信息鸿沟。

4. 数字信息空间的无序性

传统技术环境下存在的信息无序现象，在数字环境下表现得更为严重，如网络无序扩张所带来的网络信息爆炸式增长和信息污染、紊乱、侵权、犯罪等，远远超出了传统意义上的信息爆炸。而数字环境下各个微观主体和各环节之间的信息活动与行为以及贯穿于其中的各种经济关系，也变得更加错综复杂，出现的经济矛盾和纠纷也更加突出，无疑使得数字信息空间呈现出更强的无序性。

（二）数字信息资源管理的特征

有关数字信息资源管理的特征研究目前尚不充分，较为突出的是其自组织系统特征探析。研究者认为，数字信息资源管理的自组织系统特征体现在以下几个方面[①]：

1. 具有自身的功能

数字信息资源管理作为社会系统的一个子系统，具有本身的特有功能。在数字化时代，数字信息资源管理对于人类所积累的数字化信息资源进行收集、组织、存储、传播、开发和利用，这是数字信息资源管理作为系统的特有功能。

2. 具有层次结构

数字信息资源管理作为一个整体是一个系统，但它是由数字信息的收集、组织、存储、服务等子系统所构成的，这些部分是同一层次的并列关系。每一个子系统又可分成更小的子系统，这些更小的部分也是同一层次的并列关系，但它们分别隶属于上一层次的各个子系统。这就是数字信息资源管理作为系统的层次结构。并且，对于数字信息资源管理来说，无论是其整体，还是各个组成部分（子系统）都可随内部的演化和外部环境的影响而变化，以适应整个系统的目的和功能的需要。这就表明数字信息资源管理具有自组织系统动态变化可适应的特征。

3. 具有开放性

所谓开放性，即系统必然与外界环境进行物质、能量和信息交换。某一系统

---

① 秦春秀、赵捧未、淡金华：《基于自组织理论的数字信息资源管理》，载《图书情报工作》2008年第2期，第100～103页。

所处的自然和社会条件，就是该系统的环境。开放系统必须与外界环境进行交换才能使自己延续下去。数字信息资源管理从外界获得数字化的信息资源、支撑基础等物质和信息，并将信息传递给需要的用户以供利用，这就是数字信息资源管理同外界环境的交换过程。假如数字信息资源管理不能从外界获得数字信息资料、设备或专业人才等，它就没有存在的物质技术基础，或者它不能为社会提供任何服务，也就不可能存在下去。这正说明它具有作为自组织系统开放性的特点。

4. 远离平衡态

平衡态是一种没有生命力的状态，是数字信息资源管理没有实现开放性时表现出来的形式。当数字信息资源没有引入新的数字信息资源、新的支撑技术设备、新的管理人员、新的信息需求、没有对人员进行定期培训等，数字信息资源管理整体上就会出现平衡态，不能够适应变化的环境，不能够更好地为用户服务，那么就会成为用户有效获取利用信息资源的障碍。而数字信息资源管理的开放性，使该系统可以一直远离平衡态，促使系统形成有序的结构。

5. 诸要素之间的相互作用是非线性的

要素间的非线性作用是形成系统有序结构的内部因素。数字信息资源管理内部各要素之间的非线性相互作用产生协同和相干效应，使得系统从无序走向有序，而且不会因为外界环境的微小变化而受到影响，同时保持一种活的稳定性，这样使数字信息资源管理系统出现耗散结构，耗散结构是自组织系统实现自组织演化的基本条件。

6. 其内部存在涨落现象

在自组织理论中，涨落是指系统参量围绕某一个数值上下波动的现象，是系统形成有序结构的原动力。这个过程有以下作用：使偏离平衡的系统回到原来的状态下；当系统处于一个临界点时，涨落可以使系统进入更高一级的有序状态，达到一种新的平衡，呈现出原有状态所不具备的新的特性。在实际中，所有影响数字信息资源管理的因素都可以视为涨落，新的概念、方法、技术、设备的引入，还有用户需求的改变都会使得系统从一个平衡状态变化到另一个平衡状态，所有这些都会使得数字信息资源管理偏离原有的稳定状态，经过相变进入一个新平衡态。数字信息资源管理出现的五六十年间数字信息资源管理呈现的不同状态就是该系统涨落现象的一种表现。

第二节　数字信息资源管理的制度需求与设计

在网络与数字技术环境下，存在着数字鸿沟日益加大、数字信息文化日益多元化、信息服务管理仍旧混乱等现实问题，需要制度安排手段的介入与合理设计。

一、数字信息资源管理的制度需求

网络的广泛使用，逐步改变了人们传统的生活方式、工作方式、学习方式和娱乐方式，甚至也改变了人们的思维方式，从而引领人们不知不觉地步入一个崭新的时代——网络社会。网络社会作为现实社会的一种补充与延伸，具有数字化、时空压缩性和伸延性、交互多维性、自由开放性以及虚拟性等特点。在初始形态的网络社会中，存在着网络犯罪、网络病毒、网络色情、网络黑客、信息垃圾、隐私公开、网络上瘾和信息垄断等一系列的网络社会问题。[①] 这些网络社会问题就其本质来说是社会问题在网络中的反映，需要我们设计合理有效的制度去解决相关问题，极大程度地挖掘网络及数字信息资源的潜力。就数字信息资源管理而言，其制度需求可以从以下几个方面体现。

（一）数字信息资源宏观管理的制度需求

信息资源管理主张从技术、经济和人文的角度对信息资源进行全面管理，但目前从总的情况来看，我国信息资源管理还存在过分依靠技术手段等现象。而要从经济和人文方面研究信息资源管理，就要涉及制度问题。信息资源管理（IRM）可以分为宏观、中观和微观管理的三个层次，其中宏观层次的信息资源管理是一种战略管理，一般由国家信息资源管理部门运用经济、法律和必要的行政手段加以实施，主要在宏观层次通过国家有关政策、法规、管理条例等来组织、协调信息资源的开发利用活动，使信息资源按照国家宏观调控的目标，在不影响国家信息主权和信息安全的前提下得到最合理的开发和最有效的利用。[②] 而宏观层次的信息资源管理应当从国家信息资源管理制度建设入手。[③]

信息资源管理制度的三个部分中，非正式制度是指人们在长期的信息活动中逐步形成的信息习惯、信息伦理以及价值观念等对人们的信息行为产生非正式约束的规则，是那些对人的行为的不成文的限制，是与法律等正式制度相对的概念；正式制度是人们针对信息资源管理活动有意识创造的一系列政策法规，从成

---

① 谭希培、李仲陶：《论我国网络社会信息管理制度创新》，载《湖南文理学院学报》（社会科学版）2003 年第 6 期，第 65~69 页。

② 马费成、李纲：《信息资源管理》，武汉大学出版社 2001 年版。

③ 王媛媛、王广宇、王娟娟：《从机构设置谈国家信息资源管理制度》，载《情报杂志》2007 年第 10 期，第 146~149 页。

文法到不成文法，再到特殊的细则，它们共同约束着人们的信息行为，具有强制性；而实施机制是指依照相关政策法规的精神所建立起来的一系列标准规范体系、实施规程和实施机构等。[①] 由此不难得知，后两者完全离不开机构的支撑，只有非正式制度似乎可以摆脱机构的约束，但从经济学的角度来说，社会化大生产需要市场机制调节，而一个有序的、公平的市场竞争必须置于政府的控制之下，习惯、伦理等非正式制度在资源配置上的作用微乎其微。也就是说信息资源的有效配置离不开机构保障，而相应机构设置即是国家宏观管理制度的直接体现。

数字信息资源的开发利用需要跨部门、跨行业、跨地区的协同努力，需要国家综合部门进行有效的管理、规划与协调。美国的信息化水平较高与其合理的机构设置不无关系。1980 年，美国政府通过《文书消减法》，明确提出了信息资源管理概念，从第 95 届国会到第 98 届国会，美国先后颁布有关信息资源管理的法案 92 条，目前每年都制订有信息资源管理年度计划。为了进一步加强数字信息资源管理，美国政府还专门成立了国家电信和信息管理局（NTIA）、美国图书馆和信息科学委员会（NCLIS）等专职信息管理机构。联邦政府还设立联邦信息委员会（Federal Information Council），该委员会由联邦政府各部门的首席信息官组成。可见美国从立法到行政都有专门的信息资源管理机构，而且其专业性强、有相当的权力保障其进行综合协调与控制。与美国相比，我国的数字信息资源管理涉及国务院诸多部委，如工业和信息化部、文化部、科技部等，还有新闻出版总署、知识产权局、广电总局等直属机构以及为数不少的直属事业单位和部属局（如新华社、档案局等）。由于多头管理、专门机构缺位，导致数字信息资源政策和管理办法缺乏系统性、信息资源的开发与利用水平不高等问题，因而组建跨部委的横向管理机构，成为信息资源宏观管理的现实制度需求。

（二）数字信息资源产权保护的制度需求

数字信息资源产权保护主要包括知识产权和信息隐私权保护，此处仅探讨数字信息资源知识产权保护的制度需求。

数字信息资源知识产权保护制度的探讨，涉及两个方面的内容，其一为激励数字信息资源生产与创造的知识产权法律制度的建立，其二为平衡数字信息资源保护与共享的制度构建。

一方面，知识产权制度是有关知识与信息的占有、分配关系的法律制度，信

①　万建军、邹凯：《论我国信息资源管理制度的变革》，载《情报理论与实践》2006 年第 2 期，第 147～149 页、第 203 页。

息资源之所以应当受到知识产权制度的合理保护，主要基于信息资源的商品性和可共享性；在网络环境下，信息资源的商品性并未发生本质变化，而可共享性进一步加强。即使网络建设的主要目标是实现信息共享，但数字信息资源建设与管理中的知识产权保护原则是应当坚持的。相关内容将在本书第 14 章第 3 节中进行详细阐述。

另一方面，数字信息资源共享是人们开发利用数字信息资源的根本目标，而实现资源共享理想的道路上遇到的最大的障碍还在于以知识产权为代表的信息权利问题。实现信息资源的自由共享，是对以知识产权保护制度为主的现行社会制度的极大挑战。信息资源共享固然是人类的理想，象征人类的文明和进步，但在知识经济条件下保护知识产权人（或信息产权人）的权属，也是理性的选择和法制精神的重要体现。如何建立一种社会秩序，使权利人信息或知识的合法权利得到承认和尊重，同时也保障信息资源建设事业在充分体现权利人利益的前提下能合法地传播和共享信息资源，是当前资源共享实践中遭遇的两种文明的冲突。① 比如全国文化信息资源共享网络工程就提出了知识产权收益的分配的论题②，因此如何把握知识产权保护在数字信息资源共享中的尺度，平衡数字信息资源的保护与共享，并利于数字信息资源的充分利用，需要我们积极探索合理有效的制度安排。

（三）电子政务信息资源公开的制度需求

电子政务信息资源，顾名思义，就是电子政务活动中的信息资源，是指公共管理部门在履行政务活动中所形成的以数字代码形式传输和存储在特定介质上的各种有用信息的集合，即政府信息资源的电子化③，推行电子政务的目的是信息资源共享。电子政务信息资源是政府信息资源的一个重要组成部分，而政府信息资源中很大一部分是作为公共产品和服务提供的，因而不论是政府作为，还是公民信息获取权利的保障，乃至社会利益平衡，都对政府信息公开与共享机制提出迫切需要。从行政法的平衡论视角出发，政府信息公开制度主要是通过改变行政主体与公众之间的信息不对称状况，加强公民权与行政权对等的地位，并为其他

---

① 王知津、金胜勇：《图书情报领域中的信息法律问题研究》，载《图书与情报》2006 年第 2 期，第 1～5 页。
② 马费成、裴雷：《我国信息资源共享实践及理论研究进展》，载《情报学报》2005 年第 3 期，第 277～285 页。
③ 宁连举：《电子政务信息资源共享系统的博弈分析》，北京邮电大学博士毕业论文，2006 年，第 24 页。

行政程序制度功能发挥提供前提条件。① 而目前我国政府信息公开制度建设尚存在思想、内容、渠道和保障等方面的缺陷，完善我国政府信息公开制度应从健全立法、提高公众参与度、实行多头公开和责任人制度以及疏通政府信息公开渠道等方面入手。②

同样，电子政务信息资源公开与共享需要解决观念、意识、体制、政策、制度、法律法规、技术、标准、人力、经费、管理、运行机制等多方面的问题，尤其是其中的制度建设，因为制约目前电子政务信息公开的主要原因不是技术方面的，而是体制和观念方面的。2008 年 5 月 1 日实施的《政府信息公开条例》（简称《条例》），对于促使政府机关完善整个政府信息资源管理制度，推进电子政务信息资源的共享，起到了积极的促进作用。但就数字信息资源的大力开发利用与有效的社会共享需求而言，现有的政府信息公开制度还有待于进一步完善。例如《条例》没有明确规定"政府信息以公开为原则，不公开为例外"的公开原则，因而在未来完善《条例》或者制定《信息公开法》时，应当考虑采用国际上通行的"以信息自由为准则，保密为例外"的原则，以避免政府机关工作人员以各种借口扩大保密信息的范围而架空政府信息公开制度，从而可以为电子政务提供海量的政府信息，促进电子政务的发展和完善。③ 另外，《条例》的实施还涉及如何构建精细化的操作流程、如何制订配套的措施，以利于公民及社会机构通过各种数字化平台或实体设施高效率地获取电子政务信息资源。

另外，我国目前尚处在推进政府信息公开阶段，还未将制度的重点转移到政府信息的增值开发方面，这使得我国存在政府信息闲置和政府垄断开发并存的局面，例如政府投资部门生产的信息（例如气象信息、地震信息、测绘信息、环境信息等）垄断性地由相关政府部门自己开发或者非透明性地授权给相关部门开发，而缺乏类似欧美的系统促进政府信息增值开发的制度（如欧盟《关于公共部门信息再利用的指令》）。因此，研究政府信息增值开发制度迫在眉睫，尤其是欧美政府信息增值开发制度中的费用制度、竞争制度等方面，值得我国研究和借鉴。④

---

① 刘爱芳：《我国政府信息公开的制度缺失及其改革——以行政法的平衡论为视角》，载《湖南科技大学学报》（社会科学版）2003 年第 6 期，第 21 ~ 26 页。

② 付立宏、赵亮：《论我国政府信息公开制度》，载《图书馆学研究》2006 年第 10 期，第 84 ~ 86 页。

③ 易晓阳、罗贤春：《电子政务信息资源共享的法制保障研究——基于〈政府信息公开条例〉与〈政府信息公开条例专家建议稿〉的比较研究》，载《图书情报知识》2008 年第 2 期，第 18 ~ 22 页。

④ 陈传夫、冉从敬：《欧美政府信息增值开发制度及其对我国的启示》，载《情报资料工作》2008 年第 4 期，第 39 ~ 43 页。

（四）数字信息资源共享的制度需求

国内图书馆早期的信息资源共享的模式，是以建立合理的藏书布局为基点，通过行政力量对一个国家、地区或系统的文献信息资源做出预先的合理安排。这种以图书馆和文献资料为标准的共享理念，忽视了信息消费作为信息资源共享的根本目的，不可能实现信息资源的最优配置。以 OCLC 为代表的"书目信息利用共同体"的出现，标志着一种新的信息资源共享模式的诞生，网络条件下数字信息资源的可获知能力（Accessibility）和可获得能力（Availability）作为理论的重要概念取代了 20 世纪 80 年代信息环境下的"文献资源保障率"的概念。网络环境下的数字信息资源共享模式从重拥有转化为重存取，并强调数字信息资源的存取和传递，这种模式将成为数字信息资源共享的主要活动范式。而新的数字信息资源共享模式的运作，也面临许多新的问题，比如频繁馆际互借过程中的利益分配及费用承担问题、技术统一和标准制定问题、标准制定前信息资源开发的沉没成本补偿问题等[1]；尤其是新的数字信息资源共享模式引入市场体系的结果不仅带来竞争和经济问题，而且需要深入探讨数字信息资源配置、信息价格体系、信息激励、数字信息产权安排等新课题。上述新问题，对影响数字信息资源共享的制度设计与安排，提出新的迫切需要。

（五）数字信息资源管理标准化的制度需求

目前，我国尚未正式建立统一协调的信息资源管理标准体系和工作规范。图书馆、情报所、档案馆、信息中心系统各有一套自己的工作规范和标准体系，信息资源共建共享难以真正进行，严重阻碍了我国信息资源管理与开发利用工作的健康发展。同时，我国目前尚未建立企业和其他组织的信息资源开发、利用和管理工作的基层指导性标准规范体系，致使各自为政，发展极其不平衡，难以促进全国范围内的信息资源共建共享，出现日趋严重的信息孤岛、信息荒岛和信息鸿沟等现象。[2]

数字信息资源管理标准化涉及信息资源管理标准的编制、发布与实施的整个过程，它是数字信息资源管理的重要内容，也是数字信息资源管理的基础。数字信息资源管理标准化的内容十分丰富，它主要包括标准化技术、标准化设施、标

---

① 马费成、裴雷：《我国信息资源共享实践及理论研究进展》，载《情报学报》2005 年第 3 期，第 277~285 页。

② 万建军、邹凯：《论我国信息资源管理制度的变革》，载《情报理论与实践》2006 年第 2 期，第 147~149 页、第 203 页。

准化术语及标准化管理四个方面。而各级立法机构为加强数字信息资源管理标准化工作的管理，排除标准化工作的"市场失灵"，促进、引导信息产业的发展，就必须建立相应的数字信息资源管理标准化制度。

（六）数字信息资源保存的制度需求

数字信息资源数量巨大、变化频繁的特点也带来了一个难题，即数字信息资源的长期保存问题。同其他信息资源一样，有价值的数字信息资源也是人类文化遗产，但大多数数字信息生产者并不主动承担保存责任，这样一来，大量信息生产出来，如得不到保存，将会很快消失。目前，对于数字信息资源的保存，既没有专门的机构负责，也没有相关的法律保障，致使数字信息资源的长期保存工作处于分散、无序的状态，大量有价值的数字信息资源不能得到应有的保存。因此，迅速行动起来保存数字信息资源已成为网络环境下全人类所面临的重大课题。其中涉及的问题呈现多样化特征，如由谁来保存网络信息资源；经济因素如何制约网络信息资源的保存；国家各种相关方针、政策的制定如何成为网络信息资源保存顺利进行的保障；法律法规如何健全使网络信息资源保存的工作更好地开展；行为准则如何规范和细化使得网络信息资源保存工作开展起来更能有章可循等。而这些问题归结起来，主要就是数字信息资源保存的责、权、利的认定、方针、政策、资金安排、法律制度、行为准则的制定等等，其中大多数问题实际上就是制度建设问题，是数字信息资源管理在长期保存方面的制度呼吁。

此外，数字信息资源的组织加工、人才供给等，也都对相关制度建设提出现实而迫切的需要。

二、数字信息资源宏观配置的制度设计

数字信息资源配置是以人们的数字信息资源需求为依据，以其配置的效率和效果为指针，调整当前数字信息资源分布和分配预期的过程。[1] 换言之，数字信息资源配置要着眼于以有限的投入最大限度地满足社会各界对数字信息资源的需求，着眼于整个社会数字信息资源可获得能力的提高。[2] 为了更好地实现这一目标，需要制度对数字信息资源的宏观配置进行保障，在此过程中制度设计便是有效的手段。

---

[1] 靖继鹏：《信息经济学》，清华大学出版社2004年版，第192页。
[2] 李宝强、孙建军、成颖：《数字信息资源配置中的资源共享机制与市场交换方式》，载《图书情报工作》2007年第7期，第57~61页。

数字信息资源按其产权归属大致可以分为三类：公共属性的数字信息资源、私人属性的数字信息资源与介于两者之间的数字信息资源。通过对不同类型的数字信息资源进行有针对性的制度设计，可以使其产权归属更加明晰，并且能够降低交易费用，从而使数字信息资源的配置达到更高的水平。数字信息资源配置的制度设计不仅局限于对数字信息资源的制度进行重新设计，还应包含通过一定的宏观手段来实现数字信息资源合理配置的目标。[①]

（一）数字信息资源宏观配置制度设计的意义

人类社会进入信息时代以来，数字信息资源日益取代传统的纸质文献资源而成为当今社会信息资源的主体，因而从宏观上科学、合理地配置数字信息资源的问题既关系到全社会数字信息资源配置的效率，而且会直接影响到我国的社会发展和公正。

1. 数字信息资源宏观配置的制度设计对社会正义的影响

在信息时代，信息公平已成为正义在信息社会的重要体现。信息公平是指在一定的历史时期和社会环境中，人们对信息资源的获取和分配过程中所体现的平衡与对等状态。信息公平问题实际上就是信息活动主体之间的平等相待问题，它主要体现在信息资源的获取和信息资源的分配这两个环节上，因此我们可以把信息公平区分为信息（资源）获取的公平和信息（资源）分配的公平两个方面。信息获取的公平，主要强调信息获取机会的公平；信息分配的公平，主要强调信息资源配置的公平。[②] 这正是信息公平在资源配置的事先原则（机会平等）和事后原则（按贡献分配）两方面的具体阐释。

自由和平等是制度的目的性价值和制度诉求的基本价值，应该成为制度设计的优先保护内容。因此，政府有必要从宏观上对数字信息资源配置进行制度设计，以此缩小"数字信息资源的贫富差距"，消除政府与公众之间的信息不对称，消除信息主体之间的信息不公平，并从制度上保护公民的信息权利和规范社会的信息行为。

2. 数字信息资源宏观配置的制度设计对效率的影响

效率和秩序是制度诉求的基本价值，是现代市场经济发展的必然要求。经济发展的高效率、社会的良序发展，是为了实现人类自身的发展与完善这一目的的手段和条件。因此，相对于自由和平等，效率和秩序是制度诉求的目的性价值。

[①] 洪伟达、马海群：《基于产权划分的数字信息资源宏观配置的制度设计》，载《图书情报知识》2008 年第 4 期，第 9～14 页。

[②] 蒋永福、刘鑫：《论信息公平》，载《图书情报》2005 年第 6 期，第 2～5 页。

制度追求的效率，既有狭义上的效率，又有广义上的效率。广义上的效率是制度追求的社会效率，它主要表现为通过促进经济发展而产生最大的社会效益，也可以把它称之为制度的社会经济效率。狭义上的效率是制度本身的设置与运作以最小的成本获得最大化的收益，这一层面上的制度效率可称之为制度自身的效率①。

（二）公共产品属性的数字信息资源配置的制度设计路径

1991 年诺贝尔经济学奖获得者科斯在发表演讲时指出，公共产品的"这些权利（即产权）应该配置给那些最能有效利用该权利、并有动力去这样做的人"。② 对于公共属性的数字信息资源来说，政府便是这样的"人"。因为公共产品属性的数字信息资源具备了"公共产品"的两个特性：非竞争性和非排他性。这种"公共产品"特性使数字信息资源的使用收费变得困难，"搭便车"在所难免，生产者和提供者没有激励加入，容易导致信息市场上资源供应不足。而且，公共产品属性的数字信息资源还具有很强的外部性，对国家经济和社会发展以及公民信息权利与社会信息公平产生很大的影响。因此，公共产品属性的数字信息资源应本着"宏观规划，政府主导；统一标准，共同建设"的基本原则由政府进行宏观配置。因此，对具有公共产品属性的数字信息资源配置的宏观政策与法规调控应包括：

1. 修订和补充我国现有的信息政策、法规并完善配套的法律规范

制定和实施扶持数字信息资源产业发展的政策与法律规范，能够为政府配置数字信息资源提供良好的外部环境，政府应充分发挥信息法规政策对公共属性的数字信息资源配置的导向作用、协调作用以及管理作用。国家在制定和实施信息产业发展政策时，要加大对数字信息资源产业化发展的扶持力度，多采用激励机制，通过财政、货币、税收政策的适当倾斜等激励手段鼓励和促进数字信息资源的生产和交换，以克服公共产品属性的数字信息资源的"公共性"、生产的外部性和信息不对称等造成的不利影响。

2. 建立健全保障数字信息资源市场正常运行的法律和制度

公共产品属性的数字信息资源的"公共性"使数字信息资源的商品性难以保证。因此，宏观调控的实施应由政府制定或完善的法律和制度来完成，如有关数字信息安全的法律法规，保障国家信息主权和信息安全；反垄断法，防止和限制信息资源市场上可能出现的垄断集团和垄断行为，保障和促进信息市场的公平

---

① 施惠玲：《制度伦理研究纲领》，北京师范大学出版社 2003 年版，第 175 页。
② 王芳：《阳光下的政府：政府信息行为的路径与激励》，南开大学出版社 2006 年版，第 65 页。

竞争；数字信息资源市场信息披露和监督制度，以法律形式对某些市场信息的披露做出硬性规定，使一些应公开而又为某些市场参与者隐藏的信息公之于众；有关数字信息资源开发利用的法律法规，具体规定数字信息资源开发利用机构的出入资格，数字信息资源开发利用的类型和范围，数字信息资源的品种和质量，数字信息资源的广告宣传等，促进全社会数字信息资源的开发与利用，依法坚决取缔非法、不健康的信息垃圾的生产和传播。[①] 这些法律和制度是公共产品属性的数字信息资源市场的"基础设施"，政府有关部门应根据数字信息资源市场的发展状况和不断出现的新问题，及时补充和完善它们。

3. 维护和强制执行数字信息活动的游戏规则，通过法律行政手段规范经济活动主体的行为

有关数字信息资源市场的各项法律和制度是各市场参与者必须遵守的秩序和游戏规则，市场自身不能对犯规者进行处罚，只有通过政府对犯规者给予处罚，加大其违规成本，因此，政府应该充当数字信息活动中"裁判员"的角色。此外，政府还要充当数字信息资源市场"保护者"的角色，积极保障各市场参与方的权利，可以直接提供合同管理、信用评估等基本的服务，对那些可以并应该"公知公用"的市场信息要及时收集并向社会发布，以此为数字信息资源的市场流通和交换创造出信任、理解和有安全保障的环境。[②]

（三）私人产品属性的数字信息资源配置的制度设计路径

数字信息资源同自然资源一样具有稀缺性。迄今为止，市场是配置稀缺资源最有效的方式。市场配置效率的隐含前提是明确的私有产权，由于私人产品属性的数字信息资源具有明显的排他性、竞争性和私有性。因此，私人产品属性的数字信息资源应由市场对其进行配置。

1. 运用供需机制和风险机制的相互配合来提高数字信息资源配置的质量

市场的供需是无时无刻都在发生变化的，这可以使数字信息资源流向最能发挥效益的地方，避免了数字信息资源的闲置与浪费，即实现帕累托效率。运用风险机制将使数字信息资源提供者更加慎重地考虑投资、营销等问题，减少其因"理性不足"而导致的盲目投资，在一定程度上克服了市场经济信息不对称所带来的问题。因此，运用市场供需机制和风险机制的相互配合，可以加快数字信息资源的使用效率和提高信息资源配置的质量。

2. 运用价格机制引导数字信息资源配置的方向

价格是市场供需变化最灵敏的信号。市场信息资源供需矛盾通过价格信号反

---

①② 李宝强、孙建军：《试论数字信息资源配置模式》，载《情报资料工作》2007 年第 2 期，第 44～48 页。

映出来，并通过价格体系对资源配置进行优化。数字信息资源在价格体系的作用下，被最能实现其价值的需求者所利用，就能实现效益的最大化。价格配置机制是市场经济条件下最有效的资源配置机制。

3. 运用竞争机制以实现数字信息业最适度的配置

竞争是市场有效配置资源的原动力。在利益的驱使下，竞争机制使得数字信息资源提供者最大限度地降低投入与产出的比例，同时满足整个社会对经济福利最大化的追求，做到"最优配置与最优消费"，从而实现数字信息资源的有效配置。[1]

市场通过"看不见的手"可以提高数字信息资源的配置效率，但市场不是万能的，因此也带来了一些负面影响，如拉大社会的数字信息资源的"贫富差距"、对公民信息权利的维护有一定损害作用、造成了社会的数字信息不公平等。此外，市场的秩序更加需要政府通过宏观手段进行维护和保证，这不仅可以降低数字信息资源的交易费用，降低交易双方的监督成本，而且还可以降低市场的不确定性。因此，必须发挥政府宏观调控这只"看得见的手"的作用，通过"看不见的手"与"看得见的手"共同作用，从宏观上对私人产品属性的数字信息资源的市场配置进行引导，使私人产品属性的数字信息资源在保证效率的同时更加注重公平，从而实现私人产品属性的数字信息资源的帕累托效率。

（四）介于公共与私人产品属性之间的数字信息资源配置的制度设计路径

在现实中往往有很多数字信息资源其产权是集体产权或很难明确地界定其产权归属，这些数字信息资源大致可分为两大类：准公共产品属性的数字信息资源和准私人属性的数字信息资源。因此，对这类数字信息资源的配置不能单一地运用政府宏观配置或市场配置的方式，而是应该采取宏观配置与市场配置相结合的方式，针对不同种类的数字信息资源采用不同配置手段，因此对其配置的制度设计路径也不尽相同。

1. 准公共产品属性的数字信息资源配置的制度设计路径

准公共产品属性的数字信息资源由于其非竞争性和非排他性表现得并不明显，因此政府可以不直接进行提供，而间接地对其进行宏观配置，如可以采用"外包"的形式由政府和企业联合开发。这样，政府可以通过相应政策法规管理数字信息产品和服务的供给与供给者，服务的质量、价格以及公众的使用情况

---

① 徐恩元、李澜楠：《市场经济条件下信息资源有效配置问题初探》，载《情报杂志》2005 年第 11 期，第 128～130 页。

等。而企业进行具体的开发，企业的活动出于政府宏观调控之下，使企业不至于因为利益而置公众的利益而不顾。并且，还应准许私人资本进入具有准公共物品性质的数字信息、网络经营领域，并以法律的形式确定和保护私人资本所应得的利益，以促进私人资本对数字信息、网络的投资，扩大数字信息、网络的供给，满足社会对数字信息、网络产品的需求。[1] 例如，在美国，由于联邦政府受到资金与技术两方面的限制，联邦政府机关很难满足公众对信息产品与服务的特定要求，只能一般性地印刷文件来满足公众的部分要求，因此，政府往往委托私营企业对政府信息进行加工并提供给其客户，从而形成政府信息公开服务的外包业务。[2] 开展准公共产品属性的数字信息资源的外包业务一方面可以减轻政府的负担，另一方面可以形成一种良好的市场竞争机制。这样就可以把政府宏观和市场两种配置方法的优势结合起来，达到更好的配置效果。但同时还需注意，政府制定数字信息资源宏观配置的制度也要有其限度，过多的干预市场信息资源配置的制度设计则会阻碍数字信息资源的合理使用和优化配置。因此，政府既要扮演好其代理人的角色，又要履行好制度设计者的职责，为实现"公平的信息社会"尽职尽责。

2. 准私人产品属性的数字信息资源配置的制度设计路径

准私人属性的数字信息资源其产权属性具有很强的私人产品属性的数字信息资源的特点，如实行会员制的数据库，用户通过缴纳一定的费用而获得数字信息资源的使用权限，这样的数字信息资源竞争性比较强而在一定范围内排他性比较弱，由市场针对其竞争性进行资源配置，充分发挥市场的调节作用，因此选择市场配置是最好的手段。但同时为了避免受垄断、外部效应以及信息不对称等造成"市场失灵"因素的影响，应该充分发挥行业协会为典型代表的自治组织作为市场和政府之外的"第三条路"的作用，对准私人产品属性的数字信息资源在行业内进行宏观调控。因为行业协会具有很广泛的代表性，能够反映本行业内大多数企业的利益和诉求，同时也反过来促进了行业的健康和可持续发展。同时，行业协会的职能比较完善，对内为企业提供生产指导、市场调研、行业管理、中介服务、贸易摩擦预警等，对外则发挥着联系企业与政府以及国内外市场之间"桥梁"的作用。[3] 正如德国市场协会的主要功能是对市场条件和市场价格施加影响，其主要作用是确立工资、休假制度，在供货条件等方面确立标准，并制定工业标准等，主要包括卡特尔、合作社、标准化委员会、工会等。可见，

---

[1] 韩耀、张春法：《网络经济下信息资源配置研究》，载《情报杂志》2004年第10期，第7~9页。

[2] 王新才、谭必勇：《电子政务建设中的政府信息公开问题研究》，载《档案管理》2007年第1期，第21~24页。

[3] 张汉林：《国外行业协会发展的启示》，载《人民论坛》2007年第16期，第38~39页。

对于准私人属性的数字信息资源可采用市场自由配置与行业协会约束同步进行的方法，优化数字信息资源配置，使其达到帕累托最优。这时，政府需要做的是通过立法对行业协会的行为进行规范，如出台《行业协会法》。例如，国外行业协会既是自发自愿成立的，也是在有效的法律规范下运作的。各国关于行业协会的法律法规，在建立机构完善、功能齐全、秩序规范的行业协会中起到了重要作用。

三、数字信息资源宏观管理的制度设计

数字信息资源管理与制度设计，主要通过对国家数字信息资源战略规划与协调、数字信息资源优化配置与共享等关键问题的研究，形成一套切合我国信息化发展实际和特点，对国家宏观规划和决策部门有重大参考价值的数字信息资源管理方案及制度设计，核心研究问题主要包括如下几个方面。

（一）数字信息资源建设的宏观目标及路径选择

数字信息资源是网络时代重要的国家战略资源，我国虽然已经出台了一些信息化专项规划，尤其发布了面向信息资源开发利用的政策指南（如 34 号文件），但专门针对数字信息资源建设的规划方案还是空缺的。因而首先应当研究的课题是：数字信息资源建设的宏观目标如何定位、如何同信息化的整体战略目标保持一致从而推进国家总体经济战略的发展，针对数字信息资源的特殊性、如何选择恰当的路径（尤其是利用政策的杠杆手段）实现预定的目标。在这方面值得我们关注的现实问题还包括：国家信息化"十五"规划、"十一五"规划的目标设定及制订过程剖析，现有涉及信息资源建设的各类规划的有效性分析等等。

（二）数字信息资源建设的影响因素及国家宏观调控

同发达国家相比，我国数字信息资源建设的边界条件不同，即"起点"存在巨大差异，因而应当针对当前信息资源开发利用工作中存在的诸多问题，如信息资源开发不足、利用不够、效益不高，政府信息公开制度尚不完善，信息资源开发利用市场化、产业化程度低，相关法律法规及标准化体系需要完善等等，探讨数字信息资源建设的社会、经济、文化等各方面影响因素，找出问题的主要症结，并从国家管理的角度提出宏观调控的方式与手段。

（三） 国家数字信息资源规划的理论架构及实施手段

国家层面的数字信息资源规划也应重视信息工程方法论的应用，因而应当积极借鉴现有的主要应用于企业的信息资源规划方法，将视角拓展到政府、国家与社会，探讨数字资源建设的国家宏观规划的理论、方法与实施手段，并在理论架构上取得突破。具体来说，即是基于现有的企业信息资源规划研究成果，采用信息工程化方法[①]，遵循一定的标准规范、利用有效的软件支持工具进行国家宏观层面的信息需求和数据流分析，制定信息资源管理基础标准，建立规范的信息系统框架，实现数字信息资源的国家宏观规划。

（四） 数字信息资源规划与管理的政策法规实施效率分析

十多年来，我国网络信息政策法规建设已取得了实质性进展，立法从内容上看，涉及信息网络规划建设、经营管理、信息系统安全、网络用户权利与义务、网络信息服务、惩治计算机犯罪等诸多方面。[②] 尤其是 2005 年 4 月 1 日起实施的电子签名法，更成为我国信息化法制建设的里程碑。然而，普遍存在的问题是信息政策法规的反馈机制缺乏、实施效果不佳，这种情况必然也反映在数字信息资源建设与管理领域，因而有必要收集整理现行有关信息管理的政策法规，考察其贯彻实施及运行情况，重点分析影响到数字信息资源规划的相关政策法规的实施状况，并从效率角度探讨其实施效果，充分体现政策法律工具的调控作用。

（五） 数字信息资源配置的制度设计研究

数字信息资源具有稀缺性，稀缺性导致了对现有存量资源进行优化配置以充分挖掘其潜在效用的需求，以及合理补充和开发增量资源的需要。我们认为，数字信息资源的国家宏观规划与管理问题需要以先进的理念及科学的方法为指导，因而有必要引进法律政策学等学科理论，从制度设计角度探讨数字信息资源优化配置的制度合理性问题，以达到有效的信息规划与整合。

上述研究与实践可以视为数字信息资源开发利用的基本制度设计，试图体现国家从机制层面上对数字信息资源建设与利用的宏观规划、协调与管理。而从操作层面上看，数字信息资源的开发利用还应当有效解决数字信息资源宏观规划与管理的技术顶层设计问题。

---

① 杨君、李纲：《信息资源规划与企业信息化》，载《情报学报》2003 年第 6 期，第 704～708 页。
② 马海群：《我国网络信息立法的内容分析》，载《图书情报知识》2004 年第 3 期，第 2～6 页。

第三节　数字信息资源管理创新

数字信息资源管理创新应当从目前缺失的数字信息资源规划与管理入手，重视核心业务的拓展及相关的绩效评估，并采取一系列切实可行的措施实现有效的数字信息资源开发利用。

一、国家层面的既有数字信息资源规划与管理

2001 年 8 月我国重新组建了国家信息化领导小组（现为国务院信息化领导小组），迄今已先后召开 6 次会议，审议通过了《关于加强信息资源开发利用工作的若干意见》、《国家信息化发展战略（2006～2020 年）》等一系列指导性文件，对国家信息化发展做出了全面部署，为未来信息化发展提供了明确指导。[1]因而，我国国家层面的宏观数字信息资源规划虽然尚未制订，但在相关的政策、战略、全局规划及专项规划、发展报告中可以体察到有关数字信息资源规划的一些思路及定位，主要体现在《关于加强信息资源开发利用工作的若干意见》、《国民经济和社会发展信息化"十一五"规划》、《中国国民经济和社会发展"十一五"规划纲要》和《2006～2020 年国家信息化发展战略》等之中。

《关于加强信息资源开发利用工作的若干意见》（以下简称《意见》）提出的加强信息资源开发利用工作的总体任务是：发展壮大信息资源产业；推进政府信息公开和政务信息共享；推动我国信息资源总量增加、质量提高、结构优化。包括鼓励文化、出版、广播影视等行业发展数字化产品，提供网络化服务。该《意见》提出的保障措施包括：加强组织协调和统筹规划，强化对信息资源开发利用工作的组织协调、统筹规划和监督管理，制定信息资源开发利用专项规划，并纳入国民经济和社会发展规划。

《中国国民经济和社会发展"十一五"规划纲要》提出：加快国家基础信息库建设，促进基础信息共享。优化信息资源结构。加强生产、流通、科技、人口、资源、生态环境等领域的信息采集，加强信息资源深度开发、及时处理、传播共享和有效利用。

《2006～2020 年国家信息化发展战略》提出的战略目标之一：确立科学的信

---

[1]　国务院信息化工作办公室：《中国信息化发展报告 2006》，国务院信息化工作办公室，2006 年。

息资源观，把信息资源提升到与能源、材料同等重要的地位，为发展知识密集型产业创造条件。战略重点之一：建立和完善信息资源开发利用体系。加快人口、法人单位、地理空间等国家基础信息库的建设，拓展相关应用服务。完善知识产权保护制度，大力发展以数字化、网络化为主要特征的现代信息服务业，促进信息资源的开发利用。战略行动之一：网络媒体信息资源开发利用计划。

《国家信息资源开发利用规划》（草案，1997）是我国第一个国家级中长期信息资源规划①。1997 年 7 月 3 日国务院信息化工作领导小组办公室以国信办〔1997〕035 号文，委托国家信息中心牵头，联合有关部委组建"信息资源开发利用规划起草小组"，在《国家信息化"九五"规划和 2010 年远景目标（纲要）》起草小组领导下负责该规划的起草工作，计划在 2000 年发布实施。该规划提出，政府信息资源开发利用的主要任务是，建立政府信息资源管理制度，规范政府部门间的信息交换方式，确定各级政府部门向社会发布的信息内容，实现政策、法规、公告、办事程序、统计及其他按规定发布的信息网络化，建立专门的政府信息网络和政府信息资源综合目录系统，到 2000 年政府部门生成的信息资源数字化率超过 50%，新生成的信息资源数字化率达到 100%，到 2005 年政府信息资源管理制度基本建立，政府信息资源目录管理系统面向社会提供联机服务，网络化水平进一步提高。

另外还有一些"准国家"层面的信息资源规划，例如国家档案局、中央档案馆《关于加强档案信息资源开发利用工作的意见》等。

二、我国数字信息资源宏观规划与管理存在的问题

通过对上述政策、战略、规划、报告的分析我们可以发现，我国数字信息资源规划还存在着较为严重的缺陷和问题。

首先，虽然信息资源开发利用是信息化的核心，已在认识上被广为接受，但仅仅停留在理念层面；2004 年 10 月 27 日，国家信息化领导小组第四次会议对今后一个时期我国信息化工作做出了部署，强调要深入开展信息化战略和规划研究，但至今，国家并未出台针对信息资源开发利用的专项规划，国家缺乏顶层设计，缺乏全局和长远的网络资源建设规划②。虽然在 1997 年公布了《国家信息资源开发利用规划》，但它仅仅是一个草案并未正式实施，而且主要是针对政府

---

① 王素芳：《我国信息资源开发利用政策法规初探》，载《图书馆学刊》2004 年第 4 期，第 16 ~ 17 页。

② 尹锋、彭晨曦：《我国网络信息资源管理存在的问题及对策研究》，载《中国信息导报》2007 年第 8 期，第 31 ~ 34 页。

信息资源的开发利用。而上述战略、规划中虽涉及信息资源的共享与开发利用，甚至提出"制定信息资源开发利用专项规划"，但其更多的是侧重网络建设规划、产业信息化规划等，而在信息资源开发利用方面的"规划"过于粗犷，甚至可以说还没有。尽管我国出台了一系列涉及信息资源建设的战略、意见、信息化规划，但缺乏信息资源专项规划；只在我国部分地区取得值得肯定的成绩，例如黑龙江省完成了《黑龙江省信息资源开发利用"十一五"规划》的编制工作，《黑龙江省信息资源管理办法》已正式纳入地方立法程序。

其次，在上述背景下，数字信息资源专项规划的编制更是遥不可期。虽然数字信息资源的数量、形式、种类等在近些年都得以飞速增长和发展，虽然上述战略、意见、信息化规划等也都或多或少地提及"数字化率"、"发展数字化产品"、"网络媒体信息资源开发利用"等，数字信息资源规划并未成为一个系统工程。或许正如有的专家所言，信息化最难的不是规划网络工程，而是规划信息资源。

最后，既有的相关规划尚存在诸多缺陷，如很多规划的一个共同毛病是太热衷于做工程项目的规划，而疏于对政策的设计[1]；各种信息基础设施与共享机制仍不配套，导致有限的信息资源共享困难；相关基础信息资源建设还极不完善，信息资源的开发与利用不足等，必然影响到信息资源规划的尽早出台。而事实上不论在学术界还是产业界，对信息资源产业发展规划、信息资源宏观规划、数字信息资源开发利用的顶层设计等，都做出了现实而紧迫的呼吁。如有学者提出，各地区、各机关电子文件管理工作仍然具有强烈的自发性和分散性的特征，缺少国家层面的整体设计、统一规划、战略部署与方法指导，这种情况如果不及时加以改变，就很难保证当代社会电子文件的科学管理、完整保存和有效利用，国家将会为此付出高昂的经济成本和社会代价；可以说，加强顶层设计，制定和实施我国电子文件管理的国家战略已经迫在眉睫。[2] 还有文献提出，在数字信息资源方面，国家还缺乏宏观规划、协调和管理，存在资源开发不足、利用不够、效益不高等诸多问题；数字信息资源建设与利用存在的这些不足，是在国家信息化发展进程中必须着力解决的问题，亟待从理论上寻求解决的对策。另外，2003 年，国务院信息化工作办公室专门成立了"政府信息资源开发利用政策研究课题组"，专家们提出，迫切需要探索超越一个具体机构范围的信息资源规划的理论，用以指导我国电子政务建设中各地、各部门的相关规划的制订和实施工作。[3]

---

① 胡小明：《改进信息化规划工作的几点建议》，http：//www. pds. gov. cn/Html/gov_pub/egov/fzdt/200745100805275. html.［2008 - 01 - 08］

② 冯惠玲等：《电子文件管理国家战略刍议》，载《档案学通讯》2006 年第 3 期，第 4～7 页。

③ 政府信息资源开发利用政策研究课题组：《信息资源规划与国家基础数据库的政策建议》，载《中国信息界》2004 年，第 7～12 页。

三、我国数字信息资源管理创新的发展思路

数字信息资源管理创新的思路主要体现为以下几个层面。

（一）数字信息资源国家宏观规划

应当从整体和全局上，即从涵盖各系统、各行业、各地区的国家宏观角度考虑数字信息资源规划问题。

其一为加强战略规划研究。已有研究者提出，数字信息资源战略规划是对数字信息资源发展中的重大战略性问题进行全局性、长远性、根本性的重大谋划，它是从战略管理的高度来讨论数字信息资源的发展和管理问题，实现数字信息资源的发展目标，建立和扩大竞争优势，从而对各种数字信息资源生产要素（包括数字技术、数字资源和数字信息管理体制等）及其功能做出总体谋划。[1] 也有专家提出，数字信息资源国家宏观战略规划研究应系统关注以下诸多因素和层面问题，如指导思想：包括科学发展、可持续发展、科技投入、和谐发展、自主创新、人才培养等；途径：包括政策法规先导、体制和机构构建、信息资源管理软件系统、标准体系、人员及培训、评估等；环节：包括生产开发、加工整理、传播利用、保存维护等；主体：包括政府、非政府组织、公民等；规则：包括公开、共享、保护、合作等。数字信息资源战略规划应是各个因素和层面设计的综合体。[2]

其二为成立数字信息资源开发利用专门管理部门。1997 年 4 月，全国第一次信息化工作会议曾把加强信息资源开发列为今后信息化工作的首要任务，但目前机构改革仍没有解决信息资源开发管理机构欠缺的问题。在业已出台的许多文件中，中央多次提到信息化是覆盖现代化全局的战略举措，这就要求有一个覆盖信息化全局的管理体制，但是目前我们还没有这样一套管理体制。虽然国家信息化办公室具备相当的政府间协调功能，但在行政体系上仍缺乏像美国 ICGI（跨机构政府信息协调）一样的专职行政机构，缺乏有效的跨部门机构信息协调与组织。因而应及早整合行业部委、系统、地方及各级各类信息化领导小组、信息化办公室、信息中心，建立集中统一的信息资源协调机构或建立一个国家级的信

① 孙建军、柯青、成颖：《基于系统观的国家数字信息资源战略环境分析方法及规划模式》，载《图书情报工作》2007 年第 51 期，第 79～82 页。

② http://dx.tz.gov.cn/tzdz/Template//006/showinfo.aspx? infoid =08804fb6 - e614 - 4afa-ac9f-e68b4a5-e7599&categoryNum =007002&siteid =113. [2009 - 12 -21]

息资源管理机构，统筹规划信息资源的建设工作，按统一标准，对我国信息资源进行整合、开发、利用，明确负责信息资源管理工作的政府部门。[1]

（二）数字信息资源开发利用的核心业务

业务之一是有针对性进行数字信息资源开发利用政策法规标准制度设计，按照专家的说法：利用政策来引导社会资源流向所设定的目标，推动社会资源的重组。[2] 从国内外研究进展看，数字信息资源开发利用涉及的主要制度问题包括：数字信息资源政策和法律框架、数字信息资源获取机制、数字信息资源标准化、数字信息资源长期保存政策、数字信息资源协作共享及保障机制、数字内容产业发展政策、信息资源市场监管制度、政务信息资源社会化增值开发利用机制、信息资产管理制度等方面。尤其是高效率的知识产权政策与法律制度的设计，成为保障数字信息生产、传播与共享的重要保障。[3] 另外，我国信息化标准体系建设经过几年的发展取得了长足进展，但总体来看偏重于信息系统、电子政务、信息安全标准，应研究制定一批基础、关键性的标准，重点开展信息资源开发利用、电子商务、社会信息化标准体系和急用标准、网络等标准规范的研制工作。

业务之二是规划和开发重要信息资源。从国家的全局来看，国家基本要素的信息一定要掌握并且管理好，基本要素就是人、企业、土地这三点，这三个是最基本的社会要素。例如《国家信息化领导小组关于我国电子政务建设指导意见》（17 号文件）提出，为了满足社会对政务信息资源的迫切需求，国家要组织编制政务信息资源建设专项，设计电子政务信息资源目录体系与交换体系；启动人口基础信息库、法人单位基础信息库、自然资源和空间地理基础信息库、宏观经济数据库的建设。从现实来看，经过 5 年的建设，2006 年 2 月，国家基础地理信息系统 1∶5 万数据库建设工程通过验收；全国近 13 亿人口身份数据已于 2006 年年底全部入库，世界最大的人口身份信息数据库"全国公民身份信息系统"正式建成，它是全国各地公安机关以及相关部门共同努力，再加上中国移动、中国电信、中国联通、中国网通等单位的大力支持和配合的成果。但科技、教育、新闻出版、广播影视、文学艺术、卫生、"三农"、社保等领域的信息资源及网络媒体信息资源建设，仍需进一步的政策引导、合理规划及大力开发。

---

① http：//dx. tz. gov. cn/tzdz/Template//006/showinfo. aspx？infoid = 08804fb6 - e614 - 4afa-ac9f-e68b4a5-e7599&categoryNum = 007002&siteid = 113. ［2009 - 12 - 21］

② 胡小明：《改进信息化规划工作的几点建议》，http：//www. pds. gov. cn/Html/gov_pub/egov/fzdt/200745100805275. html. ［2008 - 01 - 08］

③ 马海群：《数字图书馆信息资源开发利用需要更高效的著作权法律制度的支撑》，载《图书馆建设》2006 年第 5 期，第 30～33 页。

业务之三是大力推进信息资源产业发展。信息资源产业，是指数字内容产业或内容产业，凡是以信息资源作为基础，经过人的智力劳动加工、创意、制作、开发、分销、交易而形成的行业都可包括在内；它的内涵很丰富，包括文化出版、广播电视、网络信息服务、顾问咨询服务业、广告业、网络教育、网络游戏、数字图书馆、移动内容（短信、彩信）等。① 信息产业、计算机网络日新月异的发展及社会信息需求的空前高涨，为信息资源产业的发展提供了必要的技术基础和持续的原动力。从国际环境来看，在发达国家，数字资源产业已经发展到很高的程度。例如美国把信息资源产业叫做"e-content"，它已成为出口第一大产业；欧洲把信息资源产业叫做"digital-content"，它的产值已经超过了欧洲的电信和计算机业；在韩国，数字内容产业的规模超过了汽车业；在日本，它超过了钢铁业。许多国家如英国、加拿大、日本、韩国、澳大利亚、部分欧洲国家等都由政府出面规划了相关产业的发展战略，内容产业已经成为政府调整经济结构的杠杆之一。如欧盟从 2001 年开始实施电子内容计划，全面开发利用各种信息资源，数字内容产业在欧洲的经济和社会发展中已经占有极为重要的位置。2004年 6 月 4 日，日本正式公布了《内容产业促进法》，同时内阁会议还决定将内容产业划入《创造新产业战略》。在我国，《国民经济和社会发展第十一个五年规划纲要》明确提出，应"鼓励教育、文化、出版、广播影视等领域的数字内容产业发展，丰富中文数字内容资源，发展动漫产业"，表明国家已经将数字内容产业发展作为国家经济和社会发展的重要工作之一；《关于加强信息资源开发利用工作的若干意见》也为我国发展信息资源产业提供了政策导向，但相对来说，我国还缺乏系统的规划、明确的战略、切实可行的行动计划等。

（三）数字信息资源管理的绩效评估

应当重视数字信息资源管理的绩效评估，即从管理的角度检验数字信息资源开发利用战略、业务等的落实应用。

绩效评估的关注重点之一：是提高数字信息资源政策法规的实施效率，尤其是推进政府信息公开条例的落实，保障信息资源的生产来源。一方面，针对我国涉及数字信息资源建设的网络信息政策法规建设及实施中的不足，如管理失衡、监督环节薄弱、反馈渠道不健全等导致的网络信息政策法规实施效率低下，要加强发挥网络信息政策的导向作用、设置专门机构及立法定规模式进行政策法规协调、强化网络信息立法肯定网络信息政策的实施效率、建立网络信

① 吴倚天：《开发信息资源政府责无旁贷——国家信息化咨询委员会委员曲成义解读中办 34 号文件》，http：//www. echinagov. com/article/articleshow. asp？ID = 7516.［2008 - 04 - 05］

息政策法规实施的监督机制，实行第三方评估运作机制疏通网络信息政策法规的反馈渠道。另一方面，推进政府信息公开条例的具体落实。2007年4月5日，翘首以待的《中华人民共和国政府信息公开条例》终于通过国务院令的形式予以公布（国务院令第492号），并自2008年5月1日起施行，它对于打破政府部门之间的信息垄断、实现信息资源的共享与充分利用具有重要的现实意义，但条例的落实仍有许多工作要做，需要细致的规则、配套措施的配合。有研究者提出了条例落实面临的主要问题：一是明晰化，即落实到具体操作层面，政府信息有哪些，哪些政府信息属于主动公开范围，尚难以判定。二是精细化，即需要对政府信息公开的操作流程进行精细化设计，才可以保障政府公开信息的质量达到老百姓的要求。如分门别类、全面梳理、细化政府信息、建立信息目录；明确不同层级政府的公开内容，根据信息准备成熟度确定信息公开的重点；逐步建立信息公开规范，完善信息公开质量标准；建立信息编目责任，质量审查责任，信息审查、信息发布责任机制等。三是人性化，即需要根据行政机关所在地区社会公众的综合情况，设计信息公开的机构设置、公开方式、收费标准等。①

绩效评估的关注重点之二：是积极开展数字信息资源及其开发利用的测度。测度本身即是一种评价，基于信息资源开发利用是信息化建设之核心的定位，信息资源测度应当成为社会信息化测度的基础和核心；对信息资源的测度意义在于反映信息资源在社会中的应用现状，预测信息资源对社会信息化的影响，并在此基础之上，通过对信息资源的开发利用进行评价，为领导者决策和提高社会对信息资源普遍利用意识发挥作用。当然，由于信息资源的无形性，因而对其客观状况尤其是效用的测度是较难把握的。有研究者对信息资源测度进行了理论分析，如信息资源测度的立足点问题、社会信息化的信息资源现象与测度指标之间的对照问题、信息资源特性与测度的影响等，并对我国学者们提出的信息资源测度的体系和方法进行了归纳②，其中较有影响的是从信息资源生产能力和信息资源发展潜力进行的信息资源丰裕指数测度。再者，21世纪以来我国学者进行了很多信息化测度的实例研究，对测度体系的建立进行了有益的探索，其中都涉及信息资源指标。③另外，《国家信息资源开发利用规划》（草案，1997）初步确定了信息资源开发利用的测度原则，即六性（完整性、

---

① 张勇进：《三大挑战考验政府信息公开》，http://cio. it168. com/a/2007 - 05 - 10/200705100957406_2. shtml. [2008 - 01 - 30]

② 宋海艳、郑建明：《社会信息化的信息资源测度理论分析》，载《情报科学》2007年第12期，第1773 ~ 1777页。

③ 翁佳、郑建明：《关于信息化测度中信息资源相关指标的理论探讨》，载《图书与情报》2007年第1期，第10 ~ 14页。

准确性、及时性、实用性、适用性、可获得性）、四化（数字化、网络化、社会化、商品化）和三个数量目标（数字化信息资源总量、网络化信息资源总量、电子信息服务增加值）。但迄今为止，尚未产生较为成熟的信息资源及其开发利用的测度理论及系统完整、可操作性强的测度模型和方法，对数字信息资源及其开发利用的测度，不论在理论研究上还是实践实施中，都是支离破碎而且十分薄弱的。

（四）数字信息资源管理创新的实施手段

1. 完善机制：即通过行政、公益与市场机制相结合方式实现数字信息资源的开发利用

从我国数字信息资源开发利用的实际情况来看，开展行政机制，为数字信息资源的开发利用提供了强有力的保障，它可以为数字信息资源开发利用提供宏观指导、标准和规范，避免资源开发利用过程中的盲目性和随意性，同时对保障数字信息资源建设的质量、开展用户服务工作，也具有重要意义。另外，为实现数字信息资源的共享，还要考虑到完善公益机制及市场机制。从目前情况来看，一些数据库采用高定价政策，结果用户少，市场小，限制了数据库服务业的发展；而另一些数据库采用低定价政策，使得用户增多，但建库单位亏损，只能靠政府资金支持，无法调动建库者的积极性。[①]对商业投资产生的数字信息资源和信息产品，如何进行商业化运行也没有摸索出一个适合中国国情的模式，数字信息资源供求的市场调节机制基本处于失灵状态。我国在数字信息资源开发利用和共享过程中，应通过行政保障、公益性开发与市场途径结合的方式，通过合理定价、市场机制、公平竞争和禁止垄断实现对数字信息资源的开发。加快数字信息资源开发利用市场化进程。积极发展数字信息资源市场，发挥市场对数字信息资源配置的基础性作用。打破行业垄断、行政壁垒和地方保护，营造公平的市场竞争环境，促进信息商品流通，鼓励信息消费，扩大有效需求。

2. 公共获取：目标是逐步实现信息资源的共享

信息资源的公共获取在全世界范围内已经受到越来越多国家的重视。它不仅能保障公民的知情权，也是建设和谐社会、推动经济健康发展的需要。我国数字化资源增长很快，有关方面估计我国科学数据总量占世界的10%，我国每年发表的科技文献量约占全球的1/8。但是，数据的共享所产生的效益则只占全世界的0.1%。二者的反差是很大的。大量资源处于闲置状态，科学数据

---

① 李望平、张建中：《科学数据库在网络信息服务中的定价方法研究》，http://www.sdb.ac.cn/resources/thesis/thesis3/lunwen2.html.［2008 - 03 - 10］

获取方面的障碍造成国家在文献资源领域投资的效益得不到发挥，已经阻碍了我国科学创新活动①。因此，首先，我们要积极推进信息资源公共获取政策与法规的建设，制定一系列保障信息资源公共获取的法律法规及政策，使信息资源公开与获取的观念深入人心，使信息资源公共获取真正落到实处；其次，我国必须建立权威的网上政府信息资源发布渠道，电子政务网站加强统筹规划，政府主管部门应牵头制定政府网站的管理规范和技术标准，建立统一而强大的电子政务门户网站，将各种分散、零乱的政府网络资源进行整合，为公众提供富有公信力的网上信息服务；最后，我们需要建立公共部门信息资源再利用机制。一方面，建立与完善公共部门信息资源再利用的制度体系，明确各方的权利与义务，制定合理的操作程序、定价原则、救济程序等。另一方面，需建立有效的管理机构，对公共部门信息开发进行监督与管理，保证其顺利进行。此外，我们还需要积极对参与企业的行为进行引导和规范，培育健康而有序的信息市场竞争环境。通过上述途径，推动公众对信息资源的获取，从而逐步实现信息资源的共享。

3. 数字信息资源整合：是为用户提供高质量的信息资源的服务和保障

目前数字化的信息呈指数增长，造成信息过载、质量参差不齐，很多信息缺乏有效的组织和管理，对信息的组织所采用的组织体系与结构各不相同，信息资源处于高度分散及无序的状态，极大地影响了用户对信息的有效获取和资源的高度共享。数字信息资源整合就是指在网络环境下，采用数字化信息处理和集成整合技术，对多种来源的数字化信息资源有目的地进行重新组合的过程，同时为用户提供统一的检索界面，实现高效传播信息的一种服务方式，其主要目标是为用户提供高质量的信息资源的服务和保障。数字信息资源整合具有层次性、专业性、系统性、选择性、统一关联性等特征，其主要方式可以包括基于机构信息资源的整合和基于内容的信息整合方式等。在进行数字信息资源整合时，应科学统筹规划信息资源整合的学科领域，建立开放信息资源整合机制，注重动态虚拟链接资源的可靠性和稳定性，注意整合资源及系统的维护和更新②。

4. 构建平台：完善技术支持及标准制度

中共中央办公厅、国务院办公厅 2004 年 12 月 13 日发布的《关于加强信息资源开发利用工作的若干意见》（34 号文件）明确提出：加强标准化工作；建立信息资源开发利用标准化工作的统一协调机制，制定信息资源标准、信息服务标

① 刘闯、王正行：《数据开放带来国家振兴：美国国有科学数据"完全与开放"共享国策剖析》，http://www. digitalearth. net. cn/docs/docs/gen/gen0043. doc. [2008-03-17]
② 崔瑞琴、孟连生：《数字信息资源整合问题研究》，载《图书情报工作》2007 年第 7 期，第 35~37 页、第 70 页。

准和相关技术标准；突出重点，抓紧制定信息资源分类和基础编码等急需的国家标准。可以看出，信息资源标准已在国家层面上得到重视。我国信息标准化工作二十多年来虽然取得了一定成绩，但信息资源标准建设落后于信息技术和产业发展的要求，应当尽快建立信息资源开发利用标准化工作组和技术委员会，并积极吸收处在开发信息资源、发展信息产业最前沿的企业参与信息资源标准制定，建立信息资源开发利用标准化工作的统一协调机制，制定信息资源标准、信息服务标准和相关技术标准，突出重点，抓紧制定信息资源分类和基础编码等急需的国家标准，并强化对国家标准的宣传贯彻。①

第四节　数字信息文化建设

人类生存在一个日益信息化、数字化、网络化的环境中，信息化生存、数字化生存和网络化生存成为人们的一种生活方式，而且有可能成为最主要的生活方式。特别是计算机技术、通信技术、网络技术的发展，使得社会文化的各个方面发生了重大变化，包括社会的物质文化、精神文化、制度文化、行为文化，都显露出新的不同于以往的特质，新型的社会文化形态——信息文化正在形成。②

数字信息资源管理是一种全新的管理，无论是管理的主体和客体、管理的时间和空间、管理的内容和形式、管理目标和使命等等，与传统的信息管理相比，都出现了革命性的转变。同时，对管理文化的重构也提出了新的要求，即建设一种新型的数字信息文化。

有人比喻说，第一代农业文化是"井圈文化"，它受到当时传播媒介的制约，信息来源和活动视野都被禁锢在狭小的圈子里。第二代工业文化是"河流文化"，尽管它蜿蜒流长，但带有一种"界河"性的分裂特征。第三代信息文化则是把整个人类连接成一个整体的"海洋文化"。它四通八达，虚实相间，并且跨越时空。既没有中心也没有边界，既可同步也可异步，既是真实的又是虚幻的，这是用过去经验无法想象的一代新文化。它承前启后，继往开来，标志着人

---

①　房庆：《掌握信息化标准，推动信息化建设》，http://www.cssn.net.cn/article/2006.MARCH.2711434273129126820.xml.[2008-03-17]

②　董焱：《信息文化论：数字化生存状态冷思考》，北京图书馆出版社2003年版，第56~57页。

类文化革命性的变迁。①

　　事实上，顺应信息时代对信息技术的重视进而对一般意义上的信息问题的关注，学术界与实践界已兴起的一种重要思潮即信息主义，它是对流行于当代社会的各个领域和层面的某些具有相似倾向的观点和学说的概括，是以信息为基点来阐释社会、人乃至整个世界的一种思想或学术倾向。主要包括技术——社会观层面的信息主义、世界观层面的信息主义和人本学信息主义，它们相互关联，从整体性构成一种信息主义的视界，即一种新的理论范式，从而回应了信息革命的深刻社会影响，反映了哲学的信息论转向及其与当代哲学的人本趋向的汇流。② 而在信息文化建设的初级阶段，需要有信息主义的热情和专一追求，甚至形成信息主义对社会文化的全面辐射。③

一、信息文化及相关概念的界定

　　信息文化是一个历史范畴，有其发展的历史过程，信息文化的形成与信息技术息息相关，随着信息技术的发展而发展。

（一）信息技术对人类文化的影响

　　《500 年科技文明与人文思潮》的作者以图 10 - 1 精辟地概括了文化系统的构成。

　　以上述体系为参照，有研究者基于文化分层而提出，信息技术对人类文化的影响可以表现为如下几个方面：首先，信息技术建构了新的表达系统，信息技术的发展本身就是人类信息符号不断演进的过程。其次，信息技术有助于促进价值观的共享，促进世界观和信仰的形成与转变。同时，信息技术还有助于形成新的规范与准则。再其次，信息技术的发展实质上改变了文化的表现系统，改变了其物态的方式和形态的方式。最后，信息技术有利于形成新的行为系统。而从整体上看，信息技术的发展同样对文化的发展起着重要作用，即：信息技术的发展水平决定着人类文化的交流与传播的程度；信息技术决定文化的模式；信息技术催生新文化形态的形成。④

---

　　① 郭洁敏：《信息文化——人类文化发展的新走势》，载《毛泽东邓小平理论研究》2000 年第 3 期，第 84～90 页，第 68 页。

　　② 肖峰：《论作为一种理论范式的信息主义》，载《中国社会科学》2007 年第 2 期，第 68～77 页。

　　③ 肖峰：《信息文化与信息主义》，载《中国青年政治学院学报》2008 年第 1 期，第 128～133 页。

　　④ 陆秀红：《数字化变革中崛起的新信息文化》，人民出版社 2007 年版，第 42～45 页。

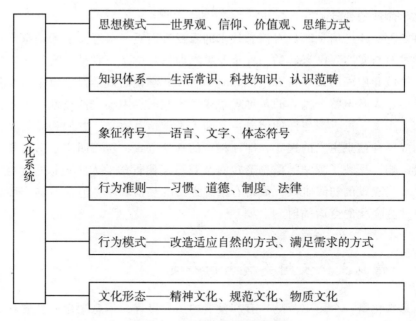

图 10 - 1　文化系统的构成

资料来源：邹德秀：《500 年科技文明与人文思潮》，科学出版社 2002 年版，第 112 页。

（二）信息文化的多样化定位

世界范围内可考的最早使用"信息文化"（Information Culture）一词的文献是朱迪·莱博维奇（Judy Labovitz）和爱德华·塔姆（Edward Tamm）的论文"*Building an Information Culture：A Case Study*"（1987），该论文描述公司信息文化发展的要素包括：公司的战略计划、组织哲学、利用信息及将信息和技术结合的态度等与信息相关的方面。

在我国，卢泰宏先生最早提出了信息文化的概念。他在其 1990 年 6 月出版的《信息文化导论》一书中指出，"信息技术对人类社会生活的全面渗透，正在逐渐形成一种新文化形态——信息文化。"[①]

进入 21 世纪后，国内研究者对信息文化的概念与内涵进行了较为深入系统的研究。

例如有研究者提出：信息文化是人们借助于信息、信息资源、信息技术，从事信息活动（广义的）所形成的文化形态，它是信息社会特有的文化形态，是信息社会中人们的生活样式。计算机技术、通信技术、网络技术、多媒体技术、

[①]　卢泰宏：《信息文化导论》，吉林人民出版社 1990 年版，第 1~2 页。

虚拟现实技术、大众传播技术等信息技术对信息文化的形成具有决定性的作用，因此，信息文化是一种技术文化。信息文化是一种时域文化而不是地域文化，它是一种同质文化，不同地域的信息文化的共性远大于差异性。伴随互联网的兴起而形成的网络文化（或电脑空间文化）是信息文化最重要的组成部分，但网络文化不等于信息文化。作为一个大系统，信息文化可以分为四个子系统：信息文化的物质形态子系统、信息文化的精神观念子系统、信息文化的制度规范子系统、信息文化的行为方式子系统。[①]

也有研究者提出，一般地说，信息文化是指信息作为一种文化存在和文化作为一种信息存在的统一；特殊地说，它是信息时代的文化或文化在信息时代的样式。目前，通常在后一种意义上使用，形成所谓"狭义的"信息文化，可将其进一步理解为社会全面信息化所形成的文化样式，是现代信息技术作为一种文化存在对社会的全面影响，具体说就是随着电脑的普及和网络的深入千家万户而形成的一种新型的文化，是信息时代带上信息技术烙印的物质文化和精神文化的总和。从信息文化的形成来看，它是由于信息技术对社会生活的全面渗透造成的。这样的信息文化就是一种技术文化，如网络文化、计算机文化、电脑空间文化、电子信息文化、赛博文化、虚拟社会文化等。[②]

不采用信息文化概念但与此相关的研究也非常活跃，主要有"计算机文化（电脑文化）"、"赛博文化"、"网络文化"、"电子信息文化"等。这些研究所涵盖的范围和课题有些与信息文化研究相同，但多数研究的范围要比信息文化研究狭窄。

当然，网络文化较之信息文化更依赖于信息技术，因为网络文化的形成和发展离不开信息技术为支撑的网络平台。而信息文化的一些内容如信息伦理、信息政策、信息法律、信息的手工组织与开发等，可以在制度或精神层面上进行，而不一定完全依赖于物质技术，尽管不依赖物质技术可能带来一定程度的"效率损失"。所以，我们不能把信息文化简单地归结为"技术文化"。

二、数字信息文化的内涵与特征

以数字化和信息化的技术、物质设施为基础，人类的工作、学习、生产、生活与社会交往发生了深刻的变革，"信息化"、"数字化"、"虚拟"、"赛博空间"、"符号经济"、"电子民主"、"网上冲浪"、"网络论坛"、"网恋"等，都是

[①] 董焱：《信息文化论：数字化生存状态冷思考》，北京图书馆出版社 2003 年版，第 73~75 页。

[②] 肖峰：《信息文化与信息主义》，载《中国青年政治学院学报》2008 年第 1 期，第 128~133 页。

表征数字时代信息文化现象的话语，建构了不同于以往的物质文化、精神文化、制度文化和行为文化。①

（一）数字信息文化的内涵

有关数字信息文化的概念与定义目前尚未形成，但相关甚至相似的定位早已出现。

例如，网络信息文化"是一种由信息技术和网络技术以及依靠这些新技术形成的全新的社会基础结构带来的人类生产方式、生活方式、通讯方式、工作方式、决策方式、管理方式等各方面的变革，进而引起思维方式和观念变革，引起社会文化发生结构性变革的新文化。是一种融意识文化、行为文化与物质文化为一体的新文化"。②

再如，"计算机文化和在线空间文化可以通称电子信息文化"③、"计算机技术、微电子技术、通信与网络技术的发展成熟，奠定了电子信息文化产生的基础。这些技术把人类整个社会文化结构推向更高的层次，使人类文明达到一个新的高度。电子信息文化正逐步改变着我们许多传统的观念以及我们的生活、学习和工作方式"。④

也有人认为网络文化的形成和发展，是网络媒介不断作用的体现，也是人类社会对自身的文化发展不懈追求的必然结果。以遍布全球的物理网络为物质基础，并以计算机技术、通信技术和信息管理技术等技术的融合为手段，进行多元化的信息搜集、加工、传递和利用，构成了网络文化的核心，而这也正是它的独特之所在。因其信息量空前丰富的特点，故又称网络信息文化或信息文化。⑤

尤其是《数字化变革中崛起的新信息文化》的作者提出，新信息文化超越了印刷时代、广播电视的旧电子时代，而进入以计算机技术、网络技术、新通信技术、数字化技术、多媒体技术和虚拟现实技术为主导的新信息时代，新信息文化是新信息时代的文化表现。可以说，新信息文化包括微观层面的信息文化研究，如计算机文化、赛博文化、网络文化、虚拟社会文化等内容，但又不仅仅局限于此，还包括诸如数字化文化、手机文化、短信文化等新文化现象，具有更丰富的内涵与更宽泛的外延，形成了不同于以往社会的表达系统、规范系统、表现

---

① 陆秀红：《数字化变革中崛起的新信息文化》，人民出版社 2007 年版，第 17、18 页。
② 魏宏森、刘长洪：《信息高速公路产生的社会影响》，载《自然辩证法研究》1997 年第 5 期，第 47 页。
③ 金吾伦：《塑造未来：信息高速公路通向新社会》，武汉出版社 1998 年版，第 147 页。
④ 魏琦、倪波：《论 21 世纪的电子信息文化》，载《情报杂志》1998 年第 1 期，第 7~8 页。
⑤ 范晓虹：《网络信息文化：花开谁家》，载《情报探索》1999 年第 2 期，第 41~43 页。

系统和行为系统，展现了一种新的文化形态和文化特点。新信息文化区别于以往信息文化的最大特点在于它是基于两个平台延伸的文化，一个是自然空间的文化平台，另一个是虚拟空间的文化平台，它们彼此交错、虚实相间，构成了虚实交融的新文化景观。①

随着信息化、数字化技术的发展与应用，人类将要或已经面临这样的新信息环境：数字化的物质环境、数字化的交往平台、日益丰富的数字信息资源、数字化的精神世界、个人化的信息取向、沟通行为的交互性，因而我们认为，该书所谓新信息文化，其核心就是数字信息文化。

（二）数字信息文化的特征

国内研究者对信息文化及数字信息文化的特征进行了较为细致的分析与归纳。

例如，有研究者提出，信息文化既是一种技术文化，又是一种社会文化。②首先，信息文化是由信息技术决定的技术文化，特别是计算机技术、通信技术和网络技术等信息技术取得长足进步之后，人类社会开始了向信息社会的转型，新型的数字信息文化开始萌芽，人们常用网络化、数字化、虚拟化概括信息社会文化形态的基本特征。信息文化的技术特征，也反映在人们对信息文化现象认识的进展中。在不同阶段，人们分别用电脑文化、电子信息文化、网络文化、赛博空间文化、数字信息文化等概念来概括信息文化，恰好与信息技术不断发展的过程相吻合。其次，信息文化还是具有强渗透性的社会文化。信息技术和装备普及到社会的各个角落，信息成为人们各项活动及生存的必需，成为社会经济发展的重要资源，在此基础上形成的信息文化是一种具有强渗透性的社会文化。信息社会的物质基础、精神观念、制度规范、行为方式，都体现着信息文化的特性，信息社会的文化形态就是信息文化。人类的日常生活和活动，在很大程度上成为信息生产、传递、选择、使用的行为，这些行为受到其所处的信息文化环境的制约和影响，同时，这些信息行为又构建着信息文化。

也有研究者提出，从物质文化、行为文化、制度文化、精神文化四个层面来探讨信息文化的特征，有利于从总体上系统地揭示信息文化的基本特征，更有利于阐明在信息文化生成、发展过程中技术、经济与社会规范、人的行为、观念之间的相互作用和影响。其主要观点包括③：（1）数字化、网络化、全球化体现了

① 陆秀红：《数字化变革中崛起的新信息文化》，人民出版社2007年版，第17、48页。
② 董焱：《信息文化论：数字化生存状态冷思考》，北京图书馆出版社2003年版，第77～80页。
③ 魏钢、代金平、陈纯柱：《信息文化的涵义和特征探析》，载《重庆邮电大学学报》（社会科学版）2007年第2期，第60～65页。

信息时代的物质文化特征；（2）虚拟性、交互性、创新性构成了信息时代的行为文化的新方式；（3）开放性、自治性、自律性成为信息时代制度文化的特色；（4）信息交流自由、平等、共享的理念正逐渐演化为信息时代精神文化的核心价值观念。

还有研究者提出，作为计算机技术和通讯技术融合而生成的新型文化，网络信息文化是与现实社会文化具有不同特点的文化，表现在：（1）网络信息文化是以电子为介质的高科技文化；（2）网络信息文化是高时效性文化；（3）网络信息文化具有开放性；（4）网络信息文化具有交互性；（5）网络信息文化具有虚拟性①。甚至还有研究者将信息文化的特征总结为九大方面：数字化、开放性、虚拟性、交互性、平等性、个性化、快捷化、多元性、渗透性。②

而"新信息文化"的倡导者认为③，新信息文化区别于旧信息文化的显著特征为：其一，新信息技术构建了新文化时空；其二，新信息文化建构了两个文化平台，即自然空间文化平台和虚拟空间文化平台；其三，多媒体的融合是新信息文化的表现形式，超媒体是新信息时代的典型媒介；其四，从主体角度看，众人的狂欢是现代新信息文化的主体特征。

三、数字信息文化的价值及构建

数字信息文化是人类文明的新形态，也是人类社会可持续发展的重要基础，因而如何合理有效地构建发达的数字信息化，是我们正在面临的重要新课题。

（一）数字信息文化的价值

有关信息文化价值的表述不尽相同，但定位与目标应该是一致的，而且体现了数字信息文化的诸多社会价值。

有研究者从信息与知识的角度认识信息文化的价值：其一，信息文化有利于人与自然的和谐统一共存发展；其二，信息文化作用于个人、组织乃至整个社会。传播学家麦克卢汉认为，每一种文化和每一个时代都有其崇尚的认知模式和知识作为人与事物的规范，信息文化是崇尚信息与知识的文化，突出地表现在信息与知识的生产、传播、应用在整个社会的核心地位，信息与知识价值观的作

① 匡文波：《论网络文化》，载《图书馆》1999 年第 2 期，第 16～17 页。
② 李杰、李晓霞：《试论信息文化及其特征》，载《北京理工大学学报》（社会科学版）2007 年第 2 期，第 102～105 页。
③ 陆秀红：《数字化变革中崛起的新信息文化》，人民出版社 2007 年版，第 12～15 页。

用，人的智慧的最大化与机器的智能化紧密结合等。[1]

也有研究者从人类社会发展的高度阐述了信息文化及数字信息文化的价值，并提出[2]：（1）信息文化是人类文化得以保存和传播的重要手段；（2）信息文化是人类社会文化不断发展进步的重要基础之一；（3）信息文化是现代化进程中保存传统文化努力的保障；（4）信息文化赋予信息社会以意义和价值；（5）信息文化规定了信息社会人们参与信息活动的行为方式和准则；（6）信息文化是信息社会中重要的文化资本。

而作为数字信息文化典型代表的博客文化、播客文化、手机文化等，不仅带来传播学、社会学的理论变革，还带动了新形式的经济增长、改变了人们交往方式与交往关系，更可能成为人类行为与公共治理的有力工具。

（二）数字信息文化的构建

与上述有关信息文化的概念、特征的研究相比，国内有关信息文化构建的研究尚不充分，但也出现了一些尝试性的探讨。

例如，有研究者从我国信息化发展水平和信息化进程的缺陷方面入手提出信息文化构建的必要性和紧迫性，并提出了我国信息文化构建的依据：实践依据——"以信息化带动工业化，发挥后发优势，实现社会生产力的跨越式发展"的信息化道路；理论依据——文化内涵四层次说，即物质文化、制度文化、行为文化、精神文化。在实践依据和理论依据相结合基础上，还提出了有中国特色的信息文化系统模式，即信息文化的物质文化子系统、精神观念子系统、行为方式子系统、制度规范子系统，并对这四个子系统做了比较全面的分析，提出了构建的方法、内容和意义。[3]

还有研究者从信息主义的哲学高度，阐释了信息文化的构建原则与思路[4]，即当信息主义在一些文化问题的解决方案上表现为一种单纯的技术主义时，则需要超越信息主义。因为这样的单纯技术主义方案经常表现为一些信息文化方式的无人文内容或反人文内容，如网络游戏中的纯技术性操作而毫无内容、没有人文陶冶等，一种单一的技术性刺激而引起的沉溺，周而复始的无新意，恰恰是一种既无文化也无信息的信息文化，这就是先进的信息技术有可能造成的落后的信息文化效应，此时如果不超越信息主义，就无法克服这些负效应。此时尤其需要从

---

① 柯平：《信息文化论》，载《晋图学刊》2003 年第 1 期，第 1～5 页。

② 董焱：《信息文化论：数字化生存状态冷思考》，北京图书馆出版社 2003 年版，第 85～96 页。

③ 吉宇宽、王会丽：《简论有中国特色的信息文化构建》，载《开封教育学院学报》2004 年第 1 期，第 43～45 页。

④ 肖峰：《信息文化与信息主义》，载《中国青年政治学院学报》2008 年第 1 期，第 128～133 页。

人文主义的视角加以补充，而不能再仅诉诸于作为一种技术主义的信息主义。更具体地说，在信息文化建设的初级阶段，需要有信息主义的热情和专一追求；甚至形成信息主义对社会文化的全面辐射；而在信息文化建设到了一定的阶段后，尤其是信息文化的负面现象出现后，就不能局限在信息主义的视野中去看待问题了，就需要有超信息主义的信息文化研究。目前信息文化中的信息至上主义和信息至善主义勾画了一幅信息社会完美无缺的图画，甚至认为信息社会可以克服资本主义和社会主义的缺陷，这样的信息主义趋向于一种意识形态的解释功能，形成了一种具有政治意义的文化信息主义，但它目前受到了许多的质疑，也表明了单纯的技术路线难以铺就一条现实的提升社会和文化形态的通途。用一种更广阔的视野看，就是在信息文化的建设中，需要避免只将信息文化建设成为一种片面的科技文化，而要使其成为涵盖科学文化与人文文化的广域文化，使信息文化成为科技文化与人文文化的结合；当我们意识到要诉诸人文手段来解决信息文化中的种种问题时，就不再是局限于技术意义上的信息主义视角，而是将人文主义纳入自己的视野之中。信息主义与人文主义的结盟问题，也是技术精神与人文精神的结盟问题。

第十一章

数字信息资源开发与服务

在当今中国人的眼里，Internet 是全球化的信息资源集散地；在西方人的眼里，Internet 被看做是一个奇妙的世界。数字信息资源生得多、长得快、不可枯竭似乎已得到人们的普遍认同，人们眼睁睁地看着网上信息资源爆炸般增长而束手无策。数字信息资源的无序扩张使得用户通过终端直接从网络上获取的信息只是一种大量重复的表层信息，往往不是用户所需要的特定信息。形式上数字信息资源的充分与事实上数字信息资源的稀缺形成了鲜明的对比，数字信息资源的获取与开发已成为一个日趋重要的问题。

第一节 数字信息资源的获取与建设

中国因特网的建设正进入一个信息资源内容的开发阶段，这是前期投资巨额的因特网事业走向社会化应用，并由此产生社会与经济效益的重要阶段。

数字信息资源的开发已经成为当前国家信息资源建设的主体，是国家科技创新体系中最重要的支撑体系，是获取信息的第一途径。因而，世界各国都加大规划与投资力度，启动各种类型的数字图书馆、数字博物馆和数字档案馆工程，深度开发大型联机系统和数字信息资源，全球范围内正兴起数字化浪潮。正如世界信息社会高峰论坛所描述："全球各国都在制定和实施综合的、前瞻性和可持续性的信息战略计划。"①

从目前全球数字信息资源获取的方式看，主要可以分为付费获取与免费开放获取。因此，全球对数字信息资源建设的主要焦点也是在于这两个方面。但是根据每个机构、每个国家与地区经济实力和资源配置的差异以及当前数字信息资源建设需要解决的迫切问题，许多国家、地区与机构都将建设的着眼点放在数字图书馆、数字资源长期保存以及开放获取模式中的机构知识库建设与持续发展之中。

一、国外数字信息资源建设

随着网络技术与通信技术的发展，数字图书馆已经成为国际高科技竞争中新的制高点，成为评价一个国家信息基础设施水平的重要标志，同时也是一个国家数字信息资源建设的重点。

自 20 世纪 80 年代末 90 年代初以来，数字图书馆成为世界各国政府重视的基础研究项目，各国也相继开展了对数字图书馆的研究与建设。从全球数字图书馆发展进程看，美国的数字图书馆起步最早，发展最快，此外，其他各个国家的数字图书馆试验项目也在有计划地开展。在政府的大力支持下，特别是在一些发达国家，已经取得了初步的成果，启动了多项大型数字图书馆建设项目，成为引领全球数字图书馆发展的先导。代表性项目主要如表 11 - 1 中所示。

表 11 - 1 　　　　　　　　　　国外数字图书馆代表性项目

项目名称	项目简介
@ your library[1]	Authors @ your library 项目由美国图书馆协会的公共项目办公室、美国图书馆馆友会（FOLUSA）、美国出版商协会及 Library Journal（Reed Elsevier 的一种出版物）联合赞助开发。它实际上是一个可进行搜索的数据库，能将全美的图书馆与寻求宣传作者的出版商相互联系起来。出版商可以列出作者下一年度的出版计划，以及订购作者作品的程序；而图书馆也可以在其新书计划中加入这些信息
FreeLib[2]	FreeLib 项目是由 Old Dominion 大学 DL 研究组提出，该项目是基于 P2P 网络的新型 DL 试验系统，主要目标在于建立一个可持续的、对动态演变社区提供支持的 DL，并对该 DL 在设计、实施、发布和评估过程中面临的主要问题进行研究。同时 FreeLib 通过与 Archon 相结合，从而整合到美国国家科学 DL 的体系中去，以提供一种不同于传统 DL 的可替代服务

---

① 裴雷、马费成：《公共数字信息资源的建设与开发利用对策》，载《中国图书馆学报》2007 年第 6 期，第 69 ~ 72 页。

项目名称	项目简介
NDLP[3] （National Digital Library Program，简称 NDLP）	1995 年，美国国会图书馆在美国第 104 届国会的支持下启动。该项目在 Internet 网上的正式名称为"美国的回忆"（American Memory）。目的在于以高质量的数字产品的形式，丰富和集中美国的历史、文化收藏，要让"所有的学校、图书馆、家庭同那些公共阅览室的长期读者一样，能够任意从自己所在的地点接触到这些对他们来说崭新而重要的资料，并按个人的要求来理解、重新整理和使用这些资料"
NSDL[4] （National Science，Mathematics，Engineering and Technology Digital Library）	是由美国国家科学基金会 2000 年 11 月投入 1 300 万美元资助的。该项目致力于互联网上建立一个可供广泛接入和方便使用的分布式资源网络和学习机制，为中小学和大学本科阶段提供权威、可靠和交互的学习资源和学习环境。在这个环境中，个人或集体可充分地和动态地利用各种数字化资料、实时数据集、多媒体数据、学习与模拟软件、虚拟现实系统、合作学习系统、远程实验室、虚拟实验室等学习资源和工具，来检索、参考、核实、集成和传递信息，来对数据进行个性化处理，在数据和工具上进行合作学习
DELOS[5] （Network of Excellence on Digital Libraries）	是由欧洲委员会资助的数字图书馆项目。该项目目的在于通过信息技术的集成应用，实现全球范围内在线数字资源的获取，推进数字图书馆研究的国际合作，进而使其成为 21 世纪信息基础框架的重要组成部分。DELOS FP6 共有 7 个工作组，如数字图书馆体系结构研究组、信息的获取和个性化服务研究组等。其中第 6 个是长期保存研究组。该研究组致力于数字信息长期存取技术方法的一切、数字保存试验项目的建立和整合、数字仓储的设计、配置和管理、文件格式、分类和类型研究以及数字保存功能性模型工具的创立等
Next-Generation Digital Library System Research & Development Project[6]	该项目是由日本通产省负责研究与开发的下一代数字图书馆系统项目，目前已提出了数字式图书馆的体系结构，提出了多类检索方案（包括基于概念的文本检索、三维可视化超媒体检索及基于内容的视频检索系统等），并已提出了内容输入框架方案
日本数字图书馆项目[7]	由日本国立国会图书馆、通产省、邮政省和文部省四个机构分头立项，始于 1994 年，包括 4 个组成部分：试验性数字图书馆项目、儿童图书数字图书馆项目、亚洲信息提供系统、国会会议录全文本数据库。通产省负责开发电子图书馆通用系统及应用软件，建立 ISDN 下的试验基地 CII；邮政省研究解决将 B-ISDN 用于多媒体电子图书馆的一系列应用技术关键问题，并承担关西新馆的相应大批量多规格试验；日本国会图书馆着重于实施珍藏品数字化，并参加各种试验；文部省主要推动高校图书馆及网络向电子图书馆转化

341

续表

项目名称	项目简介
IBM 数字图书馆计划	由美国 IBM 公司于 1995 年发起，计划使用 IBM 的技术将信息存储、管理、查询、检索技术和传递等结合在一起，使数字化信息可以在因特网和 IBM Global Network 这样的专用网络上实现传播和共享。该计划先后在英国、美国、西班牙、德国和中国的一些图书馆实施
G8 数字图书馆联盟[8]	1996 年美、英、法、日、德、加、意、俄等 8 个国家的国家图书馆组成 G8 数字图书馆联盟，开始实施全球信息社会示范计划（Global Information Society Pilot Project），11 项示范计划包括"电子图书馆"、"世界文化遗产多媒体存取/电子博物馆计划"等。所有信息库由负责数字化和内容标引的当地实体和国家权威单位管理，G8 国家和全球公民通过现有可互操作的网络和终端就能对这些信息库加以利用。1999 年该示范计划在德国科隆会议进行演示和总结。目前，又有比利时、捷克、瑞士、西班牙、葡萄牙以及荷兰 6 个新的参加国，联合国教科文组织及欧盟以观察员身份参加

注：1. Library connect. www. ala. org/publicprograms/authors@ yourlibrary 2009 – 4 – 24.

2. http：//p2pfoundation. net/Freelib 2009 – 4 – 24.

3. http：//lcweb2. loc. gov/ammem/dli2/html/lcndlp. html 2009 – 4 – 24.

4. http：//nsdl. org/about/2009 – 4 – 24.

5. http：//www. delos. info/2009 – 4 – 24.

6. 缪园：《日本数字图书馆的项目、特色与启示》，载《图书馆理论与实践》2003 年第 3 期，第 61 ~ 63 页。

7. 缪园：《日本数字图书馆的项目、特色与启示》，载《图书馆理论与实践》2003 年第 3 期，第 61 ~ 63 页。

8. G8 数字图书馆联盟，http：//elib. lib. tsinghua. edu. cn：8080/digitalLib/release/dldetail-info. jsp？id = 47&type = 8 2009 – 4 – 24.

　　此外，2005 年 4 月 28 日，欧洲 6 个国家和政府联合致信欧盟理事会主席和欧盟委员会，倡导建立欧洲虚拟图书馆，旨在实现欧洲科学文化资源的共享，并启动龙头项目——i2010 数字图书馆项目来促进该计划的实现。法国的 Gallica 计划、德国 Global-Info 项目、奥地利数字图像档案项目、荷兰 Het Geheugen van Nederland 项目、挪威 BIBSYS 数字资源项目、瑞典 Kd-turarw3 项目、西班牙 Memoria Hispaniea 项目、捷克记忆工程和芬兰的 Muisti 网络传输与资源收集计划都是有代表性的欧洲数字信息资源开发利用项目。美国的 NDIIPP、澳大利亚的 PANDORA、德国的 KOPAL、荷兰的 e-Depot and Digital Preservation 都是重要的数字图书馆项目，同时也是数字信息资源的长期保存项目，我们将其放到表 13 – 1 中。

二、国内数字信息资源建设

在国外数字图书馆研究项目的推动下，国内数字图书馆项目建设也在积极开展。虽然起步较晚，但是发展较快，随着数字图书馆研究的不断深入，无论是政府还是公共图书馆以及高等院校等，都开展了数字图书馆项目建设，逐步实现特色信息资源数字化。国内数字图书馆建设代表性项目主要表现在以下几个方面：

1. 中国试验型数字图书馆项目

该项目 1997 年是由国家计委批准立项的国家重点科技项目。由国家图书馆、上海图书馆、深圳图书馆、广东中山图书馆、辽宁省图书馆、南京图书馆、广西桂林图书馆共同承担。目标是创建一个多馆合作、互为补充、联合一致的中国试验型数字式图书馆。项目完成了多媒体资源的建设与发布，主要有中国古籍善本、历史与图片、国内外旅游多媒体库等 9 个数据库。

2. 中国数字图书馆工程①

该工程 1998 年 7 月由国家图书馆提出申请，以文化部为召集单位，并组成建设联席会议。预计用 10 年左右的时间，建设以国家图书馆为中心的数字图书馆国家中心和若干海量信息基地分中心，成为互联网上中文信息的重要基地。旨在建设中国数字图书馆的样板工程，为中国数字图书馆建设提供指南。在数字资源建设方面，该项目联合了 35 个成员单位的近 10TB 的数字资源，内容涉及文学、艺术、法律、科技、教育、旅游等各类信息。目前已有数十家单位加入中国数字图书馆工程。

3. 中国高等教育文献保障系统（China Academic Library & Information System，CALIS）②

该系统是经国务院批准实施的我国高等教育——"211 工程"总体规划中的两个公共服务系统之一，于 1998 年 11 月正式启动。其目标是建成以 CALIS 为依托的全国中心、地区中心和成员馆三级网上信息资源共享系统，为"211 工程"立项高校和其他院校提供丰富的文献信息资源。迄今参加 CALIS 项目建设和获取 CALIS 服务的成员馆已超过 500 家。

通过集团采购方式，先后引进 20 多种数据库，还自建了联合目录数据库，中文现刊目次库，高校的学位论文库，学术会议论文库，25 个特色数据库与 290 多个学科导航库。目前已经实现了网络环境下实时的联机合作编目，建成了学科

---

① http：//www. nlc. gov. cn. ［2009 - 03 - 28］
② http：//www. calis. edu. cn. ［2009 - 03 - 28］

和文献类型最多的联合目录数据库，联合订购的国外数据库信息资源已经覆盖了所有学科，面向读者提供的服务项目有：公共检索、馆际互借、文献传递、电子资源导航等。面向图书馆提供的服务项目有：联机合作编目、文献采购协作、培训服务、数据库服务及存档服务、技术支持等。

4. 国家科技图书文献中心（NSTL）①

国家科技图书文献中心是依据国务院批复于 2000 年 6 月组建的。它由中国科学院图书馆、工程技术图书馆、中国农业科学院图书馆、中国医学科学院图书馆组成，主要建设理、工、农、医类科技文献资源，包括外文科技书刊、外文会议论文、中文期刊、中文会议论文和中文学位论文等文摘数据库，目前已有1 100 多万条数据，主要服务项目有：网络版数据库介绍、期刊分类目次浏览、联机公共目录查询、文摘题录数据库检索、网络信息导航、专家咨询和专题信息服务。

5. 中国高校人文社会科学文献中心（China Academic Humanities and Social Sciences Library，CASHL）②

该项目引进专项经费，由教育部设立。是全国性的唯一的人文社会科学外文期刊保障体系。与科技部建设的"国家科技图书文献中心"互为补充，以若干所高校图书馆的馆藏为基础，全面、系统地收藏国外人文社会科学重点学术期刊。预计总引进量为 12 000 种，其中社会科学引文索引（SSCI）和人文科学引文索引（AHCI）所列的核心期刊 2 528 种，以及其他重点学科所需的期刊约为9 000 多种，与部分必需的电子出版物和数据库以 CALIS 为依托，建设"高校人文社科外文期刊目次数据库"，开展文献传递服务。

6. 国家科学数字图书馆（Chinese National Science Digital Library，CSDL）③

CSDL 是中国科学院知识创新工程重大基础设施建设项目之一。于 2001 年12 月正式启动，预计总投资达 1.4 亿元，其建设目标是依托中国科技网，为科研人员包括研究生构筑连接中科院各研究所文献情报机构的数字化、分布式、可动态扩展的科研信息支撑平台。由中国科学院及其下属单位建设。CSDL 提供文献数据库 128 个，内容涉及数学、物理、化学、生命科学、资源环境、工程技术等利用其文献传递系统与国家科技图书文献中心网络服务系统，用户可在 48 小时内获得 18 000 种西文期刊的全文传递服务。目前，CSDL 已开通的服务项目有：电子资源数据库、跨库集成检索系统、网络电子期刊集成目录、馆际互借与文献传递服务系统、学科信息门户网站群、中国科学文献数据库服务系统、网络

---

① http：//www. nstl. gov. cn.［2009 - 03 - 28］

② http：//cashl. calis. edu. cn.［2009 - 03 - 28］

③ http：//www. csdl. ac. cn.［2009 - 03 - 28］

参考咨询系统和联机联合编目服务系统。

7. 上海数字图书馆

上海数字图书馆由上海图书馆建立和维护,该项目的启动工程,收集了丰富的馆藏文献,包括古籍、民国图书、地方文献、科技报告、中外期刊、音像资料、历史照片等。按照读者需求和文献特征形成九大系列,即上海图典、上海文典、点曲台、古籍善本、科技会议录、中国报刊、民国图书、西文期刊目次、科技百花园等。上海数字图书馆项目运用先进成熟的数字技术和网络技术,采取统一的界面、统一的软件、统一的管理,充分考虑当前需要、适应资源共享和可持续发展的目标,实现远程、快速、全面、有序、智能、特色六大服务优势。

8. 中国知识资源总库

《中国知识资源总库》(简称《总库》),是具有完备知识体系和规范知识管理功能的、由海量知识信息资源构成的学习系统和知识挖掘系统,是国家"十一五"重大出版工程,也是国内最具典型性的数字图书馆建设项目。由清华大学主办、中国学术期刊(光盘版)电子杂志社出版、清华同方知网(北京)技术有限公司发行。《总库》有数百位科学家、院士、学者参与建设,历经10年精心打造,是一个大型动态知识库、知识服务平台和数字化学习平台。目前,《总库》拥有国内8 200多种期刊、700多种报纸、600多家博士培养单位优秀博硕士学位论文、数百家出版社已出版图书、全国各学会/协会重要会议论文、百科全书、中小学多媒体教学软件、专利、年鉴、标准、科技成果、政府文件、互联网信息汇总以及国内外上千个各类加盟数据库等知识资源。《总库》中数据库的种类不断增加,数据库中的内容每日更新,每日新增数据上万条。根据规划,3年内,《总库》将囊括我国80%的知识资源。

《总库》以"三层知识网络"模式建构内容。通过知识元库和引文链接等各种知识链接方法,三个层次的数据库可融为一个具有知识网络结构的整体来使用。

第一层:基本信息库。由各种源信息组成。如期刊、博硕士论文、会议论文、图书、报纸、专利、标准、年鉴、图片、图像、音像制品、数据等。该库按知识分类体系和媒体分类体系建立。

第二层:知识仓库。由专业用途界定知识仓库的知识范畴和层次,由学科知识体系确定知识模块、知识点及其内容。内容可以从基本信息库中选取。

第三层:知识元库。由具有独立意义的知识元素构成。它包括理论与方法型、事实型、数值型三类基本知识元。既可独立使用,也可与基本信息库、知识仓库相关联使用。

理论与方法型知识元:包括思想、方法论、概念、公理、原理、定律,以及正在探究中的观念、观点、理念、方法与技巧等。

事实型知识元：自然、社会存在和演变的事实信息。

数值型知识元：各种数据类知识和科学数据，具有数值分析和知识推理功能。

《总库》基于《中国知识资源总库》传播共享平台，以开放式资源网格系统的形式，将分布在全球互联网上的知识资源集成整合为内容关联的知识网络，通过中国知识门户网站——"中国知网"（http：//www.cnki.net/）进行实时网络出版传播，为用户提供在资源高度共享基础上的网上学习、研究、情报和知识管理等综合性知识增值应用服务。

（1）中国期刊全文数据库。

中国期刊全文数据库是目前世界上最大的连续动态更新的中国期刊全文数据库，收录国内 8 200 多种重要期刊，以学术、技术、政策指导、高等科普及教育类为主，同时收录部分基础教育、大众科普、大众文化和文艺作品类刊物，内容覆盖自然科学、工程技术、农业、哲学、医学、人文社会科学等各个领域，全文文献总量 2 200 多万篇。收录年限从 1994 年至今（部分刊物回溯至创刊）。CNKI 中心网站及数据库交换服务中心每日更新 5 000 ~ 7 000 篇，各镜像站点通过互联网或卫星传送数据可实现每日更新。

该数据库产品分为十大专辑：理工 A、理工 B、理工 C、农业、医药卫生、文史哲、政治军事与法律、教育与社会科学综合、电子技术与信息科学、经济与管理。十专辑下分为 168 个专题和近 3 600 个子栏目，见表 11 - 2。

表 11 - 2　　　　　　　　　　中国期刊全文数据库分类

专辑	所含专题
理工 A	自然科学综合，数学，非线性科学与系统科学，力学，物理学，生物学，天文学，地理学、测绘学，气象、水文与海洋学，地质学，地球物理学，资源科学
理工 B	化学，无机化工，有机化工，材料科学，燃料化工，一般化学工业，石油、天然气工业，矿业工程，金属学，冶金及其他金属工艺，轻工业，手工业，传统服务业，劳动保护，环境科学与资源利用，新能源技术
理工 C	工业通用技术及设备，机械工业，仪器仪表工业，航空、航天技术，军事技术与工程，交通运输，水利工程，农业工程，建筑科学与工程，动力工程，原子能技术，电工技术
农业	农业基础科学，农田水利工程，农艺学，植物保护，农作物，园艺，林业，野生动物保护，畜牧，动物医学，狩猎，蚕蜂，水产、渔业

专辑	所含专题
医药卫生	医学科学综合，预防医学与卫生学，中医学，中药学，中西医结合，基础医学，临床医学，内科学基础，传染病等感染性疾病，心血管系统疾病，呼吸系统疾病，消化系统疾病，内分泌腺及全身性疾病，外科学基础及全身性疾病，骨科、整形外科，泌尿科学，妇产科学，儿科学，神经病学，精神病学，肿瘤疾病与防治，眼科、耳鼻咽喉科，口腔科学，性病与皮肤病，特种医学，急救医学，军事医学与卫生，药学，生物医学工程
文史哲	文学史及创作理论，世界各国文学，中国文学，汉语与语言学，外语研究与教学，艺术理论，音乐、舞蹈，戏剧、电影及电视艺术，书画美术等艺术，人文地理，旅游文化，各国历史，史学理论，中国通史，中国民族史志，中国地方史志，中国古代史，中国近、现代史，人物传记，哲学，逻辑学，伦理学，心理学，美学，宗教，文化学
政治军事与法律	政治学，行政学，政党及群众组织，中国政治、国际政治，思想政治教育，军事，国家行政管理，法理、法史，国际法，宪法、行政法及地方法制，民法、商法，刑法，诉讼法、司法
教育与社会科学综合	社会科学综合，社会学，民族学，人口学与计划生育，人才学，教育理论，教育管理，幼儿教育，初等教育，中等教育，高等教育，职业教育，继续教育，体育
电子技术与信息科学	无线电电子学，电信技术，计算机硬件技术，计算机软件及计算机应用，互联网技术，自动化技术，新闻与传媒，出版事业，图书情报与数字图书馆，档案及博物馆学
经济与管理	宏观经济管理与可持续发展，经济理论及经济思想史，经济体制改革，农业经济，工业经济，交通运输经济，文化经济，信息经济，服务业经济，贸易经济，财政与税收，金融，证券，保险，投资学，会计，审计，统计，企业经济，市场研究与信息，管理学，领导学与决策学，系统学，科学研究管理

（2）中国博士学位论文全文数据库。

中国博士学位论文全文数据库是目前国内相关资源最完备、高质量、连续动态更新的中国博士学位论文全文数据库，收录 1999 年至今全国 420 家博士培养单位的博士学位论文。至 2006 年 12 月 31 日，累积博士学位论文全文文献 5 万多篇。

（3）中国优秀硕士学位论文全文数据库。

中国优秀硕士学位论文全文数据库是目前国内相关资源最完备、高质量、连

347

续动态更新的中国优秀硕士学位论文全文数据库,收录 1999 年至今全国 652 家硕士培养单位的优秀硕士学位论文。至 2006 年 12 月 31 日,累积硕士学位论文全文文献 37 万多篇。

(4) 中国重要会议论文全文数据库。

中国重要会议论文全文数据库是收录我国 2000 年以来国家二级以上学会、协会、高等院校、科研院所、学术机构等单位的论文集,年更新约 10 万篇论文。至 2006 年 12 月 31 日,累积会议论文全文文献近 58 万篇。

(5) 中国重要报纸全文数据库。

中国重要报纸全文数据库收录 2000 年以来中国国内重要报纸刊载的学术性、资料性文献的连续动态更新的数据库。至 2006 年 12 月 31 日,累积报纸全文文献 645 万多篇。

(6) 中国图书全文数据库。

主要遴选国内外部分经典专著,以对科学技术和社会文化进步有重要贡献的原著、经典专著、名家撰写的教材为核心,包括工具书、教科书、理论技术专著、科普作品、古籍善本、经典文学艺术作品、译著、青少年读物等。中国图书全文数据库按内容分成 19 专辑,126 个专题;高等教育类图书按 12 大专业,88 个学科进行分类;丛书类图书按 11 专辑归类汇集。图书目录浏览细分到章节,可以按整书、按章节进行检索、定位、显示,可以按本、按章节下载。收录年限从 1949 年至今。

(7) 中国年鉴全文数据库。

中国年鉴全文数据库是目前国内最大的连续更新的动态年鉴资源全文数据库。内容覆盖基本国情、地理历史、政治军事外交、法律、经济、科学技术、教育、文化体育事业、医疗卫生、社会生活、人物、统计资料、文件标准与法律法规等各个领域。

(8) 中国工具书网络出版总库。

《中国工具书集锦在线》是《中国知识资源总库》的基础资源,其网站是中国知网旗下的核心子网站之一,目前收录了近 200 家出版社的语言词典、专科辞典、百科全书、国鉴(谱)年表共 2 000 多种,以及作者直接向本网投稿的辞书约 20 种,词条近千万,图书 70 万张,向人们提供精准、权威、可信的知识搜索服务。

(9) 中国引文数据库。

收录了中国学术期刊(光盘版)电子杂志社出版的所有源数据库产品的参考文献,并揭示各种类型文献之间的相互引证关系。它不仅可以为科学研究提供新的交流模式,同时也可以作为一种有效的科学管理及评价工具。截至 2006 年

2 月，累积链接被引文献达 330 余万篇。

（10）CNKI 英汉/汉英辞典。

CNKI 英汉/汉英辞典是"中国知网"开发制作的大型在线翻译词典，可以进行英汉互译，包含：英语在线翻译、汉语在线翻译。该辞典汇集 345 万词条，856 万关键词，370 万例句，345 万段落，数据实时更新，内容涵盖自然科学，包括数理化、工程技术、医药卫生、农业、生物、天文、地球科学、交通运输、航空航天、环境等；社会科学，包括语言、文字、文学、艺术、历史、地理、哲学、宗教、政治、经济、法律、教育、体育等各个专业领域的专业术语和专业词汇。收录年限从 1979 年至今。

（11）中国专利数据库。

中国专利数据库收录了 1985 年 9 月以来的所有专利，包含发明专利、实用新型专利、外观设计专利 3 个子库，准确地反映中国最新的专利发明。专利的内容来源于国家知识产权局知识产权出版社，相关的文献、成果等信息来源于 CNKI 各大数据库。可以通过申请号、申请日、公开号、公开日、专利名称、摘要、分类号、申请人、发明人、地址、专利代理机构、代理人、优先权等检索项进行检索，并下载专利说明书全文。收录年限从 1985 年至今。

（12）国家科技成果数据库。

《国家科技成果库》收录了 1978 年以来所有正式登记的中国科技成果，按行业、成果级别、学科领域分类。每条成果信息包含成果概括、立项情况、评价情况、知识产权状况及成果应用情况、成果完成单位情况、成果完成人情况、单位信息等成果基本信息。成果的内容来源于中国化工信息中心，相关的文献、专利、标准等信息来源于 CNKI 各大数据库。可以通过成果名称、成果完成人、成果完成单位、关键词、课题来源、成果入库时间、成果水平等检索项进行检索。收录年限从 1978 年至今。

（13）中国标准数据库。

《中国标准数据库》收录了所有的国家标准（GB）、国家建设标准（GBJ）、中国行业标准的题录信息，共计标准约 8 万条，标准的内容来源于中国标准化研究院标准馆，相关的文献、成果等信息来源于 CNKI 各大数据库。可以通过标准号、中文标题、英文标题、中文关键词、英文关键词、发布单位、摘要、被代替标准、采用关系等检索项进行检索。收录年限从 1985 年至今。

9. 全国文化信息资源共享工程[①]

文化部、财政部联合实施，分为少年版、农村版、社区版、企业版等，几乎

---

① http：//www. ndcnc. gov. cn. ［2009 - 03 - 04］

囊括了所有类别。共享工程采用现代信息技术，对全国现有各门类的文化信息资源进行数字化处理和加工整合，并通过覆盖全国的文化信息资源网络传送到城市社区、农村乡镇、边防哨所等广大基层单位，实现优秀文化信息资源在全国范围内的共建共享。

此外，还有北京世纪超星公司和广东省中山图书馆等合作建立的超星数字图书馆、由书生公司创建的书生之家数字图书馆以及由万方数据股份有限公司建立和管理的万方数据资源系统等都为读者提供了便捷的网上服务。

10. 中国数字图书馆标准规范建设[①]

标准规范是数字图书馆建设发展的支撑，是实现数字图书馆资源共享的关键。为推进中国数字图书馆标准发展，我国启动了中国数字图书馆标准规范建设项目。

中国数字图书馆标准规范建设项目（CDLS）是科技基础性工作专项资金重点项目。主要针对数字图书馆系统的数字资源建设与服务，制定我国数字图书馆标准规范发展战略与标准规范框架，制定数字图书馆核心标准规范体系，建立数字图书馆标准规范开放建设与开放应用机制，促进我国数字图书馆的快速、经济和可持续发展。

项目一期从 2002 年 10 月开始，到 2005 年 9 月结束。项目二期从 2006 年开始，研究成果定期在该项目网站公布并及时更新。目前 CDLS 项目包括一个总体规划与九个子项目，如表 11 - 3 所示。

表 11 - 3　　　　　　　　中国数字图书馆标准规范建设项目

项目名称	项目目标与任务	参加单位
我国数字图书馆标准规范总体框架与发展战略	分析世界各国数字图书馆标准规范的发展趋势，分析确立数字图书馆所涉及的标准规范层次及其相互关系，建立我国数字图书馆标准规范的总体框架体系，确立我国数字图书馆标准规范的总体发展战略，提出针对数字资源建设与服务中不同环节、不同资源对象、不同的技术与市场成熟程度的标准规范应用要求	中国科学院文献情报中心牵头，中国科学技术信息研究所，国家图书馆，中国农业科学院科技文献中心，清华大学图书馆，中央党校图书馆

---

① http://cdls. nstl. gov. cn/cdls2/w3c/. [2008 - 06 - 18]

项目名称	项目目标与任务	参加单位
我国数字图书馆标准规范开放建设机制	参考国际标准规范开放建设活动的经验，根据联合、开放和共享原则，根据公共服务和可持续建设的要求，建立我国数字图书馆标准规范的开放建设与管理机制，建立数字图书馆标准规范的开放编制、开放试验、公共评价、公共应用和动态发展机制，建立数字图书馆标准规范网站，为可持续的数字图书馆标准规范建设提供可靠基础和实施机制	由中国科技信息研究所与中科院文献情报中心召集，国家图书馆、CALIS管理中心、中国标准研究中心、中国化工信息中心
数字资源加工标准规范与操作指南	针对一般数字资源加工和有关专门数字资源加工，分析确立应采用的数字编码与内容标记标准，针对保存格式、浏览格式和预览格式提出应该采用的数字内容格式标准，确立数字资源加工标准和程序的选择原则，编制数字资源建设指南的基本操作规范，选择推荐针对专门数字资源对象的可作为最佳实践的数字资源加工操作规范，建立数字资源加工标准镜像站点	由国家图书馆牵头，北京大学图书馆、首都图书馆、清华大学图书馆、中国科学院文献情报中心、国家信息资源管理南京研究基地参加
我国数字图书馆标准规范建设之基本数字对象描述元数据规范	针对各种数字对象的共通特征和共同描述需要，建立相应的基本元数据规范，包括格式定义、语义定义、开放标记规范、内容编码体系、扩展规则；建立将基本元数据作为其他专门数字对象的核心元素集的基本规则；建立基本元数据与其他通用元数据和主要专门元数据的标准转换关系和转换模板；编制基本元数据的应用规范；选择推荐基本元数据生成工具；建立基本元数据的开放性应用指南，建立基本元数据规范的登记管理机制	由国家图书馆牵头，清华大学数字图书馆、北京大学图书馆、全国文化信息资源共享工程国家中心、南京大学国家信息资源管理南京研究基地、中国人民大学图书馆、上海图书馆上海科学技术情报研究所、中国科学院文献情报中心参加

项目名称	项目目标与任务	参加单位
我国数字图书馆标准规范专门数字对象描述元数据规范	通过对国内外已有的专门数字对象的元数据标准进行研究，同时针对中文数字资源的特点，选取不同类型的资源对象，以及具有中国文化特色的文献资料类型（如古籍、拓片、舆图等），通过试验研究，最终确定揭示和描述这些对象内容及其特性要采用的元数据标准，建立元数据格式及其扩展和互操作规则等，并提出初步的操作规范与应用指南	由北京大学图书馆牵头，CALIS 管理中心，上海图书馆，国家图书馆，中国科学院文献情报中心，清华大学图书馆，上海交通大学图书馆参加
我国数字图书馆标准规范建设之数字资源唯一标识符应用规范	针对数字对象、元数据和数字资源系统的唯一标识（统称数字对象唯一标识），确立我国数字图书馆中数字对象唯一标识符应用规范，建立基于 URI 机制的数字对象唯一标识符的命名原则、体系结构和基本解析规则，选择确认合适的数字对象唯一标识符标准，实验建立唯一标识符解析机制，实验建立开放唯一标识符解析机制，实验建立分布式唯一标识符解析机制	由中国科学院文献情报中心牵头，中国国家图书馆，CALIS 中心，中央党校图书馆，中国医科院信息中心参加
我国数字图书馆标准规范数字资源检索协议规范	—	—
我国数字图书馆标准规范建设之元数据标准规范开放登记系统	作为元数据标准规范的发布与应用支撑机制，建立元数据标准规范开放登记系统的功能结构和数据模型，建立支持公共登记与检索界面的元数据标准规范开放登记系统，实验建立支持元数据语义解析和元数据转换的元数据标准规范链接和验证机制，实验建立与其他元数据标准规范登记系统的互操作机制，支持元数据标准规范的公共发布、开放描述、公开检索，逐步支持它们的开放链接与验证。系统总结元数据标准规范开	由中国科学院文献情报中心牵头，国家图书馆，中国科学技术信息研究所，CALIS 管理中心参加

续表

项目名称	项目目标与任务	参加单位
	放登记系统发展趋势，建立元数据标准规范开放登记系统的基本规范，建设元数据标准规范开放登记基础系统，建立元数据标准规范开放登记的政策管理框架，试验建立支持分布服务的元数据标准规范开放登记系统	
我国数字图书馆标准规范之资源集合描述元数据规范	通过对国内外已有的资源集合描述元数据标准和应用方案进行研究，同时针对资源集合以及中文资源集合的特点，选取主要的资源集合类型作为对象，通过试验研究，最终确定揭示和描述这些资源集合内容和特性所应采用的元数据方案和标准规范，建立元数据格式及其交换和互操作机制和规则等，并提出初步的操作规范与应用指南	由上海图书馆牵头，国家图书馆，中国科学技术信息研究所，中国科学院文献情报中心，CALIS 武汉大学图书馆参加
我国数字图书馆标准规范高层元数据规范	—	—

从国内外数字图书馆研究与建设项目进展可以看出，数字图书馆已经成为网络时代信息资源存储、开发和利用的基础设施。它的建设与发展将彻底改变人们获取利用信息的方式。数字图书馆建设是社会经济发展的需要，是全球信息基础设施的重要构成。此外，机构知识库、学科库等也都是重要的数字信息资源建设项目，同时也是数字信息资源的长期保持项目，我们将在第十三章介绍。

第二节　数字信息资源开发机制

一、数字信息资源开发内涵

所谓数字信息资源开发，是指依托网络应用技术，将储存在网络媒体中的信

353

息资源从不可得状态变为可得状态，可得状态变为可用状态，低水平的使用状态变为高水平的使用状态的过程。其中可得状态的开发，应该理解为数字信息资源的存、理的开发。一个网站的信息资源建设，意味着按一定需求目标储存在该站点上的信息资源处于一个可获取的状态，即用户所需的信息这里有。但信息存在并不意味可以用，这还需通过开辟与之相适应的服务项目，使得这些信息资源处于一个用户能方便使用的状态。比如，检索服务的开展，更利于查询的检索途径的增加等等，从而使得网上信息与用户之间建立起了一个有效的传输通道，使资源处于一个可用状态。此外，通过网上信息服务，专题分析研究服务，专题检索Agent 以及针对特定用户群的需求进行创造性的信息产品深度加工，动态跟踪，则会使得网上信息资源的利用在量与质的方面获得提高，这时的数字信息资源我们可以认为是处在一个高水平的可用状态。由此也不难看出，信息资源开发是有层次的，不同的层次代表着信息资源不同的开发深度。

二、数字信息资源开发层次

基于数字信息资源开发的内涵，我们认为，数字信息资源开发包括可得性开发、可用性开发和高水平可利用性开发三个层次。

（一）可得性开发

包括建网与联网以及网上信息资源从无到有、从有到优化的开发。

1. 建网与联网

数字信息资源的存储与利用活动都是基于网络基础设施而开展的，因此硬件设施建设构成了数字信息资源开发的基础平台。在构建这一基础平台的过程中，应使不同厂家、不同型号、不同操作系统的计算机能够共存于一个网络之中，不同网络可以通过网络协议相互传输信息和数据，以达到共享网上资源。

2. 信息资源建设

这是在硬件设施上进行信息资源的建设，如网站主页建设、子页建设以及Web 和数据库的集成开发等。只有当信息资源在网上"安了家"，这些存储在网络节点内的信息资源才可被认为处于一个可得状态。

（二）可用性开发

主要包括免费资源深度与广度的挖掘、镜像资源的开发、收费资源的 Agent 服务、局域网、区域网资源的组织和服务等。网上的信息服务形式主要有接入服务（用户入网服务，只有将用户联入网中，才算建起了"网上资源节点"与用户终端间的信息传输通道）和信息内容服务两种类型。信息内容服务又包括了在线数据库服务、计算机硬软件信息服务、电子报刊服务、新闻信息服务等。依托网络技术，实现信息打包，信息镜像，信息推送，信息 Agent 等服务，以解决网上获取信息费时费力等问题。只有当自己的资源特色吸引了用户，服务特色吸引了用户，才可能将网站的信息资源植入用户心中，有了用户，节点资源才可能处在可用状态中。

（三）高水平利用状态的开发

这种基于提高网上资源利用的量与质内容的开发主要包括对现有网上信息资源再加工，如重组、浓缩和网络知识挖掘。如果将网上资源从无到有的开发称为一次开发，那么对现有网上资源再加工，以挖掘其利用深度的开发则可算之为二次开发。

1. 专业信息的重组与导航

所谓重组，就是对网上资源根据特殊需求进行定向搜寻与重新组织，以便对特定的用户群提供专题信息的导航服务。

重组类二次产品的开发主要是为了解决由于网上信息资源量大、分布零散、动态变化大、污染、噪声大等特点而导致的网上定向搜索困难的问题。尽管网络环境下，用户可以直接通过自己的终端自由登录网站，而再也不用像传统信息服务那样需要在信息服务人员的帮助下借阅资料，索取、复印资料。然而网上信息资源的上述特点使得网上信息搜索者的信息获得率很低，甚至会因此使得许多信息用户对网上信息失去兴趣，由此会造成网上信息资源利用率的下降。因此，在网络环境下，便出现了以满足用户专题搜寻为目标的网上搜寻导航服务，这也是伴随数字信息资源一次开发而问世最早、使用最广的二次开发项目。导航机制的建立对于数字信息资源的开发具有重要的作用。以网上专题信息重组为基础，根据其信息内容与结构之间的逻辑关系设计导航。主要包括概念导航和结构导航两部分。导航功能主要有：帮助浏览者进行整体文档结构定位，即定位浏览者目前的文档结点位置和已经浏览过的节点路径；根据浏览者的浏览行为给予浏览导航，即在浏览者需要系统导航时能够提供可能有价值的节点信息。

2. 浓缩

所谓浓缩就是在对网上资源内容进行定向搜寻基础上，给予下载、编译，然后再将编译成果以网页的形式在 Web 站点的相关栏目下再现。目前，很多站点都将过去提供给领导看的"动态"、"消息"、"简报"等传统文献搬上了网，由于网上信息丰富，所以这类网上"动态"、"消息"、"简报"内容要比过去更加丰满，动态性更强。在网上我们看到，有些站点的浓缩类信息几乎天天更新，很有特色。

3. 网络知识挖掘

前述的二次开发项目均是基于扩大网上信息利用量为目的，那么网络知识挖掘则在于最大限度地减少知识从获取到利用的中间环节，将充分整合后的知识一步到位地送至用户面前。

数据挖掘是网络知识挖掘的基础。数据挖掘是指从大量的、不完全的、有噪声的、模糊的、随机的数据中，提取隐含在其中的、事先未知的、潜在的、有用的知识的过程。传统的数据挖掘涉及的主要是结构化及半结构化的数据库，而网上信息及其组织形式各不相同，是一个巨大的、复杂的异构型数据库，对 Internet 上的信息进行挖掘比面向单个数据库的数据挖掘要复杂得多。因此，人们需要一种称之为网络知识挖掘的新技术。

所谓网络知识挖掘，是指利用数据挖掘技术，自动地从由异构数据组成的网络文档中发现和抽取知识，从概念及相关因素延伸比较上找出用户需要的深层次知识的过程。其目的是将用户从综合的多媒体信息源中解放出来，摆脱原始数据细节，直接与数据所反映的知识打交道，使处理结果以可读、精练、概括的形式呈现给用户，使其主要精力真正能够用到分析本质问题，提高决策水平上去。

根据挖掘对象不同，网络知识挖掘可分为：网络结构挖掘（Web Struture Mining）、网络用法挖掘（Web Usage Mining）和网络内容挖掘（Web Content Mining）。

（1）网络结构挖掘。

网络信息依靠超级链接将信息单元按其之间的内在联系组织为一个有机统一体，它表现为网状的非线性结构，且每个信息单元称为一个节点，每个节点以一个网页展示，它可以包含单媒体，也可以是多媒体，每个网页又以一个文件存放，节点与节点之间采用超链接联系起来。

网络结构挖掘是挖掘 Web 潜在的链接结构模式，是对 Web 页面超链接关系、文档内部结构、文档 URL 中的目录途径结构的挖掘，通过分析一个网页链接和被链接的数量及对象来建立 Web 自身的链接结构模式，可用于网页归类，并可由此获得有关不同网页间相似度及关联度的信息，有助于用户找到相关主题的权威站点。

（2）网络用法挖掘。

网络用法挖掘是指对用户访问 Web 时服务器方留下的访问记录进行挖掘，从中得出用户的访问模式和访问兴趣。它的挖掘对象不是网上原始数据，而是由用户和网络交互过程中抽取出来的第二手数据。这些数据包括：网络服务器访问记录、Agent 服务器日志记录、浏览器日志记录、用户简介、注册信息、用户对话或交易信息、用户提问式等。

网络用法挖掘分为一般访问模式追踪和定制法追踪。一般访问模式追踪通过分析用户访问记录了解其访问模式及访问兴趣，以便将网络信息更有效地进行重组，帮助用户准确而快速地找到所需信息，满足特定用户的特殊情报需求。定制用法追踪根据已知的访问模式，当用户进行某一信息的查询时，系统会自动地动态地将有关该信息的组织结构及组织方式提供给用户。定制用法追踪体现了个性化的趋势。

（3）网络内容挖掘。

网络内容挖掘是指通过对网络信息内容的准确定位，揭示众多信息之间的关系，挖掘在网络数据或文档中的知识内容。网络内容挖掘是网络知识挖掘中最常用也最重要的一种。

①联机数据库中的内容挖掘。

以目前世界上最大、历史最悠久的国际联机系统——Dialog 为例。Dialog 系统拥有 600 多个专业数据库，内容涉及各个领域，因此面向最终用户的数据库很多，用户往往要花费很多时间去检索。此种情况下，为了方便用户，Dialog 利用原有大量数据库，发挥其传统联机系统在数据库集成上的优势，进行整合信息服务，为用户提供通往成批数据库的检索端口，一条检索指令即可检索全部相关数据库，速度快、检索全。

Dialog 为缩短用户与特定信息资源间的距离，还针对不同用户的信息需求，提供一步到位的信息定制服务：帮助用户全面剖析自己的现状和优劣，找到适合现有条件的新产品和新技术，了解竞争对手和合作伙伴的研究项目和动态，跟踪市场要求，掌握行业动向；从科技论文、技术报告、会议文献到专著，从专利商标到知识产权，从新技术的追踪到技术应用新突破的报道，为用户寻找新的切入点和提供信息依据、参考资料等。

②网络图书馆中的内容挖掘。

以自建或购进的数据库为基础，开展网上互动式的、深层次和有特色的服务，实现网络化与数字化是 Internet 时代图书馆发展的必然趋势。网络图书馆提供了大量检索点，除作者、题目、主题、ISBN 号、出版者外，还有图书装帧形式、适合年龄阶段、语种、出版日期等。当用户检索到某一结果后，系统会自行提供各种有关这一结果的其他相关信息，如若干评价材料、作者访谈、宣传材料、正文节选、用户评价等有助于用户决定这一检索结果是否符合检索要求。

网络图书馆支持用户进行模糊检索，即使用户不能清楚明白地表述其检索意图，网络图书馆也会自动分析查询请求中的"意图范围"，引导用户找到答案，并将检索结果分类编排，分成"推荐链接"、"关键词匹配结果"等，其最终目的是帮助用户解决问题。

③Web 中的内容挖掘。

Internet 上信息量的迅猛增长，使得面面俱到的综合性网站在面对单个用户的特殊检索要求时，常常显得力不从心。此种情况下"垂直网站"应运而生，垂直网站集中某特定领域的全面而专深的信息，提供高度集中的数据库检索途径，它不再是盲目地检索文档，而是对文档的相关度及其所包含的链接质量做出判断，质量差和不适合的文档不被搜寻。这种垂直网站提供的是"所得即所需"的高质量信息，既提高了信息检索的相关性和专深性，又满足了个性化的需求。例如，CNKI，从其作者库中可得到描述、评价、管理我国各学科专业研究队伍的专业知识；从其期刊和博硕论文的引文数据库中可得到学科相关的知识、核心期刊的知识；从其全文文献智能化聚类可得到专业细化、面向课题的知识等。

三、数字信息资源开发机制

数字信息资源的开发利用与其他自然资源的开发利用相比更具有复杂性，是一项综合性较强的系统工程，因为数字信息资源的开发利用涉及社会与国家的各个方面，包括政治、经济、文化、科技等诸多领域，开发主体也扩展到政府部门、企业单位、公益性机构、社会公众等多方面。因此数字信息资源开发机制亦是其发展的重要因素。数字信息资源开发机制是指由推动数字信息资源开发的各个不同要素构成，主要包括动力机制、支撑机制、保障机制以及共享机制（如图 11 - 1 所示）。

（一）动力机制——信息需求

信息需求是数字信息资源开发的重要动力机制，只有不断满足用户动态变化的信息需求，数字信息资源才能不断发展完善。信息需求市场变化是促进信息资源开发的主要牵引力。社会信息化与知识化进程日益加快，信息和知识已经成为重要的资源和社会经济发展的关键要素。信息与知识的交流及共享是社会发展的命脉，是加快知识传播，增强信息资源开发和利用能力，提高知识创新的必由之路。

科学实践表明，知识创新是在创新者所拥有的基本知识前提下，共享前人与同辈研究成果，不断深化认识、发现新问题、分析新问题、解决新问题而完成的。创新者掌握基本知识的过程实际上就是学习、共享信息的过程。基于知识经济的发展，一方面大大促进了知识的创新、传播和利用，使得知识信息急剧增长；另一方面，又使用户对知识信息产生大量而强烈的需求。因此，在用户信息需求牵引下，数字信息资源开发蓬勃发展，成为信息与知识共享及创新的重要载体，也成为信息资源开发不可或缺的一种手段。

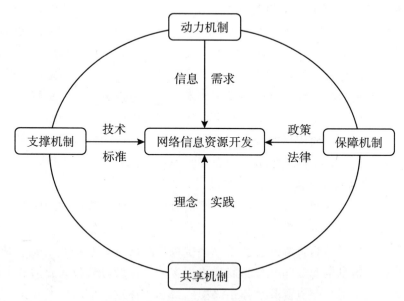

图 11 – 1　数字信息资源开发机制

总之，在当前的知识经济社会中，随着社会信息需求的增加，用户对信息资源的利用趋势也逐渐从单一化转为综合化、国际化，这必然促使数字信息资源开发的深化。

（二）支撑机制——信息技术与标准

数字信息资源开发必须一定的信息技术与标准的支撑，没有了信息技术与标准，数字信息资源开发就无从谈起。相关的信息技术标准发展也是数字信息资源开发的重要支撑力。现代信息技术的发展在推动信息资源开发走进网络时代的同时，也成为数字信息资源开发依赖的重要支撑。

数字信息资源的开发，首先应建立以计算机为中心并相应配套的高新技术设备的网络化系统。在计算机网络的基础上，分别建立通信子网和资源子网，以发挥各自不同的功能。通信子网建立网点之间的通链路，处理网点之间的信息交换和传输，并以通信网点为依托建立虚拟网络。而资源子网则用于数据处理，负责向用户提供各种应用服务。信息资源网就是专门用于各种文献信息处理的资源子网之一，一般由互联在计算机网中的异地图书馆与文献、信息相关的机构、部门共建而成，目的在于实现彼此间的信息资源共享。因此，网络技术的开发、建设，为信息资源网的建成提供了载体，为开展信息服务营造了网络服务的良好环境，也为信息资源的开发利用开创了广阔的天地。①

信息技术与标准对数字信息资源开发的支撑主要表现在以下几个方面：

1. 数字信息资源开发的信息技术

数字信息资源开发技术是数字信息产品生产和信息服务中所依赖的关键技术，涉及信息搜集、加工、存储、转换、交流、组织、提供和利用等基本的业务环节，包括计算机技术和通信技术在内的信息科学为基本的技术来源。数字信息资源开发技术具有综合性，已经构成了技术体系，可以分为：一是数字信息资源开发建设中的信息管理技术，例如数字信息组织技术，信息安全技术，信息揭示与检索技术；二是面向用户的数字信息开发技术，即以用户需求为导向的信息资源服务技术，包括数据挖掘技术与知识组织技术、信息推送技术等。

2. 数字信息资源开发信息技术标准

同样，如果没有相关技术标准，数字信息资源之间就犹如大海中的一叶孤舟在信息的海洋中漂荡着，数字信息资源之间就会缺乏互操作性，无法实现信息资源的共享。在数字信息资源开发技术标准中最重要的就是元数据标准，因为元数据标准使数字信息资源之间共享功能成为现实，也使所有分布式异构数字信息资源集成整合到全球数字资源管理体系之中。目前支撑数字信息技术开发的重要技术标准包括 OAIS 参考模型、METS 以及 OAI—PMH 等。

（三）保障机制——政策与法规

国家政策是调整其总体信息活动，指导和推动其整个信息化运作和发展的行动指南。随着社会信息环境日益复杂，政策在现代信息资源开发中的影响也越来越大，而且已经成为信息资源开发与利用的重要护航。正如一般经济活动与物质生产既需要市场需求调节也需要国家政策干预一样，数字信息资源建设的健康发展也需要国家政策的干预。良好的政策与合理的法律框架是数字信息资源健康有序和稳定开发的重要保障。

国家法律机关为数字信息资源开发提供法规规范和保障，例如各种知识产权法规的制定与发布，信息采集与传播法规的实施等。法律法规的制定与颁布对加强数字信息资源的管理，有效防治数字信息污染起到了重要的保障作用。例如，美国早在 1996 年就已经通过了法案，英国、加拿大、澳大利亚和新西兰以及中国等都在积极制定相应的法规保障数字信息的安全，确切地规定信息主体的权利义务关系，协调数字信息资源开发中的利益均衡。

---

① 付尧：《网络信息资源的开发与利用研究》，载《科技论坛》2005 年第 16 期，第 83、85 页。

随着数字信息资源开发的日益繁荣，国家政策对其的保障机制日益凸显。事实上，早在 20 世纪 50 年代末~60 年初期，在信息技术与信息产业发展的时候，许多国家就已经认识到政策作为国家信息活动进行规范和调控的重要性和必要性，并将其作为调整信息资源开发的重要杠杆。如今，各个国家都制定了数字信息资源收集、数字信息资源管理、数字信息资源人员培训、信息技术应用、信息系统协调、数字信息资源研究等各项信息政策以保证数字信息资源的开发，保证信息的自由流动与个人和公众在独占以及信息道德与伦理上的权利平衡。

总之，立法的稳定性、政策的连续性、体制的完善性等从根本上保证了数字信息资源开发事业的稳健发展。

（四）共享机制——理念与实践

所谓共享，就是多个主体共同使用与享用同一资源，是"信息资源共享"的简称。根据信息资源共享理论，共享是信息资源与其他物质资源的本质性区别，也是知识创新的重要手段，其最终目的在于最大限度地满足用户对信息资源的需求。数字信息资源共享机制是指数字信息资源在开发中通过适当的技术保存资源，并遵循通用标准以实现存储资源的共同利用。即任何用户（Any user）在任何时候（Anytime）、任何地点（Anywhere）都可以获得任何机构（Any repository）开发的任何数字信息资源（Any digital information resource）。

共享机制是数字信息资源开发的理念，也是数字信息资源开发的实践。共享是数字信息资源开发的"灵魂"。因为如果没有共享这一机制，数字信息资源开发失去创建伊始理念，只能在数字信息资源管理的风浪中飘摇，最后被信息海洋吞噬。

共享是信息资源建设发展到一定阶段的必然结果。目前数字信息资源开发已经突破了传统"各自为政"的孤立状况，实现信息资源共享已经成为所有数字信息资源建设主体及用户的必然要求。信息获取权是所有国家宪法规定的基本人权，任何人都有平等获取信息与知识的权利，从信息传播与知识创新维度看，数字信息资源开发是全球"无边界信息资源交流体系"中的组成因子，意味着"信息资源哲学意义上的回归——通过网络实现了大交会和大碰撞的全人类的信息资源将服务于人类"。在信息与知识供应链中，数字信息资源开发与共享的本质目的是推动知识传播与创新，提高社会创造力，降低信息生产与再利用的成本，缩短知识创造的时间。

在实践中，数字信息资源开发已经处于信息资源共享链条中的核心环节。目前，所有的数字信息资源都利用网络技术实现了无缝的链接与共享。

第三节　数字信息资源开发技术与标准

一、数字信息资源开发技术

数字信息资源的开发需要借助于新的技术才能够得到更好的实现。按数字信息资源开发流程来分，可将其分为数字信息资源采集技术、数字信息资源存储管理技术、数字信息资源组织加工技术、数字信息资源分析处理技术、数字通信传输技术、数字信息检索技术以及数字信息服务技术等。

（一）数字信息采集技术

"数字信息采集"是指从互联网共享服务资源中收集、处理和分析网络实体信息的过程。"数字信息采集"作为一个概念，从其最初的查询、存储信息的简单能力逐渐上升为一个综合性的概念，逐渐包含丰富的内在意义。数字信息采集不仅包括对因特网公共实体信息的查询和存储，还包括对信息的归类、提取和解析，更重要的是在已收集信息的基础上分析数据，并将分析结果用于实际问题的解决。信息采集的外延很广，采集的范围主要包括全球范围内与目标网络特性相关的网络实体信息，这些信息可以通过各种渠道的查询而获取。

数字信息采集关键技术主要包括以下三个方面：

1. 信息采集的自动性优化技术

数字信息采集的关键是其采集过程的自动性，重点表现在信息资源的扩充策略。

（1）IP 地址分配数据集的扩充策略。

IP 地址分配信息采集的主要原理是向该地址所属的 Whois 服务器发送 IP 地址查询请求，查询信息可以是该地址区间中的任何一个地址，探测的关键问题是 Whois 服务器分配的最小单位不同，且已分配的地址区间并不连续，由此，如何选择下次查询的 IP 地址是影响探测结果是否完整的关键，也是保证 IP 地址信息自动扩充成功的关键。

（2）域名分配数据集的扩充策略。

要找到一种简单的方法获取目前已经分配的域名且尽可能地保证信息的完整性是比较困难的。目前可用的方法有关键字匹配法和域名树查找法。在具体的采集过程中，域名分配数据集的扩充策略是采用两种方法协同使用以尽可能地扩大域名分配数据集的信息量。

2. 信息解析技术

信息解析是对信息采集所得内容的进一步处理，即通过所得原始信息的分类、提取和数据库管理以实现信息对象化，在信息解析过程中针对解析内容的特点寻找高效、适应性强、可扩展性好的解析方法。

信息解析的过程主要包含以下两步：第一步，建立文本解析模型。即从已采集到的大量文档集中对文本分类，提取特征，建立特征集，形成解析模型的过程，该过程是信息解析的主要过程。第二步，解析文本信息。即将一个待解析的源文件在文本解析模型中分类并与特征集匹配一次，评价解析效果，将解析结果以数据库记录的形式保存。

3. 信息分析技术

信息分析是对对象化信息的进一步操作，实现离散实体信息间的关联，并将分析结果用于实际问题的解决，最大化地开发其利用价值。信息分析的侧重点在于实体间的关系，即找出同一空间中不同层次实体间的映射关系以及不同空间中实体的映射关系。

从数学角度讲，空间是一个由许多元素组成的、具有一定结构的集合。在信息采集的范畴里，我们借用空间的概念来统一描述实体信息及实体间的关系，并根据这些实体所固有的特征分析空间的关系。

（1）概念空间（N-Space）是人脑在对现实认知过程中逐渐积累的实体标识空间。

（2）因特网空间（I-Space）是在因特网环境下对实体的标识空间。

（3）地域名称空间（R-Space）是对地域实体的标识空间。

（4）地理空间（G-Space）是对地域实体的地理描述空间。

从空间概念上来讲，信息采集实际上是在多个空间中对实体标识信息的收集和处理。综上所述，四个空间之间的映射关系由图 11-2 描述。

空间之间的关系对于分析特定网络在不同空间中的位置有重要的意义，在实际应用中，目标的网络地址定位和目标网络的地理位置定位是研究的重点。从概念空间到因特网空间的映射完成了目标的网络地址定位，有了探测目标的 IP 地址范围才能进一步实施一系列的网络攻击；从因特网空间到地域名称空间的映射是实现目标网络地理位置定位的第一步，即将网络虚拟地址与其相关的地域名称关联；从地域名称空间到地理空间的映射是实现目标网络地理位置定位的第二步，此时得到了网络虚拟地址所标识的实体在现实环境中的经纬度。对概念空间和因特网空间实体经纬度的定位为拓扑分析和显示都有着重要价值。

363

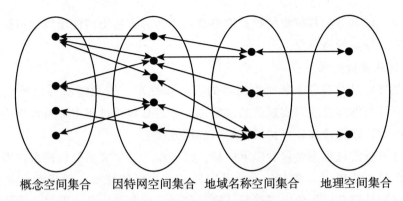

概念空间集合　　因特网空间集合　地域名称空间集合　　地理空间集合

图 11 - 2　四个空间之间的映射关系

这些技术从自动性、可扩展性和适用性等方面对信息采集性能起到一定的优化作用，并最大化地利用了采集到的信息。[①]

（二）数字信息资源存储管理技术

作为数字信息资源开发的核心平台，存储技术已成为创建、存取和共享大量的数字化信息的有力工具，而实现这些信息存储方式的主要技术有：磁存储技术、光存储技术、磁光存储技术以及最新发展的光—磁混合存储技术等。

光盘数据存储器件已成为当代信息社会中不可缺少的信息载体，在数据和活动图像的存储等方面得到了广泛应用。目前，单面单层容量达 4.7GB 的 DVD 光盘已逐渐成为主流。随着高清晰度数字电视、数字摄录像机、数字电影以及海量网络和卫星数据下载的发展和普及，需要更高存储密度的光盘。光存储最近已提出了工作波长为蓝光的光盘（HD-DVD），单盘容量可达 27GB。

硬盘作为计算机核心的磁存储设备，近几年由于多种技术的发现和改进发展迅速，存储密度持续以每年 60%～100% 的速度增长，目前市场上销售的硬盘密度已超过 60Gbit/inch（纵向记录），2002 年 12 月美国 ReadRite 公司实验室的垂直记录密度可达 146Gbit/inc 扩。巨磁电阻（GMR）的发现形成了自旋电子学领域，并实现了产业化。

磁光存储光盘出现于 1988 年，它是信息存储技术的重大突破，在整个信息存储领域占有重要的位置。磁光存储既有光存储的可卸换、非接触读写，又有磁存储的可擦重写，以及和硬磁盘相接近的平均存取速度。特别是磁光盘具有保存时间长、可靠性高、使用寿命长、误码率小等优异性能。作为一种光存储和磁存

[①]　刘琰、罗军勇、王清贤、常斌：《Internet 信息采集技术研究》，载《计算机应用与软件》2006 年第 4 期，第 13～16 页。

储并存的存储方式，磁光存储可以借鉴二者的先进技术和方法，如：GMR 可以作为磁/磁光记录数据的读出传感单元，垂直记录单元可以占据更小的尺寸，获得更高的记录密度和更好的稳定性。日本是磁光存储光盘研究的最深入和应用最广泛的国家，在投资 60 亿日元的"新一代光存储计划"中，2002 年磁光读出密度实验室已达 64Gbie/inch。

光磁混合存储是一种将磁存储、光存储和磁光存储相结合的新型存储方式，它利用了各自的优点进行记录和读出。采用新型垂直磁化记录膜，通过磁光记录或光辅助磁记录来提高记录的道密度，利用高灵敏度和高分辨率的磁电阻/巨磁电阻探测，提高位密度，并得到较强的读出信号，在此基础上，再配合采用蓝紫光、近场和超分辨技术等，可获得更高记录密度。当然，这方面的技术还不很成熟，一些关键物理和技术问题有待于深入研究，如：①纳米尺度下磁性材料的性能、晶粒尺寸、分布和微结构以及各记录点的量子效应等。②近场结构中材料表面的等离子体等非线性效应，非线性掩膜与超短波长激光相互作用中的物理机理。③磁超分辨和磁畴膨胀读出等过程中的层间磁耦合机理、动力学机制等。④材料和膜层结构的优化设计，器件制备工艺，超高密度光—磁混合记录的高精度测试等。[①]

在光—磁混合信息存储系统中，提高记录密度的一种直接有效的方法是通过减少聚焦激光光斑尺寸缩小记录磁畴。由于光在近场传播中不受衍射极限的限制，理论上可以无限制地缩小光斑尺寸，故近场技术成为实现超高密度光—磁混合存储的一种重要的技术手段。针对光学系统的超分辨技术都是建立基于近场光学元件和超分辨近场结构的近场光—磁混合记录技术是目前最有实用化前景的超高密度、高速光—磁混合数字信息存储技术，我国具有良好研究基础，而目前国际上在这方面的研究也刚刚起步，因此，该技术将是我国发展超高密度光—磁和混合数字信息存储技术的重要突破口之一。

（三）数字信息资源组织加工技术

数字信息资源组织加工技术是指在信息加工分析处理阶段对信息内容与对象的自身特征进行描述、编码和标识的技术，如元数据、标记语言、数字资源唯一标识符、语义标注和知识标注技术，以及自动分类、自动标引、自动摘要、机器翻译等信息加工技术。在网络环境下，数字信息组织的一项重要任务是解决分布式异构网络系统间信息的互操作问题，传统的分类法和主题表等简单的知识组织

---

① 韦玮、傅便翔、何杰、秦玉文：《超高密度、高速光磁混合数字信息存储技术和存在的问题》，载《中国科学基金》2003 年第 6 期，第 339～340 页。

体系正在转向描述更精确、逻辑更严谨、结构更完整的知识组织体系，相应地出现了 XML、SGML、DC、RDF、Ontology 等信息组织技术和知识组织技术，以及一些对复合数字对象进行集成描述的元数据模式和技术标准，如 METS、SCORM 和 MEPG－21 等。[①]

（四）数字信息资源分析处理技术

数字信息分析处理技术包括内容分析、OLAP 联机分析处理、文献计量分析（共词分析、共篇分析、引文分析）、数据挖掘、文本挖掘、信息抽取、知识发现等计算机辅助信息分析技术。从目前的理论和实践来看，信息智能分析处理主要有两条路线。一条路线是基于知识发现和数据挖掘、对结构化的数据进行分析和处理；另一条路线是基于自然语言处理和文本挖掘，从非结构化或半结构化的数据中发现新知识。

（五）数字通信传输技术

数字通信传输技术在数字信息组织、传递与服务中具有关键性的作用，其背景是现代通信技术和控制技术的发展，包括各种计算机网络和通信技术，如电缆通信、光纤通信、卫星通信、移动通信和微波通信等技术。目前，数字通信传输技术正朝着：实现信息传输技术与通信技术的同步发展；将信息传输技术纳入国家规划管理和国际合作的轨道；实现音、视频信息识别、传输的结合，以适应包括数据、文字、图形、语言和其他信号在内的多种信息传输的整合，达到多网合一的目的，强化信息传输处理与交换技术，推动多路复合技术和互联技术的发展；将最新信息技术应用于信息传输工程，研究信息基础设施中的关键技术问题，不断拓展带宽，提高多路传输速度等方向发展。

（六）数字信息检索技术

信息检索技术主要包括两个方面：检索模型和各种检索技术与方法。检索模型主要有布尔模型、向量空间模型、概率模型、基于语言模型的检索、基于本体的检索模型等，其中每一种模型都包括经典模型对经典模型的扩展；检索技术与方法除字符串匹配、截词检索、跨语言检索、分布式检索、可视化检索、语义检索、概念检索、知识检索、智能检索等检索技术，其中智能检索是当前数字信息资源开发的研究热点。

---

① 李文建：《数字时代的情报技术体系》，载《数字图书馆论坛》2006 年第 10 期，第 63～67 页。

智能检索融合了知识系统、自然语言理解、认知科学、用户模型、模式识别、数据库管理系统以及信息检索领域的知识和先进技术。目前，智能信息检索技术主要分为两类，一类是基于机器学习的信息检索，另一类是个性化的智能信息检索。近年发展起来的基于本体的智能检索、基于代理的智能检索、分布式智能体个性化检索、代表了今后信息检索领域发展的趋势。

国外一些科研部门、高等院校、商业公司还开发了一系列智能化检索系统，包括法国基因信息实验室早期研制的询问内容分析技术智能信息检索系统 IOTA、芝加哥大学开发的内嵌特定领域知识的使用推断——证明式自然语言理解技术的 FSA 系统和 ELOISE 系统以及基于"问题库"的问答式智能搜索引擎 FAQF。此外，还有些研究机构研制了基于机器学习的智能系统，如卡耐基·梅隆大学的 WEBW 系统、麻省理工学院的 L 系统和瑞典 SICS 实验室的 PUSH 系统等。

（七）数字信息服务技术

数字信息服务技术包括基于用户和应用的信息整合和服务技术，如 Web 服务、门户技术、个性化服务（个性化信息推荐、个性化信息检索和个性化用户界面）、用户建模、可视化技术、虚拟现实技术、语义网、信息网格、泛在线服务和在线交流如 E-mail、FTP、Blog、QQ、MSN 等技术，其中门户技术和 Web 服务是当前实现数字信息服务的两项重要技术。

新兴的门户 Portal 技术是指采用多种信息技术、诸如跨系统检索、元数据采集技术等，对分散的分布式网络信息资源进行收集、分析、整理和合并，将整合后的内容集成到一个可定制的个性化的界面中呈现给用户。在体系结构上，门户技术主要是基于系统的表示层和应用层进行功能和服务集成，它在业务逻辑层和数据层上的信息集成依赖于其他数据集成检索技术。门户技术的核心组件是门户构件 Portlet，它使网页的组件化成为了可能，将网页划分成具有相对独立内容与功能的各个板块，方便了网页内容与功能的自由整合，在用户层面这一层次实现了信息与服务的整合。

新兴的 Web 服务技术，其基本思想是把软件组件当做一种服务，并提供一套描述、发布、查询和调用这些服务的技术规范，采用 HTTP、XML、WSDL、UDDI、SOAP 等标准和协议来实现，是一种基于组件的软件平台，是面向服务的因特网应用。

（八）信息安全技术

信息安全是现代数字化信息管理中的一个重要技术，其技术推进在信息管理技术中占有十分重要的地位。信息安全技术是综合性技术，涉及信息传输、处理、揭示与控制的各个方面，从总体上看主要包括：信息设施安全技术、信息资源安全技术、信息软件及其他信息技术产品安全技术、信息利用主体权益保护的安全技术等。

二、数字信息资源开发技术的标准化[①]

由于各种网络信息服务系统中使用的数字信息资源组织与开发技术标准不但种类很多，而且数量大，在进行相互交流时难免会产生困难。因此，开发技术的标准化问题逐渐受到人们的重视。

从综合角度看，数字信息资源组织与开发技术标准化的主要任务包括以下几方面的内容：

（一）国际标准的采用

为了实现世界范围内的信息交流和信息资源共享，积极采用国际标准是数字信息资源组织与开发技术标准化的重要任务。采用国际标准要有三个条件：一是要坚持国际标准的统一和协调；二是要坚持结合我国具体情况和进行试行验证；三是要坚持有利于促进数字信息资源组织与开发技术进步的原则。

（二）国家相关标准的贯彻

数字信息资源组织与开发技术标准由国家标准化部门批准、发布，在全国范围内适用。信息技术国家标准范围非常广泛，包括信息系统、网络使用的各种标准。到目前为止，我国已发布了数百项信息管理技术国家标准，其中大部分是通信方面的，直接和信息组织与开发有关系的有 100 多项。在这一大框架上，应针对数字信息资源组织与开发技术应用的发展，在关键的技术环节上扩充老内容，为现实问题的解决提供完善的技术依据和准则。

（三）标准体系的确立和完善

建立和健全标准体系最根本目的是在数字资源组织与开发的各个环节上将有关技术标准进行有序组织和整合，并使之形成有机体系，以利于规范组织与开发技术平台建设。

---

① 胡潜：《关于数字信息资源组织与开发技术标准化推进的思考》，载《情报杂志》2005 年第 6 期，第 1040～1044 页。

（四）标准的科学化管理

推进数字信息资源组织与开发技术标准化，应注重标准的贯彻实施，好的标准如果得不到认真的贯彻实施，也是不会获得任何效益的。要做到真正贯彻实施好标准，就要加强对标准的管理维护。也就是说，要对各种信息组织与开发技术标准的贯彻实施情况经常进行督促检查，发现问题，采取措施。由于信息管理技术发展非常迅速，所以，技术标准实施一定时间后，就要对之进行复审，根据复审中发现的问题，对标准进行妥善处理，该确认的予以确认，该修订的进行修订，对于那些没有必要继续存在下去的标准要加以废止。大量实践证明，管理维护工作的质量对标准的使用寿命和标准化效果有重要影响。

第四节　数字信息资源开发的项目管理

数字信息资源开发依赖于政府的投资，主要是大型数字信息资源项目建设。这就要求对数字信息资源开发项目进行管理。美国联邦政府对国家信息系统工程严格控制风险，对民间资本开发严格控制工程质量，例如，美国对信息系统工程项目按预算分为 5 级，分别制定项目规范和审批程序。对于全国性项目，美国数字信息资源建设注重资源标准体系建设，强调资源的可用性与可获取性。而我国在重点工程的审批和布局上还没有科学的理论指导，容易出现低效率重复建设。为了推动数字信息资源开发，应该加强我国重点工程建设的规划和管理力度。①

（一）项目管理简述

项目是为提供某项独特产品、服务或成果所做的临时性努力。项目具有临时性、独特性及逐步完善的特性。项目管理就是把各种知识、技能、手段和技术应用于项目活动中，以达到项目的要求。项目管理是通过应用和综合诸如启动、规划、实施、监控和收尾等项目管理过程来进行的。项目管理的进程一般分为以下四个阶段：（1）项目的启动：包括初步确定项目组成人员、确定项目界限、初步确定项目计划、项目初始阶段总结评审。（2）项目计划过程：包括确认项目流程、确认项目详细计划、计划评审及批准等。（3）项目执行和控制过程：包

---

① 裴雷、马费成：《公共数字信息资源开发利用现状和对策》，载《情报理论与实践》2008 年第 1 期，第 26～32 页。

括执行项目计划、管理项目、控制项目计划及完成情况、项目变更控制、项目进程评审等。（4）项目收尾过程：包括完成项目移交准备工作、完成项目结束和移交工作计划、结束项目和完成项目等。项目的选择必须满足三个条件：一是项目目标必须合理，具有可操作性、可实践性；二是决策过程必须满足投资目标的要求，使投资目标有坚实的基础；三是决策过程必须符合效率和经济性要求，既要保证快速决策，又不至于为项目决策花费大量的资金。项目具有临时性（即一次性）、独特性及逐步完善的特性。每一个数字信息资源开发项目都具有确定的起点和终点，都有明确的目标，当目标研究达到，项目就达到终点。每一个数字资源开发项目都受目标、人员、资金、时间、空间、技术、设备等因素的约束，有其独特性，而信息资源开发中的采集、组织、存储、发布等一系列过程又是系统的，在开发过程中，因根据用户反馈信息及时调整开发方案。因此，我们可以利用项目管理的方法来进行数字信息资源的开发。

（二）数字信息资源开发项目管理

数字信息资源开发项目分为启动、规划、实施和收尾四阶段，数字信息资源开发项目启动主要指该项目需求分析和可行性分析以及项目组的成立。数字信息资源开发项目组的成立表明数字信息资源开发项目正式启动。项目启动之后就是规划阶段，规划阶段主要是进行任务分解、进度控制和项目预算等。项目任务分解是把项目整体系统地分解成有内在联系的若干工作任务。一般用工作分析结构（Work Breakdown Structure，WBS）来分解项目。数字信息资源开发项目主要包括数字信息资源的采集、数字信息资源组织、数字信息资源存储、数字信息资源发布、数字信息资源评价等任务，各阶段每个任务下又包含若干子任务，信息资源开发项目具体任务分解过程见图 11-3。在整个项目的开发过程中，要制定进度计划来控制项目的进度。进度计划是在工作分解结构基础上对活动做出的时间安排，以保证项目在有限的时间范围内顺利完成。常见的进度计划方法有里程碑法、网络图法、甘特图法等。项目预算是指对完成项目任务所需的各种可能性费用进行估算。制定好规划后就可以实施项目了。项目执行是按照项目计划进行任务落实的过程，在项目主管的组织下，项目团队成员按照明确分工，逐一完成各自的工作任务，从而达到项目目标。项目实施计划可运用 5W2H 方法，即：（1）What：项目的内容和达成的目标；（2）Why：提出项目的原因；（3）Who：项目主管、参加项目的具体人员；（4）When：什么时间开始、什么时间完成；（5）Where：项目进行的地点；（6）How：用什么方法进行；（7）How much：项目需要多少经费。项目监控是为了保证项目按照预定的计划基准进行的一系列管理工作，包括进度、质量、标准、费用等。由于项目计划只是一种设想、预测、谋划和主观安排，在实际过程中，由于诸多因素的影响，难免发生偏差和变化，因此，对项目监控和调整实属必要。在数字信息资源开发项目实施完成后的收尾阶段，当所有的工作任务落实之后，项目目标基本实现，需要组织由领导、专家、项目人员参与的专家评估会议，对项目质量、经费使用、资源建设、信息服务等内容进行验收。确定项目后期维护人员，确保能够对系统进行日常更新和不断改善的目标。信息资源开发项目分解结构如图 11 - 3 所示。

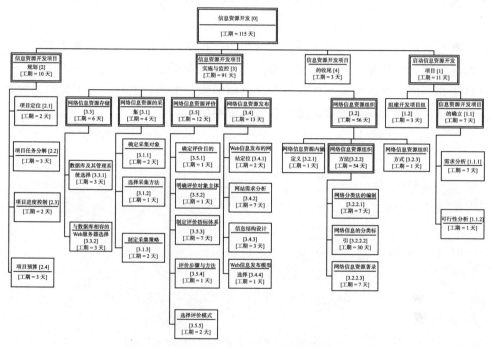

图 11 - 3　信息资源开发项目 WBS 分解结构

（三）项目管理在数字信息资源开发中应用的积极意义

1. 提高工作效率

项目管理可以从根本上提高管理人员的工作效率。项目管理灵活、快速、高效益，具有很强的竞争力和可操作性。比如，图书馆确立了一个数据库建设项目，馆长尚可沿用传统管理模式，召集技术部、采编部、典藏部等人员，告之工作内容然后再划分具体任务。但如果同时有几个项目，传统管理方法必定使馆长焦头烂额，时间紧任务多，部门间不配合，人员任务交叉，工作目标含糊，于是造成工作延误、互相推诿责任，项目不能完成或完成质量不高等。而项目管理的运作改变了低效率的等级命令体系，可根据不同的需求和环境采用不同的有弹性的组织形式项目需要时将相关人员召集到项目小组，每个项目由临时任命的项目负责人计划、组织和控制，并充分授权给项目小组。项目任务完成后其成员又各自回到自己的部门或岗位这种扁平式的组织结构提供了一种跨职能部门、多项目同时运作的解决方案

2. 锻炼队伍，调动参与人员的积极性

传统管理方式束缚了大部分开发人员个人才能的锻炼和发挥，甚至造成开发人员"能力萎缩"。而在项目管理中，一个项目不管大小，都依赖一整套科学的知识体系和管理方法来开展工作，因而能够充分锻炼和培养基层管理及开发人员。

项目管理进入数字信息资源开发的作用还在于：不论人员如何流动变迁，团队始终存在，工作模式保存完好。新人加入到团队后，能在最短的时间内上手，开展工作。团队可以在最短的时间内开始新的资源生产。这样，对于我们的数字资源建设工作无疑是有着重大意义和深远影响的。[1]

---

[1] 郑林峰：《项目管理在图书馆数字资源建设中的应用》，载《图书情报论坛》2006 年第 4 期，第 48～52 页。

第十二章

数字信息资源的组织与整合

第一节 数字信息资源的结构

从狭义上讲数字信息资源等同于电子资源，指一切以数字形式产生和发行的信息资源。其中，数字形式是指能被计算机识别的、不同序列的 0 和 1 构成的形式。数字信息资源中的信息包括文字、图片、声音、动态图像等，都以数字代码的方式存储在磁带、磁盘、光盘等介质上，通过计算机输出设备和网络传送出去，最终显示在用户的计算机终端上。数字信息资源通过网络发布和传递形成网络信息资源[①]。

数字信息资源内容丰富，结构各异。从资源的数字形式上看，数字信息资源由文字、图片、声音、动态图像等类型的信息构成；从组织方式上看，数字资源包括数据库、书目信息、超文本、网页等信息方式。因此，研究数字信息资源的结构可从数字信息资源的形式结构和组织结构着手。

一、数字信息资源的形式结构

（一）文本信息结构

文本信息可以分成两类：文本文件和二进制文件。[②] 文本的标准包括 ASCII、

[①] 肖珑：《数字信息资源的检索与利用》，北京大学出版社 2004 年版，第 3 页。

[②] Lewis J. Computer Science Illuminated. Jones and Bartlett. 2006.

373

MIME、TXT 等。文本由实际文本、用户设置字符、非文本元素如表格、图形和绘图对象、页面格式模板和文本文档全局设置等要素组成。① 文本信息按照不同目的可分为不同结构，总体分成章、节、段、句、词等结构单元。②

建立全文数据库是对文本进行组织的方式之一，对全文文本进行结构化处理，对各级信息单元内容进行标引③，提供语义标签④，使之形成结构化、可检索的文本单位。通过已标引的结构化文本，用户可以定位文本中的相关内容，查找数字化的文本信息。网络环境中，通过标记语言对文本信息进行标记，在浏览器中便呈现出相关的信息，且用户可以通过搜索引擎查找到相关的文本信息。

（二）多媒体信息结构

多媒体是指数字信息环境中的文字、图像、图表、动画、声音和视频等的集合。⑤ 音频文件格式专指存放音频数据的文件的格式。存在多种不同的格式。有两类主要的音频文件格式：无损格式，例如 WAV，PCM，TTA，FLAC，AU；有损格式，例如 MP3，Windows Media Audio（WMA），Ogg Vorbis（OGG），AAC。图像的格式包括位图格式和向量图格式两大类。图像文件基本上由文件头、信息头、调色板和图像数据四部分组成，其中调色板通过 RGB 表等，图像数据则按照每行每列的顺序记录像素排列。视频文件则包括 AVI 格式、TGA 格式、MOV 格式、MPG 格式、DAT 格式、RM 格式和 FLIC 动画文件等。其中，AVI 文件结构由 RIFF 记录头、描述媒体流格式和保存媒体流数据的列表和十一个可选的索引块组成。⑥ 多媒体信息资源普遍遵守 MPEG - 7 标准。该标准包括描述符、描述体系，描述定义语言（DDL）和编码体系。描述符是结构化的，且基于描述框架提供的共同架构。其中，多媒体信息内容结构的基本单位是节（Segment）。⑦

多媒体信息资源利用超文本技术在网络中相互链接被称为超媒体。超媒体

① http：//wiki. services. openoffice. org/wiki/ZH/Documentation/BASIC_Guide/Structure_of_Text_Documents. ［2008 - 12 - 25］

② Sperberg-McQueen C. M.，Burnard L. A Gentle Introduction to SGML. http：//www. isgmlug. org/sgml-help/g-index. html，1994. ［2008 - 12 - 28］

③ 毕强、杨文祥等：《网络信息资源开发与利用》，科学出版社 2004 年版。

④ Brickley D.，Hunter J.，Lagoze C. ABC：Logical model for metadata interoperability. 1999，http：//www. ilrt. bris. ac. uk/discovery/harmony/docs/abc/abc_draft. html. ［2008 - 11 - 27］

⑤ Hutchinson E. S.，Sawyer C. S. Computers，communications，and information ［M］. 高等教育出版社 2003 年版。

⑥ 王向阳：《多媒体信息处理技术原理》，科学出版社 2005 年版。

⑦ Salembier P.，Benitez B. A. In-depth articles：intellectual foundations and descriptions of MPEG - 7 tools for multimedia description. Journal of the American society for information science and technology，2007，58（9），1329 - 1337.

技术通过多媒体节点和链接构成多媒体信息网络。通过对作为节点的多媒体的某敏感区域建链，建立节点之间的链接关系。此外，多媒体数据库通过对非结构化的多媒体信息进行存储和管理，为多媒体信息提供有效的组织方式，其组织方式主要包括文件管理方式、建立逻辑目录和传统的字符数值数据库管理系统。[①]

二、数字信息资源的组织结构

（一）数据库信息结构

数据库是长期存储在计算机内的有组织、可共享的数据集合。数据库的数据具有结构化的特征，不仅反映数据本身的内容，而且反映数据之间的关系。其中，关系数据库是目前数据库采用的主要模型。从用户的角度看，关系数据库模型的逻辑结构是二维表，由行和列组成，其中行为元组，列为属性，通过主码（KEY）确定唯一的元组。在数据库的物理组织中，表以文件形式存储，每一个表通常对应一种文件结构。[②]

从宏观上看，数据库系统分为单用户结构、主从式结构、分布式结构和用户/服务器结构。单用户结构中整个系统安装在一台计算机上，不能共享数据；主从式结构是指由一个主机带多个终端的多用户结构。该结构中数据库和数据集中存储在主机上，用户通过终端存取数据库，共享数据资源；分布式结构则指数据库的数据在逻辑上是一个整体，但物理地分布在计算机网络的不同节点上，网络中的节点既可以处理本地数据，也可以存取和处理异地数据；在客户/服务器结构中，某些节点上的计算机专门用于执行数据库管理系统的功能，成为数据库服务器，其他节点上的计算机则安装数据库管理系统的外围应用开发工具，成为客户机。[③]

数据库的信息组织方式是数字信息资源组织的重要方式，由于数据库中信息结构与一些数字信息资源的结构相似，因而数字信息组织的很多方法是在数据库信息组织的基础上发展起来。

（二）书目信息结构

图书馆中文献信息组织采用机器可读目录（MARC）的方式进行组织。通

---

① 王向阳：《多媒体信息处理技术原理》，科学出版社 2005 年版。
②③ 王珊、陈红：《数据库系统原理教程》，清华大学出版社 2001 年版。

过为各单位文献信息资源进行 MARC 著录，将图书馆文献信息资源组织为文献数据库。MARC 用目录地址的方法组织文献数据，每条 MARC 记录分为：头标区、目次区、数据区和记录结束符，其中头标区提供记录的控制信息，目次区提供索引，数据区存放该记录的结构化数据。通过对文献信息资源的 MARC 著录，图书馆的信息资源得以有效的组织和检索，并为图书馆间的信息交换和资源共享提供组织基础。网络环境中，为便于普通用户理解和阅读，LC 推出了 MARC21（XML）格式，并通过 DC 元数据描述，进一步简化了该数据库。[①]

MARC 作为文献信息组织的重要方式，具有稳定而规范的结构和标准，对文献信息资源的组织和检索质量有所保障。但另一方面 MARC 的复杂结构制约了信息人员对于文献信息的标引速度，因而不能完全适应变化迅速的网络信息组织，因而简化 MARC 结构是其在网络信息组织中发展的趋势。

（三）超文本信息结构

超文本是由节点和链组成的网状结构，节点、热标和链是超文本结构的三个基本要素。各类型的信息资源节点上热标之间的链接构成的网状结构组成了互联网。节点是信息存储的基本单元，节点信息可以包含数据、文字、图形、图像、动画、声音及它们的组合。热标是信息之间关联的链源，热标包括热字或图像的热区。热标可激发链而引起向相关内容的转移。链表示不同节点信息之间的联系，从一节点可以链接到其他的节点，一节点又可以被其他众多的节点链接，从而形成互联的网状结构。通过分析链接关系可以研究网页之间的引用关系，链接功能的强弱影响到网络信息的结构和导航能力。由节点和链组成的超文本网络通过非线性的网状结构来组织信息，使用户能通过链接在不同的节点之间跳转，从而查找相关信息。可见，节点和链是超文本信息资源的重要组成要素，网状结构是超文本信息资源的基本结构。因而链是网络信息资源发现和组织的重要工具，在超文本信息资源的组织中起到关键作用。[②]

在数字信息资源组织中，链接将网络中类型各异、结构各异、分散存储的信息资源链接在一起。通过链接，用户可以在不同的资源之间跳转。通过对各资源的 URI 进行分类组织用户可以找到某主题的相关资源。此外，搜索引擎通过分析网页节点之间链接关系，来判定权威网页，并进行网页等级评定。通过索引和网页地图用户可以快速找到相关的网页资源。

---

① 周宁：《信息组织学教程》，科学出版社 2007 年版。
② 邱均平、王晓斌：《WWW 网页的链接分析及其意义》，载《中国图书馆学报》2002 年第 6 期。

（四）网页组织结构

网页结构是网页信息内容的组织形式。网页的结构包括网页的物理结构和逻辑结构①，物理结构是指网页的 URI、时间以及页面布局等构成；而逻辑结构则指与信息内容相关的组成部分的逻辑元素，如：章、节、小节等，以及这些信息内容的顺序排列、逻辑元素之间的层次结构和层级结构中的参照关系等。②

网页信息组织通过标记语言进行记录和揭示，使用的标记语言主要包括超文本标记语言（Hyper Text Markup Language，HTML）和可扩展标记语言（Extensible Markup Language，XML）。HTML 由标准通用标记语言（SGML）定义，而XML 则是 SGML 的一个子集。其中，SGML 是通用的描述各种电子文件的结构及内容的国际标准，为创建结构化、可交换的电子文件提供了依据。SGML 规定在文档中嵌入描述标记的标准格式，制订了描述文档结构的标准方法。为了描述文档结构，SGML 定义一个称为文献类型定义（DTD）的文件，为组织文档元素（如章节、标题、主题等）提供一个框架，还为文档元素之间的相互关系制定规则，因而通过 SGML 可以定义每一种类型的文档设置层次结构模型。③

HTML 则是通过 SGML 定义的一个在网络信息组织中的标记语言。④ HTML简单易用，适用于网页信息组织。HTML 提供一种文本结构和格式，使信息内容能够在浏览器上呈献给用户。HTML 使用预先定义好的标签描述网页中的元素。HTML 文档通常由文档头（Head）、文档名（Title）、表格（Table）、段落（Paragraph）和列表（List）组成，能清晰地描述网页的逻辑结构。

XML 是 SGML 的一个子集，即具有 SGML 的文档定义功能，因而比 HTML更具扩展性，也能定义信息的复杂结构。⑤ XML 提供用户自主定义标签的功能，深层次描述信息对象的框架。DTD 和 XML Schema 是定义和描述 XML 文档类型的常用方法，为 XML 定义一套标签的使用标准。DTD 允许定义元素的结构和类型、属性类型和默认值等；XML Schema 比 DTD 功能更强大，不需要特定的语法，并提供可扩展的内容模型。

可见，数字信息资源的类型众多、结构各异，这些资源的结构和资源之间的关系构成了数字信息资源的更高一层结构。数字信息结构的多样化为用户检索带来了不便，因而解决异构系统之间的跨库检索问题是满足用户需求和个性化服务的基础。

---

① 傲物科技，网络营销. http：//www. alwutech. com/2008/ssyqsy. pdf. ［2008－12－28］
② 周宁：《信息组织学教程》，科学出版社 2007 年版。
③④⑤ Sperberg-McQueen C. M. , Burnard L. A Gentle Introduction to SGML. http：//www. isgmlug. org/sgmlhelp/g-index. html，1994. ［2008－12－28］

第二节　数字信息资源组织方法

一、传统信息组织方法在数字信息资源组织中的应用

按照传统信息组织的方法，可以将数字信息资源的组织方法概括为：分类法、主题法和集成组织法（分类主题一体化、规范语言与自然语言组织法的结合等）以及索引方法。

（一）分类法的应用

传统分类法的知识系统性、标识语言的通用性、族性检索能力和扩检、缩检功能是其他情报检索语言所不具备的，它在网络中的应用主要体现在：分类浏览、非文本信息的组织、超文本系统的管理、作为网络信息组织的工具和分类主题一体化的工具。[①]

在数字环境中，以分面组配分类法、等级分类法等分类法组织的网络信息系统，从学科的角度揭示信息，成为组织学术性信息资源的重要方法。巴利（Barre）[②] 通过实验指出分面组配分析理论能有效提高网站的搜索和导航特性，且只要简单应用分面组配分析理论的若干技术就能达到效果。在实际使用中，DDC、UDC、LCC 和中图法、科图法等级分类法广泛应用于网络信息组上。如加拿大图书馆与档案中心（LAC）从 1995 年开始已经采用杜威十进制分类法对加拿大的权威网站进行分类，并通过其网站提供这些网络资源的链接。最近 LAC 与加拿大的文化部合作管理与加拿大文化相关的网站，其分类基础也是基于杜威十进制分类法的主题树。[③] 另一方面，大部分网站都采用等级分类体系组织信息，如众所周知的Yahoo。网络信息资源组织中的分类法大多根据实际使用情况对类目进行调整，控制类目体系的深度，加强类下说明，而不只是单纯的直接采用已有分类系统。

---

① Cochrane P A. New roles for classification in libraries and information network. Catalog and classification quarterly，1996，21（2）：1 - 2.

② Barre K L. The use of faceted analytico-synthetic theory as revealed in the practice of website Construction and design. 2006.

③ Zeeman D，Turner G. Resource discovery in the government of Canada using the Dewey decimal classification. Cataloging & classification quarterly，2006，42，（3 - 4）：201 - 211.

（二）主题法的应用

在主题法方面，关键词法和主题词表的应用较为广泛。关键词法具有标引速度快、成本低，不依赖专业人员、不存在人为滞后性等优点。搜索引擎是关键词法广泛使用的结果。搜索引擎通过机器人抓取网页关键词并自动编排索引建立数据库。全文搜索引擎搜索范围较广，但由于没有进行词汇控制，因此检准率较低，缺乏清晰的层次结构，结果链接质量低。在网络信息检索中导入受控语言机制是改善关键词法性能较有效的方法之一。[①]

在主题词表的应用方面，一些搜索引擎提供主题词表检索方式，在用户界面上可以直接浏览主题词表，选择主题词作为检索词提问，其特征是词表内超文本导航。标题词表应用于网络检索可以分为检索前控制和检索后控制两种情况，一方面为用户检索提供选用词，另一方面可在检索结果中提供相关词进一步检索。[②]

此外一些网站将分类目录与搜索引擎或主题词表合起来使用，在分类的基础上再进一步进行全文检索，克服了目录式分类搜索引擎和全文搜索引擎各自的缺点，提高检全率和检准率。此后逐渐出现了智能搜索引擎。智能搜索引擎运用人工智能推理的方法来组织信息。目前比较成功的智能搜索引擎有 FSA、Eloise、FAQFinder，FSA 和 Eloise 专门用于搜索美国证券交易委员会的商业数据库，这两个系统中均内嵌了特定领域中的商业知识，并使用推理——证明式的自然语言识别技术。[③]

（三）索引法的应用

索引是传统信息组织的常用形式之一。数字信息资源管理必然需要采用索引的理论和方法组织数字资源。除了搜索引擎外，数据库与网页的组织经常使用到索引的方法。数据库组织方式是将所有已获得的网络信息资源以固定的记录格式存储，用户通过关键词或主题词及其组配查询，就可找到相关站点链接以找到相应的网络信息资源。这种组织方式利用数据模型对信息进行规范化处理，利用关系代数理论进行数据查询的优化，从而大大提高了数据操作的灵活性，因而成为广泛的网络信息组织方式。网页信息组织也常采用索引的方法，通过对网页进行索引和排序，方便需求明确的用户查找相关网页。

---

① 杨涛：《主题法在网络信息组织中的应用》，载《图书馆建设》2002年第1期，第50~52页。

② 胡昌平、陈传夫、邱均平、王新才：《信息资源管理研究进展》，武汉大学出版社2008年版。

③ 岳泉、谭华军、施云：《网络环境下的信息组织研究》，载《情报理论与实践》2005年第25卷，第2期。

二、数字信息资源组织的系统方法

系统论观点为数字信息资源的组织提供了理论基础。从系统的角度进行信息组织，强调异构系统之间的信息整合，解决系统之间信息的共享和互操作问题。在此前提下，数字信息资源的系统方法需要解决系统信息描述标准化、异构文档整合、系统信息整合和系统互操作的语义一致性等问题。因此，数字信息资源组织的系统方法包括：元数据描述、信息构建、异构数据整合、本体和语义网、网格和语义网格等。

（一）信息描述的基础——元数据（Metadata）

Metadata 的最普通解释是关于数据的数据（Data About Data）或描述数据的数据（Data That Describes Data）。泰勒（Taylor）[1] 详细地指出，元数据是描述信息属性的结构化数据，用于信息的辨别、发现和管理。元数据的主要功能包括：描述、发现、关联和说明——描述因特网数据内容和本质特征，存储相应的检索路径；使因特网数据便于发现，提高了信息资源的查全率和查准率；提供数据之间的联系，指出相关数据的地址和存取方法；对某些缺少文本的数据（如声音、图像）进行文字说明，以便对描述对象有一个完整的描述。[2] 可见，信息的标准化描述是元数据的首要功能，在此基础上信息系统，对各种系统信息进行发现和关联、利用和共享，为不同系统之间的共享和互操作提供基础。

图书馆早期使用的目录卡片、索引等就是元数据的一种。然而"元数据"一词是作为数据库信息组织的产物而产生，用于定义数据仓库中数据的属性。正是有了计算机信息处理的强大功能，信息描述和标准化才能成为一个普遍的需求。因而从实际应用出发，元数据特指数字环境中关于信息的信息。[3] 典型的元数据包括 MARC、DC 等。MARC（Machine Readable Catalogue）即机器可读目录，是以代码形式和特定结构记录在计算机存储介质上的，用计算机识别和阅读的目录[4]，为计算机信息交互、使用和解释提供标准化的协议，是数字环境中元数据的鼻祖。网络环境中，MARC 增加 538 字段（系统需求和存取注释）、516 字段（计算机文件类型或数据注释）、256 字段（计算机文件特征）以及 856 字

---

① Taylor A. G. The organization of information. London：Libraries unlimited. Sociometry，1969，32（4）：425 – 443. http：//www. ics. uci. edu/ ~ xwy/cs235/papers/smallworld. pdf. ［2008 – 11 – 21］

② 周宁：《信息组织学教程》，科学出版社 2007 年版。

③ 刘炜：《元数据与知识本体》，载《图书馆杂志》2004 年第 6 期，第 50 ~ 54 页。

④ 胡昌平、陈传夫、邱均平、王新才：《信息资源管理研究进展》，武汉大学出版社 2008 年版。

段（电子地址和存取）①。DC（Dublin Core）是跨领域信息资源描述的标准元数据元素集，为方便用户查找信息而提供简单和标准化的元素集合来描述网络事物的信息。DC 被广泛用于描述数字资源如：视频、音频、图像、文本和网页等。②MARC 结构复杂，在网络信息描述方面缺乏灵活性，DC 提出的核心元素简洁实用，作为元数据被各领域普遍采用。无论是 MARC 还是 DC，元数据为信息描述提供了相对标准化的框架，并随着应用实践的发展而不断修改其框架和要素。

在网络环境中和异构信息系统之间，RDF 将元数据作为一种数据，以 XML 语义作为宿主语法进行网络信息的组织。RDF（the Resource Description Framework）即资源描述框架，是对网上被命名的具有 URI 的对象（如网页、XML 文档元素等）的属性进行陈述，以表明资源的特性或资源之间关系的通用模型以支持因特网上的元数据。RDF 定义了资源—属性—值的三元组的通用框架，通过 URI 指向某词汇集（即元数据集），因而允许任何人定义元数据来描述特定的资源，这就将语义信息与描述框架分开，使标准化的元数据更具灵活性。

元数据是文献编目在数字环境中的延伸。根据数字信息资源的属性特征、应用环境和应用目的，元数据对数字信息资源进行有针对性地描述，为信息系统中对于信息的各种操作提供了标准化和灵活的基础。此外，DC 等普遍采用的元数据虽然为各领域的信息资源描述提供了相对统一的框架，但由于不同领域的元数据方案众多，不同元数据描述的信息系统之间的互操作问题是元数据规范本身所不能解决的。③④

（二）结构化、半结构化与非结构化文档

目前网络信息主要由 HTML 标识的文档组成，因而文档信息是数字信息资源的重要组成部分。不同系统或组织中的数字文档结构各不相同，一般分为逻辑结构、物理结构和语义结构三个层次，文档结构大多数情况下指逻辑结构。⑤ 而根据文档的结构化程度又可以分成结构化文档、半结构化文档和非结构化文档三类。

在结构化文档方面，电子表格、关系数据库、纯粹的数据表格等均可属于结构化的数据，SGML 和 XML 等文档格式的广泛采用为结构化的文档组织方式提

---

① 郭志红：《元数据的多角度透视》，载《图书馆》2002 年第 5 期。

② Wikipedia. Dublin Core. http：//en. wikipedia. org/wiki/Dublin_Core. ［2008 – 11 – 28］

③ Bearman D.，Rust G.，Weibel S. A common model to support interoperable metadata. D-Lib，1999，5（1）. http：//www. dlib. org/dlib/january99/bearman/01bearman. html. ［2008 – 11 – 27］

④ Brickley D.，Hunter J.，Lagoze C. ABC：Logical model for metadata interoperability. 1999 http：//www. ilrt. bris. ac. uk/discovery/harmony/docs/abc/abc_draft. html. ［2008 – 11 – 27］

⑤ Liu S.，McMahon C. A.，Culley S. J. A review of structured document retrieval（SDR）technology to improve information access performance in engineering document management. Computers in industry，2008，59：3 – 16.

供了广泛的基础。由于结构化文档检索利用文档组成元素而不是整个文档作为检索的基础，这些元素之间的内在关系对为用户提供结构化文档的有效和快速的访问、对支持用户的自然浏览行为起到非常重要的作用[1]，因此结构化文档是最方便组织和检索、最有实用意义的数字信息资源。

对半结构化文档的分类一般包括各种内容组成的文档和能用扁平结构模拟任意树状结构的文档两种情况。半结构化文档的研究思路是从半结构化文档中发掘出结构化的信息[2]，然后遵循结构化文档组织和检索的思路进行信息组织。

与结构化数据相比，文本文档、站点图像、网页、计划时间表等非结构化数据源由于在数据准备、表达和分析方面的困难而没有得到广泛的研究。有学者提出将数据按照属性编码或按照元数据进行排列以产生最优的浏览顺序，以有效的组织结构化和非结构化文档信息，[3] 对数据进行排列的方式避免了机器读取非结构化文档内容的难题。但如何生成非结构化文档的元数据的问题仍然需要研究。文档信息尤其是非结构化文档的组织关系到信息检索的广度和深度。此外，也关系到深网（Deep Web）的检索问题，因此数字文档的组织问题仍然是数字环境中信息组织的重要课题。

（三）异构信息系统

信息系统是数字信息资源的重要组织方式之一。然而不同信息系统的信息组织方式和检索方式各不相同，给用户的使用带来不便。因而对结构各异的信息系统进行整合，为用户提供同一的检索界面和平台，是数字信息组织要解决的重要课题。

实现异构信息系统整合的关键在于找到一个标准性和灵活性兼备的通用模型，如：关系数据模型[4]、函数数据模型[5]、对象交换模型[6]、本体论模型[7]、面

---

① Reid J., Lahmas M., Finesilver K. Best entry points for structured document retrieval—Part 1: Characteristics. Information processing and management, 2006, 42: 74 – 88.

② Bratko A., Filipič B. Exploiting structural information for semi-structured document categorization. Information processing and management. 2006, 42: 679 – 694.

③ Losee R. M. Browsing mixed structured and unstructured data. Information processing and management, 2006, 42: 440 – 452.

④ Wong K. K., Bazex P. MRDSM: A relational multidatabase management system. In: Proc. Third Int. Seminar distributed data sharing system. 1984.

⑤ Motro A. Superviews: Virtual integration of multip le database. IEEE trans on software engineering, 1987, SE – 13 (7): 785 – 798.

⑥ Li C. et al. Capability based mediation in TSIMMIS. In: Proc. Of the ACM SIGMOD conference, 1998: 564 – 566.

⑦ Bayardo R. J. et al. Infosleuth: agent-based semantic integration of information in open and dynamic enviroments. In: Proc of ACM SIGMOD intl conference, 1997: 195 – 206.

向对象数据模型①、对象关系模型②和对象代理模型③等。其中主流的异构数据整合框架包括：基于数据仓库的集成框架、虚拟数据组织系统和由一系列独立的数据库系统组成的联邦数据库系统。异构数据库整合的方法包括：XML、数据仓库和 Web Service 分布式应用技术等。XML 具有可扩展性、自描述性、独立性和数据表达能力等优势，另外 XML 语言能作为信息描述语言，能同时解决人与机器对信息理解的问题，使 XML 在信息转换和整合中得到广泛的应用；数据仓库通过对异构数据源的数据进行清洗和集成，使加载的数据整合到目标数据模型下，为用户提供统一的数据视图；Web Service 技术建立可互操作的分布式应用程序新平台，其特点是跨平台调用和接口可机器识别，使用简单对象访问协议 SOAP 作为服务调用协议，不仅具有开放性和可扩展性、解决防火墙问题，更重要的是各种数据模型都可打包成 SOAP 进行相互调用，这就消除了系统间差异。④

（四）信息构建

理查德（Richard Saul Wurman）在 1975 年提出了信息构建（Information Architecture）一词，并明确地界定了信息建筑师的工作任务：组织数据中的固有模式，化复杂为明晰；创建信息结构或地图，令他人找到其通向知识的个人路径；信息建筑师是即将到来的 21 世纪的专业化职业，代表着该时代信息组织科学的集中需求。⑤

迪兰（Dillon）和特恩布尔（Turnbull）⑥ 认为信息构建是集各学科知识在内的边缘概念，因而从各学科出发可以对信息构建有不同理解。从信息科学角度出发，信息构建既包括对用户和组织的研究，也包括对信息组织具体方法的研究。

信息构建协会（Information Architecture Institute）认为信息构建是信息共享环境的结构化设计；对网站、内部网、在线社区和软件进行组织和置标（Labeling），以支持被查找能力和可用性的科学和艺术；关注数字领域设计和构建实

---

① Ahmed R. et al. The pegasus heterogeneous multidatabase system. IEEE computer, 1991, 24 (12)：22 - 29.

② Kim W. et al. Classifying schematic and data heterogeneity in multi-database systems. IEEE computer, 1991. 12：12 - 18.

③ 彭智勇：《基于对象代理模型的异构多数据库集成》，载《计算机科学》2002 年第 29 期，第 256~258 页。

④ 胡昌平、陈传夫、邱均平、王新才：《信息资源管理研究进展》，武汉大学出版社 2008 年版。

⑤ 荣毅虹、梁战平：《信息构建（Information Architecture, IA）探析》，载《情报学报》2003 年第 22 卷，第 2 期。

⑥ Dillon A. , Turnbull D. Information architecture. Encyclopedia of library and information science. 2005.

践的一系列原则①。

罗森菲尔德（Rosenfeld）和莫维尔（Morville）② 则对信息构建进行了详细的辨析，指出信息构建首先是针对信息而非数据或知识，关注网站、文档、软件应用、图像等的信息；信息构建包含建构、组织和标签导航的功能；信息构建对于信息系统的管理以用户查找为中心；信息构建既是科学也是艺术。

信息构建的定义至今没有得到统一，理查德提出信息构建一词，并描述了信息构建的概貌；迪兰和特黑布尔侧重从信息科学领域对信息构建进行定义；信息构建协会的定义指出了信息构建的适用范围和目标；罗森菲尔德和莫维尔③则对信息构建的内涵进行了剖析，较全面地描述了信息构建的含义，突出用户需求的要素。综上所述，数字环境中的信息构建是通过系统信息组织、置标体系、导航体系等方法对各类信息系统或机构的信息进行组织，为用户查找和利用信息提供解决方法的科学和艺术。信息构建针对特定系统或组织的信息组织而言，以用户需求和信息系统的可用性为目标，由组织系统、标签系统、导航系统、搜索系统等模块组成，最终为资源系统提供可视化和易理解的结构化信息。

数字信息环境中无论是商业组织、内部网或各类网站，都面临对大量信息进行组织序化和共享的问题；无论是文档系统、产品类目或是不同类型信息体系的建立，都需要以系统的可用性为目标进行体系结构的设计。信息构建正为各类型机构和系统有效组织利用信息，提高系统可用性，满足用户需求提供有效的解决方法，因而得到广泛应用。信息构建理论作为数字环境中信息资源管理的重要方法将得到不断发展。

（五）内容的整合——语义网与本体论

以万维网协会主席柏纳·李（Berners-Lee）为首的学者于 2001 年正式提出语义网（Semantic Web）的概念，提出为已有的网络添加计算机可理解的语义标注，使网络成为人机可共同理解的信息的交换媒介。④ 与传统信息组织相比，语义网强调网络对于信息语义的理解，使网络信息组织摆脱以往依靠语法组织和机械化的语义组织而带来的问题，消除了信息的含混性和歧义性，其传递的语义直指语用，从信息内容上保证网络信息的整合和利用。

---

① Information Architecture Institute. What is IA?, http：//www. iainstitute. org/documents/learn/What_is_IA. pdf. [2008 - 11 - 27]

② Rosenfeld L., Morville P. Information architecture for the world wide web: Designing large-scale web sites. O'Reilly and Associates. Inc.：Sebastopol，CA，2002.

③ Rosenfeld L., Morville P. Information architecture for the world wide web. Cambridge：O'Reilly. 1998.

④ Berners-Lee T.；Hendler J.，Lassila O. （May 17，2001）. The semantic web. Scientific American，2001. 5. http：//www. sciam. com/article. cfm? id = the-semantic-web&print = true. [2008 - 11 - 28]

从柏纳·李提出的语义网体系结构（W3C）可知，该体系最底层由 URI 和 Unicode 构成，解决语义网中资源定位和跨地区字符编码格式标准化问题；倒数第二层由 XML、Namespace 和 XML Schema 组成；倒数第三层由 RDF 和 RDF Schema 组成，倒数第二、第三层结合就可以建立起语义网。然而要解决计算机之间语义互相理解的问题，需要一套共同的概念体系进行语义标注。第四层的 Ontology vocabulary 与 XML 和 RDF 一起，构成了互联网上语义信息组织的基础。本体作为语义标注的重要依据，是语义网最关键的部分。

根据格鲁伯（Gruber）最早提出的定义[1][2]，本体是用于帮助人机共享知识概念的规范描述，一套得到大多数人认同的、关于概念体系的明确的、形式化的规范说明[3]或是一套属于词表以及术语含义的规范说明[4]。由此可见，概念和规范是本体的两大特征。概念是关于世界上任何事物以及事物之间关系和约束条件的知识表达；规范则强调以标准化的形式进行概念的描述。此外，元数据为网络信息组织提供了语义基础，然而不同元数据标准的系统间仍存在互操作问题。本体为元数据提供了概念体系和规范化描述，解决了元数据的语义问题。[5] 可见，本体的概念和规范体系，为网络异构信息的整合和组织提供了标准化的保障。

通过本体对信息进行标注，信息的语义特征就能被知识组织系统识别并记录到知识库，检索时搜索引擎对知识库进行语义内容重组，形成关于某学科领域的全面的知识网络，实现对语义层面信息的组织。很多学者都认为本体与叙词表具有很多相同之处，叙词表在传统环境中的信息组织中的作用不容置疑。在数字环境中，信息日益增多，结构日益复杂，本体具有的知识性、逻辑性、多维性、开放性、动态性和机器可理解性等特征，将进一步延伸信息组织的功能，为整合和统一纷繁复杂的网络信息提供有效的方法。

（六）大规模信息整合——网格技术

网格（Grid）对于信息资源管理的理念在于，网格将整个互联网整合成一台巨大的超级计算机，实现分布的计算资源、存储资源、数据资源、信息资源、知

---

[1] Gruber T. R. A translation approach to portable ontology specification. Knowledge acquisition，1993（5）：199－220.

[2] Gruber T. R. Towards principles for the design of ontologies used for knowledge sharing. Proceeding of the international workshop on formal ontology. 1993.

[3] Borst P.，Akkermans H. An ontology approach to product disassembly. EKAW 1997，Sant fuliu de gu5xols，Spain：15－19.

[4] Uschold Mike，Michael Gruninger. Ontologies：principles，methods and applications. Knowledge engineering review. 1996，11（2）：93－136.

[5] 刘炜：《元数据与知识本体》，载《图书馆杂志》2004 年第 6 期，第 50～54 页。

识资源、专家资源的全面共享。网格对于信息资源的整合包括了硬件资源、信息和知识资源以及人力资源，因而是广义的信息整合。

网格的信息资源组织方式宏观上采取虚拟组织方式，将分散、异构和多环境中运行的系统资源虚拟组织在一起，并对客户端提供相同的访问接口。微观上，各系统之间根据概念关系形成网格体系，上述元数据、异构文档整合、信息构建、语义网和本体等各种信息组织方法都是网格体系中信息和知识资源组织方法的一部分。在有效组织信息和知识的同时，强调硬件和人的因素，实现信息资源的宏观整合和共享。

将网格技术运用于知识组织，人们提出了语义网格和知识网格等概念。其核心均是网格与语义的结合。以网格和语义网为基础架构，以领域本体为核心，以整合服务为最终目标，以无缝的界面提供知识服务。语义网格和知识网格的实现，可以使数字信息组织实现新的跨越，一方面实现计算、存储、信息、知识和专家等资源的提升，另一方面实现异构和分布系统之间语义能力的扩展和互操作。

第三节　数字信息资源组织的用户导向

随着用户为中心的理念和 Web2.0 技术的产生和发展，信息组织将向着用户主导的方向发展，而支持这一发展方向的理论，我们称之为用户导向组织理论。在 Web2.0 的环境中，信息服务以 Web 作为平台，强调集体智慧在信息组织中的作用，信息环境随需求和服务而改变，软件独立于设备且强调用户体验。其中，Web2.0 的相关理论包括：小世界理论、长尾理论、Copy Left 理论等，这些都是数字信息资源组织理论的发展和补充。

一、用户导向论基础

Web2.0 是数字环境中信息资源管理用户导向趋势的代名词，使得信息资源管理从以往的以系统为中心的惯性中走出来。虽然过往的信息资源组织也强调用户需求，但用户导向论通过用户自身参与信息管理进而满足用户需求的机制，使普通用户（草根）信息需求无论是范围、精细程度或是信息的个别性方面都得到空前的满足。其中，数字信息资源管理的用户导向论主要包括：小世界理论、长尾理论、Copyleft 理论等。

（一） 小世界理论

"小世界"问题的提出最早在 20 世纪 60 年代，当时美国的心理学家斯坦尼·米尔格兰姆（Stanley Milgram）做了一个简单实验，让两个陌生人通过自己的亲友的亲友来传达信件，结果发现，仅需要平均传递 6 次就能到达对方那里，据此提出了"六度分离"（Six Degrees of Separation）的理论，之后特拉弗斯（Travers）和米尔格兰姆（Milgram）再次验证了该理论。[1] 1998 年，沃茨（Watts）和斯托加茨（Strogatz）引入了"小世界（Small world）网络模型"，以描述从完全规则网络到完全随机网络的转变，刻画庞大的网络中大多数节点间有较短的联结（路径）的性质，重新发现并扩展了小世界效应。[2][3] 2002 年沃茨领导的研究小组利用互联网在全世界范围内重复了米尔格兰姆当年的实验，初步验证了小世界现象。如今，小世界现象逐渐被计算机科学家重视并被迅速上升为网络论，有望成为继系统论、信息论和控制论之后与计算机相关的重要理论，同时还被众多的学者视为一个新的科学领域加以关注和重视。[4][5]

小世界原理其实也是信息相关性的具体表现，传统的引文分布和引文系统早已证实了信息利用与服务中的小世界现象。对文献引文分析研究，证明各引文相关联的作者之间存在着特定联系，已成为图书情报界的一种重要方法与理论。目前学界所广泛研究的 Web2.0 理念可通过小世界理论来进行分享信息、组建社区信息分享、社区组建，同样图书馆服务也越来越关注信息资源、馆员、读者、系统与环境等之间的联系及规律，注重面向用户服务的资源整合与组织。[6] 可见，小世界现象作为图书情报学基础原理具有普遍意义和广泛应用性，能够对数字信息资源组织提供指导。

（二） 长尾理论

"长尾"的概念于 1946 年由统计学家提出，是指非主流部分在统计概率上

---

① Milgram S. The small world problem. Psychology today. 1967，1（1）：60 – 67.

② Watts D. J. ，Strogatz S H. Collective dynamics of 'small world' networks. Nature，1998：393 – 440.

③ Watts D. Small worlds：The dynamics of networks between order and randomness. Princeton University Press. 1999.

④ Watts D. J. Small worlds：The dynamics of networks between order and randomness. Princeton：Princeton University Press，2003.

⑤ Watts D. J. Six degrees：The science of a connected age. London：Heinammann，2003.

⑥ 图情小生：《图书馆信息服务与 Web2.0 理论基础的相符性》，http：//slyang2005. bokee. com/6316733. html，2007 – 6 – 8.［2008 – 10 – 22］

的"长尾"分布状态①。"长尾理论"一词由克里斯·安德森（Chris Anderson）于 2004 年在 Wired 杂志中提出，指商业中以较小的数量销售大量种类不同的货品的策略。过去，由于受到物理场所和物理实体的限制，商业机构提供的产品只能满足主流需求，对于少数人的个别需求则由于成本较高而未被重视。网络则摆脱了时间和地域的限制，一方面为人们提供更多产品、服务或信息的目录，能满足主流需求和众多的个别需求；另一方面将目标顾客或用户的范围扩展到世界各地，因而摆脱了产品对某地域内顾客和用户规模的要求的局限。因此，网络世界出现了能满足众多个别需求的产品和服务，这正是网络环境中体现的"长尾效应"。②

长尾理论是对帕累托效应（也叫二八定律）的颠覆，强调关注广大非重点用户的利益。根据这一理论，人们在数字信息资源组织时，应考虑普通用户的信息需求和使用习惯，除了满足主流的信息需求外，还应收集大部分用户的个别需求和习惯，有针对性地组织信息资源，满足长尾部分的信息需求。Web2.0 让用户成为织网者，将集体的智慧集结到网上，从而通过用户的自服务而服务于"长尾"。

（三）Copyleft 理论

Copyleft 是从 Copyright 一词引申出的意义，指通过版权相关的法律来消除对于作品版权和修改版本的限制。③ 自由软件协会（Free Software Foundation）的创始人理察法·斯德尔曼（Richard Stallman）提出的 Copyleft（公共版权）理论与目前的版权保护理论是对立的，其目的是把软件放在公共领域，将自由运行、拷贝、学习、修改和改进软件的权利交给使用者，让软件自由而非独占。在 Copyleft 理论支持下，作者可以自由和方便地共享其智力成果，用户则可以通过各种方式使用和修改各种作品。该理论由软件代码的公共版权问题而产生，最终扩展到与版权相关的各种智力成果，如：书刊、信息、音乐、电影、电台和电视台等。④

Copyleft 理论与 Web2.0 的自由和开放的精神是一致的。数字环境中，一方面，Copyleft 使更多带有版权的信息加入网络信息传播中，提高了网络信息的质量；另一方面，Copyleft 扩大了人们对版权相关信息的传播和利用的权利，使这

---

① Wikipedia，The long tail. http：//en. wikipedia. org/wiki/The_Long_Tail. ［2008 – 10 – 22］

② Anderson C. The long tail. Wired，2004. 10.

③ Wikipedia. Copyleft. http：//en. wikipedia. org/wiki/Copyleft. ［2008 – 10 – 22］

④ Dinkgrave R. M. Copyleft. 2005. https：//www. msu. edu/ ~ dinkgra2/copyleft-dinkgrave. pdf. ［2008 – 11 – 23］

一部分信息成为用户所需的重要资源之一。可见，Copyleft 理论使版权信息为数字信息资源的重要组成部分，这将带来数字信息组织的改变，而且使数字信息资源组织向用户为中心的方向迈进一步。

二、以用户为中心的信息组织

（一） RSS （Really Simple Syndication）

RSS 通常被认为是 Really Simple Syndication 的简称。根据维基百科对于 RSS 的描述可知，RSS 是一种信息来源格式规范，用以发布经常更新信息的网站，例如，博客文章、新闻、音频或视频的网站。[①] 每个被发布的 RSS 文件被称为 RSS Feed，RSS Feed 是一段规范的 XML 格式的数据，为网站内容提供摘要和链接到源内容的入口项，以便被其他站点、终端和服务调用。[②]

在 RSS 规范下，信息发布者发布 RSS Feed 后，RSS Feed 中包含的信息就能直接被其他站点调用，而且由于这些数据都是标准的 XML 格式，所以也能在其他的终端和服务中使用，如 PDA、手机、邮件列表等。[③] RSS 与 HTML 网页一样，是网络内容分发和汇集的另一种形式。信息内容发布者可通过 RSS Feed 以供浏览者订阅，将信息"推"送至用户桌面，也可将其他站点的内容集成到自身网站；用户则可通过 RSS 阅读器将多个来源的信息聚合起来，并可根据需求对信息源进行分类组织，以便及时动态地获取相关信息，满足个性化的信息需求。

（二） 微内容 （Microcontent）

微内容由雅各布·尼尔森（Jackob Nielsen）在 1998 年提出，指网站中权重较轻的小段文本[④]。随着博客等工具的出现，微内容的含义更为广泛，阿尼尔·达什（Anil Dash）在 2002 年提出了微内容更广泛的定义，指微内容是包含一个主要概念或观点的内容，可通过唯一的 URL 或 permalik 链接访问，并

---

① Wikipedia. . RSS. http：//zh. wikipedia. org/wiki/RSS. ［2009 - 06 - 12］

② 图书馆 2.0 工作室：《图书馆 2.0——设计你的服务》，北京图书馆出版社 2008 年版。

③ 百度百科. RSS 源：RSS 的联合和聚合 . http：//baike. baidu. com/view/1892290. html? fromTaglist. ［2008 - 10 - 22］

④ Nielsen J. Microcontent：How to write headlines, pages titles and subject lines. 1998. http：//www. useit. com/alertbox/980906. html. ［2008 - 11 - 25］

在电子邮件服务器、网页浏览器或掌上设备中使用。①② 斯比瓦克 Spivack③ 则认为，微内容是关于元数据（网页发布中 XML 或 RDF 中定义的）和数据（网页发布的内容）的有限集合，有唯一的标识（Identity）和 URL，并可提供关于某一特定思想的小量信息。"微"是微内容的主要特征，是指具有唯一标识和 URI 的信息单元，且能独立于来源信息系统在网络中独立地被出版、订阅和链接。

微内容的特点：一是"微"；二是独立性；三是可寻址；四是结构化；五是结构灵活性；六是数字化。④ 微内容的典型应用包括：博客文章、RSS/Atom 发布、讨论发布、Wiki 节点或拥有 URI 的数据库记录等。⑤微内容解决 Web2.0 环境中"长尾理论"的问题，通过对分散和繁多的信息单元进行结构化定义、置标、描述和组织，为网络信息组织提供了更细致和结构化的信息单元，一方面有利于对用户创建的大量的信息进行结构化；另一方面用户创建的大量结构化信息单元对满足"长尾"部分用户繁多和独有的信息需求提供了量的保证。很明显，微内容为数字信息资源组织的深化提供了条件。

（三）微格式

2005 年罗艾特·哈雷（Rohit Khare）⑥ 和亚当·雷夫金（Adam Rifkin）在美国超新星大会上发布了微格式的官方网站（microformats.org），微格式一词正式产生。⑦ 微格式是建立在已有且被广泛接受的标准上的一组简单和并放的数据格式。微格式的目的是在当前用户行为和使用模式的基础上解决简单的问题。微格式的原则包括：（1）解决具体的问题；（2）尽可能简单而有成效；（3）以人为主，机器为辅；（4）广泛使用已有标准如：语义（X）HTML、互操作的 RFC 架构；（5）模块化和可扩展性；（6）非中心化，内容和服务。⑧

微格式的官方网站上公布了关于微格式"是"与"非"的详细说明，见表 12 - 1。

---

① Dash A. Inrtoducing the microcontent client. http：//www. anildash. com/magazine/2002/11/introducing_the. html. [2008 - 10 - 22]

② Wikipedia. Microcontent. http：//en. wikipedia. org/wiki/Microcontent. [2008 - 10 - 22]

③⑤ Spivack N. Defining microcotent. 2003. http：//novaspivack. typepad. com/nova _ spivacks _ weblog/2003/12/defining_microc. html. [2008 - 11 - 25]

④ Leene A. Microcontent is everywhere. 2005. http：//www. sivas. com/aleene/microcontent/. [2008 - 11 - 25]

⑥ Khare R. Çelik T. Microformats：A pragmatic path to the semantic web. CommerceNet labs technical report. 2006. 1. http：//wiki. commerce. net/images/e/ea/CN - TR - 06 - 01. pdf. [2008 - 11 - 29]

⑦ Microformats. About microformats. http：//microformats. org/about/. [2008 - 9 - 29]

⑧ Torkington N. Microformats. org launched at supernova 2005. http：//radar. oreilly. com/archives/2005/06/microformatsorg. html. [2008 - 11 - 29]

表 12 – 1　　　　　　　　微格式"是"与"非"的详细说明

微格式是	微格式非
对数据的一种思考方法	一种新的语言
对信息格式的设计原则	无限扩展和开放
适合现有用户行为和利用的模式	让所有人试图放弃已有方法的工具
与语义化的 XHTML 高度相关	一种全新的摒弃已有工作机制的方法
一系列简单的开放数据格式标准，可以更好地支持结构化博客和网络微内容的研制和实施	可以解决一切分类法、知识本体和其他这类总结归纳工具的方法
一个进化的革命	普遍或片面的针对
以上所有	任何一个

可见，微格式的特点是简单开放和用户导向，在用户当前行为习惯和模式的基础上，以简单、灵活和开放的格式满足用户各种需求。微格式建立在广泛接受的标准的基础上，能广泛和迅速地融入现有的各种信息服务中，为用户提供随时和灵活的个性化服务。此外，微格式通过为已有 HTML 描述中提供可重用和可提取的附加的结构化信息，增强原标引信息的语义表达能力，[1][2] 另一方面增加了提取信息的入口，提高信息标引的质量和用户的信息查找质量。

（四）博客

博客是 blog（weblog 的简写）的中文译音，是让个人进行记录评论、描述事件或发布图片或视频资料的一类网站的统称。许多博客都提供关于特定主题的评论或信息，又可作为在线日记。典型的博客包括文本、图像和与其他博客、网站和相关主题的信息源的链接。博客以文本信息发布为主，其重要特征之一是为访问者提供交互的评论功能。[3]

博客让博主在个人博客中发布博文，博文通过时序组织、形式分类法、形式主题法以及关键词聚类组织得以组织，此外博客允许博主对博文进行自组织，例如自由创建类目和添加标签等，是一种简易、低成本且个性化的信息发布方

---

① Dream's Orange. Microformats：At the crossroads between Web2.0 and the semantic web. 2007. 10. http：//www. dreamOrange. fr. [2008 – 11 – 29]

② Khare R. Çelik T. Microformats：A pragmatic path to the semantic web. CommerceNet labs technical report. 2006. 1. http://wiki. commerce. net/images/e/ea/CN-TR – 06 – 01. pdf. [2008 – 11 – 29]

③ Wikipedia. Blog. http：//en. wikipedia. org/wiki/Blog. [2009 – 06 – 11]

391

式①；对访问者而言，博客允许访问者在博客中留言、对作为内容的博文进行评论、引用、订阅、RSS 聚合和站内搜索等功能，不但为用户之间提供了相关主题交流的可能，还使访问者通过订阅、聚合和搜索等功能对博客信息进行二次组织。可见，博客为普遍用户提供了低成本且有效的自组织工具，使以普通用户为中心的信息发布、交流和组织变得便利和普及。宏观上，博客网站相互联系形成的博客圈，以及博客资源网络分类目录、博客搜索引擎等，使互联网上的博客信息资源形成一定秩序。

（五）大众分类法

大众分类法是 Web2.0 环境中信息组织的新模式和新方法。大众分类法（Folksonomy）一词由汤姆斯·范德华·沃尔玛（Tomas Vander Wal）提出，他将"folk"和"taxonomy"组合起来，用于描述非专业人士使用自然语言描述资源的信息组织模式。根据维基百科（Wikipedia）②的定义大众分类法是用户共同创建和管理标签以对网络信息进行评述和分类的实践和方法。大众分类法与传统分类法最显著的区别在于对信息资源进行标引的人同时也是用户，以自由选择的关键词代替传统标引中的受控词汇。标引的文字通常称为"标签"（Tags），标引的过程叫做"置标"（Tagging）。国内将 Folksonomy 翻译成"大众分类法"、"民俗分类法"或"分众分类法"。大众分类法虽然叫分类法，但每个标签更多的是关键词而不是类目，也没有传统分类法的等级体系，因此按照体系特征并不类似于分类法；另一方面大众分类法使用自然语言对网络信息资源进行自由标引的机制，与传统信息组织中自由标引的机制是相似的，区别在于前者的标引者是大众用户，后者则由专业人员进行标引，因此可以看成是自由标引在网络信息中的应用。大众分类法的标引成本低，对用户要求较低，且更能反映用户标引时的需求状况和偏向，时效性强，因此在几年内就发展起来了，代表性的网站包括：del. icio. use、flickr、豆瓣等。然而由于标签的随意性，大众分类法在信息检索和信息共享方面仍然没有传统的信息组织方式那么有效率。在解决标签质量控制的问题后，相信大众分类法将会更显示其独有的优势。

（六）维基（Wiki）

Wiki 是指一种多人在网上协同创作的知识共享模式，允许网络用户针对同一主题的内容进行修改和完善，从而实现知识的协同创作与共享。技术上，Wiki

---

① 陈志新：《博客（Blog）资源的信息组织》，载《图书情报知识》2007 年第 4 期。

② Wikipedia. Folksonomy. http：//en. wikipedia. org/wiki/Folksonomy. [2008 - 10 - 1]

允许用户通过浏览器生成、修改 HTML 页面，并记录用户每次的修改结果，可帮助用户比较统一页面不同修改版本的差异，允许还原撤销修改功能。可实现这一功能的网站均被称为 Wiki 网站，可见，Wiki 将知识创造和发布的权利交到用户手上，是典型的用户导向的信息组织方式。

Wikipedia（维基百科）是一个基于 Wiki 技术的多语言百科全书协作计划，也是一部用不同语言写成的网络百科全书，其目标及宗旨是为全人类提供自由的百科全书——用他们所选择的语言来书写而成的，是一个动态的、可自由访问和编辑的全球知识体。[①] 除了 Wiki 典型的用户协同创作与共享知识外，维基百科对于词条的分类体系、词条之间的相互参见体系以及词条搜索引擎，为庞大的知识系统提供了有效的组织和检索方式，使之成为用户为导向的新型知识创造、组织与共享系统。

（七） 社会性网络网站 （SNS）

SNS 是社会交往软件 （Social Networking Software）、社会交往服务 （Social Networking Service）、社会交往网站 （Social Networking Sites） 或社会交往系统 （Social Networking System） 的缩写，而其核心在于社会化网络 （Social Networking）[②]，即个人之间的关系网络，这种基于社会网络关系系统思想的网站就是社会性网络网站 （SNS 网站）。现在许多 Web2.0 网站都属于 SNS 网站，如网络聊天 （IM）、交友、视频分享、博客、播客、网络社区、音乐共享等。

社会性网络的理论基础源于六度理论 （六度分隔理论，Six Degrees of Separation） 和 150 法则 （Rule Of 150）[③]，是以人为节点的网状信息组织方式，节点间的关系决定了信息网络的结构。SNS 的原理是以一人为中心，由一个点发散组成与其他人的网络关系，而每个人之间的交错关系，形成了庞大的网络系统。SNS 的人际关系网络有利于用户就某主题对信息进行交流和共享，用户既是信息的生产者，也是信息的消费者，用户之间的关系成为信息流通渠道，形成以信息交流为基础的社会性网络。此外，SNS 网站大都着重于对内容的重新组织和再现，用户使用这些 SNS 工具对自己所产生的或别人的信息进行有效的组织，方便个人管理和使用。

---

① Wikipedia. Wikipedia. http：//zh. wikipedia. org/w/index. php? title = % E7% BB% B4% E5% 9F% BA% E7% 99% BE% E7% A7% 91&variant = zh-cn. ［2009 – 06 – 12］
② 图书馆 2.0 工作室：《图书馆 2.0——设计你的服务》，北京图书馆出版社 2008 年版。
③ 百度百科. 社会性网络. http：//baike. baidu. com/view/1644. html. ［2009 – 06 – 11］

（八）Mashup

Mashup 是将一个以上数据源的数据集合到一个整合工具中的网页应用。[①] 库尔卡尼（Kulkarni）[②] 提出 Mashup 的定义是，网络 Mashup 是使用多个数据源的信息内容以建立全新信息服务的网站或网页应用程序；Mashup 使用的信息内容是通过公共接口 API 作为中介接口而获得的；Web Mashup = API[1] + API[2] + API[N]。可见，Mashup 以网络为平台，信息内容来源于分散而独立的应用程序和技术，采用轻量方法进行整合，实现各种各样的用户需求。

目前，提供该功能的网站包括 Google 地图、Yahoo Pipe、ebay、Amazon 等。在企业信息集成方面，Mashup 在企业门户的基础上，增加各种外部应用程序，以用户需求为基础进行集成和个性化服务，而不需要高深的计算机知识，此外 Mashup 支持对数据和应用的重复利用，减少应用的开发环节。

与系统观点下的信息整合相比，Mashup 具有小巧灵活、低成本和集成简单的特点，一方面轻量方法减少了应用对于硬件设备的要求和成本；另一方面，Mashup 允许在客户端自定义集成信息和应用，另外，Mashup 对于用户的计算机水平要求不高，这些为用户的个性化信息组织提供了条件和方法。随着越来越多的 API 的开放，Mashup 的数量日渐增加，成为 Web2.0 环境中个性化信息组织的重要方法之一。

（九）个性化信息组织

以用户个性化需求为导向组织网络信息资源是以用户需求为导向的信息组织的发展方向。个性化服务的实质是通过掌握用户个体知识结构与人类整体知识结构的差异，提供完善用户个体知识结构所需的信息和知识，实现高效的知识转移。

为用户提供个性化信息服务的思想，在传统文献信息组织阶段已经存在。但由于技术和方法的发展水平尚未能支持大规模的个性化信息服务，因而当时的个性化信息服务仅局限于个别用户和有限的信息范围，如传统的定题服务，定题推荐等。

系统信息组织阶段，个性化作为信息组织的目标融合到当时各种组织方法

---

① Wikipedia. Mashup. http：//en. wikipedia. org/wiki/Mashup_（web_application_hybrid）. [2008 - 11 - 30]

② Kulkarni S. Enterprise mashup：A closer look at mushup and its enterprise adoption. 2007. 10. http：//www. indicthreads. com/content/conference/presentations/2007/Enterprise_Mashup_Adoption. pdf. [2008 - 11 - 30]

中，形成独立的个性化信息组织的方法，包括：考虑用户因素的自动聚类①、个性化的语义模型②、以用户为中心的元数据模型③④、以分析用户行为为基础的个性化信息检索、附有词表导航的信息检索、在信息服务中提供导航服务、智能Agent等。⑤

Web2.0环境中，用户导向信息组织改变了过去专家或专业机构进行信息组织的界限，让普通用户参与到数字信息资源的开发和组织中，一方面大规模增加结构化信息的数量，提高信息组织效率；另一方面用户可按照自身需求对数字信息资源进行组织和整合。因而Web2.0环境中数字信息资源的个性化服务范围、服务方式和个性化的满足程度都超越了以往阶段，使数字信息资源管理实现更大范围的整合和更有针对性的服务，开发并满足用户日益增长的个性化信息需求。

（十）云计算

云计算是数字信息资源组织与整合的崭新模式，由于其低成本高效能的特性，被认为是信息技术发展的新模式，同时也是用户需求导向的数字信息资源组织模式之一。云计算的定义和运作模式尚在发展变化之中，从现有的各种定义，我们可以知道云计算的特征。

维基百科指出：云计算（Cloud Computing）是一种动态的易扩展的且通常是通过互联网提供虚拟化的资源计算方式，用户不需要了解云内部的细节，也不必具有云内部的专业知识，或直接控制基础设施。狭义云计算是指以IT为基础设施的交付和使用模式，指通过网络以按需、易扩展的方式获得所需的资源（存储、硬件、平台、软件）。广义云计算是指服务的交付和使用模式，指通过网络以按需、易扩展的方式获得所需的服务。这种服务可以是IT和软件、互联网相关的，也可以是任意其他的服务。提供资源的网络被称为"云"。"云"中的资源在使用者看来是可以无限扩展的，并且可以随时获取，按需使用，随时扩展，按使用付费。⑥

---

① Wei C. P. , Yang C. S. Hsiao H. W. et al. Combining preference-and content-based approaches for improving document clustering effectiveness. Information processing and management, 2006, 42：350－372.

② Mwakatobe A. L. Information personalization on the semantic web using reasoning. 2006.

③ Hert C. A. Denn S. O. , Gillman D. W. et al. Investigating and modeling metadata use to support information architecture developmen in the statistical knowledge network. Journal of the American society for information science and technology, 2007, 58（9）：1267－1284.

④ Losee R. M. Browsing mixed structured and unstructured data. Information processing and management, 2006, 42：440－452.

⑤ 毕强、杨文祥等：《网络信息资源开发与利用》，科学出版社2004年版。

⑥ http：//zh. wikipedia. org/wiki/% E9% 9B% B2% E7% AB% AF% E9% 81% 8B% E7% AE% 97. ［2009－7－22］

网易科技频道的文章指出，云计算是分布式计算技术的一种。是指通过网络将庞大的计算处理程序自动分拆成无数个较小的子程序，再交由多部服务器所组成的庞大系统经搜寻、计算分析之后将处理结果回传给用户。通过这项技术，网络服务提供者可以在数秒之内，达成处理数以千万计甚至亿计的信息，达到和"超级计算机"同样强大效能的网络服务。搜寻引擎也属于最简单的云计算技术服务，用户只要输入简单指令即能得到大量信息。未来如手机、GPS 等移动设备都可以通过云计算技术，发展出更多的应用服务。①

上述定义虽然内涵和表达不具相同，但我们可以归纳出：云计算是一种通过网络提供信息资源的分布式存储和计算模式。云计算为用户提供了虚拟的资源计算方式，将多部服务器的存储和计算资源整合起来，为用户提供高速的计算能力、无限扩展的资源以及简便的操作方式。可见，云计算除了具有低成本高效益的巨大优势外，还可进一步满足数字信息资源中以用户需求为导向的组织和整合方式，具体体现在：

（1）适应用户分散和活动的特性，使用户在使用云计算时不受场所、位置及终端类型和性能的限制。用户无需经过培训，随时随地使用各种终端则可享用云计算。

（2）着眼于资源与应用，使用户在享受云服务时，不必关心服务的提供商或者该服务由谁管理或谁在后台控制，用户真正关心的将是这些服务通过眼前的这些设备能帮自己做什么。

（3）实现资源的共建共享，更大程度上满足用户需求。云计算作为技术集大成和 IT 服务供应模式的变革，在技术上，共享低成本、弹性易扩展；在服务方式上，统一接口、实行透明的按需服务；在商业模式上，采取按需付费的公用服务模式；在存取方式上，通过互联网随时随地获得供应。②

（4）配套云信息管理服务。云存储和云计算的产生伴随着海量和非结构化的信息，也相应出现了云计算的信息管理解决方案。如 EMC 公司推出的云存储基础架构 EMC Atmos，又称 Maui，是一套容量达到 PB 级的信息管理解决方案，能通过全球云存储环境，协助客户自动管理大量非结构化数据，并且凭借其全球集中化管理和自动化信息配置功能，可以使 Web 2.0 用户、互联网服务提供商、媒体和娱乐公司等安全地构建和实现云端信息管理服务。③

三、Google 的数字信息资源组织实例

搜索引擎至今仍然是网络信息组织有效的组织方法之一，Google 正是网络搜

---

① 网易科技频道. http：//tech. 163. com/09/0309/15/53VMP8EG000938ES. html. ［2009 – 07 – 22］
②③ http：//www. chinahightech. com/views_news. asp？NewsId = 539333139333. ［2009 – 07 – 22］

索的代名词。时至今天，Google 的搜索引擎细分至各个方面，按照资源类型包括：网页、文本、图像、音频、视频、代码搜索、博客搜索等。按照专题分为：生活搜索、购物搜索、公交搜索、商业搜索、财经搜索针对高质量或学术信息资源而细分的专题搜索包括：学术搜索、大学搜索、图书搜索、专利信息搜索等。此外，Google 还提供网页目录，以供用户按照分类主题目录索引浏览互联网。[①]

在从技术主导转变为以用户需求为导向的信息组织时代，Google 仍以先进的理念为用户提供各种有效的信息组织和导航方式，将信息组织对象从网络信息资源拓展到更广阔的数字信息资源。在这里，我们主要介绍 Google 阅读器、Google 论坛、Google 桌面应用和 Google 个性化搜索等几种数字信息资源的组织方式。

（一）Google reader：RSS 聚合

Google 为网络注册用户提供在线阅读器，通过 Google 阅读器用户可对各种网络 RSS 源进行聚合和组织。Google 阅读器为用户提供自主和灵活的网络信息组织方式，使用户能快速及时地获取所需信息[②]：

（1）用户只需要在 Google reader 中"添加订阅"处输入 RSS 源地址，便可将该信息源聚合到阅读器中。

（2）用户可根据个人需要和习惯自定义的文件夹和标签，对各信息源进行组织。

（3）用户可以对聚合的信息进行搜索，可以对重要内容进行标记，还可以随时变更文件夹的组织以及增加或删除 RSS 源。

此外，Google 阅读器还提供阅读器信息公开和共享的服务，用户可以设置公开页面或将阅读器上的信息通过邮件发送给其他用户，使 Google 阅读器一定程度上具备 SNS 的性质和优势。

（二）Google 论坛

Google 论坛为用户提供论坛搜索、创建论坛，以及搜索和加入已有论坛交流信息三大功能。[③] 用户可同时加入 Google 论坛中的各类型论坛，并通过"我的论坛"进行管理。在论坛中，用户可以通过在线或电子邮件的方式阅读和回复帖子，与其他成员保持联系。Google 对所发帖子采取评分制度，通过用户评分来评

---

① http：//www. Google. com/intl/zh-CN/options/. [2009 – 06 – 22]

② http：//www. Google. com/reader/view/？hl = zh-CN&source = zh-CN-mmm # overview-page. ［2009 –
06 – 22］

③ http：//groups. Google. com/grphp？hl = zh-CN. [2009 – 06 – 22]

价帖子的有用程度。此外，用户可以在论坛中上传文件和照片以供共享。论坛成员还可以就论坛内容创建相应的 Wiki 网页，构建小型知识库。

Google 论坛作为论坛形式的 SNS，为用户提供信息交流、共享和管理的平台。这一信息交流平台的特征是以个人关系网络为基础，或以广大用户共同关注的某主题为基础。Google 论坛将信息组织和 SNS 选择的权利赋予用户，使用户的主动性得以发挥，信息需求得以满足。

四、Google 桌面程序：Google 工具栏、Google 桌面、Google 浏览器

Google 工具栏将 Google 各种应用整合成工具栏中的快捷键，包括：RSS 订阅、书签和网站搜索等。工具栏中的搜索框可以搜索网页和应用程序。通过登录工具栏，用户可以在任何一台计算机上使用自己的工具栏设置、书签和自定义按钮。凭借 Google 工具栏，用户可以通过电子邮件或博客来共享网页。此外，Google 工具栏还提供翻译、pagerank 提示、地址栏搜索以及防止弹出窗口等功能。①

Google 桌面包括 Google 网页上的桌面搜索和桌面小工具。Google 搜索则使用户使用计算机搜索文件时如同使用 Google 搜索网络一样方便。Google 桌面搜索能够对电子邮件、文件、音乐、照片、聊天记录、Gmail、浏览过的网页等进行全文搜索。Google 桌面搜索避免了用户手动整理文件、电子邮件和书签的麻烦，使用户通过关键词等方式能够轻松地找到所需的信息。此外，Google 桌面通过各种小工具和补充工具栏帮助用户从网上收集新信息，对计算机内的信息进行组织管理。用户可以将 Google 小工具放置在桌面的任意位置，用它来展示您的新邮件、天气情况、照片、个性化资讯，其他小工具包括时钟、日历、便笺簿、执行项目列表，等等。用户可以选择将小工具添加至桌面或 iGoogle 网页，也可以两者都添加。补充工具栏是桌面上的一个垂直条，作为小工具的控制面板对其进行管理。Google 桌面还可为用户编制计算机文件索引，并及时更新。②

Google 浏览器延续了 Google 主页简洁、快速的设计理念，帮助用户快速准确地到达目的地：

（1）用户在地址栏中键入内容即可获得有关搜索和网页的建议，即时创建

---

① http：//toolbar. Google. com/T6/intl/zh-CN/index. html？ utm_source = zh_CN-et-more&utm_medium = et&utm_campaign = zh_CN. ［2009 - 06 - 22］

② http：//desktop. Google. com/zh/？ utm_source = zh_CN-et-more&utm_medium = et&utm_campaign = zh_CN. ［2009 - 06 - 22］

书签。用户从任一新标签即可访问最喜爱的网页。

（2）用户打开新标签页时，"新标签页"会自动提供这些网站的缩略图和链接。点击网页底部的显示全部历史记录链接，即可查看保存在浏览器上的完整浏览历史记录。系统会保存并显示用户刚关闭的标签页链接、最近使用的网站以及常用搜索引擎。

（3）为各种网络应用程序提供快捷方式，并允许开始菜单、桌面和任务栏中添加这些网络应用程序的快捷方式。

（4）采用动态标签页，最重要的是各个标签页都在浏览器中独立运行，因此，即使某一个应用程序崩溃，也不会影响到其他任何进程。

此外，Google 浏览器还提供网络安全警告。最重要的是，Google 浏览器还建立了一个更强大的 JavaScript 引擎 V8，以便为下一代网络应用技术提供支持，而这些网络应用在目前的浏览器上几乎不可能实现。①

五、个性化组织方式

Google 以用户需求和便利为中心的个性化信息组织在上述的各种应用中均有所体现，此外，iGoogle、Google 黑板报、Google 个性化搜索、个性化信息设置、网络历史记录等，都体现了 Google 对于信息组织个性化问题的理解和应用。

iGoogle 允许用户对 Google 搜索页进行个性化设置，通过 mushup 技术，用户可以根据自身需求和兴趣在个性化主页上添加各种网页程序，可整合 Google 自身提供的程序和外部网站提供的应用程序。因而用户可根据需要将多个来源的常用应用程序整合到 iGoogle 页面上。此外，iGoogle 还提供信息的聚合工具，如：新闻、资讯、餐饮信息等。可见，iGoogle 在很大程度上为用户提供了网络信息自组织的方法、模块、信息源和各类个性化设置，为用户组织个性化信息提供极大的自由度和强大的功能。②

Google 还会对登录用户的网络信息行为进行记录，对用户进行数据挖掘。对用户而言，Google 网络历史记录可以帮助用户轻松找到访问过的页面，并对网络使用历史进行管理。对 Google 自身而言，可根据用户的搜索历史为用户提供个性化的搜索结果，并记录用户的活动趋势。③

---

① http：//www. Google. com/chrome/index. html？ hl = zh-CN&brand = CHMI&utm_source = zh-CN-et&utm_medium = et&utm_campaign = zh-CN. ［2009 - 06 - 22］

② http：//www. Google. com/ig？ source = gama&hl = zh-CN. ［2009 - 06 - 22］

③ https：//www. Google. com/accounts/ServiceLogin？ hl = zh-CN&continue = http：//www. Google. com/history/%3Fhl%3Dzh-CN&nui = 1&service = hist. ［2009 - 06 - 22］

Google 为用户提供个性化搜索。用户只要登录 Google 进行搜索，就可获得更相关和更实用的搜索结果、建议和其他个性化功能。例如，如果用户使用 Google 书签或 Google 网络历史记录，则会获得更具针对性的搜索结果和视频或小工具建议。然而目前 Gmail 和 AdWords 内容无法用来定制个性化的搜索体验。此外，个性化搜索还体现在用户的个性化信息设置中。

Google 快讯为用户提供信息定制的功能。用户只需要填写指定的关键词，新闻、网页、论坛等信息来源，信息推送频率和推送邮箱，Google 就将符合主题的新闻文章在线刊载时，通过电子邮件发送。Google 快讯为用户提供了个性化信息定制的功能，使用户可以监控新闻报道的进展情况，追踪竞争对手或业界最新信息，了解名人或事件最新动态，掌握喜爱体育代表队的近况等。①

六、Google App Engine②

Google App Engine 以应用托管、企业搜索以及其他更多形式向企业提供云计算服务。Google App Engine 可以让开发人员编译基于 Python 的应用程序，并可免费使用谷歌的基础设施来进行托管（最高存储空间达 500MB）。对于超过此上限的存储空间，谷歌按"每 CPU 内核每小时"10～12 美分及 1GB 空间 15～18 美分的标准进行收费。最近，谷歌还公布了提供可由企业自定义的托管企业搜索服务计划。

此外，Google 针对终端用户则推出了 Google Apps。这是一套基于网络的文档、电子数据表和其他生产力应用软件。目前，Google Apps 的企业用户数量已超过 50 万户，其中不乏通用电气公司（General Electric）和宝洁公司（Procter & Gamble）等知名企业。另一方面，Google Apps 的个人用户数量则已接近 1 000 万人，且这些用户大多是普通消费者、大学学生和小公司的员工。③

可见，Google 将数字信息资源管理远远扩展到网络搜索引擎之外，为用户提供个性化为导向的各种组织方式。Google 以用户需求为导向的组织方式从单纯的网页抓取和索引，发展到按照用户需求和习惯进行组织，再到为用户提供各种信息源和自组织方式，为用户提供各种便利和个性化的组织和管理工具，将个性化的数字资源组织方式延伸至用户面前，使用户更快更方便地获得想要的信息。

---

① http：//www. Google. com/alerts？ hl = zh-CN. [2009 – 06 – 22]
② http：//appengine. google. com/. [2009 – 07 – 22]
③ http：//www. cncloudcomputing. com/soft/113. html. [2009 – 07 – 22]

第四节　数字信息资源的整合

数字信息资源整合就是根据一定的需要，对各个相对独立的信息资源系统中的数据对象、功能结构进行融合，重新结合为一个新的有机整体，形成一个效能更好、效率更高的信息资源体系，从而保证信息资源得到更好地吸收和利用。

一、整合的原则

在对数字信息资源进行整合的过程中，应遵循以下一些原则：

（一）针对性原则

即面向对象的原则。数字信息资源整合的目的是为了使信息资源利于用户的使用，因此必须在分析用户需求的基础上开展信息资源整合，必要时通过发放调查表的方式来获取用户的信息需求，从而提供有针对性的信息服务。

（二）整体性原则

在信息资源整合工程中要保持信息资源对象完整与全面。一方面，必须从系统论的要求出发，客观地从信息资源的整体考虑，采取切实可行的步骤和方法对信息资源进行合理整合，使信息资源的整合符合整体性原则，发挥信息资源整合的整体优势。另一方面，要从全局的观点出发，对所有信息资源进行统一规划，使各信息资源之间能够有效交流，尽可能大地减少冗余或不一致的情况，从而使得在决策过程中、可以得到应有的数据，为公共决策提供支持。

（三）层次性原则

层次性原则是指在建立信息资源整合系统和为用户服务的过程中，以满足用户服务为最终目标，在以下几个方面考察其层次性：一是整合数据的层次性，因为我们的用户可能具有不同的知识背景，不同层次的信息需求，所以我们要注意整合不同知识层次的信息；二是指信息资源整合的结构性，由于用户的查询需求可能是多方面的，目的可能很复杂，因此，为满足不同的用户需求，需要能够实现数据的多维整合;三是检索操作的层次性,即提供简单检索、复合检索和专家检索这样多层次的检索界面来满足不同层次用户的检索要求。

(四) 动态性原则

动态性原则是指整个整合系统能够适应数据动态变化和用户需求随机改变的状况,能够随着数据和外部各种环境的变化而不断变化。项目规划时应采取循序渐进的方式,急用先行、成熟先上,信息库要与外部有接口,以便合理利用外部信息对内部数据进行扩充;信息库中反映不同领域的信息之间的有效关联,保证信息在不同信息库之间的顺利传递。

(五) 适度性原则

所谓适度性就是不盲目的追求广、大、多,要根据现有的技术力量、资金能力对信息资源进行适度的整合。这要求我们在进行整合的过程中,要根据自己的服务对象和自身对信息资源的整合能力选择待整合的资源。

(六) 经济性原则

在进行数字信息资源整合时,一方面要通过遵循针对性和适度性原则,考虑自身的经济力量,通过最优化理论与方法,预期用较少的经济投入实现功能倍增;另一方面经过整合后的信息资源系统,要扩大服务范围,提升服务能力,以多样化的服务手段,产生最大的经济效益,做到服务、生存、发展。

(七) 发展性原则

信息资源具有累积效应和稳定增长的趋势,信息资源整合的技术和方法也随着时间的推移和环境的改变、科学技术的发展而不断变化。计算机技术和信息技术的发展,要求信息资源整合工作必须与时俱进,缩短新技术在信息资源整合中的应用时间,推动信息资源整合工作的发展。

(八) 标准化原则

数据的标准化是实现数据共享的关键,是关系到信息资源能否整合成为一个有机整体的重要内容。由于数字信息资源的丰富性和复杂性非常庞大,为了整合后的信息能够有较高的实用性,必须在整合过程中坚持信息的标准化原则。标准化也是实现不同系统间网络信息资源交流的基础。实现数字信息资源整合的关键在于要遵循标准化的规范体系。如果没有统一的数字信息资源建设标准和相应的规范，就不可能实现各分布式资源之间的互操作和信息的共享。因此，面对分散异构、不断变化和开放的数字信息资源与服务环境，应采用新的标准规范体系，使各类、各种信息在网络平台之间能自由流动。

（九）开放性原则

开放信息资源整合机制的目标就是制定信息资源系统和服务系统的开放描述、开放数据接口和开放服务接口规范，建立对资源系统数据进行系统化定制加工和个性化组织的政策机制与权益管理机制，建立对服务系统功能与流程进行系统化集成和个性化重组的政策机制与权益机制等，按照规则开发、整合各种资源。①~⑦

二、整合的模式

（一）异构数据库资源整合模式

异构数据库资源整合是将不同数据库中相同属性的对象进行优化整合为具有相同的组织结构和组织功能的信息资源，可以通过统一的用户界面和共同的检索方法检索。这种信息资源整合的主要实现模式是异构数据库统一检索平台系统。用户可以通过统一界面和同一检索要求进行单库或跨库检索，按一定的顺序要求显示检索结果，并能排除重复的检索结果。这种模式不必分别进入不同的数据库接口，使用简捷，在数字图书馆领域应用较多。目前，在电子商务领域也有一些应用，如：hao123.com 网站提供的软件下载搜索服务。导构数据库资源整合模式如图 12-1 所示。

---

① 孟春全：《论信息资源的整合》，载《西安科技大学学报》2007 年第 3 期，第 536~538 页。
② 王宁：《电子政务中信息资源整合的建模方法与应用研究》，大连理工大学，2005 年。
③ 张开选：《信息资源整合的原则和方法研究》，载《图书馆论坛》2004 年第 5 期，第 172~173 页。
④ 傅丽君：《数字信息资源的整合研究》，载《科技资讯》2005 年第 11 期，第 7~8 页。
⑤ 俞方桦：《互联网信息资源整合研究》，东华大学，2001 年。
⑥ 王德欣：《电子政务信息资源的整合与共享》，载《临沂师范学院学报》2006 年第 1 期，第 70~73 页。
⑦ 周九常、高洁：《基于知识管理的电子政务信息资源整合》，载《情报科学》2007 年第 11 期，第 1657~1722 页。

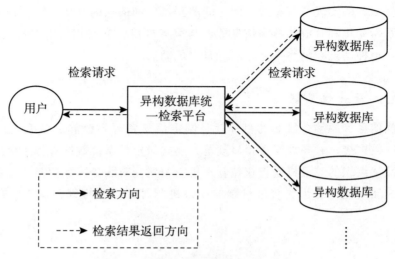

图 12 −1 异构数据库资源整合模式

（二）平台整合模式

　　平台整合是检索界面的整合，它整合了多个网络资源的索引技术，为用户提供信息服务，整合后的检索界面和信息反馈形式得到了统一。但没有自己的资源数据库，它以代理的角色来接受用户的请求，并把查询请求转换成相应网络资源的检索方法和查询语言来获取信息。平台整合的常见模式是构建中间层——服务器端的 Agent 程序。用户提出的检索请求被交给服务器端的一个 Agent 程序。Agent 将用户请求转化为符合不同数据库规定的检索格式，再将请求发送到各数据库。在得到数据库的返回结果后，Agent 会将不同数据库的结果转化为统一的格式，并发送到浏览器显示给用户。在电子商务中，在商品信息量不是很大的时候，或者对商品信息的实时性要求较高的时候多采用此模式。①②③ 平台整合模式如图 12 −2 所示。

　　① Xuedong Wang, Xian-Li Shang and Kun Fan, Research on Implementation of E-Government Integrated Information Services. eds, 2007（5）：565 −573.
　　② Karen Layne, Jungwoo Lee. Developing fully functional E-government：a four stage mode. Government Information Quarterly. 2001（18）：122 −136.
　　③ 海胜利：《数字信息资源整合检索技术基础》，载《图书馆工作与研究》2004 年第 2 期，第 17 ~ 19 页。

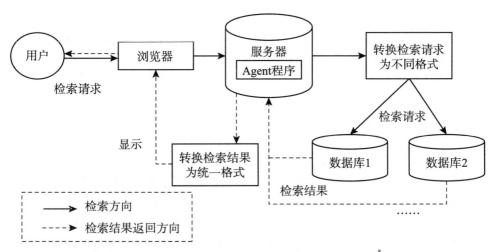

图 12 – 2　平台整合模式

三、整合的技术方法

（一）Web Services 技术

　　Web Services 是一种新的面向服务的分布式计算体系结构，是由 URL 标识的软件应用程序，其接口和绑定可以通过 XML 构件进行定义、描述和发现，Web 服务支持通过基于因特网的协议及使用基于 XML 的消息与其他软件应用程序直接交互，有着更大的灵活性和交互性。特别是强大的交互性能，使网络资源不再作为一个独立的孤岛，而能够作为一个整体信息系统的有机组成部分而存在。Web Service 除了具有业务逻辑处理功能的发布能力外，更有强大的编程和自动处理功能。传统的分布式计算体系结构如 CORBA，RMI，也提出了将应用系统抽象并包装成组件、服务的思想，但 Web Services 具有一些优势：Web Services 利用标准的 Internet 协议（HTTP，FTP，SMTP）解决基于 Internet 的分布式计算，而 CORBA，RMI 等传统分布式对象结构主要用于内部系统，并且 CORBA，RMI 等体系结构要求在对等体系结构间才能进行通信，即基于不同体系结构的应用系统是无法相互协作的。

　　Web Services 的主要特点体现在：（1）协议的通用性。Web Services 利用标准的 Internet 协议（如 HTTP，SMTP 等），解决的是面向 Web 的分布式计算。（2）完全的平台、语言独立性。Web Services 进行了更高程度的抽象，只要遵守 Web Services 的接口即可进行服务的请求与调用，因此，适用于不同体系结构的应用系统之间的相互协作。（3）软件重用。通过采用 Web Services，部署和集成

405

的费用大大降低，所有应用只要能连入 Internet，就可以使用和集成 Web Services，流程的更改也无须更改大量代码，从而减少了支持现有的和正在开发的产品的总成本。

（二）中间件技术

中间件是一种独立的系统软件或服务程序，分布式应用软件借助这种软件在不同的技术之间共享资源。中间件位于 C/S 操作系统之上，管理计算资源和网络通讯。用户提交的查询语句被传递到应用服务器端的中间件（数据库连接缓冲）进行分析，然后才真正向数据库提交查询请求。通过应用服务器的中间件管理，可以将众多客户提交的重复请求只向后台数据库提交一次，再把结果集返回到各个客户。对于跨库的访问，也可以利用数据库连接中间件轻易实现。利用前端开发工具进行中间层组件的开发、部署，可以远程提交本地开发的组件，甚至远程调试中间层组件。利用组件远程调试技术，可以在客户端远程调试部署在服务端的组件，观察和更改组件变量等

目前，消息中间件技术应用广泛，相关规范有 SUN 公司的 JMS（Java Message Service），产品有 IBM 公司的 MQ Series，Microsoft 公司的 MSMQ（Microsoft Message Queuing）等。其中基于 XML 技术的数据传输中间件实现原理如图 12 – 3 所示。

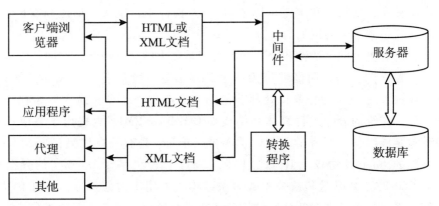

图 12 – 3　数据传输中间件实现原理

基于 XML 的数据传输技术和模式还有 XML RPC（XML Remote Procedure Calls），WDDX（Web Distributed Data Exchange），SOAP（Simple Object Access Protocol）等。其中，XML RPC 是一个工作在 Internet 上的远程过程调用协议，允许软件在异种操作系统和不同环境之间运行，它通过 HTTP 传输，用 XML 方式编码。WDDX 是一种基于 XML 的技术，用于在互联网编程语言间进行复杂数

据的交换。SOAP 运用 XML 技术，定义了一种可扩展的消息传递框架，该框架含有一个能在各种基本协议之间相互交换的消息。

（三）基于 Web 的 RSS 信息整合

在电子商务活动中，用户为了获取或比较自己需要的商务信息，经常需要在各个站点之间切换，并记忆很多站点的地址，这种方式增加了用户的负担，影响人们获取信息的效率。基于 Web 的 RSS 信息订阅就是一种比较好的解决方案。这种电子商务信息资源整合方法由 3 个基本模块组成：RSS 发布模块、RSS 订阅模块和个性化页面模块。RSS 发布模块被嵌入在普通电子商务站点中，将站点中的商品等信息自动转换为 RSS 信息，并提供订阅地址，用户通过订阅地址，订阅所需要的商品或类别信息。RSS 订阅模块嵌入在 Web 页面中，即 RSS 阅读器。用户选择自己感兴趣的、相互之间有关联的多个网站的信息通过 RSS 订阅的形式显示在一个页面中，从而达到信息整合的目的，使信息获取变得方便、迅速。个性化页面模块是为了满足用户的个性化需求而设计的个性化 Web 页面，包括订制个性化和页面布局个性化。[①~⑤]　基于 Web 的 RSS 信息整合原理如图 12－4 所示。

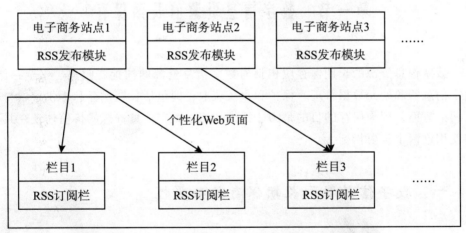

图 12－4　基于 Web 的 RSS 信息整合原理

① Zhuge Hai. China's e-science knowledge grid environment. IEEE Intelligent Systems, 2004, 19 (1): 13－17.

② Tim Berners Lee, James Hendler, Ora Lassila. The Semantic Web. Scientific American, 2002 (5): 34－43.

③ Sung-Chi Chu, et al. Evolution of e-commerce Web sites: a conceptual framework and a longitudinal study. Information & Management, 2007, 44 (2): 154－164.

④ Yi Lei, Meng Xiao-feng, Hu Dong-dong, Yu Jun-tao and Li Yu. Orientl: A strategy of Web information integration. Wuhan University Journal of Natural Sciences, 2004, 9 (5): 659－664.

⑤ Ilario Benetti, Domenico Beneventano, Sonia Bergamaschi, Francesco Guerra, and Maurizio Vincini. An Information Integration Framework for E-Commerce. IEEE Intelligent systems, 2002, 17 (1): 18－25.

第十三章

数字信息资源的保存

第一节　数字信息资源的长期保存

数字信息资源的长期保存应包括对数字信息资源的捕捉、收集、安全存储、数字信息资源的元数据管理、保护和永久获取，即包括长期保存和提供检索与利用两大方面，因为保存的目的是为了提供利用，数字信息资源的价值体现在共享和使用这两个重要指标上。

一、数字信息资源长期保存的必要性

（一）数字信息资源增长迅速

一方面，原生数字信息（Digital-born Information）不断增长。据统计，2006年，数字空间为 1 610 亿 GB（1GB = 1 073 741 824 字节，或 1GB = 1 024 兆字节），到 2010 年数字信息将扩大到 9 880 亿 GB，是 2007 年 3 月份的 6 倍，占用了惊人的存储空间。[①] 另据国际数据公司（International Data Corporation，IDC）预

[①]　Ciara O'Brien. Digital data will increase sixfold by 2010：study 988 billion gigabytes to be stored. [EB/OL]. http：//www. channelregister. co. uk/2007/03/08/digital_data_explosion/. [2010 - 08 - 05]

计，由于互联网和计算机的广泛普及，到 2011 年世界上将产生 1 800 000 000TB 的数据，也就是 1.8ZB。[1]

另一方面，越来越多的纸质文献被数字化所替代。随着全球数字图书馆建设的发展和对人类文化遗产保护的日益重视，涌现出中美等国图书馆共同建设的百万图书项目（Million Book Project，MBP）、Google 与欧美主要图书馆联合开展的大型数字化项目（Google Book Project，GBP）以及微软等发起的开放内容联盟（Open Content Alliance，OCA）等大型图书数字化项目。由联合国教科文组织和其他来自世界各地的图书馆、文化机构联合策划的"世界数字图书馆"（The World Digital Library）项目的主要任务则是集中实现善本和珍本资料的数字化，并在网络上提供免费访问，中国国家图书馆、美国国会图书馆以及巴西、埃及、伊拉克、以色列、俄罗斯、塞尔维亚、瑞典等国的文献机构参与了该项目。2008 年 11 月 4 日，惠普公司召开了信息爆炸的"圆桌会议"（Information Explosion Round Table），会议指出，需要更多地关注信息管理、纸质文献需要进行数字化抓取、非结构化信息需要进行存档以便更好地利用。[2]

在这种背景下，需要更多的技术来满足数字信息不断增长的复杂性和安全性要求，信息资源管理机构需要调整策略，重视数字信息资源保存及其利用。加拿大国家图书馆与档案馆（Library and Archives Canada，LAC）已意识到这种变化，并适时地做出了馆藏资源建设政策的调整。其馆藏政策明确表示：越来越多的加拿大文献遗产以原生数字形态出现并以数字形式提供给加拿大人使用。这种向数字环境的快速转变已经改变了加拿大国家图书馆与档案馆的要求的每个方面，因此，我们已将成为一个真正的数字机构确定为主要目标。就资源建设而言，这意味着我们将熟练地收集数字形态的文献遗产资源，正如我们长期以来熟练地收藏传统的资源一样。我们也争取帮助其他机构收集、描述或保存加拿大数字信息资源。[3]

（二）数字信息有传统信息无可比拟的优势

数字信息在表达上具有的超文本展示、非线性的链接结构以及集文字、声音、图像、动画等于一体的优势是以传统纸介质存储的信息难以企及的；而且，除了数

---

① 全球数据总量将在 2011 年达 1.8 Zettabytes［EB/OL］. http：//www. cnbeta. com/articles/ 51212. html.［2010 - 08 - 05］

② Chris Mellor. HP's answer to the information explosion-more information Scan paper documents and archive more.［EB/OL］. http：//www. channelregister. co. uk/2008/11/06/hp_information_explosion_strategy/.［2010 - 08 -05］

③ Digital Collection Development Policy.［EB/OL］. http：//www. collectionscanada. gc. ca/collection/003 - 200 - e. html.［2010 - 08 - 05］

字文献本身含有的信息外,数字文献之间相互链接与相互引用而形成的文献网络为用户获取信息提供了更广泛的通道。①

(三) 数字信息的动态性强

数字信息不像储存于传统的印刷型文献或缩微文献的信息那样,是固定不变的。它处于一个动态的状态中,随时更迭。它可以完美地被复制,也可以不留痕迹地被篡改或删除,特别是在互联网的环境中,这种修改和删除的可能更是难以防范。以下几种情况是会经常出现的:用户通过计算机屏幕看到的文章和原文不完全相同,可能是被人修改过了,也可能是由于其他原因使信息有所丢失;网络信息一直处于动态的过程中,信息的数量是在变化着的,很多有价值的信息在下载以前就已经消失了;联机的计算机系统和数据库处于一种完全开放和动态的状况,很可能会因为"黑客"的攻击、病毒的侵害、硬件设备的出错甚至瘫痪、操作的失误等原因而丢失信息。

(四) 数据的脆弱性,尤其是原生数字信息的不安全性

脆弱的数据是数字信息的代码,是数字信息存在的前提,没有了数据,数字信息是无法再现的。West World 公司的报告指出:每 500 个数据中心每年就有一个要经历一次灾难。由于病毒、"黑客"、存储介质故障、误操作等各种意外情况使重要数据遭破坏的现象同样层出不穷,造成的损失巨大。② 数据被破坏或是数据损失被称为数据丢失,是指用户无法接触到数据,如突然不能打开文件、文件被破坏或数据不能读出或使用等。在丢失的数据中有一类是用户无法接触或找到数据,但数据尚存;另一类是数据永久性损坏。前一类有可能通过专业的数据修复技术,重新找回这类数据;后一类数据的丢失是无法修复的,这样的后果是严重的③。

原生数字信息或只以数字形态存在的信息(Digital-only Information)比存储在印刷介质上的信息存在更大的安全隐患。正是由于数字信息的脆弱性,作为阿姆斯特丹年度性的国际大事,由荷兰经济事务部、阿姆斯特丹市和许多公司与机构支持的、突出创造与创新的 PICNIC 2006 年会议的主题是"避免数字记忆的丢失"。④

---

① AOLA Project Description.〔EB/OL〕. http://www. ifs. tuwien. ac. at/~aola/description. html.〔2010 – 08 – 06〕

② 谁来拯救丢失的数据〔EB/OL〕. http://weimin. dzwww. com/dazhongribao/shehuizhoukan/2004032502-44. html.〔2010 – 08 – 06〕

③ 刘家真:《拯救数字信息:数据安全存储与读取策略研究》,科学出版社 2004 年版,第 6 页。

④ PICNIC'06:Avoiding the digital memory loss.〔EB/OL〕. http://www. europarchive. org/picnic06. php.〔2010 – 08 – 06〕

荷兰国家图书馆启动 e-Depot 项目的目的就是"确保对数字物件的永久存取",因为"数字物件的安全由于软件与硬件技术的迅速发展、存储媒体的破坏而受到威胁"。[①]

随着全球网络化的不断发展,数字信息面临的网络安全问题日益突出,可以说网络的不安全性已成为限制其发展的"瓶颈"。大量的数字信息资源产生以后,由于多渠道、多媒体交叉而无序传递,导致信息失控,也造成严重泄密和知识产权保护不力;又由于信息技术的高度发展使人们可以很容易复制任何信息产品,因而导致了诸如计算机病毒泛滥、信息失真、国际交流间的不信任等一连串恶果。由此看来,数字信息面临的这些不安全性,要求我们在制定保存策略时不仅要从工程技术方面来解决,还要从政府和社会行为上采取有力措施。[②]

(五) 数字信息对存储介质的依赖性

由于数字信息从形成、传输到存储都是通过计算机实现的,因此数字信息与计算机系统中的各种设备特别是存储介质有着密不可分的关系。数字信息需要依托于一定的存储介质而存在,存储介质既是数字信息临时或长期驻留的物理媒介,也是数字信息的保护伞和提供利用的工具。数字信息媒体比传统媒体更易变质和遭受灾难性损失,因而对存储环境提出了更高的要求。这一特性对数字信息的长期保存带来许多问题,如存储介质发生故障、系统瘫痪,数字信息就读不出来;数字信息对其他设备环境的不兼容性,使其只能在某种设备上处理,而不能在其他设备上处理;不同软件环境形成的电子文件存储在载体上,有时难以互换;技术设备更新时,不及时解决格式转换问题便无法读取等。

调查数据显示,数字存储媒体保存信息面临数据丢失风险。日本国会图书馆对 2000 年 3 月以前入馆的电子文献抽样调查其可利用性,结果发现 69% 的文献存在利用问题,这其中 12% 是由媒体腐坏引起的。[③] 按现在的技术发展速度,存储载体每隔几年就会过时,对阅读存储的资料的技术要求也要不断进步,这就需要将存储的数据从一种存储载体迁移到新的载体。[④]

---

① e-Depot and Digital Preservation. [EB/OL]. http://www.kb.nl/hrd/dd/index-en.html. [2010 – 08 – 06]

② 郭瑞华:《数字信息长期存取策略研究》,载《情报理论与实践》2002 年第 2 期,第 133 页。

③ 国立国会图书馆. 电子情报の长期的保存とアクセス手段の确保のための调查出报告书. 平成 16 年 3 月 (2004):86～93. [EB/OL]. http://www.ndl.go.jp/jp/aboutus/report_2004.pdf. [2010 – 08 – 06]

④ AOLA Project Description. [EB/OL]. http://www.ifs.tuwien.ac.at/~aola/description.html. [2010 – 08 – 06]

（六） 数字信息对标准和元数据的依赖性

在数字信息的形成与管理中使用标准有助于数字信息在存取与保存时的完整性，有利于保证数据、应用程序与应用系统具有最长的技术寿命的使用，有利于数字信息的科学管理与共享，同时，遵守与使用标准还便于数字信息随技术的发展在新旧数字平台间转换，这将直接降低保存数字信息的费用。因为，随技术的发展，数字信息在新旧数字平台间的转换是通过不同的标准与规范进行的，如果数字信息按标准进行管理，就会减少数据格式变换的频率。格式变换、数据迁移的频率减少，所需的费用自然就降低了。[1]

有利于文献保存的标准涉及方方面面，除了文件格式标准外，对数字信息的管理也有相应标准，如互用性标准、资源著录标准、数据格式标准、资源标记标准、数据归档与文献管理标准等。采用这些标准，有利于图书馆间数据交换，促进图书馆系统的互操作，并支持我国与国际图书馆网络的互操作等。[2] 如，1999年美国空间数据系统咨询委会提出的开放档案信息系统参考模型（Reference Model of Open Archive Information System，OAIS）已日益被接受为数字信息长期保存系统的基本构架，该模式已成为 ISO 标准（ISO14721：2003）。澳大利亚标准 "AS4390 Sertes" 是已有的文献管理标准实例之一，它对采集数字文献的责任、策略、控制、存储、鉴定与处理等进行了全方位的规定。

在数字信息保存领域的新规范是 "可扩展存取方法"（eXtensible-Access Method，XAM）。该计划始于 2004 年 10 月，最初由 IBM 公司和 EMC 公司合作推出，后来 HP、Hitachi 和 Sun 公司也相继加入。2005 年 9 月，XAM 规范草案被提交到全球网络存储工业协会（Storage Networking Industry Association，SNIA），在审议后，SNIA 把它转交给了一个负责开发固定内容数据标准的 SNIA 工作组，旨在为与任何特定存储系统技术无关的参考信息——包括医疗图像、文档、PDF 文件等提供一个接口。[3]

2008 年 8 月，为了解决电子存档的相关信息系统建设与实施问题，国际标准化组织（ISO）提出了 "电子记录保存信息系统"（Information System for Electronic Records Preservation）的标准提案，该提案所建议之标准将与 ISO 已有的相关标准形成体系，其中包括 TC46 的 "记录管理——电子记录长期保存需求标

---

① 蔡曙光：《数字文献信息的保存——未来图书馆事业发展的前提和条件》，载《大学图书馆学报》2002 年第 3 期，第 14～18 页。

② 刘家真：《拯救数字信息：数据安全存储与读取策略研究》，科学出版社 2004 年版，第 104 页。

③ SNIA 提出关于参考信息的接口规范 ［EB/OL］．http：//www.51cto.com/html/2006/0412/25292.html.［2010－08－06］

准"（Records management—Requirements for long term preservation of electronic records）等。①

元数据用来揭示各类型数字信息的内容和其他特性，进而达到对数字对象的组织、分类、索引等目的。它所包含的数据元素集是用来描述一个信息对象的内容和位置，以便能在数字资源集合中方便地查找和检索。数字信息的元数据必须附在数据信息中，否则将无法恢复数字信息的原貌。XAM 包括加注在数据上的元数据，以实现应用程序的互操作性、存储透明化、信息生命周期管理（Information Lifecycle Management，ILM）工作的自动化以及保持长期记录和信息安全。2010 年 4 月，OCLC、RLIN 和 JISC 共同发布的报告②指出，高质量的元数据对发现合适的数字资源显得更为重要。

二、数字信息资源长期保存的技术措施

关于数字信息保存的技术措施，许多学者已做了探索，学者们提出了迁移、更新、转换、仿真和数字加密等主要的保存措施。

（一）迁移技术

迁移（Migration）是持续地将数字信息从一种技术环境转换到另一种技术环境，意味着基于字符的数据可以从一个存储介质转移到另一个存储介质上，以进行数字信息的长期保存，同时，也可以将原始数据格式转换为独立于具体原始软硬件平台的标准数据格式。

美国保护与存取委员会（The Commission on Preservation and Access，CPA）和研究图书馆组织（The Research Libraries Group，RLG）的数字信息归档特别工作组曾在《保护数字信息：数字信息存档特别工作组报告》中指出："迁移是对付技术过时的最佳良策，它应是数字资料完成定期转换的一系列有组织的工作，包括维护数字对象的真实性、用户的再检索、显示与其他利用的能力。"③

目前，迁移技术的实现方式主要有三种：将数字信息从稳定性低的存储介质迁移到稳定性更高的存储介质；从对软件依赖性强的格式迁移到对软件依赖程度

---

① ISO：两个新的与图书馆相关的标准提案．[EB/OL]. http：//www. nlc. gov. cn/service/fuwudaohang/tyck/2008/200811_2. html. [2010 – 08 – 06]

② The digital information seeker：Findings from selected OCLC, RIN and JISC user behaviour projects [EB/OL]. http：//www. jisc. ac. uk/publications/reports/2010/digitalinformationseekers. aspx. [2010 – 08 – 05]

③ Preserving Digital Information：Report of the Task Force on Archiving of Digital Information [EB/OL]. http：//www. clir. org/pubs/reports/pub63watersgarrett. pdf. [2010 – 08 – 06]

低的格式；从旧的计算机软硬件环境（例如旧版本旧格式）迁移到新计算机环境（新版本新格式）。将数字信息从各式各样的格式上迁移至更易管理的标准格式中，对于长期保存那些与软件无关的格式产生的文本文件或简单、通用的平面文件较为实用。

但是，迁移存在许多问题：每一次转换都可能使版式、链接、结构、交互关系等信息会有一定程度的丢失，持续迁移的累积损失会更大，所以并不适合对超文本文件、多媒体文件的迁移。同时，迁移还可能使数字信息失去原来的表现形式和固有的特性，降低保存与使用价值。迁移的费用很高，迁移时很难预料应该进行多大量的格式转换，需要多少资金支持。迁移时机的掌握也是一个难题，因为人们很难预测新技术在何时出现以及是否需要进行迁移。

针对数字信息的特点，数字迁移系统受到了人们的重视。数字迁移系统又称分级存储管理系统（Hierarchical Storage Management，HSM），是一种广泛应用的数字迁移系统。它将离线存储与在线存储技术融合，把高速、高容量的非在线存储设备作为磁盘设备的下一级设备，然后将磁盘中常用的数据按指定的策略自动迁移到磁带库等二级大容量存储设备上。当需要使用这些数据时，HSM 会自动将这些数据从下一级存储设备调回到上一级磁盘上。

（二）更新技术

更新技术（Refreshing）又称拷贝，是在原来的技术环境下实时重写信息数据，将数据流从旧存储介质转移到新存储介质上，防止由于存储介质物理化性能变化而引起的信息丢失。

造成数字信息得不到长期存取的一个重要原因就是由于储存媒体本身容易受到各种侵袭而损坏。于是，许多国家都制定行业规范或国家标准，对数字信息的存储媒体做出规定。如美国国家档案与记录管理委员会（National Archives and Records Administration，NARA）指出：CD-ROM、WORM 和可擦式光盘等三种光学媒体可以用来作为数字文件的载体。[①] 我国国家档案局在《办公自动化电子文件归档与电子档案管理方法》中规定，电子文件应"拷贝至耐久的载体"，禁止用磁盘来保管电子文件，并分先后次序对载体进行了推荐：只读式光盘、一次写入光盘、可擦式光盘、磁带。

著名的"多拷贝确保资料安全"（Lots of Copies Keep Stuff Safe，LOCKSS）项目主要对已订购的电子资源或开放存取资源进行保存，而受控的 LOCKSS（Controlled LOCKSS，CLOCKSS）项目在出版商和图书馆两大社区共同管理的模

---

① http：//www. archives. gov/.

式下建立可持续的、全球分布式的存档系统，设有 CLOCKSS 存档箱的图书馆系统保存出版的重要学术资源，而无须要求该馆订购有相应资源。

（三）转换技术

转换（Conversion）是指把信息从一种媒体转移到另一种媒体上，包括格式变换与复制。转换的目的是在纸张、缩微胶片、录像、磁性材料、光盘等媒体并存的混合环境中实现不同媒体之间信息内容的保存。转换的内容很多，如对已有软件进行修改，使之在不同环境下工作时具有相似的功能，再如把在某一台计算机上运行的程序变换成能在另一台计算机上运行的程序；将一种文件格式转换到另一种文件格式中去，或从一种字符编码方式转换到另一种字符编码方式上；将一种媒体转换到另一种媒体上；从一种操作系统转换到另一种操作系统上；改变系统的硬件使其工作于新的或不同的设备，以对系统进行升级等。

作为英国国家音频档案馆的技术保管基地，不列颠图书馆保管中心（Conservation Centre）为音频档案的保存、复制、数字转换以及专业的重新灌录等技术操作提供各种先进设施，使音频资料得以按照国际标准进行复制、转换，以提供给用户远程和在线使用，而录音间的工作内容在于提供完美音质的口述历史等方面的录音材料。①

2008 年，国际标准化组织（ISO）提出了"数字记录的转换与迁移"（Digital Records Conversion and Migration Process）的标准提案，其内容框架包括数字记录转换和迁移项目的组成元素、技术设计、记录保存需求、工作流程、系统测试、版本控制等方面的问题。

（四）仿真技术

仿真（Emulation）是一个计算机系统对另一个计算机系统的部分或全部的模拟，使模拟的计算机系统与被模拟的计算机系统接收相同的数据，执行相同的程序，获得相同的结果。目前有硬件、软件和操作系统仿真，利用中间媒介层或虚拟计算机实现。在数字资源保存中，由于仿真技术可以保存原始文件，并适用于所有的数字对象，实现了一次处理永久使用，所以仿真被视为理想的保存策略。

仿真技术适合于超文本、多媒体等复杂的数字信息，以及其他依赖特殊软（硬）件而又无法在新、旧技术平台之间进行迁移的数字信息。但是，仿真技术

---

① More about the Centre for Conservation. [EB/OL]. http：//www. bl. uk/onlinegallery/whatson/blcc/conservationcentre. html. [2010－08－06]

依然面临兼容性并不可靠，保持自身耐用性，软/硬件环境的特性的保存等问题。

（五）数据加密技术

数据加密（Encryption）技术是保证数字信息资源长期存储、提高信息系统及数据的安全性和保密性、防止破译和泄密所采用的主要技术手段，也是网络安全的重要技术。

按使用密钥上的不同来划分，加密技术可以分为私用密钥加密技术、公开密钥加密技术，这也是最常用的加密技术的划分类型。

信息的认证是信息安全性的另一个重要方面，主要包括数字签名技术、身份识别技术。其中，前者的数字签名算法主要由两个算法组成，即签名算法和验证算法。签名者能使用一个（秘密）签名算法签一个消息，所得的签名能通过一个公开的验证算法来验证。给定一个签名，验证算法根据签名是否真实来做出一个"真"或"假"的问答。后者能使识别者让对方识别到自己的真正身份，确保识别者的合法权益。使用密码技术，特别是公钥密码技术，能够设计出安全性高的识别协议，受到人们的青睐。身份识别的常用方式主要有使用通行字的方式和使用持证的方式两种。

值得注意的是，数字信息资源的保存需要随着技术的进步而采取不断更新的措施。惠普公司的整合式存档平台（HP Integrated Archive Platform）将该公司的服务器、网格存储技术、内容标引技术、检索与政策管理软件整合为一个单一的、可扩展的电子资源发现平台，能轻易地储存、搜寻和撷取数以亿计的电邮、文件和图像。[①] 2008 年 4 月，OCLC 宣布为图书馆数字馆藏的长期保存提供数字存档服务（Digital Archive Service），对于 OCLC 的图书馆数字馆藏管理软件 CONTENTdm 的用户以及其他一些文化遗产管理机构而言，该数字存档服务集成了馆藏建设工作流程中的各个不同环节，可供随意选择组合。用户可使用 CONTENTdm 的采选工作站、Connexion 联机编目系统，以及网络采集服务的各种功能来保障母本文档的安全。[②] 澳大利亚国家图书馆针对著名的"保护与存取网络化的澳大利亚文献资源"（Preserving and Accessing Networked DOcumentary Resources of Australia，PANDORA）项目开发了 PANDORA 数字存档系统（The PANDORA Digital Archiving System，PANDAS），旨在提供一个集成化的、基于网

---

① HP Integrated Archive Platform. [EB/OL]. http：//h41112. www4. hp. com/promo/imhub/integrated_archive/index. html. [2010 – 08 – 06]

② OCLC offers Digital Archive service for long-term storage of libraries' digital collections. [EB/OL]. http：//www. oclc. org/asiapacific/zhcn/news/releases/200810. html. [2010 – 08 – 06]

络的存档管理系统。① 经过新西兰国家图书馆的测试，Ex Libris 公司的 Ex Libris Digital Preservation System 已投入使用，该系统基于开放档案信息系统模型，符合数字仓储要求，提供数字保存的基础设施与技术，可对资源的重复性、安全性与完整性进行检查，提供永久定位工具和标准的 API，便于图书馆长期保持其资源的可用性与完整性。②

在数字信息资源保存领域的另一个挑战是大规模数据存储的解决方案和数字信息保存的有关技术。关于网络信息资源的存档、标引和存取，美国圣地亚哥超级计算机中心对于美国国家科学数字图书馆项目、该中心与美国国会图书馆合作的项目分别采取了不同的技术。③ 为促进数字信息资源保存技术的开发，欧盟拟投资 "欧洲母本创始计划"（European Masters Initiative）和 i2010 数字图书馆项目（i2010 Digital Libraries Programme），后者有数字信息资源保存的子项目。④

第二节　数字信息资源的保存制度

一、数字信息资源保存制度的主要内容

数字信息资源的保存制度宏观上指一个国家或国际数字信息资源的保存制度，如保存的责任主体、数字信息资源保存所涉及的法律问题、电子呈缴本制度等。如联合国教科文组织（UNESCO）在《数字文化遗产保护指南》（Guidelines for the Preservation of Digital Heritage）指出：这些机构必须承担责任，其中有的还要起领导作用，但是必须做所有的事情，关键是分工与合作。美国则将数字信息资源保存上升为一种国家数字信息基础设施的高度进行重视，突出的表现是启动了 "国家数字信息基础设施与保存项目"（National Digital Information Infra-

① PANDORA Digital Archiving System（PANDAS）.［EB/OL］. http：//pandora. nla. gov. au/pandas. html.［2010 - 08 - 06］

② Ex Libris Offers Digital Preservation System. Information Today，Jan2009，Vol. 26 Issue 1：42.

③ Cowart Charles，Minor David，Moore Reagan，Zhu Bing. Archiving，Indexing and Accessing Web Materials：Solutions for Large Amounts of Data.［EB/OL］. http：//iwaw. europarchive. org/07/IWAW2007_minor. pdf.［2010 - 08 - 06］

④ Keeping the records of science accessible：Can we afford it?［EB/OL］. http：//www. alliancepermanent-access. eu/documenten%5CAlliance2008conference_report. pdf.［2010 - 08 - 06］

structure and Preservation Program，NDIIPP）。1992 年 3 月，澳大利亚举办了"澳大利亚已记录的文化遗产的存取"的全国会议，形成了"RG5"决议，并为制定电子格式资料的管理指南，组建了由澳大利亚国家档案馆、澳大利亚图书信息管理委员会、澳大利亚国家保存办公室和澳大利亚国家音像档案馆等组成的专题调查组（调研组）。该调研组制定了《澳大利亚电子出版物的国家策略》和《保存网上出版物的选择方针》。1995 年，美国组成了包括档案馆在内的数字归档特别工作组，研究内容涉及保存数字信息遇到的技术、法律、经费等问题，并对解决方案开展评估。[1] 2004 年 4 月 22 日获批的《加拿大图书馆与档案馆法案》（The Library and Archives of Canada Act）规定：为了保存目的，允许加拿大国家图书馆与档案馆收集加拿大网站的代表性范例。[2] 丹麦的数字信息资源保存制度规定，丹麦皇家图书馆、州立图书馆和大学图书馆收集与保存互联网上的丹麦文字部分；为增加安全性能，所有收集的资料都保存在这两类机构，这些资料不能被公共获取，只能用于研究。其政策还制定了与丹麦新的法定呈缴法相关的指南。[3]

在微观上，数字信息资源的保存制度指一个机构或一个项目关于数字信息资源保存的具体规定与操作细节。

数字信息资源的保存制度应规定数字信息资源保存的主体、保存的主要责任、保存的对象与内容（针对网络信息资源，还要明确如何采集拟保存的资源）、选择拟保存的数字信息资源的标准、保存在哪里、保存的主要方式、如何获得数字信息资源存档的许可等数字信息资源保存所涉及的法律问题、电子呈缴本制度、数字信息资源保存的流程、数字信息资源保存系统的功能、保存的硬件与软件，以及采用何种元数据对数字信息资源进行标引以便实现资源的长期存取、如何给每种数字信息资源分配永久性统一资源定位符（Persistent URL）或永久资源识别符（Persistent Identifiers）等技术细节。

例如，澳大利亚国家图书馆（National Library of Australia）的数字信息资源保存政策明确规定，"国家图书馆保存电子形态文献的政策是力图确保在长期存取类别中所有资源的持续性可获取。电子资源的识别、选择、保护和保存将与包含资源的创作者、生产者以及全国档案与收藏机构在内的单位开展合作"。"在标准领域，国家图书馆的政策是支持开发和使用被认可的元数据标准以及电子资

① 翟慧杰：《数字信息长期保存的责任主体及其合作模式》，载《档案》2008 年第 1 期，第 17 页。

② Government of Canada Web Archive. ［EB/OL］. http：//www. collectionscanada. gc. ca/webarchives/index-e. html. ［2010 - 08 - 06］

③ Netarchive. dk collects and preserves the Danish portion of the internet. ［EB/OL］. http：//netarchive. dk/index-en. php. ［2010 - 08 - 06］

源描述和输入方面的最佳实践"。① 该馆还制定了一系列有关数字信息资源保存制度的文件，包括：网络化的澳大利亚电子出版物法定呈缴政策（Legal Deposit Policy for Networked Australian Electronic Publications）、网络化的澳大利亚电子出版物保存政策（Preservation Policy for Networked Australian Electronic Publications）、网络化的澳大利亚电子出版物编目政策（Cataloguing Policy for Networked Australian Electronic Publications）、网络化的澳大利亚电子出版物存取政策（Access Policy for Networked Australian Electronic Publications）和网络化的澳大利亚电子出版物元数据标准（Meta Data Standards for Networked Australian Electronic Publications）。

不列颠图书馆的《数字化战略 2008~2011》提出："通过数字化再造和对易损文档的保护，实现对珍稀、脆弱的文化遗产内容的长期保存"。②

匹兹堡大学医学中心（University of Pittsburgh Medical Center，UPMC）的数字信息资源保存设备为一批 IBM 出产的企业级存储系统和中端存储系统，新的IT 系统由 3 台 IBM TotalStorage DS8300 存储服务器构成的，其中两台用于构建主数据中心，第 3 台安置在距离主数据中心 4 公里外的远程容灾恢复站点。除此之外，该中心还引进了 2 套 IBM TotalStorage DS6800 系统、1 套专司数据备份的Tivoli Storage Manager 软件、1 套旨在管理高级存储复制服务和实现高级存储复制服务配置自动化的 IBM Total Storage Productivity Center 解决方案。电子病历的存档、管理工具和职员薪水单的迁移等工作，都将交由 DS8300 处理。③

就一个项目的数字信息资源保存制度而言，比较完善的是著名的澳大利亚国家图书馆的数字信息资源保存项目 PANDOR。其参与者有澳大利亚国立图书馆、各地图书馆以及其他主要的资源搜集组织，如澳大利亚大陆各州立图书馆、北方图书馆（The Northern Territory Library）、国家声像档案馆（The National Film and Sound Archive）、澳大利亚战争纪念馆（The Australian War Memorial）以及澳大利亚原住民及托雷斯海峡居民研究协会（The Australian Institute for Aboriginal and Torres Strait Islander Studies，AIATSIS）。PANDOR 规定，存档内容的搜集必须十分关注选取标准、存档过程的质量评估以及获得出版商的允许并提供对于内容的获取。PANDOR 通过采用一些特定的网页存档的方法，目前已经可以在一定范围内从那些从事网页存档的出版商处获得必要的许可，并且，还可以实现从这些

---

① Policy on Networked Australian Electronic Documents. [EB/OL]. http：//www. nla. gov. au/policy/elecpol. html. [2010 - 08 - 06]

② Digitisation Strategy 2008 - 2011. [EB/OL]. http：//www. bl. uk/aboutus/stratpolprog/digi/digitisation/digistrategy/index. html. [2010 - 08 - 06]

③ 匹兹堡大学启用 IBM 存储系统. [EB/OL]. http：//www. bitscn. com/stor/news/200607/52814. html. [2010 - 08 - 06]

已通过选取的网页资源中生成 MARC 记录。对存档内容的获取是通过 PANDORA 网站入口来实现的，该网站能够提供 Lucene 全文搜索引擎以及存档资源的主题和标题列表。① PANDORA 还专门开发了数字信息资源保存的流程系统（PANDO-RA Digital Archiving System，PANDAS），现已发展到第 3 版。该系统制定了严格的数字信息资源保存制度，并发布了可操作性强的《PANDAS 手册》。该手册规定了数字信息资源保存的具体流程，如何检索、创建和编辑数字信息资源的记录，如何收集、处理和存档和发布数字信息资源等细节。② 如规定该系统的永久资源定位符是根据澳大利亚国家图书馆为其数字收藏开发的方案而产生的。③

二、主要的数字信息保存模式

（一）启动全国性的数字信息保存项目

数字信息归档系统是数字信息资源长期保存的一种重要方式，它可以保证重要的数字信息资源的安全和长期存取，是最具生命力的保存策略。数字信息资源的长期保存涉及政策、法律法规、标准和技术等方面的因素，需要图书馆、档案馆等多种类型机构开展多种形式的合作与支持，单凭任何单一部门来进行长期保存都是不现实的。为使保存的数字信息资源绝对可靠，确保有价值的信息不丢失，有必要在国家层面启动全国性的数字信息保存项目。事实上，许多国家已启动了本国范围内全国性的数字信息保存项目（见表 13 - 1）。

表 13 - 1 　　　　　　　各国全国性的数字信息保存项目
（依国家英文名称字母顺排列）

国家	数字信息保存系统名称	网址	主要参与者
美国	NDIIPP	http：//www. digitalpreser-vation. gov/	美国国会图书馆、OCLC、多所州立图书馆、大学图书馆等 130 多个机构

---

① 澳大利亚国家图书馆著，余敏编译. 澳大利亚国家图书馆的网页存档. [EB/OL]. http：//www. las. ac. cn/las/research/doc/dp/1. pdf. [2010 - 08 - 06]
② Pandas Manual. [EB/OL]. http：//pandora. nla. gov. au/manual/pandas3/3toc. html. [2010 - 08 - 06]
③ NLA Guidelines for the Development and Application of a Persistent Identifier Scheme for Digital Resources. [EB/OL]. http：//www. nla. gov. au/initiatives/persistence/PIappendix1. html. [2010 - 08 - 06]

国家	数字信息保存系统名称	网址	主要参与者
奥地利	Austrian On-Line Archive（AOLA）	http：//www. ifs. tuwien. ac. at/～aola/	奥地利国家图书馆和软件技术部
澳大利亚	PANDORA	http：//pando-ra. nla. gov. au	澳大利亚国家图书馆和9个其他的澳大利亚图书馆与文化收藏机构
加拿大	Government of Canada Web Archive（GC WA）	http：//www. collections-canada. gc. ca/webar-chives/index-e. html	加拿大国家图书馆与档案馆
捷克	Web Archiv	http：//en. webarchiv. cz	捷克国家图书馆、摩拉维亚图书馆等
日本	Japan Web Archiving Pro-ject，WARP	http：//warp. ndl. go. jp	日本国立国会图书馆
韩国	Online Archiving & Search-ing Internet Sources（OA-SIS）	http：//www. oasis. go. kr	韩国国家图书馆
丹麦	Netarchive. dk	http：//netarchive. dk/in-dex-en. php	丹麦皇家图书馆、州和大学图书馆
德国	Cooperative Development of a Long-Term Digital Infor-mation Archive（KOPAL）	http：//kopal. langzeitarc-hivierung. de/index. php. en	德国国家图书馆、哥廷根和大学图书馆
以色列	Israeli Internet Sites Ar-chive	http：//www. jnul. huji. ac. il/IA/ArchivedSites/IA/firstpage. html	以色列国家图书馆和大学图书馆
荷兰	Dutch Deposit（DNEP）	http：//www. kb. nl/kb/ict/dea/index-en. html	荷兰国家图书馆
	e-Depot and Digital Preser-vation	http：//www. kb. nl/dnp/e-depot/e-depot-en. html	荷兰国家图书馆
中国	网络信息保存项目	http：//webarchive. nlc. gov. cn/（不稳定）	中国国家图书馆
	中国 Web 信息博物馆	http：//www. infomall. cn/	北京大学计算机中心等

续表

国家	数字信息保存系统名称	网址	主要参与者
葡萄牙	Arquivo Da Web Portuguesa：Portuguese Web Archive	http：//arquivo-web. fccn. pt	葡萄牙国家计算科学基金会
	Tomba： Portuguese Web Archive	http：//tomba. tumba. pt/index_en. html	里斯本大学
瑞典	Kulturarw3	http：//www. kb. se/english/find/internet/websites/	瑞典国家图书馆
英国	UK Central Government Web Archive	http：//www. pro. gov. uk/webarchive/	英国国家档案馆

在这些国家级的数字信息资源保存项目中，参与机构最多的当推美国的"国家数字信息基础设施与保存项目"（NDIIPP）。NDIIPP 旨在建立一个国家策略对数字信息，尤其是那些只有数字形式的信息进行收集、存档和保护，以备当前和以后的各代人使用。这在第 2 章已作了详细介绍，不再赘述。值得一提的是，NDIIPP 保存的数字信息资源的范围也在不断扩大。最初确定的保存对象为地理空间信息、网站、视听资料以及图像与文本，2007 年，国会图书馆资助了"保存创造的美国"（Preserving Creative America）项目，将保存对象扩大为更广泛的创造性作品，包括数字图片、卡通、移动图像、录音资料和游戏；同年，启动了旨在捕捉、保存和提供利用联邦和州政府各种重要数字信息资源的"保存州政府信息"项目[①]，并与联邦政府机构合作，启动了"联邦机构数字化指南创始计划"[②]。NDIIPP 的一些子项目也很有影响，如美国国家地理空间数据存档项目。[③]

澳大利亚的 PANDORA 项目则是最早基于国家的 Web 保存项目之一。该项目 1996 年由澳大利亚国家图书馆启动，旨在保存澳大利亚的网络档案，而在 PANDORA 立项以前，澳大利亚国家图书馆就已经在为如何选择 Web 上的在线出版物（On-line Publication）以用于保存制定了指导原则。该项目网站提供按学科

---

① Preserving State Government Information. ［EB/OL］. http：//www. digitalpreservation. gov/partners/states. html. ［2010 - 08 - 06］

② Federal Agencies Digitization Guidelines Initiative. ［EB/OL］. http：//www. digitizationguidelines. gov/. ［2010 - 08 - 06］

③ National Geospatial Digital Archive Project. ［EB/OL］. http：//www. digitalpreservation. gov/partners/ngda/ngda. html. ［2010 - 08 - 06］

浏览、按字顺浏览、基本检索和高级检索功能，2008 年 11 月的点击数达 129 万之多。澳大利亚国家图书馆认为，搜集和保存电子出版资料是一件复杂、耗费时间的、昂贵的事情，因此需要经过选择，把资源集中在那些现在和未来都有研究价值的出版资料上。一旦网站被选中并且得到网站拥有者的同意，就会采用搜集软件进行采集。PANDOAR 对收集的网站分类整理，由于经过人工挑选，具有很强的代表性，并提供友好的导航界面。除了网站选择，它还人为地考虑了一些其他问题。例如采集的频度，取决于实际需要，有些可能只采集一次，而有的则需要每周搜集。此外还有采集的深度等问题，假如网站很大，只有一部分会得到采集。

荷兰国家图书馆数字存档项目 e-Depot 已发展成为数字出版物的长期安全存储，该存档的目的是对精选的荷兰语网站的永久存取，其选择标准为：荷兰语、历史、文化与社会、可全文检索，网络存档的所有工作流程都是可操作的，并整合到荷兰国家图书馆的相关部门①。

2003 年年初，中国国家图书馆正式启动了"网络信息采集与保存"试验项目（WICP），积极探索网络信息资源的采集与保存的相关法律、技术、标准等问题。旨在通过试验发现网络信息资源采集、整理、编目、保存和服务中存在的问题，提出解决问题的方案；确定保存对象，根据其特点确定技术策略和业务整合方案；试验性采集、整理、保存数据并提供服务；并计划采集所有 cn 域名下的网站和所有中文（编码）网站。中国 Web 信息博物馆（Web Lnfomall）是 2002 年 1 月在国家"973"和"985"项目的支持下，由北京大学"计算机网络与分布式系统实验室"主持开发的中国网页历史信息存储与展示系统。目前系统对从 2001 年以来中国互联网上最主要的网络信息资源进行了采集和归档，其目标是将当前中国的网页资源相对完整地保存下来，使得将来的某一天（例如 20 年以后）还可以真实地再现这些网页。

英国联合信息系统委员会集成信息环境分委员会（JISC Integrated Information Environment Committee）发起的保存项目"网络资源的保存"（Preservation of Web Resources，PoWR），为了确保保存工作的顺利开展，编写了专门的手册，指导网络资源的管理、抓取、选择、评价、保存以及机构的存档政策。②

（二）建设全国数字保存者合作网络

美国国会图书馆 NDIIPP 项目管理主任（Director of Program Management） 玛

---

① http：//www. kb. nl/hrd/dd/dd_projecten/webarchivering/index-en. html.

② The Preservation of Web Resources Handbook. ［EB/OL］. http：//jiscpowr. jiscinvolve. org/files/2008/11/powrhandbookv1. pdf. ［2010 - 08 - 06］

沙·安德森（Martha Anderson）认为，数字保存不是单一的行动，而是一个团体。①

合作联盟保存方式是数字信息资源长期保存的最佳选择，即建立以全国性的数字信息保存系统为主、其他信息保存机构广泛参与的数字信息资源分散保存的共同体机制。

在建设数字保存者合作网络前需要进行周密地规划；如由谁起主要作用？哪些机构参与？管理机构叫什么？保存的数字资源地方范围是什么？选择的标准是什么？采用什么工具？遵循什么协议与标准等？在建设过程中需要加强管理，尤其是合作参与方之间的交流与协调。

IFLA 和许多国家图书馆都十分重视数字保存的合作及其规划与管理。在 IF-LA 国家图书馆馆长会议（Conference of Directors of National Libraries，IFLA-CDNL）资助下，荷兰国家图书馆数字保存部的 Ingeborg Verheul 从法律、组织和技术角度总结和评价了 2004 年以前亚洲、澳大利亚、欧洲、新西兰和北美 15 个国家图书馆数字保存方面的努力。② 2008 年 7 月 29 日，在不列颠图书馆召开了由数字保存联盟（Digital Preservation Coalition，DPC）组织的题为"数字保存规划：原则、实例与未来"（Digital Preservation Planning：Principles，Examples and the Future With Planets）的专题讨论会。③ 2008 年 10 月 19 ~ 24 日，密西根大学召开了题为"数字保存管理：针对长期问题的短期解决方案"的专题研讨会。④

因特网档案馆（Internet Archive）是美国最早尝试保存 Web 以留给将来的机构之一，从 1996 年开始对整个世界范围的 Web 进行周期性的全面收集。其目标是建设一个 Internet 图书馆，为研究人员、历史学家和其他学者提供永久性的数字资源的历史存档。从 1999 年开始，Internet Archive 还收集其他类型的数字资源，包括视频、文本和音频。除了接受捐献之外，还和各个图书馆合作，收集了包括"百万图书工程"在内的众多电子书籍和各种电影、录音。不过这些资源和网页相比，还相对较少。Archive-it 是因特网档案馆与美国的一些州档案馆和大型图书馆合作推出的订购服务。⑤

---

① Martha Anderson. Not Alone：A Digital Preservation Community. Against the Grain，2008，Vol. 20，Issue 4：34 – 38.

② Ingeborg Verheul. Networking for Digital Preservation：Current Practice in 15 National Libraries. Munich：K. G. Saur，2006.

③ Boyle，Frances；Humphreys，Jane. Digital Preservation Planning：Principles，Examples and the Future with Planets. Ariadne，2008，Vol. 30，Issue 57：2.

④ Jane Hedberg. Digital preservation workshop. College & Research Libraries News，2008，Vol. 69，Issue 7：416.

⑤ Archive-It Homepage. [EB/OL]. http：//www. archive-it. org/. [2010 – 08 – 06]

英国网络存档联盟（UK Web Archiving Consortium，UKWAC）于 2005 年成立，旨在权利人许可下开发一个保存经过选择的英国网站的实验系统，确保具有无限价值的学术、文化与科学资源可被未来的几代人使用；由 6 个主要的英国机构组成，包括不列颠图书馆、英国联合信息系统委员会（JISC）、英国国家档案馆、威尔士国家图书馆、苏格兰国家图书馆和惠康基金会。截至 2009 年 3 月底，该联盟已收集与保存 4 878 个不重复的网站。① 此外，英国还有数字保存联盟（Digital Preservation Coalition，DPC）和数字典藏中心（Digital Curation Centre，DCC）。

其他国家的数字保存网络还有：澳大利亚社会科学数据档案（Australian Social Science Data Archive）、荷兰数字保存联盟（Netherlands Coalition for Digital Preservation，NCDD）等。

2010 年 3 月，日本国会图书馆召开了旨在促进博物馆、图书馆和档案馆数字保存合作的圆桌会议。②

除了全国综合性的数字保存者合作网络外，还有以某专题信息保存为主要目的的合作系统。如美国历史上重大事件（如美国国会网站、"9·11 事件"、卡特林娜飓风、伊拉克战争等）网页信息的保存项目"网络抓取"（Web Capture），该项目网站由美国国会图书馆维护，项目合作者正在四个领域开发一套共用的网络捕捉工具集：保存选择、识别与许可，获得资源存储与维护、存取。③ 类似的还有：由美国国家档案与记录管理委员会（National Archives & Records Administration，NARA）维护的每届总统任期（4 年）和每届国会（2 年）快结束时的"联邦政府信息存档"（Federal Web Harvests）④；美国政府出版局和北得克萨斯大学图书馆合作建立的、旨在向公众提供永久在线存取美国政府机构与委员会网站和出版物的"美国政府出版物的开放存取保存"（CyberCemetery）⑤；印第安纳大学图书馆的"国家级的政府统计网站"（National Government Statistical Web Sites，GIMSS）；保存法律方面的原生数字信息资源的"立法信息存档"（Legal Information Archive）；德国政党网站存档（Archiving the Web Sites of Political Parties in Germany）；荷兰政治团体文献中心与 Groningen 大学图书馆合作的项目"荷兰政治团体网站存档"（Archive of web sites of political parties in the Netherlands，archiPOL），以及允许个人对开放网络资源进行存档的"社会性的网络存

① UK Web Archiving Consortium. [EB/OL]. http：//www. webarchive. org. uk/. [2010 – 08 – 06]
② Lecture meeting commemorating the launch of the roundtable on digital information resources in MLA collaboration [EB/OL]. http：//www. ndl. go. jp/en/event/events/mlalecture. html. [2010 – 08 – 05]
③ Web Capture. [EB/OL]. http：//www. loc. gov/webcapture/. [2010 – 08 – 06]
④ Federal Web Harvests. [EB/OL]. http：//www. webharvest. gov/collections/. [2010 – 08 – 06]
⑤ CyberCemetery. [EB/OL]. http：//govinfo. library. unt. edu/. [2010 – 08 – 06]

档服务"（HANZO Web：A Social Web Archiving Service）。国际社会史研究所是一个负责收集社会史方面的材料并将其归档的研究所，它于 1994 年决定收集因特网上关于政治、社会和生态问题的文件。

（三）建立地区性的保存机制

与其他地区相比，欧洲非常重视数字信息资源保存的地区合作。欧盟资助的项目有：（1）网络化的欧洲储存图书馆（Networked European Deposit Library，NEDLIB）。NEDLIB 的目的在于开发专门用于为欧洲储存图书馆收集网络资源的采集软件，自 20 世纪 90 年代中期以来已开发了标引网页内容的采集技术，NEDLIB 是最早的专门为保存目的而开发的采集软件之一，其合作者包括 8 个欧洲国家图书馆、1 个国家档案馆、2 个 IT 公司和 3 家出版社。[①]（2）为期 3 年的"激活的网络存档"（Living Web Archive，LiWA）项目计划拓展现有的网络内容捕捉、保存、分析，丰富服务内容以提高网络存档的可信度、连贯性与互操作性。[②]（3）"通过网络化的服务进行保存与长期存取（Preservation and Long-term Access through Networked Services，PLANETS）"，于 2006 年开始，为期 4 年，主要目标是开发实用的服务与工具确保科学与文化资产的长期存取。[③]（4）欧盟科学数据长期保存计划（Permanent Access to the Records of Science in Europe，PARSE. Insight）关注科学研究过程中产生的原始数据、中期分析以及最终成果等所有数字资源的长期保存问题，希望通过研究寻得确保这些珍贵的科学数字资源长期可存取、可利用、可理解的有效方法和途径，从而为欧洲电子信息基础设施（E-Infrastructure）的整体构建提供建设性意见或指南。[④]

欧洲范围与数字保存相关的地区性项目还有：永久存取联盟（The Alliance for Permanent Access）和欧洲社会科学数据档案联盟（Council of European Social Science Data Archives，CESSDA）。欧洲开放存取资源的保存项目"欧洲档案"（European Archive）是一个非营利性项目，是欧洲资源（如声音、活动图像与网页）的数字图书馆，对研究人员、历史学家、学者和普通大众提供免费检索，拟开发存储、存取和保护数字物件的大规模存档构建与基础设施，并与"因特网档案馆"项目开展合作。[⑤]

---

① NEDLIB. [EB/OL]. http：//www. kb. nl/coop/nedlib/. [2010 – 08 – 06]

② Living Web Archives. Developing the next generation web archive technologies [EB/OL]. http：//www. liwa-project. eu/. [2010 – 08 – 06]

③ Welcome to Planets. [EB/OL]. http：//www. planets-project. eu/. [2010 – 08 – 06]

④ Permanent Access to the Records of Science in Europe. [EB/OL]. http：//www. parse-insight. eu/. [2010 – 08 – 06]

⑤ European Archive. [EB/OL]. http：//www. europarchive. org/. [2010 – 08 – 06]

北欧网络档案（Nordic Web Archive，NWA）是丹麦、芬兰、冰岛、挪威和瑞典国家图书馆共享采集与存档网络文献经验的合作项目，合作的重点是开发可对网络档案提供长期存取的、可互操作的工具套。该项目的第一期资助已于2000年8月获得，已开发出了名为 NWA 的软件包，可从时间与空间两方面对存档的内容进行导航与检索；第二阶段始于 2002 年后期，重点是增强软件的稳定性、增加用户功能和重新评价用户界面。

类似的项目还有：拉美 30 多个国家的合作项目——拉美政府文献存档[①]等。

（四）建立全球范围的保存网络

早在 2002 年，联合国教科文组织总干事松浦晃一郎向执行局提交的"关于保存数字化遗产宪章草案的报告"就指出："认识到保存所有地区和各种文化的数字化遗产是全世界关注的一个紧迫问题"。[②]

在第 73 届 IFLA 大会上，格雷特·雅各布森（Grethe Jacobsen）报告了其对95 个国家图书馆网络存档活动与打算的调查结果——各国国家图书馆意识到合作保存的重要性。[③]

2003 年 7 月，澳大利亚、加拿大、丹麦、芬兰、法国、冰岛、意大利、挪威、瑞典的国家图书馆以及不列颠图书馆、美国国会图书馆、因特网档案意识到国际合作保存网络内容以备后代使用的重要性，于是组建了国际因特网保存联盟（International Internet Preservation Consortium，IIPC）。最初的协议为期 3 年，成员仅限于上述 12 个机构，此后，成员扩大到更多的图书馆、档案馆、博物馆以及其他的与网络存档有关的文化遗产机构。联盟的目标有：实现对世界范围内丰富的因特网内容的收集、保存和长期存取；促进创建国际档案通用工具、技术和标准的开发与应用；在国际范围内积极推动鼓励因特网内容的收集、保存和存取的项目与立法进程；鼓励与支持全球的图书馆、档案馆、博物馆以及文化遗产机构讨论因特网内容的收集与保存。[④]

数据存档技术联盟（Data Archive Technology Alliance）则是针对社会科学数据保存的国际合作项目，目的是促进与建立数据保存、保护与共享的技术标准，

---

① The Latin American Government Documents Archive（LAGDA）. [EB/OL]. http：//lanic. utexas. edu/project/archives/lagda/. [2010－08－06]

② 松浦晃一郎. 事由：保护数字化遗产宪章草案. [EB/OL]. http：//unesdoc. unesco. org/images/0015/001534/153441C. pdf. [2010－08－06]

③ Grethe Jacobsen. Web Archiving Internationally：Interoperability in the future？ [EB/OL]. http：//www. ifla. org/IV/ifla73/papers/073－Jacobsen-en. pdf. [2010－08－06]

④ The International Internet Preservation Consortium. [EB/OL]. http：//www. netpreserve. org/about/index. php. [2010－08－06]

其参与者包括旨在收集与保存濒危社会科学数据的美国 NDIPP Data-PASS 项目、欧洲的社会科学数据档案联盟（Council of European Social Science Data Archives）和澳大利亚社会科学数据存档（Australian Social Science Data Archive）。①

第三节　电子呈缴制度

对印刷型出版物而言，法定呈缴本（Legal Deposit）获得是许多国家图书馆获得收藏的主要做法。随着数字技术的发展，数字资源在信息资源中的比重不断加大，以前主要针对印刷型出版物的呈缴制度或与呈缴有关的法律法规不能完全适用于数字信息资源或者不能囊括数字信息资源。"尽管我们讲'在因特网上出版'，但对什么才算是因特网出版物一点也不清楚。出版地这项出版物登记存放法所考虑的主要标准，再也不能用于确定国家作品或印刷品：因特网上的域名未必反映有关资料的出处和使用何种语言，而且，许多网址都反映在其他地方。"②这就提出了哪些资源应被视为呈缴法所规定的出版物和如何修改呈缴法才能把国家图书馆应保存的数字化资料包括进去的这一问题。因此，需要对原有的呈缴制度做些改进或者调整，面向数字资源的电子呈缴制度便应运而生。

1996 年，联合国教科文组织就提出了电子出版物的法定呈缴问题。③ 2002 年 2 月，欧洲保存和利用委员会为教科文组织拟定的讨论稿"保存数字化遗产"明确指出：国家图书馆应通过法律规定的存放国家作品的渠道收集和保存出版物，另外还有广泛详尽的档案立法，明确规定应在何时和如何将有关记录材料转交档案馆进行整理和保存。专门的档案馆和博物馆负责收集和保存音像制品、照片或影片。各国的立法（例如，在法律规定要存放的资料范围上）可能会有很大的不同，但是，在有关的基本原则上却有广泛一致的意见，所有涉及方均十分了解这些原则④。

具体到各个国家，则存在不同的情况。"尽管某些国家已将有关法律扩大到

---

①　NDIIPP Helps Data Archive Technology Alliance. [EB/OL]. http：//www. digitalpreservation. gov/news/2008/20081028news_article_DataTechAlliance. html. [2010 - 08 - 06]

②　欧洲保存和利用委员会为教科文组织拟定的讨论稿. 保存数字化遗产. [EB/OL]. http：//unesdoc. unesco. org/images/0015/001534/153441C. pdf. [2010 - 08 - 06]

③　The Legal Deposit of Electronic Publications. [EB/OL]. http：//www. unesco. org/webworld/memory/legaldep. html. [2010 - 08 - 06]

④　The Legal Deposit of Electronic Publications. [EB/OL]. http：//www. unesco. org/webworld/memory/legaldep. html. [2010 - 08 - 06]

了光盘这类没有上网的出版物，但是，对网上资料如何处理迄今仍不明确。"
"国家图书馆通常从收藏法律的角度对待数字化问题。存放脱机数字化产品，如只读光盘，在一些国家已经是一种法律要求，联机电子刊物被看做是图书馆一直收集和保存印刷出版物这一长期传统的延伸。为确保今后继续利用所有电子科学刊物，包括活动连接、数据和多媒体形式的资料，各图书馆正在尝试与出版商讨论收藏问题，迄今为止，仍以自愿为主。"①

一、建立了电子呈缴制度的国家

许多国家都已立法确保对出版的资料的法定呈缴。有些国家已将由于新技术带来的新的出版物形态纳入到法定呈缴的范畴。

1993 年，美国把物质载体的电子出版物纳入了呈缴范畴，但网络电子出版物未涵盖于内。美国唯一接受呈缴本的部门是国会图书馆，除了依据法律接受呈缴本外，国会图书馆还通过与出版商签订协议受缴 CD-ROM，协议对电子出版物应该注册、缴送并取得版权达成一致，内容还包括版权使用政策。国会图书馆正在开发电子注册和缴送交付系统 CORDS 实行联机作品自愿缴送。2000 年 1 月，英国开始实施非书出版物的自愿呈缴制度，包括磁带、磁盘以及普通光盘诸如 CD-ROM 和 DVD，不包括电影、录音和数字产品生产器材和联机出版物以及动态数据。自愿呈缴使图书馆有机会与出版商在实施将来的法律方面进行合作。供长期使用的数字资料必须有计划和系统地建档，以保证内容的更新转换。法国新修订的呈缴法于 1997 年 2 月实施，计算机软件、专家数据库系统和其他人工智能的文献以及面向公众的计算机支持的媒介均在缴送范围之内；联机电子出版物因为没有物质载体所以未在法定缴送范围当中。目前网络电子出版物尚处在自愿缴送状态，法国国家图书馆提供特殊的保存条件，以搜集拟保存的内容。2000 年 7 月，日本对《国立国会图书馆法》进行修订，明确规定了电子出版物的呈缴问题。②

不列颠图书馆引入了"私人成员法律草案"（Private Members' Bill），该草案将改变出版物呈缴有关的立法，确保电子出版物和其他非印刷型资料也作为英国出版的档案的一部分来保存。③

---

① The Legal Deposit of Electronic Publications. [EB/OL]. http：//www. unesco. org/webworld/memory/legaldep. html. [2010－08－06]

② 连天奎：《国外电子出版物呈缴制度概况及立法借鉴的几个问题》，载《现代情报》2007 年第 3 期，第 7~8 页。

③ British library leads effort for U. K. bill to capture and preserve electronic materials. Computers in Libraries，(2003) Vol. 23，Iss. 4：8.

429

2005 年 7 月 1 日,丹麦新的法定呈缴法生效,要求丹麦皇家图书馆、州立图书馆和大学图书馆收集与保存因特网上的丹麦文部分。①

2006 年 6 月 22 日,《德国国家图书馆法》(The German National Library Law,DNBG) 生效以取代 1969 年的《德国图书馆法》(German Library Law) 修订的新法的主要内容是将资源范围扩大到包括网络出版物,规定德国的每个商业与非商业性出版机构有义务免费向德国国家图书馆提交两份呈缴本。②

加拿大和挪威已将法定呈缴的范围扩大到印刷型出版物之外。2005 年,加拿大国家图书馆与档案馆 (Library and Archives Canada,LAC) 已开始行使其通过法定呈缴而收集电子出版物的权利,并将“电子出版物采访部”(Electronic Publications Acquisitions Section) 更名为“法定呈缴——因特网部”(Legal Deposit-Internet Unit),还建立了专门的电子出版物上传平台并于最近。在挪威,1989 年通过的法定呈缴法案 (Legal Deposit Act) 扩大了“文献”(Document) 和“出版者”(Publisher) 等术语的范围使得其立法比较宽泛、当有新的出版物载体出现时不必修订法案也可涵盖。英国的一些机构正在寻求对非印刷型出版物法定呈缴的解决方案,他们将这类出版物视为国家出版档案 (Nationally Published Archive) 的一部分。③

二、意识到建立电子呈缴制度紧迫性的国家

在尚未建立电子呈缴制度的国家中,澳大利亚对此紧迫性的认识很明显地表述于其有关的规定或活动中。“网络化的澳大利亚电子文献政策”规定:澳大利亚电子出版物是指产生于出版行为的文献,在该出版过程中,通过利用计算机,使信息被输入、存取、易于理解和可获得。虽然它们不受现行的澳大利亚共同体呈缴立法限制,但从最广泛的意义而言,澳大利亚电子出版物是带有国家印记的重要组成部分。④ 可见,澳大利亚现行法律并未规定要对数字信息资源进行电子呈缴。但是,澳大利亚国家图书馆在做出积极努力,该馆与澳大利亚国家声像档案馆 (The National Film and Sound Archive) 联合向法定呈缴版权法述评委员会

① Netarchive. dk collects and preserves the Danish portion of the internet. [EB/OL]. http: //netarchive. dk/index-en. php. [2010 − 08 − 06]

② About the German National Library. [EB/OL]. http: //www. d-nb. de/eng/wir/ueber_dnb/sammelauftr. html. [2010 − 08 − 06]

③ What's new in Legal Deposit [EB/OL]. http: //www. collectionscanada. gc. ca/electroniccollection/003008 − 200 − e. html. [2010 − 08 − 06]

④ Policy on Networked Australian Electronic Documents [EB/OL]. http: //www. nla. gov. au/policy/elecpol. html. [2010 − 08 − 06]

（Copyright Law Review Committee on Legal Deposit）提交了希望将电子出版物纳入法定呈缴范围的建议。该建议指出，澳大利亚有关法定呈缴和保护国家文化遗产资源方面的实践应该符合国际上该领域的最佳实践。① 而且，在澳大利亚国家图书馆的上述建议被立法机构采纳之前的过渡时期，该馆鼓励出版者呈缴其电子出版物。早在 2001 年，该馆就制定了使用通过法定呈缴获得的澳大利亚 CD-ROM和其他电子出版物的有关规定。②

在发展中国家的马来西亚 1998~2000 年间，在电子出版物的法定呈缴方面也做出了一些努力③，南非的图书馆与信息服务发展基金会（Foundation for Library and Information Service Development，FLISD）代表南非国家图书馆（National Library of South Africa）启动了"电子出版物的法定呈缴"（Legal Deposit of Electronic Publications）项目④。

第四节　数字存储与数字文化遗产保护

联合国教科文组织存在的目的之一，就是保护全世界的文化、科学和信息遗产。UNESCO 颁布的《保存数字遗产宪章》（Charter on the Preservation of the Digital Heritage）明确定义数字文化遗产（Digital Heritage）为"数字文化遗产是由人类的知识和表达方式的独特资源组成。它包括以数字方式生成的或从现有的模拟资源转换成数字形式的有关文化、教育、科学和行政管理的资源及有关技术、法律、医学及其他领域的信息。'原生数字资源'（Born Digital），即除了数字形式外，别无其他形式的数字资源。"

数字资源的形式多种多样，且日益增多，包括文字、数据库、静止或动态的图像、声音、图表、软件和网页等。它们存在的时间一般不长，需要有意地制作、维护和管理才能保存下来。这类资源大多具有长久的价值和意义，因而是一种应为当代人和后代人而加以保护和保存的遗产。

---

① National Film and Sound Archive and National Library of Australia Submission to the Copyright Law Review Committee on Legal Deposit. [EB/OL]. http://www.nla.gov.au/policy/clrcld.html. [2010 - 08 - 06]

② Use of Australian CD-ROMs & Other Electronic Materials Acquired by Deposit. [EB/OL]. http://www.nla.gov.au/policy/cdrom.html. [2010 - 08 - 06]

③ Legal Deposit of Electronic Publications in Malaysia：1988 - 2000. [EB/OL]. http://myais.fsktm.um.edu.my/558/. [2010 - 08 - 06]

④ Peter Johan Lor, Johannes Britz, Henry Watermeyer. Everything, for ever? The preservation of South African websites for future research and scholarship. Journal of Information Science（2006），Vol. 32, Iss. 1：39.

数字文化遗产的保护已经不仅仅是一个文化遗产问题，从长远角度来看，它会影响新兴的"知识社会"的本质。为此，UNESCO 起草了《数字文化遗产保护指南》（Guidelines for the Preservation of Digital Heritage）。① UNESCO 已经实施了旨在用最合适的手段保护世界各国的文化遗产、并用最合适的技术使得它们能被尽可能多的人利用的"世界的记忆"（Memory of the World）项目，以及提供有关信息的保护、记录知识的管理与保护标准的推广，以及拓宽信息存取的国际政策讨论和项目开发的平台的"信息为人人"（Information for All）项目。

数字存储也可以称为数字资源长期保存，包括数字存档和永久存取两大部分，是实现数字文化遗产保存的必要途径。尤其是目前数字文化遗产的保存环境并不理想，存储介质的寿命、容量有限，数字资源的存取技术更新太快，还有昂贵的加工和存储费用等都使得数字文化遗产的保存问题日益受到社会关注。各国国家图书馆对数字文化遗产的保存负有不可推卸的责任，他们从 20 世纪 90 年代即开展一系列数字文化遗产保存项目，进而也推动了数字存储的发展。②

数字文化遗产的保存需要各方努力与合作，从数字存储角度来看，数字文化遗产大致可从资源选择、元数据采集与添加、存储管理、检索利用等方面实现数字资源的长期保存。

一、数字文化遗产保存的资源选择

除了 1996 年开始建立运行的"因特网档案馆"是全面保存的例子（即对内容不加任何选择的收集大量网页）外，目前的数字文化遗产保存项目主要是有选择地保存数字信息资源。

（一）资源内容与类型

根据 UNESCO 的界定，数字文化遗产应包括各种类型的数字资源，概括起来大致可分为数字出版物，半公开数字资源如学位论文、论文的预印本，非公开数字资源如个人记录、E-mail，数字代替品如图书扫描形成的图片以及封装数字资源如 CD-ROM 等。但是各国图书馆在搜集数字文化遗产时又各有侧重，如法国国家图书馆（Bibliotheque nationale de France，BnF）主要以纸本资源和视听资

---

① UNESCO. Guidelines for the Preservation of Digital Heritage. [EB/OL]. http：//unesdoc. unesco. org/images/0013/001300/130071e. pdf. [2010 - 08 - 06]

② K. G. Saur. Networking for Digital Preservation. IFLA Publication，2006.

源的数字化为保护重点,① 德国国家图书馆（Nation Library of Germany，NLG）的数字文化遗产保存则侧重于在线出版物②，新西兰国家图书馆（Nation Library of New Zealand，NLNZ）则收集所有与本国相关的数字文化遗产③。由芬兰国家图书馆牵头的"采集与保存芬兰电子网络出版物"（The Acquisition and Archiving of Electronic Network Publications In Finland，EVA）项目旨在测试对芬兰网页文献进行采集、注册、保存和提供存取的方法④。

（二）资源获取

为了尽可能多地保存数字文化遗产，各项目的资源获取方式多样，如资源呈缴制度、购买、捐赠、在线采集等。奥地利国家图书馆（Austrian National Library，ANL）允许公众、研究机构和各类文化遗产保存机构向奥地利国家图书馆提供资源⑤，日本国家图书馆（National Diet Library，NDL）则只允许各级政府机构和知名出版社提供资源，对于非政府机构提交的资源要进行严格筛选，选择最优版本⑥。新西兰国家图书馆则对资源获取来源做出明确规定：在线出版物从其生产者处采集，未出版的资源通过捐赠或购买获得，非在线出版物通过呈缴或购买获得，网络资源则基于开放档案倡议元数据收割协议（Open Archives Initiative Protocol for Metadata Harvesting，OAI-PMH），通过网络采集工具自动采集。⑦

二、数字文化遗产保存的元数据管理

从数字保存的角度划分，元数据的管理可从类型、采集、框架选用三个方面开展。

① Gallica/Gallica 2：BnF's Digital Library. [EB/OL]. http：//gallica. bnf. fr/scripts/Page. php? /Dossiers. [2010 - 08 - 06]
② NLG Long-term preservation. [EB/OL]. http：//www. d-nb. de/eng/standards/lmer/lmer. html. [2010 - 08 - 06]
③ NLNZ area of focus. [EB/OL]. http：//www. natlib. govt. nz/collections/areas-of-focus. [2010 - 08 - 06]
④ Kirsti Lounamaa, Inkeri Salonharju. EVA-The Acquisition and Archiving of Electronic Network Publications In Finland. [EB/OL]. http：//www. kansalliskirjasto. fi/extra/tietolinja/0199/evaart. html. [2010 - 08 - 06]
⑤ ANL. [EB/OL]. http：//www. onb. ac. at/ev/index. html. [2010 - 08 - 06]
⑥ NDL Legal Deposit System. [EB/OL]. http：//www. ndl. go. jp/en/aboutus/deposit. html. [2010 - 08 - 06]
⑦ NLNZ Legal Deposit & Donations. [EB/OL]. http：//www. natlib. govt. nz/services/legal-deposit-donations. [2010 - 08 - 06]

（一）保存元数据的类型

从各数字文化遗产保存项目的开展来看，所采用的保存元数据（Preservation Metadata）主要包括技术、描述（书目）、版权、保存、结构、管理、资源历史等类型。其中，美国国会图书馆（LC）对各类型保存元数据还做了详细规定，如描述元数据用来实现检索和浏览中的发现，结构元数据用来阐明需要保存的复杂数字对象之间的关系，而管理元数据则用来进行存储策略管理如检索控制和迁移等。[①] 新西兰国家图书馆则对保存元数据的类型有更严格的控制，通常情况下只采用保存和描述元数据，但是遇到复杂的数字对象也可展开。2003 年 6 月，新西兰国家图书馆提出的元数据标准框架——保存元数据的修订稿对保存元数据的结构、限定、模型与输入细节做出了规定。[②] 但并不是所有项目均采用如此多的保存元数据类型，中国国家图书馆（National Library of China，NLC）的保存项目中只采用了描述、管理、结构和保存四种类型的元数据。[③]

（二）保存元数据的采集

保存元数据的采集与资源的采集密切相关。很多保存项目都要求资源提供者同时上传各类元数据，如美国国会图书馆要求捐赠者提供技术和保存方面的元数据；也有的项目通过自动抽取工具如 JHOVE，遵循元数据收割协议——OAI-PMH 协议自动抽取元数据，如新西兰国家图书馆基本上进行元数据自动采集，将提交的元数据控制到最低。[④] 澳大利亚国家图书馆则是二者结合的典范，它规定一般类型的元数据由资源提供者上传，若没有上传，则技术和结构元数据通过自动抽取获得，管理和描述元数据通过人工添加获得。[⑤]

（三）元数据框架的采用

数字文化遗产保存项目采用的元数据框架多种多样，很多项目呈现多种框架并用的局面。美国国会图书馆采用的元数据框架大致有 METS，MODS，MADS，

---

① Standards at the Library of Congress. [EB/OL]. http：//www. loc. gov/standards/. [2010 – 08 – 06]

② Metadata Standards Framework-Preservation Metadata（Revised）. [EB/OL]. http：//www. natlib. govt. nz/catalogues/library-documents/preservation-metadata-revised. [2010 – 08 – 06]

③ 国家数字图书馆标准规范. [EB/OL]. http：//www. nlc. gov. cn/sztsg/2qgc/eqgc_bzgf. html. [2010 – 08 – 06]

④ NLNZ Preservation Courses. [EB/OL]. http：//www. natlib. govt. nz/about-us/people/structure/national-preservation-office. [2010 – 08 – 06]

⑤ NLA Digital Preservation. [EB/OL]. http：//www. nla. gov. au/preserve/digipres. [2010 – 08 – 06]

MIX，PREMIS 等，澳大利亚国家图书馆（National Library of Australia，NLA）采用了 METS，CEDARS，MIX，NEDLIB，NLB 等，① 同样，加拿大国家图书档案馆（Library and Archives of Canada，LAC）采用了 CEDARS，METS，MPEG21，NEDLIB，OCLC Digital Archiving，DC，RAD 和 AACR2。② 奥地利国家图书馆对这些框架做出明确分工：文本资源采用 METS，图像资源采用 MIX，音频视频资源采用 AMD 和美国国会图书馆的 VMD；美国国会图书馆期待这种框架并用可以达到优势互补的效果。也有的国家图书馆自行开发元数据框架，日本国家图书馆（NDL）就于 2001 年开发了日本国家图书馆元数据项目集（National Diet Library Metadata Element Set），③ 中国国家图书馆对于广播、电影、电视资源采用中国视听元数据框架（China Audio-Visual Metadata Framework），④ 新西兰国家图书馆则根据 XML 结构，以 OCLC/RLG 为指导建立本国的数字资源元数据框架。⑤

（四）元数据的存储

保存元数据是进行数字资源长期保存的重要依据，所以其存放也受到广泛关注。目前，保存元数据大多以 XML 的形式，单独存放在特定数据库中。荷兰国家图书馆（National Library of the Netherlands，NLN）将描述和技术元数据进行单独存放，其中描述元数据存放在书目数据库中；NLG 将描述元数据存放在存储管理系统之外的数据库中，以便进行安全备份；BnF 则将保存元数据与各数字对象分布存储，主要还是从备份、迁移、更新等长期保存策略的方面来考虑。

三、数字文化遗产保存的最终目的——利用

从数字存储的角度讲，数字文化遗产的利用包括数字存档和永久存取两种途径。

（一）通过检索利用数字文化遗产

现阶段，由于技术、版权、协议等原因，数字文化遗产的检索仍存在诸多限

---

① Standards at the Library of Congress. [EB/OL]. http：//www. loc. gov/standards/. [2010 – 08 – 06]

② LAC Ensuring preservation. [EB/OL]. http：//www. collectionscanada. gc. ca/cdis/012033 – 1005 – e. html. [2010 – 08 – 06]

③ NDL metadata standards open to public and call for comments. [EB/OL]. http：//www. ndl. go. jp/en/publication/ndl_newsletter/157/574_bk. html. [2010 – 08 – 06]

④ 国家数字图书馆对象数据标准规范. [EB/OL]. http：//www. nlc. gov. cn/sztsg/2qgc/sjym/eqgc_bzgf_3. html. [2010 – 08 – 06]

⑤ Preservation Policy. [EB/OL]. http：//www. natlib. govt. nz/about-us/policies-strategy/our-policy-about-preservation/view. [2010 – 08 – 06]

制。不列颠图书馆（British Library，BL）只提供许可范围内的检索，同时还受到数字对象类型和各种许可的限制，有的数字对象不能检索，有的限制检索人次①。日本国家图书馆（NDL）原则上允许对数字文化遗产进行免费检索，但是检索活动也会受到图书馆与资源提供者签订协议的限制。② 个别国家图书馆对数字文化遗产的检索严格控制，如新西兰国家图书馆基于保存的目的，除非在存储管理中需要迁移或是转换，否则禁止检索。法国国家图书馆采取了折中的方法，将数字文化遗产分别存储为检索版本和保存版本，对于检索版本，若无版权限制，则可提供开放存取；对于保存版本，则不提供公开使用，除非复制部门有特殊需求才允许检索。

另外，为同时实现长期保存和永久存取，很多项目同时存储检索和保存两个版本，并且对两者进行分别存储。澳大利亚国家图书馆将网络采集的数字资源生成 3 个版本，一个保持原貌，不做修改，用于长期保存；一个由检索管理器生成，会对资源质量进行控制，在保存时会有一定的调整；一个则是来自检索管理器的检索文本，根据用户的检索需要生成，这个版本是不保存的，其他两个版本则会分别存储在不同的数据库中。③

当然，如果数字资源没有受到版权等限制，各保存项目则会尽最大可能为用户能提供免费检索。美国国会图书馆参与开展的很多大型数字文化遗产保存项目如国家数字信息基础设施和长期保存项目（NDIIPP）、美国记忆（American Memory）、世界门户（World Gateway）等都提供各类数字文化遗产的检索④，奥地利国家图书馆将数字存储资源目录整合到该馆的在线书目数据库中，用户可通过奥地利国家图书馆的联机公共检索目录和全国联合目录进行检索。德国国家图书馆则与很多大型出版商签订协议，允许拷贝其提交的在线出版物；当基于学术研究、学术收藏等目的时，检索也不受版权限制。这是目前推广数字文化遗产检索利用的一种有效途径。⑤

（二）通过保存利用数字文化遗产

对数字文化遗产的保存必须"保持原貌"，这样才能提供更多的研究价值。

---

① Endangered Archives. [EB/OL]. http：//www. bl. uk/about/policies/endangeredarch/homepage. html. [2010 – 08 – 06]

② NDL Digital Archiving System. [EB/OL]. http：//www. ndl. go. jp/en/aboutus/ndl-da. html. [2010 – 08 – 06]

③ NLA Digital Preservation Policy. [EB/OL]. http：//www. nla. gov. au/policy/digpres. html. [2010 – 08 – 06]

④ LC digital preservation. [EB/OL]. http：//www. digitalpreservation. gov/. [2010 – 08 – 06]

⑤ NLG Reference description. [EB/OL]. http：//nbn-resolving. de/urn/resolver. pl? urn = urn：nbn：de：1111 – 2005051906. [2010 – 08 – 06]

丹麦国家图书馆（National Libraries of Denmark，NLD）要求所有进行长期保存的文献必须采用其原始的格式[①]；日本国家图书馆对网络采集的资源也实行原始格式保存；保存版本的质量要求也很高，中国国家图书馆作为其他中国文化遗产保存机构的资源获取来源，要求长期保存的版本必须实现高精度。当然对不同类型文献的存储格式，各项目也有规定：澳大利亚国家图书馆要求图片资源的存储格式为 TIFF，音频资源的存储格式为 BWF；奥地利国家图书馆规定文本的存储格式为 XML，图片的存储格式为 TIFF，音频资源的存储格式为 WAV，网络文档的存储格式为 ZIP，其他格式如 PNG，PDF，HTML 则要在限制条件下使用。[②] 多样的存储格式可以最大限度地保存数字文化遗产的原貌，但是与之相关的对存储空间的要求和资源交换、采集中的限制也应引起相关专家重视。

四、数字文化遗产的存储管理

数字文化遗产的存储管理主要通过各类数字资源管理系统和采集软件实现。

（一）数字存储管理系统软件

各保存项目采用的数字存储管理系统软件大致可分为三大类：一是商业软件，如奥地利国家图书馆采用 Exlibris 公司的 DigiTool 用于数字存档，采用 Oracle 进行存储数据库管理，采用软件 JHOVE 进行文本确认和元数据抽取。荷兰国家图书馆的存储系统管理软件"数字信息存档系统"（Digital Information Archiving System，DIAS）是 IBM 公司参照开放档案信息系统模型（Open Archival Information System，OAIS）专门为其开发的，包括存储管理、资源管理、网络服务器和存储数据库，该系统也被德国国家图书馆采用[③]。二是自行研发的软件，中国国家图书馆的工作人员开发文津数字存储管理系统用于数字文化遗产的存储管理[④]；BL 参照 OAIS 的标准自行研发软件，且不采用开源软件。第三种是开源软件，奥地利国家图书馆采用开源软件 Linux 做存储管理系统，美国国会图书馆采

---

① NLD Digitization For printing and web use. [EB/OL]. http：//www. kb. dk/en/priser/foto/foto_6_digtalisering. html. [2010 – 08 – 06]

② ANL. [EB/OL]. http：//www. onb. ac. at/ev/index. html. [2010 – 08 – 06].

③ NLN Preservation. [EB/OL]. http：//www. kb. nl/menu/conservering-en. html. [2010 – 08 – 06]

④ 国家数字图书馆子项目建设. [EB/OL]. http：//www. nlc. gov. cn/sztsg/index. html. [2010 – 08 – 06]

用 DSpace，Fedora 和 LOCKSS 等开源软件进行资源采集和存储。①

（二）数字存储管理系统与图书馆管理系统的整合

德国国家图书馆将数字存储管理系统与图书馆的管理系统整合，其目的是便于统一管理，也方便了用户的检索，可通过图书馆的联机检索目录获知数字文化遗产保护的信息。同时在图书馆的实体馆藏与长期保存的数字资源间建立有效链接，也便于数字文化遗产的推广利用。②

通过数字存储实现数字文化遗产保护，其首要目的是对人类丰富的数字文化遗产进行长期的保存，使具有巨大文化、历史意义的数字文化遗产以"原貌"的形式传递给后代使用。其次，数字存储也为数字文化遗产的传播奠定了基础，动态形式存在的数字文化遗产在网络环境中很容易消失，通过数字存储为其传播交流提供了资料来源；随着保存元数据 u 类型和框架的确定，各类数字文化遗产的采集更为通畅，也会在一定程度促进数字文化遗产的传播。同时，数字文化遗产的存储也为学术科研提供了资料来源，来自高校机构库的学位论文、研究论文、科技报告等都是数字文化遗产保护的重要内容，同时，数字文化遗产存储为研究人员提供了以前无法得到的参考信息，也扩大了珍贵资源的利用范围。

但是，对于文化遗产保存来讲，数字技术是柄"双刃剑"。传播内容方面，在文化遗产的原创和转化过程中，过分专业的组合、过分娱乐化、趣味化可能对文化遗产的文化价值造成消解和损害；在数字采集、制作中，特别是在数字传播中如何保证成品的正确性、科学性、真实性，使得文化遗产数字化之后，能让历史和文化与用户更亲切、更熟悉，而不是更遥远、更虚幻也是一个值得关注的问题。所以，数字文化遗产的保存过程中要运用数字存储，制定合理的转换、迁移、仿真、更新等保存策略，以实现数字文化遗产的长期保存和永久检索。

第五节　数字信息资源的开放存取

开放存取（Open Access，OA）是国际学术界、出版界、图书情报界为了推

---

① LC Digital preservation Tools and Services. ［EB/OL］. http：//www. nlc. gov. cn/sztsg/index. html. ［2010 – 08 – 06］

② NLG the open-source software koLibRI. ［EB/OL］. http：//kopal. langzeitarchivierung. de/index _ ko-LibRI. php. en. ［2010 – 08 – 06］

动利用互联网自由传播科研成果而发起的运动，其目的是促进学术信息的广泛交流，提高科学研究的效率。信息的开放存取近年来也引起了各国政府乃至国际组织的共同关注。

"开放存取"译自英文的 Open Access（OA）尽管称谓多样，如大陆学者翻译为开放存取、开放获取、公开获取、开放使用等；台湾地区学者译法也不少：公开访问、公开取阅、开放取用、开放取阅或开放近用等。

目前，国际上比较权威的"开放存取"定义有多种，如《布达佩斯开放存取倡议》的定义、《巴斯达开放存取出版声明》的定义、《柏林宣言》的定义、IFLA 的定义等，其核心思想是一致的，即指数字信息的在互联网公共领域里可以被免费获取，并允许任何用户阅读、下载、复制、传递、打印、检索等合理利用，以保证数字信息的自由传播、开放利用和长期保存。

一、信息资源开放存取的实现途径

关于开放存取的实现途径，被广泛认同的是《布达佩斯开放存取倡议》（BOAI）建议的两个策略。[①]

（一）绿色之路（Green Route）：自行典藏（Self-archiving）

通常被称为 BOAI-1。学者需要工具及协助，才能把他们的论文置于开放存取电子仓储；这些仓储符合开放档案倡议（Open Archives Initiative，OAI）的标准，搜索引擎等工具才可以将分散的仓储视为一个整体。作者自己将论文资料的预印本（Preprint）或后印本（Postprint）存储在某个开放存取站点，供读者免费取用。可细分为三种方式：

1. 机构库（Institutional Repositories，IR）

机构库又称机构知识库、机构仓储、机构典藏库，是收集、存放由某个或多个学术机构（例如大学、研究所、图书馆、博物馆等）专家、教授、学生创造的，可供机构内外用户共享的学术文献的数据库。[②]

2002 年，学术出版与学术资源联盟（Scholarly Publishing and Academic Resources Coalition，SPARC）高级顾问瑞姆·克鲁（Raym Crow）撰写了《机构库的缘由：SPARC 意见书》，首次提出了机构库的概念，该文将机构库定义为：获

---

① Budapest Open Access Initiative. http：//www. soros. org/openaccess/read. shtml. [2010 – 08 – 05]

② 黄凯文、刘芳：《网络科学信息资源"公开获取运动"的模式与方法》，载《大学图书馆学报》2005 年第 2 期，第 38 ~ 41 页。

取和保存一个或多个大学的智力产出的数字化集合。① 同年，美国研究图书馆协会（Association of Research Libraries，ARL）、学术出版与学术资源联盟（SPARC）和网络信息联盟（Coalition for Networked Information，CNI）召开了 SPARC 机构库研讨会（SPARC IR Workshop），专门从事机构库的理论与实践研究，内容涉及机构库的相关技术、内容管理、质量控制及成本管理等。2003 年，网络信息联盟的执行理事克利福德·A·林奇（Clifford A. Lynch）在《机构库：数字时代学术交流的基础设施》一文中，将机构库定义为一个大学向其成员提供的、用以管理和传播该大学及其成员所创造的数字资源的一系列服务。② 加拿大研究图书馆协会（Canadian Association of Research Libraries，CARL）则提出，所谓机构库就是指搜集、存储学术机构成员的知识资源，并提供检索的数字知识库，同时认为机构库可以作为一个全球知识库的子库，为世界范围内的网络用户服务。③ 我国吴建中教授持与 CARL 类似的观点，认为机构库是指搜集并保存单个或数个大学共同体知识资源的知识库，在学术交流体系改革的诸要素中扮演着关键的角色。④

尽管不同机构、学者对机构库下的定义不完全相同，但概括起来机构库应该具有以下几个要素：（1）构建的主体是机构，这与基于学科和专题的数据库存在本质的区别；（2）内容大部分都是学术性的知识资源，如预印本、学位论文、工作报告、多媒体数据、会议论文、教学资料、实验结果等；（3）机构库中的知识资源是动态增加并长期保存的；（4）开放性，机构库既要保证与其他机构库之间的互相操作，还需保证将其中绝大部分内容向世界范围内的所有用户开放。⑤

自行典藏中的机构库一般由学校或研究机构建立，但这些机构库一般有权限限制，其开放范围和程度有限（一般只对本单位研究者开放存档，其他人只能阅读）。

2. 学科（主题）库（Subject Repositories）

学科库，也被称为"学科知识库"、"学科开放存取仓储"或"学科仓储"，

① The Case for Institutional Repositories：A SPARC Position Paper. http：//www. arl. org/sparc/bm ~ doc/ir_final_release_102. pdf. ［2010 – 08 – 06］

② Institutional Repositories：Essential Infrastructure for Scholarship in the Digital Age. http：//www. arl. org/resources/pubs/br/br226/br226ir ~ print. shtml. ［2010 – 08 – 06］

③ Institutional Repositories：Innovation in Scholarly Publishing. http：//www. carl-abrc. ca/projects/institutional_repositories/about-e. html. ［2010 – 08 – 06］

④ 吴建中：《图书馆 VS 机构库——图书馆战略发展的再思考》，载《中国图书馆学报》2004 年第 5 期，第 5 ~ 8 页。

⑤ 董文鸳：《机构库影响下的图书馆》，载《情报资料工作》2006 年第 5 期，第 74 ~ 77 页。

在国外通常被称为"Subject Repositories","Disciplinary Archives","Subject (Discipline) Based Repositories","Subject Specific Repositories","Discipline-oriented Repositories"和"Domain Specific Data Archives"等。笔者认为,由于学科库中存储的还有作者的论文预印本、软件、工作论文等,有的还达不到知识层次,用"学科知识库"范围太窄;用"学科开放存取仓储"又不够简洁;而且,另一种重要的自存档形式的开发存取实现途径——Institutional Repositories,目前在国内多译为"机构库"而非"机构仓储",因此笔者更倾向于用"学科库"。①

学科库是专门搜集某一特定学科研究资源的各种类型的电子文档。其最普遍的类型是电子印本文库（E-print Archive）。E-print 是一种以电子方式复制的文献,一般是学术研究文献。它通常包括两种形式:未经审核的预印本（Preprint）和已经审核过的后印本（Postprint）②。

3. 个人主页（Homepage）

自行典藏中的个人存档以前是在 FTP 或 Gopher 站点张贴论文,但是 20 世纪 90 年代中期以后,万维网上的个人主页作为存放论文的空间变得更加普遍,作者的个人主页（Author Web Sites）可以说是最常见的方式。③ 但个人主页与作者个人是紧密相关的,作者的任何变动,如工作调动、退休、死亡等都会导致个人存档的中断、变动,个人网站的维护与稳定性也没有保障。而且,由于个人存档广泛分散在互联网上,较难被搜索引擎发现,获取完整的信息也比从机构库和学科库中获取难得多,所以影响不大。

因此,自行典藏的形式实际上主要是学科库与机构库。也正因如此,有的学者认为自行典藏的形式只有学科库与机构库,如基思·G·杰弗里（Keith G. Jeffery）认为开放存取实现的途径有"金色之路"和"绿色之路",而绿色之路只包括学科库和机构库。④ 在国内,李武⑤和方晨⑥把开放存取的形式归结为开放存取期刊和开放存取仓储两种,并在此基础上进一步将开放存取仓储细分为学科开放存取仓储和机构开放存取存储。

① 黄如花、冯晴:《论学科库的建设》,载《图书馆论坛》2007 年第 6 期,第 31~136 页。
② Towards an integrated knowledge ecosystem: A Canadian research strategy. http://www.carl-abrc.ca/projects/kdstudy/public_html/chapter3.html.[2010-08-06]
③ 徐丽芳:《开放存取及其研究进展》,参见:肖希明、黄如花、司莉:《图书馆学研究进展》,武汉大学出版社 2007 年版,第 743 页。
④ Keith G Jeffery. Open Access: An Introduction. http://www.ercim.org/publication/Ercim_News/enw64/jeffery.html.[2010-08-06]
⑤ 李武:《开放存取出版的两种主要实现途径》,载《大学图书馆学报》2005 年第 4 期,第 58~63 页。
⑥ 方晨:《开放获取:解困"学术期刊危机"》,载《中国教育网络》2005 年第 9 期,第 48~50 页。

441

（二）金色之路（Golden Route）：开放存取期刊（Open Access Journals）

通常被称为 BOAI - Ⅱ。学者需要工具才能创办开放存取期刊，或转换收费存取期刊为开放存取期刊。期刊论文本身希望尽量被传播出去，创办的开放存取期刊不再以著作权限制存取的范围，而以著作权保护期刊的永久开放存取。

美国科技信息研究所统计显示，被权威文摘索引机构 ISI 收录的 OA 期刊数量不断增加；同时，OA 期刊的被引用率和影响因子也在不断提高，并且往往超过同类的传统期刊。[①] 伊朗学者从学科角度分析了 OA 期刊的影响因子。[②] 著名的开放存取期刊名录（Directory of Open Access Journals，DOAJ）收录的开放存取期刊数量在不断增加，截至 2010 年 8 月 6 日，已达 5 256 种。[③] 被称为全球最大开放存取期刊门户的 Open J-Gate 提供基于开放获取期刊的免费检索和全文链接，其主要目的是保障读者免费和不受限制地获取学术及研究领域的期刊和相关文献，截至 2010 年 8 月 6 日收录 OA 期刊高达 7 403 种。[④] OA 期刊目前呈现良好的发展态势，其规模不断扩大、坚持多种形式相结合以及影响力日益扩大。[⑤]

关于开放存取的实现途径，持与 BOAI 类似观点的还有：芬兰学者克里斯特（Bo-Christer Björk）[⑥] 和吴建中[⑦]等，但克里斯特对 OA 期刊（Open Access Journals）还使用了"同行评审期刊"（Peer-reviewed Journals）。

绿色之路和金色之路的开放存取途径同时也是数字信息资源获取和建设的重要方式。

---

① Marie E，McVeigh（2004）. Open Access Journals in the ISI Citation Databases：Analysis of Impact Factors and Citation Patterns. A citation study from Thomson Scientific. http：//scientific. thomsonreuters. com/m/pdfs/openaccesscitations2. pdf.［2010 - 08 - 06］

② Hajar Sotudeh，Abbas Horri（2007）. The citation performance of open access journals：A disciplinary investigation of citation distribution models. Journal of the American Society for Information Science and Technology，Vol. 58，Issue 13：2145 - 2156.

③ Directory of Open Access Journals. http：//www. doaj. org/.［2010 - 08 - 06］

④ Open J-Gate. http：//www. openj-gate. com.［2010 - 08 - 06］

⑤ 李武、杨屹东：《开放存取期刊出版的发展现状及其影响分析》，载《图书情报工作》2006 年第 2 期，第 25～30 页。

⑥ Björk，B-C.（2004）Open access to scientific publications-an analysis of the barriers to change［J］. Information Research，9（2）paper 170. http：//InformationR. net/ir/9 - 2/paper170. html.［2010 - 08 - 06］

⑦ 吴建中：《开放存取环境下的信息共享空间》，载《国家图书馆学刊》2005 年第 3 期，第 7～10 页。

二、开放存取信息资源的收集策略

可以利用 Google 和 Yahoo 等综合性搜索引擎，输入 "publicly accessible resources"，"publicly available resources"，"open access materials"，"open-access literature"，"open-access resources"，"freely accessible resources"，eprints（或 archive，repository），"open source collection" 等检索式；或者利用这些国家的特殊功能，如 Google 允许用户查找包括 PDF 格式在内的许多非 HTML 格式文件，许多属于开放存取资源。但更有针对性的是利用专门针对开放存取资源的检索工具与站点。

（一）利用开放存取资源的注册站点

最重要的当推 "开放存取仓储指南"（OpenDOAR）。[①] 它收录学术性仓储 1 600 余个。按国家和地区列举收录的仓储；允许用户按学科、国家、资源类型、语种、仓储建设软件以及仓储类型对仓储进行浏览与检索；检索仓储中的内容（测试阶段）；用户还可推荐资源。

另一个规模较大的是 "开放存取仓储注册"（ROAR）。[②] 在 ROAR 注册的 OA 库有 1 800 多个。允许用户从地域范围、使用的软件、仓储的内容进行浏览与检索，可按仓储名称、记录总数、注册时间及活动情况进行排序。可检索仓储中内容；用户也可在此对仓储进行注册。

（二）利用开放存取资源目录

开放存取资源来源广泛，为了便于用户通过一个站点尽可能多地获取分散于不同站点的开放存取资源，节省利用 OA 资源的时间，这类目录便应运而生。目前更多的是开放存取期刊目录，大部分由图书馆参与开发。可利用这些目录提供的期刊浏览与检索功能了解某一种期刊或某一个学科有哪些期刊可开放存取。

著名的开放存取资源目录有：瑞典 Lund 大学图书馆创建的 "开放存取期刊目录"（Directory of Open Access Journals，DOAJ）、印度 Informatics 公司创办的 Open J-Gate、日本科学技术振兴机构开发的日本科学技术信息集成系统（Japan Science and Technology Information Aggregator，Electronic，J-STAGE）以及有选择性地收录 200 余种巴西科学期刊的科技在线图书馆（Scientific Electronic Library

---

① Directory of Open Access Repositories http：//www. opendoar. org/. ［2010 – 08 – 05］

② Registry of Open Access Repositorieshttp：//roar. eprints. org/. ［2010 – 08 – 05］

Online，SciELO）。目前规模最大的当推 Hasselt 大学图书馆和 EBSCO 公司合作开发的、收录 13 000 余种科技期刊的"开放科学目录"。①

（三）利用可以检索开放存取资源的工具

这类搜索引擎主要面向 OA 资源的检索，系统地采集世界各国开放存取文库的资料。

重要的综合性开放存取资源搜索引擎有：密西根大学图书馆建立的 OAIster，提供对来自 900 多个资源提供者的近 2 万条记录的检索；Elsevier 推出的 Scirus②搜集网上所有科学的及与科学有关的站点，收录的 OA 资源十分丰富。有"基本检索"和"高级检索"两种检索模式。在高级检索中，用户还可通过界面提供的选项来选择检索词间的逻辑关系。可检字段有：论文题名、刊名、著者、著者所在机构、全文、网址。可从学科领域等 5 个方面缩小检索范围。

专门检索某一类开放存取资源的搜索引擎有：检索免费图书的 Audio Books for Free 和 Google 图书搜索等；检索免费期刊的 Genamics JournalSeek；检索免费期刊论文的 FindArticles、Online JOurnal Search Engine 和 MagPortal.com 等；能检索 7 万多个免费数据库的 Complete Planet。此外，还有专门检索某一个或某几个学科 OA 资源的搜索引擎，如检索自然科学资源的 Search4 Science 和 SciSeeK、检索化学结构的 eMolecules 等；有的还专门针对某学科免费资源，如计算机与信息科学领域的 CiteSeer，图书情报学领域的 DL-Harvest 和 METALIS 等。

---

① Open Science Directoryhttp：//www. opensciencedirectory. net/. ［2010 – 08 – 05］
② http：//www. scirus. com.

第十四章

数字信息资源利用的绩效评估

绩效（Performance）在英文中的原意是指：（1）某个行为的完成；（2）对于需求（Claim）、承诺（Promise）或要求（Request）的实现；（3）表现的能力，即达成所需效率的能力。① 从普遍意义上说，绩效是对组织活动的成果与效果的全面、系统的表征。绩效评估有时也称绩效测度，所谓绩效测度，就是对照预先制定好的标准和目标，系统评估有效性（质量）的过程。② 数字信息资源利用的绩效评估的实质就是依据相应的标准即数字信息资源利用绩效评估体系，对数字信息资源及其服务的效率和效能等进行全面的、系统的科学的定性和定量的测度、分析和反馈。具体地说绩效评估的内容包括数字信息资源和服务的效率、效能、质量、用户满意度、成本、成果、影响力等多项内容，其中质量包括功能质量和技术质量。

国内也有学者认为，按照评估侧重点的不同，绩效评估可分为：效果主导型（干出了什么）；品质主导型（能干什么）和行为主导型（怎么干）三种类型。③ 对于数字信息资源利用的绩效而言，可以将侧重点分为用户主导型，即用户在数

---

① Merriam-Webster's Collegiate Dictionary and Thesaurus. Encyclopedia Britannica, Inc. ［M/OL］. http：//search. eb. com/dictionary? va = performance&query = performance. ［2007 – 08 – 20］

② Steve Morgan. Performance assessment in academic libraries. Mansell Publishing Limited, 1995. 2 – 3. 转引自索传军：《电子资源服务绩效评估的含义与影响因素分析》，载《图书情报知识》2005 年第 6 期，第66 ~ 69 页。

③ 段小虎、高晓华、谢一帆等：《图书馆效果主导型绩效评估体系的构建》，载《图书馆理论与实践》2006 年第 3 期，第 11 ~ 13 页。

字信息资源实际利用中的效率、效能及满意度等，将对数字信息资源的投入与用户利用效果以及满足用户需求的程度进行综合分析；资源主导型，即涉及数字信息资源本身的评估，包括评估数字信息资源内容、形式、运行状况、服务质量等；服务主导型，即对为了使资源能有效利用而附加的服务进行考核，其目的是考察数字信息资源是否得到有效的利用，其附带的相关服务如检索、浏览等服务功能的效率和效能，探索如何通过服务的提升进一步提高数字信息资源利用的效率和效能。

笔者认为，数字资源利用绩效评价就是对数字资源在使用过程中所显示的各种属性及其利用效果进行检测，对数字资源的使用价值加以判断，并反馈各种信息，从而为制定新的数字资源建设目标与方案、控制数字资源发展过程提供客观依据的活动。

第一节　数字信息资源利用绩效的影响因素

绩效具有多因性、多维性和动态性三重特性[①]，特别是数字信息服务的复杂性（如分布式服务环境等），使得其利用绩效与服务环境等"场景"因素有着密切的关系[②]。综合数字环境中影响数字信息资源利用绩效的诸多因素，可以将数字信息资源利用绩效的影响因素分为内因和外因两个方面（见图 14 - 1）。

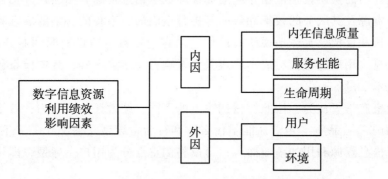

图 14 - 1　数字信息资源利用绩效的影响因素

---

① 王怀民：《绩效管理》，山东人民出版社 2004 年版，第 5 ~ 7 页。
② 索传军：《电子资源服务绩效评估的含义与影响因素分析》，载《图书情报知识》2005 年第 6 期，第 66 ~ 69 页。

一、数字信息资源利用绩效的影响内因

所谓内因，就是事物发展的内部矛盾。影响数字信息资源利用绩效的内因来自于数字信息资源本身，主要包括数字信息资源内在信息质量、数字信息资源服务性能、数字信息资源生命周期和数字信息资源的建设规模四个方面。数字信息资源利用绩效的影响内因直接关系到数字信息资源利用和服务效能的发挥，关系到能为用户提供什么样的信息和服务，以及能为什么用户提供资源和服务等。

（一）数字信息资源内在信息质量

数字信息资源的质量构成包含以下因素：（1）数字信息资源内容质量；（2）数据加工的质量；（3）数据格式；（4）数据构成的时间等。

直接判断数字信息资源内容的质量通常比较困难，一般采取的办法是通过已有的较为成熟的评价体系实施间接评价，如网络数据库和全文数据库，其内容质量可以通过对数据库内容提供者的权威性、数据库覆盖的核心期刊，被权威二次文献检索等方面进行评测；网络信息资源的质量则可以通过被链接的频次和被引率等间接反映。而政府信息资源的内在质量则强调政府信息的全面性和真实性，其质量的评测则依赖于对政府部门信息运作流程的规范化、标准化以及信息发布和公开渠道的考察。[①] 数字信息资源内容质量直接影响到用户通过数字信息资源使用获得的信息内容，即数字信息资源包含的信息量，因此是决定数字信息资源利用的关键因素。

数字信息资源数据加工质量考察的是数字信息资源是否具有对原本无序、分散、随机的包含特定内容的信息按照一定的原则和程序加以科学的收集、筛选、揭示和组织，转变为有序的、可传递和可供利用的信息的能力。数据加工通常要根据用户不同的需要，对已经收集或自动更新的数字信息资源进行深层次的再加工，满足用户按照不同线索浏览、检索、下载和打印等需要，不同程度的揭示信息内容，并按照一定的规则加以重组，形成各种形式的二次文献，如述评、专题汇编、研究报告等。

数字信息资源数据格式的质量涉及数字信息资源占用硬盘空间，清晰度质量，兼容性等问题能直接影响用户的利用效果。

数字信息资源数据构成的时间因素依据的是任何信息都存在一个半衰期，存

---

① 卓越：《政府绩效管理导论》，清华大学出版社 2006 年版。

在着过时老化的问题。数字信息资源的时间构成不同，其利用价值就不同。[①]

（二）数字信息资源的服务性能

数字信息资源的服务性能主要包括数字信息资源的可获取性能、数字信息资源的可利用性能以及数字信息资源服务的开放性。

1. 数字信息资源的可获取性能

数字信息资源的可获取性能，包括数字信息资源的可知晓性和可访问性。数字信息资源的可知晓性就是能让用户了解、认知数字信息资源的内容和规模情况、揭示和组织状况、数字信息资源提供的相关服务状况等。按照不同的逻辑和规则对数字信息资源进行不同的组织，如按照不同类型进行组织，具体的有按照学科和专题设计资源的学科导航、用主题树和知识地图揭示资源的知识单元等。数字信息资源可知晓性服务是数字信息资源利用的前提和基础，它直接影响了用户面对数字信息资源时，知晓数字信息资源的利用权限以及利用数字信息资源的效果。可访问性直接影响终端用户对数字信息资源的获取。Web 页面下载速度过慢，死链和无效链接的存在，过度的限制访问权限（收费和 IP 限制等），用户注册和登录的程序烦琐等都会影响到用户快速、容易地访问所需的数字信息资源。

2. 数字信息资源的可利用性能

数字信息资源的可利用性能，包括了数字信息资源浏览功能、数字信息资源检索功能、数字信息资源反馈功能、数字信息资源服务系统运行状况等。浏览功能主要涉及用户浏览数字信息资源的效果和效率，各种分类、揭示的合理性和完备性，如主题浏览、来源浏览、字段浏览等；检索功能是数字信息服务最基本的性能之一，包括跨网、跨库、跨系统、跨平台、跨语言的统一检索性能，检索方式的完备性包括从简单检索、复杂检索到专业检索，从快速检索到二次检索，从自然语言检索到图像检索等，检索辅助包括各种帮助、历史检索记录查询和各种参考工具，用户的个性化检索支持包括检索界面的个性化，检索结果显示的数量、格式、排序和单页最大显示数量等。[②] 数字信息资源利用的反馈功能也是数字信息资源可利用性能的重要指标，建立了用户和数字信息资源服务提供者交流和沟通的渠道。数字信息资源提供者能通过用户反馈和用户使用统计等直接获取数字信息资源利用中用户需求的变化信息和用户利用状况，及时调整信息资源的

① 索传军：《基于 ILM 的数字馆藏管理策略》，载《图书情报工作》2005 年第 49 卷第 7 期，第 76 ~ 79 页。

② 肖珑、张宇红：《电子资源评价指标体系的建立初探》，载《大学图书馆学报》2002 年第 3 期，第 35 ~ 42 页。

服务，提高效率和提升效果。数字信息资源服务系统运行的稳定性、可靠性和安全性也是数字信息资源可利用性能的重要指标，它确保了资源以及相关服务提供的长期性，是用户随时随地利用数字信息资源的保障。

3. 数字信息资源服务开放性

数字信息资源服务开放性指数字信息资源能根据科技进步和用户需求的变化，主动更新服务类型和服务质量，使得数字信息资源服务能不断提升数字信息资源利用的质量，促进数字信息资源的增值。Web2.0 环境将数字信息资源内容、用户和技术紧密地联系在一起，呈现出全新的互动特征，资源的可标识性和微结构化、内容管理的社会性和语义化、客户端的复杂性以及体系的开放性等对数字信息资源的服务环境提出了更高的要求。RSS、博客、维基、即时通信、标签、书签等功能都在资源与用户交互中提升数字信息资源的利用绩效。数字信息资源服务的开放性保证了数字信息资源服务性能的优化和服务质量的提升，是用户满意的重要影响因素。

（三）数字信息资源生命周期

信息生命周期管理（Information Lifecycle Management，ILM）是 20 世纪 60、70 年代诞生的概念。信息生命周期管理作为一种信息管理模型，设想信息有一个从产生、保护、读取、更改、迁移、存档、回收的周期、再次激活以及退出的生命周期。[①] 美国信息学家霍顿基于信息交流将信息的生命周期划分为：创造、交流、利用、维护、恢复、再利用、再包装、再交流、降低使用等级、处置 10 个阶段。[②] 数字信息资源生命周期不同阶段，数字信息资源的内容和服务在不断地变化，对数字信息资源管理的战略和策略也相应地进行调整，这不仅会影响用户对数字信息资源的利用，同时也影响着数字信息资源的价值的发挥。

（四）数字信息资源的建设规模和配置

数字信息资源要达到一定的数量和规模并加以合理的配置才能形成有效的数字信息资源保障体系，这包含两方面的含义：一是数字信息资源数据量的实际大小；二是资源的种类。数字信息资源的建设规模可以通过数字信息资源所容纳的信息单元的数量、数字信息资源类型、数字信息资源学科和类别覆盖面、文种覆

---

① 孙建军、柯青：《论国家数字信息资源战略体系的构建》，载《中国图书馆学报》2007 年第 33 卷第 5 期，第 73 ~ 78 页。

② 索传军：《基于 ILM 的数字馆藏管理策略》，载《图书情报工作》2005 年第 49 卷第 7 期，第 76 ~ 79 页。

盖面以及数据更新周期、回溯时间等加以衡量。① 数字信息资源利用绩效的高效益不仅要通过提高资源建设的规模和力度，同时还要考虑到数字信息资源的合理配置和高效传递，这直接关系到数字信息服务投入和收益的配比。

二、数字信息资源利用绩效的影响外因

数字信息资源利用绩效的影响外因主要指除了数字信息资源本身以外的影响数字信息资源利用绩效的因素，主要包括数字信息资源的用户因素和数字信息资源利用的环境因素。

（一）数字信息利用的用户因素

用户是数字信息资源利用的主体，用户将直接影响到数字信息资源的利用，继而影响数字信息资源服务绩效的发挥。用户因素不仅包括用户的一般特征如用户的数量、结构、专业与学习能力，还包括用户对数字信息资源的利用能力，如掌握程度、信息素养、信息技术水平、语言能力、对信息服务的感知和信息需求表达能力等因素。这些用户因素都会影响数字信息资源的利用，影响其绩效的发挥。例如，一个外文综合期刊数据库，对于研究型大学和教学型大学，由于用户使用目的与水平的不同，其利用率会明显不同；对于生物学专门的网络资源导航，生物学相关的专业用户和文科专业用户对其偏爱程度也会有很大差异；本科生较多的大学对中文数据库的利用会大大高于对外文数据库的利用等。

在 Web2.0 环境中，数字信息资源门户大量采用基于用户体验的可用性设计，组织中的数字信息资源开发和利用已经从资源导向转变为服务导向，数字信息资源体系的建设重心转向以构建用户动态需求为重心的开放式动态知识资源体系，在强化个性化用户培训的同时强调用户参与和交互，数字信息资源服务中用户的自助、自治和自主程度不断提高，这对提高数字信息资源利用绩效也发挥了积极的作用。

（二）数字信息资源利用的环境因素

数字信息资源利用的环境因素可以划分为微观环境和宏观环境。微观环境是组织中数字信息资源利用的环境，包括了数字信息资源利用的组织环境、系统运行环境和从业人员素质；宏观环境是指数字信息资源利用的经济环境、技术环

---

① 邹瑾：《数字信息资源利用与服务绩效评估研究》，武汉大学出版社 2007 年版。

境、科研和知识创新环境、政策法律环境。

1. 组织环境

数字信息资源开发和建设总是在一定的组织环境中进行，我国"十一五"规划的信息化规划也提出了分政务性、公益性和市场性三大领域加强和引导信息资源开发利用。据此，按照不同的性质和特征将数字信息资源分为政务数字信息资源、公益数字信息资源和商业数字信息资源三大类别。[①] 政务数字信息资源是指政府部门为履行职能而采集、加工、使用的数字资源，政务数字信息资源的组织环境是党委、政府、人大、政协等国家政府部门。公益数字信息资源是指进入公共流通领域的，面向社会公众、带有福利性质、以免费或廉价方式按非营利机制向公众提供的数字信息资源。公益数字资源的组织环境可以是政府，也可以是各种非营利机构如图书馆、博物馆、科研单位、教育机构及其相互之间建立的资源共建共享联盟。商业数字信息资源也称市场数字信息资源，是指能运用市场规律和经济杠杆作用调整信息资源的生产和服务交换关系的数字信息资源，商业数字信息资源的组织可以是单个的企业也可以是各个行业，甚至是各种目的结成的商业合作伙伴和联盟。

组织环境会从多个方面影响数字信息资源利用，主要包括组织的战略目标、资源投入、合作与竞争和组织的绩效评估活动。组织为实现自身的战略目标，会制定多种的数字信息资源规划、开发、建设和利用的措施以提高组织运行的效率，实现多方面的职能；调配资金、人力、物力的支持数字信息资源的利用；建立数字信息资源开发和利用的联盟，如中国高等教育文献保障系统（CALIS），促成数字信息资源的共建共享体系，突破机构的界限实现数字信息资源按照用户需求无障碍地流通和传递；将数字信息资源利用绩效作为组织运行中的组织绩效评估的有机组成部分，如政府数字信息资源的利用绩效就通常被纳入政府部门的绩效考核体系中的一部分。

2. 系统运行环境

对于数字信息资源利用而言，系统运行环境是数字信息资源所处的硬件环境和网络环境，是数字信息资源能为用户所利用的前提条件。这主要包括网络硬件设施、配套软件系统、资源存储环境以及信息安全四个方面。[②]

网络环境是数字信息服务的技术基础设施，包括网络硬件、软件、设备、通信线路和技术等。数字信息资源系统的正常运行离不开相配套的网络硬件设施，主要包括网络设备和布局、计算机终端的联网密度和普及程度、网站物理设施、

---

① 孙建军、柯青：《论国家数字信息资源战略体系的构建》，载《中国图书馆学报》2007年第33卷第5期，第73~78页。

② 邹瑾：《数字信息资源利用与服务绩效评估研究》，武汉大学出版社2007年版。

451

网络带宽、数据流量、终端并发用户数量、软硬件稳定性以及可维护性等因素。

数字信息资源配套软件系统是指数字信息资源利用系统运行需集成的相关软件系统，如数字信息资源采集系统、数字信息资源加工系统、数字信息资源发布系统、数字信息资源管理系统、数字参考咨询系统、用户培训和教育系统、个人数字信息资源空间系统、用户利用分析系统、用户协作平台、智能化用户管理系统等。[1] 这些数字信息资源服务系统软件的来源主要有三种途径：自行开发、联合开放和购买（或者连同数字资源一起购买）。这些软件的规模、组成、功能完备性、系统开放性、运行速度、系统安全等千差万别，使用这些软件系统所获得的效率和效能也各不相同。[2]

数字信息资源的存储环境就是数字馆藏资源的存储管理系统。对一种数字信息资源而言可能就是一台存储设备，如磁盘阵列或光盘库等，这些统称为存储体。存储环境对数字信息资源的服务绩效影响较大，主要体现在存储环境能影响到数字信息资源的可获取性与检索服务的效果，而且还影响到服务成本。由于每种数字信息资源所选择的存储设备不同，其服务性能和每 M 字节的存储成本都不同。存储体是数字资源独占的设备。它是构成数字资源管理成本的主要因素。[3]

网络环境下，数字信息资源服务还要充分考虑信息安全问题。数字信息资源利用可能面临的安全性威胁有：通信传输中的威胁，如遭受病毒或黑客的主动攻击以及被动窃听；存储中的威胁，如对敏感信息进行直接盗窃、蓄意删改，甚至造成系统瘫痪等；加工处理中的威胁，即信息处理过程中的信息泄露和数据损坏等；用户注册信息的威胁，如用户保密信息被窃取和公开等。

3. 从业人员素质

数字信息资源服务的从业人员可以看成是以人力资本为载体的知识和技术资源。通过学习和教育，可以促进人力资本的知识积累和创新，增进劳动者的各种专业知识与技能，提高其经济行为能力，从而降低整个机构的生产成本，促进经济效率的提高。[4] 从业人员素质主要包括服务人员的知识水平、业务能力、服务态度等。随着网络环境下用户信息需求深度和广度的不断增加，个性化程度的不断增强，对服务人员素质的要求越来越高。在知识水平方面，不仅要求服务人员

---

① 孙梅：《数字图书馆知识服务系统的研究》，载《武汉理工大学学报》（信息与管理工程版），2006 年第 2 期，第 55～58 页。

② 李剑、杨思洛：《国内数字图书馆系统软件及评价方法》，载《科技情报开发与经济》2006 年第 6 期，第 1～3 页。

③ 索传军：《电子资源服务绩效评估的含义与影响因素分析》，载《图书情报知识》2005 年第 6 期，第 66～69 页。

④ 罗琳：《数字图书馆信息服务效率研究》，载《图书情报知识》2005 年第 3 期，第 23～27 页。

要有极强的专业知识和较高的外语水平，还要有较强的计算机技能和图书情报专业知识。在业务能力上，既要有信息资源筛选、甄别、分析、处理、提炼、检索和组织能力，还有能及时掌握学科新动向、新技术和精、准、快、全为用户提供决策情报服务的潜质。此外，个人知识、创造能力与信息成果的有效匹配，还依赖于高度敬业精神与热诚服务态度的有机结合。因此，服务人员素质尤为重要，是提高数字信息资源利用绩效的人力保障。①

在以互动性、开放性和共享性为主要特征的 Web2.0 环境中，数字信息资源服务人员已经从数字参考服务平台的咨询提供者转变为用户在线协作的参与者和指导者，将数字信息服务融入虚拟社区和虚拟工作团队中去，在基于数字信息资源开放式的交流平台上，实时提供资源服务，无屏障地协助用户进行知识创新活动，促进知识的再利用和生产、传播。

4. 经济环境

1990 年，联合国的研究机构首次提出了"知识经济"这一概念。1996 年，国际经济合作与发展组织（OECD）将"知识经济"明确定义为"以知识为基础的经济"，之后，又在其发布的《以知识为基础的经济》报告中指出"知识经济是建立在知识和信息的生产、分配和使用之上的经济"。知识经济中，知识创新是知识经济发展的根本动力，是提高国家综合国力和国际竞争力的基础。在知识经济的背景下，各国都加快了数字信息资源的开发和利用，将数字环境下的知识创新作为国家信息化发展战略中的关键。我国先后颁布了《关于加强信息资源开发利用工作的若干意见》，《国家信息化发展战略（2006～2020 年）》、《国家中长期科学和技术发展规划纲要（2006～2020 年）》都在不同层面上加大了数字信息资源开发和利用的投入力度，以提高国家自主创新能力，建设创新型国家。

5. 技术环境

数字信息资源是信息技术进步的产物。随着信息技术的飞速发展，基于网络的各种新的信息技术深刻地影响着数字信息资源的生产、加工和利用。继互联网、Web 之后的第三代互联网应用——网格技术将为数字信息资源提供全新的技术环境。网格环境是利用互联网把地理上广泛分布的各种资源（包括计算资源、存储资源、带宽资源、软件资源、数据资源、信息资源、知识资源等）连成一个逻辑整体，就像一台超级计算机一样，为用户提供一体化信息和应用服务（计算、存储、访问等）。网格能消除信息孤岛，实现应用程序的互联互通，从而最大限度地实现资源共享；借助网格能使很多网格结点共同处理一个项目；网

---

① 曹作华：《图书馆信息服务质量综合评价层次结构模型》，载《情报学报》2003 年第 1 期，第 65～71 页。

格采用通用开放标准，非集中控制，非平凡服务质量；网格可以提供动态的服务，能够适应变化，同时网格并非限制性的，它实现了高度的可扩展性。显然，新一代的技术环境——网格环境必将深刻地影响数字信息资源的配置和利用模式。

6. 科研和知识创新环境

数字信息资源是科学研究和知识创新的主要"原材料"。科研和知识创新环境必然影响着数字信息资源的需求和利用。科研和知识创新环境主要包括：科研人员的培养和积累，涉及高等教育体制以及科研人员培养机制和模式；科学能力基础的建设，即由国家现有的科学人才、研究经费、图书情报、仪器设备等有形因素和科学体制、科研管理、科研环境等无形因素综合形成，对一个国家的科学创新能力起着基本的制约作用，体现了社会的整体科学能力；科研激励机制，包括对科研项目的投入、收入分配制度和鼓励创新人才成长的政策措施、项目审查和成果评价系统等；科研创新文化，是指鼓励科学上的冒险、创新、竞争并容忍失败，依靠个人与集体的共同智慧，在实现集体目标的同时实现个人目标与价值追求以及跨学科自由、宽松的学术思想交流、碰撞以及竞争和合作兼容的环境等。

7. 法律法规环境

国家颁布的数字信息资源相关法律法规也是数字信息资源利用绩效的重要影响因素。例如，我国政府制定并颁布了一系列有关电子政务建设的法规政策，如《国家信息化领导小组关于我国电子政务指导意见》、《电子政务工程技术指南》、《电子政务信息共享互联互通平台总体框架技术指南（试行）》、《国家信息化领导小组关于加强信息处理安全保障工作的意见》、《全国政府系统政务信息化建设 2001～2005 年规划纲要》等。其中要求政府部门加快制定一系列有关电子政务信息资源共建共享的方案、制度、规定、条例等，明确各相关主体的责任、权利和义务，为政府数字信息资源开发和电子政务信息资源共建共享提供一个良好的法律政策环境。《中华人民共和国政府信息公开条例》自 2008 年 5 月 1 日起施行推进了政府数字信息资源面向公众公开，确立了公众利用政府信息的合法性和公平性，推动了政府数字信息资源面向公众的有效利用。知识产权法为知识资源的开发、利用、传播、转化提供了坚实的保障，有利于调动创造和运用知识的积极性，有利于有效运作的数字信息资源市场的规范合法和健康发展。

数字信息资源利用绩效受到内因和外因等多重综合因素的影响，因而具有多因性、多维性和动态性的特点，因此，数字信息资源绩效需要从多个方面或维度进行分析与评价。同时，由于影响数字信息资源利用的因素是多方面的，而每一因素又处于不断变化中，因此，数字信息资源的利用绩效也会随着时间的推移而发生动态的变化。

第二节　数字信息资源利用绩效评估的功能和原则

数字信息资源利用绩效评估受到诸多因素的影响，在数字信息资源利用绩效评估中需要遵循一定的原则以确保评估的功能。

一、数字信息资源利用绩效评估的形式和功能

评估的三种基本形式决定了评估的功能。数字信息资源利用绩效评估的功能共同指向数字信息资源利用绩效评估的目标。

（一）评估的基本形式

评估又称为评价，渗透于人类生活的每一个角落。人类的一切活动，都是为了发现价值、创造价值、实现价值和享受价值；而评价，就是人类发现价值、揭示价值的一种根本方法。评价具有三种基本形式：其一是以人的需求为尺度，对已有的客体作出价值判断；其二是以人的需求为尺度，对将形成的客体的价值作出判断；其三是将同样具有价值的客体进行比较，从而确定其中哪一个更有价值，更值得争取，这是对价值序列的判断，也可称为对价值程度的判断。这三种基本形式分别反映了评估所具有的基本功能，即：判断功能、预测功能和选择功能，而对于价值的判断、预测和选择最终是对人们的行为起到导向作用，所以，评价还具有导向功能，且导向功能是评价最为重要、处于核心地位的功能。①

（二）数字信息资源利用绩效评估的功能

数字信息资源利用绩效评估是出于对数字信息资源实施科学规划、开发和管理的需要。数字信息资源利用绩效评估就是对数字信息资源在使用过程中所显示的各种属性及其利用效果进行检测，对数字信息资源的使用价值加以判断，并反馈各种信息，从而为制定新的数字信息资源建设目标与方案、控制数字信息资源发展过程提供客观依据的活动。从宏观角度而言，数字信息资源利用绩效

---

① 冯平：《评价论》，东方出版社1995年版，第1~4页。

评估就是对组织整体数字信息资源体系的状况、功能、价值及其发挥作用进行监测和评估[①]；从微观角度而言，组织中的数字信息资源利用绩效评估就是对特定类型数字信息资源的价值、利用效果、可用性等进行评价，其中特定类型数字信息资源是指某一类型的数据库，或网络资源，或电子图书等。数字信息资源的利用绩效评估属于后评估的范畴，即是相对于资源开发或采购前的预评估而进行的有关资源使用情况的评价。因此，它一般发生在资源采购活动之后，为组织重新审视数字信息资源的质量、资源建设规划和投入的效益提供参考，为修正组织资源建设活动提供科学决策依据，并调整图书馆数字信息资源后续购买以及开发的策略。[②] 具体地说，数字信息资源利用绩效评估具有以下三大功能：

1. 判断功能

数字信息资源利用绩效能判断数字信息资源本身及其服务质量高低与衡量其对用户使用价值大小的科学手段与工具。通过数字信息资源服务绩效的评估不仅可以使数字信息资源的提供者了解其数字信息资源的服务情况，而且还可以更好地了解其数字信息资源满足用户需求的情况和数字信息资源的服务成本。因此，对数字信息资源利用绩效的评估可以使组织了解其服务的有效性，作为改进数字信息资源服务质量的手段。[③]

2. 预测功能

数字信息资源利用绩效评价能预测数字信息资源在未来一段时间的利用状况，以及用户在利用数字信息资源中存在的问题和障碍。组织通过改进数字信息服务，可以提高和改善用户查找和检索以及使用资源的效率和效果。同时，通过利用绩效评估组织能捕捉到用户兴趣和需求改变的迹象并能总结规律，能为组织适时地进行数字信息资源建设规划调整提供依据，使其能主动迎合组织发展和用户需求的变化。

3. 选择功能

数字信息资源建设投入需要考虑成本收益，随着资源的增多和技术的进步，数字信息资源更新换代是组织信息资源建设中必然面临的一个问题。对数字信息资源利用绩效评估能为组织进行关于资源的筛选、采用何种方式开展资源服务、提高用户满意度的决策可提供可靠的参考。

---

① 肖希明：《网络环境下的馆藏评价标准》，载《中国图书馆学报》2002 年第 5 期，第 21~24 页。
② 马建霞：《图书馆数字资源后评估初探》，载《情报资料工作》2005 年第 5 期，第 35~38 页。
③ 罗曼、李征：《图书馆绩效测度综述》，载《图书情报工作》1999 年第 8 期。

二、数字信息资源利用绩效评估的原则

数字信息资源利用绩效评估的原则，是数字信息资源绩效评估实现其功能的保障，是指导工作、确保评估成果真实可靠的准则。

（一）目标导向性

数字信息资源利用绩效评估要设定绩效目标，使得绩效的目标服从组织发展的战略。换句话说，就是数字信息资源利用绩效评估要以特定目标为导向。根据洛克的目标设置理论，绩效目标的设定要遵循 SMART 原则。S（Specific）是明确具体的，即各项绩效目标要明确描述出评估中所需的具体内容，避免模糊不清的目标，做到切中目标、适度细化和随情境变化；M（Measurable）是可衡量的，即各项绩效目标应尽可能地量化，从而可以客观地衡量，做到数量化、行为化和数据具有可得性；A（Attainable）是可达成或实现的，包括两层含义，一是任务量适度、合理，二是必须是"要经过一定努力"能够实现的，过高和过低的目标都是不合适的；R（Relevant）是相关性，绩效目标必须是与组织战略相关的，是根据组织战略层层分解得到的；T（Time-bound）是有时间限制的，没有时限要求的目标几乎跟没制定目标没有什么区别，因此要使用时间单位并关注效率。①

（二）可行性和实用性

可行性是指任何一次对数字信息资源利用绩效评估的方案所需的时间、人力、物力、财力要为参与考评各方所处的客观环境所允许。实用性是指数字信息资源利用绩效评估方案的设计要考虑到实际的情况，即要从组织、用户、数字信息资源本身的实际出发来设计评估的方案，符合规范性、准确性和时效性的要求。

（三）科学性和差别化

科学性是指数字信息资源利用绩效评估要根据不同资源类型、不同组织类型和用户特点，科学设计评估标准，准确、全面反映数字信息资源投入、利用状况和综合绩效；衡量不同数字信息资源满足需求和综合收益的能力。这一原则还强

---

① 王怀明：《绩效管理》，山东人民出版社 2004 年版，第 91 页。

调评估指标选择与层次划分要符合逻辑，不能犯划分标准不一、子项相容、越界划分的错误，要做到结构合理，层次分明。① 而差别化则是在评估中设立不同的等级，这些等级之间应该有鲜明的差别界限，针对多角度不同类型的数字信息资源应制定不同的利用绩效标准。

（四） 客观性和真实性

真实性是保证数字信息资源利用绩效评估客观公正的基础，要求绩效评估所采集的资料、数据、情况等必须客观真实。尽量避免掺入主观因素与感情色彩，以确保评估工作的实事求是。

（五） 通用可比性和连续稳定性

数字信息资源利用绩效评估通常是对多个数字信息资源或者多个组织中的同一个数字信息资源进行比较，因此，在评估指标设定时，要确保评估指标的通用可比性，以反映出数字信息资源利用状况的差异性，并及时作出相应的调整。可比性也决定着数字信息资源利用绩效评估结果的可信度。②

由于对数字信息资源利用绩效评估是对数字信息资源利用状况的绩效作出评价，既是对过去和现在的考察，也是对今后数字信息资源利用状况进行的一种预测和判断。因此，只有保持数字信息资源利用绩效评估的连续稳定性，让其定期化和制度化，才能较全面地了解数字信息资源利用和服务的发展态势，及时调整资源组织和服务策略，更好地满足用户的需求，提高利用效率、提升利用效果。

（六） 经济性

由于数字信息资源利用绩效评估需要人力、物力和财力的支持，以及用户、资源提供方、组织等多方面的协调和合作，是一项系统工程，因此需要讲求数字信息资源利用绩效评估的经济性，即要求数字信息资源利用绩效评估注重对评估资金、人力、物力的投入合理性作出评判，避免在数字信息资源利用绩效评估中造成不必要的浪费，能发挥相关资源的最大效用。

（七） 公平性和公开化

在对数字信息资源利用绩效评估时，应对用户、资源提供者、组织中的服务

① 向阳：《数字资源评估调研及思考》，载《图书情报工作》2005 年第 5 期，第 33~36 页。
② 陆宝益：《网络信息资源的评价》，载《情报学报》2002 年第 1 期，第 71~76 页。

从业人员进行公开，最大限度地减少评估信息获取障碍；制定的绩效标准和水平也应通过数字信息资源涉及的各方协商完成。在进行绩效评估之初要公布评估标准细则、评估方案设计和评估进度安排，在评估结束时要公开评估结果，保证用户的参与度和知情权，并征求各方关于针对利用绩效评估结果对数字信息资源及服务调整方案的意见。

（八）定性和定量相结合原则

在数字信息资源利用绩效评估中，仅进行定性分析，只能反映评估对象的性质特点，是一种模糊的印象判断；反之，仅进行定量评估，则可能会忽视重要的对象特征，而且存在一些指标难以量化，使得评估不安全而可能会流于形式。因此，数字信息资源利用绩效评估应采取二者结合的方式，实现有效的互补，以定量分析为主，定性分析为辅。定量分析建立在数字信息资源利用统计数据采集分析的基础上，定性分析通过对数字信息资源绩效影响因素的综合分析，结合相关专家的意见，与定量分析共同评估利用的效果和效率等，以更加合理、准确地反映数字信息资源利用的实际绩效。

三、数字信息资源利用绩效评估应注意的问题

在遵循以上原则的基础上，数字信息资源评价还应该注意以下几个问题：

（一）注意客观评价与主观认知相结合

要确保评估的公正、合理，一般都突出评价的客观性原则，尽量减少其中主观因素的干扰。然而，信息服务的决定性因素之一就是人的参与和人的感知，因此，人的因素不仅不能忽略，反而应更加重视。为了确保客观公平，一般采用第三方评价，但这只是方法的选择问题。强调主观认知在评价中的重要性，实际上是强调数字信息服务参与者主观能动性的发挥。传统信息服务评价模式中，要采集服务者和被服务者的期望值和感知度需要动用较多的人力、物力，效果并不理想，主观认知因素往往被有意或无意地忽视。缺乏参与者自我评价和满意度反馈数据，才是造成服务评价客观性部分缺失的原因所在。

传统的主观认知数据的收集方式不外乎发放问卷和直接访问。首先纸质问卷的发放周期长、回收率低，问卷内容灵活性差、不易调整；其次，直接访问耗时、耗力，被访问者心理承受压力较大，提供信息的自由度和准确度难以保证。而数字信息资源和服务由于与生俱来的交互性、即时性特征，可以采用电子问卷

和实时通信手段，针对服务者和被服务者，随时随地收集反馈信息，调查内容还可以根据情况及时进行调整。数字技术的支持可以说加深了评价的客观性和主观认知的交融，使得服务者对工作成效的预期以及用户对服务效果满意度在数字资源利用绩效评估中的重要性更加突出。

（二）注意评价空间上与时间上的延伸性

在开展评价工作的时候通常要对空间和时间范围有一个比较明确的规划，即测度和分析的是一定空间范围内的对象在一段时间内达到的效益和效果，确保了具体评价工作的目的性和可行性。数字信息资源利用绩效评估大体上也遵循这条原则，但鉴于数字化、网络化环境的特殊性，其绩效评估的规划与实施，在考虑空间和时间范围的限定时应该有所突破。

首先，数字信息资源是由节点和节点间的链接组成的资源网络，数字信息服务也是由各个部门及其发挥的功能交织而成的服务网络。这种网状的数字信息服务跨越了机构、行业和学科的界限，从个体化操作向社会化操作转变，由封闭式服务向开放式服务转变。服务绩效评估所需的数据中，既有本地数据，又有网络远程利用的相关数据，还有用于分析对比的来自其他数字信息服务机构的数据，从空间范围角度进行明确的条块划分，是无法满足需要的。所以应该在空间范围上进行适当扩展，方能结合内外环境，从全局考察服务的绩效。

其次，数字信息资源利用突破了传统信息资源利用在工作时间上的限制，实现了 7×24 小时的实时服务，在分析绩效评估的投入和产出时，时间因素也应随之延伸至 8 小时以外、工作日以外。此外，受技术进步的驱使，数字信息服务方法和思路更新快，绩效评价时间区间的划分也要适当留有前后延伸的余地，前可以反映历史沿革，后可以预测发展趋势，充分体现评价数据的对比和参照意义。

（三）注意经济效益与社会效益并重

从绩效评估的意义上说，信息服务领域的经济效益和社会效益已没有严格界定的必要，两者考察的内容其实都是信息资源利用的价值（益处）相对于支付的费用（成本）是否合理。在通常强调数字信息资源利用的社会效益的同时，注重经济效益成了确保各类型数字信息服务竞争力的措施之一。

知识经济背景下的数字信息资源利用一方面要努力创造可观的社会效益，另一方面还要顾及其带来的经济效益。信息服务业正逐渐跳出非营利性机构的局限，将资源利用延伸到转化为生产力的方向，注重产学研的结合和知识创新的应用，片面强调社会效益显然不利于数字信息服务的生存与发展。

（四） 注意将静态评价与动态评价相结合

首先，伴随着数字信息资源利用活动的普及，反映服务绩效的各项指标也层出不穷，只有从发展变化的角度去研究和考察影响数字信息服务的各种因素，制定能够揭示其错综复杂的关系及其影响方向和影响后果的指标和参数，才能客观地反映实际情况。所以与数字信息资源利用绩效相适应的评估，必须在评估体系的相对稳定的前提下，提高指标和统计变量的动态性。

其次，数字信息资源利用的特点是，其产生的效益指标运动性突出，稳定性不足，评估工作不可能也不应该完全定期、定次地进行，必须在坚持近期效益与远期效益相统一的基础上，进行追踪评价，才可能完成最终的评价工作。

最后，数字信息资源利用绩效评估对数字化技术和工具的依赖性加大，许多资源和服务产品都不在本机构掌控范围之内，必须借助高效的数字技术对资源的利用和服务进行深入的探查，才能掌握可靠而有效的统计数据。例如，用户访问IP的统计，就只能通过一定的计算机程序来捕捉。数字环境下，技术更迭和工具开发同样是瞬息万变，评价理论、方法和实施都要与之保持动态链接，确保绩效评估的高效性。

第三节　数字信息资源利用绩效评价标准体系

数字信息资源利用绩效的标准体系是数字信息资源评估的实施的依据和评估关键，直接决定了评估的对象、评估的范围、评估的内容、评估策略以及评估目标的实现。由于数字信息资源利用绩效的复杂性，其效用和效率难以直接进行评价，而需要通过其他指标进行反映。同时，绩效既包括工作结果，也应包括工作行为。[①] 评估的最终目标不仅仅是发现数字信息资源是否得到了有效的利用，更需要关注数字信息资源如何得到了利用，以及如何进一步促进其发挥最大的效用。这就拓宽了数字信息资源利用绩效评价的范围，关注数字信息资源利用过程和如何支持战略目标成为数字信息资源利用绩效评价的组成部分。本节中首先按照数字信息资源的不同类型，综述国内外数字信息资源利用绩效评估研究，在此基础上综合绩效评估成熟的理论，设计数字信息资源利用绩效评估框架，并以此为基础针对不同类型的数字信息资源，提出面向不同战略的数字信息资源利用绩效评估标准体系。

---

① 王怀明：《绩效管理》，山东人民出版社 2004 年版，第 6 页。

一、国内外数字信息资源利用绩效评估研究评述

国内外的研究与实践主要将焦点集中于公益数字信息资源利用的绩效评估，开展了诸多实践项目推动数字信息资源的有效利用。政务数字信息资源的利用与电子政务的绩效评估密不可分，在多数的电子政务绩效评估体系中都包含了政务信息资源的利用绩效的相关指标，同时电子政务由于面向政府部门内部和公众服务，因此借鉴了公益数字信息资源利用的绩效评估成果。商业数字信息资源利用绩效评估则侧重于具体的企业内部，使得数字信息资源的开发利用有效地支持组织战略目标的实现。

（一）公益数字信息资源利用绩效评估评述

自 1998 年起，国外一些公益型信息服务机构（主要是图书馆组织）、学术团体和标准化组织相继致力于研究数字信息资源利用状况及其服务效益的评价，开展了大量的研究与实践相结合的项目，制定了一系列成套的规范数字信息资源利用统计的指标体系以及标准。近十年来，国外相继有近十个应用型研究项目就"数字图书馆使用及服务评价"、"数字信息资源及服务统计和绩效评价"等内容开展研究，代表性的项目和标准如表 14 – 1 所示。

表 14 – 1　　　　国外公益型数字信息资源利用绩效评价相关项目

编号	项目/标准名称	时间	地区/单位	主要内容
1	EQUINOX-Library Performance Measurement and Quality Management System[1]	1998 年 11 日 ~ 2000 年 11 日	欧洲	力图立足图书馆在网络环境和电子环境中的需求开发和利用不同于传统环境的绩效评估的方法，并把这些方法纳入到质量管理的框架中
2	《网络信息资源使用统计测评指南》（Guidelines for Statistical Measures of Usage of Web-based Information Resources）[2]	1998 ~ 2006 年	国际图书馆联盟联合体（International Coalition of Library Consortia，ICOLC）	为成员馆提供利用统计以有效的开展数字信息资源建设与服务
3	E-Metrics Project[3]	2000 年 5 月 ~ 2001 年 12 月	美国研究图书馆协会（Association of Research Library，ARL）	为美国研究图书馆协会的成员馆制定描述电子信息服务与资源的统计指标和绩效指标

编号	项目/标准名称	时间	地区/单位	主要内容
4	e-measures[4]	2003 年 10 月 ~ 2004 年 6 月 2004 年 6 月 ~ 2005 年 10 月	Society of College, National and University Libraries, SCONUL	通过设计、驾驭和测试修正图书馆与信息服务相关数据的可行性,开发一套现行利用统计和绩效的指标
5	eVALUED[5]	2001 年 9 月 ~ 2004 年 2 月	中央英格兰大学信息研究中心(CIRT)	为电子图书馆评估生成一个通用模型并提供电子图书馆评估的培训和推广
6	Counting Online Usage of Networked Electronic Resources,COUNTER[6]	2002 年 3 月 ~ 2006 年 3 月	欧美	发展国际性的由欧美图书馆、出版商及中介参与开发的并互相遵守的在线数字资源统计标准
7	EQUINOX	1998 ~ 2000 年	欧盟	为适应网络环境下图书馆对电子服务绩效评估的要求,设计一套用于普通符合图书馆电子服务绩效评估的指标体系和软件工具
8	网络环境下国家公共图书馆统计和绩效测度项目(Developing National Public Library Statistics and Performance Measures for the Networked Environment)	1999 年 1 月 ~ 2000 年 5 月	美国博物馆和图书馆服务研究所(IMLS)	制定一套核心的能够用以描述公共图书馆网络化资源和服务使用情况的统计和绩效指标
9	研究性大学图书馆服务效果评价(LibQUAL+™)[7]	1999 年 9 月至今	美国研究图书馆协会(ARL)	通过调查和收集数据,研究一种新的用于衡量图书馆质量和服务效果的方法,主要包括:制定基于网络和 Web 界面的图书馆评价和分析方法;制定一种可缩放的、可复制的图书馆评价机制和协议;确定图书馆提供服务的最佳方法;建立 ARL 的图书馆服务质量评价程序[8]

463

编号	项目/标准名称	时间	地区/单位	主要内容
10	DigiQUAL™ 9	2003 年至今	美国研究图书馆协会（ARL）	确定了数字图书馆服务质量进行 12 个方面 180 个指标
11	《附件 A：电子图书馆服务使用测评》 ANNEX A: Measuring the Use of Electronic Library Services	2003 年	国际标准化组织（International Standards Organization，ISO）	制定了有关图书馆网络信息服务与评价指标的标准
12	《信息服务和使用：图书馆和信息服务机构统计指标——数据字典》（Information Service and Use: Metrics & statistics for libraries and information providers—data dictionary）	2004 年	美国信息标准化组织（National Information Standards Organization，NISO）	

注：1. http：//equinox. dcu. ie/.

2. http：//www. library. yale. edu/consortia/webstats06. html.

3. http：//www. arl. org/stats/initiatives/emetrics/index. shtml.

4. http：//www. ebase. bcu. ac. uk/emeasures/moreemeasures. html.

5. http：//www. evalued. bcu. ac. uk/.

6. http：//www. projectcounter. org/.

7. http：//www. libqual. org/.

8. Blixrud J C. Assessing Library Performance：New Measures，Methods and Model. http：//www. iatul. org/doclibrary/public/Conf_Proceedings/2003/BLIXRUD_fulltext. pdf.

9. http：//www. digiqual. org/.

　　我国学者对数字信息资源使用评估的研究从 2003 年起呈现增长的趋势，研究多集中于对国外数字信息资源利用绩效评估的引进和介绍①②、对数字信息资源利用理论上进行探讨，如数字信息资源利用绩效评估的方法③④、评价指标体

① 张玲、孙坦：《电子资源使用评估与 E-Metrics》，载《图书馆杂志》2005 年第 3 期，第 24～27 页。

② 郭依群：《COUNTER——网络化电子资源使用统计的新标准》，载《大学图书馆学报》2005 年第 2 期，第 20～23 页。

③ 甘利人、马彪、李岳蒙：《我国四大数据库网站用户满意度评价研究》，载《情报学报》2004 年第 5 期，第 524～530 页。

④ 李洪：《高校用户对国外网络数据库的使用统计与分析》，载《图书馆论坛》2005 年第 6 期，第 210～212，166 页。

系的建立①②，以及评价指标的获取方式③④⑤等，对数字信息资源利用绩效评估进行实证分析的较少⑥，同时缺少相关理论与实践相结合的研究项目的开展，而着重从 E-metrics 和 COUNTER 等国外项目中获取经验进行数字信息资源利用绩效评估方法和实施经验的借鉴。

1. E-Metrics 项目

1999 年，美国研究图书馆协会（Association of Research Library，ALA）发起了 "New Measures Initiative"，目的是为开发出可以提供新型统计数据的工具和测度，满足图书馆统计和评估不断变化的需要。"ARL E-Metrics Project" 就是其中的五个子项目之一。E-metrics 从用户对数字信息资源的使用角度出发，为数字图书馆环境中数字信息资源的使用评估建立了一个科学化的指标体系，改变了传统图书馆仅仅把馆藏规模作为图书馆主要评价标准的现状，实现了对数字信息资源进行系统化的评估。⑦

"ARL E-Metrics Project" 项目作为图书馆和数字信息资源供应商之间进行合作的开端，成立了数字资源供应商工作小组专门与供应商进行合作以获得供应商的数字资源使用统计数据。此外，项目组还对出版商在报告中用到的统计数据的定义、术语、具体收集的统计指标、向图书馆报告数据的方法等进行了比对及规范化，试图使各出版商提供的数字信息资源使用报告具备更好的可比性⑧。同时，E-metrics 项目还构建了较为科学化的图书馆数字信息资源利用统计及测度指标，确定了一个包括 20 项评价指标的指标体系，划分为用户可获取的数字信息资源、网络资源和相关基础设施的使用、网络资源和相关基础设施的成本支出、图书馆数字化活动和绩效指标 5 大类，见表 14 - 2。

---

① 张李义：《商业数据库评价指标体系》，载《中国图书馆学报》2004 年第 1 期，第 66 ~ 69 页。

② 甘利人、马彪、李岳蒙：《我国四大数据库网站用户满意度评价研究》，载《情报学报》2004 年第 5 期，第 524 ~ 530 页。

③ 张宏玲、索传军：《论数字馆藏评价指标的获取方法》，载《图书情报工作》2005 年第 4 期，第 60 ~ 63 页。

④ 李明伍：《利用 ASP 技术开发图书馆网络数据库使用统计程序》，载《四川图书馆学报》2003 年第 2 期，第 44 ~ 46 页。

⑤ 何雄：《图书馆电子资源的使用统计的简易实现》，载《现代图书情报技术》2004 年第 12 期，第 76 ~ 77，6 页。

⑥ 徐晓津等：《集美大学图书馆外文数据库利用情况的调查分析》，载《大学图书馆学报》2005 年第 4 期，第 39 ~ 41 页。

⑦ 张玲、孙坦：《电子资源使用评估与 E-Metrics》，载《图书馆杂志》2005 年第 3 期，第 24 ~ 27 页。

⑧ 邹瑾：《数字信息资源利用与服务绩效评估研究》，武汉大学，2007 年。

465

表 14 - 2　　　　　　**ARL E-Metrics Project 指标评价体系**

资源（与用户可存取的资源相关的统计数据）	R1 - 电子全文期刊的数量 R2 - 电子参考资源的数量 R3 - 电子书的数量
使用（与电子化、网络化资源和服务相关的统计数据）	U1 - 电子参考咨询交易的数量 U2 - 电子数据库进程（登录）的数量 U3 - 电子数据库查询（检索）的数量 U4 - 电子数据库中项目请求的数据 U5 - 图书馆网站和目录的虚拟访问
成本（与电子资源和相关基础设施的经费相关的统计数据）	C1 - 电子全文期刊的花费 C2 - 电子参考资源的成本 C3 - 电子书的成本 C4 - 图书馆在书目中心、网络和联盟中的花费 C5 - 书目中心、网络和联盟的外部花费
本地数字化馆藏（与图书馆数字化活动相关的统计数据）	D1 - 图书馆数字化资源的规模 D2 - 图书馆数字化资源的使用 D3 - 数字化资源建设和管理的成本
性能测量	P1 - 整体参考咨询中电子参考咨询交易所占的比例 P2 - 图书馆虚拟访问在所有图书馆访问量中所占的百分比 P3 - 电子图书在所有专著中所占的百分比

随着 "ARL E-Metrics Project" 项目的开展，其应用范围也逐步扩大，例如英国的 PALS（Publisher and Librarian Solution）和美国的 ICOLC（The International al Coalition of Library Consortia）、NCLIS（National Commission on Libraries and Information Science），以及 IMLS（International Machine Learning Society）都针对 E-Metrics 加以应用发展，使其成为最主要的评估计划之一。[①] 尽管如此，E-metrics 项目还是具有一些发展中的不足，E-metrics 项目评估指标中的术语缺乏标准化的统一定义，供应商无法提供完整的资料。同时，指标的设定很难顾全到各个机构的实际情况和数字信息资源实际利用环境，难以从组织的角度对数字信息资源进行全面绩效评估，衡量组织的成本收益及用户体验等。

---

① 叶谭欵：《从电子资源统计问题看 COUNTER 计划之发展与应用》2006 年 12 月 28 日，http://jo-emls. tku. edu. tw/43/43 - 4/453 - 469. pdf.

2. COUNTER 计划

COUNTER 即"网络数字资源在线使用统计项目"，其全称是 Counting Online Usage of Networked Electronic Resources。COUNTER 是一项国际性的由欧美图书馆、出版商及中介参与开发并互相遵守的在线数字信息资源统计标准，其目标是研制一系列普遍接受的、国际化的实施规范，用以管理不同种类数字信息资源出版商提供的联机数据，并实现统计数据记录指标和交换途径的规范化。[①] 截至 2006 年 3 月底，COUNTER 共制定出三份《实施规范》，将资源确定为"期刊和数据库"与"图书馆及参考资源"两大类，其中对在线使用数据的定义、使用报告的内容和格式、统计和数据处理方法、统计报告的传递等都进行了详细的规范说明。不仅确定了各供应商生成的统计数据的一致性、可靠性和相互兼容性，还确保了数据记录和交换的标准化。[②]

COUNTER 得到了美国出版协会、国家信息标准化组织等 11 个组织的大力支持，第 2 版已经成为网络电子资源在线使用统计的标准和规范以及图书馆采购新数据库的合同要求之一。COUNTER 统计数据为图书馆网络电子资源的使用绩效评价提供了可参考的指标，但是不能将 COUNTER 作为数字信息资源选择和评价的唯一参考指标，而应综合组织和用户等多方面因素，联合其他评估途径和手段加以综合运用。

从已经开展的研究项目上不难发现，公益性数字信息资源利用绩效评估着重于通过数字信息资源利用统计并建立相应的标准对数字信息资源进行利用绩效评估，其出发点是数字信息资源本身的绩效，而较少关注综合组织绩效（数字信息资源服务的提供者）和用户绩效（数字信息资源服务的对象），即图书馆整体数字信息资源体系的经济测评、效率测评、效益测评以及用户体验和用户满意度。

（二）商业性数字信息资源利用绩效评估评述

对商业性数字信息资源利用绩效评估相关研究主要侧重于三个方面：信息（管理）系统和知识管理系统利用绩效评估、竞争情报及竞争情报系统利用绩效评估，以及企业数字信息资源利用绩效评估的专门研究。其中前两个方面研究虽不是商业性数字信息资源利用绩效评估的专门研究，但其中涉及数字信息资源利用绩效评估，对专门的商业性数字信息资源利用绩效评估有一定的借鉴和参考作用。

---

① 郭依群：《COUNTER——网络化电子资源使用统计的新标准》，载《大学图书馆学报》2005 年第 2 期，第 22 ~ 23 页。

② 朱兵、李春明：《COUNTER 与电子资源的使用评价》，载《图书情报工作》2006 年第 1 期，第 100 ~ 102 页。

1. 信息系统和知识管理系统利用绩效评估

我国开展这方面的研究始于 20 世纪末和 21 世纪初，信息系统绩效评价可以按照不同的标准进行分类。按照研究层次，分为宏观和微观评价；按照研究方法，可以分为结果分析和过程分析；按照指标选取的种类，分为财务指标和综合指标；按照评价方法的组合与否，可以分为独立方法和机理互补方法；按照具体的评价方法可以分为系统工程方法、实验方法、信息经济方法等。[①] 信息系统和知识管理系统利用绩效评估的发展主要可以分为三个阶段：第一阶段是对信息系统经济效益的评价。这是在企业信息化推动中，企业着重关注利用信息系统的经济效益评价，这显见于企业信息化的初期。经济效益评价主要包括对企业信息化成本和效益的评估研究。第二阶段是对信息系统进行多指标综合的评价。即除了涉及成本、经济效益和财务方面等考虑外，这种评价方法还包括系统服务质量、利用性能、系统建设、系统运行环境以及用户评价等，通过信息系统的多指标的评价有助于企业根据信息系统的实际工作能力和企业的实际工作需求进行比较，然后对信息系统进行调整以更好地满足工作的需求，这一阶段是在企业大量采用信息系统和实现办公自动化之后，通过评估优化信息系统以提高企业运行的效益和效率。第三阶段是在知识管理理论和实践应用于企业后，基于知识管理对企业利用信息资源的过程和结果的评价，如建立基于知识管理的信息系统评价，将信息系统重点从知识管理的过程、知识管理对企业战略、组织机构、业务流程以及组织文化等诸多方面的内容进行指标体系的构建，即明确基于知识管理的信息系统的价值的过程[②]，这一阶段是知识管理相关的信息技术的广泛深入应用到企业后，推动了企业相关软件的提升，使得企业对提高信息系统的绩效不再局限于仅对硬件的投入和运行绩效的关注上，而转向将评价拓展到和信息系统绩效相关的"软件"要素上，建立综合的绩效评价体系或对信息系统绩效全过程建立评价体系。[③]

按侧重点不同，国外研究基本是将信息系统绩效评价体系划分为以财务效益为主、以经济学和行为学为基础、以软件质量与项目管理为核心，以及综合性的评价体系等[④]在研究方法上，相关实证研究主要通过层次分析法、模糊综合评价法、人工神经网络法等常用方法建立评价体系，以及其他方法如应用集对分析原

[①] 于秀艳：《信息系统绩效评价研究综述》，载《现代情报》2006 年第 8 期，第 90～92，94 页。

[②] 袁胜军、黄立平：《基于知识管理的信息系统评价研究》，载《情报杂志》2007 年第 6 期，第 33～34、37 页。

[③] 郝晓玲、肖薇薇：《信息系统绩效全过程评价体系研究》，载《情报科学》2006 年第 8 期，第 1123～1127 页。

[④] 郝晓玲、于秀艳：《信息系统绩效评价体系研究综述》，载《商业研究》2005 年第 19 期，第 51～54 页。

理建立评价模型①等有益尝试。同时，相关研究也对企业信息系统绩效评价的方法进行了专门的探讨，如层次分析法在信息系统评价中的应用等。②③

信息系统和知识管理系统利用绩效评估的研究贯穿了企业信息化的全过程，但是绩效评价的侧重点发生了偏移，由关注信息系统建设的投入和产出转变为信息系统的有效利用的综合评价，由侧重于财务定量评价，转变为关注"柔性"指标等延迟收益和潜在收益，将定性评价和定量进行有机结合，对信息系统的利用绩效进行有效评价，使信息系统的绩效评价服务于组织战略和决策。

2. 竞争情报及竞争情报系统利用绩效评估

竞争情报及竞争情报系统利用绩效评估侧重于竞争情报的获取和利用能为企业提供及时、准确，并具有可行性的情报；它是企业感知外部环境变化的预警系统，能帮助企业及时洞悉政治的、经济的、社会的和市场的变化以及这些变化对企业可能构成的威胁和机遇；它也是企业为适应外部环境变化而作出战略决策和竞争策略的支持系统，能为企业的竞争决策提供依据和论证。④ 与信息系统不同的是，竞争情报与竞争情报系统的绩效始终关注竞争情报的有效利用。而由于竞争情报本身不能直接为企业创造经济价值，它的价值通常体现在相关职能部门在运用了竞争情报之后为企业带来的效益之中。竞争情报为企业创造的价值包含在"获得竞争情报前后所选取的不同方案期望值的差额"之中，但此差额并非只包含竞争情报创造的价值，其中还包含其他相关职能部门创造的价值，因此在对竞争情报效用评估时涉及对其他相关部门创造的价值中因利用竞争情报而产生的经济效益进行折算的问题⑤，这给竞争情报和竞争情报系统的利用绩效评估带来了困难。因此，相关研究认为企业竞争情报系统评价过程中应注重从系统的各个方面综合考虑，将竞争情报系统的社会效益、经济效益、长期效益、短期效益、内部效益、外部效益综合起来进行评价。同时将定量和定性的评价方法结合起来，制定合理的评价指标体系，才能得出企业竞争情报系统效益的正确结论。⑥

---

① 汪克亮：《基于集对分析的管理信息系统综合评价方法》，载《统计与决策》2007年第19期，第82～84页。

② 李雪萍：《试论层次分析法在信息系统评价中的应用》，载《情报杂志》2006年第6期，第70～75页。

③ 龚国平、黄新建：《层次分析法在企业信息系统评价中的应用》，载《企业经济》2006年第2期，第79～81页。

④ 许祥秦、闫俊宏：《企业竞争情报系统绩效综合评价》，载《情报杂志》2006年第12期，第65～67页。

⑤ 庄玮：《竞争情报的效用评估之我见》，载《情报杂志》2004年第6期，第51～55页。

⑥ 邱均平、张蕊：《企业竞争情报系统效益评价分析》，载《情报科学》2004年第6期，第649～652页。

综合当前竞争情报及竞争情报系统利用绩效评估研究，主要是将研究的焦点集中于对竞争情报或竞争情报系统利用的结果进行评估上，但是竞争情报系统难以与企业信息系统割裂开，竞争情报影响着企业的环境、产品和服务，企业也难以将竞争情报的绩效与企业其他信息的绩效区分开单独进行绩效评估。同时，单独竞争情报系统的开发和利用只限于规模较大的企业，缺少普及性，使得竞争情报及竞争情报系统绩效评估的实证研究略显不足。

3. 企业数字信息资源利用绩效评估

对企业数字信息资源进行绩效评估可以衡量企业数字信息资源自身价值及其贡献，发现缺陷与不足，从而为优化企业数字信息资源的配置，提高企业的经济效益发挥至关重要的作用，但目前专门的研究较少。与信息系统和知识管理系统利用绩效评估以及竞争情报及竞争情报系统利用绩效评估不同的是，企业数字信息资源利用绩效评估关注的是企业数字信息资源的获取、组织和有效利用以提供决策支持和战略服务，因此，它更强调资源本身的利用绩效评估。当前对企业数字信息资源利用绩效评估的研究借鉴了信息系统利用绩效评估的研究成果，建立面向信息系统项目建设整个过程，即分为规划与组织、建设与实施和交付与支持三个阶段。[①]

企业在对信息基础设施以及信息系统的投入不断追加的过程中，应更加关注在企业信息化平台上数字信息资源利用状况，一是关心信息资源被谁用、在什么时候用、用在哪里、怎样被利用的问题；二是关心数字信息资源利用如何提高企业知识创新、决策支持和战略服务，怎样通过加快信息资源的流动以转化为直接的生产力和利润的问题。因此，对企业数字信息资源利用绩效评估，应建立在对信息系统绩效评估基础上但又要突破信息系统平台的局限。在企业将注意力从信息资源平台开发和建设转移到信息资源的开发和利用的当今，企业数字信息资源利用绩效问题必将成为企业实现可持续发展战略中至关重要的问题之一，同时也是企业信息化评估指标中不可缺少的组成部分。

（三）政务数字信息资源利用绩效评估

数字化的政务信息的是指公共管理部门在履行政务活动中所形成的以数字代码形式传输和存储在特定介质上的各种有用信息的集合。这一概念既强调资源的数字化特点，以区别于传统类的政务信息，也包含了将传统载体的政务信息数字化以后所形成那部分信息资源。政务数字信息资源既是数字化的信息资源，又是

---

① 高凡：《企业数字信息资源绩效评估的指标体系设计》，载《情报科学》2007 年第 6 期，第 811～814 页。

属于政务信息资源一部分，具有信息量大、内容广泛、开放性、公共服务性、权威性、集成性、不安全性等特点。① 对数字形式的政务信息资源建设是由电子政务建设推动着的，可以说，政务数字信息资源利用是以电子政务为依托的。政务数字信息资源利用绩效评估的专门研究也主要体现为电子政务绩效评估研究。电子政务绩效评估研究是由电子政务实践活动推动着的，这就决定了电子政务系统建设的完备程度和政府职能的实现程度是电子政务绩效评估的主要衡量内容。前者是电子政务在"投入"角度所产生的网络设施、应用系统、信息资源、安全系统以及其表现形式——政府网站等电子政务产出的评估；后者是电子政务在"政务"角度所实现的职能，包括公共服务、市场监管、社会管理以及经济调节等电子政务影响的评估。② 从 20 世纪末起，各国都开展了电子政务的实践，这大大推动了电子政务绩效评估的研究，以下是国内外代表性电子政务绩效评估研究。

1. 联合国与美国行政学会

联合国经济与社会事务部与美国行政学会连续两年来发布了五份全球电子政务测评报告。2002 年 5 月，公布了 2001 年度全球电子政务发展状况研究报告——《电子政务评估：全球视角》③，对联合国 190 个成员的电子政务建设情况进行了调查研究与比较分析，提出了电子政务绩效评估的指标体系，主要包括三个方面：政府网站状况、基础设施状况和人力资源状况。2003 年，2003 年 8 月份联合国公布了 2003 年度全球电子政务发展状况研究报告《处在十字路口的电子政务》④，主要有两大指标：电子政务准备度指数（E-government Readiness Index）和电子参与指数（E-government Participation Index）。根据评估结果把各国政府网站建设划分为五个阶段：起步阶段、提升阶段、交互阶段、在线事务处理阶段和无缝整合阶段。2004 年 11 月，公布的第三份报告《2004 年全球电子政务准备度报告：迈向机会之路》⑤，对联合国 191 个国家的电子政务发展情况进行了测评。2005 年提出的《2005 年全球电子政务准备度报告：从电子政务到电子包容》⑥，

---

① 王协舟、陈艳红：《电子政务信息资源建设绩效评估研究》，载《档案学研究》2004 年第 6 期。

② 王立华、覃正、韩刚：《电子政务绩效评估的研究述评》，载《系统工程》2005 年第 2 期，第 9 ~ 13 页。

③ United Nations Division for Public Economics and Public Administration & American Society for Public Administration. Benchmarking E-government：A Global Perspective—Assessing the Progress of the UN Member States [EB/OL]. http：//www. unpan. org. [2002 – 05]

④ United Nations. World Public Sector Report 2003：E-Government at the Crossroads [EB/OL]. http://www unpan. org/egovernment3. asp. [2003 – 08 – 28]

⑤ United Nations. Global E-government Readiness Report 2004：Towards Access For Opportunity [EB/OL]. http：//www. unpan. org/egovernment4. asp. [2004 – 11]

⑥ United Nations. Global E-government Readiness Report 2004：From E-Government to E-Inclusion [EB/OL]. 2005http：//www. unpan. org/egovernment5. asp. [2007 – 05 – 22]

以及刚刚公布的《2008 年度全球电子政务调查报告：从电子政务到整体治理》①，基本上都是 2004 年的延续，指标结构、权重配置、测评方式和结果处理也与 2003 年基本相同，只是根据测评结果对电子政务的发展作出了不同的判断和发展指引。

2. 埃森哲咨询公司

作为专业的、资深的电子政务评估机构，埃森哲公司（Accenture）从 2000 年至今不间断地对全球电子政务发展状况进行一年一度的评估，除了公布例行的评估报告外，它还对当年各国电子政务发展的经验进行了总结和提炼，并对未来全球电子政务发展的趋势进行了预测和展望。2000 年，埃森哲第一次发布了全球电子政务年度评估报告，报告主题为"电子政务：梦想与现实"②，该报告第一次提出了"想得要大、起步要小、扩展要快"（Think Big, Start Small, Scale Fast）的电子政务发展理念。2001 年 4 月 3 日，埃森哲发布了第二份全球电子政务年度评估报告，报告的主题为"梦想与现实——消除鸿沟"③，提出了第一套电子政务评估指标体系，该体系以"公共服务成熟度"为核心，并引入了客户关系管理（CRM）的思想。总体成熟度包括服务成熟度指标和客户关系管理，其中，服务成熟度占 70%，客户关系管理占 30%。2002～2006 年，埃森哲发布的全球电子政务年度评估报告主题依次为"电子政务领衔——实现梦想"④、"电子政务领衔——相约客户"⑤、"电子政务领衔——高绩效，价值最大化"⑥、"客户服务领导力——新期望，新体验"⑦、"客户服务领导力——建立信任"⑧。

回顾埃森哲公司的 7 份报告及其跟踪评价全球电子政务发展的轨迹，可以发

---

① United Nations. E-Government Survey 2008：From e-Government to Connected Governance ［EB/OL］. http：//www. unpan1. un. org/intradoc/groups/public/documents/UN/UNPAN028607. pdf. ［2008 - 04 - 01］

② Accenture. Implementing eGovernment：rhetoric and reality ［EB/OL］. 2000http：//www. emeraldinsight. com/ Insight/ViewContentServlet？ Filename = Published/EmeraldFullTextArticle/Pdf/1610180305_ref. html. ［2007 - 05 - 28］

③ Accenture. E-Government Leadership：Rhetoric vs Reality-Closing the Gap ［EB/OL］. http：// www. accenture. com/xdoc/en/industries/government/2001FullReport. pdf. ［2001 - 04］

④ Accenture. E-Government Leadership：Realizing the Vision ［EB/OL］. http：//www. accenture. com/ Global/Services/By_Industry/Government/EGovernmentVision. html. ［2002 - 04］

⑤ Accenture. E-Government Leadership：Engaging the Customer ［EB/OL］. http：//www. taxadmin. org/ fta/meet/03am_pres/finnegan. pdf. ［2003 - 04］

⑥ Accenture. E-Government Leadership：High Performance, Maximum Value ［EB/OL］. http：//www. accenture. com/NR/rdonlyres/65FE6FFB - 0778 - 47FC-B63A-FD16239FA3CD/0/egovernment. pdf. ［2004 - 05］

⑦ Accenture. Leadership in Customer Service：New Expectations, New Experiences ［EB/OL］. http：// www. accenture. com/NR/rdonlyres/081E84B0 - E655 - 4F9B - 95DF - 94A3F34B09FA/0/leadership_customer-service. pdf. ［2005 - 05］

⑧ Accenture. Leadership in Customer Service：Building the Trust ［EB/OL］. http：//www. accenture. com/ xdoc/ca/locations/canada/acn_2006_govt_report_FINAL_sm. pdf. ［2006 - 05］

现，埃森哲的电子政务评估指标体系是在对案例的不断研究和评估中逐渐完善起来的。其评估标准是：信息公开与通信程度是一种公共服务，信息公开化程度越高，通信越发达，就表明公共服务成熟度越高。①

3. 布朗大学——特性指标检测网站绩效

由学术机构进行相关评测中较为有名的是美国布朗大学（Brown University）。2001 年开始连续 5 年对全球各国主要政府网站进行数据采集和评估②，所有样本数据均通过互联网获取。在整体评估时，布朗大学通过特性指标检测网站的建设状况，设置了总体指标和具体操作指标，总体指标设置为在线信息、电子服务、隐私与安全、残疾人访问、外语入口、广告，使用者费用以及额外的公共服务。布朗大学调查的重点在于评比电子政务网站是否可提供所需的重要信息，是否可提供在线服务项目。

4. Gartner 公司的电子政务评估体系

与埃森哲公司不同的是，Gartner 公司的电子政务绩效评估模式并不是对世界各国电子政务发展水平作横向的比较，而是对特定电子政务项目的有效性进行评估。Gartner 公司主要从公众服务水平、运作效率和政治收益三个方面评估电子政务，而每个大类又包含一系列具体参数。③

5. TNS 公司的评估体系

TNS（Taylor Nelson Sofres）是著名的市场信息咨询服务公司，主要从事社会和政府咨询方面的研究。TNS 公司从 2001 年开始连续 3 年来发布了三份全球电子政务绩效评估报告④，在这三份研究报告中，TNS 公司提供了自己的一套电子

---

① 杨道玲：《服务导向的政府部门电子政务绩效评估研究》，武汉大学出版社 2008 年版。

② 这 5 分报告依次为：

World Markets Research Center and Brown University. Global E-government Survey 2001 ［EB/OL］. http：// www. InsidePolitics. org. ［2001 – 09］

Brown University. Global E-Government 2002 ［EB/OL］. http：//www. InsidePolitics. org. ［2002 – 09］

Brown University. Global E-Government 2003 ［EB/OL］. http：/www. InsidePolitics. org. ［2003 – 09］

Brown University. Global E-Government 2004 ［EB/OL］. http：/www. InsidePolitics. org. ［2004 – 09］

Brown University. Global E-Government 2005 ［EB/OL］. http：//www. insidepolitics. org/egovt05int. pdf. ［2005 – 09］

③ Gartner Corporation. The Gartner Framework for e-Government Strategy Assessment，Strategy Analysis Report ［EB/OL］. 2002http：//www. gartner. com. ［2008 – 05 – 22］

④ 这三份报告分别是：

TNS. Government on line an international perspective：2001 Benchmarking Research Study ［EB/OL］. http：// www. tns. com/. ［2001 – 11］

TNS. Government on line an international perspective：Annual Global Report 2002 ［EB/OL］. http：// www. tns. com. ［2002 – 11］

T'NS. Government on line an international perspective 2003：Global Summary ［EB/OL］. http：// www. tns. com/. ［2003 – 11］

政务绩效评估方法与指标体系，主要目的是考察因特网对全球政府的影响。在 2003 年 11 月公布的报告中，不仅公布了 2003 年全球 32 个国家的政府在线服务使用情况，还对 2001 ~ 2003 年 3 年的评估结果进行了对比。

6. New Jersey Newark 大学的评估体系

为了评估全球政府网站的公共服务传递情况和公众参与情况，2003 年 12 月份，美国 New Jersey Newark 大学电子政务协会与韩国 Sungkyunkwan 大学全球电子政务政策协会联合发布了对全球 82 个国家 84 座最大城市的电子政务评估报告。其评估体系主要包含"安全/隐私、可用性、站点内容、在线服务、公众参与"五个部分，评估结果可以从总体上揭示发达国家和非发达国家的政府网站情况。①

7. 经济发展与合作组织（OECD）

OECD 提出电子政务的产出和影响可以用"善治"（Good Governance）的评估标准来衡量，检测其结果是否向"善治"进步，其绩效评估指标体系包括：合法性（Legitimacy）；法治（Rule of Law）；透明性、负责任性、整合性（Transparency，Accountability，Integrity）；效率（Efficiency）；连贯性（Coherence）；适应性（Adaptability）；参与和咨询（Participation and Consultation）。② OECD 强调公共行政精神，凸显公共行政理想，有助于强化电子政务重在"政务"的建设思路，但指标比较笼统、宽泛，可操作性较差。

8. 哈佛大学国际发展中心

哈佛大学国际发展中心在 2001 ~ 2002 年对网络就绪指数（NRI）进行研究，提出了两部分的分析框架③：第一部分是网络使用（Network Use）情况，考察信息通信技术使用方面的数量与质量；第二部分是"赋能"因素（Enabling Factors），具体包括网络获取（信息基础设施、软硬件与支持要素）、网络政策（信息通信技术的政策、商务与经济环境）、网络社会（网络学习、机会与社会资本）、网络经济（电子商务、电子政务与相应的基础设施）。

9. IBM 电子政务研究院

IBM 电子政务研究院以信息通信技术（ICT）在政府部门的运用为切入点，

---

① Jersey Newark University. Digital governance in municipalities worldwide-an assessment of municipal web sites throughout the world［EB/OL］. http：//ec. europa. eu/idabc/en/document/6563/254.［2003 – 12］

② OECD e-Government Project Website［EB/OL］. http：//webdomino1. oecd. org/COMNET/PUM/egovproweb. nsf.［2008 – 06 – 02］

③ Center for International Development at Harvard University. The Networked Readiness Index：Measuring the Preparedness for the Networked World［EB/OL］. http：//www. cid. harvard. edu/cr/pdf/gitrr2002_ch02. pdf.［2008 – 06 – 03］

提出了评估电子政务基础设施的三类实用技术标准①，为电子政务绩效评估研究提供了思路。第一类，灵活性（Flexibility），适应快速变动的信息环境；第二类，可升级（Scalability），能够随着需求的增长相应地扩充容量；第三类，可靠性（Reliability），能保障最终用户安全和系统的连贯性与实用性。该指标体系有利于政府在电子政务的基础设施特别是硬件方面的绩效提升，有助于政府在长期建设过程中资源的节省和硬件的可持续发展，但有重"电子"、轻"政务"的倾向，容易忽略电子政务对于公众的应用效果。

我国许多第三方机构和不同级别的政府部门都开展了电子政务评估实践。其中第三方机构评估最具有代表性的有中国电子信息产业发展研究院、计世资讯、北京大学网络经济研究中心等提供的评估报告。有些政府部门也开展了电子政务绩效评估的有益实践如吉林省政府、北京市政府、安徽淮南市政府等。

10. 中国电子信息产业发展研究院

受国务院信息化工作办公室委托，中国电子信息产业发展研究院②（赛迪顾问）从 2003 年开始至今，针对中央部委、省、地市、县级政府网站连续开展全国性绩效评估，是国内知名度较高的电子政务评估之一。2008 年 1 月 11 日发布了《2007 中国政府网站绩效评估报告》③，这是其连续第 6 年开展政府网站绩效评估工作。评估对象包括我国 75 个部委类网站、32 个省级（含新疆生产建设兵团，暂不含港、澳、台地区）和 333 个地市级（含副省级城市）政府网站，并对县级政府门户网站进行抽样调查（抽样概率为 20%）。指标体系按照政府网站主办方的行政层级设定，由部委、省级、地市级和县级政府网站的评估指标构成，包括网站内容、网站设计、用户调查及日常检测等基本评估模块。中国电子信息产业发展研究院的电子政务评估实践具有如下特点：①采用外评估方式，站在用户角度考察政府网站绩效水平；②以内容评估为主，以政府网站的功能定位作为指标框架；③信息公开方面，从门户网站发挥作用角度出发，按"监督、整合和服务"三方面进行完善；④引导网站建设以便民服务为中心，贴近公众实际生活需求，实现全面完善的公共服务。

11. 计世资讯

计世资讯④（CCW Research）是计算机世界传媒集团所属的信息化领域的专业研究机构。2002 年，计世资讯在国内推出首个政府门户网站评估指标体系，

---

① 张成福、唐钧：《电子政务绩效评估的模式研究》，载《电子政务》2005 年第 24 期，第 38 ~ 44 页。

② 赛迪网，2008 年 2 月 18 日，http：//www. ccidnet. com。

③ 中国电子信息产业发展研究院：《2007 中国政府网站绩效评估报告（发布版）》，2008 年 2 月 18 日，http：//www. cstc. org. cn/2007wzpg/07jixiao/untitled/xinindex. html。

④ 计世资讯，2008 年 7 月 20 日，http：//www. ccwresearch. com. cn。

475

并在全国范围内对政府门户网站首次进行了综合评估。此后，计世资讯每年都对全国政府门户网站进行评估，目前已连续进行五年。其最新的指标体系包括三个一级指标：网站内容服务、网站功能服务和网站建设质量。

12. 北京大学网络经济研究中心

北京大学网络经济研究中心[①]（简称"北大网研"）2006 年完成了对我国289 家地级市（地区、自治州）、32 家省会城市与计划单列市以及 31 家省级（省、自治区、直辖市）政府门户网站的评测与分析，集中对当前电子政务与服务型政府转型中的七大热点与焦点问题进行了深度评估，选择具有代表性的政府网站进行了实地调研与案例研究，并发布了《中国电子政务研究报告（2006）》[②]。该报告提出了一种双维度、多层级的开放式的网站评估体系（PIT-EEE）。PIT-EEE 体系对于每项指标既有对应的功能模块，又有相应的发展层次，从而能够更加准确地诊断电子政务发展的现状。

13. 《电子政务蓝皮书：中国电子政务发展报告》

2003 年 12 月，社会科学文献出版社发表了国家信息中心常务副主任王长胜主编的《电子政务蓝皮书：中国电子政务发展报告》，对我国电子政务的发展进行了总结回顾，研究了我国电子政务建设和发展的政策、战略和管理问题，对基于国民经济核算的电子政务发展评估指标体系应用研究做了阶段性的总结。随后的三年，又连续公布了每年的《电子政务蓝皮书：中国电子政务发展报告》，分别记载了近四年我国电子政务发展每年的大事记。《电子政务蓝皮书：中国电子政务发展报告（2008）》，主题是"发展电子政务，建设服务型政府"，从构建宏观发展环境和启动重点行动计划两个层面入手，提出服务型政府建设的策略，重点研究了当前我国电子政务绩效管理工作的进展，提出了理论模式，进行了实证性分析，并结合当前国家级重点电子政务工程项目的建设进展和典型案例进行了分析。

14. 国内学者的研究

许多专家学者根据国内电子政务建设特点，对电子政务评估的指标体系、评估方法等也作了大量的研究，相关研究主要集中在电子政务绩效评估体系设计，以及电子政务绩效评估策略和方法研究两个方面。

在对电子政务绩效评估体系设计的研究中，学者们根据我国电子政务建设实际情况，应用相关绩效理论设计出多种电子政务绩效评估体系，并进行了实证研究。如建立了一套包括"电子集中、电子安全、电子管理、电子服务、电子决

---

① 北京大学网络经济研究中心，2008 年 7 月 20 日，http：//www.ebc.pku.edu.cn.

② 张维迎：《中国电子政务研究报告（2006 年）》，北京大学出版社 2007 年版。

策"五项一级指标的三级电子政务评价指标体系，并利用该评价指标体系对我国各大城市目前的电子政务发展水平进行了尝试性测评；同时制定出了电子政务得分定量—定性换算表，将得到的定量化电子政务绩效评估结果转化成定性化描述，使电子政务绩效评估结果更有实际参考意义。[①] 借鉴国外相关研究，把电子政务的绩效划分为三个层次：产出（Output）层次，包括政府网站、光缆、电话、电视等硬件基础设施和软件操作平台等成果；结果（Outcome）层次，即建设结果的经济（Economical）和效率（Efficiency）两方面；影响（Impact）层次，包括效益（Effectiveness）和公平（Equity），责任（Responsibility）、回应（Response）和代表性（Representation）。[②] 从成本收益角度设计的电子政务项目评估指标体系，将电子政务项目的成本分为项目投资、项目运行管理、项目维护和电子政务机会成本 5 个总指标以及 14 个子指标；将电子政务项目的收益分为效率提高程度、公开透明度、公民服务和企业服务 4 个总指标以及 22 个子指标。[③] 从资源建设的角度建立电子政务绩效评估指标体系，从信息资源建设的数量、质量、利用、发展潜力等四个方面建立电子政务绩效评估指标体系，即分别组成了电子政务信息资源数量评估指数、电子政务信息资源质量评估指数、电子政务信息资源利用评估指数和电子政务信息资源建设发展潜力评估指数。[④]

在电子政务绩效评估方法研究中，一些较为成熟的通用方法仍然受到关注。如以组织价值为核心构建的电子政务平衡计分卡体系，提出基于电子政务的绩效评估体系的平衡计分卡实施框架。[⑤] 运用层次分析法、模糊综合评估方法、神经网络方法测算指标权重，进行实践测评，如从电子政务建设产出、应用效果和投资绩效三个方面建立电子政务绩效评估指标体系，在模糊综合评判理论基础上提出了一种基于三级模糊综合评判模型的电子政务绩效评估方法[⑥]；运用模糊综合评价原理，构建了量化的主观评价和客观评价相结合的电子政务系统的评估模型，增强了评估的操作性和实用性[⑦]；从电子政务的投入产出衡量的基本模式出发，从系统成本、系统效益和系统质量三个方面设计评价指标，并根据电子政务绩效评价的非线性特点，采用 BP 神经网络模型尝试对电子政务进行评价，并对

① 杨云飞、白庆华：《电子政务评价指标体系》，载《计算机应用与软件》2004 年第 8 期。

② 张成福、唐钧：《电子政务绩效评估的模式研究》，载《电子政务》2005 年第 24 期。

③ 马连杰、胡新丽、张晓莲等：《论我国电子政务绩效评估体系的构建》，载《湖北社会科学》2005 年第 11 期。

④ 王协舟、陈艳红：《电子政务信息资源建设绩效评估研究》，载《档案学研究》2004 年第 6 期。

⑤ 何代欣、罗为、王谦：《基于电子政务的绩效评估方法的构建与实施》，载《广西财政高等专科学校学报》2005 年第 5 期。

⑥ 李倩、颜志军：《电子政务绩效评估的模糊综合评估方法》，载《科技和产业》2005 年第 11 期。

⑦ 胡大平、陶飞：《电子政务系统综合评价指标体系及评估模型研究》，载《科技进步与对策》2005 年第 6 期。

湖南省 11 个地级市政府的电子政务绩效评估进行了实证研究和方法验证。① 除此以外，一些研究还综合运用了多种方法进行电子政务绩效评估方法的尝试，如刘腾红等人根据其所建立的电子政务指标体系，采用层次分析法（Analytic Hierarchy Process，AHP）确定指标体系的权重系数，采用理想解法（Technique for Order Preference by Similarity to Solution，TOPSIS）评价电子政务系统，用专家评审法、网上调查法、用户调查法作为电子政务绩效评估指标体系的数据采集方法，模拟的三个网站进行了评估，验证了评估方法的实用性。②

综合分析国内外电子政务绩效评估实践，根据其研究思路或方法的差异，目前电子政务绩效评估大致可以划分为五种模式：模式一，聚焦政府网站的绩效；模式二，基础设施的技术指标；模式三，软硬件综合的指标体系；模式四，关注全社会的网络绩效；模式五，提出基本的评估准则。③ 表 14 – 3 是这五种模式的比较。

表 14 – 3　　　　　　　　　电子政务 5 种国际模式优劣比较

模式类型	代表案例	优势	劣势
模式一：聚焦政府网站的绩效	布朗大学、埃森哲	运用"黑箱"原理，将政府网站绩效近似于电子政务整体流程的绩效，便于测评和量化分析，并且突现了电子政务服务于民的思想	评估针对的是电子政务网站的外在表现，而非全流程管理的实况，有出现误判的可能
模式二：基础设施的技术指标	IBM 电子政务研究院	有利于政府在电子政务基础设施特别是硬件设施方面的绩效提升，有助于政府在长期建设过程中的资源节省及硬件的可持续发展	"技术决定论"的理念，有重"电子"，轻"政务"的倾向
模式三：软硬件综合的指标体系	联合国与美国行政学会	有利于全面评估电子政务绩效，得出总体上的结论	在原有一手数据上进行二次加工，在汇总和加权时存在着人为增加误差的因素

---

① 颜佳华、宁国良、盛明科：《基于 BP 神经网络的电子政务绩效评价研究》，载《中国管理科学》2005 年第 6 期。

② 刘腾红、刘荣辉、赵鹏：《电子政务系统评价方法研究》，载《武汉理工大学学报》（信息与管理工程版），2004 年第 3 期。

③ 张成福、唐钧：《电子政务绩效评估：模式比较与实质分析》，载《中国行政管理》2004 年第 5 期，第 21～23 页。

续表

模式类型	代表案例	优势	劣势
模式四：关注全社会的网络绩效	哈佛大学国际发展中心（CID）	能够将电子政务绩效进行全面的社会整合，得出更加全面综合的结论	评估面广、种类多，数据来源困难，难以保障数据精确性以及数据之间的相关性
模式五：提出基本的评估准则	OECD	强调公共行政的精神，以"善治"的理念为指导，有助于强化电子政务重"政务"的建设思路	比较笼统、宽泛，无法直接进行定量分析

资料来源：杨道玲：《服务导向的政府部门电子政务绩效评估研究》. 武汉大学，2008 年。

政务数字信息资源利用是伴随着电子政务建设的开展而不断深入的，因此政务数字信息资源利用的绩效评估与电子政务绩效评估相互交织，其"电子"是电子政务的"投入"角度，也是政务数字信息资源的产生来源，是利用的前提，在电子政务实践中，一部分政务数字信息资源是直接以数字形式存在的，但还有一部分政务信息资源仍是以纸质形式存在，如众多的档案资源，其转化为电子文件仍需要大量的人力、物力和财力的投入，政府网站的信息资源也不断地处于更新和扩充的状态，同时公众借由政府网站获取信息资源的需求也不断的提高，这些都使得"投入"是一个不断追加的过程，而成为政务数字信息资源利用绩效的重要影响因素。而从"政务"的角度，政务数字信息资源利用绩效强调"利用"，其评估则呈现出不同的价值取向影响下的不同的评价视角，特别是在我国政府由管制型向服务型转变的过程中，政务信息资源不仅仅只为政务部门服务，公众服务越来越成为政务数字信息资源利用绩效评价的重要内容之一。除此以外，政务信息资源的共建和共享也是政府各部门横向和纵向信息互联的保障，也是"电子政府"实现的前提和基础，同样也是政务数字信息资源利用绩效评估的组成部分。

二、数字信息资源利用绩效评估框架设计

评估的主题要素包括经济测评、效率测评和效益测评三个方面。其中，经济测评主要涉及图书馆数字资源建设的投入成本；效率测评主要关注数字资源投入与产出的比率关系，是对数字资源建设和服务过程的评价；而效益测评则涉及图书馆数字资源建设目标的实现，即数字资源是否为用户、社区、组织等带来了最大效益，它可从产出评价、效用评价、服务质量和用户满意度评价等方面展开。[1]

---

[1]　卓越：《公共部门绩效评估》，中国人民大学出版社 2004 年版，第 7 页。

（一） 数字信息资源利用绩效评估框架构成

产出评价、成本—收益分析、效用评价，以及用户满意度等评价方式是数字资源利用绩效评价框架的主体与核心，它们的有效运用既是评价工作中的难点，也是评价工作能否取得预期效益的重点。

1. 产出评价（Output Measures）

产出评价主要测定图书馆资源及服务的利用率，众多绩效评价标准均对此有所涉及，如"ANSI/NISO Z39.7－2004 信息服务和使用：图书馆和信息服务机构统计指标——数据字典"、"ISO2789 电子图书馆服务使用评价"等。在数字资源利用绩效评价中有效运用这一评价方式，不但有利于考评资源本身价值的大小，而且有利于提高组织数字资源的建设服务水平。此外，各类统计软件及技术的发展也增强了产出评价的可操作性，这也使其得到了国内外众多信息服务机构的青睐。如美国路易斯维尔大学图书馆设计了一个数据跟踪系统，应用通用网关界面搜寻程序（Common Gateway Interface，CGI）自动搜集数字资源的使用统计数据，并记录于一个指定的日志文件中，再利用 Access 数据库分析和生成统计报告[1]；中国社会科学院图书馆、深圳大学图书馆均利用数据库商提供的使用统计数据对部分引进数据库的使用状况进行了分析。[2][3]

但产出评价在实际运用过程中也存在一定局限：

首先，产出评价只是对数字资源利用率的客观描述，它不能有效反映用户能否从数字资源获益以及获得收益的程度，而且无法深入揭示用户对数字资源产品本身或相关服务的品质是否满意等问题，这也是运用该方式评价数字资源利用绩效的最大缺陷。

其次，通过出版商或数据库服务商获得使用统计数据是目前应用较为广泛的一种方法，但这类统计数据存在指标数目、名称、内涵、统计频率不规范等诸多问题，因此无法据此准确比较组织内部及数字资源共享的利用状况。为规范数字资源使用统计指标，国外部分学术团体、信息服务组织及标准化组织陆续开展了一些研究项目或制定了相关标准，其中影响较大的有国际图书馆联盟联合体（ICOLC）制定的《网络信息资源使用统计测评指南》、美国"网络化数字资源

①　Liu, Weiling, Fannie M. Cox. Tracking the use of E-journals: a technique collaboratively developed by the ctaloging department and the office of libraries technology at the university of Louisville ［J］. OCLC Systems&Services, 2002, 18（1）: 32－39.

②　杨沛超、蒋颖：《创新发展数字的哲学社会科学图书馆》，载《中国教育网络》2005 年第 7 期，第 40～42 页。

③　李洪：《高校用户对国外网络数据库的使用统计与分析》，载《图书馆论坛》2005 年第 3 期，第 210～212，166 页。

在线使用统计"（COUNTER）项目、ARL 的 E-Metrics 项目等。尽管它们已经在实践中得以应用，并取得了一定成效（如已有 76 家出版商或数据库服务商宣布遵从 COUNTER 规范），但在收集和报告使用统计数据方面，图书馆与出版商及数据库服务商之间仍有待继续加强合作。

2. 成本－收益分析（Cost-benefit Analysis，CBA）

20 世纪 60 年代，国外研究开始将成本—收益分析引入图书情报领域，以帮助实现管理的最优决策，至今仍被广泛应用。作为经济学的核心原理之一，成本收益分析就是在一项决策中，以货币为单位，核算项目所有的收益和成本，然后对两者进行比较，以确定该项目是否值得的一种方法。信息资源与信息服务具有经济价值，组织在提供这些资源与服务时需要投入成本，用户在使用各种资源、享受各种服务时也要投入成本（如时间成本）。因此，如何以较低的成本获得较高的收益就成为组织决策者们必须考虑的问题（其中的成本与收益涉及图书馆与用户双方）。

虽然成本与收益分析是帮助图书馆科学决策的工具，但它在信息服务机构的实际应用中也有不足，因为多数情况下，信息资源及服务所产生的收益难以用具体的货币值来衡量，如在政务数字信息资源中，对公众的政务信息服务就难以用货币值来衡量，在企业中也难以具体计量哪些收益是数字信息资源和服务产生的。尽管如此，仍有部分研究者试图对成本与收益进行定量分析，以此作为价值评价的尺度，为管理者实践和决策提供参考。如鲍尔（Kathleen Bauer）通过分析耶鲁医学院克拉辛－惠特尼医学图书馆数字资源使用统计数据研究得出：从 1999～2003 年，数字资源的使用率不断提高，其使用减少了用户学习、教学及科研的时间成本。她还具体测算出了 2003 年数字资源的使用大约帮助研究人员、教学人员及学生节约了 17 365 个小时，充分说明数字资源具有良好的使用效益。[①] 朱珍从收益等于成本的节约的角度出发，建立纸本资源与数字资源的成本收益矩阵分析模型，得出各项资源的收益情况。[②] 研究表明，与纸本资源相比，数字资源有着更高的收益，表现在单位品种价格较低、存取灵活、节约读者时间成本等方面。

总的说来，数字资源作为一种高投入性资源，在使用过程中是否获得了较高收益？收益是否大于成本？当组织必须在两个或若干数据库（或电子期刊、电子图书等）之间进行选择时，组织应如何决策？成本—收益分析理论为回答这些问题提供了解决的思路与方法。

---

① Bauer, Kathleen. Trends in electronic content at the Crushing/Whitney Medical Library：1999－2003 [J]. Journal of Electronic Resources in Medical Libraries，2004，1（4）：31－43.

② 朱珍：《数字资源的成本与收益分析及决策研究》，华东师范大学，2004 年。

3. 效用评价（Outcomes Assessment）

效用评价是最近十年在图书情报领域兴起的一种评价理论，它主要探讨公益性信息资源及服务对用户产生的价值、影响及收益。如果说产出评价测评的是数字资源利用的效率，效用评价测评的就是资源利用的效益。伯托特（Bertot）与麦克卢尔（McClure）认为，用户或组织通过享受信息服务机构（图书馆）的服务与资源能够取得如下效用[①]：

经济效用：即图书馆对用户创造经济价值的能力及成功就业能力的影响；

学习效用：即图书馆对用户终身学习、信息素质的影响；

研究效用：即图书馆（主要指高校图书馆）对教师与学生研究工作的影响，如论文写作、项目申请等；

信息交流效用：即图书馆对用户与外界信息沟通能力的影响；

文化效用：即图书馆对用户艺术鉴赏力的影响；

社区效用：即图书馆对社区成员整体生活质量、成员对服务社区的态度等方面的影响。

上述效用体现的正是公益型信息服务机构（主要是图书馆）的价值。也正因为如此，效用评价成为众多项目及组织探讨的话题。如 ARL 的 E-metrics 项目的目标之一就是"发展一个范式以描述图书馆活动及图书馆可产生的效用之间可能存在的关系"，依照该目标，项目最后阶段的任务（2001 年 7～12 月）确定为"定义（图书馆提供的资源及服务）与教育效果及影响、研究及技术基础设施之间的联系。"[②] E-metrics 项目组成员通过对文献的内容分析、建立讨论组、政策分析、访问 ARL 成员馆网站、小组及个人访谈及 ARL 成员馆的调查，最后确定了图书馆效用评价过程的初步框架，依据该框架，图书馆效用大小的确定就是看通过提供资源及服务，图书馆实现其愿景、使命及目标的程度。[③]

实践中，众多研究者将目光集中在数字资源对于用户研究能力及成果的影响上。苏亚雷斯（Carlos A. Suarez）等在收集在线数据库访问信息和科研成果综合指数数据的基础上，构建二维分析图，发现数字资源使用频率越高的学科，科研成果综合指数也越高，即数字资源的使用与科研成果的产出具有正相

---

① Bertot, John Carlo; McClure, Charles R. Outcomes assessment in the networked environment: Research questions, issues, considerations, and moving forward [J]. Library trends, 2003 (4): 590–613, 686.

② McClure, Charles R., et al. Assessing networked services: an update [J]. SCONUL Newsletter, 2003 (29): 27–34.

③ Fraser, Bruce T.; McClure, Charles R. and Leahy, Emily H. Toward a framework for assessing library and institutional outcomes [J]. Portal: Libraries and the Academy, 2002, 2 (4): 505–528.

关关系。① CALIS 的统计也表明，中国集团用户数据库使用量日趋增长（如 2003 年中国集团用户使用 Ei Village 数据库的数量占全球用户使用量的 39%），与之对应的是，2000～2004 年 AIP、APS 收录中国论文的数量均增长了 20% 以上。② 些均充分说明图书馆数字资源对于用户研究具有的积极影响。

尽管效用评价是测评数字资源利用绩效的重要策略，但由于数字信息资源与服务对用户的影响与价值往往是隐性、潜在、深远的，无法对此进行直接的定量测度。因此，测评时需要结合服务与资源利用率分析、用户调查与访谈等多种方法。

4. 用户满意度（User Satisfaction Index，CSI）

用户满意度是用户需求得到满足后的一种心理反应，是用户对产品或服务的特征或产品和服务本身满足自己需求程度的一种判断。用户满意度理论（亦称为顾客满意度）由于深刻反映了管理科学"以人为本"的本质，成为管理科学的重要理论之一。无论是何种数字信息资源，总要面对用户为用户提供信息资源与服务，引入用户满意度测评的理念与方法对于提升数字信息资源服务质量有着重要作用。数字资源是各类组织开展数字信息资源服务的重要基础，了解用户对数字资源的满意度正是利用绩效评价研究的重要内容。

用户满意度评价需要借助一定的测评工具及模型，美国用户满意度（American Customer Satisfaction Index，ACSI）模型、卡诺模型（The Kano Model）等是已提出的测度用户满意度的重要模型，其中又以 ACSI 模型在信息资源服务应用最为广泛。ACSI 模型由 6 个结构变量（Latent Variable）组成，其中，用户整体满意度是目标变量，感知质量、用户期望和感知价值是用户满意度的原因变量，用户忠诚度、用户抱怨则是用户满意度的结果变量，它们之间的关系如图 14 - 2 所示。

模型中 6 个结构变量的选取以用户行为理论为基础，每个结构变量又包含一个或多个观测变量（共计 15 个）。在模型的实际应用中，通过用户调查的方式，以利克特量表（Likert Scale）为基础建立评分等级，采用最小二乘法、多元回归分析或主成分分析等统计学方法对各自变量与因变量之间的净相关系数进行辅助分析，从而清晰地反映了 ACSI 模型各组成要素之间的因果联系，并最终反映出用户对以往服务经历的满意度和忠诚度。通过应用该方法，图书馆可根据调查分析的结果改进数字资源及相关服务，提升用户的满意度和忠诚度。

---

① Suarez-Balseiro, Carlos A.；Iribarren-Maestro, Isabel；Casado, Elias Sanz. A Study of the Use of the Carlos III University of Madrid Library's Online Database Service in Scientific Endeavor [J]. Information Technology and Libraries, 2003, 22 (4)：179 - 183.

② 杨毅：《CALIS 引进数字资源的购买、使用与服务》，http：//202.194.44.30/news/ppt/5 - 24/yangyi.pdf.［2005 - 09 - 16］

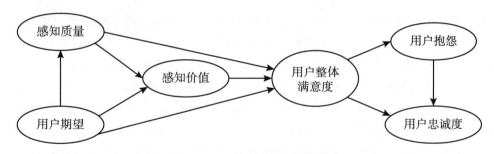

图 14 – 2　ACSI 结构模型

资料来源：Fornell，Claes et al. . The American Customer Satisfaction Index：Nature，purpose，and findings ［J］. Journal of Marketing. 1996（4）：7 – 18.

　　我国学者甘利人等借鉴 ACSI 模型对数据库网站的用户满意度进行了测评。他们以该模型的 6 个结构变量为准则层，结合层次分析法构建数据库网站用户满意度评价指标体系，对我国四大数据库网站开展用户满意度评价。[①] 结果表明，用户满意度是评价数据库网站运作效率的较好方法，能够促进网站建立"以用户为中心"的运营模式。

　　总之，用户满意度评价的优势在于能够深入了解用户感受，寻找已有资源及相关服务与用户实际需求或期望的差距，并在此基础上提出改进策略。当然，这种评价方式也存在一定缺陷，如它主要是一种对数字资源利用绩效的定性描述，而且评价结果受调查对象的主观影响较大。

（二）数字信息资源利用绩效评估框架

　　结合以上对数字信息资源利用绩效评估构成的分析基础，数字资源利用绩效评估框架可由图 14 – 3 来表示。

　　评价框架中，投入、过程与产出描述了数字资源建设的主要过程，其中投入是指组织为建设数字资源投入的人力、物力及资金，如购买数据库的投入、相关的设备投入等；过程指数字资源相关服务的提供过程；产出主要指组织为用户提供的各类数字资源产品及相关服务。评价框架的核心及主体构成是产出评价、成本—收益分析、效用评价、用户满意度等评价方式，它们基于数字资源建设的各环节展开，是数字资源利用绩效评价在实践中开展的具体方式。涉及利用绩效评价的各种数据、资源、评价指标等则是评价方式有效实施的基本要素。

---

　　① 甘利人、马彪、李岳蒙：《我国四大数据库网站用户满意度评价研究》，载《情报学报》2004 年第 5 期，第 524～530 页。

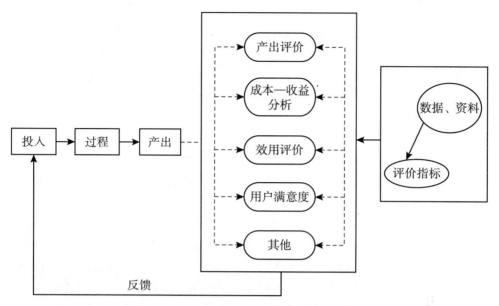

图 14 - 3   数字资源利用绩效评价框架

该框架表明数字资源利用绩效评价是一个系统、循环往复的持续过程，成本—收益分析等各评价方式通过对数字资源建设各环节、尤其是建设成效的系统评价，为数字资源建设质量的提升提供必要的反馈信息，从而促进数字资源建设的持续改进。

三、不同导向的数字信息资源利用绩效评估标准

不同类型的数字信息资源利用有着不同的目的，不同的服务对象，预期达到的成效也不相同。因此，不同的层面的数字信息资源建设和利用的导向也不相同。国家层面是面向国家发展和国民生活的，国家制定总体方针政策引导各个部门、各个领域和不同层面的信息资源开发和利用，以推动国家信息化战略的实施。政府层面以政务信息资源利用为主，面向的是政府服务的公众，其目标是通过面向公众的政务信息资源服务，实现向服务型政府的转型。而组织内的数字信息资源利用绩效评估，则分为公益型数字信息资源利用和商用型数字信息资源利用。公益型数字信息资源的利用是为了保障公众学习科研的平等信息获取权利，因此公众需求的满足是数字信息资源利用的目标；商用型数字信息资源利用主要是企业数字信息资源利用，其目标主要是保持企业的竞争优势以保证盈利，而知识创新已经成为企业保持核心竞争力的源泉，面向知识创新战略的企业数字信息资源利用绩效评估应成为商用数字信息资源利用绩效评估的主要部分。

485

（一） 面向信息化发展战略的国家数字信息资源利用绩效评估标准

我国从 20 世纪 80 年代开始重视信息化建设，逐步形成了国家信息化发展战略，并先后出台了关于加强信息资源建设和开发利用的一系列指导性文件。1993年成立专门的信息化领导机构，"九五" 计划开始实施信息化专项规划，并先后出台了关于加强信息资源建设和开发利用的一系列指导性文件。2004 年 10 月 27日召开的国家信息化领导小组第四次会议审议通过了《关于加强信息资源开发利用工作的若干意见》，明确提出加强信息资源开发利用工作将是今后一段时期信息化建设的首要工作，把对信息资源开发利用和战略规划工作，尤其是作为其主体的数字信息资源开发利用提高到了前所未有的高度。[①] 2005 年 11 月 3 日，国家信息化领导小组在温家宝总理主持下召开第五次会议，审议并原则通过《2006 ~ 2020 年国家信息化发展战略》，提出了在制定和实施国家信息化发展战略中，要着力解决好的七大问题，并提出了战略目标：综合信息基础设施基本普及，信息技术自主创新能力显著增强，信息产业结构全面优化，国家信息安全保障水平大幅提高，国民经济和社会信息化取得明显成效，新型工业化发展模式初步确立，国家信息化发展的制度环境和政策体系基本完善，国民信息技术应用能力显著提高，为迈向信息社会奠定坚实基础。[②]

信息资源利用绩效评估与信息社会发展进程息息相关。2000 年，阿哈龙·凯勒曼（Aharon Kellerman）归纳了信息社会发展的三个阶段[③]（见图 14 - 4）。在图中归纳的信息社会发展的不同阶段来看，虽然在时间上看信息社会已经发展到现今的第三阶段，但第一阶段和第二阶段仍在当今信息社会的演变中发挥重要作用，只是侧重点发生了相应的转移。

第一阶段的核心是 "信息"，即早期的评估是围绕社会发展与 "信息" 的关系，人们从认识的理性出发，归纳、解析社会发展与 "信息" 的内在联系，并用量化方式，测度社会生产与活动中 "信息" 及其 "传输" 对社会发展的作用和影响，目的是对社会发展的现状给出评价，以量化显示不同社会发展阶段的结构性特征。[④] 在信息资源利用绩效评估中，第一阶段体现为信息技术和信息产品产出，信息基础设施建设，信息职业化进程等效用指标。

---

① 中共中央办公厅：《关于加强信息资源开发利用工作的若干意见》中办发 ［2004］34 号，ht-tp：//www. cnisn. com. cn/news/info_show. jsp？newsId = 14799. ［2006 - 09 - 15］

② 中共中央办公厅：《2006 ~ 2020 年国家信息化发展战略》，http：//chinayn. gov. cn/info_www/news/detailnewsbmore. asp？infoNo = 8396. ［2006 - 12 - 26］

③ Kellerman A. Inform：phases in the rise of the information society.

④ 李农：《信息化评估理论方法的比较研究（下）》，载《图书情报工作》2007 年第 12 期，第 107 ~ 111 页。

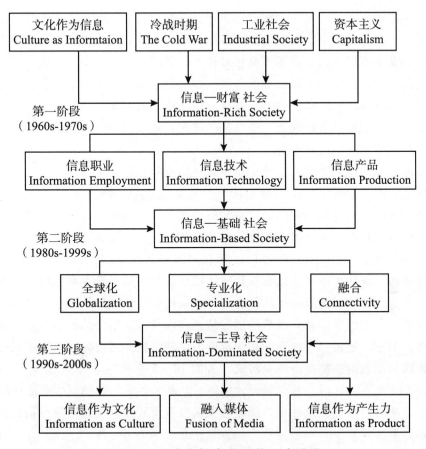

图 14-4 信息社会发展的三个阶段

第二阶段的核心是围绕社会发展与"信息技术与应用"的关系，关注信息技术对社会发展的影响。信息技术是信息资源普遍应用的先决条件。在信息技术的作用下，信息资源积累由量变进入质变，教育、大众媒介和知识传播的普及使多数人具备了利用信息资源的意识和能力，催生和激化了社会的信息资源需求。信息资源总量的迅速增长和信息需求的提高使信息资源应用范围扩大，也使信息资源成为企业经济增长的主要要素。[①] 这一阶段的信息资源利用绩效评估侧重于信息技术的扩散、科研成果的产出和应用、人才资源的知识结构变化，以及信息资源共建共享保障体系建设，各职能部门、企事业单位、学校的信息化和自动化建设。

第三阶段的核心是"信息资源的开发和利用"。信息资源的战略地位逐渐显

---

① 贾君枝：《信息资源在国家可持续发展战略中的作用》，载《情报科学》2006 年第 3 期，第 338~341 页。

现，不仅应用于经济、文化领域，还渗透到社会的各个层面，成为社会生产、生活中不可缺少的一部分。同时信息资源的价值得以确立，信息资源及其衍生的产业进入到资本市场，信息资源产品已被作为一类商品进行生产和交换，促进了信息市场的形成，从而为信息资源的价值实现提供了场所，带动了信息资源开发利用的产业化及其信息产业的兴起与发展。信息资源利用能力的提升、信息资源绩效评估中的效用和效益体现为产业结构的优化，信息内容产业和信息文化产业的拓展，高新技术产品的效益等。

面向国家信息化战略的数字信息资源利用绩效评估应包含三个阶段所涉及的相关标准。在国家数字信息资源利用绩效评估过程中，适宜采用间接评测的方法。原因首先是信息资源利用的效益和效用往往渗透到国家的政治、经济和文化等各个领域，难以直接分离出来进行单独的衡量；其次是国家信息化评估，如联合国国际科学信息系统（UNISIST）、互联网发展状况及用户调查等相对成熟并且国际通用的评估体系中，已有直接或间接反映数字信息资源利用绩效状况的指标，应该将已有的、国际通用的标准和参数应用到具体评估指标中。

因此，面向国家信息化战略的数字信息资源利用绩效评估标准体系应是以参照型标准为主，通过利用现有的较为成熟的比较指标，通过时间上和不同国家的比较来确认绩效的模糊标准体系构成（如图14-5所示）。

图14-5下方区域为基础建设评估区，是基于数字信息资源生命周期战略实施而进行的针对性的绩效评估。国家数字信息资源战略体系是以数字信息资源战略内容体系为核心层，即包括数字信息资源的法律政策、标准规范、技术创新、商业模式、组织机制和最佳实践，而遵循数字信息资源生命周期，形成数字信息资源生产、采集、配置、存取、归档、销毁/回收五个子战略，这些战略共同构成了数字信息资源利用的基础和前提。

左上方区域为投入分析，左下方为可参照的现有评估标准和相关调查，其中的指标和结果可直接加入到中间区域评估标准中，避免重复评估和调查。由于面向国家信息化战略的数字信息资源利用很难明确区分效益和效用，因此将两者进行了合并，这就将中间的区域划分为直接效益和效用部分和用户满意度部分。这三个区域构成了直接评估区。右侧区域为间接评估标准区，即数字信息资源利用会影响到的国家层面的问题，但数字信息资源利用不是唯一影响因素，可作为数字信息资源利用绩效评估的参考。

（二）面向服务型政府战略的政务数字信息资源利用绩效评估标准

"加快行政管理体制改革，建设服务型政府"是我国当前政务数字信息资源建设的"总纲领"，因此数字信息资源利用绩效的重点应该放在面向服务型政府

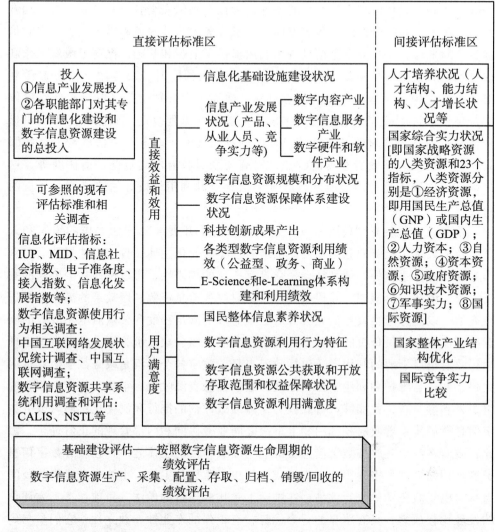

注：IUP（The Index of Information Utilization Potential）；MID（Measuring Infostates for Development）

图表来源：作者整理。

图14-5 面向国家信息化战略的数字信息资源利用绩效评估标准体系

战略的政务数字信息资源利用绩效，针对服务型政府战略的主要目标即健全政府职责体系，完善公共服务体系，推行电子政务，强化社会管理和公共服务。服务型政府，首要的特征就是弘扬社会主义的基本价值，实现了社会平等、政治民主和以人为本的"制度化形态"，这就要求政府为全社会提供公共产品和服务。其核心是在公共财政和预算以及财政转移支付的导向上，真正关注普通民众的利益、需要和愿望。提供公共服务是服务型政府的首要职责，包括为各种市场主体提供良好的发展环境与平等竞争的条件，为社会提供安全和公共产品，为劳动者提供就业机会和社会保障服务等方面。电子政务为公共服务提供了交互式实时信息服务的平台，为政务数字信息资源利用提供了前提和基础，提高了政府工作和政府服务的效率。在国家不断追加电子政务投入的同时，政务数字信息资源利用是否真正服务于国家信息化的总目标，建立了政务数字信息资源共享保障体系，是否推进了政府内部利用数字信息资源进行流程改造、职能转变和组织提升，是否通过公众对政务数字信息资源的利用提升了政务数字信息资源公共服务，扩大纳税人从政府获得的收益，提高公众对政府的满意度、信任度等，这些都是面向服务型政府战略的政务数字信息资源利用绩效评估应该着力分析的问题。

政务数字信息资源利用绩效评估主体指的是开展绩效评估工作的组织和人员。政务数字信息资源利用绩效评估适宜选择多元化主体。首先，选择社会公众作为绩效评估主体的好处是社会公众具有广泛的代表性，可以按照社会公众的主观需求、愿望、价值观，并根据社会公众对政务信息资源利用效果的满意度来进行评估，以充分考察政务信息资源对公众需求的满足程度和公众对电子政务的满意度，体现对公民负责的公共责任机制，蕴涵着以公众需求为导向的政府管理理念；政府信息资源的利用者还包括政府自身，政府各个部门是政务数字信息资源共建、共享、维护和利用主体，是政务数字信息资源收集、组织、加工和服务的组织者和参与者，并能够以行政权力保障绩效评估的推行和制度化；同时政务数字信息资源维系着政府各部门和上下级之间业务协同和内部管理的正常进行，因此，政府本身也是政务数字信息资源利用绩效评估的主体之一；在政务数字信息资源利用绩效评估中，第三方机构或组织也是重要的主体，由第三方机构的民间组织对电子政务绩效进行评估，在国际上是比较通行的做法。目前，第三方评估的发展比较成熟，具有明显的智力优势，有很强的专业性、独立性，它们参与到对政务数字信息资源利用绩效评估中，可以保证评估工作的科学性、客观性和可靠性。

在电子政务中，"政务"才是本质和核心，"电子"只是工具和手段。信息化作为一种服务工具，本身不能直接产出效益，而是与政府的管理和业务过程紧密联系在一起才能产生出整体效益。同样，在政务数字信息资源利用中，"利用"是本质和核心，而"建设"是基础和前提，公众和政府对政务数字信息资源的利用才是政务信息资源发挥其效用和效益的源泉，这种效用体现为政府管理职能和业务活动的实现，更体现为社会效益的实现，即政务数字信息资源服务主体之一——公众的利益的实现和需求的满足。政务数字信息资源利用所产生的直接产出和效用具有以下几个方面特征：首先，满足公众的需求既是政务信息资源利用的产出和效用，又是公共效益的集中体现，同时也是评估利用绩效的重要方面；其次，公众政务信息资源利用的效能直接影响了政府内在的流程优化、提升与创新以及可持续发展能力；再次，政务信息资源建设和利用具有长期性，这就使得政务信息资源利用绩效要追求在政府长期目标和短期目标、结果目标和过程目标、先行指标和滞后指标、政府绩效和公众绩效的外部关注和内部诉求等平衡问题。从国际电子政务绩效评估实践中我们可以看到，政务数字信息资源利用绩效包括投入（Input）、产出（Output）、效果（Outcome）三个方面。由于 Input 和 Outcome 的数据获取比较困难，而且评估的复杂性更大，所以很多评估机构（如埃森哲、联合国、布朗大学等）都采取了所谓的"黑箱"原理，主要从 Output 角度进行考察。笔者认为政务数字信息资源利用的效果可由用户公共效益的实现以及用户满意来体现。

杨道玲博士在其博士论文《服务导向的政府部门电子政务绩效评估研究》中基于电子政务的使命，以战略为核心，将信息化基础、组织提升、公共效益及用户满意作为评估维度。在四个维度中，"信息化基础"维度是基础，有了好的投入产出绩效，才能实现政府的"组织提升"，政府内在的提升，为实现"公共效益"提供前提，而所有的这一切都是为了"用户满意"这一宗旨（如图 14－6）。并依据此设计了电子政务绩效评估模型（如图 14－7）和指标体系。

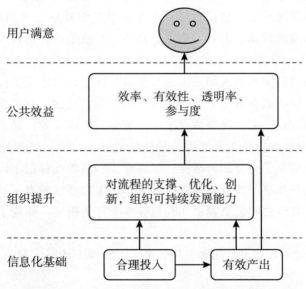

图 14－6　电子政务绩效评估维度之间的关系

资料来源：杨道玲：《服务导向的政府部门电子政务绩效评估研究》，武汉大学出版社 2008 年版。

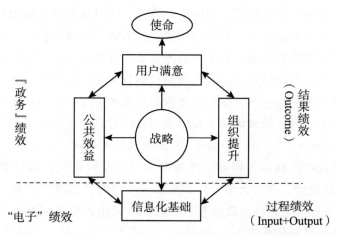

图 14 - 7　电子政务绩效评估模型

资料来源：杨道玲：《服务导向的政府部门电子政务绩效评估研究》，武汉大学出版社 2008 年版。

美国是全球推行电子政务建设的创始者和领先者。2002 年，美国政府管理暨预算办公室（OMB）推出了联邦事业架构（FEA），包括了与政务信息资源活动相关的五大类参考模型。[①] 其中"绩效参考模型"（PRM）是整个联邦事业架构中，最为重要和根本的一个模型，旨在建立一个标准化的电子政务评估体系。主要由六大评估领域构成，包括对任务和业务结果的评估、对用户结果的评估、对业务流程及活动的评估、对人力资本的评估、对技术的评估以及对其他固定资本的评估。[②]

各个评估域间的关系构成如图 14 - 8 所示。首先，它定义了价值链形式的指标体系，明确了电子政务各个方面的投入产出关系；其次，它将部门绩效目标与系统绩效目标融合在一起，充分体现了电子政务的根本宗旨；最后，它要求各级政府部门根据 PRM 的指导自行声明其具体绩效目标，因而既保证了绩效目标声明的统一性，也提供了充分的灵活性，考虑到了不同职能部门不同级别部门之间的信息资源共建和共享，能有效辅助绩效管理，实现评估的真正目的。政务信息资源价值通过公共效益和公众价值实现贯穿整个评估模型，体现了服务型政府战略的战略目标。

为关注电子政务项目的产出和应用效果，OMB 重新设计了项目绩效评估体系，

---

① FEA，2007 年 5 月 25 日，http：//www. whitehouse. gov/omb/egov/a - 1 - fea. html.

② The Federal Enterprise Architecture Program Management Office. The Performance Reference Model Version 1. 0：A Standardized Approach to IT Performance［EB/OL］. 2003 年 9 月，http：//www. doi. gov/ocio/cp/PRM% 20Draft% 20I. pdf.

新的评估体系主要包括三个指标：参与度、使用度和用户满意度（见表 14 – 4）。[①]

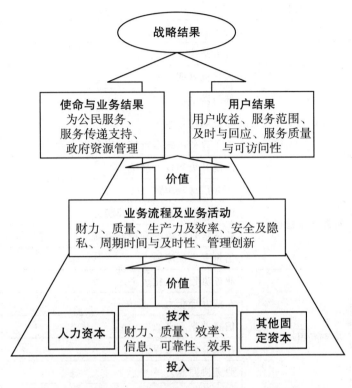

图 14 – 8　美国绩效参考模型（PRM）

表 14 – 4　　　　　　　美国最新提出的电子政务项目绩效评估体系

评估指标	主要评价内容
参与度	相关各方（政府部门或机构）对项目的参与程度，包括相关部门对于信息的贡献情况以及项目管理中的参与情况
使用度	项目目标用户的使用情况
用户满意度	目标用户对于项目产品和/或服务的满意度

据此，我们设计了政务数字信息资源利用绩效评估的指标体系（如表 14 – 5），分为数字信息资源建设投入、组织提升、公共使命和效益、用户满意四个维度，其中，数字信息资源建设投入主要来源于政府统计数据，组织提升维度的评估采用政府部门自评的方式，公共使命和效益部分采用第三方参与的方式，用户满意

---

① 参见：OMB Website，2007 年 6 月 25 日，http：//www. whitehouse. gov/omb/egov/c – 7 – index. html.

表 14 – 5　　　　　　　政务数字信息资源利用绩效评估三级标准体系

一级指标	二级指标	三级指标	指标属性
数字信息资源建设投入（政府统计）	资金投入	投入总量	定量指标
		投入结构	定量指标
	基础设施建设	人均电脑拥有率	定量指标
		部门网络覆盖率	定量指标
		装备国产化水平	定量指标
		电子政务系统运行的效率和可靠性	定量指标
		系统升级和技术吸纳	定量指标
	资源体系建设	政务信息资源数字化	定量指标
		政务信息资源体系保障能力	定量指标
		政务信息资源的维护与更新	定量指标
		信息安全保障能力	定性指标
组织提升（政府自评）	业务流程	业务流程信息化水平	定量指标
		在线办理能力	定量指标
		信息共享水平	定量指标
		在线业务参与程度	定量指标
		业务协同能力	定量指标
		在线业务应急能力	定性指标
	组织管理	组织与领导	定性指标
		部门政务数字信息资源建设和服务规划	定性指标
		管理创新和改革	定性指标
		制度规范	定性指标
	数字信息资源利用能力	业务相关信息素养抽查	定量指标
		培训机构与设施	定性指标
		年人均培训次数	定量指标
	服务效能	政务信息资源质量和标准化（内容和形式）	定量指标
		服务周期和时限	定量指标
		服务覆盖业务范围（网上业务办理的比例）	定量指标
		服务项目拓展	定量指标
		服务安全和信息隐私	定性指标

一级指标	二级指标	三级指标	指标属性
公共使命和效益（第三方参评）	信息公开	信息公开程度	定性指标
		信息公开效果	定性指标
		信息公开的途径多样性	定量指标
	公众参与	公众参与途径	定性指标
		服务可达性和公众覆盖面	定量指标
		公众参与频次和时间	定量指标
		公众参与效果	定性指标
	公众效益	经济产值	定量指标
		公众参与的信息保存	定性指标
		意见和投诉次数	定量指标
		业务拒办率	定量指标
		采纳公众建议	定量指标
用户满意（用户调查）	服务质量	服务有效性	定性指标
		服务响应时间	定性指标
		服务便捷性	定性指标
		个性化服务	定性指标
		业务办理的复杂度	定性指标
		用户满意度	定量指标
		投诉与咨询回复情况	定量指标
		工作人员服务态度	定性指标
	业务水平	工作人员业务水平	定性指标

图表来源：作者整理。

维度通过用户随机抽样实现评估。该指标体系面向服务型政府战略，以该战略为目标，四个维度互为因果，形成一个全方位、多维度的政务数字信息资源利用绩效评估框架，较好地体现了"服务导向"和"用户为本"的原则。指标体系是由若干相互联系的指标构成的整体，包括 4 个一级指标、12 个二级指标和 50 个三级指标，反映了评估对象各方面的相互关系，具有较强的可操作性。

（三）面向公共获取战略的公益型数字信息资源利用绩效评估标准

公益型的信息服务机构主体是各类型的图书馆，其数字信息资源资源利用面

495

向的是广大用户群体的科研学习以及日常工作实际信息需求，为用户提供信息服务。数字信息资源的广泛普及和利用，特别是电子期刊、全文数据库和各类型网络资源的迅速增长促使图书馆信息资源建设逐步向数字化转移。美国图书馆协会（Association of Research Libraries，ARL）2005 年公布的调查资料表明，ARL 成员馆的电子资源开支逐年增长，2004 年用于电子资源的支出大约是 1994 年的 15 倍；从 1993 年开始，ARL 成员馆平均每年在电子资源上的支出涨幅已经超过图书馆信息资源总支出涨幅的 31%，其增长速度有时甚至超过了图书馆资源总支出增长速度的 6 倍。[①]

2008 年 1 月美国大学和研究图书馆学会（Association of College and Research Libraries，ACRL）公布的《环境扫描》（Environmental Scan，2007）指出，图书馆正越来越强调数字信息资源，特别是数字信息资源长期保存和开放存取机构库得到了全球很多图书馆的实践尝试，并不断改进检索技术和学术数字内容的利用服务，改善学术交流和利用环境。[②] 不难看出，图书馆正在不断增加对数字信息资源的投入，并且资金和注意力已经从单纯购买数字信息资源转变为自主建设数字信息资源，不断扩大资源共建共享的范围。为了共同的利益，公共图书馆、大学图书馆、专门图书馆都走上了合作的道路，这从某种程度上增强了公共获取数字信息资源的保障能力。

这些都给图书馆在经费的限制之下满足公众不断增长的数字信息需求带来了极大的困难。保障用户公共获取权益的同时要发挥经费投入的最大效用，尽可能满足用户的信息资源需求成为图书馆最大的挑战。这就赋予了数字信息资源利用绩效评估以更重要的意义。借助数字信息资源利用绩效评估图书馆能更有效地利用经费，能发现用户利用信息资源存在的障碍和困难，提升数字信息服务水平，最大限度地保障公民获取信息资源的权利。这就促使近年来，随着数字资源建设和服务在图书馆业务中比重的增加，数字信息资源利用绩效特别是用户满意度已经成为关系到数字资源购进、成本核算、效益最大化的首要决定因素，图书馆也可以根据资源利用和服务的实际效果优化资金配置，建立起以数字信息服务绩效评价为中心的用户信息沟通机制，实现数字信息服务内外环境有效沟通，最终实现以用户需求为驱动的数字信息资源建设模式。

在图书馆进行数字信息资源利用绩效评估中，对数字信息资源利用状况的统计已经有国际上认可的通用统计指标和标准，图书馆按照这些统计标准，便于进行馆际间数据的比较。其中的部分数据可以由图书馆自行安装的 Web 服务器日

---

① Kyrillidou, Martha; Young, Mark. ARL library trends. http：//www. arl. org/stats/arlstat/04pub/04intro. html#t6，2005 – 11 – 01.

② Association of College and Research Libraries. Environmental Scan 2007.

志记录获得，也可以由数据库出版商或提供商定期提供，将提供利用统计数据作为其服务项目之一。提供的方式主要有两种：一种是以 E-mail 的方式定期发送至各馆管理员信箱；另一种是提供统计数据网址，由各馆管理员定期登录访问，下载本校用户访问数据库的统计数据。不过由于使用统计报告存在统计指标的数目、名称、内涵、统计频率不规范等诸多问题，图书馆内部及图书馆间电子资源利用状况相互进行比较具有一定困难。[①] 国外部分学术团体、图书馆组织及标准化组织陆续开展了一些研究项目或制定了相关标准，代表性的统计项目中的统计指标如下表。概括起来，这些项目和标准统计的指标仍可分为三类：即登录次数、检索次数和下载次数。

表 14 – 6 中四个关于数字信息资源利用统计指标列举了数字馆藏服务绩效评价的基本统计量，侧重于对静态统计结果的比较和分析，但较少着眼于用户，以用户需求与感知作为评价的基础。美国研究图书馆协会（ARL）的 LibQUAL + 项目是以 SERVQUAL 的评价方法和工作机理为基础，并经过反复的读者调查对其进行修订后产生的一种适用于图书馆服务质量评价的新方法。它采用基于 Web 的用户调查表的方式来收集评价数据，调查和访问的问题可以看做其指标体系。2000 年 10 月的 ARL 年会上把 LibQUAL + 归纳为四个层面，25 个问题[②]：

表 14 – 6　　　　　　　　代表性的数字信息资源利用统计指标

项目/标准	统计的指标	描述和说明
ICOLC 的《网络信息资源使用统计测评指南》	任务数或登录数	统计用户使用电子资源最基本的指标
	查询/检索次数	当用户发送检索请求时（递交查询表格），服务器会自动记录相关信息
	菜单选择次数	指用户通过字顺或主题目录检索信息的次数
	全文数量	即用户浏览、下载或以其他方式使用的全文数
ARL 的 E-Metrics 项目	用户可获取的电子资源	①全文电子期刊的数量；②参考工具书（Electronic Reference Sources）的数量（如百科全书、年鉴、传记等）；③电子书的数量

---

　　① 唐琼：《高校图书馆电子资源使用评价研究》，中山大学，2006 年。

　　② LibQUAL + 2002 Jean and Alexander Heard Library, Vanderbilt University Results from the survey, Spring 2002. http：//staffweb. library. vanderbilt. edu/admin/lq/LibQUALReport. html.［2006 – 06 – 26］

续表

项目/标准	统计的指标	描述和说明
ARL 的 E-Metrics 项目	网络资源及相关基础设施的使用	①电子参考咨询业务量；②电子数据库登录/进程（Logins/Sessions）的数量；③电子数据库查询/检索（Queries/Searches）的数量；④电子数据库各内容单元的请求数（即引文、文摘、表格或全文的浏览、下载、打印的次数）；⑤图书馆网站和联合目录虚拟访问的次数
	网络资源及相关基础设施的费用	①全文电子期刊的成本；②参考工具书的成本；③电子书的成本；④图书馆用于书目机构、网络及联盟的费用；⑤书目、网络及联盟的外部花费（External Expenditures）
	图书馆的数字化活动	①图书馆数字馆藏的规模；②图书馆数字馆藏的使用情况；③数字馆藏建设和管理成本
	绩效测度	①电子参考咨询占总体参考咨询的比例；②虚拟访问占图书馆总体访问量的比例；③电子图书占图书馆藏书总量的比例
	电子期刊占全部期刊的比例	
COURTER 项目	电子期刊使用报告	每月每种期刊全文文献请求量
		每月每种期刊拒绝访问量
		每月每种期刊各内容单元的成功访问量及拒绝访问量（含全文、文摘、目次等）
		每月所有期刊的全部检索量（包括保存的检索记录数、更改检索式的次数以及检索结果为零的次数）
	数据库使用报告	每月每种数据库全部检索操作、访问时段和全文文献请求量
		每月每种数据库拒绝访问量
		每月所有数据库的全部检索和访问时段量，数据由集成服务商（如 Science Direct）提供

项目/标准	统计的指标		描述和说明
COURTER 项目	电子书与参考工具书的使用报告		每月每一条目（此处指电子书、参考工具书的著录单位，如卷、册）的请求量
			每月每一条目请求的章节数
			每月每一条目拒绝访问量
			每月每一条目全部检索和访问次数
			每月所有电子书或参考工具书的全部检索和访问次数
NISO Z39.7 - 2004《信息服务和使用：图书馆和信息服务机构统计指标——数据字典》	电子资源使用统计	记录或数据单元的使用情况（如登录、检索、下载次数）	包括：图书馆自建数据库、购买的商业电子资源（如电子期刊、电子图书、参考工具书）的全文、文摘、索引等的使用情况，联机公共目录（OPAC）的使用量
		检索/查询次数	包括图书馆自建数据库、商业电子资源及OPAC的检索查询次数；
		成功的登录次数	包括 OPAC 和商业电子资源的登录次数
		被拒绝的登录次数	
		虚拟访问量	
	电子资源和相关设施支出统计	电子资源的花费	包括电子书、数据库、网络资源和其他数字文献的花费
		电子存取的支出	包括存取电子资源和服务的所有支出、支持图书馆计算机软硬件及维护费用、连接 OCLC First Search 或者电子文献传递等服务的费用和使用成本
		相关设施花费	相关设施花费，包括由国家或地方书目机构、网络和联盟提供服务的花费

图表来源：作者整理。

信息获取层面：

①期刊名录的完备性；

②及时的文献传递服务/馆际互借；

③需要标识的交叉学科；

④便利的开放时间；

499

⑤完备的印本资源；

服务影响：

①帮助用户的意愿；

②彬彬有礼的工作人员；

③处理用户服务问题的可靠性；

④给予用户个别关注；

⑤以关切的态度接待用户；

⑥具有解答用户咨询的知识的工作人员；

⑦随时随地回答用户问题；

⑧培养用户的自信心；

⑨理解用户需求；

图书馆整体环境：

①便于安静学习的场所；

②宁静独处的场所；

③适于思考和发挥创造力的场所；

④舒适且具有吸引力的场所；

⑤启发思考；

个人控制：

①能够从家中或办公室获得电子资源；

②让用户轻易地检索到所需要信息的现代化设备；

③能够使用户自己定位信息的图书馆网站；

④允许用户自己查找事物的易用检索工具；

⑤信息便于存取供独立使用；

⑥便于获取图书馆藏书。

很显然，目标不同，使得数字信息资源利用和服务指标体系的设计既各具特色，又相互关联。数字信息资源利用绩效评价的指标体系的设计需要借鉴以往相关评估研究和实践的经验，保留一些成熟的系统的评价指标，取长补短。笔者认为面向公共获取战略数字信息资源利用绩效评价的指标体系应按照公益型数字信息资源建设和利用的特点，对数字信息资源利用绩效进行划分，整体资源的保障能力评价、整体和单位资源的成本测度、单位资源的可用性评价、资源服务平台性能评价、资源利用特征和效果和用户满意度6项为一级指标，在这6个一级指标之下，分解为24个评价层面，进一步分解为97个评价因子（见表14-7），由此构建出一个三级指标评估体系。

表 14 - 7　　　**公益型组织数字信息资源利用绩效评估三级标准体系**

一级指标 （评价目标）	二级指标 （评价层面）	三级指标（评价因子）	
A 整体资源的保障能力评价	A1　资源内容	A11	内容范围（覆盖的学科、种类、时间跨度等）
		A12	内容质量（来源的考察、评审渠道，准确性、时效性、权威性、规范性等）
		A13	适宜度（内容深度、语言风格、相关链接等）
		A14	内容重复比例（数字信息资源中内容重复的比例、与纸本资源内容重复的比例）
	A2　资源揭示	A21	不同逻辑的分类合理和组织有序（学科、类型等）
		A22	链接方便、界面友好和个性化设置
		A23	格式的规范性
		A24	智能推荐和知识导航
		A25	资源的评价和发布
	A3　站点运行性能	A31	运行稳定性和维护（网页、系统等）
		A32	网速和容量
		A33	系统升级和技术吸纳
		A34	使用日志统计
	A4　安全性和隐私保护	A41	登录和身份认证
		A42	防火墙和抗恶意攻击能力
		A43	资源的使用权限
		A44	用户数据的合理使用
B 整体和单位资源的成本测度	B1　投入费用	B11	购买资源支出
		B12	自建资源支出
		B13	维护资源支出
		B14	文献传递支出
		B15	计划投入与实际投入的比较（年投入增加幅度）
		B16	和纸本资源投入的比较
		B17	年涨价幅度
		B18	付费方式（按时间、按登录次数或按下载全文等）
		B19	其他支出

续表

一级指标 （评价目标）	二级指标 （评价层面）	三级指标（评价因子）
B 整体和单位资源的成本测度	B2 使用成本	B21 次均使用成本（各资源花销和用户使用次数的比例）
		B22 人均服务成本（各资源和整体资源开销分别与实际用户人数和总体用户的比例）
		B23 全文利用的平均成本（提供全文的资源开销与链接或下载全文的总次数之比）
		B24 访问时段量统计，最大访问量统计
		B25 各学科资源使用资源的费用
C 单位资源的可用性评价	C1 有效性	C11 等待和响应速度
		C12 拒绝访问次数
		C13 检索结果的数量
		C14 检索结果的相关性
		C15－1 全文数量满足需求的程度（全文电子期刊数据库） C15－2 全文检索的方便程度（电子图书）
	C2 易用性	C21 检索方法的难易程度
		C22 界面术语易于理解的程度
		C33 用户定位信息的方便程度
	C3 易学性	C31 学会使用的难易程度
		C32 记住使用方法的难易程度
	C4 可控性	C41 对检索结果加以限制并进行二次检索的方便程度
		C42 对检索结果进行个性化设置的方便程度
		C43 对检索结果进行处理的方便程度
	C5 开放性	C51 超链接到其他相关来源的数字信息资源
		C52 搜索引擎的嵌入
		C53 软件或系统等的开源
		C54 便于实现不同方式的资源整合
	C6 帮助功能	C61 理解和使用帮助工具的难易程度
		C62 通过帮助信息解决使用时所遇问题的有效程度
D 资源服务平台性能评价	D1 服务范围	D11 开放时间
		D12 地域跨度
		D13 用户范围（远程或合作组织虚拟用户）

一级指标 （评价目标）	二级指标 （评价层面）	三级指标（评价因子）	
D 资源服务平台性能评价	D2　服务功能	D21	服务类型和途径的多样性
		D22	个性化定制服务和推荐服务
		D23	咨询解答的质量和专业性
		D24	培训的开展
		D25	服务的更新和升级
		D26	响应时间
		D27	服务程序的清晰透明度
		D28	交互性和服务反馈
	D3　服务人员	D31	解决问题的范围
		D32	培训及考核
		D33	态度和专业性
E 资源利用特征和效果	E1　资源利用统计分布	E11	主题分布
		E12	地点分布
		E13	时间分布
		E14	学科分布
		E15	用户类型
	E2　资源利用的偏好	E21	按学科资源利用偏好分析
		E22	按类型资源利用偏好分析
		E23	利用时间和利用地点等习惯
	E3　资源利用率增长状况	E31	单个和整体资源利用的增长
		E32	单位用户资源频次的增长
	E4　学习效果	E41	信息素养和资源利用能力的提高
		E42	知识创新能力、学习活跃性的提高
	E5　科研产出	E51	科研成果的增长数量
		E52	单位人数的科研成果增长比例
F 用户满意度	F1　用户期望	F11	对资源的期望（内容、种类、数量、范围等）
		F12	对服务的期望（类型、功能、响应、实际效果等）
		F13	对系统的期望（运行稳定性、速度、安全性等）
		F14	对专业人员的期望（专业素质、培训、态度等）

续表

一级指标 （评价目标）	二级指标 （评价层面）	三级指标（评价因子）
F 用户满意度	F2 用户实际利用感受	F21 对资源的感受（内容、种类、数量、范围等）
		F22 对服务的感受（类型、功能、响应、实际效果等）
		F23 对系统的感受（运行稳定性、速度、安全性等）
		F24 对专业人员的感受（专业素质、培训、态度等）
		F25 遇到问题和障碍的频次以及解决办法
		F26 反馈途径和效果
	F2 用户价值感	F31 相关资源和服务在科研、学习和工作中发挥的作用
		F32 与其他来源的资源相比，内容、便利性和适宜度方面的比较
		F33 与搜索引擎提供的网络资源相比，组织中的数字信息资源需求满足程度的比较
		F34 是否是有价值和能长期利用的学习资源
	F4 用户利用认知	F41 需求满足程度
		F42 形成固定的资源使用范围和利用习惯
		F43 信息素养和学习能力提高程度
		F44 总体满意程度
		F45 对资源投入的认同感

资料来源：作者整理。

在公益性数字信息资源利用绩效评估中应强调公众获取信息权益的评估，数字信息资源保障能力和用户对资源和服务的满意度应在评估中得以强化。同时，注重用户实际的利用效率和效果，兼顾成本控制，并承担保存国家所需要的数字信息资源的职能和建立国家科学研究资源保障体系的任务，构建 e-Science 和 e-Learning 科研和教育体系的资源基础。因此，在设计绩效评估体系时，要考虑公益性组织的资源保障和满足用户信息需求的目标平衡问题。

（四）面向知识创新战略的企业数字信息资源利用绩效评估标准

全球化和知识经济是当今世界经济发展的两大主题，知识创新在企业战略中的重要性日益凸显。由于企业竞争环境日趋复杂并超越空间限制，激烈的国际市场竞争迫使企业必须拥有持久、独特的竞争优势才能确保生存和发展。这种可持续发展的竞争优势的保持依托于知识创新能力。因而，知识资源成为企业最具价值的资源，企业竞争的实质是基于知识资源的竞争，竞争优势来自于对知识资源的有效开发和科学管理。换句话说，企业赢得竞争的关键是如何利用所拥有的知识并以更快的速度获取新知识。[①] 党的十六届五中全会通过的《中共中央关于制定国民经济和社会发展第十一个五年规划的建议》中，将增强自主知识创新能力作为规划的重要内容，并将"形成一批拥有自主知识产权和知名品牌、国际竞争力较强的优势企业"列为"十一五"经济社会发展重要目标。可见自主知识创新已提至国家战略层面，标志我国经济发展战略与政策的重大调整，也为中国企业指明了发展方向。在这种背景下，商业数字信息资源利用应直接面向企业的知识创新战略，知识创新是企业保持核心竞争优势的根本，是利润的源泉，决定着企业竞争优势的强弱、持久性乃至胜败存亡。这使得企业对知识创新相关的资源愈加依赖。

面向创新战略的企业知识链模型由知识链和知识链延伸部分组成，从企业知识管理系统内部看，该知识链是一个动态循环的过程，即围绕特定的创新目标如某个研发项目展开的从知识获取——知识共享——知识创新——知识应用的循环往复的过程。在这个过程的不同环节，数字信息资源的利用都发挥着至关重要的作用。从企业创新战略看，它又是一个市场需求——企业创新——产品实现——价值实现的一个动态循环过程。[②] 无论是市场需求、企业创新到产品实现和价值实现，都离不开数字信息资源利用的效用，同时，利用的效率也直接影响了价值实现过程的时间长短，进而影响企业的利润。

对于面向知识创新战略的企业中的数字信息资源利用绩效评估，由于信息资源利用渗入到组织的各个层面和各个流程中，对于其绩效的衡量要间接通过企业的绩效来衡量，企业的首要目的是盈利，数字信息资源利用能通过对企业发展战略的支持、节省生产和销售成本、提高企业运作和管理效率等诸多方面降低企业运行成本，从而提高生产率和销售量，进而增加利润。同时，信息资源利用绩效

---

① 王能元等：《企业知识创新的战略目标及模式分析》，载《图书情报工作》2005 年第 2 期，第 11～16 页。

② 惠志斌：《面向自主创新战略的企业知识管理研究》，载《图书情报工作》2006 年第 10 期，第 23～26 页。

还应考虑在知识创新的每个过程的作用，使得利用绩效评估既能面向利用结果和产出，也能监控利用过程和解决利用中存在的问题。因此，将企业数字信息资源利用绩效评估标准体系划分为三级，将评价目标确定为战略导向评估、信息资源利用基础评估、信息资源利用过程评估、投资有效性和用户满意度 5 个子目标，16 个评价层面和 77 个评价因子（见表 14 - 8）。

表 14 - 8   企业数字信息资源利用绩效评估三级标准体系

一级指标 （评价目标）	二级指标 （评价层面）	三级指标（评价因子）
A 战略导向评估	A1 战略支持能力	A11 战略驱动能力
		A12 规划集成能力
		A13 领导的决策支持能力
	A2 管理支持能力	A21 管理信息化（管理信息化的应用覆盖率、管理信息化的数据整合水平等）
		A22 组织提升（组织效率的提高度、组织机构的精简度等）
		A23 业务流程改进（非增值环节的减少度、业务功能的集成性）
		A24 人力资源结构优化（信息化技能普及率、学习的数字化水平、培训的人数比例与频率）
B 数字信息资源利用基础评估	B1 基础设施建设	B11 企业内部局域网建设
		B12 信息管理系统运行和升级
		B13 网上办公和远程协作
		B14 多系统兼容和安全
		B15 系统升级和技术吸纳
	B2 资源体系建设	B21 企业信息资源数字化
		B22 企业知识库和专家库建设
		B23 企业信息资源体系保障能力
		B24 企业信息资源的维护与更新
		B25 企业信息资源建设的流程和管理规范
		B26 企业信息安全保障能力
	B3 资源建设流程	B31 资源的获取（来源、途径、种类等）
		B32 资源的揭示与组织（分类、组织方式等）
		B33 资源的整合和检索
		B34 资源的保存（分类保存、保存方式、存储能力等）

一级指标 （评价目标）	二级指标 （评价层面）	三级指标（评价因子）	
C 数字信息资源利用过程评估	C1　知识获取	C11　知识地图和专家库	
		C12　竞争情报收集	
		C13　科技信息分析和研究	
		C14　知识整合和分析（市场预测和行业报告分析等）	
C 数字信息资源利用过程评估	C2　知识共享	C21　内部交流平台和交流方式	
		C22　企业知识网络	
		C23　基于项目的团队合作与共享水平	
		C24　知识共享文化和激励机制	
		C25　组织成员沟通能力	
	C3　知识创新	C31　组织成员的信息分析能力	
		C32　组织成员的学习能力	
		C33　知识联盟和研发团队的开发与实力	
		C34　组织激励机制	
		C35　团队协作能力	
	C4　知识管理	C41　客户知识管理	
		C42　产品知识管理	
		C43　竞争对手知识管理	
		C44　市场和行业知识管理	
	C5　知识保护	C51　产权制度	
		C52　专利申请	
		C53　保密制度	
	C6　知识应用	C61　新产品研发	
		C62　市场调研	
		C63　推广战略设计与实施	
		C64　品牌经营	
		C65　产品专利保护	

续表

一级指标 （评价目标）	二级指标 （评价层面）	三级指标（评价因子）	
D 投资有效性	D1　投入成本	D11	资源库和知识库建设费用
		D12	购买专利费用
		D13	信息系统建设费用
		D14	竞争情报收集和分析费用
		D15	系统升级和维护费用
		D16	产品研发投入
D 投资有效性	D2　直接经济效益	D21	利润增长率
		D22	投资收益率
		D23	已有产品和可比产品成本减低率
		D24	专利数量和增长率
		D25	新产品的研发数量和周期
		D26	订单增长率和产品产量增长率
		D27	产品销售数量增长率
	D3　间接经济效益	D31	存储的有效人才数
		D32	人才招聘成功率
		D33	网站日访问量
		D34	创新合作组织和项目的数量和规模
		D35	产品市场占有率和品牌形象
		D36	资源总量和利用率增长状况
E 用户满意度	E1　最终客户价值实现	E11	品牌认知
		E12	企业形象
		E13	产品性能价格比
		E14	顾客保修退货比率
		E15	顾客意见及时回复比率
	E2　组织利用满意度	E21	资源系统利用效能
		E22	准时订单交货率
		E23	组织成员的学习能力和业务水平提高
		E24	组织创新能力提升
		E25	组织结构优化

资料来源：作者整理。

第四节　数字信息资源利用绩效评估方法与实施程序

数字信息资源利用绩效评估体系不仅是一个指标系统，而且还应该是一个战略实施体系。因此，就要依托合理的和适合的绩效评估方法和程序保证数字信息资源利用绩效评估的有效实施。

一、数字信息资源利用绩效评估方法

绩效评估中已有较多成熟的理论和方法，许多学者也在不同的研究领域进行了实践探索并积累了评估方法应用的经验。数字信息资源利用的绩效评估并没有特定的技术方法。目前，被普遍采用的或可供借鉴的评估技术与方法，通常被划分为定性评价方法、半定量评价方法、定量评价方法等。但是如果与实际的评估活动进行对照，就会发现这种划分方式其实意义不大。因为现行的绩效评估项目一般不太可能单纯采用定性或定量的方法，而多种方法联合运用的情况非常多见。如果从评估活动的阶段和步骤的角度来考察技术方法，可能会更加具有参考价值。本小节归纳了七种评价的方法，其中模糊综合评价方法、平衡计分卡、CIPP法、绩效棱柱法、层次分析法主要应用与数字信息资源绩效评估指标的选择和赋值，而标杆分析法和象限分析法则多用于评估数据的分析。在数字信息资源利用绩效评估中，倡导多方法的综合利用，以使得各方法应用能扬长避短，有利于评估工作的全面和客观。

（一）模糊综合评价方法

模糊综合评价是对受多种因素影响的事物做出全面评价的一种十分有效的多因素决策方法，其特点是评价结果不是绝对地肯定或否定，而是以一个模糊集合来表示。特别是对受到多种因素制约的事物或对象作出一个总的评价，同时在对数字信息资源利用绩效评估时要受多种复杂因素的制约，而且这种评价还带有模糊性，模糊综合评判的方法是一种比较适用的评估方法，目前有许多研究者对各个领域的多方面具体问题进行评估时采用了此种方法。模糊综合评价方法的数学模型可分为一级模型或多级模型两类，本书中的数字信息资源绩效评估通常应用的数学模型是三级模型。现在以二级模糊综

509

合评判为例说明它的步骤[1]：

第一步：将因素集 $U = \{x_1, x_2, \cdots, x_n\}$ 按某种属性分为 s 个子因素集 U_1，U_2，$\cdots$，U_s，其中 $U_i = (x_{i1}, x_{i2}, \cdots, x_{in_i})$，$i = 1, 2, \cdots, s$。

第二步：对每一个子因素集 U_i 分别做出综合评判。设 $V = \{y_1, y_2, \cdots, y_m\}$ 为评语集，如 {很好，好，一般，差，很差}，U_i 中各因素相对于 V 的权重分配是 $A = (a_{i1}, a_{i2}, \cdots, a_{in})$。

若为单因素评判矩阵，则得到一级评判向量：

$$B_i = A_i \times R_i = (b_{i1}, b_{i2}, \cdots, b_{im}), \quad i = 1, 2, \cdots, s$$

其中，权重的确定方法有多种，如德尔菲法、层次分析法等。

第三步：将每一个 U_i 看做一个因素，记做：

$$K = \{U_1, U_2, \cdots, U_s\}$$

这样，K 又是一个因素集，K 的单因素评判矩阵为：

$$R = \begin{Bmatrix} B_1 \\ B_2 \\ B_3 \\ \cdots \\ B_s \end{Bmatrix} = \begin{Bmatrix} b_{11} & b_{12} & \cdots & b_{1m} \\ b_{21} & b_{22} & \cdots & b_{2m} \\ b_{31} & b_{22} & \cdots & b_{3m} \\ \cdots & \cdots & \cdots & \cdots \\ b_{s1} & b_{s2} & \cdots & b_{sm} \end{Bmatrix}$$

每个 U_i 作为 U 的一个部分，反映了 U 的某种属性，可以按它们的重要性给出权重分配 $A = (a_1, a_2, \cdots, a_s)$，于是得到二级评判向量 $B = A \times R = (B_1, B_2, \cdots, B_m)$。

通过利用模糊综合评判法就可以对数字信息资源利用状况有个整体的了解，对利用效果进行定量的评价，这是一种精度比较高、使用比较方便的一种评估方法。

（二）平衡计分卡

平衡计分卡（Balanced Scorecard，BSC）是哈佛大学教授罗伯特（Robert Kaplan）与诺朗顿研究院教务长诺顿（David Norton）在 1992 年提出的业绩评价系统。它是一种以信息为基础，系统地考虑企业业绩驱动因素，多维度地平衡指标评价因素的一种业绩评价指标体系。平衡计分卡中的目标和评估指标来源于组织战略，它把组织的使命和战略转化为有形的目标和衡量指标。平衡计分卡通过财务（Financial）、客户（Customers）、内部流程（Internal Business Progress）、

---

[1]　常大勇等：《经济管理中的模糊数学方法》，北京经济学院出版社 1995 年版。

学习与成长（Learning and Growth）四个维度之间相互驱动的因果关系链（cause-and-effect links）来展现组织的战略轨迹，实现"绩效评估—绩效改进"以及"战略实施—战略修正"的目标。平衡计分卡中每一项指标都是一系列因果关系中的一环，通过它们把相关部门的目标同组织的战略联系在一起；而"驱动关系"一方面是指平衡计分卡的各方面指标必须代表业绩结果与业绩驱动因素双重含义；另一方面平衡计分卡本身必须是包含业绩结果与业绩驱动因素双重指标的绩效考核系统。

（1）财务维度：反映了企业的财务目标，以及衡量战略的实施和执行是否为改善最终经营成果作出贡献。

（2）顾客维度：通过确认企业目标顾客和为之服务的价值定位，设计评价指标。顾客维度使组织的行为能够以顾客为导向。

（3）业务流程维度：重点关注那些能够在财务和顾客方面达到突破绩效的关键流程，据此设计相应的评价指标。

（4）学习与成长维度：为了确保员工拥有熟练的技能、接近可靠的信息、受到激励、与企业目标保持一致，设计员工学习与成长的评价指标。

因此，BSC 的财务方面列示了组织的财务目标，并衡量战略的实施和执行是否在为最终的经营成果的改善作出贡献。BSC 中的目标和衡量指标是相互联系的，这种联系不仅包括因果关系，而且包括结果的衡量和引起结果的过程的衡量相结合，最终反映组织战略。

（三）CIPP 法

CIPP 评估法在教育评估中已成功应用，图书馆界在 20 世纪 90 年代开始引入。CIPP 是背景评估（Context Evaluation）、输入评估（Input Evaluation）、过程评估（Process Evaluation）、成果评估（Product Evaluation）四种方式的缩写。

其中，背景评估，主要考评数字信息资源利用制订的规划、目标的科学性、可行性以及具体实施情况，背景评估至少必须包含政策背景、环境背景及需求背景三大要素。输入评估，主要考评为达成数字信息资源建设和利用的规划和目标所投入的资源及其运用情况，它特别强调读者需求的满足、经费的合理使用和建立良好的工作组织几方面内容，输入评鉴至少要包含：工作计划、设备、经费、人力资源等内容。过程评估，主要考评定期反馈数字信息资源利用平台和相关人员执行计划的有关情况，以调整和指导下一步工作。其目标有三：在计划执行中侦测或预测设计上的缺失、提供计划决策所需的信息、推动计划持续进行。成果评估，主要考评数字信息资源利用目标的达成情况。①

　　运用该方法，可以使数字信息资源利用评估达到三个目的：一是评量读者的满意程度，旨在了解数字信息资源服务效果；二是考虑数字信息资源利用平台和体系运作的效率，以了解其运作方式是否符合数字信息资源利用目标和组织的战略目标；三是计算付出的人力、物力、财力等能否符合利用的效果，以知悉收益是否平衡。②

（四）绩效棱柱

　　绩效棱柱法用一个三维框架模型，用棱柱的五个面分别代表利益相关者的满意、利益相关者的贡献、战略、流程和能力的组织业绩评价的五个方面，它是2002年由英国的克兰菲尔德学院的安迪·尼利（Andy Needly）和克里斯·亚当斯（Chris Adams）等在《绩效棱柱——测量和管理企业的成功方法》（The Performance Prism-The Scorecard for Measuring and Managing Business Success）一书中提出的。它的基本框架包括③：

　　1. 利益相关者的满意程度

　　主要回答谁是组织的主要利益相关者，以及他们的愿望和要求是什么。组织在执行战略时应该抱着使组织更好地在各种利益相关者之间分配价值这样的信念，即考虑利益相关者的满意程度。

　　2. 利益相关者的贡献

　　主要回答组织要从利益相关者那里获得什么？这与利益相关者的满意正好相反。由于对于每一个利益相关者来说都存在着等价交换：组织想从利益相关者那里获得所需要的，利益相关者也想从组织那里获得所需要的。

　　3. 战略

　　它回答组织应该采用什么样的战略才能保证其利益相关者的需求得到满足。即组织应该根据利益相关者的需要和他们的贡献制定相应的战略，同时应使测量方法与组织的战略保持一致，这样就能鼓励那些与战略一致的各种行动。

　　4. 流程

　　流程就是那些能（或者不能）使组织运转的东西。它们是关于做什么、在什么地方做、什么时候做以及如何执行的蓝图。通常组织从四个独立的方面来考

---

　　① 吕春娇：《从 CIPP 评鉴模式谈图书馆的评鉴》，2006 年 6 月 19 日，http://www.lib.ntu.edu.tw/pub/univj/uj3 – 4/uj3 – 4_2.html.

　　② 姜晓：《图书馆绩效评估方法评析》，载《大学图书馆学报》2004 年第 1 期，第 6~9 页。

　　③ 王普查：《论公司战略业绩评价的创新方法——绩效棱柱法》，载《商场现代化》2007 年第 12 期，第 49~50 页。

虑它们的业务流程：开发产品和服务、产生需求、满足需求、设计和管理该组织。这些分类中有各种各样的子流程，事实上这些子流程作用更大。

5. 能力

能力可以定义为一个组织的人力、实践、技术和基础结构的结合，他们共同代表了组织通过截然不同的运作方式为其利益相关者创造价值的能力。能力必须与运作的流程相匹配。

绩效棱柱的三个方面，即战略、流程和能力，它们应该相互配合起来才能更好地满足利益相关者和组织的各种各样的愿望和要求。绩效棱柱的五个方面并不是彼此独立，互不联系的。针对第一方面利益相关者的需求和第二方面组织的需求，第三方面就考虑采用什么战略来满足利益相关者和组织的需求，第四方面则考虑采用什么样的流程才能执行第三方面提出的战略，第五方面则考虑需要什么样的能力来运作第四方面的这些流程。

因此可以看出，绩效棱柱的五个方面彼此依从，相互作用，环环相扣，围绕利益相关者价值最大化的目标而构成为一个完整的系统。绩效计量贯穿于绩效棱柱的各个方面，每一方面都可以细分为许多具体问题，每一个问题都必须用计量指标来表示。计量指标既包括财务指标，又包括非财务指标；既有历史指标，又有前瞻性指标。通过由众多的指标所构成的指标体系的计量和评价，达到责任认定和业绩评价的目的。

（五）层次分析法

层次分析法（Analytical Hierarchy Process，AHP）本来是系统工程中对非定量事件做定量分析的一种简便方法，也是对人们的主观判断做客观描述，将半定性、半定量的问题转化为定量计算的一种行之有效的方法[①]。其基本思路和原理是：把要解决的问题，根据其性质和要达到的目标分层系列化，形成一个递阶的、有序的层次模型；对模型中每一层次因素的相对重要性，依据人们对客观现实判断给予定量表示，再利用数学方法确定每一层次全部因素相对重要性次序的权值来构造判断矩阵；通过综合计算各因素相对重要性的权值，得到最底层（指标层）相对最高层（目标层）重要性次序的组合权重，以此作为评价和选择方案的依据。

运用层次分析法，可以为信息服务质量的综合评价建立一个包含目标层、准则层和指标层的层次分明的结构模型。其中，目标层是指实施评估的出发点或目标，即以信息服务质量评估为总目标；准则层是指采取某种准则来实现预定总目

---

① 颜爱民等：《平衡计分卡思想和 DHP 方法在公共图书馆绩效评估中的应用》，载《图书馆》2005年第3期，第77~80页。

标所涉及的中间环节，在对信息服务质量进行总体评估时，主要考察服务水平、价值特性、服务效能和服务效益等四个方面的质量，故以这四个方面作为四项评价准则；指标层是指对应于评价准则的各种具体评价指标，整个评估过程就是将待评估的信息服务运用具体指标进行综合评价、比较和计量的过程[①]。

完整的层次分析法，在指标体系的基础之上，还要构造判断矩阵、计算矩阵的特征向量以确定各层评价指标的比例权重、层次排序及一致性检验等。尽管建立指标体系的层次结构模型只是整个层次分析法的步骤之一，但是这种基于分层思想，构造指标体系的做法已经被很多评价研究所采用。因此，层次分析法也可以被视为一种有效的指标体系的构建技术和方法。

（六）标杆分析法

所谓标杆分析（Benchmarking）就是以同行业内的高度竞争者或知名领导者为标杆，针对自身产品、服务与作业流程予以评量的连续过程；是一种确认、建立与达成卓越标准的方法；是一种评量与改善作业流程的全面质量管理（TQM）工具。标杆分析法于 20 世纪 90 年代初引入图书馆界，并开始有专门从事图书馆标杆分析的顾问公司成立，如美国的 Library Benchmarking International 公司。随后图书馆界还出现了一些成功运用标杆分析法的典范，如美国威斯康星与俄亥俄州图书馆进行的参考服务标杆分析（Wisconsin-Ohio Reference Evaluation Program）、澳洲北领地大学图书馆进行的采编标杆分析（Australian Best Practice Demonstration Program）等。[②]

标杆分析法可分为以下三种类型：内部流程标杆分析（Internal Process Benchmarking），指同一组织内部不同部门、据点、分支机构的相同作业流程的相互评量比较；外部竞争性流程标杆分析（External/Competitive Process Benchmarking），以组织同行竞争者的产品、服务、作业流程作为评量比较的标杆；以及功能性流程标杆分析（Functional/Generic Process Benchmarking），其分析对象不限于同行业内，而是选择某一特定功能和作业流程，针对在这个领域内已经建立卓越性能的机构，进行标杆分析。标杆分析的具体步骤包如下：其一，进行初步分析与需求评估；其二，建立作业流程评量指标；其三，选择标杆分析伙伴；其四，资料的收集与分析；其五，向管理层呈报标杆分析结果。[③]

---

① 范晓虹：《关于信息服务质量评估的几个问题》，载《图书情报知识》1999 年第 3 期，第 32~34 页。

② 洪世昌：《标杆分析与 ISO 11620 于图书馆绩效评估之运用，2006 年 6 月 19 日，http：//www. lib. ntnu. edu. tw/jory/j48/48context. html.

③ 欧明臣、凌文铨：《标杆分析法在图书馆绩效评估上的应用》，载《情报资料工作》2003 年第 6 期，第 47~49 页。

标杆分析在数字信息利用绩效评价中的运用，可以为评价数据和结果的分析提供新思路、新视角。它能跨越多机构、多行业的应用，非常适应目前数字信息利用在全社会范围、不同层面上的发展现状。除了可以评价数字信息利用构架的合理性，增进利用效益；还可以通过数字信息利用功能和流程上的专业联系，协助达成整体策略目标。

（七）象限分析法

象限分析是一种评价服务质量的图形分析技术，最初运用于营销学相关的服务质量评价。在数字信息资源利用绩效评价中引入象限分析法，不仅可以评价数字信息资源服务质量，而且可以动态跟踪服务因子的评价值，及时改进和完善数字信息资源服务，特别是能够提高用户满意度。这一方法将关于服务属性的数据分布于二维平面图，平面坐标轴的一维反映用户赋予服务属性的重要性，另一维则显示用户认为现实服务所具有的属性及程度，形成一个由用户期望与感知组成的二维空间图，其中水平轴表示读者对理想服务的期望，垂直轴表示读者对实际服务的感受，如图 14－9 所示。回收问卷中各项指标被赋予的平均期望值和实际服务的平均得分，决定各对指标落在图中的位置。

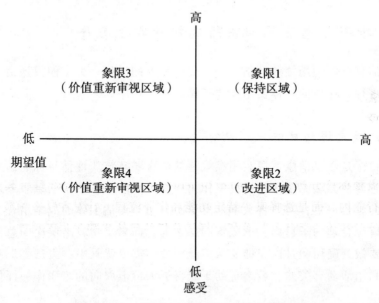

图 14－9　服务质量评价——象限分析

资料来源：钱佳平：《给予 SERVQUAL 的大学图书馆信息服务质量测评体系的研究与设计》，载《大学图书馆学报》2001 年第 4 期，第 34～37 页；金更达：《图书馆服务质量评价实现探讨》，载《大学图书馆学报》2002 年第 3 期，第 49～54 页。

依据象限分析法，数字信息资源利用对用户提供的服务项目可分为四大区域，分别是[1][2]：

象限1——强势区（S，Strength）：高期望值—高满意度的服务项目。在这一区间内的服务，用户认为有价值，期望值高，同时数字信息资源利用的满意度也高。一般而言，这是数字信息资源利用的核心竞争力所在。

象限2——威胁区（T，Threaten）：高期望值—低满意度的服务项目，在这区间的服务，用户期望高但感知低，用户心理落差较大。在激烈的市场运作中，数字信息资源项目在此区域往往不能满足用户的需求，这是数字信息服务利用需要改进之处所在。

象限3——机会区（O，Opportunity）：低期望值—高满意度的服务项目。在这区间的服务，期望低而实际感知高的服务，用户的期望并不高，对服务项目持怀疑态度，抱着侥幸的心理要求提供服务，却得到较满意的服务，这可以促成用户再次造访，对相应的服务的期望也逐渐增大。

象限4——弱势区（W，Weakness）：低期望值—低满意度的服务项目。在这一区间内的服务，用户期望低，对图书馆的服务持怀疑态度，图书馆对该区间的服务缺乏服务能力，不能提供有效服务，导致用户的感知较低。

二、数字信息资源利用绩效评估实施程序

数字信息资源利用绩效评估是一个周而复始的过程，为了使得评估工作规范和有序的进行，评估的具体实施需要遵循一定的程序。

（一）确定评估目标

确定目标是数字信息资源利用绩效评估的首要环节。评估目标的确立可以为评估模型、评估方法的选择等后续工作树立参照的基准。数字信息服务绩效评估是多因素的综合评估，需要将数字信息资源利用与评估主体的战略结合起来，将总目标分解为合理的子目标，形成不同层次的目标来反映较高层次的总目标。目标的确定要做到确切和具体，即要从广泛的社会需要背景中，去选择那些与数字信息资源利用活动有关的、最终有助于获得更大价值取向的东西作为评估活动的目标。

---

① 金更达：《图书馆服务质量评价实现探讨》，载《大学图书馆学报》2002年第3期，第49~54页。
② 王益兵：《关于图书馆用户信息的思考》，载《图书馆工作与研究》2004年第5期，第79~80页。

（二）　组织评估小组

评估小组是贯穿整个评估过程、执行评估活动的主体，评估小组的人员构成关系到对评估对象环境的准确分析与多角度地把握，以及对评估结果的分析处理。评估小组成员因考察的目标和对象不同，可能由不同的成员组成。此外，在评估过程当中还可以随时根据需要约聘某些特殊领域的专家，如方法论专家、信息资源技术管理专家等。

（三）　制定评估计划和评估培训准备

即根据评估目的及对象、评估环境的具体分析，将评估目的、任务、方式进一步细化。例如确定评估模型，构建指标体系，调整评估指标的权值，确定数据来源，选择相应的评估标准，规划数据采集方案和分析处理手段等。其中指标体系的构建要确保评估目标的可测、可量和可比，每项指标都必须经过规范的定义，具备合理的计量。此外，就是要充分考虑评估活动受内外部环境及因素的影响，分析其中的不利或有利因素，使评估活动在各自不同的环境中能顺利开展，并确保评估结果的准确、可靠。为保证评估工作顺利开展，还应评估前动员与培训工作。召集所有参加评估的相关负责人员进行评估前动员和分工，确定负责信息收集与宣传准备工作的责任人。对评估组成员进行评估培训，培训内容包括评估目的、评估方法及评分标准等，确定统一的计分标准和评估策略，对评估中可能出现的问题提出应对策略。

（四）　评估活动实施

主要就是问卷发放、数据采集、分析处理以及计划的完善和调整等步骤。数据采集阶段要对数据量有合理规划，数据过多会产生信息冗余，干扰评估活动的正常进行；数据不够充分，则评估信息的丰度太低，影响结果的可靠性。其次就是数据的净化、识别和统计，尽量减少这个过程中的盲目性和离散性，厘清主次关系和数据之间的联系等，减少数据传递和处理过程中信息价值的损耗。这个环节尤其要注意评估活动的质量控制、人员安排。

（五）　形成评估报告

结论和报告的产生应该看做是一次评估过程的目的，而不是评估过程的结束。结论和报告既可以是定量描述，也可以是定性描述，还可以是两者结合的方式。在对数字信息服务绩效经过认真评估后，作为最终结果，通常要以评估报告的形式反映出来，以满足决策部门的需要。评估报告一般要求以简洁的文字交待评估的目的、目标、背景、主要内容等，并详细地介绍评估的方法、过程及主要结论。评估报告的语言必须是科学语言，务求准确、简明、规范。

评估过程实施的后续工作还包括评估检验，即制定改进对策和对评估结论的再评估。现在数字信息资源利用的评估不是单纯为了考察和测度资源的效用及效益的实现情况，其最终目的是以评估的信息和结论为今后的数字信息资源建设和服务工作提供决策依据。没有决策的评估是不完整的评估。决策之后，其实就可以进入下一个评估周期，导致新一轮评估活动的开始。因此，数字信息资源利用绩效评估也和其他领域的评估一样，是一个循环的、周而复始的过程。要通过数字信息资源利用绩效评估对服务工作不断改进和调整，就必须经常地对评估方案、过程和结论本身进行分析和评估。[1][2]

---

① 张健：《图书评价理论与方法》，西南交通大学出版社 2004 年版，第 18~24 页。
② 刘银红：《现代图书馆服务质量评价研究》，武汉大学出版社 2003 年版，第 55 页。

图 表 一 览

521

参 考 文 献

［1］傲物科技：《网络营销》，http：//www. alwutech. com/2008/ssyqsy. pdf.
［2008－12－28］。

［2］白海龙：《浅谈未来信息组织》，载《太原城市职业技术学院学报》
2006 年第 1 期，第 156～157 页。

［3］百度百科：《电子商务平台》，http：//baike. baidu. com/view/186671.
html。

［4］百度百科：《社会性网络》，http：//baike. baidu. com/view/1644. html.
［2009－06－11］。

［5］北京联合大学应用文理学院图书馆：《信息素质教育课程》，http：//
202. 204. 234. 3/page/wxjs/wjk/wjwlkc. html. ［2008－12－26］。

［6］毕强、杨文祥等：《网络信息资源开发与利用》，科学出版社 2004
年版。

［7］毕强、朱娅玲：《实现网络资源共享及其技术研究》，载《图书馆论
坛》2005 年第 12 期，第 196～199 页。

［8］蔡绍洪：《耗散结构与非平衡相变原理及应用》，贵州出版社 1998
年版。

［9］仓定兰：《政府信息资源规划（GIRP）研究》，载《图书馆理论与实
践》2006 年第 6 期，第 38～40 页。

［10］查荔：《教育部哲学社会科学研究重大课题攻关项目"数字信息资源
的规划、管理与利用研究"中期研讨会会议纪要》，载《图书情报知识》2006
年第 5 卷第 3 期，第 112～113 页。

［11］查先进：《论政府信息资源管理及其发展动向》，载《中国图书馆学
报》2002 年第 4 期，第 37～39 页。

［12］长江数据：《企业信息资源整合方案》，http：//www. 3wec. com. cn/
Shownews. asp？news_id＝818. ［2004－03－09］。

［13］陈茂华：《网络环境下数字图书馆的信息组织》，载《情报杂志》2005年第4期，第43～45页。

［14］陈明、黄如花：《智能代理技术与网络信息组织优化》，载《图书馆理论与实践》2006年第5期，第33～34、56页。

［15］陈延寿：《关于企业信息资源规划的思考》，载《武汉理工大学学报》2005年第8期，第161～164页。

［16］陈志新：《博客（Blog）资源的信息组织》，载《图书情报知识》2007年第4期。

［17］德国电子商务，http：//free.21cn.com/forum/bbsMessageList.act? currentPage＝1&bbsThreadId＝210575。

［18］邓灵斌：《数字信息资源管理系统分析与设计》，载《图书馆学刊》2004年第5期，第57、62页。

［19］《电子商务发展"十一五"规划》2007年第6期。

［20］东方：《数字信息资源管理系统分析与设计》，载《情报技术》2004年第10期，第48～49、53页。

［21］范玉顺：《计算机集成制造系统——CIMS》2004年第5期，第481～486页。

［22］方志：《中外电子政务门户的知识组织和整合方法研究》，载《科技情报开发与经济》2007年第11期，第118～120页。

［23］冯仁德：《信息资源整合在电子政务中的应用研究》，载《经济师》2004年第8期，第226～227页。

［24］傅丽君：《数字信息资源的整合研究》，载《科技资讯》2005年第11期，第7～8页。

［25］傅铅生：《信息系统分析与设计》，国防工业出版社2005年版，第58～62页。

［26］甘利人、朱宪辰：《电子政务信息资源开发与管理》，北京大学出版社2003年版。

［27］高复先：《资源规划IRP系列讲座之一：冲出孤岛——走向规划》，载《信息化管理者》2002年第11期，第34页。

［28］高复先：《信息资源规划IRP系列讲座之七：善用信息资源规划工具》，载《信息化管理》2002年第12期，第51页。

［29］高复先：《信息资源规划IRP系列讲座之三：规划之源——基础标准》，载《信息化管理者》2002年第11期，第39～40页。

［30］高复先：《信息资源规划——信息化建设基础过程》，清华大学出版社

2002 年版，第 102~130 页。

[31] 高复先：《信息资源开发技术报告 2：信息资源规划的工程化方法》，载《中国信息界》2005 年第 10 期，第 21~24 页。

[32] 高凌云：《利用网络资源，做好高职院校图书馆期刊工作》，载《襄樊职业技术学院学报》2006 年第 1 期，第 116~117、120 页。

[33] 高新民：《关于国家经济信息资源网建设的几个问题》，载《网络与信息》1994 年第 10 期，第 4~6 页。

[34] 各国电子商务发展掠影，http：//zz.21tx.com/2004/09/22/11305.html.[2004-09-22]。

[35] 各国电子商务发展之韩国篇，http：//www.eschina.info/Article_Show.asp？ArticleID=4036.[2006-10-16]。

[36] 龚兰芳、周晓燕：《电子政务实用技术读本》，电子工业出版社 2002 年版。

[37] 郭志红：《元数据的多角度透视》，载《图书馆》2002 年第 5 期。

[38] 国家电子政务标准化项目工作组：《政务信息资源目录体系 第 1 部分 总体框架（征求意见稿）》，http：//www.egs.org.cn/upload/psgs_draft/1135830975453192.pdf。

[39] 国务院办公厅关于加快电子商务发展的若干意见.国办发〔2005〕2 号

[40] 过仕明、靖继鹏：《元数据在网络信息资源组织与检索中的作用》，载《情报科学》2004 年第 12 期，第 1455~1457 页。

[41] 海胜利：《数字信息资源整合检索技术基础》，载《图书馆工作与研究》2004 年第 2 期，第 17~19 页。

[42] 韩明杰、张权：《数字图书馆中电子商务技术的应用》，载《情报技术》2003 年第 12 期，第 30~31 页。

[43] 郝红霞：《信息素养教育与数字图书馆》，载《邢台职业技术学院学报》2005 年第 10 期，第 74~76 页。

[44] 何文娟、张景等：《电子政务平台模型与体系结构研究及应用》，载《计算机工程》2005 年第 5 期，第 63~65 页。

[45] 侯跃芳、崔雷：《医学信息存储与检索研究热点的共词聚类分析》，载《中华医学图书情报杂志》2004 年第 1 期，第 1~4 页。

[46] 侯卫真：《电子政务系统建设与管理》，中国人民大学出版社 2004 年版，第 130~134 页。

[47] 胡昌平、陈传夫、邱均平、王新才：《信息资源管理研究进展》，武汉大学出版社 2008 年版。

[48] 胡昌平、邓胜利：《企业电子商务的信息资源整合分析》，载《情报理论与实践》2006 年第 5 期，第 552～555 页。

[49] 胡生林：《知识组织与知识创新》，载《晋图学刊》2003 年第 6 期，第 8～10 页。

[50] 胡振东：《政府信息资源规划过程分析》，华中师范大学，2007 年。

[51] 贾君枝：《信息资源战略管理理论与实践》，科学出版社 2007 年版。

[52] 江泽佳：《也来谈谈 Electrical Engineering 的译法》，载《电工教学》1994 年第 12 期，第 68 页。

[53] 姜奇平：《如何通向有效的信息资源如何通向"有效益的"信息资源——对立法促进公用非盈利商用信息资源开发利用的思考》，载《互联网周刊》2002 年第 10 期，第 56～59 页。

[54] 姜同强：《信息系统分析与设计》，机械工业出版社 2008 年版，第 90～95 页。

[55] 蒋颖：《1995～2004 年文献计量学研究的共词分析》，载《情报学报》2006 年第 8 期，第 504～512 页。

[56] 李家清：《资源共享环境下的信息服务模式变革》，载《图书情报知识》2003 年第 5 期，第 60～62 页。

[57] 李玲、夏丽萍：《馆藏资源组织的变革与图书馆服务工作的转型分析》，载《江西图书馆学刊》2002 年第 1 期，第 9～10 页。

[58] 李芒庆：《电子政务"三网一库"建设》，载《太原师范学院院报》（自然科学版），2004 年第 2 期，第 40～42 页。

[59] 李松妹：《消除数字鸿沟，构建和谐社会》，载《图书馆》2006 年第 1 期，第 112～114 页。

[60] 李伟在第二次中央企业信息化工作会议上的讲话，http：//www. sasac. gov. cn/n1180/n1566/n259850/n259865/5739117. html. [2008－10－16]。

[61] 李小杰：《数字信息资源知识产权保护问题研究综述》，载《现代情报》2005 年第 1 期，第 70～73 页。

[62] 李晓东：《电子商务——21 世纪全球商务主导模式》，载《国际贸易问题》2000 年第 3 期，第 1～6 页。

[63] 李昕：《信息资源整合的常用技术与模式探讨》，载《中共山西省委党校学报》2008 年第 1 期，第 111～113 页。

[64] 李昕：《虚拟图书馆解读》，载《情报探索》2006 年第 2 期，第 8～10 页。

[65] 李绪蓉、徐焕良：《政府信息资源开发与管理》，北京大学出版社

2005 年版。

［66］刘伟成、孙吉红：《企业信息资源管理与信息资源规划》，载《图书馆学刊》2007 年第 6 期，第 1~3 页。

［67］刘炜：《元数据与知识本体》，载《图书馆杂志》2004 年第 6 期，第 50~54 页。

［68］刘永等：《信息系统分析与设计》，科学出版社 2008 年版，第 106~113 页。

［69］刘跃：《电子商务下的企业信息资源管理新模型》，载《商场现代化》2006 年第 9 期。

［70］鲁宏、黄鹏、崔政、李丽、谷雨：《Web2.0 时代的网络传播》，载《河北大学学报》（哲学社会科学版），2006 年第 2 期，第 46~51 页。

［71］陆宝益：《网络信息资源评价》，载《情报学报》2002 年第 2 期，第 71~76 页。

［72］马费成、宋恩梅：《我国情报学研究分析：以 ACA 为方法》，载《情报学报》2006 年第 6 期，第 259~268 页。

［73］马费成、张勤：《国内外知识管理研究热点》，载《情报学报》2006 年第 4 期，第 163~171 页。

［74］马费成：《信息资源的开发与管理》，电子工业出版社 2004 年版。

［75］《满足跨地区和部门需求，全国政务信息资源目录体系与交换体系建设取得阶段性成果》，载于《每周电脑报》，2006 年 12 月 18 日。

［76］毛凤香：《信息技术是图书馆情报机构数字化建设的引擎》，载《情报资料工作》2004 年第 1 期，第 75~77 页。

［77］孟春全：《论信息资源的整合》，载《西安科技大学学报》2007 年第 3 期，第 536~538 页。

［78］倪昌耀：《论数字信息资源产业化建设》，载《科技和产业》2004 年第 7 期，第 20~25 页。

［79］《欧盟推进企业信息化建设主要举措》，http：//www.clb.org.cn/e/DoPrint/? classid = 60&id = 22772.［2007－10－22］。

［80］欧阳伟：《知识经济时代传统图书馆与现代图书馆之比较》，载《图书馆学刊》1999 年第 3 期，第 27~28 页。

［81］裴雷：《基于 EA 的政府信息资源规划研究》，武汉大学出版社 2008 年版，第 57~59 页。

［82］彭仕政：《系统协同与自组织过程原理与应用》，贵州出版社 1998 年版。

[83] 彭智勇：《基于对象代理模型的异构多数据库集成》，载《计算机科学》2002 年第 29 期，第 256～258 页。

[84] 秦春秀、赵捧未等：《基于自组织理论的数字信息资源管理》，载《图书情报工作》2008 年第 2 期。

[85] 邱均平、王晓斌：《www 网页的链接分析及其意义》，载《中国图书馆学报》2002 年第 6 期。

[86] 荣毅虹、梁战平：《信息构建（Information Architecture，IA）探析》，载《情报学报》2003 年第 22 期。

[87] 邵川：《信息素养教育与文献检索课》，载《彭城职业大学学报》2004 年第 8 期，第 97～100 页。

[88] 沈正维、王军：《关于自组织原理若干问题的讨论》，载《系统科学学报》2006 年第 1 期。

[89] 盛书平：《数字化环境中的信息服务》，载《科技情报开发与经济》2006 年第 22 期，第 8～9 页。

[90] 宋军：《电子政务理论与实务》，西安电子科技大学出版社 2003 年版。

[91] 孙建军：《基于系统观的国家数字信息资源战略环境规划方法及规划模式》，载《图书情报工作》2007 年第 11 期。

[92] 谭必勇、王新才：《国外政府信息资源目录体系建设及其启示》，参见《电子政务信息资源管理及其技术实现》，湖北人民出版社 2008 年版。

[93] 唐晓波：《管理信息系统》，科学出版社 2005 年版，第 14～19 页。

[94] 田奋飞：《不同战略思维模式下的企业战略规划模式探析》，载《企业管理》2006 年第 5 期，第 36～38 页。

[95] 天津市政务信息资源目录体系通过验收，http：//industry. ccid-net. com/art/884/20070710/1140005_1. html。

[96] 图情小生：《图书馆信息服务与 Web2.0 理论基础的相符性》，http://slyang2005. bokee. com/6316733. html. [2007－06－8]。

[97] 图书馆 2.0 工作室：《图书馆 2.0——设计你的服务》，北京图书馆出版社 2008 年版。

[98] 王波涛、舒华英：《基于自组织理论的信息系统演化研究》，载《北京邮电大学学报》2006 年第 1 期。

[99] 王德欣：《电子政务信息资源的整合与共享》，载《临沂师范学院学报》2006 年第 1 期，第 70～73 页。

[100] 王德欣：《论电子政务信息资源整合与共享》，载《科技管理研究》2006 年第 6 期，第 180～182 页。

[101] 王金祥：《加强信息立法——开展信息法学研究法律文献信息与研究》，载《编辑部邮箱》1997 年第 2 期。

[102] 王宁：《电子政务中信息资源整合的建模方法与应用研究》，大连理工大学，2005 年。

[103] 王如龙：《IT 项目管理——从理论到实践》，清华大学出版社 2008 年版，第 132 ~ 153 页。

[104] 王珊、陈红：《数据库系统原理教程》，清华大学出版社 2001 年版。

[105] 王向阳：《多媒体信息处理技术原理》，科学出版社 2005 年版。

[106] 网络的利益：《国电子商务议程》，载《互联网周刊》1998 年第 11 期。

[107] 魏亚萍：《电子商务基础》，机械工业出版社 2008 年版。

[108] 毋建宏：《企业信息化过程中的信息资源规划》，西安邮电学院院报，2004（9）2 期：第 14 ~ 16 页。

[109] 吴涛：《知识管理与图书馆信息服务》，载《科技情报开发与经济》2006 年第 1 期，第 1 ~ 3 页。

[110] 夏义堃：《政府信息资源管理与公共信息资源管理比较分析》，载《情报科学》2006 年第 4 期，第 531 ~ 536 页。

[111] 肖珑：《数字信息资源的检索与利用》，北京大学出版社 2004 年版，第 3 页。

[112] 肖希明：《数字信息资源建设与服务研究》，武汉大学出版社 2008 年版，第 53 ~ 56 页。

[113] 徐枫、宦茂盛：《政务信息资源目录体系技术概述》，载《信息技术与标准化》2005 年第 11 期，第 23 ~ 27 页。

[114] 徐晓林、杨兰蓉：《电子政务导论》，武汉出版社 2002 年版。

[115] 徐雪源：《我国发展数字内容产业存在的问题及对策》，载《科技情报开发与经济》2006 年第 4 期，第 124 ~ 125 页。

[116] 许国志：《系统科学》，上海科技教育出版社 2001 年版。

[117] 许少菲：《数字信息资源的组织管理及发展对策》，载《图书馆论坛》2002 年第 4 期，第 60 ~ 62 页。

[118] 颜丙通：《"金保"工程建设中的政府信息资源规划研究》，兰州大学，2007 年。

[119] 杨浣明：《企业信息资源整合的策略与方法》，载《铁路计算机应用》2004 年第 4 期，第 1 ~ 4 页。

[120] 杨君、李纲：《信息资源规划与企业信息化》，载《情报学报》2003

年第 12 期，第 704～708 页。

[121] 杨涛：《主题法在网络信息组织中的应用》，载《图书馆建设》2002 年第 1 期，第 50～52 页。

[122] 杨秀丹：《政府信息资源组织工具集成研究》，北京大学博士学位论文，2007 年，第 86～89 页。

[123] 杨选辉：《信息系统分析与设计》，清华大学出版社 2007 年版，第 91～96 页。

[124] 俞方桦：《互联网信息资源整合研究》，东华大学，2001 年。

[125] 岳泉、谭华军、施云：《网络环境下的信息组织研究》，载《情报理论与实践》2005 年第 25 卷第 2 期。

[126] 曾微泊：《利用网络信息资源开展信息服务的思考》，载《大学图书情报学刊》2005 年第 10 期，第 74～75 页。

[127] 张晗、崔雷等：《生物信息学的共词分析研究》，载《情报学报》2003 年第 5 期，第 613～617 页。

[128] 张基温：《试论当前电子商务发展对策》，载《科技情报开发与经济》2000 年第 1 期，第 33～35 页。

[129] 张开选：《信息资源整合的原则和方法研究》，载《图书馆论坛》2004 年第 5 期，第 172～173 页。

[130] 张凯：《信息资源管理》，清华大学出版社 2005 年版。

[131] 张林龙：《网络环境下的信息组织》，载《情报杂志》2003 年第 10 期，第 44～46 页。

[132] 张淑宏：《利用网络资源提高采编工作质量》，载《晋图学刊》2007 年第 2 期，第 45～46 页。

[133] 张维明：《信息系统原理与工程》，电子工业出版社 2004 年版，第 119～120 页。

[134] 张晓娟、张洁丽、余伟：《电子政务信息资源整合：基于系统集成与 EDMS/ERMS 案例的分析》，参见《电子政务信息资源管理及其技术实现——第五届信息化与信息资源管理学术 研讨会论文集》，湖北人民出版社 2008 年版。

[135] 张晓娟：《系统集成框架下现代企业信息系统的演进》，载《情报科学》2007 年第 8 期，第 1128～1134 页。

[136] 张晓娟：《现代企业信息系统的演进——从智能维、集成维视角的分析》，载《武汉大学博士论文》，2007 年 5 月。

[137] 张勇：《移动经营分析系统中 ETL 的分析和设计》2006 年第 42 卷第 3 期。

［138］赵润娣：《元数据与网络数字资源组织管理》，载《大学图书情报期刊》2002 年第 11 期，第 44～45 页。

［139］中国电子政务研究中心：《电子政务红皮书》2002 年第 7 期。

［140］周进生、吴强：《国外公益性地质调查资料社会化服务综述》，载《世界有色金属》2007 年第 3 期，第 60～62 页。

［141］周九常、高洁：《基于知识管理的电子政务信息资源整合》，载《情报科学》2007 年第 11 期，第 1657～1722 页。

［142］周宁：《信息组织学教程》，科学出版社 2007 年版。

［143］朱晓峰：《政府信息资源规划研究》，载《图书情报工作》2006 年第 4 期，第 68～72 页。

［144］朱晓锋、苏新宁：《构建基于生命周期方法的政府信息资源管理模型》，载《情报学报》，2005 年。

［145］"政务信息资源交换体系"工作组：《政务信息资源交换体系》（第一部分：总体框架），北京 2005 年版，第 1～4 页。

［146］Ahmed R. et al. The pegasus heterogeneous multidatabase system. IEEE computer, 1991, 24（12）: 22 – 29.

［147］Allen Mullen. GILS metadata initiatives at the state level. Government Information Quarterly 2001（18）167 – 180.

［148］Anderson C. The long tail. Wired, 2004. 10.

［149］Barre K. L. The use of faceted analytico-synthetic theory as revealed in the practice of website Construction and design. 2006.

［150］Bayardo R. J. et al. Infosleuth: agent-based semantic integration of information in open and dynamic enviroments. In: Proc of ACM SIGMOD intl conference, 1997: 195 – 206.

［151］Bearman D. , Rust G. , Weibel S. et al. A common model to support interoperable metadata. D-Lib, 1999, 5（1）. http://www. dlib. org/dlib/january99/bearman/01bearman. html. ［2008 – 11 – 27］

［152］Beiser, Karl. Only the FAQs: CD-ROM technology 101. Database, 1994（7）: 105 – 111.

［153］Berners-Lee T. ; Hendler J. , Lassila O. （May 17, 2001）. The semantic web. Scientific American, 2001. 5. http://www. sciam. com/article. cfm? id = the-semantic-web&print = true. ［2008 – 11 – 28］

［154］Borst P. , Akkermans H. An ontology approach to product disassembly. EKAW 1997, Sant fuliu de gu5xols, Spain: 15 – 19.

[155] Bratko A. , Filipič B. Exploiting structural information for semi-structured document categorization. Information processing and management. 2006, 42: 679 – 694.

[156] Brickley D. , Hunter J. , Lagoze C. ABC: Logical model for metadata interoperability. 1999 http: //www. ilrt. bris. ac. uk/discovery/harmony/docs/abc/abc _ draft. html. [2008 – 11 – 27]

[157] Carolyn Larson, Lori Morse, Georgia Baugh, Amy Boykin, et al. Best Free Reference Web Sites. Reference & User Services Quarterly, 2005 (9): 39 – 45.

[158] Cass, Kimberly. Expert systems as general-use advisory tools: An examination of moral responsibility. Business & Professional Ethics Journal, 1996 (4): 61 – 86.

[159] Cochrane P. A. New roles for classification in libraries and information network. Catalog and classification quarterly, 1996, 21 (2): 1 – 2.

[160] Dash A. Inrtoducing the microcontent client.

[161] Dillon A. , Turnbull D. Information architecture. Encyclopedia of library and information science. 2005.

[162] Dinkgrave R. M. Copyleft. 2005. https: //www. msu. edu/ ~ dinkgra2/ copyleft-dinkgrave. pdf. [2008 – 11 – 23]

[163] Dream's Orange. Microformats: At the crossroads between web 2. 0 and the semantic web. 2007. 10. http: //www. dreamOrange. fr. [2008 – 11 – 29]

[164] Gruber T. R. A translation approach to portable ontology specification. Knowledge acquisition, 1993 (5): 199 – 220.

[165] Gruber T. R. Towards principles for the design of ontologies used for knowledge sharing. Proceeding of the international workshop on formal ontology. 1993.

[166] Hert C. A. , Denn S. O. , Gillman D W et al. Investigating and modeling metadata use to support information architecture development in the statistical knowledge network. Journal of the American society for information science and technology, 2007, 58 (9): 1267 – 1284.

[167] http: //desktop. Google. com/zh/? utm _ source = zh _ CN-et-more&utm _ medium = et&utm_campaign = zh_CN. [2009 – 06 – 22]

[168] http: //www. cnnic. cn/index. html.

[169] http: //groups. Google. com/grphp? hl = zh-CN. [2009 – 06 – 22]

[170] http: //toolbar. Google. com/T6/intl/zh-CN/index. html? utm _ source = zh_CN-et-more&utm_medium = et&utm_campaign = zh_CN. [2009 – 06 – 22]

[171] http：//unpan1. un. org/intradoc/groups/public/documents/apcity/unpan 016907. pdf.

[172] http：//wiki. services. openoffice. org/wiki/ZH/Documentation/BASIC_Guide/ Structure_of_Text_Documents. ［2008 - 12 - 25］

[173] http：//www. anildash. com/magazine/2002/11/introducing _ the. html. ［2008 - 10 - 22］

[174] http：//www. Google. com/chrome/index. html? hl = zh-CN&brand = CHMI&utm_source = zh-CN-et&utm _ medium = et&utm _ campaign = zh-CN. ［2009 - 06 - 22］

[175] http：//www. Google. com/ig? source = gama&hl = zh-CN. ［2009 - 06 - 22］

[176] http：//www. Google. com/intl/zh-CN/options/. ［2009 - 06 - 22］

[177] http：//www. Google. com/reader/view/? hl = zh-CN&source = zh-CN-mmm#overview-page. ［2009 - 6 - 22］

[178] http：//www. ciotimes. com/infrastructure/soa/a/soa200906031642. html.

[179] http：//www. searchsoa. com. cn/showcontent_21228. html.

[180] http：//www. educity. cn/rk//sa/200905121634201504. html.

[181] http：//www. ciotimes. com/ea/zachmanar/.

[182] http：//www. chycf. com/Article/showinfo. asp? infoid = 375.

[183] http：//tech. it168. com/soa/2007 - 12 - 18/200712181542654 _2. shtml.

[184] http：//www. qiongyou. org/daohan/nlibs/us/prog. html.

[185] http：//www. iainstitute. org/documents/learn/What_is_IA. pdf. ［2008 - 11 - 27］

[186] http：//www. tipp. gov. cn/DispDataServlet? model_id = 163506&infoID = 1173435071703.

[187] Hutchinson E. S. , Sawyer C. S. Computers, communications, and information. 高等教育出版社 2003 年。

[188] Ilario Benetti, Domenico Beneventano, Sonia Bergamaschi, Francesco Guerra, and Maurizio Vincini. An Information Integration Framework for E-Commerce. IEEE Intelligent systems, 2002, 17 (1)：18 - 25.

[189] Information Architecture Institute. What is IA？' 2007.

[190] Jeffrey L. Whitten & Lonnie D. Bentley. 信息系统分析与设计方法 [M]. 机械工业出版社 2007 年版，第 235 ~ 238 页。

533

［191］ Joshi J. , Fbafoor A. Digital Government Security Infrastructure Design Challenges. IEEE Computer, 2001 （2）: 66 – 72.

［192］ K. Matthew Dames. Plagiarism: The New 'Piracy'. Information Today, 2006 （11）: 21 – 23.

［193］ KarenLayne, JungwooLee. Developing fully functional E-government: A four stage mode. Government Information Quarterly. 2001 （18）: 122 – 136.

［194］ Khare R. Çelik T. Microformats: A pragmatic path to the semantic web. CommerceNet labs technical report. 2006. 1. http: // wiki. commerce. net/images/e/ea/CN-TR – 06 – 01. pdf. ［2008 – 11 – 29］

［195］ Kim W. et al. Classifying schematic and data heterogeneity in multi-database systems. IEEE computer, 1991. 12: 12 – 18.

［196］ Kulkarni S. Enterprise mashup: A closer look at mushup and its enterprise adoption. 2007. 10. http: //www. indicthreads. com/content/conference/presentations/2007/Enterprise_Mashup_Adoption. pdf. ［2008 – 11 – 30］

［197］ Law J. , Bauin S. , Courtial J-P & Whittaker J. Policy and the Mapping of Scientific Change: A co-word analysis of research into environmental acidification ［J］. Scientometrics, 1988 （14）: 251 – 264.

［198］ Leene A. Microcontent is everywhere. 2005. http: //www. sivas. com/aleene/microcontent/. ［2008 – 11 – 25］

［199］ Lewis J. Computer Science Illuminated. Jones and Bartlett. 2006.

［200］ Li C. et al. Capability based mediation in TSIMMIS. In: Proc. Of the ACM SIGMOD conference, 1998: 564 – 566.

［201］ Liu S. , McMahon C. A. , Culley S. J. A review of structured document retrieval （SDR） technology to improve information access performance in engineering document management. Computers in industry, 2008, 59: 3 – 16.

［202］ Lori Wallace. Dealing with Digital Copyright Issues in Higher Education: No is Not a Helpful Institutional Response. Journal of Distance Education, 2004 （1）: 92 – 105.

［203］ Losee R. M. Browsing mixed structured and unstructured data. Information processing and management, 2006, 42: 440 – 452.

［204］ Microformats. About microformats. http: //microformats. org/about/. ［2008 – 9 – 29］

［205］ Milgram S. The small world problem. Psychology today. 1967, 1 （1）: 60 – 67.

［206］ Motro A. Superviews: Virtual integration of multip le database. IEEE trans on software engineering, 1987, SE-13 (7): 785 – 798.

［207］ Mwakatobe A L. Information personalization on the semantic Web using reasoning. 2006.

［208］ Nielsen J. Microcontent: how to write headlines, pages titles and subject lines. 1998. http: //www. useit. com/alertbox/980906. html. ［2008 – 11 – 25］

［209］ Qin He. Knowledge Discovery Through Co-Word Analysis. Libray Trends, 1999 (1): 133 – 159.

［210］ Reid J. , Lahmas M. , Finesilver K. Best entry points for structured document retrieval—Part 1: characteristics. Information processing and management, 2006, 42: 74 – 88.

［211］ Rosenfeld L. , Morville P. Information architecture for the wold wide Web: Designing large-scale Web sites. O'Reilly and Associates. Inc. : Sebastopol, CA, 2002.

［212］ Rosenfeld L. , Morville P. Information architecture for the world wide web. Cambridge: O'Reilly. 1998.

［213］ Roth, M. A. , Wolfson, D. C. , Kleewein, J. C. , Nelin, C. J. Information integration: A new generation of information technology. IBM Systems Journal, 2002, 41 (4): 563 – 577.

［214］ Row ley J. Towards a Framework for Information Management. International Journal of Information Management, 1998 (5): 359 – 369.

［215］ Salembier P. , Benitez B. A. In-depth articles: intellectual foundations and descriptions of MPEG-7 tools for multimedia description. Journal of the American society for information science and technology, 2007, 58 (9), 1329 – 1337.

［216］ Sperberg-McQueen C. M. , Burnard L. A Gentle Introduction to SGML. http: //www. isgmlug. org/sgmlhelp/g-index. htm, 1994. ［2008 – 12 – 28］

［217］ Spivack N. Defining microcotent. 2003. http: //novaspivack. typepad. com/nova_spivacks_weblog/2003/12/defining_microc. html. ［2008 – 11 – 25］

［218］ Sung-Chi Chu, et al. Evolution of e-commerce Web sites: A conceptual framework and a longitudinal study. Information & Management, 2007, 44 (2): 154-164.

［219］ Taylor A. G. The organization of information. London: Libraries unlimited. Sociometry, 1969, 32 (4): 425 – 443. http: //www. ics. uci. edu/ ~ xwy/cs235/ papers/smallworld. pdf. ［2008 – 11 – 21］

535

［220］Tim Berners lee, James Hendler, Ora Lassila. The Semantic Web. Scientific American, 2002（5）: 34 – 43.

［221］Tomas C. Almind, Peter Ingwersen. Informetric analyses on the world wide web: Methodological approaches to "webometrics". Journal of Documentation, 1997: 404 – 426.

［222］Torkington N. Microformats. org launched at supernova 2005. http: //radar. oreilly. com/archives/2005/06/microformatsorg. html. ［2008 – 11 – 29］

［223］Uschold Mike, Michael Gruninger. Ontologies: Principles, methods and applications. Knowledge engineering review. 1996, 11（2）: 93 – 136.

［224］W. H. Inmon: 《数据仓库》, 机械工业出版社 2000 年第 5 期.

［225］Watts D. J., Strogatz S. H. Collective dynamics of 'small world' networks. Nature, 1998: 393 – 440.

［226］Watts D. J. Six degrees: the science of a connected age. London: Heinammann, 2003.

［227］Watts D. J. Small worlds: the dynamics of networks between order and randomness. Princeton: Princeton University Press, 2003.

［228］Watts D. Small worlds, The dynamics of networks between order and randomness. Princeton University Press. 1999.

［229］Wei C. P., Yang C. S. Hsiao H. W. et al. Combining preference- and content- based approaches for improving document clustering effectiveness. Information processing and management, 2006, 42: 350 – 372.

［230］Wikipedia, The long tail. http: //en. wikipedia. org/wiki/The_Long_Tail. ［2008 – 10 – 22］

［231］Wikipedia. Blog. http: //en. wikipedia. org/wiki/Blog. ［2009 – 06 – 11］

［232］Wikipedia. Copyleft. http: //en. wikipedia. org/wiki/Copyleft. ［2008 – 10 – 22］

［233］Wikipedia. Dublin Core. http: //en. wikipedia. org/wiki/Dublin _ Core. ［2008 – 11 – 28］

［234］Wikipedia. Folksonomy. http: //en. wikipedia. org/wiki/Folksonomy. ［2008 – 10 – 1］

［235］Wikipedia. http: //zh. wikipedia. org/w/index. php? title = % E7% BB% B4% E5% 9F% BA% E7% 99% BE% E7% A7% 91&variant = zh-cn. ［2009 – 06 – 12］

［236］Wikipedia. Mashup. http: //en. wikipedia. org/wiki/Mashup _（web _ application_hybrid）. ［2008 – 11 – 30］

［237］　Wikipedia. Microcontent. http：//en. wikipedia. org/wiki/Microcontent.
［2008 – 10 – 22］

［238］　Wikipedia RSS. http：//zh. wikipedia. org/wiki/RSS. ［2009 – 06 – 12］

［239］　William E Berry. Miranda rights and cyberspace realities：Risks to "the
right to remain silent". Journal of Mass Media Ethics, 2003（3/4）：230.

［240］　Wong K. K. , Bazex P. MRDSM：A relational multidatabase management
system. In：Proc. Third Int. Seminar distributed data sharing system. 1984.

［241］　Xuedong Wang, Xian-Li Shang and Kun Fan, Research on Implementa-
tion of E-Government Integrated Information Services. eds, 2007（5）：565 – 573.

［242］　Yi Lei, Meng Xiao-feng, Hu Dong-dong, Yu Jun-tao and Li Yu. Orientl：
A strategy of Web information integration. Wuhan University Journal of Natural Sci-
ences, 2004, 9（5）：659 – 664.

［243］　Ying Ding et a1. Bibliography of Information Retrieval Research by Using
Co-Word Analysis. Information Processing and Management, 2001（11）：817 – 842.

［244］　Zeeman D. , Turner G. Resource discovery in the government of Canada
using the Dewey decimal classification. Cataloging & classification quarterly, 2006,
42,（3 – 4）：201 – 211.

［245］　Zhuge Hai. China's e-science knowledge grid environment. IEEE Intelligent
Systems, 2004, 19（1）：13 – 17.

教育部哲学社會科学研究重大課題攻關項目
成果出版列表

书　名	首席专家
《马克思主义基础理论若干重大问题研究》	陈先达
《马克思主义理论学科体系建构与建设研究》	张雷声
《马克思主义整体性研究》	逄锦聚
《人文社会科学研究成果评价体系研究》	刘大椿
《中国工业化、城镇化进程中的农村土地问题研究》	曲福田
《东北老工业基地改造与振兴研究》	程　伟
《全面建设小康社会进程中的我国就业发展战略研究》	曾湘泉
《自主创新战略与国际竞争力研究》	吴贵生
《转轨经济中的反行政性垄断与促进竞争政策研究》	于良春
《中国现代服务经济理论与发展战略研究》	陈　宪
《当代中国人精神生活研究》	童世骏
《弘扬与培育民族精神研究》	杨叔子
《当代科学哲学的发展趋势》	郭贵春
《面向知识表示与推理的自然语言逻辑》	鞠实儿
《当代宗教冲突与对话研究》	张志刚
《马克思主义文艺理论中国化研究》	朱立元
《历史题材创新和改编中的重大问题研究》	童庆炳
《现代中西高校公共艺术教育比较研究》	曾繁仁
《楚地出土戰國簡册［十四種］》	陈　偉
《中国市场经济发展研究》	刘　伟
《全球经济调整中的中国经济增长与宏观调控体系研究》	黄　达
《中国特大都市圈与世界制造业中心研究》	李廉水
《中国产业竞争力研究》	赵彦云
《东北老工业基地资源型城市发展接续产业问题研究》	宋冬林
《中国民营经济制度创新与发展》	李维安
《中国现代服务经济理论与发展战略研究》	陈　宪
《中国加入区域经济一体化研究》	黄卫平
《金融体制改革和货币问题研究》	王广谦
《人民币均衡汇率问题研究》	姜波克

书　名	首席专家
《我国土地制度与社会经济协调发展研究》	黄祖辉
《南水北调工程与中部地区经济社会可持续发展研究》	杨云彦
《产业集聚与区域经济协调发展研究》	王　珺
《我国民法典体系问题研究》	王利明
《中国司法制度的基础理论问题研究》	陈光中
《多元化纠纷解决机制与和谐社会的构建》	范　愉
《中国和平发展的重大国际法律问题研究》	曾令良
《中国法制现代化的理论与实践》	徐显明
《生活质量的指标构建与现状评价》	周长城
《中国公民人文素质研究》	石亚军
《城市化进程中的重大社会问题及其对策研究》	李　强
《中国农村与农民问题前沿研究》	徐　勇
《中国边疆治理研究》	周　平
《中国大众媒介的传播效果与公信力研究》	喻国明
《媒介素养：理念、认知、参与》	陆　晔
《创新型国家的知识信息服务体系研究》	胡昌平
《数字信息资源规划、管理与利用研究》	马费成
《新闻传媒发展与建构和谐社会关系研究》	罗以澄
《数字传播技术与媒体产业发展研究》	黄升民
《教育投入、资源配置与人力资本收益》	闵维方
《创新人才与教育创新研究》	林崇德
《中国农村教育发展指标体系研究》	袁桂林
《高校思想政治理论课程建设研究》	顾海良
《网络思想政治教育研究》	张再兴
《高校招生考试制度改革研究》	刘海峰
《基础教育改革与中国教育学理论重建研究》	叶　澜
《公共财政框架下公共教育财政制度研究》	王善迈
《中国青少年心理健康素质调查研究》	沈德立
《处境不利儿童的心理发展现状与教育对策研究》	申继亮
《WTO 主要成员贸易政策体系与对策研究》	张汉林
《中国和平发展的国际环境分析》	叶自成

书　名	首席专家
*《改革开放以来马克思主义在中国的发展》	顾钰民
*《面向公共服务的电子政务管理体系研究》	孙宝文
*《西方文论中国化与中国文论建设》	王一川
*《中国抗战在世界反法西斯战争中的历史地位》	胡德坤
*《近代中国的知识与制度转型》	桑　兵
*《中国水资源的经济学思考》	伍新林
*《转型时期消费需求升级与产业发展研究》	臧旭恒
*《京津冀都市圈的崛起与中国经济发展》	周立群
*《中国金融国际化中的风险防范与金融安全研究》	刘锡良
*《金融市场全球化下的中国监管体系研究》	曹凤岐
*《中部崛起过程中的新型工业化研究》	陈晓红
*《中国政治文明与宪法建设》	谢庆奎
*《地方政府改革与深化行政管理体制改革研究》	沈荣华
*《知识产权制度的变革与发展研究》	吴汉东
*《中国能源安全若干法律与政府问题研究》	黄　进
*《农村土地问题立法研究》	陈小君
*《我国地方法制建设理论与实践研究》	葛洪义
*《中国转型期的社会风险及公共危机管理研究》	丁烈云
*《我国资源、环境、人口与经济承载能力研究》	邱　东
*《产权理论比较与中国产权制度变革》	黄少安
*《西部开发中的人口流动与族际交往研究》	马　戎
*《中国独生子女问题研究》	风笑天
*《当代大学生诚信制度建设及加加强大学生思想政治工作研究》	黄蓉生
*《农民工子女问题研究》	袁振国
*《中国艺术学科体系建设研究》	黄会林
*《边疆多民族地区构建社会主义和谐社会研究》	张先亮
*《非传统安全合作与中俄关系》	冯绍雷
*《中国的中亚区域经济与能源合作战略研究》	安尼瓦尔·阿木提
*《冷战时期美国重大外交政策研究》	沈志华

……

*为即将出版图书